임동석중국사상100

고문진보

古文眞寶 [後集]

黃堅 撰 / 林東錫 譯註

象犀珠玉怪珍之物有悦於人之耳目而不適於用金石草木絲麻五穀六材有適於用而用之則弊取之則竭求悦於人之耳目而適於用以用之則弊而不弊取之則竭而不竭賢不肖之所得各因其才仁智之所見各隨其分而求無不獲者惟書乎

丁亥菊秋錄東坡李氏山房藏書記 丘堂呂元九

"상아, 물소 뿔, 진주, 옥. 이런 진괴한 물건들은 사람의 이목은 즐겁게 하지만 쓰임에는 적절하지 않다. 그런가 하면 금석이나 초목, 실, 삼베, 오곡, 육재는 쓰임에는 적절하나 이를 사용하면 닳아지고 취하면 고갈된다. 그렇다면 사람의 이목을 즐겁게 하면서 이를 사용하기에도 적절하며, 써도 닳지 아니하고 취하여도 고갈되지 않고, 똑똑한 자나 어리석은 자라도 그를 통해 얻는 바가 저마다 그 자신의 재능에 따라주고, 어진 사람이나 지혜로운 사람이나 그를 통해 보는 바가 저마다 그 자신의 분수에 따라주되 무엇이든지 구하여 얻지 못할 것이 없는 것은 오직 책뿐이로다!"

《소동파전집》(34) 본 《眞寶》(後集) 099 〈이씨산방장서기〉에서, 구당(丘堂) 여원구(呂元九) 선생의 글씨

차례

《古文眞寶》[後集] 上

《古文眞寶》[後集] 卷五

《古文眞寶》[後集] 卷六

《古文眞寶》[後集] 卷七

《古文眞寶》[後集] 卷八

《古文眞寶》[後集] 卷九

《古文眞寶》[後集] 卷十

《古文眞寶》[後集] 卷五

052. 〈昌黎文集序〉 ·················· 李漢

창려문집 서문

*〈昌黎文集序〉: 이 글은 昌黎 韓愈가 죽자 그의 문인이며 사위인 李漢이 韓愈의 글을 모아 편집하고 그 서문으로 쓴 것임. 《東雅堂》에 "○朱子云: 此集今世本多不同, 惟近歲南安軍所刊方崧卿〈校定本〉, 號爲精善, 別有擧正十卷, 論其所以去取之意, 又它本之所無也. 然其去取多以祥符〈杭本〉, 嘉祐〈蜀本〉及李謝所據〈館閣本〉爲定, 而尤尊〈館閣本〉, 雖有謬誤, 往往曲從它本, 雖善亦棄不録, 至於擧正則又例多而詞, 寡覽者, 或頗不能曉知. 故今輒因其書更爲校定, 悉考衆本之同異, 而一以文勢義理及它書之可證驗者, 決之. 苟是矣, 則雖民間近出小本不敢違; 有所未安, 則雖〈官本〉〈古本〉〈石本〉, 不敢信. 又各詳著其所以然者, 以爲〈考異〉十卷, 庶幾去取之未善者, 覽者得以參伍而筆削焉. 方云: 序只云: 目爲《昌黎先生集》, 諸本亦多無文字者, 今从之後. 凡从方氏者, 不復論所不同者, 乃著之"라 하였고, 迂齋(樓昉)《崇古文訣》에는 "退之諸生, 或爲祭文, 或爲行狀, 淺深疎密居然可見, 漢乃其壻也, 故爲序云"이라 함.

*《眞寶》注에 "漢, 字南紀, 公之子壻也. 爲公作集序, 以公之文本於道, 亦爲之公者, 文亦雅健精密, 非得公之傳者, 能有此耶!"라 함.

문文이란 도道를 꿰는 그릇이다.

이러한 도에 깊이 들어가지 않고 경지에 이른 자는 없다.

《역易》은 점사占辭에 효사爻辭와 상전象傳이 있고, 《춘추春秋》는 사건을 기록하였으며, 《시詩》는 노래를 읊었고, 《서書》와 《예禮》는 거짓을 척결한 것으로, 모두가 깊은 내용들이로다!

진한秦漢 이전에는 그 기상이 조화를 이루어 사마천司馬遷, 사마상여司馬相如, 동중서董仲舒, 양웅揚雄, 유향劉向 같은 이들이 특히나 소위 걸출한 이들이었다.

그런데 후한後漢, 조위曹魏에 이르러서는 기상이 시들어졌으며, 사마씨司馬氏의 진晉 이래로는 규범이 《역》이하의 글을 고문古文이라 하면서, 표절하고 몰래 훔쳐 쓰는 것을 잘하는 것이라 여겼다.

이리하여 문과 도가 막혀버렸고, 진실로 이를 알지도 못하게 되었다.

선생께서는 대력大曆 무신(戊申, 768)년에 태어나셨는데, 어렸을 때 고아가 되어 형을 따라 소령韶嶺으로 옮겨 가 살다가, 형이 돌아가자 형수에게 양육되면서 많은 고생 끝에 고향으로 돌아오셨다.

스스로 책을 읽고 문장을 지을 줄 알면서부터 날마다 수천 수백 자의 글을 외웠으며, 장년이 되어서는 경서에 통달하여 소리내어 외우고 명확히 분석하셨으며, 불교를 매우 배척하셨고, 여러 역사책과 제자백가諸子百家의 책을 두루 찾아 숨겨진 것이 없을 정도였다.

문장은 드넓고 우뚝하며 시원하면서 맑고 깊어, 궤연詭然하기는 교룡蛟龍이 날아오르는 듯하였고, 울연蔚然하기는 범과 봉황이 뛰어오르는 듯하였으며, 장연鏘然하기는 소韶나 균鈞이 울리는 듯하였다.

햇빛이 나듯, 옥이 정결하듯, 주공周公의 뜻과 공자孔子의 사상을 천태만상千態萬狀의 온갖 문장들로 지어내어 마침내 모두가 도덕과 인의仁義를 윤택하게 하여 환히 밝히셨다.

만고의 문장을 통찰洞察하였고, 당세當世의 문장을 근심하여, 드디어 무너진 풍조를 구제하여 사람들로 하여금 스스로 문장을 짓도록 하자, 당시 사람들은 비로소 놀랐으며 도중에는 이를 비웃고 배척하는 자가 있었지만, 선생께서는 더욱 견고히 하시어 끝내 마음이 일치하여 선생을 따라 안정되었다.

아! 선생께서 문장에서 함몰된 병폐를 없애고 깨끗하게 바로잡은 공로를 군사의 일에 비유한다면, 가히 영웅처럼 위대하여 일상에서는 없을 존재라 할 만하리라.

장경長慶 4년824 겨울, 선생께서 생을 마치시니, 문인인 나 농서隴西 사람 이한李漢은 욕되게도 선생님에 대해 가장 잘 알고, 게다가 인척이기도 하기에 드디어 유문遺文을 수습하여 빠뜨림없이 (賦 4편, 古詩 210편, 聯句 11편, 律詩 160수, 雜著 65편, 書, 啓, 序 96편, 哀詞, 祭文 39편, 碑誌 76편, 〈筆〉, 〈硯〉, 〈鱷魚文〉 등 3편, 表, 狀 52편 총 7백편을 目錄과 함께 합하여 41권으로 하여) 약간의 권卷으로 엮어 《창려선생집昌黎先生集》이라 이름 붙였다. (이에 대표되는 저서로 《注論語》 10권이 있어 학자들에게 전하고 있으며, 《順宗實錄》 5권은 史書에 열거되어 있어 문집에는 들어 있지 않다. 선생의 휘는 愈이며 자는 退之, 관직은 吏部侍郎에 올랐으며, 그 나머지는 《國史》 本傳에 실려 있다.)

文者, 貫道之器也.

不深於斯道, 有至者, 不也.

《易》繇爻象, 《春秋》書事, 《詩》詠歌, 《書》, 《禮》剔其僞, 皆深矣乎!

秦漢已前, 其氣渾然, 迨乎司馬遷, 相如, 董生, 揚雄, 劉向之徒, 尤所謂傑然者也.

至後漢, 曹魏, 氣象萎薾; 司馬氏以來, 規範蕩悉, 謂《易》以下爲古文, 剽掠潛竊爲工耳.

文與道蓁塞, 固然莫知也.

先生生大曆戊申, 幼孤隨兄, 播遷韶嶺, 兄卒, 鞠於嫂氏, 辛勤來歸.

自知讀書爲文, 日記數千百言, 比壯, 經書通念曉析; 酷排釋氏, 諸史百子, 搜抉無隱.

汗瀾卓踔, 奫泫澄深, 詭然而蛟龍翔, 蔚然而虎鳳躍, 鏘然而韶鈞發.

日光玉潔, 周情孔思, 千態萬狀, 卒澤於道德仁義炳如也.

洞視萬古, 愍惻當世, 遂大拯頹風, 敎人自爲, 時人始而驚, 中而笑且排, 先生益堅, 終而翕然隨以定.

嗚呼! 先生於文, 摧陷廓淸之功, 比於武事, 可謂雄偉不常者矣!

長慶四年冬, 先生歿, 門人隴西李漢, 辱知最厚且親, 遂收拾遺文, 無所失墜, (得賦四, 古詩二百一十, 聯句十一, 律詩一百六十, 雜著六十五, 書, 啓, 序九十六, 哀詞, 祭文三十九, 碑誌七十六, <筆>, <硯>, <鼉魚文>三. 表, 狀五十二, 摠七百, 幷目録合爲四十一卷,) 合若干卷. 目爲《昌黎先生集》. (於代: 又有《注論語》十卷, 傳學者.《順宗實錄》五卷, 列於史書不在集中. 先生諱愈, 字退之, 官至吏部侍郞, 餘在《國史》本傳.)

【文者, 貫道之器也】'貫道之器'는 道를 꿰는 도구. '貫'은《論語》里仁篇에 "子曰:「參乎! 吾道一以貫之.」曾子曰:「唯.」子出, 門人問曰:「何謂也?」曾子曰:「夫子之道, 忠恕而已矣.」"라 함. 古文運動에서의 '文以載道'와 '文者貫道'의 원칙을 韓愈가 최초로 주장하고 나섰음을 강조한 것.

【不深於斯道, 有至者, 不也】'斯道'는 儒家의 道.《論語》雍也篇에 "子曰:「誰能出不由戶? 何莫由斯道也?」"라 함. 여기서는 '文은 道를 꿰는 도구라는 원칙'을 뜻함. '不也'는 無也와 같음.《樂善堂全集》에 인용된 구절은 '否也'로 되어 있음.

【《易》繇爻象,《春秋》書事,《詩》詠歌,《書》,《禮》剔其僞, 皆深矣乎】《易》은《周易》,《易經》. '繇'는 '주'(音胄)로 읽으며 점괘에 대한 占辭를 뜻함.《東雅堂》에 "繇, 音宙. 占辭名也"라 함. '爻象'은 爻辭와 象辭. 爻辭는 陰爻와 陽爻의 여섯 爻가 하나의 卦를 이루었을 때 각 爻의 뜻을 설명한 것이며, 象辭는 한 卦에서 爻의 配置와 形象 등을 상하 관계 등을 설명한 것. 十翼의 하나이며 孔子가 쓴 것이라 함.《春秋》는 孔子가 지은 춘추 시대의 史書. 魯 隱公부터 哀公까지 242년간의 역사를 연대순으로 기록하였으며 이를 다시 풀이한 三傳(《公羊傳》,《穀梁傳》,《左傳》)이 있음.《詩》는《詩經》. 周代의 노래 모음. 風, 雅, 頌으로 나뉘며, 민요, 연회 음악, 종묘 찬송 등으로 구분됨. 현재 311편이 전하며 그중 6수는 제목만 있고 歌辭가 없어 笙詩라 함.《書》는《書經》,《尙書》. 堯舜 때로부터 夏, 殷, 周 三代에 이르기까지의 정사와 정치 檔案을 모은 것.《禮》는《禮記》. 秦漢시대에 周代의 禮에 대한 것을 모은 것으로 三禮(《周禮》,《儀禮》,《禮記》)로 나뉘었으며 모두《十三經》에 편입됨.

【秦漢已前, 其氣渾然】'渾然'은 調和를 이루어 연구와 정리가 흥성해짐.

【追乎司馬遷, 相如, 董生, 揚雄, 劉向之徒, 尤所謂傑然者也】'司馬遷'은 漢 武帝 때
의 역사가.《史記》130권을 남김. '相如'는 司馬相如. 漢 武帝 때의 文人. 漢代 辭
賦의 대표적인 작가. '董生'은 董仲舒. 漢 武帝 때의 學者.《春秋繁露》를 저술하였
음. '揚雄'은 전한 끝 무렵의 學者이며 文人. 저서로《太玄經》,《法言》등이 있음.
'劉向'은 前漢 후기 目錄學者이며 아들 劉歆과 함께 그때까지의 典籍을 정리함.
《列女傳》,《新序》,《戰國策》,《說苑》,《列仙傳》등이 있음.

【至後漢, 曹魏, 氣象萎薾】'後漢'은 東漢. 西漢이 망하고 王莽의 新나라가 들어섰
으며 이를 劉秀(東漢 光武帝)가 다시 멸하고 漢室을 중흥시켜 도읍을 洛陽으로
옮김. 12대 196년간을 말함. '曹魏'는 曹操의 아들 曹丕가 東漢 獻帝로부터 나라
를 찬탈하여 세운 나라. 아버지(曹操)의 작위 魏國公을 인습하여 國號를 '魏'로
하였으며, 三國 중 북쪽을 할거하였다가 뒤에 통일함. '萎薾'는 '시들어 쇠약해짐'
을 뜻하는 雙聲連綿語.《東雅堂》에는 '萎爾'로 되어 있음.

【司馬氏以來, 規範蕩悉】'司馬氏'는 司馬炎이 魏나라를 이어 세운 晉나라. 洛陽에
도읍하였던 시기를 西晉(265-316), 뒤에 五胡十六國의 난(永嘉之亂)으로 建康(南
京)으로 遷都하였던 시기를 東晉(317-420)이라 함. '規範'은 문장을 짓는 규칙과
법도. '蕩悉'은 모두 탕진함. 완전히 사라짐. 南朝 시기의 문장이 道를 외면하고
技巧에만 치중하였음을 말함.

【謂《易》以下爲古文, 剽掠潛竊爲工耳】'剽掠'은 낚아 빼앗음. '潛竊'은 몰래 훔침. '工'
은 공교함에만 빠짐.

【文與道蓁塞, 固然莫知也】'蓁塞'은 초목이 무성하여 길이 막힌 모습을 말함. 文
과 道가 서로 무관한 것으로 여겼음.

【先生生大曆戊申, 幼孤隨兄, 播遷韶嶺】'大曆'은 唐나라 9대 황제 代宗의 연호. 戊
申은 大曆 3년으로 768년임. '幼孤'는 어릴 때 아버지를 잃고 고아가 됨. 韓愈는 3
세 때 아버지 韓中卿이 세상을 떠났음. '播遷韶嶺'은 韶嶺으로 옮겨감. 韶嶺은
韶州를 가리킴. 지금의 廣東省 曲江縣. 韓愈는 11세 때, 형 韓會가 참소당하여
韶嶺으로 유배되자, 형을 따라 옮겨가서 살게 되었음.

【兄卒, 鞠於嫂氏, 辛勤來歸】'鞠於嫂氏'는 형수에게 길러짐. '鞠'은 養과 같음. 韓愈
의 형수는 鄭氏였음. '辛勤'은 고생 속에 부지런함을 다함.

【自知讀書爲文, 日記數千百言】스스로 독서하여 문장을 짓는 법을 알고 날마다
수백 구절씩 암기함.

【比壯, 經書通念曉析】'比壯'은 壯年이 될 무렵. '比'는 至, 及의 뜻. '通念曉析'은 經

典의 내용을 통달하여 소리내어 읽고 분명하게 解析해냄. '念'은 唸과 같으며 소리내어 읽음.

【酷排釋氏, 諸史百子, 搜抉無隱】'酷排釋氏'은 가혹할 정도로 불교를 배척함. '諸史'는 여러 역사책. 正史《史記》,《漢書》,《後漢書》,《三國志》,《晉書》,《南史》,《北史》 등과 編年體 및 기타 여러 역사서. '百子'는 諸子百家. 儒家, 道家, 墨家, 法家 등 春秋戰國시대의 여러 子書들. '搜抉'은 샅샅이 뒤지고 찾아서 살펴봄.

【汗瀾卓躒, 灝泫澄深】'汗瀾'은 물결이 넓고 세차게 펼쳐진 모습을 뜻하는 疊韻連綿語. '卓躒'은 '탁락'으로 읽으며 우뚝하고 높음을 뜻하는 疊韻連綿語. '灝泫'은 '윤현'으로 읽으며 깊고 넓은 모습을 뜻하는 連綿語. '澄深'은 문장의 표현은 맑고 내용은 깊음.

【詭然而蛟龍翔, 蔚然而虎鳳躍, 鏘然而韶鈞發】'詭然'는 기이함. '蔚然'은 무성함. '鏘然'은 옥이나 방울이 맑은 소리를 내며 울리는 것. '韶'는 舜임금이 지은 음악. '鈞'은 天帝(天上)의 음악.

【日光玉潔, 周情孔思, 千態萬狀, 卒澤於道德仁義炳如也】'周情孔思'는 周公의 뜻과 孔子의 사상. '澤'은 恩澤. '炳如'는 빛남.

【洞視萬古, 愍惻當世, 遂大拯頹風】'洞視'(통현)은 洞察과 같음. '愍惻'은 근심하며 슬퍼함. '拯'은 救와 같음. '頹風'은 퇴폐해진 문풍.

【敎人自爲, 時人始而驚】'敎人自爲'은 사람들로 하여금 스스로 바른 문장을 쓰도록 啓導함.

【中而笑且排, 先生益堅, 終而翕然隨以定】'中而笑且排'는 도중에는 비웃고 배척하는 자도 있었음. '翕然'은 마음이 일치하여 긍정함을 말함.

【嗚呼! 先生於文, 摧陷廓淸之功】'嗚呼'는 감탄사. '摧陷'은 적을 꺾고 함몰시킴. 결국 상대를 무너뜨려 뜻을 이룸을 말함. '廓淸'은 바로잡고 깨끗하게 함.

【比於武事, 可謂雄偉不常者矣】'雄偉'는 武士로서 영웅답고 위대함.

【長慶四年冬, 先生歿】'長慶'은 唐 穆宗(李恒)의 연호. 821년부터 824년까지 4년간이었음. 4년은 824년, 이 해에 韓愈가 생을 마침.

【門人隴西李漢, 辱知最厚且親, 遂收拾遺文, 無所失墜】李漢은 韓愈의 門人이면서 사위였음. '隴西'는 지금의 甘肅省. 李漢의 출신지. '知最厚且親'은 선생님에 대해 가장 잘 알고 게다가 姻親 관계였음을 말함. '知'는 선생님께서 나를 잘 알아 인정해주셨다는 뜻으로도 볼 수 있음. 한편《昌黎集》에는 이 다음에 "得賦四, 古詩二百一十, 聯句十一, 律詩一百六十, 雜著六十五, 書, 啓, 序九十六, 哀詞, 祭文

三十九, 碑誌七十六, 〈筆〉, 〈硯〉, 〈鱷魚文〉三, 表, 狀, 五十二, 摠七百, 并目録合爲 四十一卷"의 구절이 더 있음.

【合若干卷, 目爲《昌黎先生集》】'目'은 제목으로 삼음. 《昌黎集》에는 이 다음에 "於 代: 又有《注論語》十卷, 傳學者. 《順宗實錄》五卷, 列於史書不在集中. 先生諱愈, 字 退之, 官至吏部侍郎, 餘在《國史》本傳"의 구절이 더 있음.

참고 및 관련 자료

1. 李漢

자는 南紀. 隴西 출신으로 唐나라 종실 淮陽王 李道明의 6세손. 韓愈의 제자이 며 사위. 元和 7년(812)에 進士에 올라 左拾遺, 知制誥 등을 거쳐 吏部侍郎에 올 랐으나 자신을 추천했던 재상 李宗閔이 죄를 얻어 재상에서 물러나자, 李漢도 그 黨爭에 얽혀 汾州司馬로 좌천되기도 하였음. 《舊唐書》(171)와 《新唐書》(78)에 傳이 있으며, 《新唐書》에 "漢字南紀, 少事韓愈, 通古學, 屬辭雄蔚, 爲人剛, 略類愈. 愈愛 重, 以子妻之. 擢進士第, 遷累左拾遺. 敬宗侈宮室, 舶買獻沈香亭材, 帝受之, 漢諫 曰: 「以沈香爲亭, 何異瑤台瓊室乎?」 是時, 王政謬僻, 漢言切, 多所救補. 坐婞訐出佐 興元幕府. 文宗立, 召爲屯田員外郎, 史館修撰. 論次《憲宗實錄》, 書宰相李吉甫事不 假借, 子德裕惡之. 會李宗閔當國, 擢知制誥, 稍進御史中丞, 吏部侍郎. 初, 德裕貶 袁州, 漢助爲排擠, 後德裕復輔政, 漢坐宗閔黨出爲汾州刺史, 宗閔再逐, 改州司馬. 詔有司不二十年不得用. 然不數歲, 徙絳州長史, 遂不復振. 大中時, 召拜宗正少卿, 卒."이라 함. 〈古文眞寶諸賢姓氏事略〉에는 "李漢, 韓公之壻"라 함. 《東雅堂》題注 에 "《蜀本》作朝議郎行尙書屯田員外郎, 史館修撰, 上柱國, 賜緋魚袋. 李漢編今本, 或有并序二字非是"라 하였고, 《古文淵鑑》에 "李漢, 字南紀, 宗室淮陽王道明之後, 韓愈子壻, 少師愈. 元和七年擢進士第, 長慶末魏左拾遺. 文宗時李宗閔作相, 用魏 知制誥, 累遷吏部侍郎. 李宗閔得罪罷相, 漢坐其黨貶汾州司馬"라 함.

2. 이 글은 《東雅堂昌黎集註》(序), 《唐文粹》(92), 《崇古文訣》(8), 《文章辨體彙選》 (304), 《古文淵鑑》(38), 《歷代名賢確論》(88) 등에 실려 있음.

053. 〈梓人傳〉 ·················· 柳子厚(柳宗元)
자인전

*〈梓人傳〉: 梓人의 '梓'는 '자'(音紫)로 읽으며 《周禮》考工記에 "나무를 다스리는 工人으로 일곱 부류가 있어, 그중 하나는 가래나무로 악기, 식기, 射侯(화살통) 등을 만드는 자"라고 하였음. 따라서 木工藝의 匠人, 木手를 기리키는 것이지만 여기서는 내용을 볼 때 建築에 뛰어난 大木工, 大木匠, 都木手, 都木匠을 가리킴. 본 문장은 柳宗元이 楊潛이라는 梓人이 일을 지휘하는 모습을 보고 이를 나라 다스림에 재상의 역할에 비유하여 傳記體로 쓴 것임. 《柳河東集》題下에 "傳蓋託物以寓意, 端爲佐天子相天下, 進退人才設也. 其曰:'裴封叔之第, 在光德里.' 又云:'其後, 京兆尹將飾官舍, 余往過焉.' 此文當作於貞元十七年後, 調藍田尉及將拜監察御史時作. 封叔, 終萬年令. 公誌其墓, 見別卷"이라 하였고, 《五百家注柳先生集》에는 "韓曰:公蓋託物以寓意, 端爲佐天子相天下進退人才者設也. 黃曰:王承福朽者而得傳於韓, 楊潛梓人而得傳於柳. 又曰:〈梓人傳〉意大抵出於孟子, 孟子言'爲巨室, 必使工師, 求大木', 是何異於梓人? 所謂量棟宇之任, 視木之能否者乎! 孟子言「敎玉人雕琢之」, 爲非是何異於梓人? 所謂「由我則固, 不由我則圮」, 不奪扵主人之牽制者乎!"라 함. 《古文關鍵》에는 "抑揚好, 一節應一節, 嚴序事實"이라 함.
*《眞寶》注에 "迂齋云:「規模從《呂氏春秋》來, 但他人不曾讀, 故不能用, 且不知子厚來處耳.」○此篇以梓人喩相業, 法度整嚴, 議論的當"이라 함.

배봉숙裴封叔은 집이 광덕리光德里에 있었는데, 어느 자인梓人 하나가 와서 그의 문을 두드리며 빈 방을 빌려 세내어 살기를 원하였다.

그의 직업은 심인尋引, 규구規矩, 승묵繩墨을 다루는 것이었지만, 그의 집에는 깎거나 자르는 따위의 도구는 없었다.

그에게 기능을 물었더니 그는 이렇게 말하는 것이었다.

"저는 목재를 헤아리고, 집의 규격, 즉 고심高深, 원방圓方, 단장短長을 잘 살핍니다. 저는 지시하여 부리기만 하고 여러 공인工人들이 일을 하지요. 제가 없으면 공인들은 한 채의 집도 짓지 못합니다. 이런 까닭으로 관부官府의 일에는 다른 사람보다 세 배의 품삯을 받고 사가私家에서는 거의 그 반을 받습니다."

다른 날에 그의 방에 들어갔더니 그의 침대는 다리가 망가져 있었는데도 고치지도 못하면서 "다른 목수를 불러다 고칠 것"이라 말하는 것이었다.

나는 그를 심하게 비웃으며 능력도 없으면서 녹祿을 탐하고 재물만 좋아하는 자라 여겼다.

그 뒤 경조윤京兆尹이 관서官署를 수리한다기에 나는 그곳을 지나가게 되었다.

많은 목재를 쌓아 놓았고 공인들을 모아 놓았는데, 어떤 이는 도끼를 잡고 있었고, 어떤 이는 칼과 톱을 잡고 모두가 둘러서서 그를 향해 서 있었다. 자인은 왼손에는 긴 자를 잡고, 오른손에는 막대기를 잡고 그 가운데에 있었다.

그는 집의 각 부분 집으로서의 역할을 헤아리고 목재들의 용도를 살핀 뒤, 막대기를 들어 지휘하되 "도끼!"하고 말하면 도끼를 잡고 있던 자는 오른쪽으로 뛰어갔고, 돌아보며 손가락으로 "톱!"하고 말하면 톱을 잡고 있던 자는 왼쪽으로 뛰는 것이었다.

잠시 뒤 도끼를 가진 자는 자르고, 칼을 가진 자는 깎고 하면서 모두가 자인의 기색을 살피되 감히 제 스스로 판단해서 하는 자는 없었다.

그중 임무를 제대로 해내지 못하는 자에게는 화를 내며 물러가게 해도 감히 서운한 모습을 보이지 않는 것이었다.

그는 지을 건물의 밑그림을 담에 그려놓았는데 크기는 한 척에 다 차지 않을 정도였지만 규격은 매우 상세하고 정확하였고, 호리毫釐까지 계산하여 큰 건물을 짓는 데에 어떤 오차도 없었다.

이윽고 건물이 완성되자 대들보에 '모년 모월 모일 아무개가 지음'이라고 썼는데, 그의 성명만 쓸 뿐 작업을 한 많은 공인들은 열거하지 않았다.

나는 빙 둘러 살펴보고는 크게 놀랐으며, 그 연후에야 그 목수의 기술이 공교하면서도 대단함을 알게 되었다.

이어서 나는 이렇게 탄식하였다.

"저 사람은 손기술을 버리고 오로지 마음의 지혜만으로 하면서 능히 요체를 아는 자일까! 내 듣기로 '마음을 쓰는 자는 남을 부리고, 힘을 쓰는 자는 남에게 부림을 당한다' 하였는데, 저 사람은 마음을 쓰는 자일까! '능한 자는 쓰임이 되고 지혜로운 자는 모책을 짠다'라 하였는데, 저 사람은 지혜로운 자일까!"

이는 족히 천자를 보좌하여 천하를 도울 법이로다, 사물이란 이보다 더 비근한 것은 없다.

저 천하를 다스림이란 사람에게 근본을 두는 것이니, 직접 일을 집행하는 자는 도예徒隷이며, 향사鄕師나 이서里胥이며, 그 위로는 하사下士이며, 다시 그 위로는 중사中士, 상사上士이며, 다시 그 위로는 대부大夫, 경卿, 공公이다. 이들을 분리해서 육직六職이 되며, 다시 쪼개어 백역百役이 되는 것이다.

밖으로 사해四海에 이르러서는 방백方伯과 연솔連帥이 있으며, 군에는 군수郡守가, 읍에는 읍재邑宰가 있어 저마다 행정을 돕게 된다.

그들 아래로는 서사胥史, 胥吏, 다시 그 아래로는 색부嗇夫와 판윤版尹이 있어 할 일을 하고 있으니, 이는 마치 여러 공인들이 각기 자신들의 기술을 가지고 힘으로써 밥을 벌어먹는 것과 같다.

천자를 보좌하여 천하를 돕는 자는 인재를 천거하여 벼슬을 더해주고, 지휘하여 부리고, 기강紀綱을 조목으로 하되 늘이고 줄이면서 적용하여, 그 법도를 가지런히 하여 정돈整頓해 나가고 있으니, 자인이 규구와 승묵을 가지고 지을 집의 규모를 정하는 것과 같다.

그리하여 천하의 인재를 택하여 그들에게 맞는 직책을 맡도록 하며, 천하의 백성들에게 거하면서 그들로 하여금 자신들의 생업에 편안히 종사하며 살도록 한다.

도성을 보고 시골의 삶을 알고, 시골을 보고 나라를 이끌 길을 알며, 나라를 보고 천하를 다스릴 방법을 알게 되는 것이니, 먼 것과 가까운 것, 그리고 미세한 것과 광대한 것을 손에 그림을 잡고 궁리할 수 있으니, 이는 마치 자인이 지을 집을 벽에 그림으로 그려놓고 완성의 실적을 이루는 것과 같다.

능한 자는 진달시켜 그 길로 말미암도록 하되 그것을 자신의 덕으로 여기려 하지 않도록 하며, 능력 없는 자는 물러나 쉬게 해도 감히 서운한 마음을 갖지 않도록 하며, 재능을 뽐내지 않으며, 명예를 자랑하지 않으며, 여러 관직들의 일을 넘보지 않으며, 날마다 천하의 영재들과 함께하며 그 대경大經을 토론하니, 이는 마치 자인이 여러 공인들을 잘 움직이되 그 재예才藝를 자랑하지 아니함과 같다.

무릇 이렇게 한 연후에야 재상의 도道가 얻어져 만국이 다스려지는 것이다.

이윽고 재상이 도를 얻고, 만국이 다스려지면 천하가 머리를 들고 바라보면서 이렇게 말하게 된다.

"우리 재상의 공로이다."

후세 사람들도 그의 행적을 따라하면서 그를 사모하여 이렇게 말하게 된다.

"저것은 재상의 재능이다."

선비들은 혹시 은殷나라와 주周나라가 잘 다스려진 것을 말할 때면 이윤伊尹, 부열傳說, 주공周公, 소공召公을 거론하지 그 아래 백관들이 일을 부지런히 힘썼던 것은 기록하지 않으니, 이는 마치 자인이 그 공적에 자신의 이름만 기록할 뿐 그가 부렸던 공인들은 그 대열에 들이지 못하는 것과 같다.

크도다, 재상이여!

이러한 도를 통달한 자라야 재상이라 할 수 있다.

그런데 요체를 제대로 알지 못하는 자는 이를 거꾸로 한다.

삼가고 부지런히 한 것을 공功으로 여기며, 관청의 여러 문서를 잘 정리하는 것만을 높은 것으로 여기며, 자신의 능력을 뽐내고 명예를 자랑하며, 작은 수고는 직접 자신이 나서서 하며, 여러 관직의 일을 침범하며, 육직과 백역의 일을 몰래 훔치며, 관부官府의 뜰에서 시끄럽게 싸우며, 그러다가 중대한 것과 원대한 것을 빠뜨리니, 이를 일러 이 도를 통달하지 못한 것이라 한다.

이는 마치 자인이면서 승묵의 곡직이나, 규구의 방원, 심인의 장단도 모르면서 잠시 여러 공인들의 도끼와 칼 톱을 빼앗아 그들 기예技藝를 돕겠다고 나서고, 게다가 능히 그 공정을 준비하지도 못한 채 실패만 자꾸 이어가다가 아무런 성취도 얻지 못하는 것과 같다. 역시 잘못이 아니겠는가?

어떤 이는 이렇게 말할 것이다.

"집을 짓겠다는 그 주인이 만약 자신의 사사로운 지혜를 내어 자인의 의도를 견제하며, 자인이 집안 대대로 익혀온 경험을 빼앗으며, 게다가 길 가는 사람들과 상의하여 그 방법을 사용한다면 비록 집을 완성하지 못한다 해도 그것이 어찌 그 사람의 죄이겠는가? 역시 누구에게 맡겼는가에 달려 있을 뿐이다."

나는 이렇게 말하겠다.

"그렇지 않다. 아무리 승묵이 잘 펼쳐져 있고, 규구가 잘 설치되어 있다 해도 높은 것을 억제하여 낮출 수 없고, 좁은 것을 펴서 넓힐 수 없다거나, 내(자인) 의견대로 하면 견고하지만 그렇게 하지 않으면 무너지고 마는 데도, 주인이 견고한 것을 버리고 무너지는 쪽을 택하기를 좋아한다면, 자인으로서는 그 자신의 기술을 거두어 쓰지 않으며, 그 지혜를 침묵하여 일러주지 않은 채 유유히 떠나 자신의 도를 굽히지 않는 것, 이것이 진실로 훌륭한 자인인 것이다. 그가 혹시 재물과 이익을 좋아하여 그저 참으면서 포기하지 않는다거나 그 제량制量을 잃고, 굴복하여 자신의 지조를 지켜내지 않아 동량이 흔들리고 집이 무너지자 '이는 나의 잘못이 아니다' 한다면 그것이 옳은 일이겠는가? (그것이 옳은 일이겠는가?)"

나는 자인의 도는 재상과 유사하다고 여겨, 그 때문에 이를 글로 써서 보관하는 것이다.
자인은 아마 옛날 '곡직면세曲直面勢를 하는' 자일 것이니, 지금 이것을 '도료장都料匠'이라 하리라.
내가 만난 그 사람은 양씨楊氏 성에 이름은 잠潛이다.

裴封叔之第, 在光德里, 有梓人欵其門, 願傭隟宇而處焉.
所職尋引, 規矩, 繩墨, 家不居礱斲之器.
問其能, 曰:「吾善度材, 視棟宇之制, 高深, 圓方, 短長之宜, 吾指使而羣工役焉. 捨我, 衆莫能就一宇. 故食(於)官府, 吾受祿三倍; 作於私家, 吾收其直太半焉.」
他日入其室, 其牀闕足, 而不能理, 曰:「將求他工.」
余甚笑之, 謂其無能而貪祿嗜貨者.

其後京兆尹, 將飾官署, 余往過焉.
委羣材, 會衆工, 或執斧斤, 或執刀鋸, 皆環立嚮之. 梓人左執引, 右執杖, 而中處焉.
量棟宇之任, 視木之能, 擧揮其杖曰:「斧!」彼執斧者奔而右,顧而指曰:「鋸!」彼執鋸者趨而左.

俄而斤者斲, 刀者削, 皆視其色, 俟其言, 莫敢自斷者.

其不勝任者, 怒而退之, 亦莫敢慍焉.

畫宮於堵, 盈尺而曲盡其制, 計其毫釐而搆大廈, 無進退焉.

旣成, 書于上棟曰「某年某月某建」, 則其姓字也, 凡執用之工, 不在列.

余圜視大駭, 然後知其術之工大矣.

繼而歎曰:「彼將捨其手藝, 專其心智, 而能知體要者歟! 吾聞『勞心者役人, 勞力者役於人』, 彼其勞心者歟!『能者用而智者謀』, 彼其智者歟!」

是足爲佐天子, 相天下法矣! 物莫近乎此也.

彼爲天下者本於人, 其執役者, 爲徒隸, 爲鄉師, 里胥; 其上爲下士; 又其上爲中士, 爲上士; 又其上爲大夫, 爲卿, 爲公. 離而爲六職, 判而爲百役.

外薄四海, 有方伯, 連帥, 郡有守, 邑有宰, 皆有佐政.

其下有胥史, 又其下有嗇夫, 版尹, 以就役焉, 猶眾工之各有執伎, 以食力也.

彼佐天子相天下者, 擧而加焉, 指而使焉, 條其紀綱而盈縮焉, 齊其法度而整頓焉, 猶梓人之有規矩, 繩墨, 以定制也.

擇天下之士, 使稱其職; 居天下之人, 使安其業; 視都知野, 視野知國, 視國知天下, 其遠邇細大, 可手據其圖而究焉, 猶梓人畫宮於堵而績于成也.

能者進而由之, 使無所德; 不能者退而休之, 亦莫敢慍; 不衒能, 不矜名, 不親小勞, 不侵眾官, 日與天下之英才, 討論其大經, 猶梓人之善運眾工而不伐藝也.

夫然後相道得而萬國理矣.

相道旣得, 萬國旣理, 天下擧首而望曰:「吾相之功也.」

後之人循跡而慕曰:「彼相之才也.」

士或談殷周之理者, 曰伊, 傅, 周, 召, 其百執事之勤勞, 而不得紀焉, 猶梓人自名其功, 而執用者不列也.

大哉相乎! 通是道者, 所謂相而已矣.

其不知體要者反此:

以恪勤爲公, (以)簿書爲尊, 衒能矜名, 親小勞, 侵衆官, 竊取六職百役之事, 听听於府庭, 而遺其大者遠者焉, 所謂不通是道也.

猶梓人而不知繩墨之曲直, 規矩之方圓, 尋引之短長, 姑奪衆工之斧斤刀鉅(鋸), 以佐其藝, 又不能備其工, 以至敗績用而無所成也. 不亦謬歟?

或曰:「彼主爲室者, 儻或發其私智, 牽制梓人之慮, 奪有世守, 而道謀是用, 雖不能成功, 豈其罪邪? 亦在任之而已.」

余曰:「不然. 夫繩墨誠陳, 規矩誠設, 高者不可抑而下也, 狹者不可張而廣也. 由我則固, 不由我則圮. 彼將樂去固而就圮也, 則卷其術, 黙其智, 悠爾而去, 不屈吾道, 是誠良梓人耳. 其或嗜其貨利, 忍而不能捨也; 喪其制量, 屈而不能守也, 棟橈屋壞, 則曰『非我罪也』, 可乎哉? (可乎哉?)」

余謂梓人之道類於相, 故書而藏之.

梓人, 蓋古之「審曲面勢」者, 今謂之「都料匠」云.

余所遇者, 楊氏, 潛其名.

【裴封叔之第, 在光德里】'裴封叔'은 柳宗元의 姊夫. 裴瑾.《柳河東集注》에 "裴封叔

名瑾子厚之姉夫"라 함. 萬年令으로 벼슬을 마쳤으며 柳宗元이 그의 墓誌銘을 썼음. '第'는 주택, 저택. '光德里'는 唐나라 때 長安의 마을 이름.

【有梓人欸其門, 願傭隟宇而處焉】'欸'(애)는 더러 '款'으로도 표기된 판본도 있으며 '문을 두드리다'의 뜻.《眞寶》注에 "欸, 猶叩也"라 함. '傭'은 고용살이. '隟宇'는 빈 방. 구석방. 구멍이 뚫린 허술한 방.《柳河東集》에 "隟, 去逆切.《說文》:「阤塞也.」"라 하였고,《柳河東集注》에 "童云: 隟, 當作隙. 寫轉作隟, 乞逆切"라 하여 '隟'은 隙으로 써야 한다고 하였음. '傭隟宇'는 빈 방을 빌려주고 노동으로 임대료를 대신함을 뜻함.《眞寶》注에 "叙事實. 隟, 當作隙. 乞逆反"이라 함.

【所職尋引, 規矩, 繩墨, 家不居礱斲之器】'尋引'은 길이를 재는 자. '尋'은 8尺, '引'은 1丈의 길이를 뜻함.《五百家注》에 "孫曰: 尋, 八尺; 引, 十丈. 尋引, 所以度長短也"라 함. '規矩'는 規矩로도 표기하며, 規는 圓尺, 矩는 曲尺. '繩墨'은 먹줄과 먹통. '居'는 '存'과 같음. '礱斲之器'는 '礱'(롱)은 숫돌, '斲'(착)은 작두, 혹 자귀. 여기서는 목공에 사용하는 도끼, 자귀, 작두, 줄, 칼, 대패, 끌 등 모든 용구를 대신하여 이른 말. '斲'은 斵, 斫으로도 표기하며 깎거나 자르는 기구.

【問其能】그의 特長, 專攻을 물어봄.

【吾善度材, 視棟宇之制, 高深圓方短長之宜, 吾指使而羣工役焉】'度材'는 건축 재료를 잘 헤아림. '棟宇'는 집의 구조를 뜻함. 高深, 圓方, 長短은 모두 집을 지을 때의 여러 상황과 조건을 가리킴. 자신은 指示만 하고 여러 工人들이 지시에 따라 일을 함.

【捨我, 衆莫能就一宇】'就'은 成과 같음. 자신이 없으면 공인들이 집을 지어낼 수 없음.

【故食(於)官府, 吾受祿三倍】《柳河東集》에는 '食官府'가 모두 '食於官府'로 되어 있음. '受祿三倍'는 자신은 품값으로 다른 공인의 3배를 받음. '祿'은 품삯.

【作於私家, 吾收其直太半焉】'私家'는 民間人의 집을 지어주는 일을 말함. '直'은 '値'와 같음. '太半'은 그의 반 정도를 품삯으로 받음.《柳河東集》에는 大半으로 되어 있음.

【他日入其室, 其牀闕足, 而不能理】'牀'은 床과 같으며 침상, 침대. '闕'은 '缺'과 같음. '闕足'은 침대의 다리가 하나 없음. '不能理'는 어떻게 고치는지를 몰라 수리를 하지 않은 채 살고 있음.

【將求他工】장차 다른 공인을 불러 고칠 것이라 말함.

【余甚笑之, 謂其無能而貪祿嗜貨者】의아히 생각하며 비웃었음. 그리고 능력도 없

으면서 祿을 탐하고 재물이나 좋아하는 자라고 여겼음. '謂'는 '以爲'와 같음.

【其後京兆尹, 將飾官署, 余往過焉】'京兆尹'은 京兆(長安)의 행정을 맡은 최고 책임자. '飾官署'는 京兆尹이 집무하는 건물을 수리함. '官署'는 다른 판본에는 '官舍'로 되어 있음.

【委羣材, 會衆工, 或執斧斤, 或執刀鋸, 皆環立嚮之】'委羣材'는 여러 목재 등 건축 자재를 모아서 쌓아놓음. '會衆工'은 여러 공인들을 불러 집합시켜 놓음. '斧斤'은 목재를 다듬는 도끼류. '刀鋸'는 칼과 톱. '環立嚮之'는 공인들이 그를 빙 둘러서서 그를 향한 채 지시를 기다리고 있음.

【梓人左執引, 右執杖, 而中處焉】왼손에는 引, 오른손에는 지시용 막대기를 잡고 그들 가운데 서 있음.

【量棟宇之任, 視木之能, 擧揮其杖】'棟宇'는 집. 《周易》繫辭(下)에 "上古穴居而野處, 後世聖人易之以宮室, 上棟下宇, 以待風雨, 蓋取諸大壯"이라 함. '量棟宇之任'은 가옥의 각 부분이 건물에서 어떤 임무를 해야 하는가를 헤아림. '視木之能'은 목재가 어떤 능력을 해 주어야 하는지를 살펴봄. '擧揮其杖'은 가지고 있던 지시용 막대기를 들어서 지휘함.

【「斧!」彼執斧者奔而右, 顧而指曰:「鋸!」彼執鋸者趍而左】'趍'는 趨의 異體字. 급히 내달아 일러준 곳으로 가서 대기함. 《眞寶》注에 "如親見, 最狀物之妙處"라 함.

【俄而斤者斲, 刀者削】잠시 뒤 도끼를 가진 자는 자르고 칼을 가진 자는 깎음.

【皆視其色, 俟其言, 莫敢自斷者】모두가 梓人의 얼굴색 표정을 보며 그의 말을 기다리고 있을 뿐 감히 임의로 판단하는 자는 없음.

【其不勝任者, 怒而退之, 亦莫敢慍焉】맡은 바를 제대로 수행하지 못하는 자에게 梓人이 화를 내며 물러나게 해도 감히 서운한 기색을 짓지 않음. '慍'은 서운히 여겨 화를 냄. 《論語》學而篇에 "人不知而不慍, 不亦君子乎?"라 함.

【畫宮於堵, 盈尺而曲盡其制】'畫宮於堵'는 짓고자 하는 집의 밑그림을 담에 그려 놓음. '盈'은 '滿'과 같음. '盈尺而曲盡其制'는 밑그림 설계도는 비록 한 자 정도에 불과하지만 집의 구조와 규격을 모두 표시하고 있음.

【計其毫釐而搆大厦, 無進退焉】'毫釐'는 아주 미세한 차이. '搆'는 構와 같음. 《柳宗元集》에는 '構'로 되어 있음. '大厦'는 大廈와 같으며 큰 건물, '進退'는 加減, 誤差, 수정해야 할 부분 등과 같은 뜻임.

【旣成, 書于上棟曰「某年某月某建」】'上棟'은 위의 대들보. 그곳에 상량문이나 건축 완성 年月日을 기록함.

【則其姓字也, 凡執用之工, 不在列】거기에 梓人의 성명만 기록될 뿐, 그 일에 매달 렸던 다른 工人들은 그 대열에 기록이 되지 않음.

【余圜視大駭, 然後知其術之工大矣】'圜視'는 빙 둘러 살펴봄. '大駭'는 크게 놀람.

【繼而歎曰:彼將捨其手藝, 專其心智】'手藝'는 손재주, 작은 기능을 뜻함. '心智'는 마음으로 터득한 지혜. 큰 원리를 뜻함.

【而能知體要者歟】'軆'는 體의 異體字. '軆要'(體要)는 대강과 요체.

【吾聞勞心者役人, 勞力者役於人, 彼其勞心者歟】'勞心者役人, 勞力者役於人'은 '마음을 노고롭게 쓰는 자는 남을 부리는 자이며, 힘을 쓰는 자는 남에게 사역을 당하는 자'임을 뜻함. 《孟子》滕文公(上)에 '勞心者治人, 勞力者治於人'이라 하여 '役'이 '治'로 되어 있음.

【能者用而智者謀, 彼其智者歟】'用'은 이용을 당함. 또는 실제로 활용함. 능력 있는 자는 실행에 옮겨 활용하고 지혜 있는 자는 앉아서 모책을 세움.

【是足爲佐天子, 相天下法矣! 物莫近乎此也】'法'은 그러한 일, 곧 천자를 보좌하고 천하를 돕는 일에 법이 될 수 있음. 사물의 원리는 이에 아주 가까움. 원리는 이와 똑같음.

【彼爲天下者本於人, 其執役者, 爲徒隷, 爲鄕師·里胥】'爲天下者'는 천하를 다스리는 자. '本於人'은 사람에게 근본을 둠. 《眞寶》注에 "應前'聚衆工'一段"이라 함. '執役者'는 실제 使役을 당하는 자. 각기 자신의 일을 구체적으로 맡은 자. '徒隷'는 감옥을 지키는 간수, 또는 죄인을 잡기 위해 파견되는 差使 따위의 하급관리. 관리로서 가장 낮은 직급을 뜻함. 鄕師와 里胥는 徒隷보다 위 단계의 일꾼들. 이들은 鄕과 里의 지방 말단관직. 《周禮》에 閭胥, 里宰 등의 직급 명칭이 있음. 《五百家注》에 "孫曰:徒隷, 給徭役者;鄕師, 一鄕之長;里胥, 一里之長. 胥, 謂其有才智爲什長者"라 함.

【其上爲下士;又其上爲中士, 爲上士;又其上爲大夫, 爲卿, 爲公】그 다음 위의 단계로 下士, 中士, 上士가 있으며, 다시 그 위에 大夫, 卿, 公이 있음. 周나라 때에는 公卿, 大夫, 士의 3등급을 기준으로 하면서 다시 上中下로 세분되었음.

【離而爲六職, 判而爲百役】'離'는 업무를 分離, 分擔해서 六職으로 나눔. '六職'은 《周禮》에 天官, 地官, 春官, 夏官, 秋官, 冬官으로 나누었으며, 이는 저마다 治職, 敎職, 禮職, 政職, 刑職, 工職 등의 직무를 맡았음. 한편 이는 뒤에 吏部, 戶部, 禮部, 兵部, 刑部, 工部의 六部가 됨. 《周禮》考工記에 "國有六職, 百工與居一焉"이라 하였고, 注에 "百工, 司空事, 官之屬於天地四時之職, 亦處其一也"라 함. '判

而爲百役'은 이것이 다시 세분되어 백관이 됨. '百役'은 百官과 같음. 《眞寶》 注에 "應前'羣材'等"이라 함.

【外薄四海, 有方伯, 連帥(率), 郡有守, 邑有宰, 皆有佐政】'薄'은 至의 뜻. 《尙書》禹書 益稷篇에 "外薄四海, 咸建五長, 各迪有功"이라 함. '方伯'은 殷周시대에 제후들을 총괄하던 大諸侯. 《禮記》 王制篇에 "千里之外, 設方伯"이라 함. 連帥(연솔)은 《柳 河東集注》에는 '連率'로 표기되어 있으며, 注에 "率, 與帥同. 《記》王制:「千里之外, 設方伯.」 又云:「十國以爲連, 連有帥.」"라 함. '守'는 郡守, '宰'는 邑宰. 이들에게는 모두 佐政이 있었음. '佐政'은 행정을 돕는 보좌관.

【其下有胥史, 又其下有嗇夫, 版尹, 以就役焉】'胥史'는 胥吏. '史'는 '吏'의 誤字. '嗇 夫'는 지방관청에서 소송이나 賦稅를 관장하던 하급직. '版尹'은 鄕廳에서 호적 의 판본을 관리하던 하급직. 《柳河東集注》에 "版尹, 掌戶版者"라 하였고, 《五百家 注》에는 "孫曰:漢制:鄕小者, 置嗇夫一人;版尹, 掌戶版者"라 함.

【猶衆工之各有執伎, 以食力也】이들은 모두 工人이 각기 자신의 기능에 따라 집 을 지으며 그 힘으로 생계를 꾸려나가는 것과 같음.

【彼佐天子相天下者, 擧而加焉, 指而使焉, 條其紀綱而盈縮焉, 齊其法度而整頓焉】 천자를 보좌하여 천하에 재상을 하는 자는 관리를 천거하고, 지시하여 부리고, 기강의 조례를 세워 채우고 줄이고 하며, 그 법도를 고르게 하여 정돈함. '條'는 조리를 세워 일관되게 적용함. '盈縮'은 채우고 줄이고 하여 신축적으로 운용함 을 말함.

【猶梓人之有規矩, 繩墨, 以定制也】이상은 梓人이 規矩와 繩墨을 가지고 집을 지 을 설계와 과정을 진행해 나가는 것과 같음. 즉 宰相은 梓人, 온갖 하급직과 백 관은 工人과 같음을 말한 것.

【擇天下之士, 使稱其職;居天下之人, 使安其業】'稱'은 맞음. 합당함. 걸맞음. 《眞 寶》 注에 "應前'趨而左'一句"라 함.

【視都知野, 視野知國, 視國知天下, 其遠邇細大, 可手據其圖而究焉】'都'는 都城. '野'는 郊外. '遠邇細大'는 먼 곳, 가까운 곳, 미세한 것, 광대한 것. 여러 상황을 말함.

【猶梓人畫宮於堵而績于成也】'績'은 공적. 일을 완수함.

【能者進而由之, 使無所德】'德'은 사사로운 은혜. 그렇게 일을 하도록 한 것에 대해 자신이 은덕을 베푼 것으로 여기지 않음.

【不能者退而休之, 亦莫敢慍】'休'는 물러나 쉬게 함.

【不衒能, 不矜名, 不親小勞, 不侵衆官】 '衒'은 자랑하거나 뽐내며 자신을 팖. 《五百家注》에 "童曰: 衒, 行且賣也. 音絃"이라 함. '不親小勞'는 작은 일거리에 자신이 직접 나서지 않음. '不侵衆官'은 다른 여러 사람의 일을 침범하지 않음.

【日與天下之英才, 討論其大經】 '大經'은 나라를 다스리는 큰 도리. 治道. 常道.

【猶梓人之善運衆工而不伐藝也】 '伐藝'는 자신의 才藝를 뽐냄.

【夫然後相道得而萬國理矣】 '相道'는 재상으로서 나라 다스리는 방법. '理'는 治와 같음. 《眞寶》注에 "唐諱治字, 以理字代"라 함.

【相道旣得, 萬國旣理, 天下擧首而望曰:「吾相之功也.」】 이를 모두 재상의 공로라 칭송함.

【後之人循跡而慕曰:「彼相之才也.」】 후세 사람들도 그의 행적을 따르면서 재상의 능력이었다고 말함.

【士或談殷周之理者, 曰伊, 傅, 周, 召, 其百執事之勤勞, 而不得紀焉】 '伊'는 伊尹. 殷나라 湯을 도왔던 재상. '傅'는 부열(傅說). 殷 高宗(武丁)을 도와 中興시킨 재상. '周'는 周公(姬旦). 周 文王(姬昌)의 아들이며 武王(姬發)의 아우. 成王(姬誦)을 도와 주나라를 안정시켰으며 주나라 文物制度, 禮樂典章을 완성시킨 인물. '召'는 召公(姬奭). 또한 주초의 현인으로 燕에 봉해짐. '不得紀焉'은 재상들만 거론될 뿐 그 아래 실제로 노력했던 백관들은 기록되지 않음.

【猶梓人自名其功, 而執用者不列也】 이상은 마치 上梁文에 梓人의 이름은 기록되지만 그가 부렸던 공인들은 그 名列에 들지 못하는 것과 같음.

【大哉相乎! 通是道者, 所謂相而已矣】 재상의 역할은 바로 이와 같아야 함.

【其不知體要者反此】 이상의 大體와 要領을 알지 못하는 자는 이에 거꾸로 함. 그 사례는 아래에 나열하고 있음.

【以恪勤爲公, (以)簿書爲尊, 衒能矜名, 親小勞, 侵衆官, 竊取六職百役之事】 '恪勤爲公'의 '恪勤'은 삼가며 정성을 다함. '公'은 功의 뜻. 《唐文粹》에는 '功'으로 되어 있음. '簿書爲尊'은 재상이 문서를 잘 다루는 것을 높은 것으로 여김. '簿書'는 관청에서 쓰이는 여러 종류의 문서. 재상은 이보다 더 큰 體要를 실현해야 함을 말함. 한편 《柳河東集》에는 앞에 '以'자가 더 있음.

【听听於府庭, 而遺其大者遠者焉, 所謂不通是道也】 '听听'은 웃음. 비웃음. '听'은 《眞寶》注에 "魚隱反"이라 하여 '은'으로 읽음. 《五百家注》에 "韓曰: 听听然, 笑也. 魚隱切"이라 함. 그러나 《柳宗元集》 校勘記에 "听听於府廷(庭): 陳景雲《柳集》點勘: 「按: 听, 乃笑貌, 與〈子虛賦〉『听然而笑』是也. 與此不切, 當作『斷斷』. 《史記》注:

斷斷, 鬪爭貌. 觀下'姑奪衆工'句, 對上'斷斷'言之耳.」라 하여 '斷斷'으로 보아야 한다고 주장하기도 하였음. '遺'는 失, 逸과 같음. 놓침, 잃어버림. 빠뜨림.

【猶梓人而不知繩墨之曲直, 規矩之方圓, 尋引之短長】이상은 마치 梓人이 아무것도 모른 채 일을 하는 것과 같음.

【姑奪衆工之斧斤刀鉅(鋸), 以佐其藝】'鉅'는 鋸의 오류. 톱.《柳河東集》에는 모두 거로 되어 있음.

【又不能備其工, 以至敗績用而無所成也. 不亦謬歟】'敗績'은 실패가 자꾸 이어짐.

【或曰:「彼主爲室者, 儻或發其私智, 牽制梓人之慮, 奪有世守, 而道謀是用, 雖不能成功, 豈其罪邪? 亦在任之而已.」】'主爲室者'는 집 주인. 집을 지어달라고 부탁한 주인.《眞寶》注에 "此一段, 承得好結有精神"이라 함. '儻'은 '만약'의 뜻. '私智'는 자신의 사사로운 지혜를 사용함. '世守'는 梓人 집안 대대로 전해오는 경험과 기술. '道謀'는 길 가던 사람과 상의하여 모책을 세움.《柳河東集注》에《詩》:「如彼築室于道謀.」라 하였으며,《詩》小雅 小旻에 "哀哉爲猶, 匪先民是程, 匪大猶是經, 維邇言是聽, 維邇言是爭. 如彼築室于道謀, 是用不潰于成"이라 함.

【余曰:「不然. 夫繩墨誠陳, 規矩誠設, 高者不可抑而下也, 狹者不可張而廣也】'誠陳'은 진실로 잘 진열되어 있음. 그러나 가옥 구조를 제대로 바로잡지 못함.

【由我則固, 不由我則圮】'圮'는 무너짐.《五百家注》에 "圮, 壞也. 部鄙切"이라 하여 '비'로 읽음. '固'에 상대하여 쓴 것임.

【彼將樂去固而就圮也, 則卷其術, 默其智, 悠爾而去, 不屈吾道, 是誠良梓人耳】'卷'은 '捲'과 같음. 말아서 숨김. 거두어버림. '悠爾'는 유유히. 기꺼이. 그러나 '悠'는 攸로 보아야 하며 이는 '급히 내닫는 모습'(疾走貌)이라 함.《柳宗元集》校勘記를볼 것.

【其或嗜其貨利, 忍而不能捨也;喪其制量, 屈而不能守也】이익을 좋아하여 참으면서 버리지 못하거나, 또는 制量을 잃었으면서도 굽혀 자신의 도를 지켜내지 못함.

【棟撓屋壞, 則曰『非我罪也』, 可乎哉? (可乎哉?)】'棟橈屋壞'는 대들보가 휘고 집이 무너짐. '可乎哉'은《柳宗元集》에는 모두 두 번 중첩하여 주장을 강조하고 있음.

【余謂梓人之道類於相, 故書而藏之】'類於相'은 宰相도 이와 같이 하여야 함을 강조한 것.《眞寶》注에 "前自梓人說起引來, 譬喩相業;中一大段, 自相業敷演, 節節證歸梓人;末段設爲問答, 只及梓人而不復證說相業, 最是一妙家數, 未只將一句收拾之. '余謂梓人之道類於相', 不特結盡一篇, 末段之意, 自己然不待言而喩矣. 若曰譬之爲相者, 守其所學, 而君曰「姑捨汝所學, 而從我」, 則不合而去, 是方爲良相耳.

苟貪位冒祿, 道不合而不去, 及天下不治, 則曰「非我罪也」, 如此豈不贅斾也哉? 今藏了此, 一段不設破, 妙甚妙甚! 有餘不盡之意, 令人讀至此, 滋味儁永, 端可爲法"이라 함. '書而藏之'는 이를 글로 써서 보관함.

【梓人, 盖古之審曲面勢者, 今謂之都料匠云】'審曲面勢'는 曲直과 面勢를 잘 살핌. 《周禮》考工記 "坐而論道, 或作而行之, 或審曲面勢以飭五材, 以辨民器; 或通四方之珍異, 以資之; 或筋力以長地財, 或治絲麻以成之"의 鄭玄 注에 "審察五材曲直, 方面形勢之宜, 以治之"라 함. '都料匠'은 건축이나 목공으로서 가장 뛰어난 大匠, 名匠.

【余所遇者, 楊氏, 潛其名】柳宗元 자신이 만나 이러한 도를 터득하게 해준 이의 이름이 楊潛임을 밝힌 것.

참고 및 관련 자료

1. 柳宗元(773-819)

柳子厚. 柳柳州. 자는 子厚, 河東 解縣(지금의 山西 永濟縣) 사람으로 詩人이며 散文家. 唐宋八代家의 하나로 山水 游記와 寓言 小品 등에 뛰어났으며 景物詩에도 일가를 이룸. 21세에 博學鴻詞科에 등제하여 이름을 날렸으며 30세에 監察御史에 오름. 順宗 원년(805) 王叔文이 정권을 잡자 그를 禮部員外郞에 추천하였으나 순종이 즉시 죽고 憲宗이 즉위하자 정권 변화에 왕숙문이 몰락, 그 또한 元和 원년(806) 9월 멀리 邵州刺史로 좌천되었으나 부임 도중 다시 폄직되어 永州司馬(지금의 湖南 零陵縣)로 쫓겨감. 그는 벽지 永州에 34세부터 41세까지 머물면서 많은 작품을 남겼음. 元和 9년(814) 長安으로 귀환되었다가 이듬해 다시 柳州刺史(지금의 廣西)로 내려가 그곳에 5년 공직 생활 끝에 병으로 생을 마쳤음. 이에 그를 '柳河東', '柳柳州'라 부르며, 그의 산문은 韓愈와 병칭되어 '韓柳'라 불리고 시는 韋應物과 병칭되어 '韋柳'라 불림. 뒤에 劉禹錫이 그의 유고를 모아 《柳先生文集》(45권)을 편찬하여 세상에 전하며 《柳河東集》도 전함. 그의 文集은 《新唐書》(藝文志, 4), 《宋史》(藝文志, 7)에 모두 30卷으로 되어 있으나 《直齋書錄解題》(卷16)에는 《柳柳州集》45卷, 外集 2卷으로 되어 있음. 현재의 《柳宗元集》 역시 45卷으로 되어 있음. 한편 그의 詩는 《全唐詩》에 4卷(350-353)으로 編輯되어 있고, 《全唐詩續拾》에 詩 3首가 補入되어 있음. 《舊唐書》(160)과 《新唐書》(168)에 전이 있음. 《眞寶》諸賢姓氏事略에 "柳子厚, 名宗元, 本河東, 徙吳, 元和中爲柳州刺史, 號柳州"라 함.

2. 《唐詩紀事》(43)

○子厚〈與楊誨之書〉云:「吾年十七, 求進士, 四年乃得擧. 二十四, 求博學宏詞科, 二年乃得仕. 及爲藍田尉, 走謁大官堂下, 與卒伍無別. 益學老子和光同塵, 雖自以爲得, 然以得號爲輕薄人矣. 及爲御史郎官, 自以登朝廷, 利害益大, 雖戒礪磏益切, 然卒不免爲連累廢逐.」(子厚陷王叔文之黨遷謫, 卒死於柳州, 柳人立廟羅池.)

○〈雪詩〉云:『千山鳥飛絕, 萬徑人蹤滅. 孤舟蓑笠翁, 獨釣寒江雪.』(視鄭谷亂飄僧舍之句不俟矣, 東坡居上云.)

3.《全唐詩》(350)

柳宗元, 字子厚, 河東人, 登進士第. 應擧宏辭, 授校書郎, 調藍田尉. 貞元十九年, 爲監察御史裏行, 王叔文, 韋執誼用事, 尤奇待宗元. 擢尙書禮部員外郎, 會叔文敗, 貶永州司馬. 宗元少精警絶倫, 爲文章雄深雅健. 踔厲風發, 爲當時流輩所推仰. 旣罹竄逐, 涉履蠻瘴. 居閒益自刻苦, 其堙厄感鬱, 一寓諸文, 讀者爲之悲惻. 元和十年, 移柳州刺史, 江嶺間爲進士者, 走數千里, 從宗元遊. 經指授者, 爲文辭皆有法, 世號柳柳州, 元和十四年卒. 年四十七, 集四十五卷, 內詩二卷, 今編爲四卷.

4.《唐才子傳》(5) 柳宗元

宗元, 字子厚, 河東人. 貞元九年, 苑論榜第進士, 又試博學宏辭, 授校書郎. 調藍田縣尉, 累遷監察御史裏行. 與王叔文·韋執誼善, 二人引之謀事, 擢禮部員外郎, 欲大用. 値叔文敗, 貶邵州刺史, 半道, 有詔貶永州司馬. 遍貽朝士書言情, 衆忌其才, 無爲用心者. 元和十年, 徙柳州刺史. 時劉禹錫同謫, 得播州. 宗元以播非人所居, 且禹錫母老, 具奏以柳州讓禹錫而自往播; 會大臣亦有爲請者, 遂改連州. 宗元在柳, 多惠政, 及卒, 百姓追慕, 立祠享祠, 血食至今. 公天才絶倫, 文章卓偉, 一時輩行, 咸推仰之. 工詩, 語意深切, 「發纖穠於簡古, 寄至味於淡泊, 非餘子所及也.」司空圖論之曰:「梅止於酸, 鹽止於鹹, 飲食不可無, 而其美常在酸鹹之外.」可以一唱而三歎也. 子厚詩在陶淵明下, 韋應物上, 退之豪放奇險則過之, 而溫麗靖深不及也. 今詩賦雜文等三十卷, 傳於世.

5.《五百家註柳先生集》附錄(2)

《歸叟詩話》:鄭谷〈雪詩〉云:「江上晚來堪畫處, 漁人披得一簑歸.」此村學堂中語也. 如柳子厚:「千山鳥飛絕, 萬徑人蹤滅. 孤舟簑笠翁, 獨釣寒江雪.」此信有格也哉! 作詩者當以此爲標準.

6. 이 글은《柳河東集》(17),《柳河東集注》(17),《五百家注柳先生集》(17),《唐文粹》(99),《崇古文訣》(12),《古文關鍵》(上),《文編》(63),《妙絶古今》(3),《文章辨體彙選》(545),《唐宋文醇》(11),《陝西通志》(93),《格物通》(71),《式古堂書畫彙考》(17),《事文類聚》(新集 7),《稗編》(46),《經濟類編》(20),《淵鑑類函》(357) 등에 실려 있음.

054. ⟨與韓愈論史書⟩ ·················· 柳子厚(柳宗元)

한유에게 주는 역사에 대해 논의한 글

*⟨與韓愈論史書⟩:《柳河東集》등에는 모두 ⟨與韓愈論史官書⟩로 되어 있어 '史官'
의 임무를 두고 討論을 벌인 書簡體 글임. 韓愈가 劉軻에게 보낸 ⟨答劉秀才論
史書⟩(참고란을 볼 것)의 원고를 柳宗元이 구해보고, 그 글 속에 "退之가 史官의
직무에 대해 여러 이유를 들어 자신은 두려움을 느끼며 선뜻 용기 있게 나서
지 못하는 내용"이 들어 있음을 알고, 이에 대해 退之를 강하게 압박하며 論駁
을 가한 글임.《古文關鍵》에 "亦是攻擊辨詰體, 頗似退之⟨諫臣論⟩"이라 하였고,
《文章軌範》에는 "辯難攻擊之文, 要人心服子厚, 此書文公不復辯, 亦理勝也"라 하
였으며,《古文淵鑑》에는 "元和八年, 愈爲史館修撰, 劉秀才作書勉之, 愈答書, 宗
元見愈書藁, 乃與愈書"라 함. 한편《柳河東集》에는 "《韓集》中不見⟨與公書⟩. 言史
事惟有答劉秀才論史書具言「爲史者不有人禍, 必有天刑」. 豈可不畏懼而輕爲之?
至引自古爲史不克令, 終者爲證. 公此書皆與韓問辨, 以爲不然. 觀韓⟨與劉秀才
書⟩, 則公所以答之之意, 昭然矣. 韓元和八年六月爲史館修撰. 此書云正月二十一
日, 其九年之春與"라 하였고,《東雅堂昌黎集註》(外集 2) ⟨答柳秀才論史書⟩ 注에
는 "劉秀才, 或云名軻, 字希仁. 集中不他見. 公是時爲史館修撰, 劉作此書以勉之.
柳子厚有與公⟨論史官書⟩曰「前獲書言史事, 云具⟨與劉秀才書⟩, 及今乃見書藁, 私
心甚不喜」云云. 反復論辨, 皆以公爲不肯任作史之責, 則柳所見, 卽公此書也. 李漢
自謂「收拾遺文, 無所失墜」, 乃逸此篇于正集之外, 豈以其嘗爲子厚所辯駁而遂棄
歟? 或問張子韶曰:「退之⟨與劉秀才論史書⟩, 謂「爲史不有人禍, 必有天殃」. 子厚作
書關之, 其說甚有理. 退之於理似屈.」子韻曰:「此亦退之說得未盡處, 想其意亦不
專在畏禍, 但恐褒貶足以貽禍, 故遷就其說, 而失之泥, 宜爲子厚所攻也.」"라 함.

*《眞寶》注에 "迂齋云:「捃擊辨難之體, 沈著痛快. (可以想見其人.)」○退之爲史官,
柳子厚·劉秀才, 皆勉以作史. 柳書首云:前獲書言史事, 退之集中, ⟨與柳子之書⟩不
存, 所存者, ⟨答柳秀才論史書⟩, 今在外集. ○云「辱問敎, 勉以所宜務. 愚以爲凡史
氏褒貶大法,《春秋》已備之矣. 後之作者在據事跡, 實錄則善惡自見, 然此尙非淺
陋偸惰者, 所能就, 況褒貶邪? 孔子聖人, 作《春秋》, 辱於魯衛陳宋齊楚, 卒不遇而
死. 齊太史氏, 兄弟幾盡;左丘明紀《春秋》時事, 以失明;司馬遷作《史記》, 刑誅;班

固瘦死;陳壽起又廢, 卒亦無所至;王隱謗退死家;習鑿齒無一足;崔浩·范曄亦誅;
魏收夭絶;宋孝王誅死;足下所稱吳兢, 亦不聞身貴, 而今其後有聞也. 夫爲史者,
不有人禍, 則有天刑, 豈可不畏懼, 而輕爲之? 唐有天下二百年, 聖君賢相相踵, 其
餘文武之士, 立功名, 跨越前後者, 不可勝數, 豈一人卒卒能紀而傳之邪? 僕年志,
已就衰退, 不可自敦率, 宰相, 知其無他才能, 不足用, 哀其老窮齟齬而無所合, 不
欲令四海內有戚戚者, 猥言之上, 苟加一職, 榮之耳. 非必督責迫蹙, 令就功役也.
賤不敢逆盛指, 行且謀引去. 夫聖唐鉅跡, 及賢士大夫事, 皆磊磊軒天地, 決不沈
沒. 今館中非無人, 將必有作者勤而纂之, 後生可畏, 安知不在足下, 亦宜勉之.」○
讀退之此書, 然後讀子厚此書, 皆是排闢, 退之書中所說意了然矣. 居其職, 則宜稱
其職. 柳之以史事責韓, 與韓之以諫責陽城, 一也. 以韓之平生剛正, 而有不敢作史
之失, 受責何疑? 然卒能成《順宗實錄》五卷, 亦可以塞責矣. 與陽城救陸贄, 沮延
齡, 略足相當, 能補過如此, 何損二子之賢哉? 亦朋友責善之力也.」라 함.

정월正月 21일, 모(유종원)는 머리를 조아리며 십팔장十八丈 퇴지 선생
께 시자侍者를 통해 올립니다.

사관의 일에 대해 언급하신 글을 얻어 보았더니, 〈유수재에게 보낸 글
與劉秀才書〉에 갖추어 말했다고 하셨는데, 지금 그 글의 원고를 얻어 보
았더니, 사사로운 제 마음에 심히 즐겁지 못하며, 내가 그대 퇴지 선생
과 지난해 사관의 일에 대해 이야기를 나눈 것과는 심히 다르더이다.

글 속에 말한 것과 같다면 퇴지께서는 의당 하루라도 사관史館의 아
래에 있어서는 안 될 것이니, 어찌 재상의 뜻을 잘 탐지하여 구차스럽게
역사를 기록하는 일을 하면서, 그 자리가 퇴지 하나를 영광스럽게 하는
것으로 여겨서야 되겠습니까?

만약 과연 그렇다면 퇴지께서는 어찌 재상이 자신을 영광스럽게 함을
거짓으로 받아들여, 사관史館의 아래, 군주와 아주 가까운 지점에 무릎
써 거居하여, 봉록이나 받아먹고, 장고掌故의 임무에 사역을 당하면서,
지필紙筆을 이용하여 사사로운 글을 써서, 자제子弟들을 기르는 비용으

로 취하고 있는 것입니까?

옛날 도道에 뜻을 둔 자는 의당 이와 같이 하지 않았습니다.

게다가 퇴지께서 "역사를 기록하는 자는 형벌이나 재앙을 만난다"라고 여기면서, 그런 역할을 피한 채 나서려 하지 않으니 더욱 그릇된 것입니다.

역사란 죽은 자의 포폄褒貶만을 명분으로 삼는 것인데도, 오히려 겁을 내어 감히 그 일을 하지 않거늘, 가령 그대 퇴지로 하여금 어사중승御史中丞의 대부大夫가 되어, 살아 있는 사람의 포폄과 성패成敗를 평가하라 할 경우, 그 평가 대상이 되는 자는 그 평판이 더욱 드러나게 됨으로써, 그러한 일의 두려움은 의당 더욱 클 것입니다.

그렇다면 장차 의기양양하게 어사대御史臺의 관부에 들어가 그저 좋은 음식과 편안한 자리에 앉아 조정에서 호령이나 하고 창도唱導하는 일 정도만으로 끝내려 하십니까?

어사의 자리에 있을 경우는 그 정도라 해도, 가령 퇴지로 하여금 재상이 되어 천하 선비들의 생살生殺, 출입出入, 승출升黜을 맡도록 했다면, 적이 될 자는 더욱 많아질 것입니다.

그렇다면 또 장차 의기양양하게 정사를 보는 관부에 들어가 좋은 음식과 편안한 자리에 앉아 안으로는 조정에서, 밖으로는 사통팔달의 큰 거리에서 호령하고 창도나 하는 정도만으로 그 책임을 끝내려는 것입니까?

그렇게 한다면 이는 사관으로서 그 일은 하지 않으면서 그 명호를 영광으로 여기고, 그 녹을 이익으로 여기는 것과 무엇이 다르겠습니까?

또 "사람이 그에게 재앙을 내리지 않으면 틀림없이 하늘이 내리는 형벌이 있다"라고 말씀하셨습니다.

이는 마치 옛날 사관의 일을 했던 자들의 죄를 묻는 듯하여 역시 심히 미혹됩니다.

무릇 그 직위에 처하게 되면 그 일의 도를 곧게 지킬 생각을 하여야 하는 것이니, 도가 진실로 곧다면 비록 죽을지라도 가히 회피하지 말아야 하며, 만약 회피할 것이라면 곧바로 그 직위를 버리고 떠나느니만 못합니다.

공자孔子가 노魯, 위衛, 진陳, 송宋, 채蔡, 제齊, 초楚나라에서 곤액을 당한 것이 이것이니, 그 시기는 혼암하여 제후들이 능히 그를 쓸 수가 없었습니다.

그러니 공자가 불우하게 죽은 것은 《춘추春秋》를 지었기 때문이 아니요, 그 때라면 비록 《춘추》를 짓지 않았더라도 공자는 역시 불우하게 죽었을 것입니다.

그러나 주공周公이나 사일史佚은 비록 말을 기록하고 사건을 기록했지만, 오히려 시대를 잘 만났고, 게다가 이름도 드러났으니, 다시 《춘추》를 썼다는 이유로 공자의 불우함을 거기에 얽맬 수는 없습니다.

범엽范曄은 도에 어긋난 짓을 하였으니 비록 사관의 직책을 갖지 않았다 해도 그 종족이 역시 주벌을 당했을 것이요, 사마천司馬遷은 천자의 감정을 건드렸기 때문에 궁형을 당한 것이며, 반고班固는 아랫사람을 제대로 검속하지 못하였기 때문에 옥사한 것이며, 최호崔浩는 자신의 곧음을 팔고 자랑하면서 북위北魏가 포악한 이민족이라 한 것 때문에 죽은 것으로, 모두가 중도中道를 지키지 못했기 때문이며, 좌구명左丘明은 병 때문에 눈이 먼 것이니, 불행해서 그런 일이 생긴 것이요, 자하子夏는 사관이 아니었음에도 역시 눈이 먼 것일 뿐, 사관이 되면 형벌이 있다는 것을 경계로 삼을 수는 없으며, 그 나머지도 모두가 사관이었다는 이유에서 나온 것은 아닙니다.

이 까닭으로 퇴지께서는 의당 중도를 지켜 그 곧음을 잊지 않을 것이지, 다른 일로 스스로 두려움을 가질 것은 없습니다.

퇴지의 두려움은 오직 곧음을 지키지 못하면 어쩌나 하는 경우와 중도를 얻지 못하면 어쩌나 함에 있을 뿐, 형벌과 재앙은 근심할 바가 아닙니다.

무릇 "당唐나라 그 동안 2백 년 기간에는 문무文武에 뛰어난 인물이 많다"라 하셨는데 진실로 그렇습니다.

그런데 지금 퇴지께서 "나 한 사람이 어찌 능히 밝히겠는가?"라고 하신다면, 같은 직무를 맡은 자들도 또한 이렇게 말할 것이며, 뒤에 나와 지금을 이어 사관이 되는 자도 또한 이렇게 말할 것이니, 사람마다 모두가 "나 한 사람"이라고 한다면 끝내 능히 역사를 기록하여 전해줄 자가 누가 있겠습니까?

만약 퇴지께서 단지 듣고 아는 것만이라도 힘써 감히 태만함이 없이 하시고, 같은 직무를 맡은 자와 뒤에 나와 지금을 이어가는 자도 역시 각각 듣고 아는 것으로써 힘써 감히 태만함이 없이 한다면, 아마 그 임무는 추락함이 없이 끝내 밝힘이 있을 것입니다.

그렇게 하지 않고, 다만 남이 하는 말을 믿어 그 때마다 매번 말이 달라진 채, 날로 시간이 자꾸 오래되면 그대 퇴지께서 말씀하신 바 "그 많고 굉장한 역사 사실이 천지에 우뚝 드러날 것"이라 한 것도 결코 틀림없이 잠겨 사라질 것이며(사라지지지 않을 것이며), 게다가 난잡하여 상고할 수도 없게 될 것이니, 이는 뜻 있는 자가 차마 그대로 둘 수 없는 것이 되고 말 것입니다.

과연 뜻이 있으시다면 어찌 남이 독촉하고 책임을 묻기를 급박히 하기를 기다린 연후에야 관직을 지켜내겠노라 하려 하십니까?

또한 무릇 귀신鬼神의 일은 묘망眇茫하고 황혹荒惑하여 기준을 삼을 수 없는 것이어서, 명석한 자도 거론하지 않는 것인데 퇴지처럼 지혜로움으로도 오히려 여기에 두려움을 두십니까?

지금 학문이 퇴지와 같고, 언사가 퇴지와 같고, 언론을 좋아하기도 퇴지와 같으며, 강개慷慨하여 스스로 말하기를 정직하고 항항行行하다고 말함도 퇴지와 같으면서, 오히려 말하는 바는 이와 같다면 당나라의 역사 서술은 끝내 부탁할 만한 자는 끝내 누구여야 하겠습니까?

영명한 천자와 현명한 재상이 사관이 될 재주를 가진 자를 얻음이 이와 같은데, 또한 과감히 나서지 않고 있으니 심히 통탄스럽습니다!

퇴지께서는 마땅히 생각을 바꾸시어, 할 만하거든 서둘러 하시고, 과연 끝까지 두려워서 감히 나서지 못하겠다고 여기시거든 하루라도 몸을 이끌고 떠나셔야지, 어찌 "장차 도모해보리라"라고 말만 하고 계십니까?

지금 마땅히 해야 할 것은 하지 않은 채, 사관史館에 있는 타인과 후생後生을 유혹하고 있는 것, 이는 크게 미혹된 것일 뿐입니다.

자신은 힘쓰지 아니하고 남이 힘쓰기를 요구하는 것은 어려운 일입니다!

<正月二十一日 某頓首十八丈退之侍者前:>
獲書言史事, 云具<與劉秀才書>, 及今見書槁, 私心甚不喜, 與退之徃年言史事, 甚大謬.

若書中言, 退之不宜一日在館下, 安有探宰相意, 以爲苟以史筆, 榮一韓退之邪?
若果爾, 退之豈宜虛受宰相榮己, 而冒居館下, 近密地, 食奉養, 役使掌故, 利紙筆爲私書, 取以供子弟費?
古之志於道者, 不宜若是.

且退之以爲「紀錄者, 有刑禍」, 避不肯就, 尤非也.
史以名爲褒貶, 猶且恐懼不敢爲; 設使退之爲御史中丞大夫, 其褒貶, 成敗人愈益顯, 其宜恐懼尤大也.

則又將揚揚入臺府, 美食安坐, 行呼唱於朝廷而已邪?

在御史猶爾, 設使退之為宰相, 生殺, 出入, 升黜天下士, 其敵益眾.

則又將揚揚入政事堂, 美食安坐, 行呼唱於內庭, 外衢而已邪?

何以異不為史而榮其號, 利其祿者也?

又言「不有人禍, 必有天刑」.

若以罪夫前古之為史者, 然亦甚惑.

凡居其位, 思直其道, 道苟直, 雖死不可回也; 如回之, 莫若亟去其位.

孔子之困于魯衛陳宋蔡齊楚者, 是也, 其時暗, 諸侯不能以也.

其不遇而死, 不以作《春秋》故也, 當是時, 雖不作《春秋》, 孔子猶不遇而死也.

若周公, 史佚, 雖紀言書事, 猶遇且顯也, 又不得以《春秋》, 為孔子累.

范曄悖亂, 雖不為史, 其宗族亦誅; 司馬遷觸天子喜怒, 班固不撿下, 崔浩沽其直, 以鬭暴虜, 皆非中道; 左丘明以疾盲, 出於不幸; 子夏不為史亦盲, 不可以是為戒, 其餘皆不出此.

是退之宜守中道, 不忘其直, 無以他事自恐.

退之之恐, 惟在不直, 不得中道, 刑禍非所恐也.

凡言「二百年文武士多」, 有誠如此者.

今退之曰「我一人也, 何能明?」則同職者, 又所云若是; 後來繼今者, 又所云若是; 人人皆曰「我一人」, 則卒誰能紀傳之邪?

如退之但以所聞知, 孜孜不敢怠, 同職者, 後來繼今者, 亦各以所聞知, 孜孜不敢怠, 則庶幾不墜, 使卒有明也.

不然, 徒信人口語, 每每異辭, 日以滋久, 則所云「磊磊軒天地」

者, 決必(不)沈沒, 且亂雜無可考, 非有志者所忍恣也.
　果有志, 豈當待人督責迫蹙, 然後爲官守邪?

　又凡鬼神事, 眇茫荒惑無可準, 明者所不道, 退之之智, 而猶懼
於此?
　今學如退之, 辭如退之, 好言論如退之, 慷慨自謂正直行行焉如
退之, 猶所云若是, 則唐之史述, 其卒無可託乎?
　明天子, 賢宰相, 得史才如此, 而又不果, 甚可痛哉!
　退之宜更思, 可爲速爲, 果卒以爲恐懼不敢, 則一日可引去, 又
何以云「行且謀」也?
　今當爲而不爲, 又誘館中他人及後生者, 此大惑已.
　不勉己而欲勉人, 難矣哉!

【正月二十一日 某頓首十八丈退之侍者前】《柳河東集》등에는 앞에 이 구절이 더
있으며, '前'은 편지글의 '앞, ―에게'의 뜻. '正月二十一日'은 唐 憲宗 元和 9년(814)
정월임. '某'는 柳宗元 자신. '頓首'는 머리를 조아림. 상대에 대한 敬語. '十八'은
兄弟의 排行을 뜻함. 韓愈(退之)는 열여덟 번째였음. '丈'은 자신보다 年長者일 경
우 붙이는 敬語. '侍者'는 모시며 따르는 사람. 侍從. 여기서는 韓退之에게 직접
말하지 못하고 그 侍者에게 따져 묻기 위해 이런 형식을 취한 것임.
【獲書言史事, 云具〈與劉秀才書〉, 及今見書槀, 私心甚不喜】'獲書'는 편지를 받음.
'劉秀才'는 劉軻.《韓文外集》(2)〈答劉秀才論史書〉注에 "劉秀才, 或云名軻, 字希
仁"이라 함. 그 밖에는 그에 대한 기록이 없어 구체적으로는 알 수 없음. '秀才'
는 과거의 한 과목이었으며 鄕貢에 급제한 사람을 부르는 호칭으로 널리 쓰였음.
〈與劉秀才書〉는 韓愈가 사관이 되어 새로 들어온 劉軻에게 "퇴지 자신은 史官
의 직책에 두려움을 느끼고 있으니 그대는 열심을 다하라"는 취지로 보냈던 격
려의 글로 현재《韓昌黎文集》에는 전하지 않고《韓文外集》(2),《全唐文》(514),《韓
集考異》(9),《東雅堂昌黎集註》(外集 2),《唐宋八大家文鈔》(5) 등에 저마다 실려 있
음. '書槀'는 편지의 원고. '槀'는 稿, 藁 등과 같음.
【與退之徃年言史事, 甚大謬】'徃年言史事'는 지난 해 史官의 일에 대해 언급했던

내용. 즉 사관은 죽음을 무릅쓰고 직필을 지조로 삼아야 한다고 의지를 표명한 언급. '大謬'는 크게 어긋남. 평소 퇴지가 하던 그런 말과 그 글 속의 내용이 현격히 차이가 남.

【若書中言, 退之不宜一日在館下, 安有探宰相意, 以爲苟以史筆, 榮一韓退之邪】'館下'는 史館의 아래. 역사를 집필하는 公館. '探宰相意'는 재상의 뜻을 탐색함. 재상의 의도를 살펴 그에 맞추어줌. '史筆'은 역사를 기술하는 글. 그러나《柳河東集》등에는 모두 '筆'자가 없음.

【若果爾, 退之豈宜虛受宰相榮己, 而冒居館下】'虛受'는 자신을 숨긴 채 받아늘임. 한퇴지가 그만한 자신이 없음에도 재상이 내려준 史官이라는 직책을 받음. '榮己'는 자신을 영광스럽게 해줌. '冒'는 무릅씀. 함부로 함.

【近密地, 食奉養, 役使掌故, 利紙筆爲私書, 取以供子弟費】'近密地'는 천자와 아주 가까운 지점. 史官은 天子나 재상을 아주 가까이에서 만날 수 있음을 말함. '食奉養'은 봉록을 받아먹음. '掌故'는 漢代에 설치되었던 관직 이름. 禮樂의 故實에 대해 諮問에 응하던 직책. 한퇴지가 그러한 업무를 담당함.《柳河東集》에는 '掌固'로 되어 있으며, 注에 "孫曰:《漢書》作故, 令史之屬. 應劭云:掌故事. 固字, 一本作故"라 함. '利紙筆'은 紙筆을 사사롭게 이용함. '供子弟費'는 거기서 얻은 이익을 자제들을 위한 비용으로 씀.

【古之志於道者, 不宜若是】道에 뜻을 둔 자는 마땅히 이와 같이 해서는 안됨.

【且退之以爲「紀錄者, 有刑禍」, 避不肯就, 尤非也】'紀錄者有刑禍'는 역사를 기록하는 임무를 담당한 자는 형벌이나 재앙을 만남. 韓愈〈答劉秀才論史書〉에 "夫爲史者, 不有人禍, 則有天刑"이라 하였음. 참고란을 볼 것. '避不肯就'는 史官의 직책은 피하며 나가려 하지 않음.

【史以名爲褒貶, 猶且恐懼不敢爲】역사 기록은 褒貶을 명분으로 삼음. 죽고 이름만 남은 사람을 褒貶함. 史官이 이러한 일을 겁을 내어 감히 하지 못함.〈答劉秀才論史書〉에 "豈可不畏懼而輕爲之哉!"라 함.

【設使退之爲御史中丞大夫, 其褒貶, 成敗人愈益顯, 其宜恐懼尤大也】'設使'는 예를 들면 다음과 같은 일을 하도록 함. '御史中丞大夫'는 御史臺의 御史中丞. 御史臺는 백관의 非違를 감찰하는 임무를 맡은 곳. 그곳의 책임자는 御史大夫이며 副官은 御史中丞. 여기서는 죽은 사람을 평가하는 史官의 권위를, 살아 있는 백관을 호령하는 御史中丞에 빗대어 설명한 것임. '褒貶, 成敗'는 褒貶을 평가받고 成敗로 판명받음.

【則又將揚揚入臺府, 美食安坐, 行呼唱於朝廷而已邪】'揚揚'은 得意에 찬 모습.《眞寶》注에 "揚揚, 自得貌"라 함. '臺府'는 御史臺의 관청. '呼唱'은 조정에서 백관을 지휘하고 호령을 내림. '而已邪'는 '그 정도에 그치겠는가?'의 뜻. 그 책임은 그보다 훨씬 큼을 뜻함.

【在御史猶爾, 設使退之爲宰相, 生殺, 出入, 升黜天下士, 其敵益衆】'生殺, 出入, 升黜'은 모두 相對語. 이는 모두 재상으로서 할 수 있는 아주 큰 권한. 御史보다 훨씬 큰 권한.

【則又將揚揚入政事堂, 美食安坐, 行呼唱於內庭, 外衢而已邪】'政事堂'은 정사를 보는 곳. 재상의 집무실. '內庭, 外衢'는 안에서의 朝廷(朝庭)과 밖에서의 大路. '衢'는 사통팔달의 큰 거리.

【何以異不爲史而榮其號, 利其祿者也】"史官의 임무는 다하지 않으면서 그 칭호를 영예로 여기고 그 녹을 이롭게 여기는 것과 무엇이 다르겠는가?"의 뜻.

【又言「不有人禍, 必有天刑」】앞서 인용한 韓愈의 〈答劉秀才論史書〉의 한 구절임.

【若以罪夫前古之爲史者, 然亦甚惑】마치 옛날 사관이었던 자들에게 죄를 묻는 듯하여, 그렇다면 또한 매우 의혹스러운 일임.

【凡居其位, 思直其道】그 지위에 있는 자는 그 도를 곧게 실행할 생각을 가져야 하는 것임.

【道苟直, 雖死不可回也; 如回之, 莫若亟去其位】'回'는 굽힘. 撤回함. 回避함.《眞寶》注에 "回, 回避也"라 함. '亟'는 '급히, 빨리, 서둘러'의 뜻.

【孔子之困于魯衛陳宋蔡齊楚者, 是也, 其時暗, 諸侯不能以也】중간의 '是也' 두 글자는《柳河東全集》등에는 전혀 실려 있지 않음.《眞寶》注에 "力詆紀錄者, 有刑禍之說"이라 함. '以'는 '用'과 같음.《柳河東集》에는 '行'으로 되어 있으며, 注에 "一作「諸侯不能以也」"라 함. 공자가 천하를 周遊하며 困厄에 처한 내용은《史記》孔子世家 및《孔子家語》등을 참조할 것.

【其不遇而死, 不以作《春秋》故也】孔子가 不遇하게 죽은 것은《春秋》를 지었기 때문은 아님. 즉 退之가 "사관은 刑禍를 만난다"고 했으나 孔子가《春秋》라는 史書를 지었기 때문에 곤액을 당한 것은 아님을 강조한 것.《眞寶》注에 "難得倒"라 함.

【當是時, 雖不作《春秋》, 孔子猶不遇而死也】'當是時'는《柳河東集》에는 '當其時'로 되어 있음.

【若周公, 史佚, 雖紀言書事, 猶遇且顯也】'周公'(姬旦)은 周文王(姬昌)의 아들이며 武王(姬發)의 아우로 周初 文物制度, 禮樂典章을 완비한 儒家의 聖人. '史佚'은

周 成王(姬誦) 때의 太史의 임무를 맡았던 史官 尹佚. 周公이나 史佚은 역사에 관한 기록을 하였지만 도리어 영화를 누리기도 하였음을 말한 것. 《眞寶》注에 "史佚, 史官名"이라 함.

【又不得以《春秋》, 爲孔子累】《春秋》라는 史書가 孔子를 불행으로 얽매었다고는 할 수 없음. 《眞寶》注에 "詳於孔子而略於他, 亦有斟酌"이라 함.

【范曄悖亂, 雖不爲史, 其宗族亦誅】'范曄'은 南朝 宋나라 때의 史家. 자는 薪宗. 《後漢書》(90권)를 저술하였으며 元嘉 22년(445) 모반에 연루되어 주살당하였음. 곧 그가 주살을 당한 것은 역사를 서술했기 때문이 아님을 말한 것. 《柳河東集》注에 "范曄, 刪衆家《後漢書》, 爲一家之作. 宋文帝元嘉二十二年謀反, 族誅"라 함. '誅'는 《柳河東集》에는 '赤'으로 되어 있으며, 注에 "一作誅. 赤, 詰訓. 本及《全唐文》作誅"라 함.

【司馬遷觸天子喜怒】'司馬遷'은 漢 武帝 때의 史官. 紀傳體《史記》(130권)를 저술하여 正史의 효시가 됨. 그는 李陵이 匈奴와의 싸움에서 항복하자 이를 변호하였다가 武帝의 노여움을 사서 宮刑을 당함. 역시 司馬遷이 궁형을 당한 것은 史官이었기 때문이 아님을 말한 것. 《柳河東集》注에 "司馬遷, 盛言李陵. 武帝以遷欲沮貳師, 下之蠶室"이라 함. 《史記》(太史公自序) 및 《漢書》(司馬遷傳)를 참조할 것. '喜怒'는 감정을 뜻함. '怒'를 강조한 것.

【班固不撿下】'班固'는 後漢 때의 史家. 孟堅. 《漢書》(100권)를 저술하여 첫 斷代史의 正史를 완성함. '不撿下'는 아랫사람을 제대로 단속하지 못함. 班固의 從僕이 만취하여 洛陽令 충긍(种兢)에게 무례한 행동을 저지른 탓으로 반고는 이에 연루되어 옥사한 것이지 史官이어서가 아님을 말한 것임. 《柳河東集》에는 '不檢下'로 되어 있으며, 注에 "漢和帝永元初, 洛陽令种兢, 以事捕固, 固死獄中"이라 함.

【崔浩沽其直, 以鬪暴虜, 皆非中道】'崔浩'는 北朝 北魏 때 사람으로 神麚 2년(429) 太武帝(拓跋燾)가 《國書》를 편찬토록 하자 崔浩는 평소 자신에게 쏟아졌던 모함과 魏를 세운 鮮卑族 拓跋氏는 원래 하찮은 北方 未開하고 賤한 소수민족이었음을 直筆하였음. 그러자 더욱 심한 모함을 받아 太平眞君 11년(450)에 일족이 誅殺을 당하였음. 崔浩 또한 史官이었기 때문에 주살을 당한 것이 아님을 강조한 것. 《魏書》(35)와 《北史》(21, 崔宏)에 傳이 있음. 《柳河東集》注에 "崔浩事魏太武帝, 太平眞君十一年, 以罪族誅"라 하였고, 〈答劉秀才論史書〉注에는 "浩字伯深, 後魏人, 著《國書》三十卷, 太武帝太平眞君十一年, 以罪夷其族"이라 함. '沽'는

'팔다, 자랑하다, 제값을 하려고 하다'의 뜻. '暴虜'는 난폭한 異民族. 北魏는 鮮卑族 拓跋氏가 세웠던 왕조였음.

【左丘明以疾盲, 出於不幸】'左丘明'은 孔子의 《春秋》에 傳을 붙여 三傳의 하나인 《春秋左氏傳》을 지은 것으로 알려진 魯나라 史官. 左丘明은 실명하자 그 울분을 삭이기 위해 이 책을 지었다 하였음. 左丘明이 失明한 것은 질환 때문이었지 史官이었기 때문이 아님. 《史記》太史公自序에 "昔西伯拘羑里, 演《周易》; 孔子厄陳蔡作《春秋》; 屈原放逐, 著《離騷》; 左丘失明, 厥有《國語》; 孫子臏脚, 而論兵法; 不韋遷蜀, 世傳《呂覽》; 韓非囚秦, 〈說難〉, 〈孤憤〉; 詩三百篇, 大抵賢聖發憤之所爲作也"라 함.

【子夏不爲史亦盲, 不可以是爲戒, 其餘皆不出此】'子夏'는 孔子의 제자 卜商. 그는 아들이 먼저 죽자 그 슬픔에 눈이 멀었다 함. 子夏는 사관이 아니었음에도 눈이 머는 불행을 겪음. 《柳河東集》注에 "《禮記》: 「子夏哭其子而喪其明.」"이라 함. 《禮記》檀弓(上)에는 "子夏喪其子而喪其明. 曾子弔之曰: 「吾聞之也: 朋友喪明則哭之.」 曾子哭, 子夏亦哭, 曰: 「天乎! 予之無罪也.」"라 함. '不可以是爲戒'는 이처럼 '史官이 되면 刑禍를 겪는다'는 것을 경계로 삼을 수는 없음을 뜻함. '其餘'는 그 밖의 여러 사례. 韓愈의 〈答劉秀才論史書〉에는 陳壽(《三國志》), 王隱(《晉書》), 習鑿齒(《漢晉春秋》)魏收(《後漢書》)의 예를 들고 있음. 참고란을 볼 것. 이상 事例에 대해 《眞寶》注에는 "范曄, 爲《後漢書》, 後以逆誅; 司馬遷爲《史記》, 以救李陵, 忤武帝, 遭腐刑; 班固奴殺人, 爲洛陽令捕死獄中; 崔浩爲元魏史, 直書魏先夷虜之實, 爲魏主所誅. 退之所引, 不止於此, 子厚大略就此數人鬪之, 餘所不及. 如齊太史兄弟, 陳壽, 王隱, 習鑿齒, 魏收, 宋孝王, 吳兢輩, 故該以一句云「其餘皆不出此」"라 함.

【是退之宜守中道, 不忘其直, 無以他事自恐】'二百年'은 韓愈와 柳宗元 그 무렵까지 唐이 건국된 지 약 2백 년의 기간을 말함. 이 기간의 역사 기록.

【退之之恐, 惟在不直, 不得中道, 刑禍非所恐也】韓愈가 두려워할 것은 直道를 실행하지 못하거나, 中道를 얻지 못하는 것에 있어야 하지, 刑禍를 두려워할 바는 아님.

【凡言「二百年文武士多」, 有誠如此者】〈答劉秀才論史書〉에 "唐有天下二百年矣, 聖君賢相相踵, 其餘文武之士, 立功名跨越前後者, 不可勝數, 豈一人卒卒能紀而傳之邪?"라 함. '有誠'의 '誠'은 《柳宗元集》注에 "誠, 一作誠"라 함.

【今退之曰「我一人也, 何能明?」 則同職者, 又所云若是】'若是'는 다른 이들도 똑같이 韓愈처럼 말을 할 것임.

【後來繼今者, 又所云若是】'後來繼今者'는 뒤에 나타나 지금 이러한 史官의 일을 계속하게 될 사람.

【人人皆曰「我一人」, 則卒誰能紀傳之邪】"누구나 '나 혼자서 어떻게?'라고 한다면 누가 선뜻 역사를 기록하여 전해줄 수 있겠는가?"의 뜻.

【如退之但以所聞知, 孜孜不敢怠】'孜孜'는 부지런히 힘쓰는 모양.

【同職者, 後來繼今者, 亦各以所聞知, 孜孜不敢怠, 則庶幾不墜, 使卒有明也】'不墜'는 실추되지 않음. 史官의 임무를 제대로 해낼 것임.

【不然, 徒信人口語, 每每異辭, 日以滋久】'徒信人口語'는 한갓 사람들의 입으로 말하는 것만 믿음. 史料로서 증거가 없는, 떠도는 閑談을 믿음. '日以滋久'의 '久'는 《全唐文》에는 '多'로 되어 있음.

【則所云「磊磊軒天地」者, 決必(不)沈沒, 且亂雜無可考, 非有志者所忍恣也】'磊磊軒天地'는 〈答劉秀才論史書〉의 "夫聖唐鉅跡, 及賢士大夫事, 皆磊磊軒天地, 決不沈沒"의 구절을 인용한 것. '磊磊'는 돌이 무더기로 쌓인 모습. 매우 장엄함을 뜻함. '당나라 2백 년간의 굉장하고 훌륭한 역사가 천지에 우뚝 드러나다'의 뜻. 《眞寶》注에 "磊磊, 魁傑貌"라 함. '軒天地'는 천지 사이에 높이 솟음. '軒'은 '掀'과 같음. 〈答劉秀才論史書〉注에 "軒, 亦作掀"이라 하였고, 〈與韓愈論史官書〉의 注에는 "軒, 作掀, 音軒, 擧也"라 함. '決必不沈沒'은 《柳河東集》에는 '不'자가 없으며 〈四部本〉注에 "則所云「磊磊軒天地者, 決必沈沒」, 音嶷, 游居敬, 濟美堂本, '必'下有'不'字. 蔣之翹本注: '決必沈沒', 諸本皆作'決必不沈沒', 於文義不合. 一作'未必不沈沒', 此因'決'者而改之者. 翹按: 朱子注韓書引柳此文, 只作'決必沈沒', 今從之.」 何焯《義門讀書記》: 「〈大字本〉作'決必沈沒', 注: 重校一本'必'下有'不'字. 按韓與柳書云決不沈沒, 故反其詞耳. 今〈考異〉載柳書作'決必沈沒', 朱子當日所見之本爲無誤也.」 按: 蔣, 何說近是'라 하여 '不'자는 柳宗元이 故意로 韓愈의 글에서 이를 없애고 자신의 뜻을 강조한 것으로서, 없어야 의미가 맞다고 하였음. 즉 퇴지가 기대했던 '磊磊軒天地'의 역사 기록은 잠기고 사라져 실현되지 못할 것임을 뜻함. '忍恣'는 이를 차마 그대로 방치함.

【果有志, 豈當待人督責迫蹙, 然後爲官守邪】'督責'은 독촉하고 책임을 추궁함. '迫蹙'은 급박하게 굶. '官守'는 맡은 바 史官으로서의 관직 임무를 지켜 수행함.

【又凡鬼神事, 眇茫荒惑無可準, 明者所不道】'眇茫'은 〈四部本〉에는 '渺茫'으로 되어 있으며, 아득하여 망망함을 뜻하는 雙聲連綿語. '荒惑' 또한 황당하고 迷惑스러움을 뜻하는 雙聲連綿語. '不道'의 '道'는 '말하다, 언급하다, 거론하다'의 뜻.

【退之之智, 而猶懼於此】'猶懼於此'는 오히려 이에 대하여 두려워함. 이는 〈答劉秀才論史書〉의 "若無鬼神, 豈可不自心慚愧; 若有鬼神, 將不福人. 僕雖駑, 亦粗知自愛, 實不敢率爾爲也."를 풀이한 것.

【今學如退之, 辭如退之, 好言論如退之】學問, 言辭, 言論 등이 모두 退之와 같음.

【慷慨自謂正直行行焉如退之, 猶所云若是, 則唐之史述, 其卒無可託乎】모든 것이 退之와 같다면 唐나라 역사를 기술할 사람은 끝내 맡길 대상이 없음. '行行'은 '항항'으로 읽으며 떳떳함. 剛健함. 剛强함. 《論語》先進篇에 "閔子侍側, 誾誾如也; 子路, 行行如也; 冉有, 子貢, 侃侃如也"라 함. 한편 《眞寶》注에는 "自謂正直行行焉"七字, 有斟酌意謂「果終畏禍, 不敢作史」, 則是自謂正直耳, 人誰以正直稱之?"라 함.

【明天子, 賢宰相, 得史才如此, 而又不果, 甚可痛哉】英名한 천자와 賢明한 재상이 그대 韓愈처럼 역사 기술에 뛰어난 인재를 얻어 일을 맡겼음에도, 그대가 과감히 나서지 못하는 것은 심히 통탄스러운 일임.

【退之宜更思, 可爲速爲, 果卒以爲恐懼不敢, 則一日可引去, 又何以云「行且謀」也】'引去'는 몸을 이끌고 자리를 떠남. 즉 史官의 직에서 떠남. '行且謀'는 앞으로 도모해 보려 함. 〈答劉秀才論史書〉에 "賤不敢逆盛指, 行且謀引去"라 한 말을 반박한 것임. 韓愈는 애당초 史官이라는 직책에 자신감이 없었음을 비판한 것임.

【今當爲而不爲, 又誘館中他人及後生者, 此大惑已】'今'은 〈四部本〉에는 '今人'으로 되어 있으며, 注에 "今人當爲而不爲', 音辯, 游居敬, 濟美堂, 蔣之翹本及全唐文, '今'下無'人'字, 疑是"라 함. '他人及後生'은 韓愈가 자신은 직무에 자신감을 갖지 못하면서 後生이며 他人인 劉秀才(劉軻)에게는 〈與劉秀才論史書〉라는 글을 보내어 史官의 임무에 힘쓰라고 한 것을 두고 비판한 것임.

【不勉己而欲勉人, 難矣哉】자신은 힘쓰지 아니하면서 남을 힘쓰도록 하기란 어려운 것임. 末尾에 《眞寶》注에 "元和八年三月乙亥, 國子博士韓愈, 遷比部郞中, 史館修撰. 先是愈數黜官. 又下遷, 乃作〈進學解〉以自喩, 執政覽之, 以其有史才, 故除是官, 制詞曰:「太學博士韓愈, 學術精博, 文力雄健, 立詞措意, 有班馬之風. 求之一時, 甚不易得, 加以性方道直, 介然有守, 不交勢利, 自致名望, 可使執簡, 列爲史官, 記事書法, 必無所苟, 仍遷郞位, 用示褒升.」白居易詞也, 觀此, 豈可謂宰相, 苟可史職榮之邪?"라 함.

1. 작자: 柳宗元 053 참조.

2. 이 글은 《柳河東集》(31), 《柳河東集注》(31), 《唐宋八大家文鈔》(19), 《唐文粹》(82), 《崇古文訣》(13), 《古文關鍵》(上), 《古文集成》(17), 《文章軌範》(2), 《文章正宗》(14), 《文編》(47), 《文章辨體彙選》(218), 《古文淵鑑》(37), 《唐宋文醇》(14), 《事文類聚》(新集 22), 《經濟類編》(48) 등에 실려 있음.

3. 韓愈〈答劉秀才論史書〉(《別本韓文考異》外集 2)

六月九日, 韓愈白秀才. 辱問見愛, 敎勉以所宜務, 敢不拜賜. 愚以爲凡史氏褒貶大法, 《春秋》已備之矣. 後之作者, 在據事跡實錄, 則善惡自見. 然此尙非淺陋偸惰者所能就, 況褒貶邪?

孔子聖人作《春秋》, 辱於魯衛陳宋齊楚, 卒不遇而死; 齊太史氏兄弟幾盡; 左丘明紀《春秋》時事以失明; 司馬遷作《史記》刑誅; 班固瘐死; 陳壽起又廢, 卒亦無所至; 王隱謗退死家; 習鑿齒無一足; 崔浩, 范曄亦誅; 魏收夭絶; 宋孝王誅死. 足下所稱吳兢, 亦不聞身貴, 而今其後有聞也. 夫爲史者, 不有人禍, 則有天刑, 豈可不畏懼而輕爲之哉!

唐有天下二百年矣, 聖君賢相相踵, 其餘文武之士, 立功名跨越前後者, 不可勝數, 豈一人卒卒能紀而傳之邪? 僕年志已就衰退, 不可自敦率. 宰相知其無他才能, 不足用, 哀其老窮齟齬無所合, 不欲令四海內有戚戚者, 猥言之上, 苟加一職榮之耳, 非必督責迫蹙令就功役也. 賤不敢逆盛指, 行且謀引去. 且傳聞不同, 善惡隨人所見, 甚者附黨, 憎愛不同, 巧造語言, 鑿空構立, 善惡事迹, 於今何所承受取信, 而可草草作傳記, 令傳萬世乎? 若無鬼神, 豈可不自心慚愧; 若有鬼神, 將不福人. 僕雖騃, 亦粗知自愛, 實不敢率爾爲也.

夫聖唐鉅跡, 及賢士大夫事, 皆磊磊軒天地, 決不沈没. 今館中非無人, 將必有作者勤而纂之. 後生可畏, 安知不在足下? 亦宜勉之! 愈再拜.

055. <答韋中立書> ·············· 柳子厚(柳宗元)

위중립에게 주는 답글

＊〈答韋中立書〉:《柳河東集》등에는 〈答韋中立論師道書〉로 되어 있어, 柳宗元이 韋中立에게 '師道'에 대해 논하여 답한 글임. 이 글은 韓愈의 〈師說〉과 쌍벽을 이루고 있음.《柳河東集》注에 "中立, 史無傳.《新史》年表:唐州刺史彪之孫, 不書爵位. 觀其求師好學之意, 公答以數千言, 盡以平生爲文, 眞訣告之, 必當時佳士也. 其曰:「自京師來蠻夷間, 乃幸見取.」 又曰:「余居南中九年.」 此書元和八年在永作.《集》又有〈送韋七秀才下第〉. 序言「中立文高行愿, 而不錄於有司」, 當在此書後作. 中立後於元和十四年中第"라 하였고,《古文淵鑑》에 "《新史》年表云:中立, 潭州刺史彪之孫"라 하여 韋中立은 潭州刺史를 지냈던 韋彪의 손자이며 元和 14년(819)에 과거에 급제하였음. 그 밖의 사적에 대해서는 잘 알려져 있지 않음.《唐宋八大家文鈔》에는 "子厚諸書中佳處, 亦其生平所爲文大指處"라 하였음.

＊《眞寶》注에 "迂齋曰:「觀後面三節, 則子厚平生用力於文字之功, 一一可考. 韓退之·老蘇·陳後山, 凡以文名家者, 人人皆有經歷, 但各有入頭處, 與自得處耳.」 ○古云師臣者帝, 能自得師者王. 帝王猶必有師, 況學者乎? 唐世人不事師, 最風俗不古處, 韓文公〈師說〉, 已歎之矣. 柳子厚此書, 所云尤可歎也. 師道之立, 莫盛於宋, 周程張朱, 出而師友淵源, 上接魯鄒. 卑哉! 李唐之陋, 至是一洗矣. 此書雖辭爲師之名, 而告以平生用功, 及所得之辭, 已示以爲師之實, 然所云者作文耳. 雖以道爲說, 而學道, 徒以作文, 師道之實, 如是而已乎! ○此篇所云:見柳子作文用功之本領, 求之六經左莊屈馬, 大略相似, 此韓柳所以方駕並驅也"라 함.

21일 나 유종원柳宗元이 아룁니다.

보내주신 편지에 "스승으로 모셨으면 한다"고 하셨는데, 나는 도道가 돈독하지 못하고 학업도 심히 천근淺近하여 그 가운데를 둘러보아도 가히 스승이 될 만한 것이 드러나지 않습니다.

비록 일찍이 언론言論을 좋아하여 문장을 짓기도 하였으나, 내 스스로 심히 옳지 않다고 여겼습니다.

그런데 뜻하지 않게 그대께서 경도京都로부터 만이蠻夷들이 사는 이 곳에 오셔서 다행히 그대에게 취함을 입게 되었습니다.

내 스스로 헤아려보건대 진실로 취할 것이 없으며, 가령 취할 것이 있다 해도 짐짓 감히 남의 스승이 될 수는 없습니다.

평범한 무리의 스승이 되는 것이라 해도 장차 감히 할 수 없는데, 하물며 그대의 스승이 되라니요?

맹자孟子는 "사람의 병폐란 남의 스승이 되기를 좋아하는 데 있다"라 하였으며, 위진魏晉 이래로 사람들은 갈수록 스승을 섬기지 않게 되었고, 지금 세상에는 스승이 있다는 말을 듣지 못하였으며, 있다 하면 곧바로 떠들고 비웃어 미친 사람으로 여기고 있습니다.

유독 한유韓愈만은 떨쳐 일어나 현 세태를 아랑곳하지 않고, 비웃음과 모멸을 범하면서 후학들을 불러 모아 〈사설師說〉을 짓고, 그로 인하여 얼굴을 들고 스승이 되자, 세상에서는 과연 무리를 지어 괴이하게 여기면서 떼를 지어 꾸짖으며, 지목指目하며 견제하고, 더 보태어 말거리로 삼고 있습니다.

한유는 이 까닭으로 미친 자라는 이름을 얻게 되어, 장안長安에 있을 때는 밥을 지어도 익을 겨를이 없었고, 또다시 가족을 이끌고 동쪽으로 가야 했으니, 이와 같이 한 일이 자주 있었습니다.

굴원屈原의 부賦에 "읍의 개들이 무리지어 짖는 것은 괴이한 바를 짖는 것이다" 하였습니다.

내가 지난 번 듣건대 용촉庸蜀 남쪽은 언제나 비가 내리고 해를 보는 날은 적어, 해가 뜨면 개들이 짖는다 하기에 나는 지나친 말이라 여겼습니다.

그런데 6, 7년 전 내가 남쪽으로 와서 2년째 되는 겨울, 큰눈이 오령五嶺 넘어 남월南越 여러 주州에까지 왔었는데, 여러 주의 개들이 모두 창황창黃蒼히 짖고 물고 하면서 미친 듯이 며칠을 쏘다니다가 눈이 그친 뒤에야 멈추기에, 그제야 비로소 전에 들었던 바를 믿게 되었습니다.

지금 한유가 이윽고 스스로 촉蜀의 해가 되었고 그대는 또한 나로 하여금 월越 땅의 눈이 되도록 하고 있으니 병폐가 되지 않겠습니까?

나만 병폐를 입는 것이 아니라 그대 역시 이로써 병폐를 당하게 되는 것입니다.

그러나 눈과 해가 어찌 지나친 것이겠습니까? 생각건대 짖는 것은 개일 뿐입니다.

오늘 천하를 헤아려보건대 짖지 아니하는 자가 그 몇이나 되겠습니까? 그런데도 누가 감히 여러 사람의 눈에 괴이함을 자랑함으로써, 왁자지껄함을 불러들이고 노여움을 취하려 하겠습니까?

저는 귀양을 온 이래로 갈수록 지려志慮가 줄어들고 있습니다.

이 곳 남쪽에 살아온 지 9년이 되면서 각기병脚氣病이 심해져, 점점 시끄러움을 좋아하지 않게 되었는데 어찌 노노呶呶하면서 떠드는 자들로 하여금 아침저녁으로 내 귀를 거스르고, 내 마음을 소란하게 하도록 하겠습니까?

그렇게 된다면 정말로 나는 쓰러지고 엎어져 번뇌와 괴로움에 더욱 시간을 견뎌낼 수 없게 될 것입니다.

평소 살아오면서 밖을 보았더니 구설수를 만났던 적이 적지 않았으나, 단지 남의 스승이 되는 것 때문에 그런 적은 없었습니다.

다시 또 듣자하니 옛날에는 관례冠禮를 중히 여겼던 것은 앞으로 성인成人의 도로써 책임을 지우기 위한 것이었으니, 이는 성인聖人이 특히 마음을 쓴 것이었건만, 수백 년 이래로 사람들은 그런 관례를 더는 행하지 않고 있습니다.

근래 손창윤孫昌胤이라는 자가 발분發憤하여 이를 행하고서, 이윽고 예禮를 이루고 나서, 이튿날 조정에 나가 외정外廷에 이르자 홀笏을 허리에 꽂고 경사卿士들에게 이렇게 말하였지요.

"나는 관례를 마쳤노라."

그러자 이에 응대하던 자들이 모두 놀라 얼굴빛을 고쳤습니다.

경조윤京兆尹 정숙칙鄭叔則은 불연怫然히 성을 내며 홀을 끌고 물러나 바르게 선 다음 이렇게 말하였지요.

"나와 무슨 관계인가?"

조정의 사람들은 모두가 크게 웃었지요.

천하에 경조윤 정숙칙을 그르다 하지 않고 손창윤을 괴이하게 여긴 것은 무슨 까닭이겠습니까? 이는 홀로 남들이 하지 않는 바를 했기 때문이니, 오늘날 스승이 되라고 하는 것은 모두가 이와 같은 유입니다.

그대는 행실이 후덕하고 문장도 깊어, 무릇 짓는 바가 모두 회연恢然함이 옛사람의 형모形貌를 가지고 있는데, 비록 내가 감히 그대의 스승이 된다 해도 역시 덧보탤 것이 무엇이 있겠습니까?

가령 내 나이가 그대보다 앞서고 도를 들은 것이나 글을 지은 날짜가 그대에게 뒤지지 않아, 진실로 왕래하면서 들은 바를 말해주기를 바란다면, 나는 진실로 마음속에 얻은 바를 모두 그대에게 진술해 드리고 싶습니다.

그대가 만약 스스로 이를 선택하여 어떤 것은 취하고, 어떤 것은 버린다면 되겠지만, 만약 시비是非를 결정하여 그대를 가르치는 일이라면 나는 재주가 부족하고 게다가 앞서 진술해드렸던 것이 두려워 감히 해낼 수 없음이 결단코 분명합니다.

그대는 앞서 보고자 하던 나의 글을 모두 펼쳐 보여주었으니, 이는 내가 그대에게 빛나게 밝히고자 함이 아니요, 애오라지 그대의 기색이 진실로 호오好惡가 어떤가를 살펴보고자 한 것입니다.

지금 편지를 보내시어, 거기에 말한 것이 모두가 크게 과분함은, 그대가 진실로 아첨하여 칭찬하고 거짓으로 아부하는 무리이기 때문이 아니라, 다만 내가 그대에게 사랑받기를 심히 한 까닭이었을 뿐이오.

　처음 내가 어리고 젊을 때에 문장을 지음에, 말은 공교하게 하였으나, 어른이 됨에 이르러 이에 글이란 도를 밝히는 것이어야 함을 알게 되었으니, 이는 진실로 구차스럽게 병병랑랑炳炳烺烺하게 하고, 채색采色에 힘을 쏟고, 성률로 뽐내는 것으로 능함을 삼을 수 없다는 것입니다.

　무릇 내가 진술하는 바는 모두가 스스로 도에 가깝다고 말했으나, 도가 과연 그에 가까운지 먼지는 알지 못하지만, 그대는 도를 좋아하면서 나의 글을 가可하다고 여겨주시니, 혹 도에 있어서 멀지는 않은가 합니다.

　그러므로 나는 매번 문장을 지을 때마다 감히 마음을 경솔히 하여 마구 휘두르지 않았으니, 이는 너무 빨리 쓰다가 남기는 맛이 없을까 두려워서 그랬던 것이요, 감히 태만한 마음으로 쉽게 글을 쓰지 않았으니, 이는 너무 느슨하여 엄숙하지 못할까 두려워서 그랬던 것이요, 감히 혼미한 기氣로써 글을 내뱉지 않았으니, 이는 매몰昧沒된 채 잡스러워질까 두려워서 그랬던 것이며, 감히 자랑하는 기분으로 짓지 않았으니, 이는 언건偃蹇하게 뽐내다가 교만해질까 두려워서 그랬던 것입니다.

　억제함은 그 심오하게 하고자 함이요, 드날림은 명확히 하고자 함이요, 소활하게 함은 통하게 하고자 함이요, 날카롭게 함은 절도를 지키기 위함이요, 격하게 하여 펴냄은 맑게 하고자 함이요, 고정시켜 존속시킴은 진중하게 하고자 함이니, 이것이 내가 무릇 도라고 하는 것에 깃을 달고 보익을 삼는 것입니다.

　《서書》에 근본을 두어 이로써 그 질박함을 찾고, 《시詩》에 근본을 두어 이로써 그 항상恒常을 찾고, 《예禮》에 근본을 두어, 이로써 그 마땅함을 찾고, 《춘추春秋》에 근본을 두어 이로써 그 결단決斷을 찾고, 《역易》에 근본을 두어 이로써 그 변동을 찾으니, 이것이 내가 도의 근원을 취하는 바입니다.

《곡량전穀梁傳》을 참조하여 그 기氣를 매섭게 하고,《맹자孟子》와《순자荀子》를 참조하여 그 가지를 창달시키며,《장자莊子》와《노자老子》를 참조하여 그 단서를 마음대로 펴 보이며,《국어國語》를 참조하여 그 지취를 넓게 하며,《이소離騷》를 참조하여 그 그윽함을 이루고, 태사공太史公을 참조하여 그 깨끗함을 드러내니, 이것이 내가 방증하고 추진하며 교차하여 통하게 함으로써 문장이 되는 것이라 여기는 바입니다.

무릇 만약 이와 같은 것들이 과연 옳은 것이요? 그른 것이요? 취할 만하오? 생각건대 취할 것이 없소?

그대는 다행히 보시고 선택해주시되, 남는 것이 있거든 나에게 일러주시오.

만약 자주 오시어 이러한 도를 넓혀주신다면, 그대에게 얻음이 없더라도 나에게는 얻음이 있을 것이니, 어찌 스승 따위를 운위하는 것일 뿐이겠소?

그 실질을 취하고 그 이름은 버리시어, 월촉越蜀의 기이한 것을 보고 짖는 개들을 부르거나, 외정에서의 비웃음을 사는 일 따위가 없다면 다행일 것이오.

(유종원이 아룀.)

二十一日, 宗元白.
辱書云「欲相師」, 僕道不篤, 業甚淺近, 環顧其中, 未見可師者.
雖嘗好言論, 爲文章, 甚不自是也.
不意吾子自京都來蠻夷間, 乃幸見取.
僕自卜固無取, 假令有取, 亦不敢爲人師.
爲衆人師, 且不敢, 況敢爲吾子師乎?

孟子稱「人之患, 在好爲人師.」由魏晉氏以下, 人益不事師; 今之世, 不聞有師, 有輒譁笑之, 以爲狂人.

獨韓愈奮不顧流俗, 犯笑侮, 收召後學, 作<師說>, 因抗顏而爲師, 世果羣怪聚罵, 指目牽引, 而增與爲言詞.

愈以是得狂名, 居長安, 炊不暇熟, 又挈挈而東, 如是者數矣.

屈子賦曰:「邑犬羣吠, 吠所怪也.」

僕徃聞庸蜀之南, 恒雨少日, 日出則犬吠, 予以爲過言.

前六七年, 僕來南, 二年冬, 幸大雪, 踰嶺被南越中數州, 數州之犬, 皆蒼黃吠噬狂走者累日, 至無雪乃已, 然後, 始信前所聞者.

今韓愈旣自以爲蜀之日, 而吾子又欲使吾爲越之雪, 不以病乎?

非獨見病, 亦以病吾子.

然雪與日豈有過哉? 顧吠者犬耳.

度今天下不吠者幾人? 而誰敢衒怪於羣目, 以召鬧取怒乎?

僕自謫過以來, 益少志慮.

居南中九年, 增脚氣病, 漸不喜鬧, 豈可使呺呺者, 早暮咈吾耳, 騷吾心?

則固僵仆煩憒, 愈不可過矣.

平居望外, 遭齒舌不少, 獨欠爲人師耳.

抑又聞之, 古者, 重冠禮, 將以責成人之道, 是聖人所尤用心也, 數百年來, 人不復行.

近者孫昌胤者, 獨發憤行之, 旣成禮, 明日造朝至外廷, 薦笏, 言於卿士曰:「某子冠畢.」

應之者咸憮然.

京兆尹鄭叔則, 怫然曳笏却立, 曰:「何預我邪?」廷中皆大笑.

天下不以非鄭尹而恠孫子, 何哉? 獨爲所不爲也, 今之命師者, 大類此.

吾子行厚而辭深, 凡所作, 皆恢然有古人形貌, 雖僕敢爲師, 亦何所增加也?

假而以僕, 年先吾子, 聞道著書之日不後, 誠欲往來言所聞, 則僕固願悉陳中所得者.

吾子茍自擇之, 取某事去某事, 則可矣; 若定是非以敎吾子, 僕才不足, 而又畏前所陳者, 其爲不敢也決矣.

吾子前所欲見吾文, 旣悉以陳之, 非以耀明于子, 聊欲以觀子氣色, 誠好惡何如也.

今書來, 言者皆太過, 吾子誠非佞譽誣諛之徒, 直見愛甚故然耳.

始吾幼且少, 爲文章, 以辭爲工; 及長, 乃知文者以明道, (是)固不茍爲炳炳烺烺, 務采色, 夸聲音而以爲能也.

凡吾所陳, 皆自謂近道, 而不知道之果近乎, 遠乎; 吾子好道而可吾文, 或者其於道, 不遠矣.

故吾每爲文章, 未嘗敢以輕心掉之, 懼其剽而不留也; 未嘗敢以怠心易之, 懼其弛而不嚴也; 未嘗敢以昏氣出之, 懼其昧沒而雜也; 未嘗敢以矜氣作之, 懼其偃蹇而驕也.

抑之, 欲其奧; 揚之, 欲其明; 疎之, 欲其通; 廉之, 欲其節; 激而發之, 欲其清; 固而存之, 欲其重, 此吾所以羽翼夫道也.

本之《書》, 以求其質; 本之《詩》, 以求其恒; 本之《禮》, 以求其宜; 本之《春秋》, 以求其斷; 本之《易》, 以求其動, 此吾所以取道之原也.

參之《穀梁氏》, 以厲其氣; 參之《孟》, 《荀》, 以暢其支; 參之《莊》, 《老》, 以肆其端; 參之《國語》, 以博其趣; 參之《離騷》, 以致其幽; 參之太史公, 以著其潔, 此吾所以旁推交通而以爲文也.

　凡若此者, 果是邪? 非邪? 有取乎? 抑其無取乎?
　吾子幸觀焉擇焉, 有餘, 以告焉.
　苟亟來以廣是道, 子不有得焉, 則我得矣, 又何以師云爾哉?
　取其實而去其名, 無招越蜀吠怪, 而爲外廷所笑, 則幸矣.
　(宗元白.)

【二十一日, 宗元白】唐 憲宗(李純) 元和 8년(813) 어느 달 스무하루. 柳宗元이 永州에 貶謫되어 있을 때 답한 글임.

【辱書云: 欲相師, 僕道不篤, 業甚淺近, 環顧其中, 未見可師者】'辱書'는 보내온 편지. '相師'는 스승으로 삼음. 스승으로 모심. '環顧'는 두루 둘러봄.

【雖嘗好言論, 爲文章, 甚不自是也】'自是'는 스스로 옳다고 여김.

【不意吾子自京都來蠻夷間, 乃幸見取】'蠻夷'는 남쪽 異民族이 사는 구역. 柳宗元이 유배를 갔던 永州를 가리킴. 《眞寶》注에 "永州, 三代時爲蠻夷"라 함. '見取'는 채택을 당함. 자신을 스승으로 삼겠다고 함.

【僕自卜固無取, 假令有取, 亦不敢爲人師】'自卜'은 스스로 점쳐봄. 헤아려 봄.

【爲衆人師, 且不敢, 況敢爲吾子師乎】'衆人'은 일반 사람들. 보통 사람들.

【孟子稱「人之患, 在好爲人師」】《孟子》 離婁(上)에 "孟子曰:「人之患, 在好爲人師.」"라 하였고, 趙岐 注에 "言君子好謀而成, 臨事而懼, 時然後言, 畏失言也. 故曰師哉師哉, 桐子之命, 不愼則有患矣"라 함.

【由魏晉氏以下, 人益不事師; 今之世, 不聞有師, 有輒譁笑之, 以爲狂人】'譁笑'는 시끄럽게 비웃음. '狂人'은 미치광이.

【獨韓愈奮不顧流俗, 犯笑侮, 收召後學, 作〈師說〉】'不顧流俗'는 時流의 世俗을 돌아보지 않음. '師說'은 韓愈가 지은 師道에 대해 주장한 글. 043을 볼 것.

【因抗顏而爲師, 世果羣怪聚罵, 指目牽引, 而增與爲言詞】'抗顏'은 표정을 자신 있게 함. '指目'은 손가락질을 하며 흘겨봄. '牽引'은 사람들을 끌어 모음. 牽制함. '詞'는 《柳河東集注》에 "詞, 一本作辭, 字同"이라 함.

【愈以是得狂名, 居長安, 炊不暇熟, 又挈挈而東, 如是者數矣】'炊不暇熟'은 밥을 지으려 불을 지폈으나 밥이 익을 겨를이 없음. 매우 바쁨을 말함. '挈挈而東'은 '挈

挈'은 '가족을 거느리다'의 뜻. 元和 初 韓愈가 國子博士로 있다가 東都(洛陽)의 官員外郎으로 옮겨간 일을 가리킴. '數'은 '삭'으로 읽음. 《柳河東集注》에 "數, 色角切, 頻也"라 함.

【屈子賦曰: 「邑犬羣吠, 吠所怪也.」】'屈子'는 屈原. 《楚辭》〈九章〉懷沙篇에 "邑犬羣吠兮, 吠所怪也"라 하였고, 注에 "言犬羣而吠者, 徑非常之人而噪之也. 以言俗人羣聚, 毁賢智者, 亦以其行度異, 故羣而謗也"라 함.

【僕徃聞庸蜀之南, 恒雨少日, 日出則犬吠, 予以爲過言】'庸蜀'은 지금의 湖北과 四川 일대. 巴蜀 일대는 해를 보기 어려운 날이 많아, 모처럼 해가 뜨면 개늘이 해를 이상하게 여겨 짖는다 하여 '蜀犬吠日'이라는 成語가 생김. '庸'은 고대 나라 이름으로 지금의 湖北 竹山縣 上庸 故城. 《尚書》牧誓篇에 따르면 周 武王이 紂를 칠 때 도와주어 나라를 세워주었다 함. 한편 《史記》楚世家에 "當周夷王之時, 熊渠 甚得江漢間民和, 乃興師伐庸"이라 하여 일찍부터 있었던 나라였음. '恒雨少日'은 늘 비가 내리며 해가 뜨는 날은 적음. 《眞寶》注에 "就引諭作議論"이라 함.

【前六七年, 僕來南, 二年冬, 幸大雪, 踰嶺被南越中數州】'嶺'은 五嶺. 즉 大庾嶺, 騎田嶺, 都龐嶺, 萌諸嶺, 越城嶺. 혹 始安嶺, 臨賀嶺, 桂陽嶺, 大庾嶺, 揭陽嶺의 다섯 고개를 들기도 하며. 湖南과 廣東 사이를 잇는 고개. '南越'은 옛 나라 이름이며 지역 명칭. '南粵'로도 표기하며, 漢高祖가 趙佗를 南越王으로 봉하였던 곳임. 그 이후 廣東, 廣西 일대를 가리킴.

【數州之犬, 皆蒼黃吠噬狂走者累日, 至無雪乃已, 然後, 始信前所聞者】'蒼黃'은 '허둥지둥, 갈팡질팡, 당황함을 뜻하는 疊韻連綿語. '噬'는 '물다'의 뜻.

【今韓愈旣自以爲蜀之日, 而吾子又欲使吾爲越之雪, 不以病乎】'蜀之日'은 《眞寶》注에 "似是說韓愈不合, 如此其實是非當時人耳"라 함. '不以病乎' 다음에 《眞寶》注에는 "關鎖好"라 함.

【非獨見病, 亦以病吾子】나만 병폐를 입는 것이 아니라 그대도 병폐를 입음.

【然雪與日豈有過哉? 顧吠者犬耳】《眞寶》注에 "以犬比當時人, 此子厚薄處"라 함.

【度今天下不吠者幾人, 而誰敢衒怪於羣目, 以召鬧取怒乎】'천하에 그러한 개처럼 이상한 일을 보면 짖지 않을 자가 한둘이 아닐 텐데, 누가 감히 남의 눈에 괴이한 짓을 하고 시끄럽고 노함을 자초하는 스승의 이름을 가지려 하겠는가?'의 뜻.

【僕自謫過以來, 益少志慮】귀양을 온 이래 갈수록 의지와 자신감이 줄어듦.

【居南中九年, 增脚氣病, 漸不喜鬧, 豈可使呶呶者, 早暮咈吾耳, 騷吾心】'居南中九年'은 柳宗元은 永貞 元年(805)에 王叔文 黨 사건에 연루되어 禮部員外郎에서 永州

司馬로 좌천되었음. 좌천된 지 10년 지난 元和 8년(813)에 이 글을 지었음. '脚氣病'은 걸음을 제대로 걸을 수 없는 다리의 병. '呶呶'(노노)는 시끄럽게 떠들썩함을 뜻함.《眞寶》注에 "呶, 尼交切"이라 함. '咈'(불)은 어김, 거슬림.《眞寶》注에 "咈, 音佛. 迸也"라 함.

【則固僵仆煩憒, 愈不可過矣】'僵仆'(강부)는 엎어짐, 넘어짐. '煩憒'(번궤)는 心亂하고 번잡함을 뜻함. '過'는 일상생활을 견뎌나감. 過日의 뜻.

【平居望外, 遭齒舌不少, 獨欠爲人師耳】'平居望外'는 평소 살면서 자신 마음속 외의 겪었던 일을 말함. '齒舌'은 입방아를 찧음, 구설수에 오름.《眞寶》注에 "齒舌, 卽譏議"라 함. '獨欠爲人師'는 다만 남의 스승이 되는 문제로 그런 비방을 들은 적은 빠져 있음. 곧 스승이 되려고 한 적이 없기 때문에 그런 일로 비난받은 적은 없음.

【抑又聞之, 古者, 重冠禮, 將以責成人之道, 是聖人所尤用心也】'冠禮'는 남자 20세에 치르는 성인의 의례.《禮記》曲禮(上)에 "男子二十, 冠而字"라 함.

【數百年來, 人不復行】수백 년 동안 이미 그러한 관례의 의식이 시행되지 않았음.

【近者孫昌胤者, 獨發憤行之, 旣成禮】'近者'는《柳河東集》등에는 모두 '近'으로만 되어 있고 '者'자는 없음. '鄭昌胤'은 인명. 구체적인 사적은 알 수 없음.

【明日造朝至外廷, 薦笏, 言於卿士曰:「某子冠畢.」應之者咸憮然】'造'는 나감.《眞寶》注에 "就也"라 함. '外廷'은 군주가 政事를 보며 의견을 듣는 外廳. '薦笏'은 笏을 손으로 올리며 예를 표하는 동작. '薦'은 搢과 같음. '憮然'은 놀라 얼굴빛을 고침.《柳河東集注》에 "憮, 音武. 改容也"라 함.

【京兆尹鄭叔則, 怫然曳笏却立, 曰:「何預我邪?」廷中皆大笑】'京兆尹'은 京兆(서울)의 최고 관직. 鄭叔則은 그 무렵 京兆尹이었던 사람.《柳宗元集》注에 "貞元初, 鄭叔則爲京兆尹. 五年二月, 貶永州刺史"라 함. '怫然'(불연)은 불끈 화를 냄. '却立'은 뒤로 물러나 섬. '預'는 상관함, 참여함, 干預함. 관계됨.

【天下不以非鄭尹而怪孫子, 何哉? 獨爲所不爲也, 今之命師者, 大類此】'命師者'는 스승이라는 명분을 갖게 되는 경우.《眞寶》注에 "似是說孫子爲人所不爲, 亦是非當時人耳"라 함.

【吾子行厚而辭深, 凡所作, 皆恢然有古人形貌, 雖僕敢爲師, 亦何所增加也】'恢然'은 《柳河東集》등에는 모두 '恢恢然'으로 되어 있음. 뜻은 아득히 넓고 여유가 있는 상태.《老子》(73)에 "天網恢恢, 疏而不失"이라 함.

【假而以僕, 年先吾子, 聞道著書之日不後, 誠欲往來言所聞, 則僕固願悉陳中所得

者】‘中所得者’는 마음속에 얻은 바. 마음으로 體得함.

【吾子苟自擇之, 取某事去某事, 則可矣】그대가 선택하여 사례에 따라 취하고 버림.

【若定是非以敎吾子, 僕才不足, 而又畏前所陳者, 其爲不敢也決矣】‘前所陳者’는 《眞寶》注에 "應前"이라 함. ‘不敢也決矣’는 감히 그렇게 하지 못함이 분명함. ‘決’은 강하게 결정됨을 뜻함.

【吾子前所欲見吾文, 旣悉以陳之, 非以耀明于子】내 문장을 다 보여준 것은 내가 그대에게 빛을 내거나 명석하다고 자랑하기 위한 것이 아님.

【聊欲以觀于氣色, 誠好惡何如也】그대의 기색에 호오가 어떤지 살펴보기 위한 것이었음.

【今書來, 言者皆太過】그대의 편지 내용이 모두가 크게 지나침. 너무 과분함.

【吾子誠非佞譽誣諛之徒, 直見愛甚故然耳】‘佞譽’는 예쁨을 받으며 칭찬함. ‘誣諛’는 간사하게 굴며 아첨함.

【始吾幼且少, 爲文章, 以辭爲工; 及長, 乃知文者以明道】‘爲文章’은 문장을 지음. 《眞寶》注에 "自是以下, 歷言平生用工夫處"라 함. ‘明道’는 도를 밝힘. 韓愈가 주창한 古文運動의 ‘文以載道’를 더욱 발전시킨 것이 ‘文以明道’임.

【(是)固不苟爲炳炳烺烺, 務采色, 夸聲音而以爲能也】‘是’는 《眞寶》에 누락된 것임. 《柳河東集》 등에는 모두 이 글자가 있음. ‘炳炳烺烺’은 文章이 불이 활활 타듯이 밝고 환한 모습. 뛰어나고 화려한 문장을 말함. 《眞寶》注에 "烺, 音郞. ○爛烺, 火明貌"라 함. ‘采色’은 文章을 修飾하여 아름답게 꾸밈. ‘聲音’은 문장의 聲律을 꾸밈.

【凡吾所陳, 皆自謂近道, 而不知道之果近乎, 遠乎】나는 스스로 도에 가깝다고 말했으나 과연 가까운지 먼지는 알 수가 없음.

【吾子好道而可吾文, 或者其於道, 不遠矣】그대가 인정해 주니 멀지는 않은 듯함. 《眞寶》注에 "自此以下, 皆歷陳所得"이라 함.

【故吾每爲文章, 未嘗敢以輕心掉之, 懼其剽而不留也】‘輕心掉之’은 경솔한 마음으로 붓을 휘두름. ‘剽而不留’는 文章의 흐름이 너무 급하고 빨라 머묾이 없음. ‘剽’는 輕薄하고 빠름을 뜻함. 《眞寶》注에 "剽, 疾也"라 함.

【未嘗敢以怠心易之, 懼其弛而不嚴也】‘怠心易之’는 신중하지 못한 마음으로 글을 아주 가볍게 여김. ‘弛而不嚴’은 너무 느슨하여 嚴格하지 못함.

【未嘗敢以昏氣出之, 懼其昧沒而雜也】‘昏氣出之’의 ‘昏’은 昏과 같음. 昏暗함. ‘昧沒’은 어둡고 묻힘.

【未嘗敢以矜氣作之, 懼其偃蹇而驕也】'偃蹇'은 驕慢한 모습을 뜻하는 疊韻連綿語. 《眞寶》注에 "偃蹇, 驕矜貌"라 함.

【抑之, 欲其奧; 揚之, 欲其明; 疎之, 欲其通; 廉之, 欲其節; 激而發之, 欲其淸; 固而存之, 欲其重, 此吾所以羽翼夫道也】'奧'는 奧妙함. 쉽게 드러나지 않음. '疎'는 疏, 疎, 疏 등과 같으며 疏略함. '廉'은 날카롭게 살핌. '羽翼'은 깃과 날개. 여기서는 보좌가 됨을 뜻함. 《眞寶》注에 "此心術中出, 故直說羽翼夫道"라 함.

【本之《書》, 以求其質; 本之《詩》, 以求其恒; 本之《禮》, 以求其宜; 本之《春秋》, 以求其斷; 本之《易》, 以求其動, 此吾所以取道之原也】'質'은 《尙書》의 質朴하고 眞率함을 뜻함. '恒'은 《詩》의 작품들이 오래도록 傳誦되어 恒久함을 뜻함. '宜'는 《禮》의 내용이 일상생활에 합당하며 옳은 것들임을 뜻함. '斷'은 《春秋》의 내용이 果敢하여 決斷力이 있으며 褒貶에 대해 분명함을 뜻함. '動'은 《易》의 내용이 무궁한 변화를 다루고 있음을 뜻함.

【參之《穀梁氏》, 以厲其氣; 參之《孟》, 《荀》, 以暢其支; 參之《莊》, 《老》, 以肆其端; 參之《國語》, 以博其趣; 參之《離騷》, 以致其幽; 參之太史公, 以著其潔, 此吾所以旁推交通而以爲文也】《穀梁氏》는 春秋三傳의 하나인 《穀梁傳》을 가리킴. 이는 子夏의 제자인 魯나라 사람 穀梁赤이 지은 것으로 알려져 있으며, 孔子의 《春秋經》을 逐句問答式으로 풀이한 것으로 十三經의 하나임. '以厲其氣'는 그 氣를 매섭게 적용함. 《眞寶》注에 "看他下, 許多本字, 又看他下面下, 許多參字, 只是五經用五介本字, 其餘只用參字不可移動"이라 함. '孟荀'은 《孟子》와 《荀子》. 孟軻와 荀況의 사상을 기록한 것으로 王道政治와 性惡說 등으로 유명하며, 儒家의 正統을 이어받은 것으로 인정하고 있음. 《史記》孟荀列傳을 참조할 것. '暢其支'는 자신의 문장이 儒家의 가지를 사방으로 널리 창달되도록 함. '老莊'은 老子와 莊子. 道家의 대표적인 두 인물이며 저술가. 《史記》老莊申韓列傳을 참조할 것. '以肆其端'은 그 端緖를 마음대로 폄. 《國語》는 左丘明이 지었다고 알려진 것으로, 春秋時代 周, 魯, 晉, 鄭, 楚, 吳, 越 등 8개 나라의 역사를 기록한 것. '以博其趣'는 그 취지를 널리 펴서 밝힘. '太史公'은 司馬遷을 가리킴. 그는 《史記》(130)를 지어 紀傳體 歷史紀錄의 嚆矢를 이룸. 《眞寶》注에 "太史公, 司馬遷《史記》"라 함. '旁推交通'은 널리 旁證을 參酌하여 두루 통하게 함.

【凡若此者, 果是邪? 非邪? 有取乎? 抑其無取乎】이상 자신이 한 말이 옳은지 그른지, 또 취할 만한지 등은 알 수 없음.

【吾子幸觀焉擇焉, 有餘, 以告焉】그대가 보고 선택하되 나머지는 나에게도 일러주

기를 바람.

【苟亟來以廣是道, 子不有得焉, 則我得矣, 又何以師云爾哉】'亟'(기)는 '급히, 자주, 서둘러' 등의 뜻.《眞寶》注에 "不失了本旨師字"라 함.

【取其實而去其名, 無招越蜀吠怪, 而爲外廷所笑, 則幸矣】'蜀犬怪' 다음에《眞寶》注에 "應前雪月"이라 하였고, '外廷所笑' 다음에는 "應前冠禮"라 하였으며, 끝에는 "只一句收拾盡前兩段譬喩引證, 文字有照應開合妙絶"이라 함.

【(宗元白.)】《柳河東集》등에는 모두 이 3글자가 더 있으며,《柳宗元集》注에는 "一作'復白'"이라 함.

참고 및 관련 자료

1. 작자: 柳宗元 053 참조.

2. 이 글은《柳河東集》(34),《柳河東集注》(34),《唐文粹》(86),《崇古文訣》(14),《唐宋八大家文鈔》(19),《古文集成》(17),《古文雅正》(9),《古文淵鑑》(37),《文編》(47),《文章辨體彙選》(218),《唐宋文醇》(13),《事文類聚》(外集 13),《山西通志》(209) 등에 실려 있음.

056. 〈捕蛇者說〉 ·················· 柳子厚(柳宗元)
뱀 잡는 이에 대한 논설

*〈捕蛇者說〉: 뱀을 잡아 세금을 대신하는 자의 고통과, 그것이 가혹한 세금보다 낮다는 설명에 柳宗元이 느낀 바 있어 孔子의 '苛政猛於虎'에 빗대어 쓴 글. 《柳河東集》題注에 "公謫永州時作, 當時賦斂之毒, 民其烈如此. 孔子過泰山側, 有婦人哭于墓而哀, 夫子式而聽之, 使子貢問之曰: 「子之哭也, 一似重有憂者.」 而曰: 「然, 昔者吾舅死于虎, 吾夫又死焉, 今吾子又死焉.」 夫子曰: 「何爲不去也?」 曰: 「無苛政.」 夫子曰: 「小子識之. 苛政猛于虎也.」 公取夫子之言以證捕蛇者之說, 理誠相似者"라 하였고, 《五百家注》에는 "韓曰: 公謫永州時作, 謂當時賦斂毒民其烈如是. 黃曰: 苛政猛於虎, 孔子過泰山之言也. 泰山屬於魯, 是時魯之政可謂苛矣, 毒賦甚于蛇. 柳子在零陵之言也. 唐都長安零陵相去三千五百里, 見唐賦所及者遠也. 是時唐之賦可謂毒矣"라 함. 《古文關鍵》에는 "感慨譏諷體"라 하였고, 《唐宋八大家文鈔》에는 "本孔子苛政猛於虎者之言, 而建此文"이라 함.
*《眞寶》注에 "迂齋(樓昉)曰: 「犯死捕蛇, 乃以爲幸; 旣役復賦, 反以爲不幸, 此豈人之情也哉? 必有甚不得已者耳. 此文抑揚起伏, 宛轉斡旋, 含無限悲傷悽惋之態, 若轉以上聞, 所謂『言之者無罪, 聞之者足以戒.』」"라 함.

영주永州의 들녘에 기이한 뱀이 나는데, 검은 바탕에 흰 무늬가 있으며 초목에 닿기만 해도 모조리 죽고 사람을 물면 치료할 방법이 없다.

그러나 그 뱀을 잡아 말려서 약으로 복용하면 큰 풍병風病이나 팔다리가 굽는 병, 악성종양이나 역질을 그치게 할 수 있고, 죽은 살을 없애주고 삼시충三尸蟲도 죽여 없앨 수 있다.

그 시작에 태의太醫가 왕명으로 이를 수집하면서 한 해에 두 마리를 잡아 바치는 조건으로, 능히 그 뱀을 잘 잡는 자를 모집하되 그로써 세금을 대신하도록 하자 영주 사람들이 다투어 나서게 되었다.

그런데 장씨蔣氏 성을 가진 자가 3대에 걸쳐 그 일에 매달려 이익을 누리고 있었다.

그에게 물어보았더니 그는 이렇게 말하는 것이었다.

"제 조부도 그 뱀 때문에 죽었고, 부친도 그러하였으며, 제가 이 일을 이어 맡은 지 12년이 되었는데 몇 번이나 죽을 뻔하였답니다."

이렇게 말하면서 그 모습이 심히 슬퍼하는 것이었다.

나는 이를 비통하게 여겨 다시 이렇게 말하였다.

"그대는 그 일을 싫어하는가? 내 앞으로 담당자에게 고하여 그대의 일을 바꾸어 다시 세금을 내는 것으로 되돌려주면 어떻겠는가?"

장씨는 크게 괴로워하면서 왈칵 눈물을 쏟으며 말하였다.

"선생께서 장차 저를 불쌍히 여기시어 살려주시려 하십니까? 그렇다면 저는 이 일로 겪는 불행이 내가 세금을 다시 내는 불행보다 심하지 않습니다. 지난날 제가 이 일에 종사하지 않았더라면 저는 이미 오래전에 고통을 겪었을 것입니다. 우리 장씨 집안이 3대에 걸쳐 이 고을에 살았고 오늘에 이르도록 60년이 됩니다. 그런데 고을 이웃의 삶은 날로 위축되어가고 있습니다. 이 땅에서 나는 것은 바닥나고, 집으로 들여온 것은 모두 다 주고 나서 울부짖고 떠돌다가 이사를 가서, 기갈을 견디지 못해 엎어지고 쓰러지며, 비바람에 드러나고 추위와 더위를 피하지 못하며, 독한 기운을 그대로 호흡하여 왕왕 죽은 자가 서로를 깔고 있을 지경입니다. 지난날 저의 할아버지 대에 함께 살던 이들은 열에 한 집도 없으며, 우리 아버지 대에 함께 살던 이들은 열에 두세 집도 없으며, 저와 함께 12년을 함께 살던 이들도 이제는 열에 네다섯도 안 됩니다. 이들은 죽거나 옮겨갔기 때문이며, 저는 뱀을 잡는 일로 홀로 생존해 있는 것입니다. 그런데 표독한 관리가 우리 고을에 와서 동서로 다니며 소리치고 고함을 지르며, 남북으로 불쑥 부수고 하면서 왁자지껄 소란을 피워 놀라게 하니, 비록 닭이나 개도 편안함을 얻을 수 없지요. 그러나 저는 조심스럽게 일어나서 뱀 항아리를 들여다보고, 내 뱀이 아직 그대로 있으면 느긋하게 눕고 먹이를 잘 주었다가 때에 맞추어 바치면 되지요. 그러고는 물러나 내 땅에서 나는 소출을 달게 먹으며 내 여생을 다하면 된답니다. 대체로 한 해에 죽음으로 들락거리기 두 번, 그 나머지는 편안한 상태로 즐기면 되는데 어찌 우리 고을 이웃들이 아침마다 당하는 일과 같겠습니까! 지금 비록 제가 이 일을 하다가 죽는다 해도 내 이웃들의 죽음에 비한다면 저는 이미 그들 뒤에 죽는 것이 되는데, 어찌 다시 감히 이런 일을 원망스럽다 하겠습니까?"

나는 그의 말을 듣고 나서 더욱 비통함을 느꼈다.

공자孔子가 "가혹한 정치는 범보다 무섭다"라고 했는데, 나는 일찍이 이 말을 의심하였으나 지금 장씨의 경우로 보니 더욱 믿게 되었다.

아! 부렴賦斂의 혹독함이 이 뱀보다 더욱 심함을 누가 알겠는가?

이런 까닭으로 이를 논설로 지어 민풍民風을 관찰하는 사람들이 얻는 바가 있기를 기다리노라.

永州之野, 産異蛇, 黑質(而)白章, 觸草木盡死, 以齧人無禦之者.

然得而腊之, 以爲餌, 可以已大風, 攣踠, 瘻癘, 去死肌, 殺三蟲.

其始, 太醫以王命聚之, 歲賦其二, 募有能捕之者, 當其租入, 永之人, 爭犇走焉.

有蔣氏者, 專其利三世矣.

問之則曰:「吾祖死於是, 吾父死於是, 今吾嗣爲之十二年, 幾死者數矣.」

言之, 貌若甚慼者.

余悲之, 且曰:「若毒之乎? 余將告于莅(蒞)事者, 更若役, 復若賦, 則何如?」

蔣氏大感 汪然出涕曰:「君將哀而生之乎? 則吾斯役之不幸, 未若復吾賦不幸之甚也. 嚮吾不爲斯役, 則久已疾矣. 自吾氏三世居是鄉, 積於今六十歲矣, 而鄉鄰之生, 日蹙. 殫其地之出, 竭其廬之入, 號呼而轉徙, 飢渴而頓踣, 觸風雨, 犯寒暑, 呼噓毒癘, 往往而死者相藉也. 曩與吾祖居者, 今其室十無一焉; 與吾父居者, 今其室十無二三焉; 與吾居十二年者, 今其室十無四五焉, 非死則徙耳(爾), 而吾以捕蛇獨存. 悍吏之來吾鄰(鄉), 叫囂乎東西, 隳突乎南北, 譁然而駭者, 雖雞狗, 不得寧焉. 吾恂恂而起, 視其缶, 而吾蛇尚存, 則弛然而臥, 謹食之, 時而獻焉. 退而甘食其土之有, 以盡吾齒. 蓋一歲之犯死者二焉, 其餘則熙熙而樂, 豈若吾鄉鄰之旦旦有是哉! 今雖死乎此, 比吾鄉鄰之死, 則已後矣, 又安敢毒耶?」

余聞而愈悲.
孔子曰「苛政猛於虎也」, 吾嘗疑乎是, 今以蔣氏觀之, 尤信.
嗚呼! 孰知賦斂之毒, 有甚是蛇者乎!
故爲之說, 以俟夫觀人風者得焉.

【永州之野, 産異蛇, 黑質(而)白章】'永州'는 지금의 湖南省 零陵縣. '黑質而白章'은 검은 바탕에 흰 무늬가 있는 뱀.《柳河東集》에는 중간에 '而'자가 더 있음.

【觸草木盡死, 以齧人無禦之者】그 뱀에 닿는 초목은 모두 죽음. '齧'은 囓과 같으며 '물다'의 뜻. '無禦'는 그 뱀의 독에 방어할 방법이 없음.

【然得而腊之, 以爲餌】'腊'(석)은 말려서 乾肉이나 脯로 만듦. '餌'는 치료, 또는 보양식으로 사용함.

【可以已大風, 攣踠, 瘻癘, 去死肌, 殺三蟲】'已'는 動詞로 쓰였음. '大風'은 風病. 大麻瘋.《眞寶》注에 "大風, 卽風病"이라 함. '攣踠'은 팔다리가 굽어 휘어지는 병.《眞寶》注에 "踠, 音遠, 曲脚"이라 함. '瘻癘'는 연주창이나 심한 피부병. 또는 전염병. '死肌'는 죽은 피부. 썩은 살갗. '三蟲'은 三尸蟲. 三屍. 道敎에서 일컫는 사람 몸속에서 여러 가지 부작용을 일으키는 세 가지 작용. '三屍神', '三蟲'이라고도

함. 《抱朴子》微旨篇에 "身中有三屍, 三屍之爲物, 雖無形而實魂靈鬼神之屬也. 欲使人早死, 此屍當得作鬼, 自放縱游行, 享人祭酹"라 하였으며, 段成式의 《酉陽雜俎》玉格篇에 "上尸靑姑, 伐人眼; 中尸白姑, 伐人五臟; 下尸血姑, 伐人胃命"이라 함. 《柳河東集》에 "癴, 閭緣切; 踠, 音宛. 曲脚也. 瘻, 音漏, 《說文》:頸腫也. 一曰久創. 癘, 音厲, 疾疫也"라 함.

【其始, 太醫以王命聚之, 歲賦其二】'太醫'는 궁중의 御醫. '歲賦其二'는 한 해에 두 번 뱀을 잡아 바치는 것으로 세금을 대신함.

【募有能捕之者, 當其租入, 永之人, 爭犇走焉】'當其租入'은 그것으로 세금을 대신함. '永之人'은 永州 사람들. '犇'은 《柳河東集》에는 '奔'으로 되어 있음.

【有蔣氏者, 專其利三世矣】蔣氏 성을 가진 자가 그 이익을 독점한 지가 三代가 되었음.

【問之則曰:「吾祖死於是, 吾父死於是, 今吾嗣爲之十二年, 幾死者數矣.」】'嗣'는 繼와 같음. 그 일을 이어옴. '幾死'는 거의 죽을 뻔한 상황.

【言之, 貌若甚慼者】'慼'은 慽과 같음. 《柳河東集》에는 慽으로 되어 있음.

【余悲之, 且曰:「若毒之乎? 余將告于莅(涖)事者, 更若役, 復若賦, 則何如?」】'若'은 너. 汝, 爾, 你 등과 같음. 《眞寶》注에 "若, 卽汝也"라 함. '毒'은 증오함. 원망함. 힘들어함. '莅事'는 그 일을 담당한 관리. '莅'는 涖와 같으며 臨의 뜻. 《柳河東集》에는 涖로 되어 있음.

【蔣氏大慼 汪然出涕曰】'汪然'은 눈물을 왈칵 쏟음.

【君將哀而生之乎? 則吾斯役之不幸, 未若復吾賦不幸之甚也】'未若'은 '-만 못하다. -하는 편이 낫다'의 뜻. 《眞寶》注에 "許以更役復賦, 則大慼, 似非人情, 所以如此. 以有下面許多不好故也"라 함.

【嚮吾不爲斯役, 則久已疾矣】'嚮'은 曏과 같음. 지난날.

【自吾氏三世居是鄉, 積於今六十歲矣, 而鄉鄰之生, 日蹙】'三世'는 祖, 父, 我의 三代. '日蹙'는 날로 이웃의 숫자가 줄어듦. 찌그러들고 궁핍해짐.

【殫其地之出, 竭其廬之入, 號呼而轉徙】'殫'과 '竭'은 다함. 다 써버림. 《柳河東集》에 "殫, 音單. 盡也"라 함. '號呼而轉徙'는 울부짖으며 옮겨감. 다른 곳으로 떠남.

【飢渴而頓踣, 觸風雨, 犯寒暑, 呼噓毒癘, 往往而死者相藉也】'頓踣'(돈복)은 쓰러지고 엎어짐. 《柳河東集》에 "踣, 音匐, 僵也"라 함. 그러나 《崇古文訣》에는 "音匍, 僵也"라 하여 '부'로 읽었음. '呼噓'는 呼吸과 같은 뜻의 雙聲連綿語. '相藉'는 서로 깔릴 정도임.

【曩與吾祖居者, 今其室十無一焉】'曩'은 지난날, 옛날. '十無一'은 열에 하나 정도도 남아 있지 않음.

【與吾父居者, 今其室十無二三焉;與吾居十二年者, 今其室十無四五焉】아버지 세대에 함께 했던 이들은 열에 두셋 정도, 나와 함께 12년 살던 이웃은 열에 네다섯도 채 되지 않음.

【非死則徙耳, 而吾以捕蛇獨存】이웃은 죽거나 이사를 갔지만 나만은 뱀을 잡는 일로 인해 홀로 살아남아 있음. '耳'는 《柳河東集》에는 '爾'로 되어 있음.

【悍吏之來吾鄰, 叫囂乎東西, 隳突乎南北, 譁然而駭者, 雖雞狗, 不得寧焉】'悍吏'는 세금을 독촉하러 온 표독한 관리. '吾鄰'은 《柳河東集》에는 吾鄕으로 되어 있음. '叫囂'(규효)는 시끄럽게 소리침. '隳突'은 마을의 분위기를 깨뜨리며 갑작스럽게 부수고 재촉함. '譁然'은 매우 시끄럽고 소란함.

【吾恂恂而起, 視其缶, 而吾蛇尙存, 則弛然而臥, 謹食之, 時而獻焉】'恂恂'은 편안하면서도 조심히 행동함. '缶'는 뱀을 잡아 가두어놓은 항아리. '弛然'은 긴장함이 없이 풀어짐. 注에 "弛, 式氏切"이라 하여 '시'로 읽음. '謹食之'는 뱀이 굶어죽지 않도록 조심해서 먹이를 줌. '食'는 《柳河東集注》에 "食, 音嗣"라 하여 '사'로 읽음.

【退而甘食其土之有, 以盡吾齒】'齒'는 齡과 같음. 天壽를 누림.

【蓋一歲之犯死者二焉, 其餘則熙熙而樂, 豈若吾鄕鄰之旦旦有是哉】한 해에 두 번 정도 죽을 고비를 넘기면 되며, 그 나머지 시간은 熙熙而樂함. '熙熙'는 편안하고 즐거운 모습. 《眞寶》注에 "緣此數節, 所以情願捕蛇"라 함.

【今雖死乎此, 比吾鄕鄰之死, 則已後矣, 又安敢毒耶】'已後'는 그들보다는 오래 사는 것임. 그들보다 훨씬 뒤에 죽는 것이므로 다행임. 《眞寶》注에 "百來字內四五轉, 每轉每緊"이라 함.

【余聞而愈悲】이를 듣고 더욱 비통함을 느낌. '愈'는 越, 益, 尤와 같음.

【孔子曰:「苛政猛於虎也.」】苛酷한 정치가 범보다 무서움. 《禮記》檀弓(下)에 "孔子過泰山側, 有婦人哭於墓者而哀, 夫子式而聽之. 使子路問之曰:「子之哭也, 壹似重有憂者.」而曰:「然, 昔者吾舅死於虎, 吾夫又死焉, 今吾子又死焉.」夫子曰:「何爲不去也?」曰:「無苛政」夫子曰:「小子識之, 苛政猛於虎也.」"라 한 고사를 말함. 《眞寶》注에 "一篇主張, 終此一句, 中出爲先有此一句, 所以有一篇之意"라 함.

【吾嘗疑乎是, 今以蔣氏觀之, 尤信】'尤信'은 더욱 믿게 됨.

【嗚呼! 孰知賦斂之毒, 有甚是蛇者乎】賦斂의 독이 뱀보다 심함을 누가 알겠는가?'의 뜻.《眞寶》注에 "此轉尤佳, 只此一句便結了"라 함.

【故爲之說, 以俟夫觀人風者得焉】 '俟'는 기다림. '觀人風者'는 민간 풍속이나 정세, 정서 등을 관찰하는 임무를 맡은 자.

참고 및 관련 자료

1. 작자: 柳宗元 053 참조.

2. 이 글은 《柳河東集》(16), 《柳河東集注》(16), 《五百家注柳先生集》(16), 《唐宋八大家文鈔》(25), 《崇古文訣》(12), 《文章正宗》(13), 《古文關鍵》(上), 《文苑英華》(373), 《唐宋文醇》(11), 《文章辨體彙選》(427), 《文編》(38), 《事文類聚》(別集 23), 《格物通》(94), 《淵鑑類函》(439) 등에 실려 있음.

057. <種樹郭橐駝傳> ·················· 柳子厚(柳宗元)

나무 심는 곽탁타의 전기

＊<種樹郭橐駝傳>：나무 심는 일을 업으로 하는 꼽추 곽탁타(郭橐駝)를 통해 治道
의 원리를 터득하여 이를 傳記體로 쓴 것이다. 《柳河東集》題注에 "據傳曰：其鄕曰
豐樂在長安西, 當在貞元末年爲監田尉前後作. 其曰「問養樹, 得養人」, 其益于爲政
者, 豈獨當時然哉? 取其道而移之官, 則民得安其全矣. 橐, 音託; 駝, 徒何切"이라
하였고, 《五百家注》에는 "孫曰：姓郭號橐駝. 駝, 馬類也. 背肉似橐, 故以名之. 黃
曰：事有可觸類而長者, 聞解牛得養生, 問籌金得籌人. 爲天下之道與牧馬何異? 牧
民之道以牧羊而知橐駝. 傳宜其有爲而作也. ○橐, 音託; 駝, 徒何切"이라 함.
＊《眞寶》注에 "迂齋曰：「凡事‘有心則費力, 求工則反拙’. 曲盡種植之妙. 末引歸時事,
聞者可戒, 與<捕蛇說>, 同一機栝.」"이라 함.

　　곽탁타(郭橐駝, 郭橐駝)는 처음 이름이 무엇이었는지 알 수 없으나 구루
병을 앓아 등이 불룩 솟아 구부리고 다녀 탁타(낙타)와 닮아, 그 때문에
고을 사람들이 그를 駝라고 불렀다.

　　그는 이를 듣고 "아주 좋소. 내 이름에 진실로 합당하오"라고 하면서
자신의 이름을 버리고 짐짓 스스로도 탁타라 하였다고 한다.

　　그의 마을은 풍락향豐樂鄕이었는데 장안長安 서쪽에 있으며, 그는 나
무 심는 것을 업으로 삼고 있었다.

　　무릇 장안의 귀족 세도가나 부잣집 사람들로서 관상용으로 가꾸기
위한 경우 및 과일을 팔기 위한 이들은 모두가 다투어 그를 모셔다가
나무를 길렀다.

　　탁타가 나무를 심는 것을 보면 혹 옮겨 심어도 살아나지 않는 것이
없고, 게다가 크게 무성하며 일찍 열매를 맺고 번성하는 것이었다.

　　다른 사람 중에 나무를 심는 자가 비록 몰래 엿보아 혹시 흉내를 내
고 따라 한다 해도 그가 하는 것처럼 되지 않았다.

어떤 이가 묻자 그는 이렇게 대답하였다.

"나 탁타가 능히 나무를 오래 살게 하고 번성하게 하는 것이 아니라, 나무가 능히 천성에 순응해 그 천성을 이루도록 해 줄 뿐입니다. 무릇 심어주는 나무의 본성이란 그 뿌리는 잘 펴주기를 바라고, 북돋워줄 때는 평평해지기를 원하며, 그 흙은 처음 흙 그대로이기를 바라며, 흙을 다져줄 때는 촘촘히 해 주기를 바라지요. 이미 그렇게 해 놓았다면 건드려보지도 말고 염려하지도 말아야 하며, 그 자리를 떠나 더는 돌아보지도 말아야 합니다. 심을 때는 마치 아이를 다루듯이 하고, 자리를 잡은 다음에는 버린 듯이 하면, 그 천성이 온전해져서 그 본성을 얻게 되는 것이지요. 그러므로 나는 그가 자라는 것을 방해하지 않을 뿐, 능히 크고 무성하게 해주는 것이 아닙니다. 그 실질을 억누르거나 소모시키지 않는 것이지 일찍 열리고 번성하게 하는 것이 아니랍니다. 그런데 다른 사람의 경우는 그렇지 않지요. 뿌리를 주먹처럼 똘똘 뭉쳐 심고 흙은 바꾸며, 북돋워줄 때는 지나치게 하지 않으면 모자라게 합니다. 만약 진실로 이에 거꾸로 하는 자는, 사랑한답시고 지나치게 은혜를 베풀고, 근심해준답시고 지나치게 부지런을 떱니다. 아침에 살펴보고 저녁에 어루만지며, 그 자리를 떠났다가 다시 돌아와 살펴보지요. 심한 경우는 손톱으로 그 껍질을 긁어보아 그 나무가 살았는지 말라죽어가는지를 알아보며, 그 근본을 흔들어 그것이 단단히 자리를 잡았는지 성근지를 살펴보니 나무의 본성은 날로 멀어지고 마는 것입니다. 비록 사랑해서 그런다고 하지만 실은 해치는 것이요, 근심해서 그런다고 하지만 실은 원수로 여기는 것이 됩니다. 그러므로 나와 같지 않은 것이지요. 내 또한 어찌 나무에 대해 능하겠습니까!"

질문을 했던 자가 말하였다.

"그대의 도道를 관가에서의 다스림에 옮겨 적용해보면 되겠소?"

탁타가 말하였다.

"나는 나무 심는 것만 알 뿐, 다스림이라는 것은 나의 본업이 아니지요. 그러나 내가 고을에 살면서 관청의 어른들을 보니, 명령을 번거롭게 하기를 좋아하더군요. 마치 백성을 심히 불쌍히 여겨 그렇게 하는 것 같지만 끝내 화를 입히고 맙니다. 아침저녁으로 관리가 와서 소리치되 '관에서 명하셨다. 너희들의 경작을 재촉하고, 너희들의 종식種植을 힘쓸 것이며, 너희들의 수확을 감독하고, 빨리 너희들의 고치를 자아 실을 뽑을 것이며, 서둘러 너희 실로 옷감을 짜야 하며, 너희들의 자녀들을 잘 키우고, 너희들의 돼지와 닭을 잘 길러라!'라고 하면서 북을 울려 사람들을 모으고, 목탁을 두드려 사람들을 부릅니다. 우리 소인들은 아침저녁으로 음식을 갖추어 관리들을 위로하기에도 겨를이 없는데 다시 어떻게 우리들의 삶을 번성케 하고, 우리들의 천성을 편하게 하겠습니까? 그러므로 병들고 게을러지고 마는 것이니, 이렇게 하면서도 그래도 내가 하는 일과 닮은 점이 있겠습니까?"

질문했던 자가 기뻐하며 이렇게 말하였다.

"역시 대단하지 않은가! 나는 나무 키우는 것을 물었다가 사람 기르는 방법까지 얻게 되었도다."

이에 그의 사적을 전傳으로 써서 관에서의 경계로 삼노라.

郭橐駝, 不知始何名. 疾僂, 隆然伏行, 有類橐駝者, 故鄉人號之曰駝.

駝聞之曰:「甚善. 名我固當.」因捨其名, 亦自謂橐駝云.

其鄉曰豐樂鄉, 在長安西; 駝業種樹.

凡長安豪家富人爲觀遊, 及賣果者, 皆爭迎取養.

視駝所種樹, 或移徙, 無不活, 且碩茂, 蚤實以蕃.

他植者雖窺伺傚慕, 莫能如也.

有問之, 對曰:「橐駝非能使木壽且孳也, 以能順木之天, 以致其性焉爾. 凡植木之性, 其本欲舒, 其培欲平, 其土欲故, 其築欲密.
旣然已, 勿動勿慮, 去不復顧. 其蒔也若子, 其置也若棄, 則其天者
全而其性得矣. 故吾不害其長而已, 非有能碩而茂之也; 不抑耗
其實而已, 非有能蚤而蕃之也. 他植者則不然, 根拳而土易, 其培
之也, 若不過焉, 則不及焉. 苟有能反是者, 則又愛之太恩, 憂之太
勤, 旦視而暮撫, 已去而復顧. 甚者爪其膚, 以驗其生枯; 搖其本,
以觀其疎密, 而木之性日以離矣. 雖曰愛之, 其實害之; 雖曰憂之,
其實讐之, 故不我若也. 吾又何能爲矣哉!」

　　問者曰:「以子之道, 移之官理可乎?」
　　駝曰:「我知種樹而已, 理, 非吾業也. 然吾居鄉, 見長人者好煩
其令, 若甚憐焉, 而卒以禍. 旦暮吏來而呼曰:『官命促爾耕, 勗爾
植, 督爾穫, 蚤繰而緒, 蚤織而縷, 字而幼孩, 遂而雞豚!』鳴鼓而
聚之, 擊木而召之. 吾小人具饔飧以勞吏者, 且不得暇, 又何以蕃
吾生而安吾性邪?(耶) 故病且怠, 若是, 則與吾業者, 其亦有類
乎?」
　　問者喜曰:「不亦善夫! 吾問養樹, 得養人術.」
　　傳其事, 以爲官戒也.

【郭橐駝, 不知始何名】'橐駝'는 橐駞로도 표기하며 자루나 駱駝를 일컫는 雙聲連
　綿語. 원래 '橐(囊)'은 주머니나 자루 등을 뜻함. 郭氏의 모습이 꼽추로서 駱駝와
　같아 別號로 삼은 것.
【疾僂, 隆然伏行, 有類橐駝者. 故鄉人號之曰駝】'疾僂'는 등이 굽은 병(佝僂, 傴僂)
　을 앓음. 즉 꼽추병을 앓음. '隆然'은 등이 불룩 솟음. '伏行'은 등을 구부리고 행
　동함.《五百家注》에 "韓曰:《釋文》:瘻, 傴疾也. ○瘻, 隴主切"이라 하였고,《柳河東
　集》에는 "隴主切, 尫瘻,《釋文》:傴疾"이라 함.
【駝聞之曰:「甚善. 名我固當.」因捨其名, 亦自謂橐駝云】본래의 이름이 있었으나 橐
　駝라는 別號를 거부감 없이 사용함.

【其鄉曰豐樂鄉, 在長安西; 駝業種樹】‘豐樂鄉’은 唐나라 長安 서쪽에 있던 마을 이름.

【凡長安豪家富人爲觀遊, 及賣果者, 皆爭迎取養】‘豪家富人’은 권세가 높은 집과 부유한 집. 부호의 집. 이들은 관상용이나 정원을 꾸미기 위해 그를 필요로 함. ‘賣果者’는 과수원을 경영하는 사람들을 가리킴. ‘爭迎取養’은 그를 맞아 나무를 기르려고 함.

【視駝所種樹, 或移徙, 無不活, 且碩茂, 蚤實以蕃】‘無不活’은 《眞寶》注에 “言種植之法”이라 힘. ‘碩茂’는 잘 크고 무성함. ‘碩’은 大와 같은 뜻. ‘蚤實以蕃’은 일찍 열매를 맺고 번성함. ‘蚤’는 早와 같음.

【他植者雖窺伺倣慕, 莫能如也】‘窺伺’는 몰래 엿봄. ‘倣慕’는 흉내내어 따라함.

【有問之, 對曰:「橐駝非能使木壽且孳也, 以能順木之天, 以致其性焉爾】‘有問之’는 柳宗元 자신을 가리킴. 문답 형식으로 구성하기 위해 자신을 가설하여 내세운 것. ‘橐駝’는 자기 자신을 가리킴. ‘孳’는 잘 자람. 잘 번식함.

【凡植木之性, 其本欲舒, 其培欲平, 其土欲故, 其築欲密】‘欲舒’는 편안히 있으려 함. ‘培’는 북돋움. ‘故’는 나무가 처음 뿌리내렸던 본래의 흙. ‘築’은 뿌리가 묻힌 부분을 잘 다짐.

【旣然已, 勿動勿慮, 去不復顧】이미 그렇게 한 다음에는 만져보지도 말고, 걱정하지도 말며, 떠나서 돌아보지도 말아야 함. 《眞寶》注에 “要緊全在此”라 함.

【其蒔也若子; 其置也若棄, 則其天者全而其性得矣】‘蒔’는 ‘심다’의 뜻. 《五百家注》에 “童曰: 蒔, 種也. 音侍”라 함. 《眞寶》注에 “非眞棄之, 棄之所以子之也”라 함.

【故吾不害其長而已, 非有能碩而茂之也】해를 입히지 않을 뿐 무성하게 하는 것이 아님. 《眞寶》注에 “卽勿助長之說”이라 함.

【不抑耗其實而已, 非有能蚤而蕃之也】‘抑耗’는 억눌러 소모시킴.

【他植者則不然, 根拳而土易, 其培之也, 若不過焉, 則不及焉】‘根拳’은 나무뿌리를 주먹을 쥔 것처럼 똘똘 뭉침. 《眞寶》注에 “拳, 曲也. 與前反”이라 함.

【苟有能反是者, 則又愛之太恩, 憂之太勤, 旦視而暮撫, 已去而復顧】‘反是者’는 더욱 정도가 심하게 되어 거꾸로 하는 자를 가리킴.

【甚者爪其膚, 以驗其生枯; 搖其本, 以觀其疏密, 而木之性日以離矣】‘甚者’는 정도가 극도로 심한 자. ‘爪其膚’는 손톱으로 나무껍질을 긁음. ‘踈密’은 疏密, 疎密, 疏密과 같으며 성기고 빽빽한 정도.

【雖曰愛之, 其實害之; 雖曰憂之, 其實讐之, 故不我若也. 吾又何能爲矣哉】사랑한다

고 하나 실제로는 해를 주는 것이며 근심해준다고 하나 실은 원수로 여기는 것임.

【問者曰:「以子之道, 移之官理可乎?」】'官理'는 官治와 같음. 관직에서의 治道.

【駝曰:「我知種樹而已, 理, 非吾業也」】'理'는 治와 같음. 治의 일은 나의 업무가 아님.

【然吾居鄉, 見長人者好煩其令, 若甚憐焉, 而卒以禍】'長人'은 행정을 맡은 자들. 백성의 우두머리들.

【且暮吏來而呼曰:『官命促爾耕, 勖爾植, 督爾穫, 蚤繰而緒, 蚤織而縷, 字而幼孩, 遂而雞豚!』】'爾'는 汝와 같음. '勖'은 勗으로도 표기하며 힘써 일함. 《五百家注》에 "張曰:勖, 勉也. 呼玉切"이라 함. '督'은 잘 살펴 마무리를 함. '繰而緒'의 '繰'는 繅와 같음. 누에고치에서 실을 자아냄. 《五百家注》에 "韓曰:繅, 謂繹繭爲絲. ○繰, 蘇曹切"이라 함. '而'는 爾와 같으며 汝의 뜻. 아래도 같음. '字'는 養育하다의 뜻. '遂'는 가축 등을 잘 길러 번식시킴. 《眞寶》注에 "字, 猶愛也. 而, 汝也. 遂, 成也"라 함.

【鳴鼓而聚之, 擊木而召之】북을 울리며 사람을 모으고 木鐸, 또는 딱따기를 두드려 사람들을 소집함.

【吾小人具饔飧以勞吏者, 且不得暇, 又何以蕃吾生而安吾性邪?】'饔飧'은 饔飧으로도 표기하며 아침밥과 저녁밥. 관리들을 아침저녁으로 慰勞하며 음식 대접을 함. 《眞寶》注에 "朝曰饔, 夕曰飧"이라 함.

【故病且怠, 若是, 則與吾業者, 其亦有類乎】나처럼 種樹의 일을 하는 자는 그들과 같지 않음. '그들이 우리와 유사한 점이 있겠는가?'의 反語法 문장.

【問者喜曰:「不亦善夫! 吾問養樹, 得養人術.」】'養人術'은 백성을 길러내는 방법. '喜'는 《柳河東集》에 '嘻'로 되어 있으며, 《五百家注》에 "嘻, 一作喜"라 함.

【傳其事, 以爲官戒也】그의 사적을 전으로 써서 관직에 있는 자의 경계로 삼음. 《眞寶》注에 "法揚子雲問鑄金, 得鑄人"이라 함.

참고 및 관련 자료

1. 작자: 柳宗元 053 참조.

2. 이 글은 《柳河東集》(17), 《柳河東集注》(17), 《五百家注柳先生集》(17), 《唐宋八大家文鈔》(21), 《唐文粹》(99), 《崇古文訣》(12), 《古文關鍵》(上), 《文章正宗》(20), 《文苑英華》(794), 《唐宋文醇》(11), 《陝西通志》(93), 《稗編》(46), 《文編》(63), 《文章辨體彙選》(545) 등에 실려 있음.

058. ⟨愚溪詩序⟩ ················· 柳子厚(柳宗元)
우계시의 서문

*⟨愚溪詩序⟩: 柳宗元이 永州로 폄직되어 갔을 때 그곳 작은 계곡에 거처를 마련하고 愚溪라 이름을 바꾸고는, 아울러 愚丘, 愚泉, 愚溝, 愚池, 愚堂, 愚亭, 愚島 등 여덟 곳에 '愚'자를 넣어 이름을 붙인 다음 ⟨八愚詩⟩를 지어 그 서문을 돌에 새겼음. 《柳河東集》題注에 "公元和五年, ⟨與楊誨之書⟩云:「方築愚溪東南爲室」, 而此言, 丘, 泉, 溝, 池, 堂, 溪, 亭, 島, 皆具詩序. 當在溪室旣成, 而作序云. 於是作 ⟨八愚詩⟩紀于溪石上, 而集無見焉. 豈逸之耶? 良可惜也"라 함.

*《眞寶》注에 "迂齋曰:只一箇愚字, 旁引曲取, 橫說竪說, 更無窮已. 宛轉紆徐(餘), 含意深遠, 自不愚而入於愚, 自愚而終於不愚, 屢變而不可詰, 此文字妙處. ○子厚 自謫永州, 文章大進. 凡今柳文, 膾炙人口, 自皆永柳諸作也. 永州, 遊山諸記, 皆奇. 零陵一山水一木石, 至今猶衣被柳文之聲光. 如愚溪之境, 後來詩人文士, 足跡至 焉者, 未嘗不見之歌詠焉. 篇中用意變態, 迂齋之批, 盡之矣"라 함.

관수灌水 북쪽에 시냇물이 있는데, 이 물은 동쪽으로 흘러 소수瀟水로 들어간다.

어떤 이는 "염씨冉氏가 한때 여기에 산 적이 있어 그 성씨를 붙여 염계冉溪라 부르게 된 것"이라고도 하고, 또 어떤 이는 "이 물로는 염색을 할 수 있어, 그 효능으로 말미암아 염계染溪라 부르게 된 것"이라고도 한다.

나는 어리석음으로 인해 죄를 얻어 이 소수 가로 귀양을 왔는데, 이 시냇물을 사랑하게 되어 2, 3리里 들어간 곳에 더욱 절경인 곳을 얻어 살게 되었다.

옛날에 우공곡愚公谷이 있었으나 이제 내가 이 냇가에 집을 짓고 살면서도 그 이름을 정하지 못하였다.

이곳 토박이들은 더욱 이 냇물 이름에 대해 말이 많아 이름을 바꾸지 않을 수 없어, 그 때문에 우계愚溪로 이름을 바꾸게 된 것이다.

우계 가의 작은 언덕을 사서 우구愚丘라 이름을 붙였다.

우구로부터 동북쪽으로 60보步 정도 가서 샘물이 있기에 다시 그곳을 사서 우천愚泉이라 하였다.

우천은 모두 여섯 구멍이 있어 모두가 산 아래 평지에서 나며, 거의가 위로 솟구쳐 올라서는 합류하여 구불구불 남쪽으로 흐르는데 이를 우구愚溝라 하였다.

드디어 흙을 날라오고 돌을 쌓고 그 좁은 곳을 막으니 우지愚池가 되었다.

우지의 동쪽에는 우당愚堂을 지었고, 그 남쪽에는 우정愚亭을 지었으며, 못 가운데에 우도愚島를 마련하였다.

아름다운 나무와 기이한 돌들을 엇섞여 배치하였더니 모두가 산수山水의 기이한 것들로서, 이것들은 나 때문에 모두가 어리석다愚는 욕을 보고 있는 것이다.

무릇 "물이란 지혜로운 이가 즐기는 것"이라 하였는데, 지금 이 냇물만은 유독 어리석다는 이름으로 욕을 보고 있는 것은 무엇 때문인가?

아마 그 흐름은 심히 낮아서 관개灌漑로 쓸 수 없고, 또 심한 급류인데다가 물속에 높은 돌들이 많아 큰 배는 들어갈 수가 없으며, 그윽하고 깊으면서도 얕고 좁아서 교룡蛟龍들도 좋아하지 않아 운우雲雨를 일으키지도 못한다.

세상에 이로울 것이 없어 나와 닮아 있으니, 그 때문에 비록 욕을 당하면서 어리석다고 해도 괜찮으리라.

영무자甯武子는 "나라에 도가 없으면 어리석다"라 하였으니, 그것은 지혜롭되 어리석은 체한 것이요, 안회顔回는 "종일 가르침을 어기지 않기를 어리석은 자처럼 하였다"라 하였으니, 총명하되 어리석은 체하였던 것으로, 모두 정말로 어리석었던 것은 아니었다.

지금 나는 도가 행해지는 세상을 만났음에도 이치에 어긋나고 사리에 거슬리게 살고 있으니, 그 때문에 평범하게 어리석은 자들로서 나처럼 어리석기가 더 심한 자도 없을 것이다.

무릇 그렇다면 천하에 누구도 이 냇물을 두고 다툴 사람이 없을 것이니, 나만 이를 독차지하여 이름을 붙인 것이다.

냇물이 비록 세상에 아무런 이익도 주지는 못하지만 만물을 잘 비추어 주고, 맑게 빛나며 수철秀徹하고, 금석의 악기처럼 장명鏘鳴하여, 능히 어리석은 자로 하여금 즐거워 웃고 사랑하고 흠모하여 즐기면서 능히 떠나지 못하게 할 수가 있는 것이다.

나는 비록 세속에 부합하지는 못하나, 그래도 자못 문묵文墨으로 스스로 위안을 삼으면서 만물을 양치질하고 씻어내기도 하며, 온갖 모습을 그 속에 가두어 묶어 피하는 바가 없다.

그리하여 우사愚辭로써 우계를 노래한다면, 망연히 살며 위배함이 없게 되고, 혼연하여 갈 곳이 같을 것이며, 홍몽鴻蒙을 초월하고, 희이希夷를 뒤섞어 적료寂寥하게 살아, 나 자신도 잊게 될 것이리라.

이에 〈팔우시八愚詩〉를 지어 시내의 돌에 새기노라.

灌水之陽, 有溪焉, 東流入于瀟水.

或曰:「冉氏嘗居也, 故姓是溪爲冉溪.」或曰:「可以染也, 名之以其能, 故謂之染溪.」

余以愚觸罪, 謫瀟水上, 愛是溪, 入二三里, 得其尤絶者家焉.

古有愚公谷, 今予家是溪, 而名莫能定.

土之居者, 猶齗齗焉, 不可以不更也, 故更之爲愚溪.

愚溪之上, 買小丘, 爲愚丘.

自愚丘, 東北行六十步, 得泉焉, 又買居之, 爲愚泉

愚泉凡六穴, 皆出山下平地, 蓋上出也, 合流屈曲而南, 爲愚溝.

遂負土累石, 塞其隘, 爲愚池.

愚池之東, 爲愚堂; 其南爲愚亭; 池之中, 爲愚島.

嘉木異石錯置, 皆山水之奇者, 以余故, 咸以愚辱焉.

夫「水, 智者樂」也, 今是溪獨見辱於愚, 何哉?

蓋其流甚下, 不可以灌溉; 又峻急, 多坻石, 大舟不可入也; 幽邃淺狹, 蛟龍不屑, 不能興雲雨.

無以利世, 而適類於余, 然則雖辱而愚之, 可也.

甯武子「邦無道則愚」, 智而爲愚者也; 顔子「終日不違, 如愚」, 睿而爲愚者也, 皆不得爲眞愚.

今余遭有道, 而違於理, 悖於事, 故凡爲愚者, 莫我若也.

夫然, 則天下莫能爭是溪, 余得專而名焉.

溪雖莫利於世, 而善鑑萬類, 清瑩秀徹, 鏘鳴金石, 能使愚者, 喜笑眷慕, 樂而不能去也.

余雖不合於俗, 亦頗以文墨自慰, 漱滌萬物, 牢籠百態, 而無所避之.

以愚辭歌愚溪, 則茫然而不違, 昏然而同歸, 超鴻蒙, 混希夷, 寂寥而莫我知也.

於是作<八愚詩>, 紀于溪石上.

【灌水之陽, 有溪焉, 東流入于瀟水】'灌水'는 瀟水의 지류. '陽'은 남쪽. '瀟水'는 永州를 흐르는 물로 湖南省 九疑山에서 시작하여 湘水로 흘러듦. 흔히 湘水와 합해 瀟湘이라 부르는 물. 《眞寶》注에 "瀟湘之瀟"라 함.

【或曰:「冉氏嘗居也, 故姓是溪爲冉溪.」】冉氏 성의 어떤 사람이 살고 있어 冉溪라 불렀다 함.

【或曰:「可以染也, 名之以其能, 故謂之染溪.」】'名之以其能'는 그 功用을 취하여 이름을 지음. 그 물로는 염색을 할 수 있어 染溪라 불렀다 함. '冉'과 '染'은 음이 같

음.《眞寶》注에 "布置與〈盤谷序〉相似"라 함.

【余以愚觸罪, 謫瀟水上】'以愚觸罪'는 나는 어리석음으로 인하여 죄를 범함. 柳宗元은 唐 憲宗(805년) 때에 王叔文 一黨 사건에 연루되어 永州司馬로 좌천되었음.《眞寶》注에 "先頓放了一愚字, 爲下張本"이라 함.

【愛是溪, 入二三里, 得其尤絶者家焉】더욱 절경인 곳에 집터를 잡음.

【古有愚公谷, 今予家是溪, 而名莫能定】'愚公谷'은 지금의 山東省 臨淄縣 서쪽에 있는 골짜기 이름으로 春秋시대 齊桓公이 사냥을 갔다가 노인을 만났던 곳.《說苑》政理篇에 "齊桓公出獵, 逐鹿而走入山谷之中, 見一老公而問之曰: 「是爲何谷?」對曰: 「爲愚公之谷.」桓公曰: 「何故?」對曰: 「以臣名之.」桓公曰: 「今視公之儀狀, 非愚人也, 何爲以公名?」對曰: 「臣請陳之, 臣故畜牸牛生子而大, 賣之而買駒, 少年曰:『牛不能生馬.』遂持駒去, 傍隣聞之, 以臣爲愚, 故名此谷爲愚公之谷.」桓公曰: 「公誠愚矣, 夫何爲而與之?」桓公遂歸. 明日朝, 以告管仲, 管仲正衿再拜曰: 「此夷吾之愚也, 使堯在上, 咎繇爲理, 安有取人之駒者乎? 若有見暴如是叟者, 又必不與也, 公知獄訟之不正, 故與之耳, 請退而脩政.」孔子曰: 「弟子記之, 桓公, 霸君也; 管仲, 賢佐也; 猶有以智爲愚者也, 況不及桓公管仲者也.」라 함. 그러나《柳河東集》에는 《列子》湯問第五:太形王屋二山, 方七百里, 高萬仞. 北山愚公者, 年且九十, 面山而居. 懲山北之塞, 出入之迂也. 聚室而謀曰:「吾與汝畢力, 平險指通豫南, 達于漢陰, 可乎?」라 하여《列子》湯問篇의 '愚公移山'의 고사를 들고 있음.《眞寶》注에 "引證"이라 함.

【土之居者, 尤齗齗焉, 不可以不更也, 故更之爲愚溪】'土之居者'의 '土'는《柳河東集》에 '士'로 되어 있음. '尤齗齗焉'은 더욱 말이 많음. '齗齗焉'은 말다툼을 함.《眞寶》注에 "齗齗二字, 出《前漢書》"라 하였으며,《漢書》地理志(下)에 "魯道衰, 洙泗之間齗齗如也"라 하였고, 劉向傳에는 "朝臣齗齗不可光祿勳, 何邪?"라 하였으며, 鄭弘傳에도 "知者贊其慮, 仁者明其施, 勇者見其斷, 辯者騁其辭, 齗齗焉, 行行焉, 雖未詳備, 斯可略觀矣"라는 구절이 있음.

【愚溪之上, 買小丘, 爲愚丘】작은 언덕을 구입하여 그곳을 愚丘로 삼음.

【自愚丘, 東北行六十步, 得泉焉, 又買居之, 爲愚泉】근처 샘물이 있어 이 또한 구입하여 愚泉으로 삼음.

【愚泉凡六穴, 皆出山下平地, 盖上出也, 合流屈曲而南, 爲愚溝】愚泉에서 나온 물이 흘러 도랑을 이루는 곳을 愚溝로 삼음.

【遂負土累石, 塞其隘, 爲愚池】좁은 곳을 막아 愚池를 만듦.

【愚池之東, 爲愚堂; 其南爲愚亭; 池之中, 爲愚島】愚池 동쪽에 愚堂을 만들고, 남쪽에는 愚亭을, 못 가운데에는 愚島를 만듦.

【嘉木異石錯置, 皆山水之奇者, 以余故, 咸以愚辱焉】'錯置'는 '얽어서 배치하다'의 雙聲連綿語. '皆山水之奇者'는 《眞寶》 注에 "見山水草木, 本末訾愚"라 함.

【夫水, 智者樂也. 今是溪獨見辱於愚, 何哉】'水, 智者樂'은 《論語》 雍也篇에 "子曰:「知者樂水, 仁者樂山. 知者動, 仁者靜. 知者樂, 仁者壽.」"라 한 말을 원용한 것. '樂'는 《柳河東集》에 "樂, 樂五孝切"이라 하여 '요'로 읽음. 《眞寶》 注에 "疑辭"라 함.

【盖其流甚下, 不可以灌漑】흐르는 물길이 너무 낮아 灌漑用으로 쓸 수 없음. '灌漑'는 '농토에 물을 대다'의 雙聲連綿語. 《眞寶》 注에 "略言愚之狀"이라 함.

【又峻急, 多坻石, 大舟不可入也】'坻'는 작은 모래섬이나 물 가운데의 높은 곳(水中高地). 《柳河東集注》에 "小渚也"라 함. 《眞寶》 注에는 "坻, 音遲. 體自身說"이라 함.

【幽邃淺狹, 蛟龍不屑, 不能興雲雨】'不屑'은 무시함. 별것 아닌 것으로 여김. 좋아하지 않음. 《孟子》 公孫丑(上) "是亦不屑就已"의 趙岐 注에 "屑, 潔也"라 함. '興雲雨'는 용은 구름을 일으킨다고 여겼음. 《周易》 文言傳(上)에 "雲從龍, 風從虎"라 함.

【無以利世, 而適類於余, 然則雖辱而愚之, 可也】《眞寶》 注에 "皆是體自身說. 斷辭"라 함.

【甯武子「邦無道則愚」, 智而爲愚者也】'甯武子'는 《論語》 公冶長篇에 "子曰:「甯武子, 邦有道, 則知; 邦無道, 則愚. 其知可及也, 其愚不可及也.」"라 한 말을 인용한 것.

【顔子「終日不違, 如愚」, 睿而爲愚者也】'顔子'는 顔回. 《論語》 爲政篇에 "子曰:「吾與回言終日, 不違, 如愚. 退而省其私, 亦足以發, 回也不愚.」"라 한 말을 인용한 것. '睿'는 슬기로움. 통달함.

【皆不得爲眞愚】'眞愚'는 진실로 어리숙해 보일 뿐 실은 어리석지 않음. 《眞寶》 注에 "回護, 佳存謙避前賢之意"라 함.

【今余遭有道, 而違於理, 悖於事, 故凡爲愚者, 莫我若也】《眞寶》 注에 "言已方是眞愚"라 함.

【夫然, 則天下莫能爭是溪, 余得專而名焉】이 시냇물을 다투는 자가 없어 내가 얻어 전유물로 삼아 이름을 붙임.

【溪雖莫利於世, 而善鑑萬類, 淸瑩秀徹, 鏘鳴金石】'鑑'은 밝게 비춰보는 거울과 같음. '萬類'는 萬物. '淸瑩'은 맑고 아름다움을 뜻하는 疊韻連綿語. '秀徹'은 《柳河東集》에는 '秀澈'로 되어 있으며 아주 투명함. 《眞寶》 注에 "言雖愚, 而有不愚者存, 所以況已所以譏時?"라 함. '鏘鳴'은 물 흐르는 소리를 표현한 것. '金石'은 악

기 소리를 뜻함. 물소리가 악기 소리와 같음.

【能使愚者, 喜笑眷慕, 樂而不能去也】'眷慕'는 그리워하고 사모함.

【余雖不合於俗, 亦頗以文墨自慰, 漱滌萬物, 牢籠百態, 而無所避之】'文墨'은 글을 뜻함. '漱滌'은 양치질하고 씻음. 만물을 모두 깨끗이 씻듯이 글로 표현함. '牢籠'은 '포괄하여 가둠'을 뜻하는 雙聲連綿語. 세상 百態를 모두 文墨(글)으로 써서 그 속에 가두어 넣음. 《眞寶》注에 "牢, 猶閑圈; 籠, 猶籠絡"이라 함. '無所避之'는 《眞寶》注에 "子厚未甘伏介愚字, 此見胷中不能平處"라 함.

【以愚辭歌愚溪, 則茫然而不違, 昏然而同歸】'愚'라는 말로 愚溪를 노래하면 나의 삶이 茫然하여 위배됨이 없음. '同歸'는 세상 만물이 함께 가는 歸着點.

【超鴻蒙, 混希夷, 寂寥而莫我知也】'鴻蒙'은 天地自然. 原義는 천지가 아직 나누어지지 않은 混沌 상태를 뜻하는 疊韻連綿語. 《莊子》在宥篇에 "雲將東遊, 過扶搖之枝而適遭鴻蒙. 鴻蒙方將拊脾雀躍而遊"라 함. '希夷'는 道家에서 '玄'이나 '道'를 의미하는 雙聲連綿語. 《老子》(14)에 "視之不見名曰夷; 聽之不聞名曰希; 搏之不得名曰微. 此三者不可致詰, 故混而爲一"이라 함. 《眞寶》注에 "結妙. 所以散遣胸中滯慮"라 함.

【於是作〈八愚詩〉, 紀于溪石上】'八愚詩'는 愚溪, 愚丘, 愚泉, 愚溝, 愚池, 愚堂, 愚亭, 愚島의 여덟 가지를 두고 시로 읊은 것. 그러나 이 시는 전하지 않음.《眞寶》注에 "〈八愚詩〉, 今集中無之"라 함. '紀'는 記와 같은 뜻임. 끝에 《眞寶》注에는 "《說苑》: 齊桓公出獵, 入山谷之中, 見一老問曰: 「是爲何谷?」 曰: 「爲愚公之谷. 以臣名之.」 ○〈孔子世家〉: 洙泗之間, 齗齗如也.」 魚斤反. 《說文》: 齒本也. ○《莊子》在宥篇: 「雲將適遭鴻蒙.」 注: 「鴻蒙, 自然元氣也.」 ○《老子》贊玄篇: 「視之不見, 名曰夷; 聽之不聞, 名曰希.」 注: 「無色曰夷, 無聲曰希.」라 함.

> **참고 및 관련 자료**

1. 작자: 柳宗元 053 참조.

2. 이 글은 《柳河東集》(24), 《柳河東集注》(24), 《唐文粹》(95), 《唐宋八大家文鈔》(21), 《崇古文訣》(12), 《文苑英華》(717), 《文章正宗》(21 下), 《文編》(53), 《事文類聚》(別集 19), 《文章辨體彙選》(332), 《唐宋文醇》(15), 《淵鑑類函》(33), 《湖廣通志》(11) 등에 실려 있음.

059. <桐葉封弟辯> ············· 柳子厚(柳宗元)

오동잎으로 아우를 제후에 봉했다는 것에 대한 변론

＊<桐葉封弟辯>:'辯'은 《柳河東集》 등에는 모두 '辨'으로, 《柳河東集注》와 《五百家注》에는 '辯'으로 되어 있음. 《呂氏春秋》와 《說苑》 등에 실려 있는 '成王(姬誦)이 아우 叔虞에게 桐葉을 주면서 唐에 봉하는 놀이를 하자, 周公(姬旦)이 이를 놀이로 그렇게 한 것인 줄 알면서도 成事시켰다'라는 문제를 집중적으로 다루어, 辨釋하면서 동시에 이는 《史記》의 기록대로 周公이 아니라 史佚이 한 것으로 여긴 것. 《柳河東集》 題注에는 "《史記》晉世家: 成王與叔虞戲, 削桐葉爲珪, 以與叔虞曰: 「以此封若!」 史佚因請擇日立之, 成王曰: 「吾與之戲耳.」 佚曰: 「天子無戲言.」 於是遂封叔虞於唐. 觀此, 則桐葉封弟, 史佚成之明矣. 若曰周公入賀, 史不見之公. 謂周公之輔成王, 宜以道從容, 必不逢其失而爲之, 辭誠至言也"라 하였고, 《五百家注》에는 "韓曰: 《史記》晉世家: 成王與叔虞戲, 削桐葉爲珪, 以與叔虞, 曰: 「以此封若.」 史佚因請擇日立之, 成王曰: 「吾與之戲耳!」 史佚曰: 「天子無戲言.」 於是遂封叔虞於唐. 此則桐葉封弟, 史佚成之明矣. 若曰周公入賀, 史不之見. 孫曰: 事又見劉向《說苑》. 黃曰: 觀經而不盡信, 於經始可與言經; 觀史而不盡信, 於史始可與言史. 經史猶有不可信者, 阨於灰燼之餘, 汨於異端之學也. 謂伊尹以滋味干湯, 謂西伯以陰謀傾商, 遷史每每如此. 豈特翦桐一事誣周公哉! 讀遷史者, 當知其爲實錄, 又當知史之失, 自遷始"라 함.

＊《眞寶》 注에 "字數不多, 曲折甚多, 辯而明, 此柳子所長也. 後之爲文者, 爲之. 添數百字不嗇矣. <守原議>亦然, 與非《國語》, 皆一樣手段"이라 함.

옛 책에 이렇게 전해 오고 있다.

성왕成王이 어린 아우에게 오동잎을 주며 놀이로 "이로써 너를 봉封하노라"라고 말하였다.

주공周公이 들어와 축하하자 왕은 "놀이였소"라고 하였고, 주공은 "천자는 그런 것을 놀이로 할 수 없습니다"라고 하여 어린 아우에게 당唐을 봉하였다.

나는 그렇지 않다고 생각한다. 왕의 아우를 마땅히 봉해야 했는가? 그렇다면 주공은 의당 알맞은 때 왕에게 말해야 했을 것이지, 그 놀이를 기다렸다가 축하하여 그 일을 성사시키지는 않았을 것이다. 봉하는 것이 부당한 일이었는가? 그렇다면 주공이 그 도리에 맞지 않은 놀이에서의 말을 성사시켜, 어리고 약한 아우에게 토지와 백성을 주어 주인으로 삼게 한 것이 되니, 어찌 그를 성인聖人이라 할 수 있겠는가?

게다가 주공은 왕의 말이 구차해서는 안 되는 것이라고 여겼으면 그만이지, 반드시 그 말을 좇아 성사시켜야만 하였겠는가?

설사 불행하게도 왕이 오동잎으로 부녀자나 환관에게 놀이로 그렇게 하였다면, 역시 이를 거론하여 그 말대로 하도록 해야 하는가?

무릇 왕이 된 자의 덕이란 행동이 어떠한가에 달려 있다.

만일 합당함을 얻지 못한 것이라면, 비록 열 번을 바꾸어도 병폐가 되지 않을 것이요, 합당함을 요구하는 일이라면 바꾸도록 해서는 아니 되는 것인데, 하물며 그것이 놀이로 한 것임에랴?

만약 놀이로 한 것임에도 반드시 실행해야 한다면, 이는 주공이 성왕에게 과실을 수행하게 한 것이다.

내 의견으로는 주공이 성왕을 보필함에 마땅히 정당한 도道와 절차를 거쳐 했을 것이며, 조용히 부드럽고 즐겁게 하여 그런 일이 큰 중정中正으로 귀결되도록 하였을 뿐, 반드시 왕이 과실을 저질렀을 때를 만나 이를 문제삼지는 않았으리라 생각한다.

또한 왕을 속박하거나 몰아붙여 마치 소나 말처럼 급히 실패의 길로 가도록 하지도 않았을 것이다.

게다가 일반 사람의 부자 사이라도 오히려 이렇게 하면 능히 이겨낼 수 없을 터인데, 하물며 군신 사이로 칭호稱號하는 경우임에랴?

이는 바로 소인배들이 얕은꾀로 한 일이지, 주공이 마땅하다고 여긴 일은 아닐 것이니, 그 때문에 믿을 수가 없는 것이다.

혹은 "당숙唐叔을 봉한 것은 사일史佚이 그렇게 한 것이다"라 하였다.

古之傳者有言, 成王以桐葉, 與小弱弟, 戲曰:「以封汝.」
周公入賀, 王曰:「戲也.」周公曰:「天子不可戲.」乃封小弱弟於唐.

吾意不然. 王之弟當封邪? 周公宜以時言於王, 不待其戲而賀
以成之也; 不當封邪? 周公乃成其不中之戲, 以地以人與小弱者
爲之主, 其得爲聖乎?
且周公以王之言, 不可苟焉而已, 必從而成之邪?
設有不幸, 王以桐葉戲婦寺, 亦將擧而從之乎?
凡王者之德, 在行之何若.
設未得其當, 雖十易之, 不爲病; 要於其當, 不可使易也, 而況以
其戲乎?
若戲而必行之, 是周公敎王遂過也.

吾意周公輔成王, 宜以道, 從容優樂, 要歸之大中而已, 必不逢
其失而爲之辭.
又不當束縛之, 馳驟之, 使若牛馬然, 急則敗矣.
且家人父子, 尙不能以此自克, 況號爲君臣者邪(耶)?
是直小丈夫缺缺者之事, 非周公所宜用, 故不可信.
或曰:「封唐叔, 史佚成之.」

【古之傳者有言, 成王以桐葉, 與小弱弟, 戲曰:「以封汝.」】'古之傳者'는 옛날의 책. 成
王(姬誦)이 어린 동생 叔虞를 唐에 봉한 사실을 기록한 것. 《呂氏春秋》重言篇에
"成王與唐叔虞燕居, 援梧葉以爲珪而授唐叔虞, 曰:「余以此封女.」叔虞喜, 以告周公.
周公以請曰:「天子其封虞耶?」成王曰:「余一人與虞戲也.」周公對曰:「臣聞之, 天子
無戲言, 天子言則史書之, 工誦之, 士稱之.」於是遂封叔虞於晉. 周公旦可謂善說矣,
一稱而令成王益重言, 明愛弟之義, 有輔王室之固."라 하였고, 《說苑》君道篇에도

"成王與唐叔虞燕居, 剪桐葉以爲珪, 而授唐叔虞曰:「余以此封汝.」唐叔虞喜, 以告周公, 周公以請曰:「天子封虞耶?」成王曰:「余一與虞戲也.」周公對曰:「臣聞之: 天子無戲言. 言則史書之, 工誦之, 士稱之.」於是遂封唐叔虞於晉, 周公旦可謂善說矣, 一稱而成王益重言, 明愛弟之義, 有輔王室之固."라 함. 그러나 《史記》晉世家에는 "晉唐叔虞者 周武子而成王弟, 初武王與叔虞母會時, 夢天謂武王曰:「余命女生子, 名虞, 余與之唐.」及生子, 文在其手曰虞, 故遂因命之曰虞. 武王崩, 成王立, 唐有亂. 周公誅滅唐. 成王與叔虞戲, 削桐葉爲珪以與叔虞曰:「以此封若.」史佚因請擇日立叔虞, 成王曰:「吾與之戲耳.」史佚曰:「天子無戲言, 言則史書之, 禮成之, 樂歌之.」於是遂封叔虞於唐."라 하여 史官 尹佚이 성취시킨 것으로 되어 있음. 이 글에서는 柳宗元이 《說苑》과 《呂氏春秋》의 내용을 분석한 것. '成王'(姬誦)는 周 武王(姬昌)의 아들이며, 文王(姬發)의 손자. 어린 나이에 천자가 되어 숙부 周公(姬旦)이 섭정하였음. '桐葉'은 오동나무 잎. 성왕이 어린 동생에게 오동잎을 珪로 삼아 놀이를 하면서 봉한 것. '小弱弟'는 어린 동생. 叔虞. 결국 唐에 봉해져서 唐叔虞라 부름. 《眞寶》注에 "唐叔, 名虞"라 함.

【周公入賀, 王曰:「戲也.」周公曰:「天子不可戲.」乃封小弱弟於唐】'周公'은 文王의 아들이며 武王의 아우로서 어린 成王이 즉위하자 攝政을 통해 주 왕실의 기초를 다짐. 아울러 周初 文物制度와 禮樂典章을 정비하여 후세 사람들은 그를 聖人으로 추앙함. '唐'은 원래 堯(陶唐氏)의 근거지였으며 지금의 河北 唐縣. 그러나 叔虞가 봉지로 받은 땅은 뒤에 나라 이름을 晉나라로 바꾸어 文公(重耳) 때 春秋五霸의 하나로 발전했으며, 지금의 山西省 일대가 주된 활동 무대였음. '天子不可戲'는 周公이 천자는 말을 신중히 해야 함을 강하게 주문하였는데 이는 어린 成王을 가르치기 위한 것이었음.

【吾意不然. 王之弟當封邪?】'當封'은 마땅히 봉해야 함. '邪'는 耶와 같으며 疑問終結詞.

【周公宜以時言於王, 不待其戲而賀以成之也】周公은 때를 보아 成王에게 말해야 하지, 놀이를 기다렸다가 축하하여 이를 성사시키지는 않았을 것임.

【不當封邪? 周公乃成其不中之戲, 以地以人與小弱者爲之主, 其得爲聖乎?】'不中之戲'는 도리에 맞지 않는 놀이.

【且周公以王之言, 不可苟焉而已, 必從而成之邪?】'苟'는 구차함.

【設有不幸, 王以桐葉戲婦寺, 亦將擧而從之乎?】'設'은 설령, 가령, 설사. '婦寺'는 부녀자나 환관. 궁중에서 일하는 從僕들. '寺'는 '시'로 읽음. 《眞寶》注에 "婦寺, 卽

宮妾宦官"이라 함.

【凡王者之德, 在行之何若】행동을 어떻게 하는가에 달려 있음.

【設未得其當, 雖十易之, 不爲病】'十易'은 열 번을 바꿈. '病'은 잘못, 병폐.

【要於其當, 不可使易也, 而況以其戲乎?】놀이로 한 것 정도는 바꿀 수 있음.

【若戲而必行之, 是周公敎王遂過也】'遂過'의 '遂'는 이룸, 성취시킴. '成'과 같은 뜻임. 《眞寶》注에 "遂, 成也; 過, 過失"이라 함.

【吾意周公輔成王, 宜以道】'宜以道'는 마땅히 정당한 도리와 절차로써 해야 함.

【從容優樂, 要歸之大中而已, 必不逢其失而爲之辭】'從容'은 조용하고 부드러움. 疊韻連綿語. '優樂'은 여유 있고 和樂함. '大中'은 치우침이 없는 위대한 中正. 위대한 올바름. 《五百家注》에 "孫曰: 逢, 謂逢迎也. 《孟子》曰:「逢君之惡, 其罪大.」"라 함.

【又不當束縛之, 馳驟之, 使若牛馬然, 急則敗矣】'束縛'은 속박함. 얽어맴. '馳驟'는 급하게 몰아붙임.

【且家人父子, 尙不能以此自克, 況號爲君臣者邪(耶)?】'家人'은 일반 사람, 보통 사람. '自克'은 스스로 이겨냄. 스스로 해결함.

【是直小丈夫𡙇𡙇者之事, 非周公所宜用, 故不可信】'小丈夫'는 소인배. '𡙇𡙇'은 자질구레한 지혜를 사용함. 잔꾀로서 함. '𡙇'은 缺과 같음. 《柳河東集》에 "𡙇, 傾雪切. 《說文》曰:「器破也.」"라 함. 《眞寶》注에 "傾雪反"이라 하여 '결'로 읽음. 《五百家注》에는 "孫曰: 《老子》:「其政察察而其民缺缺.」缺缺, 小智貌, 與𡙇𡙇同. 𡙇, 傾雪切"이라 함.

【或曰:「封唐叔, 史佚成之.」】《史記》晉世家의 기록. '封唐叔'은 叔虞를 唐에 봉한 일. 《眞寶》注에 "事見《史記》晉世家"라 함. '史佚'은 太史 尹佚. 史는 史官임. 당시 太史의 직책을 맡았던 成王의 신하. 《柳河東集注》에 "童云: 佚, 夷質切. 周武王時 太史尹佚. 事見《史記》晉世家"라 함.

참고 및 관련 자료

1. 작자: 柳宗元 053 참조.

2. 이 글은 《柳河東集》(4), 《柳河東集注》(4), 《五百家注柳先生集》(4), 《唐宋八大家文鈔》(24), 《文苑英華》(367), 《古文關鍵》(上), 《古文集成》(66), 《文章正宗》(13), 《文章軌範》(2), 《文編》(39), 《唐宋文醇》(11), 《文章辨體彙選》(433), 《山西通志》(216), 《歷代名臣確論》(8), 《經濟類編》(13) 등에 실려 있음.

060. 〈晉文公問守原議〉 ·················· 柳子厚(柳宗元)
진 문공이 원 땅을 지키는 이에게 질문한 내용을 논함

*〈晉文公問守原議〉: '晉文公이 천자로부터 받은 原 땅을 차지하고, 그곳을 지킬
대부를 시인(寺人, 내시, 환관) 발제(勃鞮)에게 물어 조최(趙衰)로 결정한 일은 잘
못된 것이며, 이는 그 뒤 환관의 득세에 선례가 된 것임'을 주장한 내용임. 晉文
公(重耳: B.C.636−B.C.628년까지 9년간 재위)은 春秋시대 晉나라 獻公(詭諸)의 둘째
아들로, 獻公이 후처 驪姬를 총애하여 奚齊를 낳자 여희는 계략을 꾸며 獻公
으로 하여금 첫째 아들인 태자 申生을 죽이도록 함. 이에 重耳와 아우들은 모
두 여희의 화를 피해 나라 밖으로 흩어졌으며, 重耳는 자신의 신하 介子推, 趙
衰 등과 함께 19년의 망명생활 끝에 獻公이 죽고 惠公(夷吾)이 들어서자, 秦穆
公의 도움을 받아 귀국하여 惠公을 몰아내고 君位에 오르게 됨. 晉文公은 이
어 狐偃, 先軫 등을 기용하여 국력을 키워 春秋五霸에 오르게 됨. 그가 宗主國
천자 周 襄王(姬鄭)을 배알하는 자리에서 공로를 인정받아 襄王으로부터 原 땅
을 받았으나, 原 땅 사람들이 반대하자 무력으로 진압하고, 趙衰를 原大夫로
삼아 그곳을 다스리도록 하였음. 이 글은《左傳》僖公 25(B.C.635년, 文公 2년)년
의 다음 세 기사를 두고 辨析한 것임.
⑴ 戊午, 晉侯朝王. 王饗醴, 命之宥. 請隧, 弗許, 曰:「王章也. 未有代德, 而有二王,
亦叔父之所惡也.」與之陽樊, 溫, 原, 欑茅之田. 晉於是始啓南陽. 陽樊不服, 圍之.
倉葛呼曰:「德以柔中國, 刑以威四夷, 宜吾不敢服也. 此, 誰非王之親姻, 其俘之
也?」乃出其民.
(무오날, 晉文公이 襄王에게 입조하였다. 그러자 천자가 단술을 대접하고 예물로써 잔
치 분위기를 더 하도록 하였다. 문공이 隧道를 마련할 수 있도록 해 줄 것을 청하자
襄王이 허락하지 않으면서 이렇게 말하였다. "천자의 典章 제도요. 아직 주나라를 대
신해 천하를 다스릴 덕 있는 이가 없는데 두 명의 천자가 있게 되면 叔父 또한 싫어할
것이오." 이에 襄樊, 溫, 原, 欑茅의 봉토를 하사하였다. 진나라는 이에 비로소 南陽으
로 영토를 넓힐 수 있었다. 그러나 陽樊이 진나라에 복종하지 않아 그곳을 포위하였
다. 양번의 蒼葛이 큰소리로 말하였다. "중원은 덕으로 懷柔하고, 四夷는 형벌로써 위
협하는 것이니, 마땅히 우리는 감히 복종할 수 없소. 여기 누가 천자의 친인척이 아니

기에 포로로 한다는 것이오?" 이에 성 안 사람들을 다른 곳으로 내보내고 땅만 차지하였다.)

(2) 冬, 晉侯圍原, 命三日之糧. 原不降, 命去之. 諜出, 曰:「原將降矣.」軍吏曰:「請待之.」公曰:「信, 國之寶也, 民之所庇也. 得原失信, 何以庇之? 所亡滋多.」退一舍而原降. 遷原伯貫于冀. 趙衰爲原大夫, 狐溱爲溫大夫.

(겨울, 晉文公이 原을 포위하고 사흘분의 양식만 준비하도록 명하였다. 그런데 사흘이 되어도 항복하지 않자 물러나 떠날 것을 명하였다. 그러자 원을 살피고 온 첩자가 나서며 말하였다. "원 사람들이 앞으로 항복하려 하고 있습니다!" 그러자 軍吏도 이렇게 말하였다. "좀 더 기다리시기를 청합니다." 문공이 말하였다. "신의는 治國의 보배요, 백성들은 이로써 비호받는 것이다. 원을 얻는 대신 신의를 잃는다면 어떻게 백성을 비호할 수 있겠는가? 잃는 것이 더 많을 것이다." 그리고 30리를 물러나자 원이 항복하였다. 이에 原伯 貫을 冀 땅으로 옮기고, 趙衰를 原의 대부로 삼고 狐溱을 溫의 대부로 삼았다.)

(3) 晉侯問原守於寺人勃鞮, 對曰:「昔趙衰以壺飧從, 徑, 餒而弗食.」故使處原.

(晉나라 군주가 原을 지킬 사람에 대해 侍人 勃鞮에게 물었더니 그는 이렇게 답하는 것이었다. "지난날, 趙衰는 밥이 든 항아리를 들고 군주를 뒤따르다가 뒤처지게 되어 지름길로 가면서 배가 고팠지만 그것을 먹지 않았습니다." 그 때문에 조최를 원의 대부로 삼은 것이다.)

《柳河東集》題注에 "不詳其作之年月, 然觀公旨意, 當作於憲宗元和間. 盖自德宗懲刘沘賊, 故以左右神策, 天威等軍, 委宦者主之. 置護軍中尉, 中護軍分提禁兵, 是以威柄下遷, 政在宦人. 其視晉文問守原於寺人, 殆有甚焉. 故首論晉文公之失, 而終之以景監弘石之亂國政. 其曰:不公議於朝, 而私議於宮, 不博謀於卿相, 而獨謀於寺人, 雖或衰之賢, 足以守國之政, 不爲敗而賊賢, 失政之端, 由是滋矣. 盖亦深憫當時宦者之禍, 當時之君由之而不知也. 憲宗元和十五年, 而陳洪志之亂, 作至是驗矣"라 하였고, 《五百家注》에도 "韓曰:唐自德宗懲艾此賊, 故以左右神策, 天威等, 軍委宦者主之. 置護軍中尉, 中護軍分提禁兵, 威柄下遷, 政在宦人. 其視晉文問原守於寺人尤甚, 公此議, 雖曰論「晉文之失, 其意實憫當時宦者之禍.」逮憲宗元和十五年, 而陳弘志之亂作, 公之先見至是驗矣"라 함.

＊《眞寶》注에 "事見《左傳》僖公二十四年"이라 함. (24년은 25년의 오류.《柳河東集注》에 "事見《左傳》僖公二十五年"이라 함.)

"진晉 문공文公이 주왕周王, 襄王으로부터 원原 땅을 받고, 그곳을 지키기 어렵다고 여겨 시인寺人 발제勃鞮에게 물어 조최趙衰에게 임무를 주었다"라 하였다.

내 생각으로는 원 땅을 지키는 일은 정치에서 중대한 일로서, 천자로부터 받아 패자의 공을 세우며 제후들에게 명령을 내릴 수 있는 것이어서, 가까운 측근과 상의함으로써 왕의 명령을 더럽히는 것은 옳지 않다.

그리고 진 문공은 큰 임무를 맡길 자를 선택하면서 조정에서 공개적으로 상의하지 않고 궁궐 안에서 사사롭게 논의하였고, 널리 경상卿相들과 모책을 세우지 않고, 홀로 시인과 상의하였다.

비록 혹 조최가 똑똑하여 족히 지켜낼 수 있었고, 나라의 정치가 어그러지지 않았다 해도, 똑똑한 이를 적해하고 정치를 어그러뜨리는 단서는 여기에서 커져가기 시작한 것이다. 하물며 그 당시처럼 말로써 의논할 만한 신하가 적지도 않았던 때임에랴?

호언狐偃이 모신謀臣이었고, 선진先軫은 중군中軍의 장수였는데도, 문공은 이들을 멀리한 채 자문을 구하지 않았으며, 이들을 외면하여 찾지도 않고 마침내 안에 있는 내시에게 물어 결정했으니, 그것이 가히 법에 맞는 것이라 하겠는가?

게다가 문공은 장차 제齊 환공桓公의 패업을 이어받아 천자를 보필해야 하였으니 이는 큰 임무였다.

그런데 제 환공은 관중管仲에게 맡겨 흥하게 되었으나 수조竪刁를 진용하여 실패하고 말았으니, 그렇다면 문공이 원 땅을 얻어 국토를 넓혀 처음 정치를 시작함에 맞게 해서 제후들에게 본보기를 보였어야 했는데, 이에 그 흥할 수 있는 기회를 등지고 그 실패할 원인을 따라 밟았던 것이다.

그러나 능히 제후들의 우두머리 패자가 된 것은 진나라가 땅은 넓고 힘은 강하며 의義는 천자의 책봉冊封으로서 했기 때문인데, 진실로 그를 두렵게 여기기는 하였으나 그것이 어찌 마음으로 복종한 것이겠는가!

그 뒤 진秦의 경감景監이 위衛나라 상앙商鞅을 재상으로 삼게 하였고, 한漢나라 환관 홍공弘恭과 석현石顯이 소망지蕭望之를 죽였으니, 이러한 잘못은 진 문공으로부터 시작된 것이다.

아! 현명한 신하를 찾아 대읍大邑의 태수를 맡겼으니, 비록 잘못된 질문이었지만 그나마 거용擧用은 잘못된 것이 아니었음에도 오히려 그때를 부끄럽게 하였고, 후대에 잘못된 길로 빠지게 함이 이와 같았는데 하물며 질문과 거용 두 가지 모두가 잘못된 것이라면 이를 무슨 수로 구제할 수 있겠는가?

나는 이 까닭으로 진 문공의 잘못을 들춰내며, 아울러 《춘추春秋》의 허許나라 세자 지止와 조돈趙盾의 사례에서의 의義를 덧붙이는 것이다.

「晉文公旣受原於王, 難其守, 問於寺人勃鞮, 以畀趙衰.」

余謂守原, 政之大者也, 所以承天子, 樹霸功, 致命諸侯, 不宜謀及媟近, 以忝王命.

而晉君擇大任, 不公議於朝, 而私議於宮; 不博謀於卿相, 而獨謀於寺人.

雖或衰之賢, 足以守, 國之政不爲敗, 而賊賢失政之端, 由是滋矣.
況當其時, 不乏言議之臣乎?

狐偃爲謀臣, 先軫將中軍, 晉君疏而不咨, 外而不求, 乃卒定於內豎, 其可以爲法乎?

且晉君將襲齊桓之業, 以翼天子, 乃大志也.

然而齊桓, 任管仲以興, 進豎刁以敗, 則獲原啓疆, 適其始政, 所以觀視諸侯也, 而乃背其所以興, 迹其所以敗.

然而能伯諸侯者, 以土則大, 以力則强, 以義則天子之冊也; 誠畏之矣, 烏能得其心服哉!

其後景監, 得以相衛鞅, 弘, 石得以殺望之, 誤之者, 晉文公也.

嗚呼! 得賢臣以守大邑, 則問雖失問, 擧非失擧也.(則問非失擧也, 蓋失問也) 然猶羞當時陷後代若此, 況於問與擧又兩失者, 其何以救之哉?

余故著晉君之罪, 以附《春秋》許世子止, (晉)趙盾之義.

【晉文公旣受原於王, 難其守】'晉文公'은 春秋시대 晉나라 군주. 이름은 重耳. 獻公의 둘째 아들. 驪姬의 핍박으로 19년간 해외 망명을 거쳐 귀국, 왕위에 오름. 春秋五霸의 하나. B.C.636-628년까지 9년간 재위함.《史記》晉世家에 "重耳母, 翟之狐女也;夷吾母, 重耳母女弟也. ……自獻公爲太子時, 重耳固以成人矣"라 하였고, 《國語》는 重耳의 망명 생활에 대하여 매우 많은 양을 자세히 싣고 있음. 晉語(4)에 "狐氏出自唐叔. 狐姬, 伯行之子也, 實生重耳"라 함.《左傳》,《國語》,《史記》 등을 참조할 것. '受原'은 晉文公이 패자로 인정받고 周 天子 襄王(姬鄭:B.C.651-B.C.619년까지 33년간 재위)에게 조알했을 때 襄王이 陽樊, 溫, 原, 欑茅(攢茅)의 땅을 주었음. '原'은 지금의 河南 濟源縣 북쪽이었을 것으로 여김. '難其守'는 原 땅을 지키기 어려움. 그에 걸맞은 大夫를 임명하기 어려움.

【問於寺人勃鞮, 以畀趙衰】'寺人'은 '시인'으로 읽으며, '寺'는 '侍'와 같음. 太監. 內侍의 우두머리.《國語》 등에도 '勃鞮'로 되어 있으며 勃鞮는 자가 伯楚였음. '勃鞮'는 시인의 이름이며 또는 이름이 披라고도 함.《後漢書》宦者傳에 "其能者則勃貂管蘇, 有功于楚晉"이라 하였고, 注에 "勃貂則寺人披, 一名勃鞮, 字伯楚"라 함. 《韓非子》外儲說左下에는 "晉文公出亡, 箕鄭絜壺飱而從, 迷而失道, 與公相失, 饑而道泣, 寢餓而不敢食"이라 함. '畀'는 '與'와 뜻이 같음. '주다, 임명하다'의 뜻. '趙衰'는 '조최'로 읽음. 字는 子餘. 趙夙의 아우이며 文公(重耳)을 오랫동안 모신 대부. 趙盾, 趙同, 趙括 삼형제의 아버지이며 시호는 成子. 趙成子로도 부름. 그 후손이 戰國時代 趙나라를 세움.

【余謂守原, 政之大者也】'守原'은 原을 지킴. 原의 大夫로 임명함.

【所以承天子, 樹霸功, 致命諸侯, 不宜謀及媟近, 以添王命】'樹霸功'은 晉文公이 霸者가 되어 天子를 保衛하는 임무를 인정받음. '致命諸侯'는 제후들에게 霸者로

서의 명령을 내릴 수 있음. '媟近'(설근)은 친압하고 가까이하는 사람. 《五百家注》에 "媟, 嬻也. 音薛"이라 함. '以忝王命'은 王(天子)의 명을 욕되게 함.

【而晉君擇大任, 不公議於朝, 而私議於宮】大任을 맡을 자를 선택하면서 조정에서 公議로 하지 않고 궁궐에서 사사롭게 겨우 내시와 상의함.

【不博謀於卿相, 而獨謀於寺人】卿相을 두고 寺人들과 상의함.

【雖或衰之賢, 足以守, 國之政不爲敗, 而賊賢失政之端, 由是滋矣】'衰'는 趙衰를 가리킴.

【況當其時, 不乏言議之臣乎】'不乏'은 적지 않음. 부족하지 않음. 많음. '言議之臣'은 言官. 상의할 만한 신하.

【狐偃爲謀臣, 先軫將中軍, 晉君疏而不咨】'狐偃'은 狐突의 아들. 重耳의 외삼촌으로 '咎犯'으로도 부름. 자는 子犯. 晉文公의 19년 망명생활을 함께하였으며, 晉文公이 君位에 오른 뒤에는 大夫가 되어 계속 보좌한 명신. '先軫'은 '原軫'이라고도 하며 先且居의 아버지. 下軍을 맡았던 將令. 晉文公의 명신 중 한 사람. 《左傳》 및 《國語》(齊語), 《史記》 齊太公世家 등을 참조할 것. 《柳河東集》과 《五百家注》에 "是時, 楚及諸侯圍宋, 宋如晉告急, 先軫, 狐偃爲晉謀 :「若伐曹衛, 楚必救之, 則宋免矣.」於是晉作三軍, 狐偃將上軍, 先軫佐下軍事. 見《史》"라 함.

【外而不求, 乃卒定於內竪, 其可以爲法乎】'外而不求'는 그들을 외면하고 찾지도 않음. '內竪'는 宦者. 궁중의 대수롭지 않은 벼슬아치. '竪'는 '豎'의 異體字.

【且晉君將襲齊桓之業, 以翼天子, 乃大志也】'齊桓'은 齊桓公(B.C.685−B.C.643년까지 43년간 재위함). 이름은 小白. 齊 僖公의 庶子. 내란을 피해 莒로 피신하였다가 鮑叔牙의 도움으로 돌아와 왕위에 오름. 鮑叔牙의 추천으로 적대 인물이었던 管仲을 등용하여 春秋五霸의 첫 번째 패자가 됨. 《史記》 齊太公世家 참조. '以翼天子'는 천자를 보필함. 《眞寶》注에 "翼, 猶輔翼"이라 함. '大志'는 천자로부터 패자로 임명을 받아 보필해야 하는 큰 임무.

【然而齊桓, 任管仲以興, 進竪刁以敗】'管仲'은 자는 夷吾. 齊나라에 내란이 일어나자 公子 糾를 모시고 魯나라로 피신하였다가 桓公(小白)의 귀국을 막았던 인물로, 뒤에 鮑叔의 추천으로 桓公을 도와 齊나라 재상이 되어 환공을 패자로 성공시킨 인물. 管鮑之交의 고사로도 유명함. 《史記》 管晏列傳 참조. 《國語》 齊語 韋昭 注에 "管夷吾, 齊卿, 姬姓之後, 管嚴仲之子敬仲也"라 함. '竪刁'는 豎刁로도 표기하며 齊桓公의 宦官. 스스로 宮刑을 자원하여 桓公을 가까이 모신 亂臣. 桓公이 말년에 병이 들자 易牙, 開方과 함께 公子들을 부추겨 난을 일으켜, 결국 齊

나라가 큰 혼란에 빠짐.《史記》齊太公世家를 참조할 것.《左傳》僖公 2년(B.
C.658)에는 竪貂(豎貂, 寺人貂)로 되어 있음. 그러나《國語》,《管子》,《呂氏春秋》,
《說苑》,《史記》 등에는 '竪貂'가 모두 '豎刁'로 되어 있음.《柳河東集注》에 "刁字,
亦作貂. 齊威公用之, 由是因內寵殺羣吏, 擅廢立"이라 함.《柳河東集注》와《五百
家注》에 "周莊王十一年, 齊桓公立, 鮑叔牙曰:「君欲伯王, 非管夷吾不可.」桓公從
之, 自仲用而齊以大治. 及桓公四十一年, 管仲病, 桓以豎刁, 易牙, 開方三子問:「誰
可相?」仲歷數其不可. 公卒, 用三子, 三子專權. 自是因內寵殺羣吏, 擅廢立, 無所不
至矣"라 함.

【則獲原啓疆, 適其始政, 所以觀視諸侯也】'啓疆'은 영토를 넓힘.

【而乃背其所以興, 迹其所以敗】홍할 이유를 등지고 패망할 길을 따라서 밟고 감.

【然而能伯諸侯者, 以土則大, 以力則强, 以義則天子之冊也】'伯'은 제후의 우두머리.
《柳河東集》에는 '霸'로 되어 있음. '義'는 大義名分. '冊'은 제후가 봉해지거나 패자
로 인정받을 때 天子(周王)로부터 내려지는 문서. 이를 받으면 명실공히 제후들
을 거느릴 수 있는 霸者가 됨.《柳河東集》에 "《左傳》二十八年:策命晉侯爲侯伯"이
라 함.

【誠畏之矣. 烏能得其心服哉】'誠畏之矣'는 그 무렵 晉 文公이 땅이 넓고 힘이 강
하며 천자의 책봉으로 패자가 되었으므로 다른 제후들이 두려워하여 꺼림. '烏'
는 疑問, 또는 反語法을 구성하는 助詞. 安, 焉, 何, 惡 등과 같음. '心服'은 마음으
로부터 복종함.《孟子》公孫丑(上)에 "孟子曰:「以力假仁者霸;霸必有大國. 以德行
仁者王;王不待大. 湯以七十里, 文王以百里. 以力服人者, 非心服也, 力不瞻也;以
德服人者, 中心悅而誠服也;如七十子之服孔子也.《詩》云:『自西自東, 自南自北, 無
思不服.』此之謂也.」"라 함.

【其後景監, 得以相衛鞅】'景監'은 戰國시대 秦孝公의 宦官.《柳河東集注》에 "鞅, 於
亮切.《史記》:商鞅入秦, 因寵臣景監以見秦孝公"이라 함.《眞寶》注에 "秦宦者"라
함. 衛나라 商鞅이 秦 孝公이 인재를 구한다는 소식을 듣고, 효공이 총애하던 환
관 景監을 통해 孝公을 만날 수 있었으며, 결국 秦나라 재상에 오르게 됨. '衛鞅'
은 商鞅. 商君. 公孫鞅. 戰國시대 衛나라의 庶孽 公子여서 衛鞅으로 부른 것. 성
은 公孫, 이름은 鞅. 刑名法術을 익혀 秦 孝公을 섬겨 法治의 공으로 商, 오(於)
땅에 봉을 받은 商君으로 불림. 뒤에 車裂刑을 당하였으며 그의 法治 사상을 담
은《商君書》가 전함.《史記》商君列傳을 참조할 것.《柳河東集》과《五百家注》에
는 "按《史》:景監, 秦孝公之寵臣也. 衛鞅, 公孫氏, 衛之諸庶孽公子. 始事魏相公叔

痤, 其後去魏之秦. 因景監以見孝公. 凡乙再以帝王爲說. 孝公不納, 終獻强國之說, 孝公始善之. 謂景監曰:「汝客可與語矣.」鞅遂用於秦. 鞅, 於亮切」이라 함.

【弘, 石得以殺望之, 誤之者, 晉文公也】'弘'은 弘恭, '石'은 石顯. '望之'는 蕭望之. 弘恭과 石顯은 漢나라 宣帝와 元帝 때의 환관이었음.《眞寶》注에 "弘恭, 石顯, 漢宦者"라 함. 元帝가 즉위 후 병으로 親政을 못하게 되자 당시 측근이었던 石顯 등이 정치를 맡게 되었음. 石顯 일파가 정권을 잡고 온갖 부정을 저지르자 元帝의 師傅였던 蕭望之는 周堪, 劉更生 등과 함께 상소하여 宦官의 정치를 비판하였음. 그러자 石顯 일당은 계략을 꾸며 蕭望之를 자결토록 하고 周堪과 劉更生 등은 옥에 갇히게 되었음.《柳河東集注》에 "漢元帝時宦官, 弘恭石顯譖殺蕭望之"라 함.《漢書》蕭望之傳을 참조할 것.《柳河東集》과《五百家注》에 "按《史》: 弘恭, 石顯, 自宣帝時, 久典樞機明習文法, 元帝即位多病, 委以政事, 蕭望之等頗疾恭, 顯擅權. 建白以爲中書, 政本國家樞機, 用宦者非古制也. 宜罷中書宦官, 應古不近刑人之義. 由是大與恭, 顯忤, 恭, 顯遂譖望之, 令自殺"이라 함. '誤之者, 晉文公也'는 文公이 寺人(宦官)과 상의한 것이 常例가 되어 秦 孝公도 宦官 景監을 통해 商鞅을 만났고, 漢 元帝도 환관 弘恭, 石顯 등에게 전권을 줌으로써 나라가 혼란에 빠지게 되었음을 연관시킨 것.

【嗚呼! 得賢臣以守大邑, 則問雖失問, 擧非失擧也】이 구절은《柳河東集》에는 "問非失擧也, 蓋失問也"로 되어 있음.《柳河東集注》과《五百家注》에는 "一本作「問非失問, 擧非失擧也」"라 함.

【然猶羞當時陷後代若此】'陷'은 함정에 빠짐. 허물어뜨림. 그르치게 함. 景監의 商鞅 추천과 弘恭, 石顯의 횡포를 뜻함.

【況於問與擧又兩失者, 其何以救之哉】질문과 천거 두 가지가 모두 잘못되었음.

【余故著晉君之罪, 以附《春秋》許世子止, (晉)趙盾之義】'許世子止'는 春秋시대의 許나라 太子 止. 그는 孝子로 아버지 悼公(買)이 학질에 걸리자 성심껏 간호하였으나, 悼公은 태자가 미리 맛을 보지 않고 올린 약을 먹고 죽고 말았음. 이에 止는 禍가 두려워 晉나라로 달아났음. 그런데도《春秋》의 經文에는 태자가 國君을 시해한 것으로 기록하였음.《左傳》昭公 19년(B.C.523) 經文에 "夏五月戊辰, 許世子止弑其君買"라 하였고, 傳에는 "夏, 許悼公瘧. 五月戊辰, 飮大子止之藥卒. 大子奔晉. 書曰「弑其君」, 君子曰:「盡心力以事君, 舍藥物可也.」"(여름, 許 悼公이 학질에 걸렸다. 5월 무진날, 도공은 태자 止가 올린 약을 마시고 세상을 떠났다. 태자는 晉나라로 달아났다. 經에 '태자가 그의 군주를 시해하였다'고 기록하였으며 이를 두고 군자가 말하였

다. "마음과 힘을 다하여 임금을 섬기는 데에는 약은 올리지 않는 것이 옳다.")라 하였음. '趙盾'은 《柳河東集》에는 '晉趙盾'으로 되어 있음. '趙盾'은 '조돈'으로 읽으며 晉나라 大夫. 趙衰의 아들. 趙宣子, 趙孟으로도 부르며 晉나라의 실력자. 그 후손이 뒤에 春秋末 晉나라 六卿의 하나가 되며 다시 戰國시대 趙나라를 일으킴. 조돈은 당시 國君이던 靈公(夷皐)이 無道한 정치를 하자 수차례 간하였으나 도리어 미움을 받아 살해당할 위기에 처하여 국외로 망명하러 나섰음. 그가 국경을 넘기 전 일족인 趙穿이 靈公을 살해하였다는 소식을 듣고 되돌아왔음. 그러나 史官이 '조돈이 임금을 시해하였다'고 기록하자, 조돈은 訂正을 요구함. 그러자 사관이 "그대는 正卿으로 망명하다 국경을 넘지 않고 돌아와서는 賊을 토벌하지도 않았으니 그것이 잘못"이라 하자 조돈은 자신의 죄를 인정하였음. 《左傳》宣公 2년 經文에 "秋九月乙丑, 晉趙盾弑其君夷皐"라 하였고 傳에는 "乙丑, 趙穿攻靈公於桃園. 宣子未出山而復. 大史書曰:「趙盾弑其君」, 以示於朝. 宣子曰:「不然.」對曰:「子爲正卿, 亡不越竟, 反不討賊, 非子而誰?」宣子曰:「嗚呼!《詩》曰:『我之懷矣, 自詒伊慼.』其我之謂矣!」孔子曰:「董狐, 古之良史也, 書法不隱. 趙宣子, 古之良大夫也, 爲法受惡. 惜也, 越竟乃免.」宣子使趙穿逆公子黑臀于周而立之. 壬申, 朝于武宮."(을축날, 趙穿 靈公 桃園에서 죽였다. 그때 趙宣子(趙盾)는 다른 나라로 달아나다 국경의 산을 넘지 못하고 있었는데 그 소식을 듣고 되돌아왔다. 大史가 그 사건을 "조돈이 그의 군주를 죽였다"고 기록하고, 이를 조정에 전시하였다. 이에 조선자가 "내가 죽이지 않았다"고 하자 태사는 "그대는 나라의 正卿으로서 다른 나라로 망명하다가 국경을 넘어가지 않았고 돌아와서는 군주를 죽인 자를 토벌하지 않고 있으니 죽인 자가 그대가 아니고 누구라는 것입니까?"라고 하였다. 조선자는 탄식하며 "아!《시》에 '내가 품은 생각이 스스로 나에게 걱정만 남겼구나'라 하였는데 이는 나 같은 사람을 두고 한 말이로구나!"라고 하였다. 이에 孔子는 "董狐는 옛날의 훌륭한 史官으로서 법도대로 기록하여 사실을 숨기지 않았다. 조선자는 옛날의 훌륭한 대부로다. 법을 위하여 자신의 악명을 받아들였다. 아까운 일이로다. 그가 국경을 넘었더라면 그 악명을 면하였을 터인데"라 하였다. 조선자는 조천에게 공자 黑臀을 周나라에서 맞이하여 임금으로 세우도록 하였다. 임신날, 선조 武公의 사당에 제사를 올리며 이를 알렸다)이라 하였음.《眞寶》注에 "許世子止, 因不嘗藥, 《春秋》書:「許世子止弑其君買.」趙盾因亡不越境, 反不討賊, 《春秋》書:「秦趙盾弑其君夷皐.」라 함.《柳河東集注》과 《五百家注》에도 "盾, 徒本切. 魯宣公二年, 趙穿殺靈公.《春秋》書曰:「晉趙盾弑其君夷皐」又昭公十九年, 許悼公疾飲太子之藥而卒.《春秋》書曰:「許世子止弑其君買.」라 함.《柳河東集》에 "《春

秋》宣公二年, 書「晉趙盾弑其君夷皋」,《左氏》云:「趙穿攻靈公於桃園, 宣子未出山而
復.」太史書曰:「趙盾弑其君, 以示於朝.」宣子曰:「不然.」對曰:「子爲正卿, 亡不越竟,
反不討賊. 非子而誰?」昭公十九年書:「許世子止弑其君買.」《左氏》云:「許悼公瘧五
月, 飲太子之藥而卒. 太子奔晉.」書曰:「弑其君.」君子曰:「盡心力以事君, 舍藥物可
也.」盾, 徒本切「宣子, 名」이라 함.

참고 및 관련 자료

1. 작자: 柳宗元 053 참조.
2. 이 글은 《柳河東集》(4), 《柳河東集注》(4), 《五百家注柳先生集》(4), 《文章正宗》
(13), 《古文關鍵》(上), 《文苑英華》(770), 《古文集成》(73), 《文章軌範》(2), 《唐宋八大家
文鈔》(24), 《文章辨體彙選》(424), 《山西通志》(190), 《經濟類編》(19), 《歷代名臣確論》
(19), 《文編》(36), 《古文淵鑑》(37), 《唐宋文醇》(11) 등에 실려 있음.

061. 〈連州郡復乳穴記〉 ················ 柳子厚(柳宗元)
연주군의 유혈에서 다시 종유석이 나옴에 대한 기문

✽〈連州郡復乳穴記〉: 연주군에 청렴한 신임 자사가 오자, 이미 나지 않던 종유석
이 다시 나온다고 보고해 오자 이를 상서로운 일로 여겼으나, 이는 실제 채집하
던 자가 지난날 학정에 못이겨 속였던 것이었음을 토로한 것을 두고 정치의 득
실을 논한 것임. 제목 《柳河東集》 등에 모두 〈零陵郡復乳穴記〉로 되어 있으나
이는 오류임. 《新唐書》 地理志에 零陵은 永州의 屬郡이며, 連州와는 다른 곳임.
《廣東通志》(52)에도 "乳源以鍾乳得名, 明初歲貢, 其後比他産更劣, 因罷貢. 連州
桂陽有十八穴. 必籌火而入, 多毒, 蟲久閟"라 하였음. 한편 《柳河東集》 題注에는
"題曰'零陵', 字之誤也. 據〈地理志〉: '零陵', 乃永州郡名. 今言'石鍾乳, 連之人告盡
者五年', 而題以零陵, 何也: 唐〈地理志〉載: 連州, 連山郡, 土貢鍾乳. 《本草》: 唐注
亦載其次出連州, 未嘗言永州出. 以年考之, 元和四年, 永州刺史崔簡, 連州刺史乃
崔君敏. 二太守之姓同, 故題亦從而差耳. 題以〈連山郡復乳穴記〉, 則於文爲合"이
라 하였으며, 《柳河東集注》에도 "零陵郡, 當作連山郡. 題作零陵郡, 乃永州. 唐連
州, 連山郡貢鍾乳, 未嘗出永州. 以年考之, 元和四年, 永州刺史崔簡, 連州刺史乃
崔君敏, 二太守之姓同, 故題亦從而差耳"라 하여, 같은 시기 永州刺史가 崔簡이
었고, 連州刺史는 崔君敏으로 姓이 같아 오류를 범한 것이라 하였음. 《唐宋八
大家文鈔》에는 "叙事奇而束處更奇"라 함.

✽《眞寶》注에 "柳子厚, 時在永州, 連州守乃崔君敏. ○此篇以'祥'字, 反覆議論, 始
以爲祥, 繼以爲非祥, 末復以爲祥, 與〈獲麟解〉相似. 使他人爲之, 孟嘗環珠事, 恐
不能不用. 此只就目前事說, 能不用, 亦一高處. ○陳西山亦選此篇入《文章正宗》"
이라 함.('孟嘗環珠'는 《後漢書》循吏傳(孟嘗)에 "孟嘗字伯周, 會稽上虞人也. 其先三世
爲郡吏, 並伏節死難. 嘗少脩操行, 仕郡爲戶曹史. 上虞有寡婦至孝養姑. 姑年老壽終, 夫
女弟先懷嫌忌, 乃誣婦厭苦供養, 加鴆其母, 列訟縣庭, 郡不加尋察, 遂結竟其罪. 嘗先
知枉狀, 備言之於太守, 太守不爲理. 嘗哀泣外門, 因謝病去, 婦竟冤死. 自是郡中連旱二
年, 禱請無所獲. 後太守殷丹到官, 訪問其故, 嘗詣府具陳寡婦冤誣之事, 因曰: 「昔東海孝
婦, 感天致旱, 于公一言, 甘澤時降. 宜戮訟者, 以謝冤魂, 庶幽枉獲申, 時雨可期.」 丹從
之, 卽刑訟女而祭婦墓, 天應澍雨, 穀稼以登. 嘗後策孝廉, 擧茂才, 拜徐令. 州郡表其能,

遷合浦太守, 郡不産穀實, 而海出珠寶. 與交阯比境, 常通商販, 貿糴糧食. 先時宰守, 並
多貪穢, 詭人採求, 不知紀極. 珠遂漸徙於交阯郡界. 於是行旅不至, 人物無資, 貧者餓
死於道. 嘗到官, 革易前敝, 求民病利. 曾未踰歲, 去珠復還, 百姓皆反其業, 商貨流通.
稱爲神明. 以病自上, 被徵當還, 吏民攀車請之, 嘗旣不得進, 乃載郷民船夜遁去. 隱處
躬澤, 身自耕傭, 隣縣土民慕旣德, 就居止者百餘家. 桓帝時, 尚書同郡楊喬上書薦嘗曰:
「……」嘗竟不見用, 年七十, 卒于家.」라 하였고, 《蒙求》(237) 「孟嘗還珠」에도 "後漢, 孟嘗
字伯周, 會稽上虞人. 遷合浦太守, 郡不産穀實, 而海出珠寶. 與交阯比境, 常通商販, 貿
糴粮食. 先時宰守, 並多貪穢, 詭人採求, 不知紀極. 珠漸徙於交阯郡界, 行旅不至, 人物
無資, 貧者餓死於道. 嘗到官, 革易前弊, 求民病利. 未踰歲, 去珠復還, 百姓皆反業, 商
貨流通. 稱爲神明. 徵還, 吏民攀車請之, 乃夜遁去. 隱處自耕. 隣縣土民, 慕德就居止者,
百餘家."라 한 고사를 말함.)

석종유石鍾乳는 약용으로 쓰이는 것 중 가장 좋은 것이다.

초楚와 월越 지방의 산에서 많이 나며, 연주連州와 소주韶州에서 나는
것이 유독 세상에 유명하다.

그런데 연주 사람들이 석종유가 더 이상 나오지 않는다고 보고한 지
가 5년이 지났는데도, 그것을 공물로 했다면 이는 다른 지방에서 사온
것이다.

지금 자사刺史로 최공崔公이 부임한 지 한 달이 지난 무렵에, 그 굴을
지키는 자가 와서 석종유가 다시 나온다고 알려왔다.

사람들은 이는 상서로운 징조라고 기뻐하면서 왁자지껄 이렇게 노래
를 불렀다.

"백성들이 기뻐함이여, 최공이 오셨다네.
공의 교화가 통철하여, 흙과 돌까지도 공렬을 입었네.
믿을 수 없다고 여긴다면, 일어나 종유혈을 보게나!"

그러자 굴을 지키는 자가 웃으며 말하였다.

"이것이 어찌 이른바 상서로운 일이라 하겠는가? 지난날 자사들은 탐

욕스럽고 이익을 좋아하여, 나를 한갓 일만 시키고 품삯은 주지도 않아, 나는 이로 인해 고통만 당하여 그를 속였던 것이다. 그런데 지금의 자사는 명령이 분명하고 뜻이 깨끗하여, 먼저 믿음을 주고 뒤에 일을 시키기에 속이는 자들이 모두 사라졌고, 믿고 따름이 훌륭하니 나는 이 까닭으로 사실대로 보고한 것이다. 게다가 유혈乳穴은 반드시 깊은 산 궁벽한 숲 속에 있으며 빙설冰雪이 쌓인 곳, 시호豺虎가 자리를 틀고 있는 곳에 있다. 그런 곳을 경유하여 들어가는 자는 자욱한 안개를 만나야 하고 용사龍蛇를 맞닥뜨려야 한다. 그리고 횃불을 묶어 그 물건을 찾아내어야 하며 끈으로 매어 다시 되돌아나올 길을 표시해두어야 한다. 그 근고勤苦가 이와 같거늘 나와서는 다시 내가 한 일의 품삯도 받지 못하니, 내 이런 속임수로써 더 이상 없다고 보고하지 않을 수 있겠는가? 지금은 사람을 시키되 진실되게 하니, 내가 다시 난다고 보고한 이유인데 어찌 상서로움이라 하겠는가?"

선비가 이 말을 듣고 말하였다.

"노래를 부른 자의 상서로움이란 그런 것을 두고 이른바 괴이함이라는 것이요, 웃은 자의 상서롭지 않음이란 이런 것을 두고 이른바 진짜 상서로움이라는 것이다. 군자의 상서로움이란 행정으로써 하는 것이지 괴이함으로 하는 것이 아니니, 사물에 정성을 다하고 도리에 믿음을 주어 사람들이 그 명령을 즐겁게 따르면서 희희연熙熙然하되, 그 가진 것힘을 바친다면 이것이 그 위정爲政에 있어서 단독의 상서로움이 아니겠는가!"

石鍾乳, 餌之最良者也. 楚越之山多産焉, 于連于韶者, 獨名於世. 連之人告盡焉者五載矣, 以貢, 則買諸他部.

今刺史崔公至, 逾月, 穴人來以乳復告.

邦人悅是祥也, 雜然謠曰:「旺之熙熙, 崔公之來. 公化所徹, 土石蒙烈. 以爲不信, 起視乳穴!」

穴人笑之曰:「是惡知所謂祥邪? 嚮吾以刺史之貪戾嗜利, 徒吾役而不吾貨也, 吾是以病而紿焉. 今吾刺史令明而志潔, 先賴而後力, 欺誣屛息, 信順休洽, 吾以是誠告焉. 且夫乳穴, 必在深山窮林, 冰雪之所儲, 豺虎之所廬. 由而入者, 觸昏霧, 扞龍蛇. 束火以知其物, 縻繩以志其返. 其勤若是, 出又不得吾直, 吾用是安得不以盡告? 今令人而乃誠,(今而乃誠), 吾告故也, 何祥之爲!」

士聞之曰:「謠者之祥也, 乃其所謂恈者也; 笑者之非祥也, 乃其所謂眞祥者也. 君子之祥也, 以政不以恈, 誠乎物而信乎道, 人樂用命, 熙熙然以效其有(力), 斯其爲政也, 而獨非祥也歟!」

【石鍾乳餌之最良者也, 楚越之山多產焉】'石鍾乳'는 石乳라고도 하며 카르스트 지형의 石灰巖이 물에 녹아 흐르는 鍾乳石. 여기서는 鍾乳石에서 흘러 떨어지는 乳液. 고대 약용으로 쓰여 지방 土産 貢物로 나라에 바쳤음. '餌'는 복용하기에 가능한 藥用을 말함. '楚越'은 고대 楚나라와 越나라가 있던 지역. '楚'는 지금의 湖北, 湖南 일대와 그 아래 廣東 지역. '越'은 지금의 浙江 일대와 그 아래 福建. 모두 남쪽 지역을 가리킴.

【于連于韶者, 獨名於世】'連'은 連州. '韶'는 韶州. 지금의 廣東省 曲江縣 및 樂昌縣 등과 그 부근 지역.

【連之人告盡焉者五載矣, 以貢, 則買諸他部】'載'는 年, 歲와 같음. '諸'는 之於, 之乎의 合音字. '他部'는 他州. 다른 지방.

【今刺史崔公至, 逾月, 穴人來以乳復告】'崔公'은 崔君敏. 元和 4년(809)에 連州刺史로 부임하였음. '逾月'은 한 달을 넘김. 崔君敏이 자사로 부임한 지 한 달 뒤. '穴人'은 종유석 동굴을 지키거나 채집하는 사람.

【邦人悅是祥也, 雜然謠曰】'雜然'은 사람들이 뒤섞여 왁자지껄하면서 노래함.

【「甿之熙熙, 崔公之來. 公化所徹, 土石蒙烈. 以爲不信, 起視乳穴】'甿'은 시골 백성. '氓'과 같음. '熙熙'는 매우 기꺼워하는 모양. '崔公'은 崔君敏. 《眞寶》注에 "崔公, 卽崔君敏"이라 함. '徹'은 두루 미쳐 널리 통함. '蒙烈'은 그 훌륭한 치적의 은혜를 입음.

【穴人笑之曰:「是惡知所謂祥邪? 嚮吾以刺史之貪戾嗜利, 徒吾役而不吾貨也, 吾是以病而給焉】'惡知'의 '惡'는 '오'로 읽으며 疑問助動詞. 《眞寶》注에 "惡知, 猶烏知"라 함. '貪戾嗜利'는 탐욕스럽고 지독하며 이익을 좋아함. '病'은 고통을 당함. '給'(태)는 속임. 거짓말을 함. 《柳河東集注》에 "給, 徒亥切. 欺也"라 함.

【今吾刺史令明而志潔, 先賴而後力, 欺誣屛息, 信順休洽, 吾以是誠告焉】'令明'은 명령이나 법령이 분명함. '先賴'는 먼저 善政을 믿도록 함. '後力'은 뒤에 노력 동원을 시킴. '欺誣'는 속임, 속이는 자. '屛息'은 막히고 사라짐. '信順'은 자사는 백성을 믿고 백성은 자사에게 순종함. '休洽'은 아름답게 잘 진행됨을 뜻하는 雙聲連綿語.

【且夫乳穴, 必在深山窮林, 冰雪之所儲, 豺虎之所廬】'儲'는 쌓여 있음. '豺虎'는 승냥이와 호랑이. 접근하기 어려움을 뜻함.

【由而入者, 觸昏霧, 扞龍蛇】'昏霧'는 어두운 안개. '扞龍蛇'는 용이나 뱀을 맞닥뜨려야 함.

【束火以知其物, 縻繩以志其返】'束火'는 묶어 횃불을 만듦. '縻繩'은 새끼줄을 얽어 맴. '志其返'은 돌아갈 길에 표시를 함.

【其勤若是, 出又不得吾直, 吾用是安得不以盡告】'勤'은 勤苦. 부지런함과 고생. '吾直'의 直는 値와 같음. 노동에 대한 값. 노동의 보수. 품삯. '用是'는 以是와 같으며, '是'는 앞서 더는 석종유가 나지 않는다고 아뢴 내용.

【今令人而乃誠(今而乃誠), 吾告故也, 何祥之爲令人】'今令人而乃誠'은 《柳河東集》에는 '今而乃誠'으로 되어 있음. 《柳河東集注》에는 "今令人而乃誠"으로 되어 있고, "一本無'令人'字"라 함. '令人'은 자사가 사람에게 명령함. 또는 사람을 부림.

【士聞之曰】'士'는 지식인. 여기서는 柳宗元 자신의 의견을 피력하기 위해 가설로 내세운 것.

【謠者之祥也, 乃其所謂怪者也; 笑者之非祥也, 乃其所謂眞祥者也】'祥'과 '怪'(怪)를 대립하여 설명한 것. '怪'는 怪와 같음.

【君子之祥也, 以政不以怪】군자의 상서로움이란 행정으로써 함에 있지, 괴이함으로써 하는 것에 있는 것이 아님.

【誠乎物而信乎道, 人樂用命, 熙熙然以效其有(力)】'用'은 '以'와 같음. '效'는 効로도 표기하며 본받음. 온 힘을 다 바침. '有'는 《唐文粹》에는 '力'으로 되어 있음.

【斯其爲政也, 而獨非祥也歟】이것이 爲政에서 단독의 상서로움이 되는 것임.

1. 작자: 柳宗元 053 참조.

2. 이 글은 《柳河東集》(28), 《柳河東集注》(28), 《唐宋八大家文鈔》(22), 《唐文粹》(71), 《文章正宗》(21 上), 《唐宋文醇》(17), 《廣東通志》(52), 《淵鑑類函》(26) 등에 실려 있음.

062. <送薛存義序> ·················· 柳子厚(柳宗元)
설존의를 보내며 주는 글

＊〈送薛存義序〉:《柳河東集注》에는 〈送薛存義之任序〉로 되어 있으며, 題注에 "一本無'之任'二字"라 함. 薛存義는 河東 사람으로 永州 零陵의 현령으로 있다가 다른 곳으로 전임되어 떠나게 된 자로 柳宗元과 한 고향 사람이었음. 그를 전송하면서 지방 縣令으로서의 爲政之道를 간곡하게 밝혀 권유한 것.《柳河東集》題注에 "零陵, 永州邑也. 薛爲令而去, 公序以送之. 且曰「吾賤且辱, 不得與於考績幽明之說」, 則序在永時作也"라 함.
＊《眞寶》注에 "東萊(呂祖謙)云:「雖句少而極有反覆.」"이라 함.

하동河東 설존의薛存義가 장차 떠나려 함에, 나는 그릇에 고기를 올려놓고 술잔에 술을 가득 채워 그를 따라 강가에까지 가서 그를 전송하며 먹여주고 마시게 해주었다.

그리고 다음과 같이 일러주었다.

"무릇 그 지역에서의 관리에 대해 그대는 그 직무를 아는가? 대체로 백성들에게 부림을 받는 것이지 백성을 부리기만 하라는 것 아니라네. 백성들은 그 땅에서 10분의 1을 내어 관리를 고용하여, 그로 하여금 우리들을 평안히 해줄 일을 맡긴 것이라네. 그런데 지금은 그 값을 받고 그 일에 태만하니 천하가 모두 그러하네. 어찌 태만하기만 하겠는가? 다시 자신들의 신분을 이용하여 도둑질을 하고 있네. 가령 한 집에서 한 사나이를 고용하여 그대가 주는 값을 받고는 그대의 일에 태만하거나 또 그대의 재물과 기물을 훔치기까지 한다면, 틀림없이 심하게 화를 내며 그를 내쫓고 벌을 줄 것이네. 지금 천하가 거의 이와 같거늘 그런데도 백성들이 감히 마음놓고 화를 내거나 내쫓고 벌을 주지 못하는 것은 왜 그렇겠는가? 형세가 다르기 때문이지. 그러나 형세는 같지 않아도 이치는 똑같으니, 우리 같은 관리는 백성에게 어떻게 해야 하겠는가? 이치에 통달한 자라면 겁내고 두려워하지 않을 수 있겠는가!"

설존의는 영릉零陵의 가령假令으로 2년을 지내면서 아침 일찍 일어나 업무에 종사하고 밤늦도록 일을 생각하며, 힘을 부지런히 하고 마음을 노고롭게 하여 송사는 공평하게 하고 세금은 균등하게 하여, 그곳 노인이나 어린이 할 것 없이 속일 생각을 품거나 증오를 드러낸 자가 없었으니, 그가 하는 일은 헛되이 값을 취한 것이 아님이 확실하며, 그는 겁내고 두려워해야 함을 안 것이 분명하였다.

나는 천하고 또한 욕된 신분이라 고적考績과 유명幽明을 말하는 기회에 참여하지 못하기에, 그가 떠남에 그 까닭으로 술과 고기로써 축하하며 거듭 이러한 말을 해주는 것이다.

河東薛存義將行, 柳子載肉于俎, 崇酒于觴, 追而送之江之滸, 飲食之.

且告曰:「凡吏于土者, 若知其職乎? 蓋民之役, 非以役民而已也. 凡民之食于土者, 出其十一傭乎吏, 使司平於我也. 今受其直怠其事者, 天下皆然. 豈惟怠之? 又從而盜之. 向使傭一夫於家, 受若直, 怠若事, 又盜若貨器, 則必甚怒而黜罰之矣. 以今天下多類此, 而民莫敢肆其怒與黜罰, 何哉? 勢不同也. 勢不同而理同, 如吾民何? 有達于理者, 得不恐而畏乎!」

存義假令零陵二年矣. 蚤作而夜思, 勤力而勞心, 訟者平, 賦者均, 老弱無懷詐暴憎, 其爲不虛取直也的矣, 其知恐而畏也審矣.

吾賤且辱, 不得與考績幽明之說; 於其往也, 故賞以酒肉而重之以辭.

【河東薛存義將行】'河東'은 山西省 黃河의 동쪽 지역. 薛存義가 河東 사람이었음을 말함.

【柳子載肉于俎, 崇酒于觴, 追而送之江之滸, 飮食之】'柳子'는 柳宗元 자신. '俎'는 제사나 잔치 때 음식을 담는 그릇. '崇酒于觴'의 '崇'은 充과 같은 뜻. 가득 채움. '觴'은 술잔. '江之滸'의 '滸'(호)는 물가. 배로 건너야 하므로 나루까지 와서 전송한 것. 《柳河東集注》에 "滸, 音虎. 水涯也. 飮食, 並去聲"이라 하였고, 《柳河東集》에는 "滸, 音虎. 《詩》:「在江之滸」 飮, 音蔭; 食, 音嗣"라 하여 '食'는 '사'로 읽음.

【且告曰:「凡吏于土者, 若知其職乎? 蓋民之役, 非以役民而已也」】'土'는 그 지방을 말함. '若'은 汝, 爾, 而, 你 등과 같음. 二人稱. '民之役'은 백성의 일꾼이 되어 백성을 위해 일함.

【凡民之食于土者, 出其十一傭乎吏, 使司平於我也】'食于土'는 그 땅을 경작하여 먹고 살아감. '出其十一傭乎吏'는 그 수확의 10분의 1을 세금으로 내어 관리를 고용한 것과 같음. '司平'은 치안과 평안을 맡아 담당하도록 함.

【今受其直怠其事者, 天下皆然】'直'은 値와 같음. 관리들에게 司平의 품삯으로 백성들이 낸 돈. 여기에서는 관리들의 봉급을 말함. 《眞寶》注에 "直, 猶價也"라 함.

【豈惟怠之? 又從而盜之】'어찌 태만한 정도이겠는가? 그것을 기화로 도둑질을 하고 있음'의 뜻. 백성들의 재산을 수탈함을 말함.

【向使傭一夫於家, 受若直, 怠若事, 又盜若貨器, 則必甚怒而黜罰之矣】'向使'는 가령. '若'은 汝, 爾, 而, 你 등과 같음. 二人稱. 《眞寶》注에 "若, 汝也"라 함. '貨器'는 재물과 그릇. 곧 재산과 세간의 물건. '黜罰'은 내쫓고 벌함.

【以今天下多類此, 而民莫敢肆其怒與黜罰, 何哉】'肆'는 마음대로 함. 하고 싶은 대로 함.

【勢不同也. 勢不同而理同, 如吾民何】'勢'는 형세. 정세. 수령과 백성이라는 신분의 차이.

【有達于理者, 得不恐而畏乎】'이치에 통달한 자라면 두려워하고 겁내지 않을 수 있겠는가?'의 뜻.

【存義假令零陵二年矣】'假令'은 代理縣令. 임시 수령. '假'는 그 직위와 임무를 대리하는 것을 말함. 《眞寶》注에 "令, 卽守令"이라 함. '零陵'은 永州의 縣 이름. 《眞寶》注에 "永州縣"이라 함. 薛存義가 이곳에서 2년간 假令을 하였음. 陳景雲《柳集點勘》에 "「假令零陵二年」, 則非初之官也. 觀篇末「不得與考績幽明之說」, 蓋惜其去官而送之"라 함.

【蚤作而夜思, 勤力而勞心, 訟者平, 賦者均】'蚤作而夜思'는 아침에는 일찍 일어나 政務에 힘쓰고, 밤에는 늦도록 行政을 생각함. '蚤'는 '早'와 같으며, '作'은 '起'의 뜻. 여기서는 薛存義가 零陵 假令이었을 때 훌륭한 행정을 폈음을 말한 것.

【老弱無懷詐暴憎, 其爲不虛取直也的矣, 其知恐而畏也審矣】'懷詐暴憎'은 거짓을 마음에 품고 증오를 드러냄. '暴'은 露의 뜻. '不虛取直'은 그 값(司平에 대한 삯, 봉록)을 거저 가진 것이 아님. '的'은 확실함. 분명함. 的確함. '審'은 明의 뜻. 잘 살펴 분명히 알고 있음. '老弱無懷詐暴憎'은 〈世綵堂本〉 注에는 "一本作「老弱寧懷詐暴憎弭愵」"이라 함.

【吾賤且辱, 不得與考績幽明之說】'賤且辱'은 천하고 욕됨. 자신이 유배되어 있는 상황임을 말함. 《眞寶》 注에 "柳時謫永"이라 함. '與考績幽明'는 考績과 幽明에 참여함. '考績'은 관리들의 考課成績. 《眞寶》 注에 "考績, 猶考功"이라 함. '幽明'은 어리석음과 현명함. 또는 非理나 顯彰할 일 등. 《尙書》 舜典에 "三載考績, 三考黜陟幽明"이라 함.

【於其往也, 故賞以酒肉而重之以辭】'賞'은 축하함. '重之'는 거듭 되풀이함. 또는 이러한 원리를 重視함.

참고 및 관련 자료

1. 작자: 柳宗元 053 참조.

2. 이 글은 《柳河東集》(23), 《柳河東集注》(23), 《唐宋八大家文鈔》(21), 《文章正宗》(15), 《文章軌範》(5), 《古文關鍵》(上), 《古文集成》(1), 《文編》(54), 《事文類聚》(外集 14), 《文章辨體彙選》(337), 《山西通志》(212) 등에 실려 있음.

063. <養竹記> ·················· 白樂天(白居易)

대나무를 기르며

*<養竹記>:白居易가 貞元 19년(803) 과거 급제 후 校書郞이 되어 長安 關相國의 옛 저택을 임시거처로 마련하였을 때, 그곳 정원에 버려진 대 숲을 살린 과정을 글로 쓴 것임.

　대나무는 현자와 비슷하니 어째서인가?

　대나무는 근본이 견고하여, 그 견고함이 나무로서의 덕이기 때문에, 군자가 그 근본을 보면 잘 심어져 뽑히지 않음을 생각하게 된다.

　대나무는 성품이 곧아 그 곧음이 몸을 바로 세우기 때문에, 군자가 그 성품을 보면 바르게 서서 기대지 않기를 생각하게 된다.

　대나무는 속이 비어 빈 것으로써 도를 체득하게 되니, 군자가 그 속을 보면 자신을 비우고 남을 받아들임을 응용하게 된다.

　대나무는 마디가 곧아 그 곧음으로써 뜻을 세우니, 군자가 그 마디를 보면 명분과 행동을 잘 갈고 닦아 평탄함과 험한 것을 일치시킬 생각을 하게 된다.

　무릇 이와 같기 때문에 군자는 흔히 이를 심어 뜰을 채우기도 한다.

　정원貞元 19년 봄, 나는 발췌과拔萃科에 급제하여 교서랑校書郞 벼슬이 주어져, 비로소 장안長安에서 임시로 거처할 곳을 찾다가, 상락리常樂里의 옛 관상국關相國 사저私邸 동쪽 정자를 얻어 거처하게 되었다.

　이튿날, 신을 신고 정자의 동남쪽 모퉁이로 산책을 나갔다가 거기에 대나무가 떨기로 숲을 이룬 것을 발견하였는데, 가지와 잎사귀가 말라 죽어 소리도 색깔도 없는 것이었다.

　관상국 댁의 늙은 하인에게 물어보았더니 그는 이렇게 대답하였다.

"이는 관상국께서 손수 심으신 것들입니다. 상국께서 집을 내놓아 다른 사람이 빌려 살게 되었는데, 이로부터 광주리를 만드는 자들이 베어 가기도 하고, 빗자루를 만드는 자들이 잘라가기도 하였지요. 형벌을 받듯 잘려나가고 난 나머지에서 난 것들도 한 발 길이로 자란 것도 없고 그 숫자도 1백이 되지 않습니다. 또 뭇 초목들이 그 사이에 섞여 자라나 무성하고 울창하게 덮고 있어, 대나무는 없다는 마음을 갖게 되었습니다."

나 백거이는 이들이 일찍 한때는 장자長者의 손을 거쳐 왔던 것임에도 속인俗人들의 눈에는 천한 것으로 비쳐진 채, 이처럼 잘리고 버려졌음에도 본성이 그대로 남아 있음을 안타깝게 여겼다.

이에 우거져 가려진 것을 베어내고, 더러운 흙을 제거해주고, 그 사이를 넓혀주고, 그 아래에 흙을 덮어주었는데 하루가 다하기 전에 마칠 수 있었다.

이에 해가 뜨자 맑은 그늘이 생겼고, 바람이 불어오자 맑은 소리가 나서 의의연依依然하고, 흔흔연欣欣然하여 마치 나를 만남을 고맙게 여기는 정이 있는 듯하였다.

아! 대나무는 식물이지만 사람에게 어떤 것인가?

현인과 닮은 점이 있기에 사람들이 그를 사랑하고 아끼며 흙을 덮어주고 심고 하는데 하물며 진정한 현자임에랴?

그렇다면 초목에 있어서의 대나무는 많은 사람들에게 있어서의 현자와 같다.

아! 대나무는 능히 자신 스스로 기이奇異한 것일 수 없으나 사람이 기이하다고 여겨주듯이, 현자는 능히 스스로 기이하다고 할 수 없으니 오직 현자를 등용하는 자가 기이함을 인정해주어야 하리라.

그 까닭으로 〈양죽기〉를 지어 정자의 벽에 써서 뒷날 이 집에 사는 사람에게 주며, 역시 지금의 현자를 등용하는 이에게 들려주고자 한다.

竹似賢, 何哉?

竹本固, 固以樹德: 君子見其本, 則思善建不拔者.

竹性直, 直以立身: 君子見其性, 則思中立不倚者.

竹心空, 空以體道: 君子見其心, 則思應用虛受者.

竹節貞, 貞以立志: 君子見其節, 則思砥礪名行, 夷險一致者.

夫如是故, 君子人, 多樹之, 爲庭實焉.

貞元十九年春, 居易以拔萃, 選及第, 授校書郎, 始於長安, 求假居處, 得常樂里, 故關相國私第之東亭而處之.

明日, 履及于亭之東南隅, 見叢竹於斯, 枝葉殄瘁, 無聲無色.

詢乎關氏之老, 則曰:「此相國之手植者. 自相國捐館, 他人假居, 繇是, 筐篚者, 斬焉; 簞箒者, 刈焉, 刑餘之材, 長無尋焉, 數無百焉. 又有凡草木, 雜生其中, 苯䔿薈蔚, 有無竹之心焉.」

居易惜其嘗經長者之手, 而見賤俗人之目, 翦棄若是, 本性猶存.

乃刪翳薈, 除糞壤, 疏其間, 封其下, 不終日而畢.

於是日出, 有清陰, 風來有清聲, 依依然, 欣欣然, 若有情於感遇也.

嗟乎! 竹, 植物也, 於人何有哉?

以其有似於賢, 而人猶愛惜之, 封植之, 況其眞賢者乎?

然則竹之於草木, 猶賢之於衆庶.

嗚呼! 竹不能自異, 惟人異之; 賢不能自異, 惟用賢者, 異之.

故作〈養竹記〉, 書于亭之壁, 以貽其後之居斯者, 亦欲以聞於今之用賢者云.

【竹似賢, 何哉?】대나무는 賢者의 품위와 닮았음. 대나무는 梅, 蘭, 菊과 함께 四君子의 하나로 흔히 현자에 비유됨.

【竹本固, 固以樹德: 君子見其本, 則思善建不拔者】'善建不拔'은 《老子》(54)에 "善建者

不拔”이라 함. 대나무의 튼튼한 뿌리는 군자의 확고한 덕행과 같음을 비유한 것.

【竹性直, 直以立身:君子見其性, 則思中立不倚者】‘中立不倚’는 바르게 서서 다른 것에 기대지 않음.

【竹心空, 空以體道:君子見其心, 則思應用虛受者】‘虛受’는 자신의 마음을 비우고 남을 수용함.

【竹節貞, 貞以立志:君子見其節, 則思砥礪名行, 夷險一致者】‘砥礪’는 숫돌. 여기에 연장을 벼리듯 부지런히 갈고 닦음. ‘夷險’은 평탄함과 험함. 삶의 逆境과 順境, 군자의 窮達 등을 비유함.

【夫如是故, 君子人, 多樹之, 爲庭實焉】‘庭實’은 마당에 채워진 물건들. 여기서는 庭園樹를 뜻함.

【貞元十九年春, 居易以拔萃, 選及第, 授校書郞】‘貞元十九年’은 803년으로 白居易가 32세 되던 해. 貞元 18년에 백거이는 吏部에서 실시한 試書判拔萃科에 급제하였으며, 이듬해 校書郞에 임명됨. ‘拔萃’는 여럿 가운데에서 특별히 뛰어남을 뜻하며 唐나라 때 ‘試書判拔萃科’라는 과거 명칭이 있었음. ‘校書郞’은 문서를 교열하고 서적을 편찬하는 일을 맡은 관리.

【始於長安, 求假居處, 得常樂里, 故關相國私第之東亭而處之】‘長安’은 唐나라 수도. 지금의 西安. ‘常樂里’는 마을 이름. ‘關相國’은 關播로 일찍이 상국을 지냈던 인물. 자세한 傳記는 알려지지 않음.

【明日, 履及于亭之東南隅, 見叢竹於斯, 枝葉殄瘁, 無聲無色】‘履’는 신발. 여기서는 직접 가서 살펴봄. ‘殄瘁’는 병들어 메말라 죽어 있음. ‘無聲無色’은 聲色이 전혀 없음. 대나무로서 바람소리도 내지 않고 푸른색도 없음.

【詢乎關氏之老, 則曰】‘詢’은 물어봄. ‘關氏之老’는 關播의 저택을 지키던 늙은이.

【此相國之手植者. 自相國捐館, 他人假居】‘捐館’은 별세하여 집을 비우게 됨. ‘他人假居’는 다른 사람이 와서 임시로 살고 있었음.

【繇是, 筐篚者, 斬焉;箒箒者, 刈焉】‘繇是’는 由是와 같음. ‘筐篚者’은 대나무로 광주리를 만드는 자. ‘箒箒者’은 대나무로 빗자루를 만드는 자. ‘斬’과 ‘刈’(예)는 모두 ‘자르다, 베다’의 뜻.

【刑餘之材, 長無尋焉, 數無百焉】‘刑餘之材’는 형벌을 받고 남은 재목. 여기서는 잘리거나 베어지고 않고 그 뒤 솟아난 나머지 대나무들. ‘尋’은 8尺. 한 발의 길이.

【又有凡草木, 雜生其中】다른 초목들이 그 사이에 섞여서 나 있음.

【苯蓴薈蔚, 有無竹之心焉.」】‘苯蓴’(분준)은 풀이나 나무가 더부룩하게 난 모습을

형용하는 疊韻連綿語. 그러나 《白氏長慶集》에는 '葇茸'으로 되어 있으며, "葇, 邊九切"이라 하여 '부'로 읽도록 되어 있음. 《唐文粹》에는 '菶蓲'으로 되어 있어 본문과 같음. '薈蔚'(회위) 또한 초목이 무성히 자라서 우거진 모습을 뜻하는 疊韻連綿語. '有無竹之心焉'은 대나무는 없는 양으로 여기는 마음을 갖게 됨. 대나무에는 관심도 갖지 않게 됨.

【居易惜其嘗經長者之手, 而見賤俗人之目, 翦棄若是, 本性猶存】'經長者之手'는 長者의 손을 거쳐 자라던 대나무를 뜻함. '見賤俗人之目'은 속인들의 눈에 천대를 받음. '見'은 被動義을 구성함.

【乃刪翳薈, 除糞壤, 疏其間, 封其下, 不終日而畢】'翳薈'는 무성하게 그늘을 덮고 있는 초목들. 《白氏長慶集》에는 '翳薈'로 되어 있음. '糞壤'은 더러운 흙. '疏'는 跣, 疏, 疎 등과 같음. 대나무 사이를 성글게 해 줌. '封其下'는 아래 흙을 북돋아줌.

【於是日出, 有淸陰, 風來有淸聲】'淸陰'은 맑은 그늘.

【依依然, 欣欣然, 若有情於感遇也】'依依然'은 의젓함. '欣欣然'은 즐거워함. '感遇'는 대나무가 자신을 잘 자라도록 해 준 은혜에 감사함.

【嗟乎! 竹, 植物也. 於人何有哉】'대나무는 식물로써 사람에게 어떤 것인가?'의 뜻.

【以其有似於賢, 而人猶愛惜之, 封植之, 況其眞賢者乎】'현인을 닮았다 하여 사람들이 이를 사랑하고 封植하는데 하물며 사람으로서 진짜 현자라면 아끼고 사랑해서 등용해야 하지 않겠는가?'의 뜻.

【然則竹之於草木, 猶賢之於衆庶】초목 중에 대나무는 많은 사람들 가운데 현자와 같음.

【嗚呼! 竹不能自異, 惟人異之; 賢不能自異, 惟用賢者, 異之】대나무는 능히 스스로 기이하다 하지 않으나 사람에 의해 그것이 특이한 것으로 여겨짐. 이처럼 현자는 자신이 선뜻 기이하다고 할 수 없으나 현자를 등용하는 자가 그를 특이하다 인정하는 것임.

【故作〈養竹記〉, 書于亭之壁, 以貽其後之居斯者】'貽'는 끼쳐줌. 알도록 해 줌.

【亦欲以聞於今之用賢者云】지금의 현자를 등용하는 임무를 맡은 자에게 들려지도록 하고자 함. 《眞寶》注에 "此文與濂溪〈愛蓮說〉相似, 一寄意於賢, 一寄意於君子. 非徒在於竹與蓮而已也. 白居易字樂天, 其人樂易君子也. 文字明白平正, 不尙奇異深奧, 亦與其詩, 大體相類云"이라 함.

1. 백거이(白居易:772-846)

자는 樂天, 늘그막에는 호를 香山居士라 하였음. 太原(지금의 山西 太原) 사람으로 德宗 貞元 16년(800) 進士에 올라 元和 초에 贊善大夫, 翰林學士, 左拾遺 등을 거침. 그러나 지나친 간언으로 江州司馬(지금의 江西 九江)로 좌천되자, 그곳 廬山 香爐峰 아래 초당을 짓고 승려들과 교유하면서 한거하기도 하였음. 뒤에 忠州刺史를 거쳐 元和 15년(820) 長安으로 불려왔으나 李宗閔과 李德裕의 정권 쟁탈을 목격하고 다시 外職을 요청, 杭州太守로 부임함. 杭州에서 水理 사업을 일으켜 지금의 西湖 白堤는 그가 수축한 것이라 함. 백거이는 다시 蘇州刺史로 옮겨 德政을 베풀다가 뒤에 長安으로 돌아와 太子少傅, 河南尹, 刑部尙書 등을 역임함. 그리고 洛陽 履道里에서 〈醉吟先生傳〉을 지어 '醉吟先生'이라 하기도 하며, 香山寺에서 도를 닦기도 하여 '香山居士'라 하기도 함. 이에 따라 백거이는 '白香山', '白少傅', '白尙書' 등으로 불리며 元稹과 이름을 함께 하여 '元白'이라 불리기도 함. 그는 新樂府運動을 주창하여 諷諭와 민간 고통을 대변, 그의 문체를 '白體'라 부르기도 함. 한편 劉禹錫과 교유가 깊어 '劉白'이라고도 칭하며, 元稹, 張籍, 劉禹錫과 함께 '元和體'라는 詩風을 일으키기도 함. 그 무렵 일반인들은 모두 白居易의 시를 다투어 외웠으며, 특히 鷄林(新羅) 재상이 唐나라에서 온 상인에게 황금으로써 백거이의 시를 샀다는 고사도 있음. 그러나 蘇東坡는 元稹과 白居易의 시를 "元輕白俗"이라 하여 가볍고 속된 시풍을 드러내었다고 평하였음. 백거이의 文集은 《新唐書》(藝文志, 4)에 《白氏長慶集》 75卷이 著錄되어 있으나 《崇文總目》에는 '白氏文集七十卷'이라 하였고, 《郡齋讀書志》, 《直齋書錄解題》에는 모두 71卷이라 하였음. 한편 《新唐書》(藝文志, 3)에 《白氏經史事類》 30卷이 著錄되어 있고, 그 注에 '白居易, 一名《六帖》'이라 함. 이에 대해 淸 周中孚는 《鄭堂讀書記》(卷60)에서 "偶閱唐制, 其時取士凡六科, 列其所試條件, 每一事名一帖, 其多者明經試至十帖, 而《說文》極於六帖. 白之書爲因科學設, 則以帖爲名, 其取此矣"라 하였음. 그의 《白氏金針集》은 兩《唐書》의 經籍志, 藝文志 등에 모두 기록이 없고, 《直齋書錄解題》(卷22)에 《金針詩格》一卷, 白居易撰'이라 하였음. 백거이의 詩는 《全唐詩》에 모두 39卷(424-462)이 편집되어 있고, 《全唐詩外編》 및 《全唐詩續拾》에 詩 38首, 斷句 44句가 실려 있음. 《舊唐書》(166) 및 《新唐書》(119)에 전이 실려 있음. 《新唐書》에 "白居易, 字樂天, 其先蓋太原人. 貞元十六年中書舍人高郢下進士. 會昌初致仕, 卒年七十六, 自號醉吟先生, 爲之傳, 暮節惑淨屠道尤甚, 至經月不食葷, 稱香山居士"라 함.《眞寶》諸賢姓氏事略에 "白樂天, 名居易, 先太原人, 徙下邽. 元和對策乙等, 遷左拾遺, 貶江州司馬, 久之, 入知制誥, 會昌初, 刑部尙書"라 함.

2.《全唐詩》(424)

白居易, 字樂天, 下邽人. 貞元中, 擢進士第, 補校書郞. 元和初, 對制策, 入等. 調盩厔尉, 集賢校理. 尋召爲翰林學士, 左拾遺, 拜贊善大夫, 以言事貶江州司馬, 徙忠州刺史. 穆宗初, 徵爲主客郞中, 知制誥. 復乞外, 歷杭, 蘇二州刺史. 文宗立, 以祕書監召, 遷刑部侍郞. 俄移病, 除太子賓客分司東都, 拜河南尹. 開成初, 起爲同州刺史, 不拜, 改太子少傅. 會昌初, 以刑部尙書致仕, 卒贈尙書右僕射, 諡曰文. 自號『醉吟先生』, 亦稱『香山居士』. 與同年元稹酬詠, 號『元白』. 與劉禹錫酬詠, 號『劉白』.《長慶集》詩二十卷,《後集》詩十七卷,《別集補遺》二卷. 今編詩三十九卷.

3.《唐才子傳》(6) 白居易

居易, 字樂天, 太原下邽人. 弱冠名未振, 觀光上國, 謁顧況. 況, 吳人, 恃才, 少所推可, 因謔之曰:「長安百物皆貴, 居太不易!」及覽詩卷, 至「離離原上草, 一歲一枯榮. 野火燒不盡, 春風吹又生.」乃歎曰:「有句如此, 居天下亦不難. 老夫前言戱之爾.」貞元十六年, 中書舍人高郢下進士, 拔萃皆中, 補校書郞. 元和元年, 作樂府及詩百餘篇, 規諷時事, 流聞禁中, 上悅之, 召拜翰林學士, 歷左拾遺. 時盜殺宰相, 京師洶洶, 居易首上疏, 請亟捕賊. 權臣有嫌其出位, 怒, 俄有言居易母墮井死而賦〈新井篇〉, 言旣浮華, 行不可用, 貶江州司馬. 初, 以勳庸暴露不宜, 實無他腸, 怫怒姦黨, 遂失志. 亦能順適所遇, 託浮屠死生說, 忘形骸者. 久之, 轉中書舍人, 知制誥. 河朔亂, 兵出無功, 又言事不見聽, 乞外除爲杭州刺史. 文宗立, 召遷刑部侍郞, 會昌初, 致仕. 卒. 居易累以忠鯁遭擯, 乃放縱詩酒. 旣復用, 又皆幼君, 仕情頓爾索寞. 卜居履道里, 與香山僧如滿等結淨社, 疏沼種樹, 構石樓, 鑿八節灘, 爲游賞之樂, 茶鐺酒杓不相離. 嘗科頭箕踞, 談禪詠古, 晏如也. 自號『醉吟先生』, 作傳, 酷好佛, 亦經月不葷, 稱「香山居士」. 與胡杲・吉旼・鄭據・劉眞・盧貞・張渾・如滿・李文爽燕集, 皆高年不事, 日相招致, 時人慕之, 繪〈九老圖〉. 公詩以六義爲主, 不尙艱難. 每成篇, 必令其家老嫗讀之, 問解則錄. 後人評白詩如「山東父老課農桑, 言言皆實」者也. 鷄林國行賈售於其國相, 率篇一金, 僞者卽能辨之. 與元稹極善膠漆, 音韻亦同, 天下曰「元白」. 元卒, 與劉賓客齊名, 曰「劉白」云. 公好神仙, 自製「飛雲履」, 焚香振足, 如撥煙霧, 冉冉生雲. 初來九江, 居廬阜峰下, 作草堂燒丹, 今尙存. 有《白氏長慶集》七十五卷, 及所撰古今事實爲《六帖》, 及述作詩格法, 欲自除其病, 名《白氏金針集》三卷, 幷行於世.

4. 이 글은《白氏長慶集》(43),《唐文粹》(77),《古文集成》(7),《文苑英華》(829),《文章辨體彙選》(610),《事文類聚》(後集 24) 등에 실려 있음.

064. <阿房宮賦> ·················· 杜牧之(杜牧)
아방궁부

＊<阿房宮賦>: 秦始皇이 말년에 욕심을 내어 지었던 阿房宮을 두고 杜牧이 賦로
읊은 것. 賦는 문체의 한 종류. 《史記》秦始皇本紀에 "三十五年, 除道, 道九原抵
雲陽, 塹山堙谷, 直通之. 於是始皇以爲咸陽人多, 先王之宮廷小, 吾聞周文王都豐,
武王都鎬, 豐鎬之閒, 帝王之都也. 乃營作朝宮渭南上林苑中. 先作前殿阿房, 東西
五百步, 南北五十丈, 上可以坐萬人, 下可以建五丈旗. 周馳爲閣道, 自殿下直抵南
山. 表南山之顚以爲闕. 爲復道, 自阿房渡渭, 屬之咸陽, 以象天極閣道絶漢抵營室
也. 阿房宮未成;成, 欲更擇令名名之. 作宮阿房, 故天下謂之阿房宮. 隱宮徒刑者
七十餘萬人, 乃分作阿房宮, 或作麗山. 發北山石槨, 乃寫蜀, 荊地材皆至. 關中計
宮三百, 關外四百餘. 於是立石東海上朐界中, 以爲秦東門. 因徙三萬家麗邑, 五萬
家雲陽, 皆復不事十歲."라 하여, 秦始皇은 천하를 통일한 다음 지금의 陝西省
長安縣 서북쪽 渭水 남쪽 上林苑에 큰 궁궐 營建사업을 시작하였었음. 규모가
대단하여 동서로 5백 보, 남북으로 5백 丈이나 되었으며, 殿上에는 1만 명이 앉
을 수 있고 殿下에는 다섯 丈의 旗를 세울 수 있었으며, 건물 사이는 2층의 複
道로 통하여 곧바로 南山에 이를 수 있도록 하여 渭水를 건너 咸陽까지 연결되
었음. 阿房宮은 완공을 보지 못한 채 소실되어 지명을 따라 임시로 阿房이라
불렸으며, <正義>에 "顏師古云:「阿, 近也. 以其去咸陽近, 且號阿房.」"이라 하였음.
이는 長城修築, 皇陵築造와 함께 진시황의 三大土木工事의 하나였으며, 그로
말미암아 진나라는 멸망의 길로 들어서게 됨. 결국 秦末 천하 대혼란의 와중에
項羽가 咸陽으로 입성하여 阿房宮에 불을 지르고 秦나라는 멸망하여 역사 속
으로 사라지고 말았음. 한편 《唐詩紀事》(56)에 "吳武陵以<阿房宮賦>, 薦於崔郾,
遂登第"라 하여 吳武陵이 글을 보고 杜牧을 추천하여 과거에 급제하였다 하며,
그 무렵 杜牧은 25세였음.

＊《眞寶》注에 "秦始皇以咸陽人多, 先王宮庭小, 乃營作朝宮渭南上林園中. 先作前
殿於阿房. 阿, 山谷也;房, 旁也. 乃舊地名. 旣成, 未更名而燬, 故天下只云阿房宮.
○按《前漢書》賈山傳阿房宮, 顏注:殿之四阿, 皆爲房也. 房, 或作旁. 說云:作此殿,
初未有名, 以其去咸陽近, 且號阿房, 房, 近也, 與房舍義不同. ○陳止齋曰:杜牧之

〈阿房賦〉, 非吳武陵不重. ○洪容齋曰: 唐人作賦, 多以造語爲奇, 杜牧〈阿房賦〉, 明星熒熒一節, 比興引喩, 如是其侈, 然楊敬之〈華山賦〉在前, 敍述尤壯, 曰見若咫尺, 田千畝矣; 見若環堵, 城千雉矣; 見若杯水, 池百里矣; 見若蟻垤, 臺九層矣; 醯雞往來, 周西東矣; 蟣蠓紛紛, 秦速亡矣; 蜂窠聯聯, 起阿房矣; 俄而復然, 立建章矣; 小星奕奕, 焚咸陽矣; 纍纍繭栗, 祖龍藏矣. 高彦休闕史, 云敬之賦五千字, 唱在人口, 賦之句如, 上數語, 杜司徒佑, 李太尉德裕, 常所誦, 牧之乃佑孫, 卽〈阿房賦〉, 實模倣楊作也"라 함.

전국戰國 여섯 나라 왕들의 명운이 끝나고 사해四海가 통일되자,
촉산蜀山은 나무가 잘린 채 우뚝해졌고, 아방궁이 솟아났네.
3백 리 땅을 뒤덮어 하늘의 해를 격리시켰으니,
여산驪山 북쪽에 지어지며 서쪽으로 꺾여,
곧바로 함양咸陽으로 내달리며 건물이 이어졌네.
위수渭水와 경수涇水 두 물 줄기는 도도히 궁궐 담장으로 흘러들고,
5보步마다 누대요 10보마다 누각이었네.
낭요廊腰는 돌고 돌아 끝없이 이어졌고, 처마는 새가 부리로 쪼는 높은 모습.
각기 땅의 형세에 따라 껴안은 갈고리를 한데 걸어 놓은 듯하고, 처마는 뿔이 다투듯 하는 모습.
서리고 서린 모습에 둥글게 둘린 상태는,
벌집과 소용돌이가 곧바로 치솟아 몇천만 개의 낙수가 떨어지는지 알 수가 없을 정도.
기다란 다리가 물결 위에 누워 있으니, 구름도 없는데 무슨 용이 있으며,
복도가 공중에 뻗쳐 있으니, 비가 갠 것도 아닌데 웬 무지개인가?
높고 낮은 누각들로 어둡고 희미하여 동서를 알 수 없고,
노랫소리 흘러나오는 누대의 따뜻한 음향은 봄볕같이 융융融融하고,
춤추는 전각에서는 차가운 옷소매 나부껴 비바람이 처처凄凄한데,
하루 동안 한 궁전 사이임에도 기후가 고르지 않을 정도.

비빈妃嬪과 잉장媵嬙들, 왕자와 황손皇孫들은,

자신의 누각을 떠나 전각에서 내려와, 수레를 타고 진秦으로 모여들어서,

아침에는 노래요 저녁이면 음악으로, 진나라의 궁궐 사람들이 되었다네.

별이 반짝이듯 화장대의 거울이 열리더니,

검푸른 구름 피어오르듯 여인들 새벽 타래머리 빗고 있으며,

위수에 기름이 흘러넘치는 것은 연지를 물에 버리기 때문이며,

연기 오르고 안개 자욱한 것은 그들이 초란椒蘭의 향을 태우기 때문일세.

우렛소리에 잠깐 놀람은 궁중에 수레가 지나가는 소리였네.

덜컥덜컥 멀리까지 들리니 아득하여 그 가는 곳을 모르겠네.

하나의 살결과 하나의 얼굴빛 교태를 끝까지 다하여,

그대로 서서 멀리 바라보며 황제가 찾아주기를 기다리고 있건만,

황제를 한 번도 뵙지 못한 채 36년이나 되었네.

연燕, 조趙나라에서 간직하던 보물이며, 한韓, 위魏나라에서 나라 다스리며 모은 것들, 그리고 제齊, 초楚나라의 정교하고 뛰어난 것들,

몇 세世 몇 년을 두고 백성의 것을 빼앗아 산처럼 쌓아놓았던 것이었지.

하루아침에 이것들을 소유하지 못한 채, 모두 그 사이에 진나라가 실어 왔는데, 진나라는 정鼎을 가마솥처럼 여기고 옥은 돌로 여겼으며, 황금은 흙덩이같이, 진주는 자갈처럼 여겼다네.

길에 마구 던져 버려진 채 늘어섰는데, 진나라 사람들은 이것을 보기를 역시 조금도 아까워하지 않았다네.

아! 진시황 한 사람의 마음이 온 백성의 마음이었구나.

진나라는 어지러이 사치를 좋아하니, 사람들도 자기 집의 부귀만을 생각하였지.

어찌 치수鑑銖처럼 미세한 것까지 남김없이 가져오더니, 이를 쓰기는 이사泥沙처럼 가볍게 여기는가?

대들보를 받치고 있는 기둥은 남쪽 밭의 농부 수보다 많고, 들보에 걸쳐 있는 서까래는 베 짜는 여공들보다 많으며,

못대가리 번쩍임은 곳간의 곡식 낟알보다 많고, 기와의 이음새 올망졸망함은 몸에 두른 비단실보다 많았다네.

곧은 난간과 빗긴 난간은 구주九州의 성곽보다 많고, 관현악의 요란한 음악 소리는 시장 사람들 말소리보다 시끄러웠네.

천하의 백성들로 하여금 감히 말도 할 수 없게 하고, 감히 화를 낼 수도 없게 하니,

독부獨夫의 마음은 날로 더욱 교만하고 완고하게 되더니,

수졸戍卒 진승陳勝과 오광吳廣이 일어나고, 함곡관函谷關을 넘어 유방劉邦이 들어왔고, 초楚나라 사람 항우項羽가 횃불 하나 들고 들어와 불을 지르니, 가련하게 아방궁은 초토가 되고 말았네.

아! 육국六國을 멸한 것은 육국 자신이지 진나라가 아니요, 진나라를 멸족滅族시킨 것은 진나라 자신이지 천하가 아니었다네.

아! 육국이 저마다 자신들의 백성을 사랑했었다면, 족히 진나라를 막아낼 수 있었을 텐데.

진나라가 다시 육국의 백성을 사랑했었다면, 이세二世에게 넘겨져 만세에 이르기까지 왕을 할 수 있었을 것이니, 누가 그들을 멸족할 수 있었겠는가?

진나라 사람들은 스스로 슬퍼할 겨를도 없었지만, 후세 사람들은 그들을 애처롭게 여긴다네.

후세 사람들이 애처롭게 여기기만 하고 거울로 삼지 않는다면,

역시 다시 그 후세 사람들로 하여금 그 후세 사람들을 슬퍼하게 하리라.

六王畢, 四海一; 蜀山兀, 阿房出.

覆壓三百餘里, 隔離天日; 驪山北構而西折, 直走咸陽.

二川溶溶, 流入宮墻; 五步一樓, 十步一閣.

廊腰縵廻, 簷牙高啄; 各抱地勢, 鉤心鬪角.

盤盤焉, 困困焉, 蜂房水渦, 矗不知其幾千萬落.

長橋臥波, 未雲何龍; 複道行空, 不霽何虹?

高低冥迷, 不知西東; 歌臺暖響, 春光融融.

舞殿冷袖, 風雨凄凄; 一日之內, 一宮之間, 而氣候不齊.

妃嬪媵嬙, 王子皇孫; 辭樓下殿, 輦來于秦.

朝歌夜絃, 爲秦宮人, 明星熒熒開粧鏡也.

綠雲擾擾, 梳曉鬟也, 渭流漲膩, 棄脂水也.

煙斜霧橫, 焚椒蘭也; 雷霆乍驚, 宮車過也.

轆轆遠聽, 杳不知其所之也.

一肌一容, 盡態極姸; 縵立遠視, 而望幸焉.

有不得見者, 三十六年.

燕趙之收藏, 韓魏之經營, 齊楚之精英.

幾世幾年, 摽掠其人, 倚疊如山.

一旦不能有, 輸來其間, 鼎鐺玉石, 金塊珠礫.

棄擲邐迤, 秦人視之, 亦不甚惜.

嗟乎! 一人之心, 千萬人之心也.

秦愛紛奢, 人亦念其家.

奈何取之盡錙銖, 用之如泥沙?

使負棟之柱, 多於南畝農夫; 架梁之椽, 多於機上之工女.

釘頭磷磷, 多於在庾之粟粒; 瓦縫參差, 多於周身之帛縷.

直欄橫檻, 多於九土之城郭; 管絃嘔啞, 多於市人之言語.

使天下之人, 不敢言而敢怒.

獨夫之心, 日益驕固, 戌卒叫, 函谷擧, 楚人一炬, 可憐焦土.

嗚呼! 滅六國者 六國也, 非秦也; 族秦者, 秦也, 非天下也.

嗟夫! 使六國各愛其人, 則足以拒秦.

秦復愛六國之人, 則遞二世可至萬世而爲君, 誰得而族滅也?

秦人不暇自哀, 而後人哀之.

後人哀之, 而不鑑之, 亦使後人而復哀後人也.

【六王畢, 四海一; 蜀山兀, 阿房出】'六王畢'은 戰國時代 齊, 楚, 韓, 魏, 燕, 趙 여섯 나라의 왕들의 명운이 다함. 전국시대 七雄은 모두 王이라 칭하였음. '四海一'은 천하가 통일됨. B.C.221년 秦始皇에게 망하여 천하가 통일되어 전국시대가 마감됨. '蜀山兀'은 蜀山의 蜀(지금의 四川 成都)은 荊과 같음. 그곳의 나무가 阿房宮을 짓는데 베어져 산만 우뚝한 모습으로 남아 있음.《史記》秦始皇本紀에 "發北山石椁, 乃寫蜀荊之材皆至"라 함. '兀'은 높고 우뚝함.《眞寶》注에 "起便作壯語"라 함.

【覆壓三百餘里, 隔離天日】'覆壓'은 뒤덮고 억누름. 위세와 규모가 대단함을 말함. '三百餘里'는 阿房宮 전체의 대지 넓이를 말함.

【驪山北搆而西折, 直走咸陽】'驪山'은 陝西 臨潼縣 동남쪽에 있는 산. '搆'는《樊川集》에는 '構'로 되어 있음. '咸陽'은 秦나라 수도. 지금의 陝西 西安.

【二川溶溶, 流入宮墻; 五步一樓, 十步一閣】'二川'은 渭水와 涇水. 咸陽 주위를 흐르는 두 물. '溶溶'은 도도히 흐름.

【廊腰縵廻, 簷牙高啄; 各抱地勢, 鉤心鬪角】'廊腰'는 回廊이 허리처럼 구부러진 곳. '縵廻'는 길게 이어져 돌고 있는 모양. '簷牙高啄'은 처마 끝이 높이 솟아 마치 새의 부리가 높은 곳을 쪼고 있는 모습과 같음. '簷'는《樊川集》에는 '簷'으로 되어 있음. '鉤心鬪角'은 지붕이 갈고리로 한데 걸어놓은 듯하고 처마는 뿔이 다투듯 이어져 있음. 아주 치밀하게 설계하여 지은 모습을 표현한 것.

【盤盤焉, 囷囷焉, 蜂房水渦, 矗不知其幾千萬落】'盤盤焉'은 구불구불 서린 모습. '囷囷焉'은 둥근 창고처럼 빙빙 둘러 있는 모습. '蜂房'은 벌집. '水渦'는 물의 소용돌이. '矗'은 우뚝 솟은 모습. '落'은 처마에서 떨어지는 落水.

【長橋臥波, 未雲何龍; 複道行空, 不霽何虹】'長橋'는 물결 위에 놓인 龍을 비유한 것. 이에 따라 '未雲何龍'은 '아직 구름이 일지도 않았는데 어찌 용이 있겠는가?'

의 뜻. '複道'는 무지개를 비유한 것, 이에 따라 '不霽何虹'은 '비가 갠 것도 아닌데 어찌 무지개가 있겠는가?'의 뜻. '雲'은 '雺'로 된 판본도 있음. 《眞寶》注에 "黃昏見而雺, 非龍鳳之龍也. 牧元誤用, 後人因欲改雺爲雲"이라 함.

【高低冥迷, 不知西東;歌臺暖響, 春光融融】'冥迷'는 아득하고 가물가물함을 뜻하는 雙聲聯綿語. '融融'은 부드럽고 화락함.

【舞殿冷袖, 風雨凄凄;一日之內, 一宮之間, 而氣候不齊】'冷袖'는 차가운 옷소매. 춤을 추는 옷자락에서 바람이 이는 것을 말함. '凄凄'는 서늘함.

【妃嬪媵嬙, 王子皇孫;辭樓下殿, 輦來于秦】'妃嬪媵嬙'은 모두 궁중 여인들의 직급과 칭호. '妃嬪'은 황후 다음. '媵'은 원래 왕후가 시집올 때 따라오는 시종이며 궁녀가 됨. '嬙'은 그 아래의 궁녀. '輦'은 천자의 수레.

【朝歌夜絃, 爲秦宮人, 明星熒熒開粧鏡也】'朝歌夜絃'은 아침부터 저녁까지의 각종 음악. '熒熒'은 번쩍번쩍 빛이 남. '粧鏡'은 궁녀들의 화장용 거울.

【綠雲擾擾, 梳曉鬟也, 渭流漲膩, 棄脂水也】'綠雲'은 여인들의 아름다운 머리카락을 비유함. '擾擾'는 어지러이 일어나는 모양. '梳曉鬟'은 쪽진 머리를 새벽에 빗질함.

【煙斜霧橫, 焚椒蘭也;雷霆乍驚, 宮車過也】'椒蘭'은 산초와 난초 향. '雷霆乍驚'은 우레 소리에 깜짝 놀람. 궁궐의 수레가 지나감을 말함.

【轆轆遠聽, 杳不知其所之也】'轆轆'은 수레바퀴가 도는 소리. '杳'는 渺와 같음, 아득하고 가물가물함. '所之'는 가는 바. '之'는 實辭.

【一肌一容, 盡態極姸;縵立遠視, 而望幸焉】'縵立'은 우두커니 서 있음. '望幸'은 황제의 행차가 자신에게 오기를 기다림. 궁중 여인들이 황제가 자신을 한 번 사랑해주기를 희망함.

【有不得見者, 三十六年】황제를 한 번도 만나지 못한 궁중 여인들이 36년이나 세월을 보냄. '三十六年'은 秦始皇 재위 36년째임. B.C.211년으로 阿房宮 건축을 시작한 이듬해이며 秦始皇은 생을 마치고 二世(胡亥)로 이어짐. 《眞寶》注에 "始皇在位三十六年"이라 함.

【燕趙之收藏, 韓魏之經營, 齊楚之精英】'燕'은 周初 召公(姬奭)이 薊(지금의 北京)를 봉지로 받아 春秋戰國을 거쳐 B.C.222년 秦나라에 망함. '趙'는 春秋 말 三晉의 하나였다가 전국시대 정식 제후가 되어 지금의 河北 邯鄲을 중심으로 발전하여 戰國七雄의 반열에 올랐던 나라. 역시 B.C.222년 秦나라에 망함. '收藏'은 거두어 소장하고 있던 보물들. '韓'나라는 春秋 말 三晉의 하나였다가 전국시대 정식 제후가 되어 지금의 河南 新鄭을 중심으로 발전하여 戰國七雄의 반열에 올랐

던 나라. B.C.230년 秦나라에 망함. '魏'나라 또한 春秋 말 三晉의 하나였다가 전
국시대 정식 제후가 되어 지금의 大梁(지금의 河南 開封)을 중심으로 발전하여
戰國七雄의 반열에 올랐던 나라. B.C.225년 秦나라에 망함. '經營'은 나라를 다
스려 축적해 두었던 많은 재물이나 보물을 뜻함. '齊'는 周初 姜太公(子牙, 呂尙)이
臨淄(지금의 山東 淄博) 일대를 봉지로 받아 발전하다가 춘추시대(姜氏齊)를 거쳐
전국시대에 왕통이 田氏(陳氏)에게 넘어가 戰國七雄(田氏齊)의 하나였으나
B.C.221년 秦나라에 망함. '精英'은 정교하고 빼어난 훌륭한 보물.

【幾世幾年, 摽掠其人, 倚疊如山】 '摽掠其人'의 '人'자는 '民'. 唐 太宗 李世民의 '民'을
避諱하여 '人'자로 쓴 것. 六國들이 人民의 것까지 몇 세 몇 년을 두고 끊임없이
빼앗아 간직하던 것들이었음. 六國들도 모두 자신들의 백성을 괴롭히고 수탈했
음을 말함. '倚疊'은 쌓음.

【一旦不能有, 輸來其間, 鼎鐺玉石, 金塊珠礫】 '一旦不能有' 다음에 《眞寶》注에 "元
作'有不能', 晦庵云:「當作'不能有'」"라 함. 秦나라는 이러한 보물을 아무것도 아닌
것처럼 여김. '鼎鐺玉石'은 鼎을 일반 가마솥처럼 여기고 玉을 돌처럼 여김. '金塊
珠礫'은 황금을 흙덩이로 여기고 구슬을 자갈로 여김. 보물을 마구 대함. '金塊'
는 《眞寶》注에 "元作'塊', 曾南豐云:「當作塊.」"라 함.

【棄擲邐迤, 秦人視之, 亦不甚惜】 '棄擲'은 던져서 버려버림. '邐迤'(리이)는 '邐迆'로
도 표기하며 줄지어 있는 모습을 뜻하는 疊韻聯綿語.

【嗟乎! 一人之心, 千萬人之心也】 '一人之心'은 秦始皇 한 사람의 마음.

【秦愛紛奢, 人亦念其家】 '紛奢'는 호사스럽고 사치스러움. 《眞寶》注에 "前述其侈,
此乃非之"라 함.

【奈何取之盡錙銖, 用之如泥沙】 '錙銖'는 중량의 단위. 1兩은 4錙, 1錙는 6銖. 아주 하
찮은 것으로 여김을 뜻함. 《眞寶》注에 "錙銖, 極言細小; 泥沙, 極言益微賤"이라 함,

【使負棟之柱, 多於南畝農夫; 架梁之椽, 多於機上之工女】 棟梁을 받치고 있는 기둥
은 남쪽 농부들보다 수가 많으며, 대들보에 걸쳐 있는 서까래는 베틀에서 일하
는 工女들보다 많음. 아방궁의 건물이 끝없이 이어졌음을 말함.

【釘頭磷磷, 多於在庾之粟粒; 瓦縫參差, 多於周身之帛縷】 '磷磷'(설설)은 반짝이는
모습. '庾'는 곳간, 창고. '瓦縫'은 기와가 서로 맞닿아 연결된 곳. '參差'(참치)는 올
망졸망한 모습을 표현하는 雙聲聯綿語. '帛縷'는 비단실. 옷을 짜는 비단실.

【直欄橫檻, 多於九土之城郭; 管絃嘔啞, 多於市人之言語】 '直欄橫檻'은 가로세로로
만들어 놓은 난간들. '九土'는 九州. 전국을 말함. '嘔啞'는 요란한 악기 소리. '市

人之言語'는 일반 시정배들의 많은 말.

【使天下之人, 不敢言而敢怒】천하 사람들로 하여금 감이 말을 하거나 화를 낼 수 없도록 억압함. 秦始皇의 폭정을 뜻함.

【獨夫之心, 日益驕固, 戍卒叫, 函谷擧, 楚人一炬, 可憐焦土】'獨夫'는 민심을 잃고 홀로 된 한 사나이, 곧 폭군을 일컫는 말. '驕固'는 교만해지고 고집스러워짐. '戍卒叫'는 戍卒들이 부르짖음. 반란을 일으킴. 곧 陳勝과 吳廣이 처음 反秦旗幟를 들고 일어나자 천하가 호응함. 《眞寶》注에 "陳勝·吳廣"이라 함. '函谷擧'은 函谷關이 들림. 즉 무너짐. 函谷關은 關中으로 들어오는 가장 중요한 요새. 劉邦이 이를 함락시키고 咸陽에 입성하였음을 말함. '楚人一炬'는 楚나라 사람의 횃불 하나. 《眞寶》注에 "項羽"라 함. 곧 楚將 項羽가 咸陽에 입성하여 왕족들을 죽이고 阿房宮에 불을 질러 그 불길이 석 달 열흘이 계속 되었다 함. 《眞寶》注에 "工而切"이라 함.

【嗚呼! 滅六國者 六國也, 非秦也; 族秦者, 秦也, 非天下也】六國을 멸망시킨 것은 그들 六國 자신들이지 秦나라가 아니었듯이, 秦나라를 滅族시킨 것은 秦나라 자신이었지 천하가 아니었음. '族'은 族滅시킴. 秦나라 황족들이 모두 멸족을 당함. 《眞寶》注에 "孟子'國必自伐'之意"라 함.

【嗟夫! 使六國各愛其人, 則足以拒秦】六國들이 각기 자신들의 백성들을 사랑했더라면 秦나라를 충분히 막아낼 수 있었을 것임.

【秦復愛六國之人, 則遞二世可至萬世而爲君, 誰得而族滅也】'遞二世'는 始皇帝에서 二世 胡亥에게 皇位가 넘어감. 《史記》秦始皇本紀에 "二十六年, 制曰:「自今已來, 除諡法. 朕爲始皇帝. 後世以計數, 二世三世至萬世, 傳之無窮.」"이라 함. 《眞寶》注에 "卽賈生'仁義不施'之意. 無此一段, 理致議論, 則文字太華麗, 而欠典實矣"라 함.

【秦人不暇自哀, 而後人哀之】'不暇自哀'는 슬퍼할 겨를이 없었음.

【後人哀之, 而不鑑之, 亦使後人而復哀後人也】'鑑'은 거울로 삼아 경계함. 《眞寶》注에 "末意規諷有感嘆悠長之味, 良可戒後人好土木之妖者云"이라 함.

참고 및 관련 자료

1. 杜牧(803-852)

杜字는 자는 牧之이며 杜甫에 대칭하여 小杜라 불렀음. 杜牧의 文集은 《新唐書》(藝文志, 4)에 《樊川集》(20卷)이 著錄되어 있고 《郡齋讀書志》와 《直齋書錄解題》에는 그 밖에 《外集》(1卷)이 기록되어 있으며, 北宋 때 田槩가 집록한 《樊川別集》

(1卷)이 있음. 한편《全唐詩》에는 杜牧의 詩를 8卷(520-527)으로 편집하였으나 그 중에는 다른 사람의 作品이 잘못 들어간 詩가 상당량이 있음.《全唐詩外編》및 《全唐詩續拾》에 詩 9首가 補入되어 있으며《新唐書》(藝文志, 3)에는 "杜牧注《孫子》三卷"이 있음. 이는 뒤에 曹操, 李筌, 杜牧, 梅堯臣 등 11명의 注를 합한《十一家注孫子》속에 들어 지금도 전하고 있음.《唐詩紀事》(56) 등 唐, 五代의 기록에 소설가의 허구 기록도 매우 많음.

2.《舊唐書》(190 下) 및《新唐書》(201) 참조.

3.《唐詩紀事》(56)

李義山作〈杜司勳〉詩云:『高樓風雨歎斯文, 短翼差池不及羣. 刻意傷春復傷別, 人間唯有杜司勳.』又云:『杜牧司勳字牧之, 淸秋一首杜秋詩. 前身應是梁江總, 名總還曾字總持. 心鐵已從干鎭利, 鬢絲休嘆雪霜垂. 漢江遠弔西江水, 羊祜韋丹盡有碑.』(時杜撰韋碑)

4.《全唐詩》(520)

杜牧, 字牧之, 京兆萬年人. 太和二年, 擢進士第. 復擧賢良方正, 沈傳師表爲江西團練府巡官. 又爲牛僧孺淮南節度府掌書記, 擢監察御使. 移疾, 分司東都, 以弟顗病棄官. 復爲宜州團練判官, 拜殿中侍御史, 內供奉. 累遷左補闕, 史館修撰, 改膳部員外郎. 歷黃, 池, 睦三州刺史, 入爲司勳員外郎. 常兼史職, 改吏部. 復乞爲湖州刺史. 踰年, 拜考功郎中, 知制誥, 遷中書舍人卒. 牧剛直有奇節, 不爲齷齪小謹. 敢論列大事, 指陳病利尤切. 其詩情致豪邁, 人號爲小杜, 以別甫云.《樊川詩》四卷,《外集詩》一卷, 今編爲八卷.

5.《唐才子傳》(6)

牧, 字牧之, 京兆人也. 善屬文. 太和二年, 韋籌榜進士, 與厲玄同年. 初, 未第, 來東都, 時主司侍郎崔郾, 太學博士吳武陵策蹇進謁曰:「侍郎以峻德偉望, 爲明君選才, 僕敢不薄施塵露. 向偶見文士十數輩, 揚眉抵掌, 其讀一卷文書, 覽之, 乃進士杜牧〈阿房宮賦〉. 其人, 王佐才也.」因出卷, 揖笏朗誦之, 郾大加賞. 曰:「請公與狀頭!」郾曰:「已得人矣.」曰:「不得, 卽請第五人. 更否, 則請以賦見還!」辭容激厲. 郾曰:「諸生多言, 牧疏曠不拘細行, 然敬依所教, 不敢易也.」後又擧賢良正科. 沈傳師表爲江西團練府巡官. 又爲牛僧孺淮南節度府掌書記. 拜侍御史, 累遷左補闕, 歷黃·池·睦三州刺史, 以考功郎中知制誥, 遷中書舍人. 牧剛直有奇節, 不爲齷齪小謹, 敢論列大事, 指陳利病尤切. 兵法戎機, 平昔盡意. 嘗以從兄悰更歷將相, 而己困躓不振, 快快難平. 卒年五十, 臨死自寫墓誌, 多焚所爲文章. 詩情豪邁, 語率驚人. 識者以擬杜甫, 故呼「大杜」·「小杜」以別之. 後人評牧詩:「如銅丸走坂, 駿馬注坡.」謂圓快奮急也. 牧美容姿, 好歌舞, 風情頗張, 不能自遏. 時淮南稱繁盛, 不減京華, 且多名姬絕色, 牧恣心賞, 牛相收街吏報 杜書記平安帖子至盈篋. 後以御史分司洛陽, 時李司徒閒居, 家妓爲當時第一, 宴朝士, 以牧風憲, 不敢邀, 牧因遣諷李使召己, 旣至, 曰:「聞有紫雲者妙歌舞, 孰是?」卽贈詩曰:「華堂今日綺筵開, 誰喚分司御史來. 忽發狂言驚四座, 兩行紅袖一時回.」意氣閒逸, 傍若無人, 座客莫不稱異. 太和末, 往湖州, 目成一女子, 方十餘歲, 約以「十年後吾來典郡, 當納之.」結以金幣. 洎周墀入相, 上牋乞守湖州, 比至, 已十四年, 前女子從人, 兩抱雛矣. 賦詩曰:「自恨尋芳去較遲, 不須惆悵怨芳時. 如今風擺花狼藉, 綠葉成陰子滿枝.」此其大概一二. 凡所牽繫, 情見於辭. 別業樊川. 有《樊川集》二十卷, 及註《孫子》, 幷傳. 同時有嚴惲, 字子重, 工詩, 與牧友善, 以《問春》詩得名, 昔聞有集, 今無之矣.

  6. 〈兵部尙書席上作〉(《全唐詩》525)

『華堂今日綺筵開, 誰喚分司御史來. 偶發狂言驚滿坐, 三重粉面一時回.』

  7. 이 글은 《樊川集》(1), 《唐文粹》(1), 《文章軌範》(7), 《山西通志》(89), 《事文類聚》(續集 5), 《文苑英華》(47), 《歷代賦彙》(108), 《歷代詩話》(19), 《歷代名賢確論》(34), 《說郛》(47 上), 《淵鑑類函》(341) 등에 실려 있음.

065. 〈吊古戰場文〉 ·················· 李華(李遐叔)
옛 전쟁터에 대한 애도문

*〈吊古戰場文〉: 고대 전쟁터였던 곳을 방문하고 전쟁의 참혹함을 떠올리며, 그곳에서 죽은 수많은 옛 전사들을 조문한 글로 《舊唐書》에는 〈祭古戰場文〉으로 되어 있음. '吊'자는 다른 원전에는 모두 '弔'자로도 표기되어 있음. 한편 《古賦辯體》(10)에는 "遐叔與蕭穎士齊名, 世號蕭李遐叔. 文辭綿麗, 少宏傑氣, 穎士俊爽自肆, 時謂不及穎士. 遐叔自疑過之, 常作〈弔古戰場文〉托之古人, 雜以梵書之度, 以示穎士問曰:「今誰可及?」穎士曰:「君若精思, 便可至矣.」遐叔愕然而服. 愚謂此篇文體雖多, 然用賦之體亦不少, 分其文而取其賦, 儘有以露, 筆端處詳玩自見"이라 함.
*《眞寶》注에 "形容戰場悽慘之情, 溢於言意之表也"라 함.

드넓고 드넓구나, 평평한 모래벌판은 끝없이 아득하여 사람도 보이지 않는구나.

하수河水는 구불구불 띠처럼 흐르고 여러 산들은 뒤얽혀 있구나.

어둡고 참담하여 바람도 슬프고 날도 어두운데, 쑥대는 부러지고 풀들은 말랐으며, 늠렬凜冽하기가 마치 서리 내린 새벽 같고, 새도 날아올라 내려오지 않으며 짐승은 내닫더니 제 무리를 잃는구나.

정장亭長이 내게 일러주기를 "이곳은 옛날 큰 전투가 벌어졌던 곳이라오. 일찍이 삼군三軍이 전멸한 적이 있지요. 날씨가 흐리면 가는 곳마다 귀신 우는 소리가 들려오지요"라고 하는구나.

마음을 아프게 하는구나! 진秦나라 때였을까? 한漢나라 때였을까? 또는 근대近代였을까?

내 듣기로 제齊나라와 위魏나라는 요역과 수자리를 했었고, 초楚나라와 한韓나라는 군사를 소집해 만 리 멀리 뛰어다니며, 해마다 땡볕에 노출되기도 하고 새벽에 사막의 풀을 말에게 먹이고, 얼어붙은 하수를 밤에 건너면서 땅은 넓고 하늘은 멀어서 돌아갈 길도 알지 못한 채, 날카로운 칼끝에 몸을 맡겼던 곳이라 하였으니, 그 억울하고 원통함을 누구에게 하소연할 수 있었겠는가?

그리고 진秦, 한漢 이래로는 사이四夷와 많은 일을 벌여, 중원中原이 소모되고 무너지지 않은 세대가 없었다.

옛날에는 이민족과 중국 내에서 왕사王師에게는 항거하지 않았다고 칭하였는데, 문교文教가 제대로 선양되지 않고 무신武臣들은 기이한 전술을 쓰면서, 기병奇兵이 인의仁義보다 특이함이 있고, 왕도王道라는 것은 우활迂闊한 것이라 하여 실천해보려 하지도 않았다.

아, 안타깝도다! 내 상상해보건대 무릇 북풍이 사막에 불어오고, 호병胡兵은 자신들이 이로울 시기를 엿보는데도, 우리 주장主將은 적을 얕보아 교만하며 그들이 우리 군문까지 오면 맞아 싸우겠다고 기다렸으리라.

그리하여 들에 깃발을 세워두고 냇물을 둘러서서 조를 짜서 훈련을 하되, 군법은 중하고 마음속으로는 겁이 났으며, 위엄은 높고 생명은 천하였던 것이다.

날카로운 살촉이 뼈를 뚫고 들어오며, 휘날리는 모래가 얼굴을 파고들 때, 아군과 적군이 맞닥뜨려 싸우니 산천은 진동하여 눈은 휘돌고 소리는 강물을 갈라놓을 듯하더니, 형세는 그만 우레나 번개처럼 무너지고 말았으리라.

심지어 음기가 막바지에 오른 섣달, 모든 것이 얼어붙고 막혀 바다 귀퉁이까지 매서운 추위에 쌓인 눈은 정강이까지 파묻히며 굳은 얼음은 수염에 매달릴 정도였으리라.

지조鷙鳥조차 둥지에 숨어 나오지 않고 정마征馬는 머뭇거리며, 비단

솜 두꺼운 옷도 온기가 없고 손가락은 떨어져 나가고 살갗은 찢어지는데, 이러한 고통과 추위에 하늘은 호병에게 강한 힘을 빌려주어 그들은 우리를 능멸하겠다는 형세를 믿고, 살기에 가득 차 서로 베고 도륙하며, 곧바로 치중輜重을 끊어버리고 가로로 사졸士卒을 공격해 들어오자, 도위都尉는 새로 항복하고, 장군도 거듭 몰사하니 시신은 큰 물 가의 언덕을 메우고, 피는 장성長城의 굴에 가득하여, 귀한 자나 천한 자나 할 것 없이 똑같이 마른 뼈가 되고 말았을 것이니, 가히 말로 다할 수 있겠는가!

북소리는 점차 쇠약해지고 힘은 다하도다, 화살은 모두 떨어지고 활줄도 끊어졌도다.

흰 칼날 교차함이여, 보도寶刀도 부러졌도다. 두 군대 맞닥뜨림이여, 생사가 결판이 나도다.

항복할거나! 그러면 종신토록 이적夷狄이 될 것이요, 싸울 것인가! 그러면 뼈가 모래자갈에 드러나고 말 것이다.

새도 소리를 내지 않고 산도 적막하도다, 밤은 길어 바람소리만 슥슥하도다.

혼魂과 백魄이 달라붙고 하늘은 침침하도다. 귀신들이 모여들고 구름이 가득 덮고 있도다.

햇볕조차 차가워 풀도 자라지 못하도다. 월색月色은 괴롭고 서리조차 하얗도다.

내 들었노라. 이목李牧이 조趙나라 병졸을 이용하여 임호林胡를 크게 무찔러 땅을 천리나 넓혀나가자, 흉노匈奴는 멀리 도망하여 숨어버렸고, 한漢나라는 천하의 물자를 다 쏟아 부어 대처하느라 재물은 바닥나고 힘은 지칠 대로 지친 채, 그저 싸우는 사람에게 운명을 맡겼을 뿐이었다고.

그러니 병력이 많음에 달려 있었겠는가?

주周나라는 험윤獫狁을 쫓아 북쪽으로 태원太原에 이르러, 이윽고 삭방朔方에 성을 쌓고는 군사를 온전히 하여 귀환한 다음, 잔치를 베풀고 공훈을 책봉하여 화락和樂을 즐기며, 한가하여 군신 사이를 목목체체穆穆棣棣하게 하였다.

진秦나라는 장성을 쌓아 바다 끝을 관새關塞로 삼았으니, 살아 있는 사람에게 끼친 도독荼毒은 만 리가 그 붉은 피로 굳어진 것이다.

한漢나라는 흉노를 공격하여 비록 음산陰山을 차지했으나, 해골이 서로를 베개로 하여 들판에 널렸지만 그 공적이 백성의 환난을 보상해주지는 못하였다.

많고 많은 백성들, 누군들 부모가 없겠는가? 손을 잡아 끌어주고 안아주고 업어주면서 오래 살지 못할까 걱정하며 키운 자식. 누군들 형제가 없겠는가? 마치 발과 손처럼 함께 한 우애. 누군들 부부가 없겠는가? 마치 손님처럼 친구처럼.

살아 있는 동안 나라가 무슨 은혜를 베풀어 주었는가? 그들을 무슨 죄가 있다고 죽였는가? 그들의 살고 죽음을 가족은 듣지도 알 수도 없었으니, 사람이 혹 소식을 전해주면 믿으면서도 의심했으리라. 그러면서 마음과 눈에 괴롭고 슬퍼서 꿈자리에서나 만나본다.

제사 자리를 깔고 술잔을 부으며 하늘 끝을 바라보며 통곡하니, 하늘과 땅도 슬픔에 젖고 풀과 나무도 처절하여 비통해한다.

위로하는 제사가 지극하지 않으면 그들 정령과 혼백은 의지할 곳 없게 될 것이며, 반드시 흉년이 들어 백성은 이리저리 흩어져 유랑하게 될 것이다.

아, 슬프고 안타깝다. 시운인가? 운명인가? 예로부터 이와 같았으니, 이를 어찌한단 말인가? 나라 지킴은 사이四夷를 잘 대처하는 데에 있을 뿐이거늘.

浩浩乎平沙無垠, 敻不見人. 河水縈帶, 羣山糾紛.
黯兮慘悴, 風悲日曛, 蓬斷草枯, 凜若霜晨, 鳥飛不下, 獸挺亡羣.
亭長告余曰:「此古戰場也, 嘗覆三軍; 往往鬼哭, 天陰則聞.」
傷心哉! 秦歟? 漢歟? 將近代歟?

吾聞夫齊魏徭戍, 荊韓召募, 萬里奔走, 連年暴露, 沙草晨牧, 河
冰夜渡, 地闊大長, 不知歸路, 寄身鋒刃, 腷臆誰訴?
秦漢而還, 多事四夷, 中州耗斁, 無世無之.
古稱戎夏, 不抗王師, 文教失宣, 武臣用奇, 奇兵有異於仁義, 王
道迂闊而莫爲.

嗚呼噫嘻! 吾想夫北風振漠, 胡兵伺便, 主將驕敵, 期門受戰.
野豎旌旗, 川回組練, 法重心駭, 威尊命賤.
利鏃穿骨, 驚沙入面, 主客相搏, 山川震眩, 聲析江河, 勢崩雷電.
至若窮陰凝閉, 凜洌海隅, 積雪沒脛, 堅冰在鬚.

鷙鳥休巢, 征馬踟躕, 繒纊無溫, 墮指裂膚; 當此苦寒, 天假強胡,
憑陵殺氣, 以相翦屠; 徑截輜重, 橫攻士卒, 都尉新降, 將軍復沒;
屍塡巨港之岸, 血滿長城之窟, 無貴無賤, 同爲枯骨, 可勝言哉!

鼓衰兮力盡, 矢竭兮弦絕.
白刃交兮寶刀折, 兩軍蹙兮生死決.
降矣哉! 終身夷狄; 戰矣哉! 骨暴沙礫.
鳥無聲兮山寂寂, 夜正長兮風淅淅.
魂魄結兮天沈沈, 鬼神聚兮雲羃羃.
日光寒兮草短, 月色苦兮霜白.
傷心慘目, 有如是耶?

始聞之: 牧用趙卒, 大破林胡, 開地千里, 遁逃匈奴;

漢傾天下, 財殫力痛, 任人而已.

其在多乎!

周逐獫狁, 北至太原, 旣城朔方, 全師而還, 飮至策勳, 和樂且閑,
穆穆棣棣, 君臣之間.

秦起長城, 竟海爲關, 荼毒生靈, 萬里朱殷.

漢擊匈奴, 雖得陰山, 枕骸遍野, 功不補患.

蒼蒼烝民, 誰無父母? 提携捧負, 畏其不壽; 誰無兄弟? 如足如
手; 誰無夫婦? 如賓如友.

生也何恩? 殺之何咎? 其存其沒, 家莫聞知, 人或有言, 將信將
疑, 娟娟心目, 寢寐見之.

布奠傾觴, 哭望天涯, 天地爲愁, 草木凄悲.

吊祭不至, 精魂無依, 必有凶年, 人其流離.

嗚呼噫嘻! 時耶? 命耶? 從古如斯, 爲之奈何? 守在四夷.

【浩浩乎平沙無垠, 夐不見人. 河水縈帶, 羣山糾紛】'浩浩'는 광대하고 넓은 모습. 전
쟁터의 모습. '垠'은 끝. 경계. 限과 같음. '夐'은 遠과 같은 뜻. 아득함. '縈帶'는 띠
처럼 둘러져 감김. '糾紛'은 얽히고설킴.

【黯兮慘悴, 風悲日曛, 蓬斷草枯, 凜若霜晨, 鳥飛不下, 獸挺亡羣】'黯'은 어두움. '慘
悴'는 비참하고 참담함을 뜻하는 雙聲連綿語. '日曛'은 해가 저묾. 날이 어두워짐.
'蓬斷草枯'는 쑥은 잘려나가고 풀은 말라 있음. '凜若霜晨'은 오싹한 찬 기운이 마
치 서리 내린 새벽과 같음. '獸挺亡羣'은 짐승들은 내달아 무리를 잃고 흩어짐.

【亭長告余曰:「此古戰場也, 嘗覆三軍; 往往鬼哭, 天陰則聞.」】'亭長'은 秦漢 시대 10
리를 1亭, 10亭을 1鄕이라 하였으며, 亭에는 亭長을 두어 기초 행정을 담당하였
음. '覆三軍'은 三軍이 전멸함. '三軍'은 周나라 제도에 천자는 六軍, 諸侯는 三軍
이 있었음.

【傷心哉! 秦歟? 漢歟? 將近代歟?】'近代'는 唐 이전 南北朝, 隋, 唐初까지의 시기.

【吾聞夫齊魏徭戍, 荊韓召募】'徭戍'는 徭役과 戍자리. '齊魏'는 戰國시대 齊나라와

魏나라. '荊韓'은 戰國시대 楚나라와 韓나라.

【萬里奔走, 連年暴露, 沙草晨牧, 河冰夜渡, 地闊天長, 不知歸路, 寄身鋒刃, 腷臆誰 訴】'暴露'는 햇볕에 그을리고 노출된 채 이슬을 맞음. 野戰의 상황을 말함. '晨牧' 은 새벽에 戰馬에게 풀을 먹임. '腷臆'은 숨이 막혀 답답함을 뜻하는 疊韻連綿語. 《眞寶》注에 "腷臆, 抑宽貌"라 함.

【秦漢而還, 多事四夷, 中州耗斁, 無世無之】'多事四夷'는 사방 異民族을 征伐하러 나선 일이 많음. '中州'는 中原. '耗斁'는 국력이 소모되고 파괴됨.

【古稱戎夏, 不抗王師, 文敎失宣, 武臣用奇】'戎夏'는 이민족과 중국. '戎'은 서방 이 민족. '夏'는 中原의 漢族. '王師'는 천자의 군대. '失宣'은 中原이 德을 宣揚하는 정 책에 실패함. '武臣用奇'는 武臣들이 奇兵의 병법을 사용함.

【奇兵有異於仁義, 王道迂闊而莫爲】'奇兵'은 '正兵'에 상대되는 말로 여러 가지 奇 異한 책략으로 전투를 벌이는 것. 고대 병법에서 '奇正'은 가장 중요하며 자주 거 론되는 상대적 개념으로 모략과 전법 등에 널리 쓰이는 용어. 즉 일반적이며 상 식적인 것을 일러 '正'이라 하며, 특수하고 기이한 방법, 의외의 작전 등을 '奇'라 함. 《孫臏兵法》奇正篇에 "奇發而爲正, 其未爲發者, 奇也"라 하였으며, 《唐太宗李 衛公問對》에는 "太宗曰: 吾之正, 使敵視以爲奇; 吾之奇, 使敵視以爲正, 斯所謂形人 者歟? 以奇爲正, 以正爲奇, 變化莫測, 斯所謂無形者歟?"라 함. '迂闊'은 멀리 돌 아감. 사정에 어둡고 거칠며 실리적이지 못함. 《眞寶》注에 "孟子題辭"라 하였으 며, 《史記》孟子列傳에 "適梁, 梁惠王不果所言, 則見以爲迂遠而闊於事情"이라 함.

【嗚呼噫嘻! 吾想夫北風振漠, 胡兵伺便, 主將驕敵, 期門受戰】'嗚呼噫嘻'는 강하게 감탄과 탄식을 함께 표현한 것. '伺便'은 기회를 엿봄. '期門受戰'은 적을 자신의 문 앞까지 끌어들여 싸움을 맞이하기를 의도함.

【野竪旌旗, 川回組練, 法重心駭, 威尊命賤】'竪'는 豎로도 쓰며 樹, 立과 같은 뜻. '旌旗'는 깃발. 軍旗. 그러나 《唐文粹》에는 '旄旗'로 되어 있음. '組練'은 조직하여 훈련함.

【利鏃穿骨, 驚沙入面, 主客相搏, 山川震眩, 聲拆江河, 勢崩雷電】'利鏃'은 예리한 살 촉. '驚沙'는 갑자기 바람에 날리는 모래. '主客相搏'은 我軍과 敵軍이 서로 맞닥뜨 려 싸움. '震眩'은 흔들려 눈이 아찔함. '聲拆江河'은 싸우는 소리가 長江과 黃河 를 터뜨려 찢는 듯함. '勢崩雷電'은 군대의 형세가 무너지기가 우레나 번개 같음.

【至若窮陰凝閉, 凜冽海隅, 積雪沒脛, 堅冰在鬚】'窮陰凝閉'는 섣달 추위가 심하여 모든 것이 얼어붙고 막힘. '窮陰'은 섣달을 뜻함. '凜冽'은 매우 심한 추위 등을 표

현하는 雙聲連綿語.

【鷙鳥休巢, 征馬踟躕, 繒纊無溫, 墮指裂膚】'鷙鳥'는 매나 수리 따위의 맹금류. '休巢'는 둥지에 머물며 나오지 못함. '征馬踟躕'는 원정에 나선 말조차 머뭇거리며 나아가지 못함. '踟躕'는 머뭇거리며 나서지 못하는 모습을 뜻하는 雙聲連綿語. '繒纊'은 비단과 솜으로 짠 두터운 군복. '墮指裂膚'는 손가락을 떨어져 잘려 나가게 하고 살갗을 찢어냄.

【當此苦寒, 天假强胡, 憑陵殺氣, 以相翦屠】'天假强胡'는 강한 胡族에게 하늘이 힘을 빌려 줌. '憑陵殺氣'는 능멸할 기운을 타고 살기가 등등함. 적이 맹렬하게 침공해 옴을 뜻함. '陵'은 《唐文粹》에는 '凌'으로 되어 있음. '剪屠'는 베어 죽임.

【徑截輜重, 橫攻士卒, 都尉新降, 將軍復沒】'徑截'은 곧바로 잘라버림. '輜重'은 군대의 무거운 짐을 나르는 수레. 군수물자 수송용 戰車. '都尉'는 군에서의 부대나 소대별 지휘관.

【屍塡巨港之岸, 血滿長城之窟, 無貴無賤, 同爲枯骨, 可勝言哉】'長城之窟'은 長城의 구석진 굴. '可勝言哉'는 '가히 말로 다할 수 있겠는가?'의 뜻.

【鼓衰兮力盡, 矢竭兮弦絶】북소리도 희미해져 힘은 다하고, 화살도 다하고 활줄도 끊어짐. 더 이상 싸울 수 없는 상태가 됨.

【白刃交兮寶刀折, 兩軍魘兮生死決】'魘'은 가까이 접근함.

【降矣哉! 終身夷狄; 戰矣哉! 骨暴沙礫】'沙礫'은 모래와 자갈.

【鳥無聲兮山寂寂, 夜正長兮風浙浙】'浙浙'(절절)은 바람 소리. 그러나 《唐文粹》 등에는 모두 '淅淅'(석석)으로 되어 있어 훨씬 타당함.

【魂魄結兮天沈沈, 鬼神聚兮雲羃羃】'魂魄結'은 魂과 魄이 서로 엉겨붙음. 죽은 뒤 혼은 하늘로, 백은 땅으로 분리되어야 하나 억울한 죽음에 서로 떨어지지 않음. '沈沈'은 '沉沉'으로도 표기하며 沈鬱한 상태. '羃羃'은 '羃羃'으로도 표기하며 뒤덮여 자욱한 모습.

【日光寒兮草短, 月色苦兮霜白】'草短'은 풀조차 길게 자라지 못함. '月色苦'는 달빛도 괴로운 빛.

【傷心慘目, 有如是耶】'傷心慘目'은 마음을 슬프게 하고 눈을 참담하게 함.

【始聞之: 牧用趙卒, 大破林胡, 開地千里, 遁逃匈奴】'始聞之'는 '吾聞之'의 오류. 《唐文粹》, 《古文雅正》 등 모두 '吾聞之'로 되어 있음. '牧用趙卒, 大破林胡'는 戰國末 趙나라 李牧이 趙나라의 병사들을 이끌고 林胡를 쳐부숨. '李牧'은 趙나라의 名將. 《史記》 趙世家에 李牧은 흉노족의 침공을 막아, 10년 동안이나 흉노가 그를

두려워하여 감히 침공하지 못하였음. 뒤에 趙나라 왕이 秦나라의 讒言을 믿고 李牧을 죽이자, 秦이 공격하여 趙나라는 망하고 말았음. 《眞寶》注에 "牧, 李牧"이라 함. '林胡'는 북방 匈奴의 일족으로 그 무렵 세력을 떨치고 있었음.

【漢傾天下, 財殫力痡, 任人而已】'漢傾天下'는 漢나라는 천하의 힘을 다 모음. '財殫力痡'는 국가의 재력을 다하고 국력이 피폐됨. '痡'(부)는 병들어 힘을 쓰지 못함. 《唐文粹》에는 '痛'으로 잘못 표기되어 있음. '任人而已'는 그저 사람을 임용하는 것일 뿐이었음.

【其在多乎! 周逐獫狁, 北至太原, 旣城朔方, 全師而還】'獫狁'은 玁狁으로도 표기하며 北狄. 匈奴의 옛 이름. 夏나라 때에는 獯鬻, 漢나라 때에는 匈奴라 불렀음. 《眞寶》注에 "獫狁, 北狄"이라 함. '太原'은 지명. 지금의 山西省 일대. '朔方'은 북방.

【飮至策勳, 和樂且閑, 穆穆棣棣, 君臣之間】'飮至策勳'은 개선한 다음 종묘에 술을 마시고, 공훈을 책정함. 《眞寶》注에 《左》隱公五年:「三年而治兵, 入而振旅, 歸而飮至, 以數軍實"(3년 만에 한 번씩 군사훈련을 하고, 都城에 들어와서는 군사의 위세를 진작시키고, 돌아와서는 잔치를 베풀며 軍務를 따져본다)이라 함. '穆穆棣棣'는 승리를 엄숙하고 조용하게 보고하며 의식을 치름. 《眞寶》注에 "穆穆棣棣, 言其威儀"라 함.

【秦起長城, 竟海爲關, 荼毒生靈, 萬里朱殷】'秦起長城'은 秦나라가 胡(狄, 匈奴)로 인해 나라가 망할 것이라는 참언을 듣고 蒙恬으로 하여금 長城을 쌓도록 함. 《史記》秦始皇本紀 및 蒙恬列傳을 참조할 것. '關'은 關門, 關塞. '荼毒'(도독)은 씀바귀의 독함. 아주 모진 고통을 비유함. '生靈'은 살아 있는 많은 백성. '萬里朱殷'의 '朱殷'은 피가 붉은색으로 변함. 《左傳》成公 2년에 "張侯曰:「自始合, 而矢貫余手及肘, 余折以御. 左輪朱殷, 豈敢言病? 吾子忍之!」"(싸움이 시작되자마자 적의 화살이 내 손을 관통하여 그 끝이 팔꿈치까지 닿았습니다. 나는 그 화살을 분질러 끊어내고 수레를 몰고 있습니다. 피가 수레의 왼쪽 바퀴까지 검붉게 물들였지만 어찌 감히 괴롭다고 말할 수 있었겠습니까? 그러니 그대도 참아 주시오!)라 하였고, 《眞寶》注에 "《左》成公二年: 左輪朱殷. 注: 朱血色, 久則殷"이라 함.

【漢擊匈奴, 雖得陰山, 枕骸遍野, 功不補患】'陰山'은 지금의 중국과 蒙古 및 甘肅 사이의 아주 긴 산맥. '枕骸遍野'는 해골을 서로 베고 들에 널리 깔려 있음. 전투로 인해 죽은 이들이 많음을 말함.

【蒼蒼烝民, 誰無父母? 提携捧負, 畏其不壽】'蒼蒼'은 일반 백성들의 머리가 검푸른 것을 형용한 것. '烝民'은 많은 백성. '烝'은 衆의 뜻. '提攜捧負'는 어린아이를

키우느라 손을 잡아 이끌고, 안아주고 업어줌. '畏其不壽'는 그가 제 명대로 살지 못할까 걱정함.

【誰無兄弟? 如足如手; 誰無夫婦? 如賓如友】兄弟는 手足과 같으며 夫婦는 賓友와 같음. 《明心寶鑑》에 "兄弟爲手足, 夫婦爲衣服"이라 함.

【生也何恩? 殺之何咎? 其存其沒, 家莫聞知, 人或有言, 將信將疑】'生也何恩'은 '그들이 살아 있을 때 나라가 무슨 은혜를 베풀었는가?'의 뜻. '殺之何咎'는 '그들이 무슨 죄가 있다고 죽였는가?'의 뜻. '將信將疑'는 半信半疑함.

【娟娟心目, 寢寐見之, 布奠傾觴, 哭望天涯, 天地爲愁, 草木凄悲】'娟娟'은 《唐文粹》에는 '悁悁'으로 되어 있으며, 매우 걱정하는 모양. '布奠傾觴'은 제물을 차리고 술잔에 술을 부음.

【吊祭不至, 精魂無依, 必有凶年, 人其流離】'吊祭不至, 精魂無依'는 제사를 지극한 정성으로 하지 않으면 영혼이 의지할 곳이 없음. '必有凶年'은 전쟁이 끝난 다음에는 반드시 흉년이 들게 마련임. 《老子》(30)에 "師之所處, 荊棘生焉, 大軍之後, 必有凶年"이라 함. '流離'는 전쟁과 흉년으로 백성들이 흩어져 떠나가게 됨.

【嗚呼噫嘻! 時耶? 命耶? 從古如斯, 爲之奈何? 守在四夷】'從古如斯'는 예로부터 이와 같았음. '守在四夷'는 《左傳》昭公 23년에 "古者, 天子守在四夷; 天子卑, 守在諸侯. 諸侯守在四鄰; 諸侯卑, 守在四竟. 愼其四竟, 結其四援, 民狎其野, 三務成功. 民無內憂, 而又無外懼, 國焉用城?"(옛날 천자로서의 수비 대상은 사방의 夷狄이었다. 천자가 낮아지니 그 대상이 제후들이 되고 말았다. 제후로서 지켜야 할 대상이 사방의 이웃에게 있었는데 제후들이 낮아지자 그 대상이 사방 국경이 되고 말았다. 사방의 국경을 조심하여 사방의 이웃나라와 서로 돕기를 약속하고, 백성들이 자신이 살고 있는 땅을 사랑하여, 봄, 여름, 가을 세 농사철에 수확을 하게 되었다. 백성들이 안으로 걱정할 일이 없고 또 밖으로부터의 두려움이 없다면 나라에 어찌 城이 필요하겠는가?)이라 한 말의 내용을 가리킴. 《眞寶》注에 "《左傳》全句"라 함.

참고 및 관련 자료

1. 李華

자는 遐叔, 唐 趙郡 贊皇(지금의 河北 贊皇縣) 사람. 開元 연간에 進士弘辭科에 발탁되어 天寶 연간에 監察御使가 되어 뜻을 굽히지 않고 비리를 척결함. 그는 평소 蕭穎士와 친하였으며 〈含元殿賦〉로 유명함. 뒤에 그는 권력자들의 질투를 받아 벼슬을 버리고 山陽에 은거함. 그곳에서 스스로 농사짓고 글을 쓰며 생을 마침. 《李遐叔文集》이 있음. 《舊唐書》(190下)와 《新唐書》(203)에 傳이 있음. 《舊唐書》에 "李華字遐叔, 趙郡人. 開元二十三年進士擢第. 天寶中, 登朝爲監察御史. 累轉侍御史, 禮部, 吏部二員外郎. 華善屬文, 與蘭陵蕭穎士友善. 華進士時, 著〈含元殿賦〉萬餘言, 穎士見而賞之, 曰:「〈景福〉之上, 〈靈光〉之下.」 華文體溫麗, 少宏傑之氣; 穎士詞鋒俊發. 華自以所業過之, 疑其誣詞. 乃爲〈祭古戰場文〉, 熏汙之, 如故物, 置於佛書之閣. 華與穎士因閱佛書得之. 華謂之曰:「此文何如?」 穎士曰:「可矣.」 華曰:「當代秉筆者, 誰及於此?」 穎士曰:「君稍精思, 便可及此.」 華愕然. 華著論言龜卜可廢, 通人當其言. 祿山陷京師, 玄宗出幸, 華扈從不及, 陷賊, 僞署爲鳳閣舍人. 收城後, 三司類例減等, 從輕貶官, 遂廢於家, 卒. 華嘗爲〈魯山令元德秀墓碑〉, 顔眞卿書, 李陽冰篆額, 後人爭模寫之, 號爲「四絶碑」. 有文集十卷, 行於時."라 함.

  2. 이 글은 《唐文粹》(33 下), 《古賦辯體》(10), 《文章辨體彙選》(745), 《古文雅正》(9) 등에 실려 있음.

《古文眞寶》[後集] 卷六

066. <待漏院記> ·················· 王元之(王禹偁)
대루원기

*<待漏院記>: '待漏院'은 재상 및 관리들이 아침 출근할 때 재상 집무실 앞의 丹鳳門을 거쳐야 하며, 그곳에 설치된 물시계[漏刻] 앞에 서서 문이 열리기를 기다리는 곳. 작자 王禹偁은 그 기다리는 동안 宰相의 임무가 막중함을 생각하여 이 글을 지어, 그 待漏院 벽에 붙여놓고 재상들로 하여금 경계로 삼고자 한 것임.
*<眞寶>注에 "迂齋云:「句句見待漏意, 是時五代氣習未除, 未免少(稍)俳, 然辭嚴義正, 可以想見其人, 亦自得體.」○王黃州, 名偁, 字元之, 太宗祖名臣也. 平生出處可見於<竹樓記>. 自黃移斷, 遂卒. 以剛直, 不容於時. 觀此篇切磨凜凜, 則可見矣. 所以東坡作<元之畫像贊>, 不勝重之云. 近年時文, 亦用其語. 周益公, 詞科文字中, 有<唐政堂記>, 仍不能外其意度也"라 함.

천도天道는 말이 없어도 만물이 형통하여, 해마다 자신의 공을 이루는 것은 무엇을 말함인가? 사시四時를 맡은 하늘의 관리와 오행五行을 운행하는 보좌가 그 기氣를 잘 선양하기 때문이다.

성인은 말을 하지 않아도 백성이 친해 오고, 만방이 편안한 것은 무엇을 말함인가? 삼공三公이 도道를 논하고 육경六卿이 직무를 나누어 그 교화를 잘 펼치기 때문이다.

이로써 임금은 윗자리에서 편안하고 신하는 아래에서 힘써야 함은, 하늘을 법으로 삼은 것임을 알 수 있다.

옛날 천하를 잘 도왔던 자는 고요皐陶와 기夔로부터 방현령房玄齡과 위징魏徵에 이르도록 가히 셀 수 있을 정도이니, 이들은 덕이 있었을 뿐만 아니라 역시 모든 임무에 부지런하기도 했던 분들이다.

그런데 하물며 숙흥야매夙興夜寐하며 임금 한 사람을 섬기는 일이란 경卿 대부大夫도 오히려 그러해야 할진대 하물며 재상임에랴?

조정은 국초國初로부터 옛 제도를 물려받아 재상의 대루원待漏院을 단봉문丹鳳門 오른쪽에 설치해 놓았으니, 이는 정사政事에 부지런함을 보이기 위한 것이다.

이를테면 북궐北闕이 차츰 밝아오고 동방이 아직 밝지 않았을 때, 상군(재상)은 출근길에 나서면 성에는 불빛이 황황煌煌하게 비춰지고, 상군이 문 앞에 이르러 멈추면 수레의 방울소리가 딸랑딸랑 난다.

금문金門이 아직 열리지 않았으나 옥으로 만든 누각의 시계 물방울 그대로 떨어지고 있으며, 수레 덮개를 걸고 수레에서 내려 잠시 쉬면서 누각에서 기다릴 때, 상군이라면 무슨 생각을 하고 있어야 하겠는가?

그중에 혹 (재상으로서) 수많은 백성들이 편안하지 못하다면 그들을 태평하게 해 줄 생각을 하고, 사이四夷가 아직도 친해오지 않는다면 그들을 다가오게 할 생각을 하며, 전쟁이 그치지 않고 있다면 어떻게 하면 이를 그치게 할까, 농토에 황무지가 많다면 어떻게 하면 개간할 수 있을까를 생각하고, 현인賢人임에도 재야에 묻혀 있다면 내 앞으로 이들을 진달시키리라 생각하며, 영신佞臣이 조정에 있다면 내 장차 이들을 퇴출시키리라 생각하며, 육기六氣가 조화를 이루지 못하여 재생災眚이 자주 일어난다면 자리를 피해 그 재앙들이 사라지게 하기를 원하며, 오형五刑이 제대로 시행되지 않고, 속임수가 날로 생겨난다면 덕을 닦아 이들을 다스리기를 청하며, 우려하는 마음이 가득한 채 아침이 되기를 기다려 집무실로 들어서는 그러한 재상이 있다고 하자.

그리하여 이윽고 구문九門이 열리고, 사방의 소식들을 총명하게 듣기를 아주 가까운 일로 여기며, 재상으로서 의견을 말하여 그 때 임금이 이를 받아들이면 황제의 풍교가 이에 맑고 평온할 것이다!

창생蒼生은 이로써 부유하며 많아질 것이니, 만약 이와 같이 한다면 백관을 총괄하면서 만전萬錢의 봉록을 먹는다 해도, 이는 요행이 아니라 마땅한 것이 된다.

그러나 그중 혹 (재상으로서) 사사로운 원한을 아직 보복하지 못하였다고 그를 쫓아낼 궁리를 하고, 옛 은혜는 갚지 못했다고 지위를 이용해 그를 영화롭게 해줄 생각을 하고, 자녀에게 어떻게 하면 좋은 옥백玉帛이 이르도록 할까, 거마車馬와 기완器玩은 어떻게 하면 취할까 하며, 간사한 사람이 그의 권세에 빌붙으면 내 장차 그를 승진시켜주겠노라 하고, 곧은 선비로서 그에게 항언抗言을 하면 내 장차 그를 축출하겠노라 하며, 삼시三時의 재앙을 임금에게 보고하여 임금이 근심 띤 얼굴을 하면, 교묘한 말을 만들어 그를 즐겁게 해주고, 여러 관리들이 법을 농간하여 임금이 듣고 원망스러운 말을 하면 나서서 아첨하는 얼굴과 말로써 예쁨을 받으려 하며, 사사로운 마음을 가슴에 가득 담은 채 거짓 잠이 든 체 자리에 앉아 있는 그러한 재상이 있다고 하자.

그리하여 이윽고 구문이 열리고, 겹친 눈동자로 빠짐없이 살피며, 재상으로서 의견을 말하여 임금을 미혹시켜 정치의 근본은 이에 무너지고 말 것이다!

황제의 지위는 이로써 위험해질 터이니, 만약 이와 같이 한다면 죽어서 감옥에 갇히거나 먼 곳으로 내던져질 것이니, 이는 불행한 것이 아니라 역시 마땅한 것이다.

이로써 한 나라의 정치와 만인의 생명이 재상에게 달려 있음을 알 수 있으니, 어찌 삼가지 않을 수 있겠는가?

다시 헐뜯음도 없고 칭송도 없으며, 무리에 휩쓸려 나가고, 무리에 휩쓸려 물러서고, 자리나 훔쳐 차지한 채 구차스럽게 봉록이나 타 먹으면서 갖추어야 할 인원의 숫자만 채운 채, 제 자신만을 온전히 하려는 재상이라면, 역시 그런 재상은 취할 것이 없다.

극시棘寺의 소리小吏 왕우칭은 이를 글로 지어 청컨대 대루원 벽에 붙여, 집정자에게 규범이 되도록 하노라.

天道不言而品物亨, 歲功成者, 何謂也? 四時之吏, 五行之佐, 宣其氣矣.

聖人不言而百姓親, 萬邦寧者, 何謂也? 三公論道, 六卿分職, 張其教矣.

是知君逸於上, 臣勞於下, 法乎天也.

古之善相天下者, 自咎夔至房魏, 可數也, 是不獨有其德, 亦皆務于勤爾.

況夙興夜寐, 以事一人, 卿大夫猶然, 況宰相乎?

朝廷自國初, 因舊制, 設宰臣待漏院于丹鳳門之右, 示勤政也.

至若北闕向曙, 東方未明, 相君啓行, 煌煌火城, 相君至止, 噦噦鸞聲.

金門未闢, 玉漏猶滴, 撤蓋下車, 于焉以息, 待漏之際, 相君其有思乎?

其或兆民未安, 思所泰之; 四夷未附, 思所來之; 兵革未息, 何以弭之; 田疇多蕪, 何以闢之; 賢人在野, 我將進之; 佞臣在朝, 我將斥之; 六氣不和, 災眚荐至, 願避位以禳之; 五刑未措, 欺詐日生, 請修德以釐之, 憂心忡忡, 待旦而入.

九門旣啓, 四聰甚邇, 相君言焉, 時君納焉, 皇風於是乎清夷!

蒼生以之而富庶, 若然則總百官, 食萬錢, 非幸也, 宜也.

其或私讎未復, 思所逐之; 舊恩未報, 思所榮之; 子女玉帛, 何以致之; 車馬器玩, 何以取之; 姦人附勢, 我將陟之; 直士抗言, 我將黜之; 三時告災, 上有憂色; 構巧辭以悅之, 羣吏弄法, 君聞怨言; 進諂容以媚之, 私心慆慆, 假寐而坐.

九門旣開, 重瞳屢回, 相君言焉, 時君惑焉, 政柄於是乎隳哉!

帝位以之而危矣, 若然則死下獄, 投遠方, 非不幸也, 亦宜也.

是知一國之政, 萬人之命, 懸於宰相, 可不愼歟?

復有無毀無譽, 旅進旅退, 竊位而苟祿, 備員而全身者, 亦無所取焉.

棘寺小吏王禹偁, 爲文請誌院壁, 用規于執政者.

【天道不言而品物亨, 歲功成者, 何謂也】'天道不言而品物亨'는 天道는 말이 없으나 만물이 형통함.《論語》陽貨篇에 "子曰:「予欲無言.」子貢曰:「子如不言, 則小子何述焉?」子曰:「天何言哉? 四時行焉, 百物生焉, 天何言哉?」"라 함. '歲功成'은 四時가 때를 어기지 않아 만물이 제대로 저마다 자신들의 공을 이룸.

【四時之吏, 五行之佐, 宣其氣矣】'四時之吏'는 春夏秋冬의 기능을 맡아 그렇게 되도록 주관하는 天官. '五行'은 金木水火土의 다섯 가지 元氣. '宣其氣'는 그 기를 잘 폄. '氣'는 만물을 생육하는 에너지.

【聖人不言而百姓親, 萬邦寧者, 何謂也?】'성인이 말을 하지 않아도 백성들이 친해 오며 만방이 편안하다 한 것은 무엇을 말함인가?'의 뜻.

【三公論道, 六卿分職, 張其敎矣】'三公'은 國政의 최고의 장관. 周는 太師, 太傅, 太保였으며, 前漢 때에는 大司馬, 大司徒, 大司空, 後漢 때 이후 唐宋에 이르는 동안에는 太尉, 司徒, 司空을 三公이라 하였음.

【六卿】《周禮》의 天地春夏秋冬 六官의 長. 天官(冢宰), 地官(司徒), 春官(宗伯), 夏官(司馬), 秋官(司寇), 冬官(司空) 등을 말함. '張其敎'는 그 교화를 잘 펴서 실행함.

【是知君逸於上, 臣勞於下, 法乎天也】《眞寶》注에 "起句以天道, 譬喩說起, 氣象宏大, 格調整嚴"이라 함.

【古之善相天下者, 自咎夔至房魏, 可數也】'咎'는 舜의 신하로 獄官의 長이었던 咎繇(皐陶). '夔'는 舜의 음악을 관장했던 典樂. '房'과 '魏'는 唐太宗 때의 명신 房玄齡과 魏徵. 唐太宗을 도와 가장 흥성한 貞觀之治를 이루었던 신하들. '可數'는 그저 몇몇을 헤아릴 수 있을 정도임.《眞寶》注에 "咎夔, 指皐陶及夔;房魏, 指房玄齡, 魏徵"이라 함.

【是不獨有其德, 亦皆務于勤爾】'德'과 '勤'을 함께 갖추어야 함을 강조한 말.《眞寶》注에 "已微見待漏意"라 함.

【況夙興夜寐, 以事一人, 卿大夫猶然, 況宰相乎】'夙興夜寐'는 아침 일찍 일어나고 밤늦게 잠자리에 들면서 政務에 온 힘을 쏟음.

【朝廷自國初, 因舊制, 設宰臣待漏院于丹鳳門之右, 示勤政也】'舊制'는 唐나라 때 재상의 출근시에 시간을 기다리도록 待漏院이 설치되었음을 말함. '丹鳳門'은 長安城 朝廷의 조회 장소로 들어가는 문.《眞寶》注에 "提得分曉"라 함. 이를 宋나라도 그대로 이어받아 待漏院을 세웠음.

【至若北闕向曙, 東方未明, 相君啓行, 煌煌火城, 相君至止, 噦噦鸞聲】'北闕'은 북쪽 대궐. '向曙'는 아침 밝기 시작하는 때. '啓行'은 재상이 새벽에 조정으로 출근함을 뜻함. '煌煌'은 불빛이 휘황함. '火城'은 內城 위에는 수비하던 衛兵들이 이미 불을 지펴 아침 활동을 시작함. '噦噦'(홰홰)는 말방울 소리. '鸞聲'은 鸞鳥의 울음 소리. 여기서는 수레에 매단 장식용 鸞鳥가 흔들려 방울 소리를 냄.

【金門未闢, 玉漏猶滴, 撤盖下車, 于焉以息, 待漏之際, 相君其有思乎】'金門'은 서쪽 문. 待漏院이 있는 그 앞의 문. '玉漏猶滴'은 옥으로 만든 물시계의 물이 방울져 떨어지고 있음. '撤盖'는 수레 덮개를 벗기고 내려서 걸어 들어갈 준비를 함. '盖'는 蓋와 같음. '于焉'은 於焉과 같으며 잠시의 시간을 뜻하는 雙聲連綿語.《眞寶》注에 "一句引起下面分兩段言賢相姦相所思之不同"이라 함.

【其或兆民未安, 思所泰之;四夷未附, 思所來之】'四夷'는 고대 中原을 중심으로 東夷, 西戎, 南蠻, 北狄의 사방 이민족을 가리킴. '未附'는 依附해 오지 않음. 소원하거나 대립하고자 함.

【兵革未息, 何以弭之;田疇多蕪, 何以闢之】'兵革'은 兵亂이나 전쟁. '弭'는 막음, 그치게 함. 止, 息, 遏의 뜻.《眞寶》注에 "此下雖藏了思字, 皆是思意, 下段倣此"라 함.

【賢人在野, 我將進之;佞臣在朝, 我將斥之】'賢人'은 마땅히 추천하여 벼슬을 맡겨야 할 훌륭한 인물. '佞臣'은 아첨으로 자신의 현달을 꿈꾸는 간사한 신하. '斥之'는 내쫓음. 물리침.

【六氣不和, 災眚荐至, 願避位以禳之】'六氣'는 陰, 陽, 風, 雨, 晦, 明의 여섯 가지 氣. 기후의 변화를 뜻함. '災眚'의 '災'는 災와 같으며, 하늘이 내리는 災殃. '眚'은 사람이 스스로 불러들이는 殃禍. '荐至'(천지)는 자주 일어남. '避位以禳之'는 자리에서 물러나 목욕하고 들이나 齋室에서 謹愼하며 잘못을 반성하여 하늘의 재앙이 물러나도록 함. '禳'은 신에게 제사 지내거나 근신하여 재앙을 물리치는 것.

【五刑未措, 欺詐日生, 請修德以釐之, 憂心忡忡, 待旦而入】'五刑'은 墨, 劓, 剕, 宮, 大辟의 큰 형벌. '釐'는 治와 같은 뜻. '忡忡'(충충)은 근심하고 걱정함. 마음이 평온치 못함.

【九門旣啓, 四聰甚邇, 相君言焉, 時君納焉, 皇風於是乎淸夷】'九門'은 九重宮闕의

문. '四聰甚邇'의 '四聰'는 눈과 귀를 활짝 열어 사방 천하의 정보를 모두 들음. '甚邇'는 아주 가까운 곳의 일처럼 훤히 알고 있어야 함. '皇風'은 皇帝의 敎化와 風敎. '淸夷'는 맑고 고름. '夷'는 平과 같은 뜻임.

【蒼生以之而富庶, 若然則總百官, 食萬錢, 非幸也, 宜也】'蒼生'은 백성. '富庶'는 부유하고 많아짐. 《眞寶》注에 "此是賢相"이라 함.

【其或私讎未復, 思所逐之;舊恩未報, 思所榮之】'私讎'는 사사로운 원한으로 인한 보복이나 대립, 또는 싸움, 복수. '未復'은 아직 갚지 못함. '榮之'는 자신의 지위를 이용하여 은혜를 보답해 그가 영화를 누리도록 해주려 함.

【子女玉帛, 何以致之;車馬器玩, 何以取之】'玉帛'은 재물을 대신하는 말. '器玩'은 완상용 기구.

【姦人附勢, 我將陟之;直士抗言, 我將黜之】'姦人附勢'는 권세에 빌붙어 따르는 간사한 무리들. '陟之'는 승진시켜 줌. '黜'과 상대되는 말. '直士抗言'은 강직한 사람의 바른 간언. '黜'은 쫓아냄. 관직에서 퇴출함. '陟'과 상대되는 말.

【三時告災, 上有憂色;構巧辭以悅之, 羣吏弄法, 君聞怨言】'三時'는 농사에 바쁜 봄 여름가을의 세 계절. '巧辭'는 巧言과 같음. 교묘하게 거짓을 꾸며 하는 말. '弄法'은 법을 멋대로 해석하여 일을 처리함.

【進諂容以媚之, 私心慆慆, 假寐而坐】'諂容'은 아첨하는 얼굴. '媚'는 예쁘게 보이려고 함. '慆慆'는 즐겁게 여김. '假寐而坐'는 졸면서 앉아 있음.

【九門旣開, 重瞳屢回, 相君言焉, 時君惑焉, 政柄於是乎隳哉】'重瞳'은 눈동자가 겹으로 있어 사물을 정확하게 봄. 천자를 가리킴. 옛날 舜임금이 重瞳이었다 함. 《史記》項羽本紀에 "太史公曰:吾聞之周生曰「舜目蓋重瞳子」, 又聞項羽亦重瞳子. 羽豈其苗裔邪?"라 함. '屢回'는 자주 돌아봄. 허투루 지나치는 경우가 없음. '政柄'은 정권의 자루. '柄'은 秉과 같음. '隳'(휴)는 무너짐.

【帝位以之而危矣, 若然則死下獄, 投遠方, 非不幸也, 亦宜也】'投遠方'은 멀리 내던져짐. 유배됨을 말함. 《眞寶》注에 "此是姦相"이라 함.

【是知一國之政, 萬人之命, 懸於宰相, 可不愼歟】'懸於宰相'은 모든 것이 재상에게 달려 있음.

【復有無毁無譽, 旅進旅退, 竊位而苟祿, 備員而全身者, 亦無所取焉】'無毁無譽'는 비방도 없고, 稱譽도 없음. '旅'는 衆과 같은 뜻. '竊位'는 벼슬자리를 훔쳐서 눌러 앉아 있음. '苟祿'은 구차하게 녹만 먹고 있음. '備員'은 그저 인원의 숫자를 채우기 위해서 자리를 차지하고 있는 관원. 《眞寶》注에 "此是庸相, 分三等說, 入院

者觀此文, 當於何審擇而自處哉!'라 함.

【棘寺小吏王禹偁, 爲文請誌院壁, 用規于執政者】'棘寺'(극시)는 大理寺(대리시). 판
결이나 탄핵 등을 주관하는 곳. 상징적으로 가시나무를 심어 놓아 棘寺라는 별
칭이 생겨남. '小吏'는 작자 王禹偁이 자신을 겸손하게 표현한 것. '規'는 規와 같
음. 規範이나 警戒로 삼음.《眞寶》注에 "似箴體, 全是規之. 末自提出規字"라 함.

> ## 참고 및 관련 자료

1. 土元之(王禹偁:954−1001)

宋代 시인. 자는 元之. 북송 濟州 鉅野(지금의 山東 鉅野縣) 사람으로 五代 北漢
乾祐 7년에 태어나 北宋 眞宗 咸平 4년에 생을 마쳤음. 향년 48세. 太宗 太平興國
8년(983)에 진사에 올라 翰林學士를 역임하였음. 천성이 정직하여 저서와 문장을
통해 시정의 폐단을 지적하고 절대로 避諱하지 않아 결국 3차례나 폄직을 당하기
도 하였음. 宋初 詩風이 浮靡해지자 그는 힘써 杜甫, 白居易의 시풍을 이을 것을
주장하였고, 문장은 韓愈, 柳宗元을 높이 여겼음.《小畜集》,《承明集》 등이 있음.

2. 이 글은《小畜集》(16),《宋文鑑》(77),《宋文選》(7),《崇古文訣》(16),《古文集成》
(10),《事文類聚》(前集 29, 新集 7),《淵鑑類函》(65),《汴京遺蹟志》(15),《經濟類編》(20),
《五百家播芳大全文粹》(106),《文章辨體彙選》(596) 등에 실려 있음.

067. <黃州竹樓記> ·················· 王元之(王禹偁)
황주 죽루기

*<黃州竹樓記>: 王元之(王禹偁)가 黃州에 貶謫되어 갔을 때, 쉽고 간단하게 지을
수 있는 竹樓를 마련하여 그곳 생활의 즐거움과 雅趣를 표현하면서, 아울러 떠
돌이 벼슬로 자주 옮겨 다니는 신세이므로 자신이 떠난 뒤 그 竹樓가 쉽게 무
너진다 해도 크게 안타까워하지 않을 것임을 소박하게 記의 형식을 빌려 지은
것. 王禹偁의 《小畜集》에는 제목이 <黃州新建小竹樓記>로 되어 있으며, 《古文集
成》題注에는 "東萊曰: 嘗聞之山谷云: 或傳王荊公稱<竹樓記>勝歐陽公<醉翁亭
記>. 或曰:「此非荊公之言也.」某以謂荊公出此言, 未失也. 荊公評文章, 常先體制,
而後文之工拙. 蓋嘗觀蘇子瞻<醉白堂記>, 戲曰:「文辭雖極工, 然不是醉白堂.」乃
是韓白優劣論耳. 以此考之, 優<竹樓記>而劣<醉翁亭記>, 是荊公之言不疑也"라 함.

황주黃州 황강黃岡 지역에는 대나무가 많은데 큰 것은 서까래만 하다.
죽공竹工이 이것을 쪼개고 그 마디를 잘라내어 도와陶瓦를 대신하여
쓰는데, 집집마다 모두가 그러하며 그 값이 싸고 품도 적게 든다.
　자성子城 서북쪽 구석에는 성 위의 벽이 허물어지고 잡초가 무성하여
황폐하고 지저분해, 그 때문에 작은 누각 2칸을 지어 월파루月波樓와 통
하게 하였다.
　멀리는 산 빛을 삼키고 평평하여 강의 물결을 손으로 퍼올릴 수 있으
며, 그윽하고 고요하며 멀고 아득하게 보이는 조망을 가히 모두 갖추어
형상할 수 없을 정도이다.

여름에는 소나기를 맞기에 알맞아 폭포수 쏟아지는 소리가 나며, 겨
울이면 싸락눈을 맞기에 알맞아 옥이 부서지는 소리가 나며, 금琴을 타
기에 좋아 금의 음조가 화창하고, 시를 읊기에 좋아 시운時運이 맑고 뛰
어나며, 바둑을 두기에 좋아 바둑알 두는 소리가 정정丁丁하며, 투호投

壺놀이에 좋아 화살 꽂히는 소리가 정정鎮鎮하니, 모두가 죽루竹樓의 도움 때문이다.

공무가 끝나 한가할 때면 학창의鶴氅衣를 걸치고 화양건華陽巾을 쓰고, 손에는 《주역周易》 한 권을 들고 향을 피우고 조용히 앉아, 세상 근심을 깨끗이 날려버리니, 강산 밖에는 바람에 흘러가는 돛단배와 모래에 앉은 새들, 그리고 내와 구름 낀 속의 대나무를 차례대로 볼 뿐이다.

술기운이 깨고 차 끓이는 연기가 다하기를 기다린 다음에는 석양을 보내고 흰 달을 맞으니, 역시 적거謫居의 경승景勝이로다.

저 제운루齊雲樓와 낙성루落星樓는 높고 높으며, 정간루井幹樓와 여초루麗譙樓는 화려하고 화려하도다.

다만 기녀妓女들을 모아놓고, 가무歌舞하는 이들을 준비시켜서 즐겼던 일들은 시인들의 일이 아니니 내가 따라할 바가 아니로다.

내 죽공으로부터 듣기로 "대나무로 기와를 해 덮으면 겨우 10년이 간다"고 하였으니, 만약 두 겹으로 덮으면 20년은 갈 수 있으리라.

아! 나는 지도至道 을미乙未년에 한림학사翰林學士에서 저주滁州 지사로 갔고, 이듬해 병신丙申년에는 광릉廣陵으로 옮겼으며, 정유丁酉년에는 다시 서액西掖, 知制誥으로 들어갔다가, 무술戊戌년 섣달 그믐에는 제안齊安. 黃州, 黃岡으로 가라는 명령이 있어, 이듬해 윤 3월에 이 군에 도착하였으니, 4년 동안 바삐 다니느라 한가할 겨를이 없었다.

내년에는 다시 어디에 있게 될지 모르니, 어찌 이 죽루가 쉽게 썩어 사라짐을 두려워하겠는가?

뒷사람이 나와 뜻이 같아 뒤를 이어 지붕을 이어준다면, 아마 이 죽루가 썩지 않게 될 것이리라.

함평咸平 2년(999) 8월 15일에 적는다.

黃岡之地多竹, 大者如椽.
竹工破之, 刳去其節, 用代陶瓦, 比屋皆然, 以其價廉而工省也.
子城西北隅, 雉堞圮毀, 蓁莽荒穢, 因作小樓二間, 與月波樓通.
遠呑山光, 平挹江瀨, 幽闃遼敻, 不可具狀.

夏宜急雨, 有瀑布聲; 冬宜密雪, 有碎玉聲; 宜鼓琴, 琴調和暢;
宜詠詩, 詩韻清絕; 宜圍棋, 子聲丁丁然; 宜投壺, 矢聲錚錚然, 皆
竹樓之所助也.
公退之暇, 披鶴氅衣, 戴華陽巾, 手執《周易》一卷, 焚香默坐, 消
遣世慮, 江山之外, 第見風帆沙鳥, 煙雲竹樹而已.
待其酒力醒, 茶煙歇, 送夕陽, 迎素月, 亦謫居之勝概也.
彼齊雲, 落星, 高則高矣; 井幹, 麗譙, 華則華矣.
止于貯妓女, 藏歌舞, 非騷人之事, 吾所不取.

吾聞竹工, 云「竹之爲瓦, 僅十稔」, 若重覆之, 得二十稔.
噫! 吾以至道乙未歲, 自翰林出滁上, 丙申移廣陵, 丁酉又入西
掖, 戊戌歲除日, 有齊安之命, 己亥閏三月到郡, 四年之間, 奔走不
暇.
未知明年, 又在何處, 豈懼竹樓之易朽乎?
後之人與我同志, 嗣而葺之, 庶斯樓之不朽也.
咸平二年八月十五日記.

【黃岡之地多竹, 大者如椽】'黃岡'은 유명한 대나무 산지인 湖北 黃州의 郡이름. '椽'
은 서까래.
【竹工破之, 刳去其節, 用代陶瓦, 比屋皆然, 以其價廉而工省也】'刳去其節'은 마디
를 깎아냄. '陶瓦'는 陶器의 기와. '比屋'은 집집마다. '價廉'은 비용이 적게 듦. '工
省'은 공사하기에도 품이 적게 듦.

【子城西北隅, 雉堞圮毁, 蓁莽荒穢, 因作小樓二間, 與月波樓通】'子城'은 黃州府 本城에 딸린 작은 성. '雉堞'은 성 위의 나지막한 담. '圮毁'는 허물어져 훼손됨. '蓁莽'은 무성한 초목, 잡초. '荒穢'는 거칠고 무성하여 폐허처럼 지저분하게 됨. '月波樓'는 黃州府의 郡廳 뒤에 있는 누각.

【遠呑山光, 平挹江瀨, 幽闃遼敻, 不可具狀】'挹江瀨'는 강여울의 물을 손으로 뜸. '幽闃'은 그윽하고 고요함. '遼敻'(료형)은 멀고 아득함.

【夏宜急雨, 有瀑布聲;冬宜密雪, 有碎玉聲】'急雨'는 갑자기 쏟아지는 소나기. '密雪'은 함박눈 또는 싸락눈이라고도 함.

【宜鼓琴, 琴調和暢;宜詠詩, 詩韻淸絶】琴을 연주하면 琴의 音調가 和暢하고, 시를 읊으면 詩韻이 淸絶함.

【宜圍棋, 子聲丁丁然;宜投壺, 矢聲錚錚然, 皆竹樓之所助也】'圍棋'는 바둑을 둠. '子聲'은 바둑돌을 놓는 소리. '丁丁然'은 바둑알을 놓는 소리를 형용한 것. '投壺'는 항아리에 화살을 던져 넣는 놀이. '矢聲'은 투호의 화살이 항아리 속으로 들어가 떨어지는 소리. '錚錚'은 쇳소리가 맑게 울림을 형용한 말.

【公退之暇, 披鶴氅衣, 戴華陽巾, 手執《周易》一卷, 焚香黙坐, 消遣世慮】'公退之暇'는 公務를 마치고 퇴청한 뒤의 여가. '鶴氅衣'는 학의 깃털로 짠 仙人의 옷. '氅'은 새의 깃털. '華陽巾' 또한 隱者가 쓰는 두건. 梁나라 陶弘景이 華山 남쪽에 은거하면서 늘 이 두건을 쓰고 다녔다 하여 華山巾이란 이름이 생겨났다 함. '消遣'은 없애 버림. 근심걱정 따위를 소멸시키고 멀리 보내버림.

【江山之外, 第見風帆沙鳥, 煙雲竹樹而已】'第見'은 차례대로 봄. '風帆沙鳥'는 바람을 타고 지나가는 돛단배와 모래톱에 모여 있는 새들. '煙雲竹樹'는 내와 구름 사이로 보이는 대나무.

【待其酒力醒, 茶煙歇, 送夕陽, 迎素月, 亦謫居之勝槪也】'茶煙'은 차를 끓이는 연기. '歇'은 그침. '素月'은 희게 빛나는 달. '謫居'는 귀양살이. '勝槪'는 勝地의 景槪.

【彼齊雲落星, 高則高矣;井幹麗譙, 華則華矣】'齊雲'은 누각 이름. 五代 韓浦가 지은 것이라 하며 구름과 나란한 높이라 하여 이렇게 이름을 붙였다 함. '落星' 또한 누각 이름. 삼국시대 吳의 孫權이 지은 것으로 流星이 가까이 떨어질 만큼 높다 하여 이름한 것이라 함. '井幹' 역시 누각 이름. 漢 武帝가 지은 것으로 나무를 '井'자 모양으로 걸쳐 올려 지었다 함. '麗譙'는 망루 이름. 魏 武帝 曹操가 지은 것이라 함.《眞寶》注에 "齊雲, 落星, 井幹, 麗譙, 皆樓名"이라 함.

【止于貯妓女, 藏歌舞, 非騷人之事, 吾所不取】'止于'는 止於와 같음. '貯妓女'와 '藏

歌舞'는 앞서 여러 누대에서 옛날 제왕들과 영웅호걸들이 기녀와 가무인들을 갖추어놓고 호사를 부리며 마음껏 즐겼던 고사를 말함. '騷人'은 시인. 憂愁에 젖어 吟詠하는 시인. 楚나라 屈原의 작품 〈離騷〉의 '騷'자를 취하여 詩人의 뜻으로 쓰임. '吾所不取'는 내가 취할 바가 아님. 내가 그들처럼 따라서 가무를 즐길 수는 없음.

【吾聞竹工, 云「竹之爲瓦, 僅十稔」, 若重覆之, 得二十稔】 '稔'은 한 해. 곡물은 1년에 한 번 수확하므로 1년을 稔이라 함. '重覆'(중부)는 겹으로 덮음. 두 겹으로 겹쳐 덮으면 20년을 갈 수 있음을 말함.

【噫! 吾以至道乙未歲, 自翰林出滁上, 丙申移廣陵】 '至道'는 宋 太宗(趙光義)의 4번째 연호. 995-997년까지 3년간임. 乙未는 至道 元年(995).《眞寶》注에 "太宗朝 至道元年乙未"라 함. '翰林'은 翰林學士. '滁上'은 滁州(저주). 지금의 浙江省에 있는 지명.《眞寶》注에 "知滁州"라 함. '丙申'은 至道 2년(996). '廣陵'은 江蘇省 揚州의 廣陵.《眞寶》注에 "移知楊州"라 함.

【丁酉又入西掖, 戊戌歲除日, 有齊安之命, 己亥閏三月到郡, 四年之間, 奔走不暇】 '丁酉'는 至道 3년(997). '西掖'은 中書省 知制誥. 詔勅을 起草하는 관청.《眞寶》注에 "復知制誥"라 함. '戊戌'은 宋 眞宗(趙恒) 咸平 元年(998). '除日'은 섣달 그믐날. '齊安'은 黃州 黃岡. '己亥'는 眞宗 咸平 2년(999).《眞寶》注에 "眞宗朝咸平元年戊戌, 謫守黃州"라 함. '到郡'은 이곳 黃州 黃岡에 도착하여 부임함.

【未知明年, 又在何處, 豈懼竹樓之易朽乎】 '易朽'는 쉽게 썩어 무너짐.

【後之人與我同志, 嗣而葺之, 庶斯樓之不朽也】 '葺'은 지붕을 이음. 이엉 따위를 덮어 지붕을 이는 일.

【咸平二年八月十五日記】 咸平 2년(999) 3월에 부임하여 8월 15일 마친 것임을 알 수 있음.

참고 및 관련 자료

1. 작자: 王禹稱(元之) 앞장(066) 참조.

2. 이 글은 《小畜集》(17), 《宋文鑑》(77), 《古文集成》(10), 《事文類聚》(續集 7), 《湖廣通志》(105), 《文章辨體彙選》(570), 《漁隱叢話》(後集 19), 《淵鑑類函》(347) 등에 실려 있음.

068. <嚴先生祠堂記> ·················· 范希文(范仲淹)
엄선생 사당기

*〈嚴先生祠堂記〉: 嚴先生은 嚴光(子陵)을 가리킴. 그는 後漢 첫 황제 光武帝(劉
秀)의 어릴 때 同學이었으나 劉秀가 天子가 되자 숨어 나타나지 않았음. 뒤에
광무제가 그를 백방으로 찾아 결국 만나게 되었으나 벼슬에 대한 거부의 지조
를 끝까지 굽히지 않고, 다시 富春江(지금의 杭州 富陽縣)으로 숨어 생을 마친
處士이며 逸民. 范仲淹이 浙江의 嚴州太守(桐廬太守, 桐廬는 뒤에 嚴光을 기려 嚴
州로 지명이 바뀐 곳)였을 때, 嚴光의 사당을 짓고, 그 후손을 찾아 제사를 올리
도록 하면서 記를 지은 것임. 《文章辨體彙選》에는 제목이 〈桐廬郡嚴先生祠堂
記〉으로 되어 있음.
*《眞寶》注에 "迂齋云:「字少詞嚴, 筆力老健.」 嚴光, 字子陵, 少與光武同學, 光武旣
卽位, 避之, 釣于富春山中, 物色召之, 至卒不仕, 事見《後漢書》. 富春山中, 卽今嚴
州桐廬縣之釣臺也. 嚴州, 舊爲睦州, 後改爲嚴, 亦取嚴光所隱之義. 范文正守嚴
州, 首爲祠堂, 祠之, 擧千載之欠事, 唱萬世之淸風, 至今范公, 祔祀嚴祠焉. 此篇辭
甚簡嚴, 義甚宏濶, 天下之至文也. 非嚴先生之事, 不能稱此文; 非范文正之文, 不
能記此事. 《容齋隨筆》載: 范公旣爲此文, 以示南豐李泰伯, 李讀之, 歎味不已, 起
言曰:「公文一出, 必將名世, 妄意輒易一字, 以成盛美.」 公瞿然, 握手扣之. 答曰:「雲
山江水之語, 於意甚大, 於辭甚悽, 而德字承之, 乃似趑趄, 擬換作風字, 何如?」 公
凝坐頷首, 殆欲下拜. 按'風'字, 萬倍精神. 《孟子》論伯夷·下惠, 皆以風言. 太史公亦
云「觀夫子遺風」, 風字不可易也. 范公偶初未之及耳, 世有剽竊聞此而不審者, 乃謂
公初作德字, 恍惚間見一道人, 令改作風字, 似若傳會於子陵之神者, 好怪可哂也"
라 함.

선생은 동한東漢 광무제光武帝의 옛 친구였다.
서로 도道로써 존경하였으나 광무제劉秀가 황제의 적부赤符를 장악하
고, 여섯 마리의 용을 타고 성인聖人으로서의 때를 얻어 신첩臣妾이 억
조億兆나 되었으니, 천하에 거기에 무엇을 더할 수 있었겠는가?

그런데 오직 선생만은 절의로써 자신을 고상하게 지켜, 이윽고 별자리를 움직이게 하고서도 다시 강호江湖로 돌아가서는 성인의 맑음을 지키면서, 헌면軒冕 따위는 진흙으로 여겼으니, 천하에 거기에 무엇을 더할 수 있었겠는가?

오직 광무제만은 예로써 스스로를 낮추었으니, 고괘蠱卦 상구上九에 "많은 이들은 바야흐로 하는 일이 있으나, 홀로 왕후를 섬기지 않으니 그 일을 고상히 여긴다" 하였는데 선생은 그 일을 해냈던 것이며, 둔괘屯卦 초구初九에는 "양덕陽德이 바야흐로 형통하여 귀한 신분이 되었음에도, 천한 자에게 스스로를 낮추니 크게 백성을 얻으리라" 하였는데 광무제가 그 일을 해낸 것이다.

대체로 선생의 지조는 일월의 위로 솟아난 것이요, 광무제의 도량은 천지 밖까지 포용한 것이다.

선생이 아니었다면 광무제의 위대함을 성취시켜줄 수 없었을 것이요, 광무제가 아니었다면 어찌 능히 선생의 고고함을 완수시켜줄 수 있었겠는가?

그리하여 탐부貪夫로 하여금 청렴하도록 하였고, 나부懦夫로 하여금 바로설 수 있게 하였으니, 이것이 바로 명분과 교화에 큰 공로가 있었던 것이다.

나 범중엄은 이곳을 지키러 와서 비로소 사당을 짓고 제사를 올리며, 이에 그 후손 네 집의 조세와 부역을 면제해주어 제사를 지내도록 하였다.

그리고 이에 따라 노래를 지으니 다음과 같다.
"구름 낀 산은 푸르고 푸르며, 강물은 드넓게 흐르도다.
선생의 유풍은 산처럼 높을 것이요, 물처럼 장구하리라."

先生漢光武之故人也.
　相尚以道, 及帝握赤符, 乘六龍, 得聖人之時, 臣妾億兆, 天下孰加焉?

惟先生以節高之, 旣而動星象, 歸江湖, 得聖人之清, 泥塗軒冕, 天下孰加焉?

惟光武以禮下之, 在蠱之上九:「衆方有爲, 而獨不事王侯, 高尚其事.」先生以之; 在屯之初九:「陽德方亨, 而能以貴下賤, 大得民也.」光武以之.

蓋先生之心, 出乎日月之上; 光武之量, 包乎天地之外.

微先生, 不能成光武之大; 微光武, 豈能遂先生之高哉?

而使貪夫廉, 懦夫立, 是大有功於名敎也.

仲淹來守是邦, 始構堂而奠焉, 乃復其爲後者四家, 以奉祠事.

又從而歌, 曰:「雲山蒼蒼, 江水泱泱. 先生之風, 山高水長.」

【先生漢光武之故人也】'先生'은 嚴光을 가리킴. 자는 子陵. 東漢 첫 황제 光武帝 劉秀와 어릴 때 친구였으나 劉秀가 황제가 되자 세상에 나타나지 않고 숨어버림. 光武帝가 그를 찾아 궁궐로 데리고 왔으나 전혀 뜻을 굽히지 않았으며, 광무제가 하룻밤을 함께 할 때 광무제의 배에 발을 올려놓고 잠이 들어 太史가 "客星이 帝座를 침입하였다" 하여 놀라 보고하기도 함. 그 뒤 다시 富春江에 숨어 낚시를 하며 생을 마쳤음.《後漢書》逸民傳에 "嚴光字子陵, 一名遵, 會稽餘姚人也. 少有高名, 與光武同遊學. 及光武卽位, 乃變名姓, 隱身不見. 帝思其賢, 乃令以物色訪之. 後齊國上言:「有一男子, 披羊裘釣澤中.」帝疑其光, 乃備安車玄纁, 遣使聘之. 三反而後至. 舍於北軍. 給牀褥, 太官朝夕進膳. 司徒侯霸與光素舊, 遣使奉書. 使人因謂光曰:「公聞先生至, 區區欲卽詣造. 迫於典司, 是以不獲. 願因日暮, 自屈語言.」光不荅, 乃投札與之, 口授曰:「君房足下: 位至鼎足, 甚善. 懷仁輔義天下悅, 阿諛順旨要領絶.」霸得書, 封奏之. 帝笑曰:「狂奴故態也.」車駕卽日幸其館. 光臥不起, 帝卽其臥所, 撫光腹曰:「咄咄子陵, 不可相助爲理邪?」光又眠不應, 良久, 乃張目熟視, 曰:「昔唐堯著德, 巢父洗耳. 士故有志, 何至相迫乎!」帝曰:「子陵, 我竟不能下汝邪?」於是升輿歎息而去. 復引光入, 論道舊故, 相對累日. 帝從容問光曰:「朕何如昔時?」對曰:「陛下差增於往.」因共偃臥, 光以足加帝腹上. 明日, 太史奏客星犯御坐甚急. 帝笑曰:「朕故人嚴子陵共臥耳.」除爲諫議大夫, 不屈, 乃耕於富春山, 後

人名其釣處爲嚴陵瀨焉. 建武十七年, 復特徵, 不至. 年八十, 終於家. 帝傷惜之, 詔下郡縣賜錢百萬, 穀千斛."이라 하였고, 皇甫謐《高士傳》(下)에도 "嚴光, 字子陵, 會稽餘姚人也. 少有高名, 同光武遊學. 及帝卽位, 光乃變易姓名, 隱逝不見. 帝思其賢, 乃物色求之. 後齊國上言:「有一男子, 披羊裘釣澤中.」帝疑光也, 乃遣安車玄纁聘之, 三反而後至. 司徒霸與光素舊, 欲屈光到霸所語言, 遣使西曹屬侯子道奉書. 光不起, 於牀上箕踞抱膝, 發書讀訖, 問子道曰:「君房素癡, 今爲三公, 寧小差否?」子道曰:「位已鼎足, 不癡也.」光曰:「遣卿來何言?」子道傳霸言. 光曰:「卿言不癡, 是非癡語也? 天子徵我三乃來, 人主尙不見, 當見人臣乎?」子道求報, 光曰:「我手不能書.」乃口授之, 使者嫌少, 可更足. 光曰:「買菜乎? 求益也?」霸封奏其書, 帝笑曰:「狂奴故態也.」車駕卽日幸其館, 光臥不起, 帝卽臥所, 撫其腹曰:「咄咄子陵, 不可相助爲理邪?」光又眠不應, 良久, 乃張目而言曰:「昔唐堯著德, 巢夫洗耳. 土故有志, 何至相迫乎!」帝曰:「子陵, 我竟不能下汝邪?」於是升輿, 歎息而去. 復引光入, 論道舊故, 相對累日, 因共偃臥. 帝爲諫議大夫, 不屈, 乃耕於富春山. 後人名其釣處爲嚴陵瀨焉. 建武十七年, 復特徵, 不至, 年八十, 終於家. 吽嗟子陵, 少與龍潛. 飛騰天位, 書玉連連. 北軍親就, 內榻同眠. 富春之濱, 客星皎懸.』"이라 하였으며, 袁宏《後漢紀》(5)에는 "是歲, 徵會稽嚴光, 太原周黨. 光, 字子陵, 少與世祖同學. 世祖卽位, 下詔徵光. 光變姓名, 漁於川澤. 至是, 復以禮求光, 光不得已, 舁疾詣京師. 舍於北軍, 給床褥, 太官朝夕進膳. 上就見光曰:「子陵不可相助邪?」光臥而應曰:「土固有執節者, 何至相逼乎?」天子欲以爲三公, 光稱病而退, 不可得而爵也."라 하였고,《十八史略》(3)에도 "處士嚴光, 與上嘗同游學, 物色得之齊國, 披羊裘釣澤中. 徵至, 亦不屈. 上與光同臥, 以足加帝腹. 明日太史奏:「客星犯御座甚急.」上曰:「朕與故人嚴子陵共臥耳.」拜諫議大夫不肯受, 去耕釣, 隱富春山中終. 漢世多淸節士子此始."라 함. 한편《蒙求》(274)「嚴陵去釣」에는 "後漢, 嚴光字子陵, 會稽餘姚人, 少與光武同遊學. 光武卽位, 乃變名姓, 隱身不見. 帝思其賢, 乃令以物色訪之. 後齊國上言:「有一男子, 披羊裘釣澤中.」帝疑其光, 乃備安車玄纁聘之, 三反而後至. 舍於北軍, 給牀褥, 太官進膳, 車駕幸其館, 光臥不起, 帝卽臥所, 撫光腹. 良久乃張目, 熟視曰:「昔唐堯著德, 巢父洗耳. 土故有志. 何至相迫乎?」帝歎息而去. 復引入, 論道舊故, 相對累日. 因共偃臥, 光以足加帝腹上. 明日太史奏:「客星犯帝坐甚急.」帝笑曰:「朕故人子陵共臥耳.」諫議大夫不屈. 乃耕於富春山. 後人名其釣處爲嚴陵瀨焉."이라 하는 등 그의 고사는 아주 널리 전하고 있음. '光武'는 世祖光武皇帝. 光武帝. A.D.25-57년 재위. 東漢(後漢)의 첫 황제. 劉秀. 자는 文叔. 長沙 定王 劉發의 후손. 漢 景

帝가 劉發을 낳고, 劉發이 春陵節侯 劉買를 낳았으며 뒤에 封地가 南陽 白水鄕으로 옮겨져 그곳을 春陵이라 하고 가문을 이루었음. 그리고 劉買의 막내아들이 劉外였으며 그가 劉回를 낳았고, 유회가 南頓令 劉欽을 낳았으며 劉欽이 劉秀를 낳았음. 이가 東漢을 일으켜 洛陽에 도읍을 하여 劉氏 왕조를 이은 것이며, 이를 東漢(後漢)이라 부름. 《後漢書》 光武帝紀에 "世祖光武皇帝諱秀, 字文叔, 南陽蔡陽人, 高祖九世之孫也. 出自景帝生長沙定王發. 發生春陵節侯買, 買生鬱林太守外, 外生鉅鹿都尉回, 回生南頓令欽, 欽生光武. 光武年九歲而孤, 養於叔父良. 身長七尺三寸, 美須眉, 大口, 隆準, 日角. 性勤於稼穡, 而兄伯升好俠養士, 常非笑光武事田業, 比之高祖兄仲. 王莽天鳳中, 乃之長安, 受《尙書》, 略通大義. 莽末, 天下連歲災蝗, 寇盜鋒起. 地皇三年, 南陽荒饑, 諸家賓客多爲小盜. 光武避吏新野, 因賣穀於宛. 宛人李通等以圖讖說光武云: 「劉氏復起, 李氏爲輔.」 光武初不敢當, 然獨念兄伯升素結輕客, 必擧大事, 且王莽敗亡已兆, 天下方亂, 遂與定謀, 於是乃市兵弩. 十月, 與李通從弟軼等起於宛, 時年二十八."이라 함. 《眞寶》注에 "漢光武, 東漢光武皇帝, 名秀"라 함. '故人'은 옛 친구.

【相尙以道, 及帝握赤符, 乘六龍】 '相尙以道'는 서로가 올바른 道義로써 존경함. '赤符'는 赤伏符. '符'는 符書, 豫言書. '赤'은 五行說에 漢王朝는 火德으로 왕이 되었음. 《後漢書》 光武帝紀에 "行至鄗, 光武先在長安時同舍生彊華自關中奉《赤伏符》, 曰「劉秀發兵捕不道, 四夷云集龍斗野, 四七之際火爲主.」 群臣因復奏曰: 「受命之符, 人應爲大, 萬里合信, 不議同情, 周之白魚, 曷足比茲? 今上無天子, 海內淆亂, 符瑞之應, 昭然著聞, 宜答天神, 以塞群望.」 光武於是命有司設壇場於鄗南千秋亭五成陌."이라 하여, 舍生 彊華가 劉秀에게 赤伏符를 올려 劉秀가 漢나라 帝位에 오르리라 豫言하였음. 《眞寶》注에 "赤符, 謂赤伏符"라 함. '乘六龍'은 《易》乾卦 象辭에 "大哉乾元! 萬物資始, 乃統天. 雲行雨施. 品物流形. 大明終始, 六位時成, 時乘六龍以御天. 乾道變化, 各正性命, 保合大和, 乃利貞. 首出庶物, 萬國咸寧."이라 하여 帝王의 統治를 의미함. 《眞寶》注에 "《周易》乾卦云: 「時乘六龍, 以御天.」 謂千字御駕泥塗"라 함.

【得聖人之時, 臣妾億兆, 天下孰加焉】 '得聖人之時'는 聖人이 때를 얻음. '臣妾'은 신하와 첩으로 삼음. 황제가 되어 천하 백성을 다스림을 말함. '億兆'는 億兆蒼生. 천하 백성을 총칭한 것. '孰加焉'은 '누가 이에 더 보탤 것이 있겠는가?'의 뜻. 劉秀가 최상의 지위에 올랐음을 말함.

【惟先生以節高之, 旣而動星象, 歸江湖】 '以節高之'는 절조로서 고상함을 성취함.

'動星象'은 光武帝가 끝내 齊에 숨어 있던 嚴光을 찾아내어 궁중에 머물게 하며 잠자리를 함께할 때 거리낄 것이 없던 嚴光이 황제의 배 위에 발을 얹어 놓았음. 太史가 "지난밤 客星이 帝座를 범하였습니다"라고 하였던 고사를 말함. '歸江湖'의 '江湖'는 자연, 처사나 도인이 떠돌거나 활동하는 곳. 嚴光은 뒤에 다시 富春江으로 들어가 사라짐.

【得聖人之淸, 泥塗軒冕, 天下孰加焉】'泥塗'은 진흙. 아무것도 아닌 것으로 여김. '軒冕'은 公卿大夫의 귀인. '軒'은 대부가 타는 수레. '冕'은 존귀한 사람의 冠.《眞寶》注에 "謂輕賤軒冕, 謂榮貴"라 함. 높은 관직을 비유한 것.

【惟光武以禮下之, 在蠱之上九, 衆方有爲, 而獨不事王侯, 高尙其事, 先生以之】'以禮下之'는 예로써 존중하여 스스로를 낮춤.《眞寶》注에 "兩下並說, 並無抑揚, 便見嚴光不屈光武, 光武不臣嚴光之意"라 함. '蠱之上九'는《易》蠱卦 上九 爻辭에 "不事王侯, 高尙其事"라 하였고, 象辭에는 "「不事王侯」, 志可則也"라 함.《眞寶》注에 "蠱上九,《周易》蠱卦上九爻"라 함. '衆方有爲'는 爻辭가 아님.

【在屯之初九, 陽德方亨, 而能以貴下賤, 大得民也, 光武以之】'屯之初九'는《易》屯卦 初九 象辭에 "雖磐桓, 志行正也; 以貴下賤, 大得民也"라 함.《眞寶》注에 "屯初九,《周易》屯卦初九爻"라 함. '陽德方亨'은 밝은 덕이 통함. '光武以之'는《眞寶》注에 "引兩卦天造地設"이라 함.

【蓋先生之心, 出乎日月之上; 光武之量, 包乎天地之外】嚴光의 志操는 日月보다 더 빛나고, 光武帝의 度量은 천지 밖까지 모두 포용할 정도임. 둘 모두 저마다 자신의 뜻을 이루어 높은 경지에 올랐음을 말함.

【微先生, 不能成光武之大, 微光武, 豈能遂先生之高哉】'微'는 '―이 아니었더라면'의 뜻. 嚴光은 光武帝의 큰 도량을 성취시켜 주었고, 光武帝는 嚴光의 高操를 완수해 주었음. 이 내용을 反語法으로 표현한 것.

【而使貪夫廉, 懦夫立, 是大有功於名敎也】'貪夫'는 욕심이 많은 사람. '懦夫'는 나약하고 겁이 많은 사람. 이는《孟子》萬章(下)의 伯夷, 柳下惠의 '風'을 설명하면서 대비시킨 '頑夫', '懦夫', '鄙夫', '薄夫'를 援用하여 말한 것으로《孟子》에 "故聞伯夷之風者, 頑夫廉, 懦夫有立志. ……故聞柳下惠之風者, 鄙夫寬, 薄夫敦"라 함. '名敎'는 名分과 敎化.《眞寶》注에 "幹歸立祠意"라 함.

【仲淹來守是邦, 始構堂而奠焉, 乃復其爲後者四家, 以奉祠事】'仲淹'은《眞寶》注에 "仲淹, 指范仲淹; 先生, 指嚴子陵"이라 함. '是邦'은《眞寶》注에 "緣所以立祠"라 함. '奠'은 靈前에 자리를 잡고 제물을 바쳐 제사를 올림을 뜻함. '復'은 租稅와 賦役

등을 면제해 줌. 《眞寶》注에 "音福. 除其役也"라 함.

【又從而歌, 曰: 「雲山蒼蒼, 江水泱泱. 先生之風, 山高水長.」】 '蒼蒼'은 짙게 푸름. '泱泱'은 물이 깊고 넓은 모양. '先生之風'은 선생의 風. 원래 여기의 '風'이 '德'이라 하였으나 친구 李泰伯의 의견에 의해 '風'으로 바꾼 것이라 함. 洪邁의 《容齋隨筆》(5)에 "范文正公守桐廬, 始於釣臺, 建嚴先生祠堂. 自爲記, 用屯之初九, 蠱之上九, 極論漢光武之大, 先生之高. 纔二百字, 其歌詞云: 「雲山蒼蒼, 江水泱泱. 先生之德, 山高水長.」 既成, 以示南豐李泰伯, 泰伯讀之三, 歎味不已. 起而言曰: 「公之文一出, 必將名世. 某妄意, 輒易一字, 以成盛美.」 公瞿然, 握手叩之, 答曰: 「雲山江水之語, 於義甚大, 於詞甚溥. 而德字承之, 乃似趢趚, 擬換作風字, 如何?」 公凝坐頷首, 殆欲下拜"라 함. 《眞寶》注에 "含無限意"라 함.

참고 및 관련 자료

1. 范仲淹(989–1052)

자는 希文, 北宋 蘇州 吳縣 사람. 두 살 때 고아가 되어 어머니가 朱氏한테 改嫁하여 이름을 朱說로 바꾸었음. 자라서 자신의 家系를 알고 어머니를 떠나, 홀로 지금의 河南 商丘로 가서 晝耕夜讀하며 고생 끝에 眞宗 大中祥符 8년(1015) 진사에 급제, 廣德司理參軍이 됨. 이에 어머니를 모셔와 자신의 본래 이름을 찾아 范仲淹이라 함. 仁宗 때 吏部員外郎을 거쳐 開封府로 감. 그러나 呂夷簡과 알력으로 饒州知事로 좌천되었다가 西夏의 趙元昊의 반란에 陝西를 경략하여 수년간 변방을 지켜냄. 그 때 羌人들은 그를 龍圖老子라 부르며 더 이상 침범을 하지 못하였다 함. 慶曆 3년(1043) 樞密副使를 거쳐 參知政事에 올랐으나 반대파와의 알력으로 靑州知事로 좌천되었다가 얼마 뒤 생을 마침. 시호는 文正, 저서에 《范文正集》이 있으며, 《宋史》(314)에 傳이 있음.

2. 이 글은 《范文正集》(48), 《嚴陵集》(8), 《宋文選》(6), 《宋文鑑》(77), 《事文類聚》(全集 33), 《歷代名臣確論》(48), 《文章辨體彙選》(593), 《崇古文訣》(16), 《古文集成》(11), 《文章軌範》(6), 《續文章正宗》(16), 《妙絶古今》(3), 《淵鑑類函》(280, 291) 등에 실려 있음.

069. <岳陽樓記> ·················· 范希文(范仲淹)
악양루기

*<岳陽樓記>: 岳陽樓는 지금의 湖南省 岳陽縣 洞庭湖 가에 있으며 洞庭湖를 조
망할 수 있는 최고의 景勝 樓臺임. 처음 세워진 연대는 알 수 없으나 唐 玄宗
開元 4년(716) 무렵 中書令 장열(張說)이 이곳 太守로 부임해 와서는 연일 才子
들을 불러 모아 이 누각에 올라 시를 읊었다고 함. 滕宗諒(子京)이 宋 仁宗 慶
曆 5년(1045)에 중수하였고 范仲淹이 記를 지었으며, 蘇舜欽이 그 글씨를 쓰고,
邵疎가 篆額을 써서 그즈음 이 네 사람이 쓴 작품을 '四絶'이라 불렀음. 특히
이 문장 중에 "先天下之憂而憂, 後天下之樂而樂"은 지금까지 널리 사람들 입에
오르고 있음.
*《眞寶》注에 "迂齋曰:「首尾布置, 與中間狀物之妙, 不可及矣. 然最妙處, 在臨了斷
遣一轉語, 乃知此老, 胸襟宇量, 直與岳陽洞庭, 同其廣大.」范仲淹, 字希文. 官至
參政, 與杜祁公衍, 富鄭公弼, 韓魏公琦, 齊名, 號杜富韓范, 宋之名臣也. 德行, 文
章, 政事, 功業兼有之. 公自爲布衣時, 已有經濟天下之大志, 常誦言曰:「士當先天下
之憂而憂, 後天下之樂而樂.」此其素所蘊也. 此篇爲滕宗諒作, 末段寫其素志妙甚.
然前面分兩柱對說, 排比偶儷, 前輩謂傳奇體耳. 此乃宋初以來, 文體如此, 直待歐
尹出, 而五代偶儷之體, 始變云"이라 함.

경력慶曆 4년(1044) 봄, 등자경滕子京이 좌천되어 파릉군巴陵郡의 태수
로 오고, 이듬해가 되자 정치가 소통되고 인화를 이루어 폐지되었던 온
갖 것들이 모두 새롭게 발흥하였다.

이에 악양루岳陽樓를 중수하면서 옛 규모를 늘리고, 당대唐代의 현인
들과 지금 사람들의 시부詩賦를 그 위에 새기고, 나에게 글을 써서 이를
기록해 달라고 부탁하였다.

내가 보기에 무릇 파릉의 뛰어난 경승은 동정호洞庭湖 하나이다.

그 호수는 먼 산을 머금고 있고, 장강長江을 삼켜 넓고 시원하며, 가로

로 끝이 없으며, 아침 햇살과 저녁 그늘은 그 기상氣象이 천만 가지이다.

이는 바로 악양루에서 본 대관大觀이며, 전대 사람들은 이를 갖추어 기술해왔다.

그러나 북쪽으로는 무협巫峽까지 통하고 남쪽으로는 소수瀟水와 상수湘水까지 다하여, 유배되어 온 이들이나 시인들은 주로 이곳에 모였으니, 경물景物을 보고 느끼는 감정은 각기 다르지 않을 수 있었겠는가?

이를테면 음우霪雨가 흩뿌리며 몇 달을 두고 개지 않거나, 음산한 바람이 노한 듯이 부르짖거나, 흐린 물결이 하늘로 치솟으며 해와 별들조차 빛을 감추고, 물에 비치던 산들도 형상을 감추어, 장사꾼과 나그네의 발길도 끊어지고, 배의 돛대는 기울고 노는 부러지며, 저녁 어스름녁이 되어 날은 컴컴하여 호랑이가 울고 원숭이가 울부짖는다.

이러한 때 이 누각에 올랐다면, 멀리 서울을 떠나 고향을 그리는 마음이 일어나며, 참훼를 당할까 하는 근심과, 기롱을 당할까 하는 두려움에 눈에 가득 보이는 것은 모두 소연하여 느낌이 극에 달해 비통해질 것이다!

그러나 만약 봄기운이 온화하고 경치가 청명하며, 파도는 놀랄 것이 없고, 하늘빛과 호수 빛이 하나가 되어 파랗게 만 이랑을 이루고, 모래톱에 갈매기가 날아와 모여들고, 비단 비늘의 물고기가 헤엄치고 있으며, 언덕의 지초芷草와 물가의 난초가 짙은 향기를 내면서 짙게 푸르고, 게다가 혹 길게 뻗은 한 줄기 내가 하늘로 펼쳐져 있고, 흰 달이 천 리를 비추며, 물 위에 떠 움직이는 빛은 황금이 솟아오르는 것 같고, 고요한 그림자는 마치 벽옥을 물에 앉혀놓은 듯하며, 어부들의 노랫소리는 서로 화답하고 있다면 그 즐거움은 어디가 끝이겠는가!

이러한 때 이 누각에 올랐다면 마음이 확 트이고 정신이 편안할 것이며, 총애와 치욕 따위는 모두 잊혀지며, 술잔을 잡고 바람에 임하여 그 즐거움은 양양洋洋한 상태가 될 것이다!

아! 내 일찍이 옛날 어진 마음을 가진 자의 경우를 찾아보았더니, 혹이 두 가지와 달리 한 경우가 있었으니 어떻게 그렇게 할 수 있었을까?
그들은 경물景物을 이유로 기뻐하지도 않았고, 자신의 일 때문에 슬퍼하지도 않았으며, 묘당廟堂의 높은 지위에 있을 경우엔 그 백성을 근심하였고, 강호江湖에 처한 경우엔 그 임금을 걱정하였으니, 이는 나아가도 근심은 있었던 것이요, 물러나도 역시 근심이 있었던 것이다.
그렇다면 그들은 어느 때에 즐거움을 누렸을까?
그것은 틀림없이 "천하 사람들이 근심하기에 앞서 근심하고, 천하 사람들이 즐겁게 여긴 뒤에 즐거움을 누렸노라"라고 말했으리라!
아! 이러한 사람이 아니라면 내 누구와 함께 돌아가겠는가?

慶曆四年春, 滕子京謫守巴陵郡, 越明年, 政通人和, 百廢具興.
乃重修岳陽樓, 增其舊制, 刻唐賢今人詩賦于其上, 屬予作文以記之.
予觀夫巴陵勝狀, 在洞庭一湖.
銜遠山, 呑長江, 浩浩蕩蕩, 橫無際涯; 朝暉夕陰, 氣象萬千.
此則岳陽樓之大觀也, 前人之述備矣.
然則北通巫峽, 南極瀟湘, 遷客騷人, 多會於此, 覽物之情, 得無異乎?

若夫霪雨霏霏, 連月不開, 陰風怒號, 濁浪排空; 日星隱曜, 山岳潛形; 商旅不行, 檣傾楫摧; 薄暮冥冥, 虎嘯猿啼.
登斯樓也, 則有去國懷鄉, 憂讒畏譏, 滿目蕭然, 感極而悲者矣!

至若春和景明, 波瀾不驚, 上下天光, 一碧萬頃; 沙鷗翔集, 錦鱗

游泳; 岸芷汀蘭, 郁郁靑靑, 而或長煙一空, 皓月千里; 浮光躍金,
靜影沈璧; 漁歌互答, 此樂何極!

登斯樓也, 則有心曠神怡, 寵辱俱忘, 把酒臨風, 其喜洋洋者矣!

嗟夫! 予嘗求古仁之心, 或異二者之爲, 何哉?

不以物喜, 不以己悲, 居廟堂之高, 則憂其民; 處江湖之遠, 則憂
其君; 是進亦憂, 退亦憂.

然則何時而樂耶?

其必曰「先天下之憂而憂, 後天下之樂而樂」歟!

噫! 微斯人, 吾誰與歸?

【慶曆四年春, 滕子京謫守巴陵郡】'慶曆'은 宋 仁宗(趙禎)의 6번째 연호. 1041–1048
년까지 8년간이었음. 4년은 1044년. '滕子京'은 河南 사람으로 이름은 宗諒, 자는
子京. 范仲淹과 같은 해에 進士에 올랐던 인물. 사소한 일로 탄핵받았으나 范仲
淹이 적극 변호해주었음. 결국 虢州知事로 좌천되었다가 뒤에 岳州 巴陵郡(岳陽)
의 太守가 되어 부임하여 岳陽樓를 增修함. 《宋史》(303)에 傳이 있음. '謫'은 貶職
되어 귀양을 감. '巴陵郡'은 湖南 岳州(岳陽). 《眞寶》注에 "岳州"라 함.
【越明年, 政通人和, 百廢具興】'政通人和'는 정치가 올바르게 행해지고 인심이 화
합됨. '百廢俱興'은 온갖 피폐해졌던 많은 일들이 다시 올바로 됨.
【乃重修岳陽樓, 增其舊制, 刻唐賢今人詩賦於其上】岳陽樓를 重修하고 옛 건물 구
조에서 더 보태었으며, 唐나라 때 현자들과 지금 시인들의 詩賦를 그 위에 새김.
【屬予作文以記之, 予觀夫巴陵勝狀, 在洞庭一湖】'勝狀'은 뛰어난 경치.
【銜遠山, 呑長江, 浩浩蕩蕩, 橫無際涯】'銜遠山'은 멀리 있는 산을 입에 물고 있듯
이 호수가 펼쳐져 있는 모습. '呑長江'은 長江을 삼킴. 장강의 물이 洞庭湖로 흘러
드는 것을 묘사한 것. '浩浩蕩蕩'은 한없이 넓고도 큰물이 넘실거림. '橫'은 岳陽
樓를 기준으로 가로질러 보이는 곳. '際涯'는 끝.
【朝暉夕陰, 氣象萬千】'朝暉夕陰'은 아침 햇빛과 저녁 그늘.
【此則岳陽樓之大觀也, 前人之述備矣】'前人之述備矣'는 岳陽樓의 경치에 대해 전
대의 사람들이 詩文으로 표현하였음.

【然則北通巫峽, 南極瀟湘, 遷客騷人, 多會於此】'巫峽'은 湖北省 巴東縣의 서쪽에 있는 협곡. 三峽의 하나. '瀟湘'은 洞庭湖 남쪽에 있는 瀟水와 湘水. 瀟湘八景이 있는 곳. '遷客'은 유배 온 사람. '騷人'은 시인. 屈原의 〈離騷〉의 '騷'자를 빌려 詩人을 대신하는 말로 쓰임.

【覽物之情, 得無異乎】《眞寶》注에 "下分言悲喜之異"라 함.

【若夫霖雨霏霏, 連月不開, 陰風怒號, 濁浪排空】'霖雨'는 장맛비로 10일 이상 계속 내리는 비. '霏霏'는 비나 눈이 많이 오는 모양. '陰風'은 음산한 바람.

【日星隱曜, 山岳潛形;商旅不行, 檣傾楫摧;薄暮冥冥, 虎嘯猿啼】'隱曜'는 빛을 감춤. '潛形'은 모습을 감춤. '檣傾楫摧'는 돛대는 기울고 노는 부러짐. '薄暮'는 땅거미가 질 무렵. '虎嘯猿啼'는 호랑이는 울부짖고 원숭이는 울어댐.

【登斯樓也, 則有去國懷鄉, 憂讒畏譏, 滿目蕭然, 感極而悲者矣】'憂讒畏譏'는 참소 당함을 걱정하고 비난받는 것을 두려워함. '滿目蕭然'은 눈에 보이는 것마다 모두가 쓸쓸하게 여겨짐. '感極而悲者'는 감정이 극에 달하여 슬퍼짐. 《眞寶》注에 "立二柱. 此是覽物而悲者"라 함.

【至若春和景明, 波瀾不驚, 上下天光, 一碧萬頃】'至若'은 '만약 一와 같은 때에 이르러서는'의 뜻. '上下天光'은 위도 아래도 하늘빛. 하늘과 호수가 같은 색깔임을 말함. '一碧萬頃'은 萬頃이 오직 푸른빛 일색임.

【沙鷗翔集, 錦鱗游泳;岸芷汀蘭, 郁郁青青】'沙鷗翔集'은 모래톱에 갈매기가 날아와 모임. '岸芷汀蘭'은 언덕에 자란 어수리와 물가의 난초. '芷'는 어수리. 궁궁이풀. 미나리과에 속하는 향초. '郁郁'은 향기가 짙음.

【而或長煙一空, 皓月千里】'長煙一空'은 짙은 내가 하늘에 길게 드리워 있음.

【浮光躍金, 靜影沈璧;漁歌互答, 此樂何極】'浮光躍金'은 흐르는 물에 달빛이 비쳐, 마치 금빛 물결이 출렁이는 것과 같음. '靜影沈璧'은 고요한 그림자가 물속에 잠긴 옥과 같음. '漁歌互答'은 어부들의 노랫소리가 서로 화답함.

【登斯樓也, 則有心曠神怡, 寵辱俱忘, 把酒臨風, 其喜洋洋者矣】'心曠神怡'는 마음속이 활짝 열리고 정신이 편안함. '寵辱'은 영광과 치욕. 임금으로부터의 총애와 좌천. 《眞寶》注에 "此是覽物而喜者, 樓之變態, 萬狀而人情所感, 不過二端. 此一樣人, 勝前一樣人, 要之是知有己者而耳"라 함.

【嗟夫! 予嘗求古仁之心, 或異二者之爲, 何哉】'嗟夫'는 감탄사. '古仁之心'은 옛날 어진 이들의 마음 씀씀이.

【不以物喜, 不以己悲】'不以物喜'은 景物을 보고 그것에 의하여 기뻐하지 않음. '不

以己悲'는 자기 자신의 사사로운 일로 슬퍼하지 않음.

【居廟堂之高, 則憂其民; 處江湖之遠, 則憂其君】'廟堂'은 조정. '居廟堂之高'는 묘당
의 높은 곳에 있는 자. 즉 천자나 높은 관직. 《眞寶》注에 "廟堂, 指政堂"이라 함.
'江湖'는 隱者가 거처하는 곳. 廟堂에 상대하여 쓴 것. 《眞寶》注에 "常情所感, 不
過上面二端而已. 而仁人之心出入, 只是一致, 憂樂不在己而在物, 故一致耳. 居廟
堂則憂民, 不爲堯舜之民; 居江湖則憂君, 未爲堯舜之君. 此仁人君子之用心, 所以
異於常人徇物悲喜之心也"라 함.

【是進亦憂, 退亦憂, 然則何時而樂耶】進達해도 걱정이 있게 마련이며, 물러서서
江湖에 있어도 근심이 있게 마련임.

【必曰「先天下之憂而憂, 後天下之樂而樂」歟】"반드시 '천하 사람의 근심을 그들보
다 먼저 해주고, 천하 사람들이 즐거워한 이후에 나도 그 즐거움을 누린다'고 말
하는 것이리라!"의 뜻. '與'는 '歟'와 같음. 感歎이나 反語를 표시하는 終結辭.

【噫! 微斯人, 吾誰與歸】'斯人'은 옛날 仁者를 지칭함. '吾誰與歸'는 '내 누구와 더
불어 돌아가리?' 즉 '내가 누구를 본받고 의지하겠는가?'의 뜻. 《范文正集》과
《宋文鑑》,《文章辨體彙選》 등에는 맨 끝에 "時六年九月十五日"의 8자가 더 있으
며, 6년은 慶曆 6년, 즉 1046년에 해당함.

참고 및 관련 자료

1. 작자: 范仲淹 앞장(068) 참조.

2. 이 글은 《范文正集》(7), 《崇古文訣》(16), 《宋文鑑》(77), 《文章軌範》(6), 《古文雅
正》(10), 《事文類聚》(續集 7), 《湖廣通志》(105), 《經濟類編》(79), 《文章辨體彙選》(598)
등에 실려 있음.

070. 〈擊蛇笏銘〉 ················ 石守道(石介)

격사홀 명문

＊〈擊蛇笏銘〉: 龍圖待制 벼슬의 孔道輔가 寧州刺史의 막료로 있을 때, 요상한 뱀을 笏로 쳐서 죽여 없앤 일을 두고 銘文을 지은 것. 아울러 역대 사악한 자를 물리치는데 사용된 홀을 열거하여 바른 판단과 정의에 대한 용기를 북돋고 있으며, 이를 통해 孔道輔의 사람됨을 함께 칭송한 것. 《宋文選》에는 제목이 〈擊蛇笏銘幷序〉로 되어 있어 전반부는 序이며 후반부 韻文이 銘임. 특히 宋代 性理學이 발흥하면서 石介(守道)가 미신과 이단을 과감히 배척하고 올바른 도로 행동할 것을 주장한 글이기도 함.
＊《眞寶》注에 "石介, 字守道, 魯人, 號徂徠先生; 孔公, 名道輔. 二公皆剛正人也. 非孔公之剛正, 不能爲此事; 非徂徠之剛正, 不能發揮此事. 讀之可以廉頑立懦"라 함.

천지란 매우 커서 그 사이에 사악한 기운이 끼어들어 흉포한 짓을 하기도 하고 잔적殘賊의 짓을 하는데도 멋대로 하도록 들어주고 있다면, 이는 마치 천지가 이들을 알로 품어 길러주고 있는데도 막지 않고 있는 것과 같다.

사람으로 태어남은 가장 영특한 것임에도, 혹 이상한 것들이 그 곁에 드러나 요괴한 짓을 하고 음혹淫惑한 짓을 하는데도 그러한 이단異端을 믿고 있다면 이는 마치 사람이 그것을 덮고 가려주면서 폭로하지 않고 있는 것과 같다.

상부祥符 연간에 영주寧州의 천경관天慶觀에 요상한 뱀이 있었는데, 더 없이 괴이하여 군군의 자사刺史는 하루에 두 번씩 그 마당으로 찾아가서 그 뱀을 뵈었고, 사람들은 그것을 용이라 여겨 온 고을 사람들은 안 팎과 원근을 가리지 않고 그 문으로 달려가 뵙지 않은 자가 없었으며, 공장숙지恭莊肅祇하며 감히 태만히 구는 자가 없었다.

그러자 지금 용도대제龍圖待制 벼슬의 공공孔公 도보道輔가 마침 이곳 보좌 막료로서, 역시 군의 자사를 따라 그 뜰에 이르게 되었다.

그때 공도보는 이렇게 말하였다.

"밝은 곳이라면 예악이 있고 어두운 곳이라면 귀신이 있지요. 이 뱀은 속임수로 이런 짓을 하는 것이 아닐까요? 우리 백성을 미혹하게 하고 우리 풍속을 어지럽게 하니, 용서 없이 죽여버려야 합니다."

그러고는 손에 쥐고 있던 판板 홀笏로 그 머리를 내리치자 뱀은 드디어 그 앞에서 죽고 말았는데, 일반 뱀과 아무런 다른 점이 없었다.

군의 자사 및 내외 원근의 일반 백성들의 확연한 깨우침은 마치 얼굴에 덮어썼던 막을 거두어내어 푸른 하늘의 밝은 해를 보는 것과 같았다.

그러므로 그 사건으로 인해 능히 흉잔凶殘한 짓이 마구 생겨나거나, 요혹妖惑한 짓도 일어날 수가 없었다.

《역易》에 "이 까닭으로 귀신의 실상을 알 수 있다"라 하였으니, 공공을 두고 한 말이리라!

무릇 하늘과 땅 사이에는 순강純剛하고 지정至正한 기氣가 있어, 혹 물건에 모여들기도 하고, 혹 사람에게 모여들기도 하는데 사람에게는 죽음이라는 것이 있고, 물건에는 다함이라는 것이 있으니, 이러한 기는 사라짐이 없이 열렬烈烈하여 억만 세대를 걸쳐 길이 존재한다.

그래서 그 기는 요堯임금 때는 지녕초指佞草가 되었고, 노魯나라에서는 공자孔子가 소정묘少正卯을 주벌하는 칼날이 되었으며, 진晉나라와 제齊나라에서는 동호董狐와 남사씨南史氏의 붓이 되었고, 한漢 무제武帝 때에는 동방삭東方朔의 창이 되었으며, 성제成帝 때에는 주운朱雲의 칼이 되었고, 동한東漢 때에는 장강張綱의 수레바퀴가 되었으며, 당唐나라 대에는 한유韓愈의 〈논불골표論佛骨表〉와 〈축악어문逐鰐魚文〉이 되었고, 단태위段太尉가 주자朱泚를 친 홀이 되었으며, 이제는 공공이 뱀을 쳐서 죽인 홀이 된 것이다.

그러므로 영인佞人이 사라지자, 요임금의 덕이 총명해졌고, 소정묘가 죽임을 당하자 공자의 법이 거행되었으며, 조돈趙盾의 죄가 기록되자 진晉나라 사람들이 두려워하였고, 최저崔杼가 사형을 당하자 제齊나라 형법이 분명해졌으며, 동언董偃을 막아내며, 장우張禹를 꺾고, 양기梁冀를 탄핵하자 한漢나라 왕실이 다스려졌고, 불로佛老가 희미해지자 성도聖道가 행해졌으며, 악어가 옮겨가자 조수潮水의 환난이 사라졌고, 주자朱泚가 부상을 당하자 당나라 왕조가 떨쳐 일어났으며, 괴이한 뱀이 죽자 요기妖氣가 흩어진 것이다.

아! 천지의 순강純剛하고 지정至正한 기운이 공공의 홀에 있었음은 어찌 한갓 한 마리 뱀을 죽이는 데에 그쳤겠는가?

궁중 섬돌 아래 임금을 속이고 백성을 속이며, 임금의 뜻을 먼저 알아차려 그 뜻에 순종만 하는 자는 공이 이 홀로써 지적할 것이며, 묘당廟堂 위에서 자리를 차지한 채 어진 이를 가리고 악한 자를 덮어주며 법을 어기고 기강을 어지럽히는 자는, 공께서 이 홀로써 내칠 것이며, 조정 안에서 아첨하는 얼굴에 사녕邪佞한 낯빛으로 사악한 것에 빌붙고 정의로운 것은 등지는 자는, 공께서 이 홀로 내리칠 것이다.

무릇 이와 같다면 조정의 섬돌 아래에서는 어질지 못한 자는 사라질 것이며, 묘당 위에서는 간신이 없어질 것이며, 조정 안에서는 알랑거리는 자들이 없어질 것이다. 그렇게 됨은 이 홀의 공일 것이니, 어찌 한 마리 뱀을 죽이는 데에 그치겠는가?

공께서는 홀로써 임무를 삼으셨고, 홀은 공을 얻어 효능을 편 것이니, 공은 바야흐로 조정의 정인正人이 되고 홀은 바야흐로 공의 훌륭한 도구가 될 것이므로, 감히 덕이 공에게 맞는다고 여겨 〈홀명笏銘〉을 이렇게 짓노라.

"지극히 바른 기운은 천지에 있는 것,

홀은 영물이요, 홀은 능히 그 기운을 받을 수 있도다.

홀의 물건됨은 순정하고 강건하며 정직하니.

공께서는 오직 정인이요, 공은 이에 능히 그 능력을 얻으셨도다.

홀은 공에게 있음으로 해서 능히 음요淫妖한 것을 깨부수었으니,

공께서 조정에 계시면 참인讒人은 사라질 것이로다.

영기靈氣는 다함이 없을 것이며, 이 홀은 부러지지 않으리라.

정도正道는 사라지지 않을 것이며, 이 홀은 감춰지지 않을 것이다.

오직 공께서 보물로 여기셨으니, 열렬하도다, 그 빛이여!"

天地至大, 有邪氣干於其間, 爲凶暴, 爲殘賊, 聽其肆行, 如天地卵育之而莫禦也.

人生最靈, 或異類出於其表, 爲妖怪, 爲淫惑, 信其異端, 如人蔽覆之而莫露也.

祥符年, 寧州天慶觀, 有蛇妖, 極怪異, 郡刺史日兩至於其庭, 朝焉; 人以爲龍, 擧州人內外遠近, 罔不駿奔於門以覦, 恭莊肅祇, 無敢怠者.

今龍圖待制孔公, 時佐幕在是邦, 亦隨郡刺史於其庭.

公曰:「明則有禮樂, 幽則有鬼神. 是蛇不以誣乎? 惑吾民, 亂吾俗, 殺無赦.」

以手板, 擊其首, 遂斃於前, 則蛇無異焉.

郡刺史暨內外遠近庶民, 昭然若發蒙, 見青天覩白日.

故不能肆其凶殘而成其妖惑.

《易》曰「是故知鬼神之情狀」, 公之謂乎!

夫天地間, 有純剛至正之氣, 或鍾於物, 或鍾於人, 人有死, 物有盡, 此氣不滅烈烈, 彌亘億萬世而長在.

在堯時, 爲指佞草; 在魯, 爲孔子誅少正卯刃; 在晉在齊, 爲董史筆; 在漢武帝朝, 爲東方朔戟; 在成帝朝, 爲朱雲劒; 在東漢, 爲張綱輪; 在唐, 爲韓愈<論佛骨表>, <逐鰐魚文>; 爲段太尉擊朱泚笏; 今爲公擊蛇笏.

故佞人去, 堯德聰; 少正卯戮, 孔法擧; 罪趙盾, 晉人懼; 辟崔子, 齊刑明; 距董偃, 折張禹; 劾梁冀, 漢室乂; 佛老微, 聖道行; 鰐魚徙, 潮患息; 朱泚傷, 唐朝振; 怪蛇死, 妖氣散.

噫! 天地鍾純剛至正之氣, 在公之笏, 豈徒斃一蛇而已?

軒陛之下, 有罔上欺民, 先意順旨者, 公以此笏, 指之; 廟堂之上, 有蔽賢蒙惡, 違法亂紀者, 公以此笏, 麾之; 朝廷之內, 有諛容佞色, 附邪背正者, 公以此笏, 擊之.

夫如是, 則軒陛之下, 不仁者去; 廟堂之上, 無奸臣, 朝廷之內, 無佞人, 則笏之功也, 豈止在一蛇?

公以笏爲任, 笏得公而用, 公方爲朝廷正人, 笏方爲公之良器, 敢稱德于公, 作<笏銘>, 曰:

『至正之氣, 天地則有,
　笏爲靈物, 笏乃能受.
　笏之爲物, 純剛正直,
　公惟正人, 公乃能得.
　笏之在公, 能破淫妖,
　公之在朝, 讒人乃消.
　靈氣未竭, 斯笏不折,
　正道未亡, 斯笏不藏.
　惟公寶之, 烈烈其光!』

【天地至大, 有邪氣干於其間, 爲凶暴, 爲殘賊】'干'은 '간섭하다. 끼어들어 영향을 미치거나 어떤 변화를 주다' 등의 뜻.

【聽其肆行, 如天地卵育之而莫禦也】'聽其肆行'은 그것이 마구 행하는 것을 들어줌.

【人生最靈, 或異類出於其表, 爲妖怪, 爲淫惑】'爲淫惑'은 그릇된 형태로 나타나 미혹된 짓을 함.

【信其異端, 如人蔽覆之而莫露也】'信其異端'은 그 기이한 단서를 믿어줌. '露'는 드러내어 잘못된 것이리 폭로힘.《眞寶》注에 "露, 猶暴露也"라 함.

【祥符年, 寧州天慶觀, 有蛇妖, 極怪異】祥符는 大中祥符. 宋 眞宗(趙恒)의 3번째 연호로 1008–1016년까지 9년간. '寧州'는 지금의 雲南省에 있던 고을 이름. '天慶觀'은 도교 寺院의 이름. '蛇妖'는 뱀이 기이한 짓을 함.

【郡刺史日兩至於其庭, 朝焉】'郡刺史'는 郡에서 刺史의 임무를 맡고 있는 자. '朝焉'은 아침 인사를 드림.

【人以爲龍, 擧州人內外遠近, 罔不駿奔於門以觀, 恭莊肅祗, 無敢怠者】'罔'은 無와 같음. '駿奔'은 내달아 달려옴을 疊韻連綿語로 표현한 것. '恭莊肅祗'는 공경스럽고 엄숙하게 여김.

【今龍圖待制孔公, 時佐幕在是邦, 亦隨郡刺史於其庭】'龍圖待制'는 龍圓閣의 直學士 아래 직급. 龍圖閣은 宋 眞宗 때 세워졌으며 임금의 문서와 詔令을 다루던 곳. '孔公'은 孔道輔. 兗州 曲阜 사람으로 자는 原魯. 初名은 延魯, 孔子 45代孫으로 孔勖의 아들. 眞宗 大中祥符 초에 進士에 급제하여 龍圖閣待制를 지냄. 正言과 直諫으로 유명하였으며 御史中丞 등을 지냄. 뒤에 鄆州指事로 제수받아 가던 도중 생을 마침.《臨川集》이 있으며《宋史》(297)에 傳이 있음. '佐幕'은 그곳 寧州 刺史를 보좌하고 있었음.

【公曰:「明則有禮樂, 幽則有鬼神. 是蛇不以誣乎? 惑吾民, 亂吾俗, 殺無赦.」】'公'은 孔道輔.

【以手板, 擊其首, 遂斃於前, 則蛇無異焉】'手板'은 손에 들고 있던 板. 즉 笏.《眞寶》注에 "手板, 卽笏也"라 함. 笏은 禮服을 갖추었을 때 손에 들고 상관의 지시를 기록하거나 예를 표할 때 두 손으로 잡고 올리는 판. 신분에 따라 玉笏, 象笏, 竹笏, 木笏 등이 있었음.

【郡刺史曁內外遠近庶民, 昭然若發蒙, 見靑天覩白日】'曁'는 及과 같음. '昭然'은 아주 밝아 잘 보임을 뜻함. '發蒙'은 어둡게 얼굴을 덮었던 것을 벗겨 환히 보이도

록 함. 즉 啓蒙과 같으며 몽매함으로부터 깨어남을 뜻함.

【故不能肆其凶殘而成其妖惑】'肆'는 제멋대로 마구함.

【《易》曰「是故知鬼神之情狀」, 公之謂乎】이는 《易》繫辭(上)에 "原始反終, 故知死生之說; 精氣爲物, 遊魂爲變, 是故知鬼神之情狀"이라 한 말을 인용한 것.

【夫天地間, 有純剛至正之氣, 或鍾於物, 或鍾於人, 人有死, 物有盡】'純剛至正'은 순수하고 강하며, 지극하고 올바른 것. '鍾'은 '모이다, 뭉치다, 집중되다'의 뜻.

【此氣不滅烈烈, 彌亘億萬世而長在】'彌亘'은 오래도록 뻗쳐서 이어감.

【在堯時, 爲指佞草; 在魯, 爲孔子誅少正卯刃; 在晉在齊, 爲董史筆; 在漢武帝朝, 爲東方朔戟】'指佞草'는 堯임금 때 궁정의 '屈軼'이라는 풀이 나서, 간사한 자가 있으면 그를 향해 굽어 지적했다 함. 《博物志》(3)에 "堯時有屈佚草, 生於庭, 佞人入朝, 則屈而指之. 一名指佞草"라 하였고, 《論衡》(講瑞篇)에는 "太平之時, 屈軼生于庭, 之末若草之狀, 主指佞人"이라 하였으며, 《太平御覽》(873)에도 "孫氏〈瑞應圖〉曰: 「屈軼者, 太平之代生於庭, 有佞人則草指之.」"라 함. '孔子誅少正卯'는 孔子가 魯나라 大司寇가 되자 7일 만에 대부 少正卯를 처단하였음. 《史記》孔子世家에 "定公十四年, 孔子年五十六, 由大司寇行攝相事, 有喜色. 門人曰: 「聞君子禍至不懼, 福至不喜.」 孔子曰: 「有是言也. 不曰'樂其以貴下人'乎?」 於是誅魯大夫亂政者少正卯."라 함. '董史筆'은 晉나라 董狐와 齊나라 南史氏의 史筆. 《眞寶》注에 "書晉趙盾. 齊崔杼弑君. 董史筆, 指董狐史筆"이라 함. 晉 靈公은 무도한 임금으로 趙盾(조돈)이 여러 차례 간언하자 영공은 조돈을 죽이려 하였음. 이에 조돈이 국외로 도망가는 도중 趙穿이 靈公을 죽였다는 소식을 듣고 귀국하였으나, 조돈은 趙穿을 처벌하지 않았음. 이때 史官 董狐가 "조돈이 그 임금은 죽였다"고 씀. 《左傳》宣公2년에 "乙丑, 趙穿攻靈公於桃園. 宣子未出山而復. 大史書曰: 「趙盾弑其君」, 以示於朝. 宣子曰: 「不然.」 對曰: 「子爲正卿, 亡不越竟, 反不討賊, 非子而誰?」 宣子曰: 「嗚呼! 《詩》曰: 『我之懷矣, 自詒伊慼.』 其我之謂矣!」 孔子曰: 「董狐, 古之良史也, 書法不隱. 趙宣子, 古之良大夫也, 爲法受惡. 惜也, 越竟乃免.」 宣子使趙穿逆公子黑臀于周而立之. 壬申, 朝于武宮"이라 함. 한편 '董史'는 董狐를 가리키는 말로 동씨 집안이 대대로 晉나라 史官이 되어 그렇게 부른 것임. 《左傳》召公15년에 "昔而高祖孫伯黶司晉之典籍, 以爲大政, 故曰籍氏. 及辛有之二子董之晉, 於是乎有董史"라 하였음. 그러나 '史'를 南史氏로 보아 齊나라 권신 崔杼가 임금 莊公을 죽이고 史官에게 그 사실을 기록하지 못하도록 위협하였으나, 齊나라 史官이었던 南史氏는 목숨을 걸고 그 사실을 기록하였다는 고사를 거론한 것으로도 봄.

《左傳》襄公 25년에 "大史書曰: 「崔杼弑其君.」 崔子殺之. 其弟嗣書, 而死者二人. 其弟又書, 乃舍之. 南史氏聞大史盡死, 執簡以往. 聞旣書矣, 乃還"이라 함. '東方朔戟'은 東方朔의 창. 漢 武帝 때 侏儒 董偃이 武帝의 총애를 받아 武帝가 궁중에서 잔치를 벌이면서 董偃을 부르자, 東方朔은 섬돌 아래 창을 들고 이를 간언하여 武帝를 바로잡아주었던 고사. 《眞寶》 注에 "請誅董偃"이라 함. 《漢書》(65) 東方朔傳에 "初, 帝姑館陶公主號竇太主, 堂邑侯陳午尙之. 午死, 主寡居, 年五十餘矣, 近幸董偃. ……常從遊戲北宮, 馳逐平樂, 觀鷄鞠之會, 角狗馬之足, 上大歡樂之. 於是上爲竇太主置酒宣室, 使謁者引内董君. 是時, 朔陛戟殿下, 辟戟而前曰: 「董偃有斬罪三, 安得入乎?」 上曰: 「何謂也?」 朔曰: 「偃以人臣私侍公主, 其罪一也. 敗男女之化, 而亂婚姻之禮, 傷王制, 其罪二也.」 陛下富於春秋, 方積思於《六經》, 留神於王事, 馳騖於唐, 虞, 折節於三代, 偃不遵經勸學, 反以靡麗爲右, 奢侈爲務, 盡狗馬之樂, 極耳目之欲, 行邪枉之道, 徑淫辟之路, 是乃國家之大賊, 人主之大蜮. 偃爲淫首, 其罪三也. 昔伯姬燔而諸侯憚, 奈何乎陛下?」 上默然不應良久, 曰: 「吾業以設飲, 後而自改.」 朔曰: 「不可. 夫宣室者, 先帝之正處也, 非法度之政不得入焉. 故淫亂之漸, 其變爲篡, 是以豎貂爲淫而易牙作患, 慶父死而魯國全, 管, 蔡誅而周室安.」 上曰: 「善.」 有詔止, 更置酒北宮, 引董君從東司馬門. 東司馬門更名東交門. 賜朔黃金三十斤. 董君之寵由是日衰, 至年三十而終. 後數歲, 竇太主卒, 與董君會葬於霸陵. 是後, 公主貴人多逾禮制, 自董偃始."라 함.

【在成帝朝, 爲朱雲劒; 在東漢, 爲張綱輪】'朱雲劒'은 朱雲의 칼. 《眞寶》 注에 "請斬張禹"라 함. 漢 成帝 때 재상 張禹가 간사한 짓을 하자 成帝에게 칼을 빌려주면 재상 張禹의 목을 치겠다고 나섰던 고사이며, 朱雲은 특히 '攀檻柱折'의 고사로 유명한 인물. 《漢書》(67) 朱雲傳에 "至成帝時, 丞相故安昌侯張禹以帝師位特進, 甚尊重. 云上書求見, 公卿在前. 云曰: 「今朝廷大臣上不能匡主, 下亡以益民, 皆屍位素餐, 孔子所謂『鄙夫不可與事君』, 『苟患失之, 亡所不至』者也. 臣願賜尙方斬馬劍, 斷佞臣一人以厲其餘.」 上問: 「誰也?」 對曰: 「安昌侯張禹.」 上大怒, 曰: 「小臣居下訕上, 廷辱師傅, 罪死不赦.」 御史將云下, 云攀殿檻, 檻折. 云呼曰: 「臣得下從龍逄, 比干遊於地下, 足矣! 未知聖朝何如耳?」 御史遂將云去. 於是左將軍辛慶忌免冠解印綬, 叩頭殿下曰: 「此臣素著狂直於世. 使其言是, 不可誅; 其言非, 固當容之. 臣敢以死爭.」 慶忌叩頭流血. 上意解, 然後得已. 及後當治檻, 上曰: 「勿易! 因而輯之, 以旌直臣.」"이라 함. '張綱輪'은 張綱의 수레바퀴. 《眞寶》 注에 "劾梁冀"라 함. 後漢 順帝 때에는 宦官의 횡포가 심할 때 順帝가 張綱(張皓의 아들)을 御史로 삼았음. 그

는 이미 환관의 횡포를 누차 간언하였지만 효과를 보지 못하였는데, 임금이 전혀 엉뚱하게 민정을 살피도록 명을 내리자 洛陽 都亭에 이르러 수레바퀴를 땅에 묻고 "豺狼當路, 安問狐狸!"라 하면서 들어와 大將軍 梁冀를 탄핵하였음.《後漢書》(86) 張皓傳(張綱)에 "漢安元年, 選遣八使徇行風俗, 皆耆儒知名, 多歷顯位, 唯綱年少, 官次最微. 餘人受命之部, 而綱獨埋其車輪於洛陽都亭, 曰:「豺狼當路, 安問狐狸!」遂奏曰:「大將軍冀, 河南尹不疑, 蒙外戚之援, 荷國厚恩, 以銏蕘之資, 居阿衡之任, 不能敷揚五敎, 翼贊日月, 而專爲封豕長蛇, 肆其食叨, 甘心好貨, 縱恣無底, 多樹諂諛, 以害忠良. 誠天威所不赦, 大辟所宜加也. 謹條其無君之心十五事, 斯皆臣子所切齒者也.」書御, 京師震竦. 時, 冀妹爲皇后, 內寵方盛, 諸梁姻族滿朝, 帝雖知綱言直, 終不忍用."이라 함.

【在唐, 爲韓愈〈論佛骨表〉, 〈逐鱷魚文〉; 爲段太尉擊朱泚笏; 今爲公擊蛇笏】韓愈의 〈論佛骨表〉는 異端과 佛敎를 배척한 대표적인 글. 본《眞寶》〈與孟簡尙書書〉(028)의 참고란을 볼 것. 〈逐鱷魚文〉(035)을 볼 것. '段太尉'는 唐나라 때 段秀實. 德宗 때에 司農卿이 되어, 朱泚가 모반하려 하자 그의 얼굴에 침을 뱉고 욕을 하면서 笏로 내리쳤음.《舊唐書》(128) 段秀實傳에 "秀實戎服, 與泚幷膝, 語至僭位, 秀實勃然而起, 執休腕奪其象笏, 奮躍而前, 唾泚面大罵曰:「狂賊, 吾恨不斬汝萬段, 我豈逐汝反耶!」遂擊之"라 함.

【故佞人去, 堯德聰; 少正卯戮, 孔法擧; 罪趙盾, 晉人懼; 辟崔子, 齊刑明; 距董偃, 折張禹; 劾梁冀, 漢室乂; 佛老微, 聖道行; 鱷魚徙, 潮患息; 朱泚傷, 唐朝振; 怪蛇死, 妖氣散】'少正卯'는 春秋 말 魯나라 대부. 魯나라 정치를 혼란하게 하여 孔子에게 처단당한 인물. '趙盾'(조돈)은 春秋시대 晉나라 대부이며 六卿의 하나. 趙衰(成季)의 아들. 趙宣子, 趙孟으로도 부르며 그 후손이 戰國시대 趙나라를 일으킴. '崔子'는 崔杼. 春秋시대 齊나라 대부.《眞寶》注에 "辟, 死刑. 崔子, 指崔杼"라 함. 崔杼는 晏子(晏嬰)과 대립하던 인물로 莊公(B.C.553~B.C.548)이 자신의 아내와 私通하자 이를 시해하고 景公(B.C.547~B.C.490)을 세움. '董偃'은 漢 武帝 때의 佞臣이며 侏儒. '張禹'는 漢 成帝의 스승이며 安昌侯에 봉해졌으나 朱雲의 탄핵을 받음. '梁冀'는 字는 伯卓. 順帝, 桓帝 皇后의 오빠로 大將軍이 되었음. 횡포가 심하자 質帝가 그를 跋扈將軍이라 불렀음. 梁冀는 뒤에 質帝를 독살하고(146년) 桓帝를 세우고 나서 20여 년 간 정권을 농단하자 桓帝가 참다못해 單超 등과 공모하여 梁冀를 체포, 梁冀는 자살하고 族滅당하였음. '朱泚'는 원래 段秀實과 친하였으나 그가 모반을 꿈꾸자 段秀實이 침을 뱉으며 주먹으로 쳐서 저지함. '乂'(예)는

잘 다스려짐.

【噫! 天地鍾純剛至正之氣, 在公之笏, 豈徒斃一蛇而已】'徒'는 '한갓, 오로지' 등의 뜻.

【軒陛之下, 有罔上欺民, 先意順旨者, 公以此笏, 指之】'軒陛'는 殿陛와 같음. 궁전의 섬돌. 《眞寶》注에 "軒陛, 指殿陛"라 함. '先意順旨'는 상대의 뜻을 미리 알아차리고 그 속뜻을 따라 미리 대처하여 잘함.

【廟堂之上, 有蔽賢蒙惡, 違法亂紀者, 公以此笏, 麾之】'廟堂'은 朝廷. 《眞寶》注에 "廟堂, 指朝堂"이라 함. '麾之'는 휘둘러 물리침.

【朝廷之內, 有諛容佞色, 附邪背正者, 公以此笏, 擊之】'諛容佞色'은 아첨하는 얼굴과 간사한 얼굴빛. '附邪背正'은 邪惡한 자에게 빌붙고 正義를 등짐.

【夫如是, 則軒陛之下, 不仁者去; 廟堂之上, 無奸臣, 朝廷之內, 無佞人, 則笏之功也, 豈止在一蛇】'豈止'는 "어찌 이 한 가지에 그치리오?"의 뜻.

【公以笏爲任, 笏得公而用, 公方爲朝廷正人, 笏方爲公之良器, 敢稱德于公, 作〈笏銘〉, 曰】'良器'는 아주 훌륭한 도구.

【至正之氣, 天地則有, 笏爲靈物, 笏乃能受】'笏爲靈物'은 笏은 신령스럽고 영험한 물건.

【笏之爲物, 純剛正直, 公惟正人, 公乃能得】笏과 孔道輔가 서로 자신의 직분을 다 했음을 말함.

【笏之在公, 能破淫妖, 公之在朝, 讒人乃消】'讒人'은 참소하여 남을 헐뜯는 자.

【靈氣未竭, 斯笏不折, 正道未亡, 斯笏不藏. 惟公寶之, 烈烈其光!】'不藏'은 감추어진 채 제 구실을 못하는 경우가 없음. '烈烈'은 불꽃이 타오르는 모습과 같음.

참고 및 관련 자료

1. 石介(1005-1045)

宋나라 兗州 奉符 출신으로 字는 守道, 또는 公操. 호는 徂徠先生. 仁宗 天聖 8년에 進士에 올라 鄆州觀察推官, 南京留守推官을 거쳐 鎭南節度掌庶幾 등을 지냄. 어머니 상을 당하자 고향 徂徠山으로 돌아가 은거하여 농사를 지으며 《易》을 강의함. 어머니 상을 벗고 나서 다시 관직에 들어가 國子監直講이 되어 많은 제자를 길러냄. 慶曆 연간에 太子中允을 거쳐 集賢院直學士에 오름. 〈慶曆聖德頌〉을 지어 올리기도 하였으며 곧바로 濮州通判에 올랐으나 얼마 뒤 생을 마침. 老佛을 반대하고 宋代 理學의 발단을 이루기도 하였으며 '道統文統合一說'을 주장하였음. 《宋史》(432) 儒林傳에 傳이 실려 있으며 文集으로 《徂徠集》을 남김. 「四庫

全書」《徂徠集》提要에 "《徂徠集》二十卷. 宋石介撰. 介字守道, 兗州奉符人. 天聖八年進士及第, 初授嘉州判官, 後以直集賢院, 出通判濮州, 初介嘗躬耕徂徠山下, 人以徂徠先生稱之, 因以名集. 介深惡五季以後文格卑靡, 故集中亟推柳開之功, 而復作〈怪說〉以排楊億. 其文章宗旨, 可以想見. 雖主持太過抑揚, 皆不得其平要, 亦戛然自異者"라 하였고, 《宋史》本傳에는 "石介, 字守道, 兗州奉符人. 進士及第, 历鄆州, 南京推官. 篤學有志尙, 樂善疾惡, 喜聲名, 遇事奮然敢爲. 御史台辟爲主簿, 未至, 以論赦書不當求五代及諸僞國後, 罷爲鎭南掌書記. 代父丙遠官, 爲嘉州軍事判官. 丁父母憂, 耕徂徠山下, 葬五世之未葬者七十喪. 以《易》敎授於家, 魯人號介徂徠先生. 入爲國子監直講, 學者從之甚衆, 太學繇此益盛"이라 함.

  2. 이 글은 《徂徠集》(6), 《宋文選》(15), 《山東通志》(35의 10), 《文章辨體彙選》(449), 《甘肅通志》(46), 《珊瑚木難》(1) 등에 실려 있음.

071. 〈諫院題名記〉 ·················· 司馬君實(司馬光)
간원의 제명에 대한 기문

* 〈諫院題名記〉: '諫院'은 諫官들의 부서 이름. 諫官은 諫正, 司諫, 補闕. 拾遺라고
  도 하며 漢 武帝 元狩 5년(B.C.118) 처음으로 諫大夫를 두었다는 기록이 있음.
  諫院이라는 部署는《玉海》(167)「唐諫院」에 "舊紀大和九年(835)十二月辛卯置諫
  院印, 諫院舊無印, 有章疏各於本司, 請印人多知之. 至是特勅置印兼詔諫臣, 論事
  有關機密. 別以狀列之"라 함. 한편 宋나라는 眞宗 天禧 초에 諫院을 두었고, 慶
  曆 연간에 錢昆이 역대 간관들의 이름을 板에 써두었는데, 司馬光이 이것이 泯
  滅될 것을 우려하여 嘉祐 8년 돌에 새기면서 이 글을 쓴 것임. 司馬光의《傳家
  集》에는 "嘉祐八年(1063)作"이라 함.
* 《眞寶》注에 "迂齋云: 首尾一百六十八字, 而包括無餘, 識治體, 明職守, 筆力高簡
  如此, 可以想見其人矣"라 함.

옛날에는 간관諫官이 없어 공경대부公卿大夫로부터 공상인工商人에 이
르기까지 천자에게 간할 수 없는 자가 없었다.

한漢나라가 일어난 이래 비로소 간관이 설치되었다.

무릇 천하 정치와 사해四海의 많은 이들의 득실과 이해에 대한 사안
을, 하나의 관원에게 집중시켜 그로 하여금 말을 하게 하니, 그가 맡은
임무는 역시 무겁다.

이 관직에 처한 자는 의당 그 큰 것에 뜻을 두어야 하고 세세한 것은
버려야 하며, 급한 것을 먼저하고 느슨한 것은 뒤로 미루어, 국가의 이익
만을 전념해야 하며 자신을 위한 모책을 내어서는 안 된다.

저들 가운데 명예에 급급한 자는 이익에 급급한 것과 같으니, 그 둘
사이의 거리가 어찌 먼 것이겠는가!

천희天禧 초에 진종眞宗께서 조칙을 내려 간관 6명을 두어 그 직책에
책임을 지도록 하셨고, 경력慶曆 연간에는 전군錢君, 錢昆이 처음으로 전

임前任 간관들의 이름을 목판에 써서 비치하였는데, 나 사마광은 그것이 오래되어 만멸漫滅될까 두려웠다.

이에 가우嘉祐 8년(1063) 이것을 돌에 새겨, 뒷사람이 장차 그 이름을 하나씩 지적하면서 논의하되 "누구는 충성을 다하였고, 누구는 속임수를 썼으며, 누구는 곧았고, 누구는 정직하지 못하였다"라 할 것이다.

아, 그러니 가히 두렵지 않겠는가?

古者, 諫無官, 自公卿大夫, 至于工商, 無不得諫者.

漢興以來, 始置官.

夫以天下之政, 四海之衆, 得失利病, 萃于一官, 使言之, 其爲任亦重矣.

居是官者, 當志其大, 捨其細, 先其急, 後其緩, 專利國家, 而不爲身謀.

彼汲汲於名者, 猶汲汲於利也, 其間相去, 何遠哉!

天禧初, 眞宗詔置諫官六員, 責其職事; 慶曆中, 錢君始書其名於版, 光恐久而漫滅.

嘉祐八年, 刻著于石, 後之人將歷指其名, 而議之曰:「某也忠, 某也詐, 某也直, 某也曲.」

嗚呼! 可不懼哉?

【古者, 諫無官, 自公卿大夫, 至于工商, 無不得諫者】'諫無官'는 諫하는 임무를 맡은 관직이 없었음. 따로 간관의 제도를 두지 않았음.

【漢興以來, 始置官】'始置官'은 漢나라가 建國되고 漢 文帝 때, 賢人 가운데 정직한 이를 선택하여 諫言의 임무를 맡겼으며, 宣帝 때 諫大夫를 두었고, 武帝 元狩 5년에 비로소 諫議大夫를 두었음. 《眞寶》注에 "漢文帝始詔擧賢良方正直言極諫, 至宣帝朝始有諫大夫"라 함.

【夫以天下之政, 四海之衆】천하의 정치와 세상 많은 이들의 온갖 사안들을 뜻함.

【得失利病, 萃于一官, 使言之, 其爲任亦重矣】'得失'은 정치의 득실. '利病'은 백성

에게 이익이 되는 것과 병폐(고통)가 되는 것. '萃'는 많은 사안들 중에 꼭 해야
할 것만 뽑아 그에게 집중시킴.

【居是官者, 當志其大, 捨其細, 先其急, 後其緩】간관이 된 자의 임무를 뜻함.

【專利國家, 而不爲身謀】오로지 나라의 이익만을 위해야 하며, 자신을 위해 도모
해서는 안 됨.

【彼汲汲於名者, 猶汲汲於利也】'汲汲'은 어떤 일에 마음을 쏟아 쉴 틈이 없음.

【其間相去, 何遠哉】명예와 이익 두 가지의 거리는 먼 것이 아님.

【天禧初, 眞宗詔置諫官六員, 責其職事】'天禧'는 宋 眞宗의 연호. 眞宗(趙恒)은 宋
나라 제3대 황제로 998−1022년까지 재위함. '責'은 책임을 맡김.

【慶曆中, 錢君始書其名於版, 光恐久而漫滅】'慶曆'은 宋 仁宗(趙禎)의 연호. 仁宗은
1023−1063년까지 재위함. '錢君'은 右諫議大夫였던 錢昆. 吳越王 錢涼의 아들.
자는 裕之. 吳越(五代十國의 하나로 錢鏐가 세웠으며 907−978까지 존속하다가 宋에
게 망한 나라)의 후손으로 宋나라에 벼슬하였음.《眞寶》注에 "錢昆爲右諫議大
夫"라 함. '光'은 司馬光 자신을 가리킴. '漫滅'은 泯滅과 같은 뜻이며 문자가 닳고
깎이어 분명하지 않음을 뜻하는 雙聲連綿語.

【嘉祐八年, 刻著于石, 後之人將歷指其名】'嘉祐'는 仁宗(趙禎)의 마지막 연호로
1056−1063년까지이며 8년은 그 마지막 해인 1063년. 그 뒤 英宗(趙曙)으로 이어
짐.《眞寶》注에 "仁宗末年"이라 함. '歷指'는 차례대로 손가락질을 하며 가리킴.

【而議之曰:「某也忠, 某也詐, 某也直, 某也曲.」】역대 간관들에 대해 뒷사람들이 평
가함.

【嗚呼! 可不懼哉】《眞寶》注에 "結尾三四語, 凜凜乎秋霜烈日. 凡官皆有題名記, 而
如此結. 施之諫官, 爲尤宜. ○辭簡義嚴, 所該甚大, 其意甚多, 文字何在乎冗長哉?"
라 함.

参고 및 관련 자료

1. 사마광(司馬光, 司馬溫公, 1019−1086)

宋나라 때 정치가이며 文豪. 자는 君實, 작위는 溫國公, 작위를 줄여 溫公으로
부름. 시호는 文正. 그의 저술《資治通鑑》은 지금도 매우 중요한 史書로 널리 활용
되고 있음.《宋史》列傳(95)에 傳이 있음.《東都史略》列傳(70上)에는 "司馬光, 字君
實. 陝州夏縣人也. 父池有傳, 光爲兒童時, 凜然如成人, 七歲聞講《左氏春秋》, 大愛
之, 退爲家人講云云. 詔肩輿至內東門, 子康挾入對小殿, 薨于位, 年六十八, 贈太師

溫國公, 諡曰文正, 御篆其碑曰:「淸心粹德.」이라 하였고, 《事林廣記》(後集)에는 "程明道嘗曰:「君實之言, 如人蔘甘草.」"라 함. 《眞寶》諸賢姓氏事略에 "司馬溫公, 名光, 字君實. 涑水人. 宋元祐賢相, 諡文正"이라 함.

2. 이 글은 《傳家集》(71), 《宋文鑑》(79), 《崇古文訣》(17), 《古文集成》(10), 《汴京遺蹟志》(2), 《事文類聚》(新集 21), 《尙書古文疏證》(5 上), 《經濟類編》(26), 《文章辨體彙選》(567) 등에 실려 있음.

072. 〈獨樂園記〉 ·················· 司馬君實(司馬光)

독락원기

＊〈獨樂園記〉: 司馬光은 그 무렵 王安石의 新法을 반대하는 舊黨이었으며, 이에
정치에 뜻을 접고 당시 수도 汴京(지금의 開封)을 떠나 熙寧 4년(1071) 洛陽 尊賢
坊 북쪽에 讀書堂, 弄水軒堂, 釣魚庵, 種竹齋, 采藥圃, 澆花亭, 見山臺 등을 짓
고 이를 묶어 獨樂園이라 하며, 迂叟를 자호로 삼고 묻혀 살고 있었음. 東坡가
이를 안타깝게 여겨 지은 〈司馬溫公獨樂園〉(前集 093) 시가 있음. 宋 李文叔의
《洛陽名園記》에 "司馬溫恭在洛陽自號迂叟, 謂其園曰獨樂園. 園卑小不可與他園
班: 其曰讀書堂者, 數十椽屋; 澆花亭者, 益小; 弄水種竹軒者, 尤小; 曰見山臺者, 不
過尋丈; 曰釣魚菴, 曰採藥圃者, 又特結竹杪, 落蕃蔓草爲之爾. 溫恭自爲之序, 諸亭
臺, 詩頗行於世, 所以爲人欣慕者, 不在園耳"라 함. 《性理群書句解》(7)에 "此篇言
己之樂, 非衆人之所謂樂, 故名其園以獨樂"이라 함. 《傳家集》에는 "熙寧六年作"
이라 하여 1073년에 지은 것임. 한편 司馬光 《傳家集》에 따르면 일부만 초록한
것이며, 全文은 참고란을 볼 것.
＊《眞寶》注에 "司馬溫公, 自號迂叟, 其退去適意於園圃, 其樂如此"라 함.

나 우수迂叟는 평일에 책을 읽으며, 위로는 성인聖人을 스승으로 하고
아래로는 많은 현자들을 벗으로 삼으며, 인의仁義의 근원을 들여다보고,
예악禮樂의 실마리를 탐색하고 있다.

만물이 형체가 있기 전부터 시작하여 사방에 무궁한 그 밖까지 통달
하여 사물의 이치가 모두 내 눈앞에 모여들었는데, 배울 수 있는 것은
(아직 병폐로 여기는 것은) 배워도 아직 이르지 못하고 있으니, 무릇 어
찌 이를 남에게서 찾겠으며, 어찌 외물을 기다리겠는가?

뜻이 권태롭고 몸이 지치면 낚싯대를 던져 물고기도 잡아보고, 옷깃
을 잡고 약도 캐어보며, 도랑을 터서 꽃에 물을 대기도 하고, 도끼를 잡
고 대나무를 쪼개보기도 하며, 더위를 씻고 세수를 하기도 하며, 높은

곳에 올라 눈길 가는 대로 바라보기도 하며, 이리저리 거닐며 서성거려 보기도 하며, 이렇게 내 뜻대로 하니 밝은 달이 때맞추어 떠오르고 맑은 바람이 저절로 불어온다.

행동에 견제됨이 없고 그처도 멈추게 하는 것이 없으니, 이목과 폐장肺腸을 거두어 모두가 내 것으로 한다.

홀로 가기도 하고 드넓게 여기기도 하여, 천지 사이에 다시 그 어떤 즐거움이 있어 이를 대신할 수 있을지 모르겠도다.

이로 인하여 이들을 모두 합해 이름을 '독락獨樂'이라 하노라.

迂叟平日讀書, 上師聖人, 下友羣賢; 窺仁義之原, 探禮樂之緖.
自未始有形之前, 暨四達無窮之外; 事物之理, 擧集目前, 可者
(所病者), 學之未至, 夫可何求於人, 何待於外哉?
志倦體疲, 則投竿取魚; 執袵采藥, 決渠灌花; 操斧剖竹, 濯熱盥
水; 臨高縱目, 逍遙徜徉; 惟意所適, 明月時至, 淸風自來.
行無所牽, 止無所柅; 耳目肺腸, 卷爲己有.
踽踽焉, 洋洋焉, 不知天壤之間, 復有何樂, 可以代此也?
因合而命之曰獨樂.

【迂叟平日讀書, 上師聖人, 下友羣賢】'迂叟'는 司馬光의 자호. '迂闊한 늙은이'라는 뜻. 《性理群書句解》에 "迂者, 迂疎之謂; 叟者, 老人之稱. 溫公自號也"라 함. 한편 이 구절은 《家山集》原文에는 "迂叟平日, 多處堂中讀書"로 되어 있음. 이는 獨樂園 七所 중 '讀書堂'에서의 즐김을 표현한 것.
【窺仁義之原, 探禮樂之緖】'緖'는 실마리. 始端. 端緖.
【自未始有形之前, 暨四達無窮之外】'未始有形'은 만물의 형태가 이루어지지 않은 원초, 혼돈의 상태. '暨'는 及과 같음. '無窮之外'는 끝없는 이 세상 밖.
【事物之理, 擧集目前】사물의 이치가 눈앞에 모두 모여 있음.
【可者, 學之未至, 夫可何求於人? 何待於外哉!】'可者'은 가능한 것. 배울 만한 것. 그러나 《家山集》原文에 "所病者"로 되어 있어 '내가 병폐로 여기는 바'의 뜻으로

훨씬 분명함. '夫可' 또한 '夫又'로 되어 있음.

【志倦體疲, 則投竿取魚】 '投竿'은 낚싯대를 던짐. 竿은 본래 대나무 장대. 釣竿. '釣魚庵'에서의 즐거움을 표현한 것.

【執衽采藥, 決渠灌花】 '執衽采藥'는 옷자락을 거머쥐고 약초를 캠. '決渠灌花'는 도랑을 터 꽃나무에 물을 대어 줌. 이는 '采藥圃'와 '澆花亭'에서의 즐김을 표현한 것.

【操斧剖竹, 濯熱盥水】 '操斧剖竹'은 도끼를 잡고 대나무를 쪼갬. '濯熱盥水'는 더위를 식히고, 물로 세수를 함. 이는 '種竹齋'와 '弄水軒堂'에서의 즐거움을 표현한 것.

【臨高縱目, 逍遙倘佯】 '臨高縱目'은 높은 데에 올라가 시선을 풀어놓음. '逍遙倘佯'의 '逍遙'는 자유롭게 산책함을 뜻하는 疊韻連綿語. '倘佯' 역시 마음대로 다녀봄을 뜻하는 疊韻連綿語. 이는 '見山臺'에서의 즐김을 표현한 것.

【惟意所適, 明月時至, 淸風自來】 '惟意所適'은 오직 마음 가는 대로 함.

【行無所牽, 止無所柅】 '柅'(니)는 止와 같은 뜻. 《眞寶》 注에 "柅, 卽止也"라 함.

【耳目肺腸, 卷爲己有】 '卷爲己有'는 거두어들여 모두 자신의 소유로 함. '卷'은 捲과 같음. 그러나 《家山集》 原文에는 "悉爲己有"로 되어 있음

【踽踽焉, 洋洋焉】 '踽踽'는 홀로 걷는 모습. 홀로 앞으로 나아가지 못하는 모습. '踽'는 《孟子》 朱子 音注에 '구'(其禹反)으로 읽도록 되어 있으나 〈諺解〉에는 '우'로 읽었음. 《孟子》 盡心(下) "行何爲踽踽凉凉? 生斯世也, 爲斯世也, 善斯可矣"의 注에 "獨行不進之貌"라 함. '洋洋'은 드넓은 모습을 형용함. 《論語》 子罕篇에 "子曰:「師摯之始, 關雎之亂, 洋洋乎盈耳哉!」"라 하였고, 注에 "洋洋, 美盛意"라 함.

【不知天壤之間, 復有何樂, 可以代此也】 '天壤'은 天地와 같음.

【因合而命之曰獨樂】 '獨樂'은 '즐거움을 얻다'(得樂)의 뜻을 함께 포함한 重義法. 《性理群書句解》에는 "因合是數樂之事, 而總名吾園曰獨樂. 獨之爲言得, 非此樂乃己之所獨, 而非人之所同也耶!"라 함. '獨樂'은 《家山集》 原文에는 "獨樂園"으로 되어 있음. 한편 《孟子》 梁惠王(下)에는 "曰:「獨樂樂, 與人樂樂, 孰樂?」曰:「不若與人.」曰:「與少樂樂, 與衆樂樂, 孰樂?」曰:「不若與衆.」"이라 함.

참고 및 관련 자료

1. 작자: 司馬光은 앞장(071) 참조.

2. 이 글은 《傳家集》(71), 《宋文鑑》(79), 《文章辨體彙選》(572), 《性理群書句解》(7), 《事文類聚》(續集 9) 등에 실려 있음.

3. 〈獨樂園記〉《傳家集》71)

孟子曰:「獨樂樂, 不如與人樂樂;與少樂樂, 不如與衆樂樂. 此王公大人之樂, 非貧賤者所及也. 孔子曰:「飯蔬食飲水曲肱而枕之, 樂亦在其中矣.」「顏子一簞食一瓢飲, 不改其樂.」此聖賢之樂, 非愚者所及也. 若夫「鷦鷯巢林, 不過一枝;偃鼠飲河, 不過滿腹.」各盡其分, 而安之此, 乃迂叟之所樂也.

熙寧四年, 迂叟始家洛, 六年買田二十畝於尊賢坊北關, 以爲園. 其中爲堂, 聚書出五千卷, 命之曰讀書堂. 堂南有屋一區, 引水北流貫宇下, 中央爲沼, 方深各三尺. 疏水爲五派注沼, 中狀若虎爪. 自沼北伏流, 出北階懸注庭下, 狀若象鼻, 自是分爲二渠, 繞庭四隅, 會於西北而出, 命之曰弄水軒堂. 北爲沼中央有島, 島上植竹, 圓周三丈, 狀若玉玦, 攬結其杪如漁人之廬, 命之曰釣魚庵. 沼北橫屋六楹, 厚其墉茨, 以禦烈日, 開戶東出, 南北列軒牖, 以延凉颸, 前後多植美竹, 爲清暑之所, 命之曰種竹齋. 沼東治地爲百有二十畦, 雜蒔草藥, 辨其名物, 而揭之. 畦北植竹, 方徑丈, 狀若棊局, 屈其杪交, 相掩以爲屋, 植竹於其前, 夾道如步, 廊皆以蔓, 藥覆之四周, 植木藥爲藩援, 命之曰采藥圃. 圃南爲六欄, 芍藥牡丹, 雜花各居, 其二每種止植兩本, 識其名狀狀而已, 不求多也, 欄北爲亭, 命之曰澆花亭. 洛城距山不遠, 而林薄茂密, 常苦不得見, 乃於園中築臺搆屋, 其上以望萬安軒轅, 至於太室, 命之曰見山臺.

迂叟平日, 多處堂中讀書, 上師聖人, 下友羣賢;窺仁義之原, 探禮樂之緒. 自未始有形之前, 暨四達無窮之外. 事物之理, 擧集目前, 所病者, 學之未至, 夫又何求於人? 何待於外哉! 志倦體疲, 則投竿取魚, 執袵采藥, 決渠灌花, 操斧剖竹, 濯熱盥手, 臨高縱目, 逍遙徜徉, 唯意所適, 明月時至, 清風自來;行無所牽, 止無所柅, 耳目肺腸, 悉爲己有, 踽踽焉, 洋洋焉, 不知天壤之間, 復有何樂, 可以代此也? 因合而命之曰獨樂園.

或咎迂叟曰:「吾聞君子所樂, 必與人共之. 今吾子獨取, 足於己, 不以及人, 其可乎?」迂叟謝曰:「叟愚何得比君子? 自樂恐不足安能及人, 況叟之所樂者, 薄陋鄙野, 皆世之所棄也. 雖推以與人, 人且不取, 豈得強之乎〉必也有人肯同此樂, 則再拜而獻之矣. 安敢專之哉!」

073. 〈讀孟嘗君傳〉 ·················· 王荊公(王安石)

맹상군 전기를 읽고

*〈讀孟嘗君傳〉: 이는 孟嘗君(田文)이 식객들의 반대에도 무릅쓰고 秦 昭王의 꾐
  에 빠져 秦나라에 갔다가 잡혔을 때 鷄鳴狗盜로 살아나게 된 것을 비판한 것.
  迂齋《崇古文訣》에는 "轉折有力, 首尾無百餘字, 嚴勁緊束, 而宛轉. 凡四五處, 此
  筆力之絶"이라 함.
*《眞寶》注에 "《史記》: 秦昭王因(囚)孟嘗君, 君變姓名, 夜半至函谷關, 關法, 鷄鳴出
  客, 追者將至, 客能爲鷄鳴, 於是羣鷄皆鳴, 遂出關"이라 함.

세상에서는 모두 맹상군孟嘗君은 선비를 잘 구하였다고 말한다.

선비들은 그래서 그에게로 모여들어, 마침내는 그들의 힘을 빌려 호랑
이 표범 같은 진秦나라에서 벗어날 수 있었다고 여기는 것이다.

아! 맹상군은 다만 계명구폐鷄鳴狗吠의 영웅일 뿐 어찌 족히 선비를
얻었다 말할 수 있겠는가?

그렇지 않다면, 강한 제齊나라를 마음대로 하는 사람으로서, 선비 한
사람만 구하였어도 의당 가히 남면南面하여 진秦나라를 제압할 수 있었
을 터인데, 겨우 계명구폐나 하는 이들의 힘을 빌려야 하였겠는가?

계명구폐의 선비들이 그 문하에서 나왔으니, 이것이 옳은 선비가 그
의 문하에 이르지 않은 이유이다.

世皆稱孟嘗君, 能得士.

士以故歸之, 而卒賴其力, 以脫於虎豹之秦.

嗟乎! 孟嘗君特鷄鳴狗吠之雄耳, 豈足以言得士?

不然擅齊之强, 得一士焉, 宜可以南面而制秦, 尚取鷄鳴狗吠之
力哉!

鷄鳴狗吠之出其門, 此士之所以不至也.

【世皆稱孟嘗君, 能得士】 '稱'은 '일컫다, 칭송하다'의 뜻. '孟嘗君'은 田文. 齊나라 靖郭君 田嬰의 아들이며 戰國四公子의 하나. 田嬰은 齊威王의 아들이며 齊宣王의 아우였음. 孟嘗君은 천하의 賢士들을 賓客으로 모아 삼천 식객을 거느렸으며 이 식객들은 모두 저마다 자신만의 재능을 한 가지씩 가지고 있었음. 秦昭王이 맹상군의 위력을 듣고 그를 재상으로 초빙하였을 때, 蘇代가 만류하여 가지 않았으나 거듭 초빙하자 유혹에 빠져 秦나라로 들어갔음. 그러나 그곳에서 모함을 입어 갇히게 되었을 때 개 흉내를 내는 자가 이미 소왕의 부인에게 선물로 주었던 狐白裘를 다시 훔쳐 소왕의 애첩에게 주어 소왕을 설득, 겨우 풀려났으나 소왕이 후회하고 다시 맹상군을 뒤쫓을 때 函谷關에 이르러 닭울음 소리를 잘 내는 자의 도움으로 새벽닭들이 울도록 하여, 관문지기가 문을 열어 살아날 수 있었음. 이 고사를 흔히 '鷄鳴狗盜'(鷄鳴狗吠)라 하며 이는 맹상군이 선비들을 잘 얻었기 때문이라 알려졌으나, 왕안석은 이를 오히려 폄하하여 이 글을 쓴 것임. 《史記》孟嘗君列傳을 참조할 것. 《眞寶》注에 "孟嘗君, 齊人, 名田文. 孟嘗君有鷄鳴狗吠之客, 故曰鷄鳴狗吠之雄"이라 함.

【士以故歸之, 而卒賴其力, 以脫於虎豹之秦】 '以故歸之'는 맹상군이 선비를 잘 대접하여 그 때문에 선비들이 그에게 귀의함. '賴'는 '힘입다, 덕을 보다' 등의 뜻. '虎豹之秦'은 호랑이나 표범같이 사나운 秦나라. 《史記》와 《戰國策》 등에는 秦나라를 虎狼之國이라 불렀음.

【嗟乎! 孟嘗君特鷄鳴狗吠之雄耳, 豈足以言得士】 孟嘗君은 그저 鷄鳴狗吠의 英雄일 뿐임. 본 문장 내의 '鷄鳴狗吠'는 《臨川文集》, 《唐宋八大家文鈔》, 《文章軌範》, 《崇古文訣》 등 다른 모든 판본에 모두 '鷄鳴狗盜'로 되어 있음.

【不然擅齊之强, 得一士焉】 '擅'은 '마음대로 하다'의 뜻. 그는 齊나라의 강함을 마음대로 활용할 수 있었음. '得一士'는 三千食客의 많은 선비들이 필요 없으며, 그 많은 삼천식객 중에 맹상군을 천하의 영웅으로 만들어줄 선비는 하나도 없었음을 말함.

【宜可以南面而制秦, 尙取鷄鳴狗吠之力哉】 '南面'은 帝王의 자리. 천자나 제후는 남쪽을 향해 자리를 하며 신하는 북면함. '尙'은 '오히려, 겨우' 등의 뜻.

【鷄鳴狗吠之出其門】 그 門下에 겨우 鷄鳴狗吠하는 선비들이 배출되었을 뿐임.

【此士之所以不至也】 '不至'는 오지 않음. 《眞寶》注에 "此一轉, 筆力健. 謝云:「此篇立意, 亦是祖述前言.」 韓文公〈祭田橫墓文〉云:「當嬴氏之失鹿, 得一士而可王. 何五百人之擾擾? 不脫夫子於劒鋩, 豈所寶之非賢? 抑天命之有常.」 介甫蓋自此篇,

變化來"라 함.

참고 및 관련 자료

1. 王安石(1021-1086)

北宋 대표적인 政治家이며 文章家. 唐宋八大家의 하나. 자는 介甫, 호는 半山. 撫州 臨川(지금의 江西 臨川縣) 사람. 北宋 眞宗 天禧 5년에 태어나 哲宗 元祐 원년에 생을 마침. 향년 66세. 仁宗 慶曆 2년(1042)에 進士에 올라 지방 관리를 하다가 성지적 업적을 쌓아 嘉祐 3년 〈萬言書〉를 올려 개혁을 주장하였음. 神宗 熙寧 2년 參知政事에 올랐으며 이듬해 재상이 되자, 곧바로 靑苗法, 均輸法, 農田法, 水利法 등 新法을 제정하여 개혁을 서둘렀으나 舊黨의 극렬한 반대에 부딪침. 늘그막에 江寧(지금의 南京)으로 물러나 神宗 元豐 연간에 荊國公에 봉해져 '荊公'이라 불렸음. 그의 詩, 詞, 散文 등은 모두 뛰어나 널리 읽히고 있으며, 저서로 《臨川集》 100권, 《周官新義》, 《唐百家詩選》 등이 있음. 《宋史》(327)에 傳이 있음.

2. 이 글은 《臨川文集》(71), 《唐宋八大家文鈔》(90), 《宋文鑑》(130), 《崇古文訣》(20), 《文章軌範》(5), 《文編》(40), 《歷代名臣確論》(29), 《山東通志》(35-20), 《文章辨體彙選》(377), 《唐宋文醇》(58), 《經濟類編》(32) 등에 실려 있음.

074. 〈上范司諫書〉 ················ 歐陽永叔(歐陽脩)

사간 범중엄에게 올리는 글

*〈上范司諫書〉: '范司諫'은 司諫의 직책을 부여받아 부임하러 오고 있던 范仲淹
을 가리킴. 歐陽修가 그에게 보낸 글. 이는 韓愈의 〈爭臣論〉(032)의 영향을 받은
글로 두 문장은 짝을 이루고 있음. 뒤에 歐陽修 자신도 諫官이 되어 자신의 뜻
대로 실천하여, 그 무렵 蔡襄, 余靖, 范仲淹과 함께 宋 仁宗 때의 '慶曆四諫官'
이라 칭송을 받았음. 《古文淵鑑》題注에 "范仲淹其先自邠州, 徙吳縣擧進士, 累
官秘閣校理. 天聖七年以請太后還政通判河中府, 徙陳州, 太后崩, 召爲右司諫"이
라 함. 宋 仁宗(趙禎) 明道 2년(1033)에 지은 것임.
*《眞寶》注에 "迂齋云: 此文出退之〈爭臣論〉, 後亦頗祖其遺意, 而文字無一語與之
重疊, 眞可與之爭衡. ○范仲淹時爲司諫, 未有所言, 歐公卽以書促之, 使言其後,
歐公亦除諫官, 與蔡襄·余靖, 皆以諫得名, 號慶曆四諫官. 諫諍之美, 前後鮮侶,
觀其交相責如此, 則其能不負所職宜哉!"라 함.

(월일. 구관具官 저는 삼가 재계목욕하고 사간司諫 학사學士 집사執事
께 절합니다.)

지난달에 진주원進奏院의 관보官報를 얻어보았더니 '진주陳州로부터
대궐로 불려 들어가서 사간司諫에 임명되셨다' 하더군요. 곧 편지 한 장
이라도 써서 축하드리고자 하였으나, 일도 많고 바쁘고 갑작스러워 그만
그렇게 하지 못하였습니다.

사간은 7품品 벼슬일 뿐이어서 집사(범중엄)께서 이를 얻었다 해서 기
뻐할 것도 못되겠지만, 그래도 유독 구구區區하게 축하드리고자 하는 것
은 진실로 간관이라는 것은 천하의 득실과 일시의 공의公議가 모두 거
기에 매어 있는 것이기 때문입니다.

지금 시대의 관리들은 구경九卿과 온갖 집사들로부터 밖으로 한 군
현郡縣의 관리에 이르기까지, 자신들의 도를 실행할 수 있는 귀관貴官과

대직大職이 아닌 것이 없습니다. 그럼에도 현은 그 경계를 넘어서, 군은 그 경계를 넘어서 비록 훌륭한 수장守長이라 해도 다른 곳의 행정을 할 수 없는 것은 그가 맡은 곳이 있기 때문이요, 이부吏部의 관리라 해도 병부兵部의 일을 대신할 수 없고, 홍려鴻臚의 경卿이라 해도 광록光祿의 다스림을 대신할 수 없는 것은 그 맡은 바가 있기 때문입니다.

만약 천하 정치의 득실이나 생민生民의 이해, 사직의 대계大計 등의 사안 중에 보고 듣는 바가 직무를 맡은 자에게 매어 있지 않은 것이라면, 오직 재상만이 할 수 있고 간관만이 말할 수 있는 것입니다.

그러므로 옛것을 배워 도를 실행해 보겠다는 뜻을 품은 선비로서, 조정에서 벼슬을 하는 자라면 재상이 되지 못할 바엔 차라리 반드시 간관이 되겠다 하니, 간관은 비록 낮은 지위지만 재상과 동등하기 때문입니다.

천자가 '불가하다'라고 하면 재상은 '가합니다'라 할 수 있고, 천자가 '그렇다'라 하면 재상은 '그렇지 않습니다'라고 말할 수 있으며, 묘당廟堂에 앉아 천자와 가부를 상의할 수 있는 자는 재상입니다.

그런가 하면 천자가 '옳다'고 하면 간관은 '그릅니다'라고 하고, 천자가 '반드시 실행해야 한다'라고 하면 간관은 '반드시 실행해서는 안 됩니다'라 하면서, 전폐殿陛 앞에서 천자와 시비를 다툴 수 있는 자는 간관입니다.

재상은 높아 그 도를 실행하고, 간관은 낮아 그 말을 실행하니, 말이 실행되면 도도 역시 실행되는 것입니다.

구경과 백사百司, 군현의 관리는 하나의 직무를 지키는 자이며 하나의 직무에 책임을 지는 것이지만, 재상과 간관은 천하의 일을 잡고 있으니, 또한 천하의 책무를 담당한 것입니다.

그러나 재상과 구경 이하로서 자신의 직무에 과실을 저지른 자라면 유사有司에게 책임 추궁을 받지만, 간관이 그 직무를 잃으면 군자로부터 비난을 얻게 되는 것인데, 유사의 법은 일시에 행해지고 말지만, 군자에게 비난받는 일은 간책簡冊에 기록되어 훤히 밝혀지며, 백세百世를 두고 내려가면서 민멸되지 않으니 심히 두려워해야 할 것입니다.

비록 칠품의 관직이지만 천하의 책무를 책임지고 있으면서 백세를 두고 비난을 두렵게 여겨야 하니, 어찌 중대하지 않겠습니까?

그러니 재능도 있고 게다가 현능함도 있는 자가 아니라면 능히 해낼 수 있는 것이 아닙니다.

최근에 집사께서 진주에서 불려 오시게 되기 시작하고부터 낙양洛陽의 사대부들은 서로 "나는 범중엄을 알며 그의 재능을 안다. 그가 오면 어사가 되지 않으면 틀림없이 간관이 될 것이다"라고 말하고 있습니다.

명령이 하달됨에 과연 그렇게 되자, 그들은 다시 "나는 범중엄을 알며 그의 어짊도 잘 안다. 다른 날에 천자의 폐하陛下에 서서 곧은 말로 정색하며 얼굴을 마주하고 조정에서 논쟁을 벌일 자는, 다른 사람이 아니라 틀림없이 범중엄임을 듣게 될 것이다"라고들 합니다.

관직을 배수받은 이래 머리를 쳐들고 발돋음을 하고 소문이 있기를 기다렸으나, 끝내 아직 그렇지 않으니 속으로 미혹하게 여깁니다.

어찌 낙양의 사대부들이 앞서서는 능히 헤아렸으나, 뒤에는 능히 헤아리지 못한 때문이 아니겠습니까? 앞으로 집사께서는 무언가 할 일을 기다리고 계신 것입니까?

지난날 한퇴지韓退之가 〈쟁신론爭臣論〉을 지어 양성陽城이라는 자가 능히 극간極諫을 하지 못함을 비난하였었는데, 마침내 간언을 잘한 자로 드러나게 되자 사람들은 모두 "양성이 간언을 하지 않은 것이 아니라 아마도 기다릴 일이 있어 그렇게 한 것이며, 퇴지는 그 뜻을 알지도 못한 채 마구 비판한 것"이라 하였으나, 나는 그렇지 않다고 생각합니다.

한퇴지가 그 〈쟁신론〉을 작성할 때 양성은 간의대부諫議大夫가 된 지

이미 5년이었으며, 그 뒤 다시 2년을 지나 비로소 조정에서 육지陸贄 및 배연령裴延齡을 재상으로 삼는 일을 저지하는 일에 대해 쟁론을 벌이면서 마의麻衣를 찢고자 한 것 등 겨우 두 가지 일을 했을 뿐입니다.

덕종德宗 때는 가히 일이 많았던 시기로서 벼슬을 주고받는 것도 마땅하게 진행되지 않아 반장叛將과 강신强臣들이 천하에 줄지어 있었고, 다시 심하게 시기하면서 소인들을 진달시키고 임용하였는데, 이러한 때였음에도 어찌 한 가지 일도 말할 만한 것이 없다고 7년을 기다렸다는 것입니까?

당시 사안으로서 어찌 배연령을 저지하고 육지를 거론하는 두 가지 일보다 급한 것이 없었겠습니까?

생각건대 아침에 관직에 임명되면 저녁에는 주소奏疏를 올렸어야 했다고 여깁니다. 다행히 양성의 간관이 된 지 7년 만에, 마침 배연령과 육지의 일을 만나 한 번 간언을 함으로써 파직되었으니 그 책임을 면하게 된 것인데, 그 앞서 만약 5년, 6년만 하고 사업司業으로 옮겼더라면 이는 끝내 한 마디도 하지 않고 그 자리를 떠난 셈이 되고 말았을 터이니, 이런 사람에게 무엇을 취할 것이 있겠습니까?

지금 관직에 있는 자는 거의 3년이면 한 번 옮기고, 혹 한두 해, 심하면 반 년 만에 옮기고 있으니, 이는 또한 7년이나 기다리고 있을 수 있는 것이 아니었습니다.

지금 천자는 직접 나서서 서정庶政을 살피고 있어, 교화와 다스림이 청명淸明하여 비록 일이 없다고는 하나, 그럼에도 천리 밖에 있던 집사 그대를 불러 이 관직을 주신 것이, 어찌 정당한 논의를 듣고 옳은 말을 즐겁게 여기고자 함이 아니겠습니까?

그러나 지금 말을 하는 바가 있어 천하로 하여금 조정에 정사正士를 기르고 있으며, 우리 임금께서 간언을 들으심이 분명함을 알 수 있도록 하고 있다는 소문을 듣지 못하고 있습니다.

　무릇 포의위대布衣韋帶한 선비들이 초모草茅에 궁벽하게 살면서, 앉아서 글과 역사책을 외울 때는 언제나 자신이 등용되지 못함을 한스럽게 여기다가, 등용이 되고 나서는 다시 "저것은 나의 직무가 아니니 감히 말하지 않겠다"라 하고, 또는 "나는 지위가 낮아 감히 말할 수 없다"라고 하다가, 말을 할 수 있는 지위를 얻고 나서는 "나는 기다리고 있다"라고 한다면, 이는 끝내 한 사람도 말하는 이가 없는 것이니 가히 안타까운 일이 아니겠습니까!

　엎드려 생각건대 집사께서는 천자께서 등용해주신 뜻의 까닭을 생각하시고, 군자가 백세를 두고 비난할 일을 두려워하시어, 한 번 창언昌言을 진설하여 잔뜩 기대했던 희망을 채워주시고, 장차 낙양 사대부들의 의혹을 풀어주시옵소서!

　그렇게 되면 지극히 다행이겠습니다! (지극히 다행이겠습니다!)

　(月日, 具官謹齋沐拜書司諫學士執事.)
　前月中, 得進奏吏報, 云「自陳州召至闕, 拜司諫」, 卽欲爲一書以賀, 多事匆卒, 未能也.
　司諫七品官爾, 於執事, 得之不爲喜, 而獨區區欲一賀者, 誠以諫官者, 天下之得失, 一時之公議繫焉.
　今世之官, 自九卿百執事, 外至一郡縣吏, 非無貴官大職, 可以行其道也.
　然縣越其封, 郡踰其境, 雖賢守長, 不得行, 以其有守也; 吏部之官, 不得理兵部, 鴻臚之卿, 不得理光祿, 以其有司也.

　若天下之得失, 生民之利害, 社稷之大計, 惟所見聞而不係職司者, 獨宰相, 可行之; 諫官可言之爾.
　故士學古懷道者, 仕於朝, 不得爲宰相, 必爲諫官, 諫官雖卑, 與宰相等.

天子曰「不可」, 宰相曰「可」; 天子曰「然」, 宰相曰「不然」, 坐乎廟堂之上, 與天子相可否者, 宰相也.

天子曰「是」, 諫官曰「非」, 天子曰「必行」, 諫官曰「必不可行」, 立乎殿陛之前, 與天子爭是非者, 諫官也.

宰相尊, 行其道; 諫官卑, 行其言, 言行道亦行也.

九卿百司郡縣之吏, 守一職者, 任一職之責, 宰相諫官, 繫天下之事, 亦任天下之責.

然宰相九卿而下失職者, 受責於有司; 諫官之失職也, 取譏於君子, 有司之法, 行乎一時; 君子之譏, 著之簡冊而昭明, 垂之百世而不泯, 甚可懼也.

夫七品之官, 任天下之責, 懼百世之譏, 豈不重耶?

非材且賢者, 不能爲也.

近執事, 始被召於陳州, 洛之士大夫相與語曰:「我識范君, 知其材也. 其來不爲御史, 必爲諫官.」

及命下果然, 則又相與語曰:「我識范君, 知其賢也. 他日聞有立天子陛下, 直辭正色, 面爭廷論者, 非它人, 必范君也.」

拜官以來, 翹首企足, 竚乎有聞, 而卒未也, 竊惑之.

豈洛之士大夫能料於前, 而不能料於後也? 將執事, 有待而爲也?

昔韓退之作<爭臣論>, 以譏陽城不能極諫, 卒以諫顯, 人皆謂「城之不諫, 蓋有待而然, 退之不識其意而妄譏」, 脩獨以謂不然.

當退之作論時, 城爲諫議大夫已五年, 後又二年, 始廷論陸贄, 及沮裴延齡作相, 欲裂其麻, 纔兩事耳.

當德宗時, 可謂多事矣, 授受失宜 叛將强臣, 羅列天下, 又多猜忌, 進任小人, 於此之時, 豈無一事可言而須七年耶?

當時之事, 豈無急於沮延齡, 論陸贄兩事耶?

謂宜朝拜官而夕奏疏也, 幸而城爲諫官七年, 適遇延齡, 陸贄事, 一諫而罷, 以塞其責, 向使止五年六年而遂遷司業, 是終無一言而去也, 何所取哉?

今之居官者, 率三歲而一遷, 或一二歲, 甚者半歲而遷也, 此又非可以待乎七年也.

今天子躬親庶政, 化理清明, 雖爲無事, 然自千里, 詔執事而拜是官者, 豈不欲聞正議而樂讜言乎?

然今未聞有所言說, 使天下知朝廷有正士, 而彰吾君納諫之明也.

夫布衣韋帶之士, 窮居草茅, 坐誦書史, 常恨不見用, 及用也, 又曰:「彼非我職, 不敢言.」或曰:「我位猶卑, 不得言.」得言矣, 又曰:「我有待.」是終無一人言也, 可不惜哉!

伏惟執事, 思天子所以見用之意, 懼君子百世之譏, 一陳昌言, 以塞重望, 且解洛之士大夫之惑!

則幸甚(幸甚)!

【(月日, 其官謹齋沐拜書司諫學士執事)】《文忠集》,《宋文選》,《文章軌範》,《古文關鍵》,《文編》등에는 모두 첫머리에 이 15자가 더 있음. '其官'은 인원수를 채우기 위해 있는 관원. 歐陽修가 자신을 낮추어 겸양으로 표현한 것. '齋沐'은 齋戒하고 沐浴함. '執事'는 일을 맡은 사람. 편지 등에서 상대를 높여 부르는 말로 쓰임.

【前月中, 得進奏吏報, 云「自陳州召至闕, 拜司諫」】'進奏吏報'는 進奏院의 官報. 進奏院은 지방 州鎮의 장관들을 위해 서울에 둔 연락사무소. 조정의 공문을 받아 지방까지 전달해주고 지방의 공문을 조정에 올리는 역할을 함. '陳州'는 河南省에 있던 고을로 范仲淹이 그곳에 근무하고 있다가 司諫으로 발탁되어 入闕하라는 공문을 歐陽修가 알게 된 것임.

【卽欲爲一書以賀, 多事匆卒, 未能也】‘匆卒’은 바빠 짬이 없었음.

【司諫七品官爾】‘七品’은 조정의 관직 品級으로 七品은 아주 높은 지위는 아님. 《眞寶》注에 “先立此一句, 解說在後”라 함.

【於執事, 得之不爲喜, 而獨區區欲一賀者, 誠以諫官者, 天下之得失, 一時之公議繫焉】‘區區’는 자질구레함. ‘得失’은 政治의 得失. ‘繫’는 係, 系와 같으며 매어져 있음. 《眞寶》注에 “此是一篇主意綱目”이라 함.

【今世之官, 自九卿百執事, 外至一郡縣吏, 非無貴官大職, 可以行其道也】‘九卿’은 장관급 높은 벼슬. ‘百執事’는 조정의 많은 관리들.

【然縣越其封, 郡踰其境, 雖賢守長, 不得行, 以其有守也】‘封’은 封界. 縣이나 군의 경계. 자신이 관할하는 지역만 책임짐.

【吏部之官, 不得理兵部, 鴻臚之卿, 不得理光祿, 以其有司也】‘吏部’는 고대 六部 중에 文官들의 인사업무를 관장하던 部署. ‘鴻臚之卿’의 鴻臚는 典禮를 주관하던 부서이며 그 장은 鴻臚卿이라 불렀음. 그러나 《眞寶》注에 “鴻臚, 指諫官”이라 함. ‘光祿’은 궁궐의 건물과 음식을 관장하던 관청으로 명예직을 이르기도 하였음. ‘有司’는 해당되는 직책을 맡은 자를 말함.

【若天下之得失, 生民之利害, 社稷之大計, 惟所見聞而不係職司者, 獨宰相, 行之; 諫官可言之爾】‘天下之得失’ 다음에 《眞寶》注에 “應前面主張”이라 하였으며, ‘可行之’ 다음에는 “添此一脚, 見諫官之重”이라 함.

【故士學古懷道者, 仕於朝, 不得爲宰相, 必爲諫官, 諫官雖卑, 與宰相等】‘士學古懷道者’는 선비로서 옛것을 배우고 道를 실현할 뜻을 품은 자. ‘仕於朝’는 《文忠集》, 《歐陽文粹》, 《唐宋八大家文鈔》, 《文章軌範》 등에는 모두 ‘仕於時’로 되어 있음. 《眞寶》注에 “非十分見得到, 不敢下此等語”라 함.

【天子曰「不可」, 宰相曰「可」; 天子曰「然」, 宰相曰「不然」, 坐乎廟堂之上, 與天子相可否者, 宰相也】‘廟堂’은 朝廷의 政堂. 《眞寶》注에 “廟堂, 指朝堂”이라 함. 끝에 《眞寶》注에 “坐立二字, 有尊卑之辨”이라 함.

【天子曰「是」, 諫官曰「非」, 天子曰「必行」, 諫官曰「必不可行」, 立乎殿陛之前, 與天子爭是非者, 諫官也】《眞寶》注에 “廟堂殿陛四字, 相可否爭是非六字, 更移易不得, 亦略見尊卑之辨”이라 함.

【宰相尊, 行其道; 諫官卑, 行其言, 言行道亦行也】宰相은 道를 실행하고, 諫官은 말로 실행함. 말로 실행하면 도 또한 실행됨.

【九卿百司郡縣之吏, 守一職者, 任一職之責, 宰相諫官, 繫天下之事, 亦任天下之責】

'任一職之責' 다음에 《眞寶》注에 "又生一責字"라 함.

【然宰相九卿而下失職者, 受責於有司】宰相이나 九卿 이하로 자신의 직무에 과실을 저지르는 자는 有司에게 책임을 추궁당함.

【諫官之失職也, 取譏於君子, 有司之法, 行乎一時; 君子之譏, 著之簡冊而昭明, 垂之百世而不泯, 甚可懼也】'譏'는 비판하여 기롱함. '取譏於君子' 다음에 《眞寶》注에 "到此諫官, 又重於宰相"이라 함. 泯(민)은 泯滅됨. 없어짐. 《眞寶》注에 "愈重"이라 함.

【夫七品之官, 任天下之責, 懼百世之譏, 豈不重耶】'夫七品之官' 다음에 《眞寶》注에 "應司諫七品官耳一句"라 함. '豈不重耶' 다음에 《眞寶》注에 "收拾盡結上"이라 함.

【非材且賢者, 不能爲也】《眞寶》注에 "賢才(材)二字, 應在後生下"라 함. '材'는 才와 같음.

【近執事, 始被召於陳州, 洛之士大夫相與語曰:「我識范君, 知其材也. 其來不爲御史, 必爲諫官.」】'執事'는 范仲淹을 가리킴. 《眞寶》注에 "執事, 指范司諫"이라 함. '御史'는 임금의 명에 의해 관리들의 비리를 지적해 내는 임무를 맡은 관리. 范仲淹이 御史 아니면 諫官의 벼슬을 맡게 될 것이라 추측함.

【及命下果然, 則又相與語曰:「我識范君, 知其賢也. 他日聞有立天子陛下, 直辭正色, 面爭廷論者, 非它人, 必范君也.」】'面爭'는 천자의 面前에서 천자와 논쟁을 함. '廷論'은 조정의 일을 토론함. 《眞寶》注에 "期之也. 材賢二字, 不可移易, 惟材則可爲諫官, 惟賢則能諫以稱此官矣. 公時官於洛陽, 范公適有此除, 洛中士大夫, 有此議論, 故述所見以告之"라 함.

【拜官以來, 翹首企足, 竚乎有聞, 而卒未也, 竊惑之】'翹首企足'은 목을 길게 뽑고 발돋움을 하여 몹시 목마르게 기다리거나 고대함. '竚'는 오래 똑바로 서 있음.

【豈洛之士大夫能料於前, 而不能料於後也? 將執事, 有待而爲也】'洛'은 洛陽. 예로부터 東都라 불렸음. '有待而爲'는 기다리는 일이 있어서 그렇게 하는 것임. 《眞寶》注에 "本欲責之, 而故緩之. 文字節奏當然"이라 함.

【昔韓退之作〈爭臣論〉, 以譏陽城不能極諫, 卒以諫顯, 人皆謂「城之不諫, 蓋有待而然, 退之不識其意而妄譏」, 脩獨以謂不然】〈爭臣論〉(032)를 참조할 것. '以諫顯'은 간언을 잘하는 것으로 이름이 드러남. 陽城을 두고 한 말임. '以謂'는 以爲와 같음. '―라고 여김'.

【當退之作論時, 城爲諫議大夫已五年, 後又二年, 始廷論陸贄, 及沮裴延齡作相, 欲裂其麻, 纔兩事耳】'陸贄'는 唐나라 德宗 때 翰林學士로서 임금의 신임을 얻어 재상에 올랐던 인물. 《舊唐書》(139)와 《新唐書》(157)에 傳이 있음. '沮'는 沮止함.

막음. '裴延齡'은 德宗 때 인물로 陸贄를 밀어내고 재상에 오름. 《舊唐書》(135)와 《新唐書》(167)에 傳이 있음. '麻'는 麻衣. 옛날 사퇴를 결심하고 간언을 할 때 입고 들어갔던 옷. 麻衣는 平民의 옷으로 만약 임금이 간언을 들어주지 않으면 평민으로 돌아가겠다는 결연한 결심을 보이기 위해 입는 옷.

【當德宗時, 可謂多事矣, 授受失宜 叛將强臣, 羅列天下, 又多猜忌, 進任小人】'德宗'은 唐 9대 황제. 이름은 李适. 780−805년 재위하였으며 정치가 안정되지 못하였던 때였음. '授受'는 벼슬을 내려 주고 신하는 이를 받아 임무를 다함. '進任'은 진급과 임용. 공무원의 管理를 뜻함.

【於此之時, 豈無一事可言而須七年耶】'須'는 待와 같음. '기다리다'의 뜻.

【當時之事, 豈無急於沮延齡, 論陸贄兩事耶】'그 무렵에 裴延齡을 沮止하고 陸贄를 거론하는 것보다 더 급한 일이 없었겠는가?'의 뜻. 朝廷의 다른 일도 많아 宜當 간언을 했어야 할 일들도 많았을 것임을 말함.

【謂宜朝拜官而夕奏疏也, 幸而城爲諫官七年, 適遇延齡, 陸贄事, 一諫而罷, 以塞其責】'幸而' 다음에 《眞寶》注에 "精神都在'幸而', '向使'兩轉上"이라 함. '塞其責'은 그의 책망을 막음. 책임을 면함.

【向使止五年六年而遂遷司業, 是終無一言而去也, 何所取哉】'向使'는 '전에 만약 그렇게 했더라면'의 뜻. '司業'은 맡은 일. 직책. '何所取'는 '무슨 장점을 취해 칭찬해 주겠는가?'의 뜻. 칭찬할 일이 없었음을 말함.

【今之居官者, 率三歲而一遷, 或一二歲, 甚者半歲而遷也】《眞寶》注에 "此一轉, 又緊"이라 함. 관직의 재직 연한이 매우 짧아 직책에 있을 때 할 일을 해야 함.

【此又非可以待乎七年也】《眞寶》注에 "直從退之作論生許多說話, 更不曾斷"이라 함.

【今天子躬親庶政, 化理淸明, 雖爲無事, 然自千里, 詔執事而拜是官者, 豈不欲聞正議而樂讜言乎?】'化理'은 백성을 교화하고 다스림. '雖爲無事' 다음에 《眞寶》注에 "出脫"이라 함. '讜言'은 훌륭한 말로 직언함. 《眞寶》注에 "讜言, 猶直言"이라 함.

【然今未聞有所言說, 使天下知朝廷有正士, 而彰吾君納諫之明也】范仲淹이 간관으로 이름을 드날리고 있다는 소문을 듣지 못하고 있음을 歐陽修가 안타깝게 여기며 책망한 것.

【夫布衣韋帶之士, 窮居草茅, 坐誦書史, 常恨不見用】'布衣韋帶'는 무명옷을 입고 가죽 띠를 띰. 庶民들의 복장을 뜻함. '草茅'는 풀과 띠풀. 초가집을 가리킴. 茅屋, 草屋을 뜻함.

【及用也, 又曰:「彼非我職, 不敢言.」或曰:「我位猶卑, 不得言.」得言矣, 又曰:「我有

待.」是終無一人言也, 可不惜哉」'不得言' 다음에 《眞寶》注에 "此言不得爲諫官者"
라 하였고, '得言矣'는 말할 수 있는 지위를 얻음. 즉 諫官이 됨을 말함. 다음에는
"此言得爲諫官者"라 하였으며, '我有待' 다음에는 "應前"이라 함.

【伏惟執事, 思天子所以見用之意, 懼君子百世之譏, 一陳昌言, 以塞重望】'一陳昌言'
은 한 번 훌륭한 말을 표출함. '昌言'은 아주 훌륭한 간언을 뜻함. '以塞重望'은
아주 중대한 소망을 메워줌. '塞'은 '드디어 重望의 기대에 부응함, 기대를 채워줌'
등의 뜻. 《眞寶》注에 "應前"이라 함.

【且解洛之士大夫之惑, 則幸甚(幸甚)】'士大夫之惑' 다음에 《眞寶》注에 "應前惑字"
라 함. 원전에는 '幸甚'이 두 번 겹쳐져 있음. 《眞寶》注에 "末六句收拾盡前意. 嚴
重緊切. 包括無餘. ○古文中有三篇, 韓公〈爭臣論〉, 司馬公〈諫院題名記〉, 及歐陽
公此書是也. 皆關涉大, 議論好, 千古不朽"라 함.

참고 및 관련 자료

1. 歐陽永叔:歐陽修(歐陽脩:1007~1072)

宋代 최고의 문장가이며 시인. '歐陽脩'로도 표기하며 자는 永叔. 吉州 盧陵(지
금의 江西 吉安縣) 사람으로 北宋 眞宗 景德 4년에 태어나 神宗 熙寧 5년에 생을
마침. 향년 66세. 仁宗 天聖 8년(1030) 進士에 올라 慶曆 3년(1043)에 知諫院이 되
었다가 右正言을 거쳐 知制誥가 됨. 그 무렵 韓琦, 富弼 등이 계속 재상 직에서
파면되자 이에 반대하여 간언을 올렸다가 미움을 받아 滁州(지금의 安徽 滁縣)로
폄직되기도 하였음. 그곳에서 스스로 호를 '醉翁'이라 하였으며, 元和 元年(1054)
다시 돌아와 翰林學士, 兼史館修撰이 되었으며 嘉祐 2년(1057) 知貢擧가 됨. 실용
성 있는 古文運動을 주장하여 曾鞏, 蘇軾 등이 모두 그의 문하에서 나왔으며, 唐
宋八大家의 수령급임. 神宗 초 王安石의 新法을 비난하여 王安石과 대립하자며
太子少師 벼슬을 그만두고 潁州(지금의 安徽 阜陽)로 낙향하여 만년에 호를 '六一
居士'라 하였음. 일생 古文에 심취하여 송초 西崑體를 반대하였으며, 唐代 韓愈의
뒤를 이어 北宋 古文家의 맹주 역할을 하였음. 시호는 文忠. 《歐陽文忠公集》, 《新
五代史》, 《毛詩本義》, 《集古錄》 등이 있으며 《宋史》(319)에 傳이 있음.

2. 이 글은 《文忠集》(66), 《歐陽文粹》(6), 《唐宋八大家文鈔》(38), 《宋文選》(2), 《宋
文鑑》(113), 《古文關鍵》(上), 《文章軌範》(4), 《文編》(46), 《事文類聚》(新集 21), 《經濟
類編》(83), 《五百家播芳大全文粹》(54), 《文章辨體彙選》(225), 《古文淵鑑》(45), 《唐宋
文醇》(22) 등에 실려 있음.

075. 〈相州畫錦堂記〉 ·················· 歐陽永叔(歐陽脩)
상주 주금당기

＊〈相州畫錦堂記〉: 相州 출신 韓琦(자 稚圭)가 仁宗(趙禎:1023–1063) 연간에 재상을 지낸 다음 魏國公(魏公)의 작위를 받고 재상에서 물러났음. 그가 다시 武康軍節度使, 知相州의 임무를 받고 고향 相州로 돌아가자, 후원에 畫錦堂을 짓고 시를 지어 閒靜하게 지냈던 인물. 歐陽修가 이를 보고 그 記를 쓴 것임. 韓琦는 《宋史》(312)에 傳이 있음. 한편 '畫錦'은 《史記》項羽本紀에 "人或說項王曰:「關中阻山河四塞, 地肥饒, 可都以霸.」項王見秦宮皆以燒殘破, 又心懷思欲東歸, 曰:「富貴不歸故鄉, 如衣繡夜行, 誰知之者!」"라 하였고, 《漢書》朱買臣傳에도 "富貴不歸故鄉, 如衣繡夜行"라 하여 '부귀한 다음 고향에 돌아가지 않는 것은 마치 비단옷 입고 밤에 다니는 것과 같다'라는 뜻의 '錦衣夜行', '衣繡夜行'을 거꾸로 실천한 것임. 《古文集成》題注에 "張子韶云:「予聞陳伯脩云:歐陽公〈畫錦堂記〉, 無賢愚皆知其美;至若〈喜雨亭記〉, 自非具眼目者, 未易知也.」"라 함. 宋 英宗(趙曙) 治平 2년(1065)에 지은 것임.

＊《眞寶》注에 "迂齋曰:「文字委曲, 善於形容.」○富貴不歸故鄉, 如衣錦夜行. 後人遂以富貴歸故鄉者, 爲衣金畫行, 蓋前說而反言之也. 韓魏公琦, 字稚圭, 以德量文章政事功業, 爲宋相臣第一, 時封魏國公, 本相州人. 仁宗朝旣罷相, 以武康軍節度使, 知本州, 上蓋以是榮之也. 公因作畫錦堂于州宅後圃, 又有詩焉. 歐陽公爲作此記, 謂「公不以常情之榮爲榮」, 末又謂「非徒爲州里一時之榮」, 蓋本韓公詩意, 述其心事而廣之. 文甚明白正大, 兒童孰不熟讀之? 而韓公〈畫錦堂詩〉, 則鮮知之, 今附見於此云. 詩曰:

『故人之富貴, 歸於本郡縣. 譬若衣錦游, 白晝自光絢.
否則如夜行, 雖麗胡由見? 事累載方冊, 今復著俚諺.
或紆太守章, 或擁使者傳. 歌樵忘故舊, 滌器掩前賤.
所得快恩仇, 愛惡任驕狷. 其志止於此, 士固不足羨.
玆予來舊邦, 意在弗矜衒. 以疾而量力, 懼莫稱方面.
抗表納金節, 假守冀鄉便. 帝曰其汝兪, 建纛徔臨殿.
行路不云非, 觀歎溢郊甸. 病軀諧少體, 先壠遂完繕.

歲時存父老, 伏臘潔親薦. 恩榮孰與偕? 衰劣媿獨擅.
公餘新此堂, 夫豈事飲燕? 亦非張美名, 輕薄詫紳弁.
重祿許安閒, 顧己常兢戰, 庶一視題牓, 則念報主眷.
汝報何能爲? 進道確無倦. 忠意聳大節, 匪石烏可轉?
雖前有鼎鑊, 死耳誓不變. 丹誠難悉陳, 感泣對筆硯.』"이라 하여 본문에 없는
〈晝錦堂詩〉를 싣고 있음.

벼슬길에 나서서 장상將相까지 되고 부귀해져서 고향으로 돌아가는
것, 이것은 사람이라면 영광스러운 일로서 오늘이나 옛날이나 같다.

대체로 선비가 바야흐로 궁벽한 시기에는 여리閭里에서 곤액을 치르
면서 용렬한 사람이나 어린아이까지도 모두가 그를 쉽게 여기고 모욕하
게 되는 것이니, 이를테면 계자(季子, 蘇秦)가 형수에게 무시를 당한 것이
나, 주매신朱買臣이 아내로부터 버림을 받은 것이 그런 예이다.

그러나 하루아침에 네 필 말이 끄는 지붕 높은 수레에, 깃발이 그 앞
을 인도하고 기마병들이 뒤를 호위하며, 좁은 길에 모인 사람들이 서로
어깨를 맞대고 발길이 모여 쳐다보며 감탄하도록 하게 되어, 소위 용렬
한 사내나 어리석은 부인이었던 자들이 이리저리 뛰며 놀라 식은땀을
흘리면서, 부끄러워 엎드려 스스로 수레 먼지와 말발 사이에서 죄를 빌
게 되나니, 이는 한 선비가 뜻을 얻고 시대를 만나 의기意氣가 성함을
옛사람들은 금의환향의 영광으로 비유하였다.

오직 대승상大丞相 위국공魏國公만은 그렇지 않았으니, 공公은 상주相
州 사람으로 대대로 아름다운 덕이 있었고, 당시 이름난 공경으로서 이
미 높은 과거에 발탁되어 명예로운 벼슬에 올라 해내지사海內之士가 그
의 하풍下風을 여광餘光으로 바란 지가 또한 오래되었다.

소위 장상이 되어 부귀까지 얻은 것은 모두가 공께서 평소 하고 있었
던 것에 의한 마땅한 바였을 뿐, 궁액에 처해 있던 이들이 요행히 한때
뜻을 얻어 용부나 우부가 생각지도 못한 데에서 나와 경계시키고 놀라

게 하며 자신을 자랑하고 빛내는 그런 경우는 아니었다.

그렇다면 고아高牙와 대독大纛도 족히 공을 영광스럽게 할 수 없고, 환규桓圭와 곤상袞裳도 족히 공을 귀하게 할 수 없는 것이며, 오직 덕이 백성에게 입혀지고 공功이 사직에 시행되어 그 공적이 금석金石에 새겨지고, 노래와 시로 널리 전파되어 후세에 빛이 나서 무궁하게 전해지는 것, 이것이 공의 뜻이며 선비들 또한 이렇게 되기를 공에게 바라는 것이지, 어찌 단지 한때 드날림에 그치고, 한 고을에 영광을 주는 것에 그치는 것이겠는가?

공은 지화至和 연간에 일찍이 무강군절도사武康軍節度使의 부절로서 이곳 상주에 와서 다스리면서, 이에 그 후원에 주금당晝錦堂을 짓고, 이윽고 또한 돌에 시를 짓고는 이를 상주 사람들에게 물려주었는데, 그 시의 내용에 '쾌은수快恩讐나 긍명예矜名譽는 천박한 짓'이라 말하고 있으니, 대체로 옛사람이 과시함을 영광으로 여겼던 바를 하지 않았으며 오히려 이를 경계로 삼은 것이다.

여기에서 공께서 부귀를 어떻게 여겼는지가 드러나고 있으니, 그 뜻을 어찌 쉽게 헤아릴 수 있겠는가!

그러므로 능히 장상에 드나들며 왕가王家를 위해 부지런히 힘쓰셨으며, 평안한 시절이나 험한 시절이나 한결같이 절의를 지킨 것이다.

대사大事를 결정해야 할 큰 논의에 임해서는 띠를 늘어뜨리고 홀笏을 바로잡고는, 목소리나 얼굴색이 조금도 흔들림이 없었으며 천하를 태산처럼 안전하게 조치하셨으니, 가히 사직지신社稷之臣이라 이를 수 있다.

그의 풍성한 공렬功烈을 이정彝鼎에 명문으로 새기고, 현가絃歌에 올려 칭송할만한 것으로서 이는 나라의 영광이지 여리閭里의 영광이 아니다.

나는 비록 공의 주금당에 올라볼 기회는 얻지 못하였으나, 다행히 일찍이 그의 〈주금당시〉를 몰래 외워보고 공의 뜻이 이루어졌음을 즐겁게 여겨, 천하를 위해 이를 말해줄 수 있음을 기뻐하여 이에 글로 쓰노라.

(상서이부시랑尙書吏部侍郞, 참지정사參知政事 구양수歐陽修가 기록함.)

仕宦而至將相, 富貴而歸故鄕, 此人情之所榮, 而今昔之所同也.
蓋士方窮時, 困阨閭里, 庸人孺子皆得易而侮之, 若季子不禮於其嫂, 買臣見棄於其妻.
一旦高車駟馬, 旗旄導前而騎卒擁後, 夾道之人, 相與騈肩累跡, 瞻望咨嗟, 而所謂庸夫愚婦者, 奔走駭汗, 羞愧俯伏, 以自悔罪於車塵馬足之間, 此一介之士, 得志當時而意氣之盛, 昔人比之衣錦之榮也.

惟大丞相魏國公則不然, 公相人也, 世有令德, 爲時名卿, 自公少時, 已擢高科, 登顯仕, 海內之士, 聞下風而望餘光者, 蓋亦有年矣.
所謂將相而富貴, 皆公所宜素有, 非如窮阨之人, 僥倖得志於一時, 出於庸夫愚婦之不意, 以警駭而誇耀之也.
然則高牙大纛, 不足爲公榮; 桓圭袞裳, 不足爲公貴, 惟德被生民, 而功施社稷, 勒之金石, 播之聲詩, 以耀後世而垂無窮, 此公之志; 而士亦以此望於公也, 豈止夸一時, 而榮一鄕哉?

公在至和中, 嘗以武康之節, 來治於相, 乃作畫錦之堂于後圃, 旣又刻詩於石, 以遺相人, 其言「以快恩讐, 矜名譽爲可薄」, 蓋不以昔人所夸者爲榮, 而以爲戒.
於此見公之視富貴爲如何, 而其志豈易量哉!
故能出入將相, 勤勞王家, 而夷險一節.
至於臨大事決大議, 垂紳正笏, 不動聲色, 而措天下於泰山之安,可謂社稷之臣矣.

其豐功盛烈, 所以銘彛鼎而被絃歌者, 乃邦家之光, 非閭里之榮也.

余雖不獲登公之堂, 幸嘗竊誦公之詩, 樂公之志有成, 而喜爲天下道也, 於是乎書.

(尚書吏部侍郞, 參知政事歐陽脩記.)

【仕宦而至將相, 富貴而歸故鄕, 此人情之所榮, 而今昔之所同也】'仕宦'은 벼슬살이. '將相'은 將帥나 宰相. 布衣로서 가장 높은 지위에 오르는 경우를 말함. '所榮'은 영광으로 여기는 바임. 《眞寶》注에 "起語壯"이라 함.

【蓋士方窮時, 困阨閭里, 庸人孺子皆得易而侮之】'困阨閭里'는 향리에서 온갖 수모와 곤액을 당함. '庸人孺子'는 범용한 사람이나 어린아이. '易而侮之'는 쉽게 여겨 모욕을 주기도 하고 업신여김.

【若季子不禮於其嫂, 買臣見棄於其妻】'季子'는 戰國시대 蘇秦의 자. 蘇秦은 洛陽 변두리 사람으로 鬼谷子에게 遊說術을 배워 合從說을 주제로 제후들을 찾아 나섰다가 실패하고 초라한 모습으로 집으로 돌아오자 兄嫂는 밥도 지어주지 아니하고 어머니는 베틀에서 내려오지도 않았음. 뒤에 六國의 재상이 되어 돌아오자 兄嫂도 눈치를 살피며 굽신거림. 이를 '前倨後恭'이라 함. 《史記》蘇秦列傳에 "於是六國從合而幷力焉. 蘇秦爲從約長, 幷相六國. 北報趙王, 乃行過雒陽, 車騎輜重, 諸侯各發使送之甚衆, 疑於王者. 周顯王聞之恐懼, 除道, 使人郊勞. 蘇秦之昆弟妻嫂側目不敢仰視, 俯伏侍取食. 蘇秦笑謂其嫂曰:「何前倨而後恭也?」嫂委蛇蒲服, 以面掩地而謝曰:「見季子位高金多也.」蘇秦喟然歎曰:「此一人之身, 富貴則親戚畏懼之, 貧賤則輕易之, 況衆人乎! 且使我有雒陽負郭田二頃, 吾豈能佩六國相印乎!」於是散千金以賜宗族朋友"라 함. 《戰國策》秦策(1)에도 "將說楚王, 路過洛陽, 父母聞之, 清宮除道, 張樂設飮, 郊迎三十里. 妻側目而視, 傾耳而聽; 嫂蛇行匍伏, 四拜自跪而謝. 蘇秦曰:「嫂, 何前倨而後卑也?」嫂曰:「以季子之位尊而多金.」蘇秦曰: 「嗟乎! 貧窮則父母不子, 富貴則親戚畏懼. 人生世上, 勢位富貴, 蓋可忽乎哉!」라 함. 《眞寶》注에 "季子, 名蘇秦. 入秦困歸, 嫂不禮焉"이라 함. '買臣'은 朱買臣(?-B.C.115). 漢나라 때 인물로 자는 翁子. 西漢 때 吳縣 출신. 武帝 때 會稽太守를 지

냈으며 主爵都尉에 올랐으나 張湯과의 알력으로 무제에게 죽임을 당함. 《眞寶》注에 "朱買臣, 賣薪給食, 其妻求去"라 함. 朱買臣은 매우 가난함 속에 독서에 열중하였으나, 아내가 가난을 부끄럽게 여겨 떠나겠다고 하자 주매신은 "부귀하게 되면 은공을 갚겠노라" 하였지만 아내는 떠나고 말았음. 뒤에 과연 주매신은 漢武帝에게 발탁되어 "富貴不歸故鄕, 如衣繡夜行"이라 하면서 고향 會稽太守로 보내줄 것을 청하여, 고향으로 돌아와 옛 은인들에게 은혜를 갚음. 改嫁한 그 아내는 이를 보고 결국 자결하고 말았음. 《漢書》朱買臣列傳에 "朱買臣字翁子, 吳人也. 家貧, 好讀書, 不治産業, 常艾薪樵, 賣以給食, 擔束薪, 行且誦書. 其妻亦負戴相隨, 數止買臣毋歌嘔道中. 買臣愈益疾歌, 妻羞之, 求去. 買臣笑曰:「我年五十當富貴, 今已四十餘矣. 女苦日久, 待我富貴報女功.」妻恚怒曰:「如公等, 終餓死溝中耳, 何能富貴!」買臣不能留, 即聽去. 其後, 買臣獨行歌道中, 負薪墓間. 故妻與夫家俱上塚, 見買臣饑寒, 呼飯飲之. 後數歲, 買臣隨上計吏爲卒, 將重車至長安, 詣闕上書, 書久不報. 待詔公車, 糧用乏, 上計吏卒更乞丐之. 會邑子嚴助貴幸, 薦買臣, 召見, 說《春秋》, 言《楚詞》, 帝甚說之, 拜買臣爲中大夫, 與嚴助俱侍中. 是時, 方築朔方, 公孫弘諫, 以爲罷敝中國. 上使買臣難詘弘, 語在《弘傳》. 後買臣坐事免, 久之, 召待詔. 是時, 東越數反復, 買臣因言:「故東越王居保泉山, 一人守險, 千人不得上. 今聞東越王更徙處南行, 去泉山五百里, 居大澤中. 今發兵浮海, 直指泉山, 陳舟列兵, 席卷南行, 可破滅也.」上拜買臣會稽太守. 上謂買臣曰:「富貴不歸故鄕, 如衣繡夜行, 今子何如?」買臣頓首辭謝. 詔買臣到郡, 治樓船, 備糧食, 水戰具, 須詔書到, 軍與俱進. 初, 買臣免, 待詔, 常從會稽守邸者寄居飯食. 拜爲太守, 買臣衣故衣, 懷其印綬, 步歸郡邸. 直上計時, 會稽吏方相與群飲, 不視買臣. 買臣入室中, 守邸與共食, 食且飽, 少見其綬, 守邸怪之, 前引其綬, 視其印, 會稽太守章也. 守邸驚, 出語上計掾吏. 皆醉, 大呼曰:「妄誕耳!」守邸曰:「試來視之.」其故人素輕買臣者入內視之, 還走, 疾呼曰:「實然!」坐中驚駭, 白守丞, 相推排陳列中庭拜謁. 買臣徐出戶. 有頃, 長安廐吏乘駟馬車來迎, 買臣遂乘傳去. 會稽聞太守且至, 發民除道, 縣長吏并送迎, 車百餘乘. 入吳界, 見其故妻, 妻夫治道. 買臣駐車, 呼令後車載其夫妻, 到太守舍, 置園中, 給食之. 居一月, 妻自經死, 買臣乞其夫錢, 令葬. 悉召見故人與飲食諸嘗有恩者, 皆報復焉"이라 하였고, 《蒙求》(114)「買妻恥醮(樵)」에도 "前漢, 朱買臣字翁子, 吳人. 家貧好讀書, 不治産業, 常艾薪樵, 賣以給食. 擔束薪, 行且誦書. 其妻亦負戴相隨, 羞之求去. 買臣曰:「我年五十當富貴, 今已四十餘矣. 汝苦日久, 待我富貴, 報汝功.」妻恚怒曰:「如公等, 終餓死溝中耳, 何能富貴?」買臣即聽去. 後數歲, 隨

上計吏爲卒, 將重車至長安詣闕上書, 待詔公車. 會邑子嚴助貴幸, 薦買臣, 召見. 說
《春秋》, 言〈楚詞〉. 武帝說之, 拜中大夫, 與嚴助俱侍中. 久之拜會稽太守. 上謂曰:
「富貴不歸故郷, 如衣繡夜行, 今子何如?」買臣頓首謝. 入吳界, 見其故妻, 妻夫治道.
買臣呼令後車載其夫妻, 到太守舍, 置園中給食之. 妻自經死. 買臣給其夫錢令葬,
悉召見故人, 與飮食, 諸嘗有恩者, 皆報復焉"이라 하였음. 《眞寶》注에 "擧親者則
踈, 可知"라 함.

【一旦高車駟馬, 旗旄導前而騎卒擁後, 夾道之人, 相與騈肩累跡, 瞻望咨嗟】'高車駟
馬'는 네 필 말이 끄는 덮개가 높은 수레. '旗旄'는 깃발. '擁後'는 뒤에서 擁衛함.
'騈肩累跡'은 어깨를 나란히 하고 발꿈치를 맞댐. 구경하는 사람들이 많음을 형
용함. '瞻望咨嗟'는 우러러보며 감탄하고 탄복함.

【而所謂庸夫愚婦者, 奔走駭汗, 羞愧俯伏, 以自悔罪於車塵馬足之間】'駭汗'은 놀라
식은땀을 흘림. '羞愧俯伏'은 지난날 업신여겼던 일을 부끄럽게 여기며 고개 숙이
고 땅에 엎드림. '前倨後恭'을 뜻함. '車塵'은 수레가 지나간 뒤에 일어나는 먼지.

【此一介之士, 得志當時而意氣之盛, 昔人比之衣錦之榮也】'得志當時' 다음에 《眞
寶》注에 "常人之志, 不過如此"라 함. '衣錦之榮'은 출세하여 비단옷을 입고 화려
하게 고향으로 돌아오는 영광. 곧 錦衣還鄉을 말함.

【惟大丞相魏國公則不然, 公相人也】'魏國公'은 韓琦의 封爵. 재상을 지낸 뒤 받은
爵號. '相人'은 相州 安陽 출신이었음을 가리킴. 《眞寶》注에 "魏國公, 韓琦. 前意
本賤陋, 全要此一句斡轉. 先安此一句應在後"라 함.

【世有令德, 爲時名卿, 自公少時, 已擢高科, 登顯仕】'世有令德'은 대대로 아름다운
덕망이 있었음. '名卿'은 이름 있는 고관. '擢高科'는 높은 성적으로 과거에 급제함.
《眞寶》注에 "天聖五年, 公廷試第二人"이라 함. '顯仕'는 높게 드러난 지위의 벼슬
관직.

【海內之士, 聞下風而望餘光者, 蓋亦有年矣】'下風'은 훌륭한 사람으로 인한 영향.
《論語》顔淵篇에 "君子之德風, 小人之德草. 草上之風, 必偃"이라 함. '餘光'은 後
光, 그의 덕택을 받기를 희망함. 그의 덕택으로 평안을 얻을 것임을 즐겁게 기다
림. '有年'은 몇 년이나 됨. 오래도록 그를 믿고 높이 여겼음을 말함.

【所謂將相而富貴, 皆公所宜素有, 非如窮阨之人】'窮阨之人'은 어릴 때 가난하고 비
천하여 남으로부터 窮厄(窮阨)을 당했던 사람.

【僥倖得志於一時, 出於庸夫愚婦之不意, 以驚駭而誇耀之也】'誇耀'는 자랑하고 빛
을 냄. 《眞寶》注에 "惟非倖得, 故不矜誇"라 함.

【然則高牙大纛, 不足爲公榮;桓圭袞裳, 不足爲公貴】'高牙'는 象牙로 깃대를 장식한 깃발로 임금이나 將相의 행차에 사용됨.《眞寶》注에 "高牙, 旗也"라 함. '大纛'은 쇠꼬리를 달아 수레 앞을 장식한 것.《眞寶》注에 "大纛, 以犛牛尾爲之, 車前儀制也"라 함. '桓圭'의 '圭'는 고대에 朝會나 會同에 손에 잡는 禮器. 玉으로 만들며, 임금은 鎭圭, 公은 桓圭, 侯는 信圭, 伯은 躬圭를 잡음.《眞寶》注에 "桓圭,《周禮》云:「公執圭.」"라 함. '袞裳'은 袞龍의 관복.

【惟德被生民 而功施社稷, 勒之金石, 播之聲詩, 以耀後世而垂無窮, 此公之志】'社稷'은 土地神이며, 穀神. 나라를 상징하는 말로 쓰임. '勒之金石'은 그 공적을 오래 기리도록 金石에 새김. '勒'은 刻, 契 등과 같은 뜻.《眞寶》注에 "勒, 猶刻也"라 함. '播之聲詩'는 시나 노래로 지어 그 공적이 널리 퍼지도록 함. '播'는 布와 雙聲互訓. '耀後世'는 후세까지 그 빛이 남.《眞寶》注에 "公之志却在此, 與常人之志, 相反矣"라 함.

【而士亦以此望於公也, 豈止夸一時, 而榮一鄕哉】'夸一時'는 단지 한때만 뽐냄. '榮一鄕'은 한 고을만 영광일 뿐임.

【公在至和中, 嘗以武康之節, 來治於相, 乃作晝錦之堂于後圃, 旣又刻詩於石, 以遺相人】'至和'는 宋 仁宗(趙禎) 때 연호. 1054-1055년의 2년간이었음. '武康之節'은 武康軍의 節度使 임명의 不絶. '來治於相'의 '相'은 相州를 가리킴.《眞寶》注에 "相, 卽相州. 應公相人也一句"라 함. '圃'는 텃밭을 뜻하지만 여기서는 後園을 가리킴. '刻詩於石'의 〈晝錦堂詩〉는 본문 제목 아래《眞寶》注를 참조할 것.

【其言「以快恩讐, 矜名譽爲可薄」, 蓋不以昔人所夸者爲榮, 而以爲戒】'快恩讐'는 〈晝錦堂詩〉의 "所得快恩仇, 愛惡任驕狷"의 구절. '矜名譽'는 "玆予來舊邦, 意在弗矜衒"의 구절을 가리키며, 恩仇(恩讐)에게 궁벽할 때 은혜를 준 자에게 보답하고 자신을 무시한 이들에게는 마음대로 보복하는 일이나, 자신의 명예를 자랑하는 일 따위는 천박한 짓이라 여김.《眞寶》注에 "公之見, 却如此"라 함.

【於此見公之視富貴爲如何, 而其志豈易量哉】《眞寶》注에 "應此公之志句"라 함.

【故能出入將相, 勤勞王家, 而夷險一節】'夷險'은 평안한 시대와 험난한 시대. '一節'은 절개를 한결같이 지킴.

【至於臨大事決大議, 垂紳正笏, 不動聲色, 而措天下於泰山之安, 可謂社稷之臣矣】'紳'은 고관대신의 넓은 허리띠. '正笏'은 笏을 바르게 잡음. '不動聲色'은 목소리와 얼굴빛을 움직이지 않음. '泰山之安'은 泰山처럼 안정된 태도를 지킴.

【其豐功盛烈, 所以銘彝鼎而被絃歌者, 乃邦家之光, 非閭里之榮也】'豐功盛烈'은 풍

성한 功과 성대한 忠烈. '銘彝鼎'는 제기와 鼎에 이름이 새겨짐. '彝'는 銅器의 하나로 종묘에서 사용하는 祭器. '被絃歌'는 功臣의 功績을 음악으로 연주함. '邦家'는 국가. 《眞寶》注에 "占地步闊, 非但本州之榮而已"라 함.

【余雖不獲登公之堂, 幸嘗竊誦公之詩, 樂公之志有成, 而喜爲天下道也, 於是乎書】 '不獲登公之堂'은 그의 書錦堂에 오를 기회를 얻지 못함. '竊誦'은 몰래 외움. '有成' 다음에 《眞寶》注에 "足前兩知字意"라 함. '道也'의 '道'는 言과 같음. '말하다, 알리다'의 뜻. 《眞寶》注에 "結得斬切. ○韓公之詩, 唯以忠義自勉; 歐公之記, 則以功業相期. 蓋詩韓所自作; 記乃歐公爲韓作, 故其體不同如此"라 함.

【(尙書吏部侍郞, 參知政事歐陽修記.)】《文忠集》에는 끝에 이 구절이 더 들어 있음. 그 무렵 歐陽修의 직책은 尙書吏部侍郞이며 參知政事였음.

참고 및 관련 자료

1. 작자: 歐陽脩(歐陽修, 永叔) 074 참조.

2. 이 글은 《文忠集》(40), 《歐陽文粹》(14), 《崇古文訣》(18), 《唐宋八大家文鈔》(48), 《宋文鑑》(78), 《古文集成》(10), 《文編》(56), 《續文章正宗》(12), 《文章辨體彙選》(599), 《五百家播芳大全文粹》(106), 《淵鑑類函》(346), 《事文類聚》(續集 4, 新集 7) 등에 실려 있음.

076. 〈醉翁亭記〉 ·················· 歐陽永叔(歐陽脩)

취옹정기

*〈醉翁亭記〉: 歐陽修가 39세에 滁州知事로 좌천되어, 그곳 산수를 좋아하여 승려 智仙이 정자를 짓자 자신이 醉翁亭이라는 이름을 지어주었으며, 아울러 자호를 '醉翁'이라 하였으나 이는 술을 즐기는 것이 아니라 자연을 즐기는 뜻으로 해석하면서 이에 記를 지은 것임. 《唐宋八大家文鈔》에 "文中之畫昔人讀此文謂如遊幽泉邃石入一層纔見一層路不窮興亦不窮讀已令人神骨脩然長往矣此是文章中洞天也"라 함. 宋 仁宗(趙禎) 慶曆 6년(1046)에 지은 것임.

*《眞寶》注에 "迂齋云: 此文所謂筆端有畫, 又如累疊階級, 一層高一層, 逐旋上去, 都不覺. ○歐陽公, 年四十, 守滁州, 愛其山水之勝, 作醉翁亭而日遊之. 今觀公詩, 有曰:『四十未爲老, 醉翁偶題篇. 醉中有萬物, 豈復記吾年?』又〈贈沈遵〉曰:「我時四十猶强健, 自號醉翁聊戱客. 爾來憂患十年間, 鬢髮未老嗟先白.」又曰:「顏摧鬢改眞一翁, 心以憂醉安知樂?」大略可見守滁之樂, 後來不復有矣. 他如〈醉翁吟〉,〈憶滁南幽谷〉, 眷眷不忘, 不一而足, 不能盡述于此也. 年方四十而云年又最高, 蓋是時僚佐賓客, 偶皆妙年耳. 一篇二十七也字, 讀之不覺其多, 此又一體. 公有〈祈雨祭漢高帝文〉, 又有〈祭吳尙書文〉, 皆是此體, 頗公《酒經》亦然. 又聞嘗有見公初槀字, 首以十數句, 叙滁山水, 旣而皆塗去, 只以五字書之, 亦學者之所當知"라 함.

저주滁州를 둘러싸고 있는 것은 모두가 산이다.

그 서남쪽 여러 산봉우리들은 숲과 골짜기가 더욱 아름다워, 바라보이는 것으로도 울연蔚然하면서도 깊고 빼어난 곳이 낭야산琅邪山이다.

그 산으로부터 6, 7리쯤 들어가면 차츰 물소리가 졸졸 들리는데 산의 양쪽 봉우리 사이에서 쏟아져 흘러나오는 것은 양천釀泉이다.

봉우리를 돌아 산길을 돌아가면 정자가 우뚝하여 샘 위에 닿아 있는데, 이것이 취옹정醉翁亭이다.

이 정자를 지은 이는 누구인가? 이 산의 승려 지선智仙이다. 정자 이름을 지은 자는 누구인가? 이곳 태수 내가 내 자신의 호號를 딴 것이다.

태수가 손님들과 여기에 술을 마시러 와서 조금만 마셔도 문득 취하며, 손님 중에 나이조차 가장 많아 그 때문에 자호를 취옹醉翁이라 한 것이다.

취옹의 뜻은 술에 있지 않고 산수山水의 사이에 있으니, 산수의 즐거움을 마음에 얻어 술에 우탁寓托한 것이다.

이를테면 무릇 아침 해가 솟으면 숲속 가는 비가 걷히고, 구름이 돌아가고 나면 바위굴이 컴컴해져 어둠과 밝음의 변화가 이 산 속의 아침과 저녁 모습이다.

들꽃이 피어 그윽한 향기가 나고 아름다운 나무는 빼어나 무성한 그늘을 이루며, 바람과 서리는 높고 깨끗하며, 물이 흐르고 나면 돌이 드러나 보이는 것은 산 속의 네 계절 풍경이다.

아침에 가서 저녁에 돌아오는데, 네 계절의 풍경이 같지 않으니 즐거움 역시 무궁하다.

등에 짐을 진 자는 길을 가고, 길 가는 자는 나무 아래에서 쉬고, 앞서가는 자가 노래하면 뒤따르는 자가 응답하고, 구부정하게 허리를 굽혀 들고 이끌며, 오가기가 끊어지지 않는 것은 이 저주 사람들이 노니는 모습이다.

냇가에 이르러 고기를 잡으면 냇물이 깊어 고기는 살쪄 있고, 양천으로 술을 담그면 샘물이 차서 술은 향기롭다.

산채와 야채의 안주가 잡연雜然히 앞에 차려진 것은 태수의 잔치 자리이다.

잔치 술에 취하는 즐거움에 음악은 없지만, 활 쏘는 자는 잘 맞추고, 바둑 두는 자는 이기며, 일어서기도 하고 앉기도 한 채로 왁자지껄 시끄러운 것은 많은 빈객들이 즐겁게 노는 모습이다.

푸른 얼굴에 백발로 그 사이에서 취해 비틀거리다 휙 나자빠지는 것은 태수의 취한 모습이다.

이윽고 저녁해가 서산에 걸리고 사람들의 그림자가 산란해지면 태수는 돌아오고 빈객은 뒤를 따른다.

나무숲의 그림자가 어둑해지자 새들은 위아래에서 울고, 사람들이 다 떠나가고 나면 새들만 즐거워한다.

그러나 새들은 산 속 풀의 즐거움만 알 뿐, 사람들이 즐거워하는 것은 모른다.

사람들은 태수를 따라 노는 것의 즐거움만 알 뿐, 태수가 그들이 즐거워함을 즐겁게 여긴다는 것은 모른다.

취하면 능히 그 즐거움을 같이하고 깨어나서는 능히 이를 글로 지어내는 것은 태수이다.

태수는 누구인고? 바로 여릉廬陵 사람 구양수로다.

環滁, 皆山也.

其西南諸峰, 林壑尤美, 望之蔚然而深秀者, 瑯琊也.

山行六七里, 漸聞水聲潺潺, 而瀉出于兩峰之間者, 釀泉也.

峰回路轉, 有亭翼然, 臨于泉上者, 醉翁亭也.

作亭者誰? 山之僧智仙也; 名之者誰? 太守自謂也.

太守與客, 來飮于此, 飮少輒醉, 而年又最高, 故自號曰醉翁也.

醉翁之意不在酒, 在乎山水之間也; 山水之樂, 得之心而寓之酒也.

若夫日出而林霏開, 雲歸而巖穴暝, 晦明變化者, 山間之朝暮也.

野芳發而幽香, 嘉木秀而繁陰, 風霜高潔, 水落而石出者, 山間之四時也.

朝而往, 暮而歸, 四時之景不同, 而樂亦無窮也.

至於負者歌于塗(途), 行者休于樹, 前者呼, 後者應; 傴僂提携, 往來而不絶者, 滁人遊也.

臨溪而漁, 溪深而魚肥, 釀泉爲酒, 泉冽而酒香.

山肴野蔌, 雜然而前陳者, 太守宴也.

宴酣之樂, 非絲非竹; 射者中, 奕者勝, 觥籌交錯, 起坐而諠譁者, 衆賓歡也.

蒼顔白髮, 頹(然)乎其間者, 太守醉也.

已而夕陽在山, 人影散亂, 太守歸而賓客從也.

樹林陰翳, 鳴聲上下, 遊人去而禽鳥樂也.

然而禽鳥, 知山林之樂, 而不知人之樂.

人知從太守遊而樂, 而不知太守之樂其樂也.

醉能同其樂, 醒能述以文者, 太守也.

太守謂誰? 廬陵歐陽脩也.

【環滁, 皆山也】'環'은 빙 둘러 있음. '滁'는 滁州. 《眞寶》注에 "滁, 卽滁州"라 함. 지금의 安徽省에 있으며 歐陽修가 39세에 그곳 知事(太守)로 부임하여 이듬해 이글을 지음.

【其西南諸峰, 林壑尤美, 望之蔚然而深秀者, 瑯琊也】'蔚然'은 초목 등이 무성한 모습. '瑯琊'는 滁州에 있는 산 이름. 《文忠集》에는 '瑯琊'로 표기되어 있음.

【山行六七里, 漸聞水聲潺潺, 而瀉出于兩峰之間者, 釀泉也】'潺潺'은 물이 졸졸 흐르는 소리. '瀉出'은 쏟아 붓듯이 거꾸로 湧出함. '釀泉'은 샘 이름. 술을 빚는 데쓰는 샘.

【峰回路轉, 有亭翼然, 臨于泉上者, 醉翁亭也】'翼然'은 새가 날개를 활짝 펼친 듯한 모습. 《眞寶》注에 "翼然, 聳出貌"라 함.

【作亭者誰? 山之僧智仙也; 名之者誰? 太守自謂也】'智仙'은 《文忠集》에는 '智僊'으로 표기되어 있으며, 瑯琊山에 수도하는 승려 이름. 《文忠集》에는 이 구절이 "山

之僧曰智僊也"라 하여 '曰'자가 더 있으며, 注에 "一無此字"라 함. '太守'는 滁州 知事로 부임해 온 歐陽修 자신을 가리킴. 《眞寶》注에 "未說破姓名"이라 함.

【太守與客, 來飮于此, 飮少輒醉, 而年又最高, 故自號曰醉翁也】'輒醉'는 문득 취함. 곧바로 취함. '醉翁'은 술에 취한 늙은이. 歐陽修는 慶曆 5년 39세 때 滁州知事로 부임하여 이듬해 자호를 醉翁이라 하였음. 《眞寶》注에 "醉翁, 歐陽修自號"라 함.

【醉翁之意不在酒, 在乎山水之間也;山水之樂, 得之心而寓之酒也】'山水之樂'은 山 水에 대한 즐거움. 《眞寶》注에 "按一樂字作根. 厚免反覆說樂字, 有無限議論意味"라 함. '寓之酒'는 술에 의미를 붙임. 술을 구실삼음.

【若夫日出而林霏開, 雲歸而巖穴暝, 晦明變化者, 山間之朝暮也】'林霏'는 숲에 엉긴 안개비. '雲歸'는 저녁에 구름이 걷힘. 저녁이 되어 구름도 밤을 맞아 돌아감.

【野芳發而幽香, 嘉木秀而繁陰, 風霜高潔, 水落而石出者, 山間之四時也】'野芳'은 들꽃. '嘉木'은 《文忠集》에는 '佳木'으로 되어 있음. '繁陰'은 초목이 무성하여 그늘이 진 곳. '風霜高潔'은 風高霜潔과 같음. 바람은 높이 불고 서리는 깨끗함. '水落而石出'은 원래 물이 다 떨어져 나가고 나면 돌이 드러남을 뜻함. 겨울에 물이 줄어들면 물속에 잠겼던 돌이 드러남을 말함. 蘇軾의 〈後赤壁賦〉에도 "山高月小, 水落石出"이라 함. 그러나 《文忠集》에는 '水淸而石出'로 '물이 맑아 돌이 드러나 보이다'로 되어 있으며, 注에 "一作洞, 一作落"이라 함. '山間之四時'는 산 속의 네 계절 풍경.

【朝而徃, 暮而歸, 四時之景不同, 而樂亦無窮也】아침이면 찾아가고 저녁이면 돌아옴.

【至於負者歌于塗, 行者休于樹, 前者呼, 後者應】'負者'는 짐을 지고 가는 사람. '歌 于塗'는 길을 가면서 노래를 부름. '塗'는 途와 같음.

【傴僂提携, 徃來而不絶者, 滁人遊也】'傴僂'는 몸을 구부정하게 굽힘을 뜻하는 疊 韻連綿語. '提携'는 손을 잡음.

【臨溪而漁, 溪深而魚肥, 釀泉爲酒, 泉洌而酒香】'泉洌而酒香'은 샘물은 차고 술은 향기로움. 《文忠集》에는 '天香而酒洌'로 되어 있으며, 注에 "一作泉洌而酒香"이라 함.

【山肴野蔌, 雜然而前陳者, 太守宴也】'山肴'는 산나물로 만든 안주. '野蔌'는 야채.

【宴酣之樂, 非絲非竹;射者中, 奕者勝, 觥籌交錯】'宴酣之樂'은 무르익어가는 연회 의 즐거움. '非絲非竹'의 '絲'는 絃樂器, '竹'은 관악기. 음악을 뜻함. '射者'는 활쏘 기를 하는 사람들. '奕者'는 바둑(장기)을 두는 사람들. '觥籌交錯'의 觥(굉)은 술 잔. 여기서는 벌주 잔을 뜻함. '籌'는 이기고 진 횟수를 셈하는 산가지. '交錯'은 서로 엇갈림. 엎치락뒤치락함.

【起坐而諠譁者, 衆賓歡也】'諠譁'는 와자지껄함을 뜻하는 雙聲連綿語.《文忠集》에는 '喧嘩'로 표기되어 있음.

【蒼顔白髮, 頹乎其間者, 太守醉也】'蒼顔白髮'은 얼굴은 푸르나 머리는 흰 노인. '頹'는 술에 취해 인사불성이 되어 쓰러짐을 뜻함.《世說新語》雅量篇에 "太傅於衆坐中問庾, 庾時頹然已醉, 幘墮几上, 以頭就穿取"라 함.《文忠集》에는 '頹然'으로 되어 있음.

【已而夕陽在山, 人影散亂, 太守歸而賓客從也】'已而'는 얼마 안 되어. 이윽고.

【樹林陰翳, 鳴聲上下, 遊人去而禽鳥樂也】'陰翳'는 그늘이 지고 저녁이 되어 어두워짐. '禽鳥樂'은 사람들이 시끄럽게 놀다가 떠나자 자신들만의 세상이 됨을 즐거워함.

【然而禽鳥, 知山林之樂, 而不知人之樂】산림의 즐거움만 알 뿐 사람이 왜 즐거워하는지는 알지 못함.

【人知從太守遊而樂, 而不知太守之樂其樂也】'不知太守之樂其樂也'는 태수가 사람들이 즐거워함을 즐겁게 여김은 알지 못함.《眞寶》注에 "公同遊之樂, 外與人同; 而自得之樂, 內與人異. 自得於心者, 人不能知之, 亦不能爲人言之也. 有無盡之味"라 함.

【醉能同其樂, 醒能述以文者, 太守也】'同其樂'은 함께 즐거워함.《眞寶》注에 "見公自作記"라 함.

【太守謂誰? 廬陵歐陽脩也】'廬陵'은 작자 歐陽修의 고향. 지금의 江西省 吉州.《眞寶》注에 "到此方說出姓名"이라 함.

⬚ 참고 및 관련 자료

1. 작자: 歐陽脩(歐陽修, 永叔) 074 참조.

2. 이 글은《文忠集》(39),《唐宋八大家文鈔》(49),《崇古文訣》(18),《宋文鑑》(78),《續文章正宗》(13),《五百家播芳大全文粹》(106),《文章辨體彙選》(570),《唐宋文醇》(26),《詩人玉屑》(20),《草堂詩餘》(4) 등에 실려 있음.

077. 〈秋聲賦〉·················· 歐陽永叔(歐陽脩)
추성부

*〈秋聲賦〉: 歐陽修가 52세 때의 가을에 처량한 소리를 듣고 그 감흥을 동자(童子)와의 대화 형식을 빌려 부(賦)로 지은 것임. 만물의 조락과 인생의 덧없음을 연관시켜 탄식을 토로한 것임. 《唐宋八大家文鈔》에는 "蕭瑟可誦, 雖不及漢之雅, 而詞緻淸亮"이라 하였고, 《古賦辯體》에는 "此等賦實自〈卜居〉, 〈漁父篇〉來, 迨宋玉賦, 風與大言小言等, 其體遂盛. 然賦之本體猶存, 及子雲長楊純用議論說理, 遂失賦本眞. 歐公專以此爲宗, 其賦全是文體以掃積代俳律之弊. 然於三百五篇, 吟咏情性之流風, 遠矣. 后山《談叢》云:「歐陽永叔不能賦, 其謂不能者, 不能進士律賦爾. 抑不能風, 所謂賦耶!」迂齋云:「此賦模寫工, 轉折妙, 悲壯頓挫, 無一字塵浣.」自是文中著翹者"라 함. 宋 仁宗(趙禎) 嘉祐 4년(1052)에 지은 것임.

*《眞寶》注에 "迂齋云: 模寫之工, 轉折之妙, 悲壯頓挫, 無一字塵浣. ○賦秋聲可謂妙矣, 深意在末段, 蓋因天時一年之秋, 而說人生一世之秋, 丹者稿, 黑者星, 是也. 人多縶於名韁, 蕩於情瀾, 熬於慾火, 自戕賊以至此, 於秋聲何恨乎! 此意可使人發深省, 而惕然有戒懼之心焉"이라 함.

구양자歐陽子가 밤에 책을 읽다가 서남쪽에서 들려오는 소리를 듣고, 송연悚然하여 이를 들으면서 말하였다.

"이상하구나!"

처음에는 바스락바스락 소리가 소삽蕭颯하더니, 갑자기 내달리며 솟아올라 더 팽배澎湃해지는 것이 마치 파도가 밤에 소리치고 비바람이 몰아쳐오는 듯했다.

그것이 물건에 부딪쳐 쨍그렁 탕탕하더니 쇠붙이도 모두 소리를 내는 것이었다.

또 마치 적에게 달려가는 군사들이 함매銜枚를 물고 질주하는 것 같은데 호령號令 소리는 들리지 않고 다만 사람과 말이 행진하며 가는 소리만 들리는 것이었다.

내가 동자童子에게 말하였다.

"이것이 무슨 소리냐? 나가서 살펴보아라."

동자가 말하였다.

"별과 달이 교결皎潔하고 하늘에는 은하수가 있으며 사방에는 사람 소리가 들리지 않으니, 소리는 나무 사이에서 나는 것입니다."

나는 말하였다

"아, 슬프도다! 이는 가을의 소리로구나. 어찌하여 온 것인가?

대체로 무릇 가을의 형상은 그 색은 참담慘淡하며 내와 보슬비만 내리고 구름은 걷힌다.

그 모습은 청명하며, 하늘은 높고 해는 반짝인다.

그 기운은 표열慓冽하여 마치 석침으로 사람의 살과 골을 찌르는 것 같다.

그 뜻은 소조蕭條하여 산천이 적막해진다.

그러므로 그 소리는 처절하기 그지없고 울부짖듯 분발憤發한다.

풍성히 녹욕綠縟한 모습으로 무성함을 다투었고, 아름다운 나무들은 총롱葱蘢하여 가히 즐겁던 모습이었지만,

풀은 가을이 다가오면 색깔이 변하고, 나무는 가을을 만나 잎이 떨어지고 만다.

그것이 최패摧敗하고 영락零落해지는 까닭은 바로 가을이라는 한 가지 기운의 나머지 매움 때문이다.

무릇 가을이란 형관刑官이며 시기에 있어서는 음陰이다.

또한 군사의 형상이며, 오행五行에 있어서는 금金이다.

이를 일러 천지의 의기義氣라 하며 항상 숙살肅殺로써 자신의 마음을 삼는다.

하늘은 만물에 대해, 봄에는 나게 하고 가을이면 열매를 맺게 한다.

그러므로 그것이 음악에 있어서는 상성商聲으로 서방西方을 주재하는 음이며, 이칙夷則은 7월의 율려律呂가 되는 것이다.

상商은 상傷이니, 만물이 이윽고 늙어 비통하고 애상한 시기가 되는 것이다.

이夷는 육戮이니, 만물이 성盛한 단계를 지나면 마땅히 죽임을 당하게 되는 것이다.

아! 초목이란 정이 없으니 때가 되면 흩날려 떨어지는 것이다.

사람도 살아 있는 생물로서 만물의 영장이지만 온갖 근심이 그 마음에 감흥을 일으키고, 만사는 그 형태를 가진만큼 노고로울 수밖에 없고, 그 심중에 움직임이 있으니 반드시 그 정신을 흔들게 된다.

그런데 하물며 그 힘이 미치지 못함을 생각하며 지혜로서도 어쩔 수 없는 바가 있음을 근심함에랴!

모름지기 홍안으로 붉던 나이가 고목처럼 늙어가고, 검은 머리는 백발이 되어 성성하게 된다.

어찌 금석金石의 바탕을 가진 것이 아닌데 초목과 더불어 영화를 다투려 하겠는가?

누가 해치고 적해하기에 그렇게 된다고 생각할 것이며, 역시 어찌 가을 소리를 한스럽게 여기겠는가?"

동자는 이에 대답도 하지 않은 채 머리를 떨구고 잠이 들어가고 있었다.

다만 네 벽에 벌레 소리만 찌르륵찌르륵 들리고 있어 마치 나의 탄식 소리를 돕고 있는 듯하였다.

歐陽子方夜讀書, 聞有聲自西南來者, 悚然而聽之曰:「異哉!」

初淅瀝以蕭颯, 忽奔騰而澎湃, 如波濤夜驚, 風雨驟至.

其觸於物也, 鏦鏦錚錚, 金鐵皆鳴.

又如赴敵之兵, 銜枚疾走, 不聞號令, 但聞人馬之行聲.

予謂童子:「此何聲也? 汝出視之.」

童子曰:「星月皎潔, 明河在天, 四無人聲, 聲在樹間.」

予曰:「噫嘻悲哉! 此秋聲也. 胡爲乎來哉?

蓋夫秋之爲狀也, 其色慘淡, 煙霏雲斂;

其容清明, 天高日晶;

其氣慄冽, 砭人肌骨;

其意蕭條, 山川寂寥.

故其爲聲也, 淒淒切切, 呼號憤發;

豐草綠縟而爭茂, 佳木葱蘢而可悅;

草拂之而色變, 木遭之而葉脫.

其所以摧敗零落者, 乃一氣之餘烈.

夫秋, 刑官也, 於時爲陰;

又兵象也, 於行爲金.

是謂天地之義氣, 常以肅殺而爲心.

天之於物, 春生秋實.

故其在樂也, 商聲主西方之音, 夷則爲七月之律.

商, 傷也, 物既老而悲傷;

夷, 戮也, 物過盛而當殺.

嗟乎! 草木無情, 有時飄零.

人爲動物, 惟物之靈; 百憂感其心, 萬事勞其形; 有動于中, 必搖其精.

而況思其力之所不及, 憂其智之所不能!
宜其渥然丹者爲槁木, 黟然黑者爲星星.
奈何非金石之質, 欲與草木而爭榮?
念誰爲之戕賊, 亦何恨乎秋聲?」

童子莫對, 垂頭而睡.
但聞四壁, 蟲聲唧唧, 如助予之歎息.

【歐陽子方夜讀書, 聞有聲自西南來者】'歐陽子'는 歐陽修 자신을 가리킴. '方'은
〈墨蹟本〉에는 없음.《文忠集》에 "一無方字, 墨蹟止作余無上四字"라 함.
【悚然而聽之曰:「異哉!」】'悚然'은 깜짝 놀라서 두려움을 느끼는 상황.
【初淅瀝以蕭颯, 忽奔騰而澎湃, 如波濤夜驚, 風雨驟至】'淅瀝'은 낙엽 등이 떨어지
는 소리를 표현한 疊韻連綿語. '蕭颯'은 바람소리를 형용한 雙聲連綿語. '奔騰'은
마구 내달리거나 솟아오름. '澎湃'는 물결 등이 서로 부딪치거나 부피가 커짐을
의미하는 雙聲連綿語. '驟至'는 갑자기 들이닥침.《眞寶》注에 "善名狀"이라 함.
【其觸於物也, 鏦鏦錚錚, 金鐵皆鳴】'鏦鏦錚錚'는 '鏦錚'의 連綿語를 겹쳐 표현한
것. 쇠붙이 등이 서로 부딪치는 소리를 형용한 것.
【又如赴敵之兵, 銜枚疾走, 不聞號令, 但聞人馬之行聲】'赴敵之兵' 다음에《眞寶》
注에 "尤佳"라 함. '銜枚'는 군사들이 밤에 기습작전을 펼 때 말을 하지 못하도록
입에 물렸던 긴 막대.《周禮》夏官 大司馬에 "中軍以鼙令鼓, 鼓人皆三鼓, 羣司馬
振鐸, 車徒皆作, 遂鼓行, 徒銜枚而進"이라 함. '號令'은 소리쳐 명령함. '馬之行聲' 다
음에《眞寶》注에 "壯"이라 함. 한편 〈墨蹟本〉에는 '聲'자가 없음.《文忠集》에 "墨
蹟無聲字"라 함.
【予謂童子:「此何聲也? 汝出視之.」】'童子'는 歐陽修의 심부름을 하는 어린아이.
【童子曰:「星月皎潔, 明河在天, 四無人聲, 聲在樹間.」】'皎潔'은 밝고 깨끗함을 뜻하
는 雙聲連綿語. '明河'는 밝은 은하수.《眞寶》注에 "語瀟洒"라 함.
【予曰:「噫嘻悲哉! 此秋聲也. 胡爲乎來哉?」】'噫嘻'는 감탄사. '胡爲乎來哉'의 '胡'는
의문사.
【蓋夫秋之爲狀也, 其色慘淡, 煙霏雲斂】'蓋夫'는 '대체로 무릇. 아마도' 등의 뜻.
'慘淡'은 처절하고 슬픈 상황을 뜻하는 疊韻連綿語. '煙霏雲斂'은 안개(부슬비)가

날아오르고 구름이 걷힘.

【其容淸明, 天高日晶】'晶'은 찬란하게 반짝이며 빛남.

【其氣慄冽, 砭人肌骨】'慄冽'은 매우 차갑고 서늘함을 뜻하는 雙聲連綿語. '砭人肌
骨'의 '砭'은 원래 의료용 石鍼. 여기서는 사람의 피부와 뼈를 석침으로 찌르는 듯
함을 표현한 것.

【其意蕭條, 山川寂寥】'蕭條'은 쓸쓸함을 표현하는 疊韻連綿語. '寂寥'은 連綿語.
적막함.

【故其爲聲也, 凄凄切切, 呼號憤發】'凄凄切切'은 凄切을 疊語로 늘여 표현한 것.
'呼號憤發'은 울부짖으며 떨치어 일어남. '憤發' 또한 雙聲連綿語.

【豐草綠縟而爭茂, 佳木葱蘢而可悅】'豐草'는 무성한 풀. 《眞寶》注에 "四用草木字
却相應"이라 함. '綠縟'은 풀이 무성하면서 푸르름을 형용하는 疊韻連綿語. '葱蘢'
또한 풀이 총총하고 무성함을 표현하는 疊韻連綿語.

【草拂之而色變, 木遭之而葉脫】'拂之'는 흔듦.

【其所以摧敗零落者, 乃一氣之餘烈】'摧敗'는 꺾어 패잔하게 함. '零落'은 시들고 말
라 떨어짐을 의미하는 雙聲連綿語. '一氣之餘烈'은 가을 한 기운의 남은 매서움.

【夫秋, 刑官也, 於時爲陰】'刑官'은 《周禮》에 秋官에 해당하며 형벌을 담당함. 《周
禮》의 六官은 天官(吏部), 地官(戶部), 春官(禮部), 夏官(兵部), 秋官(刑部), 冬官(工部)
임. '陰'은 春夏는 陽에 해당하며, 秋冬은 陰에 해당함.

【又兵象也, 於行爲金】'兵象'은 兵器의 형상. 가을 기운이 만물을 처단하여 죽이
는 것이 마치 병기로 생명을 상하게 하는 것과 같음. '於行爲金'은 五行으로는 金
에 해당함. 참고로 〈五行表〉는 본 《眞寶》(後集 123) 〈太極圖說〉의 注를 참조할 것.

【是謂天地之義氣, 常以肅殺而爲心】'義氣'는 정의로운 기운. '肅殺'은 죽이고 말라
더 이상 살 수 없도록 함을 뜻하는 雙聲連綿語.

【天之於物, 春生秋實】'春生秋實'은 봄에는 생명을 낳게 하고 가을이면 그 생명의
결실을 맺게 함.

【故其在樂也, 商聲主西方之音, 夷則爲七月之律】'商聲主西方之音'은 五行에서 五
音(宮商角徵羽)의 서방은 商聲에 해당함. '夷則'은 고대 律呂는 樂律의 음계를 조
절하는 기구로써 대나무나 금속관으로 만들었으며 모두 12개. 그 구멍의 크기
에 따라 음의 고도를 정하여 다른 악기의 음가를 정하는 것. 그중 홀수 6개를
'律', 짝수 6개를 '呂'라 하며 이를 합하여 '律呂'라 함. 이를 12달과 배합하여 《呂
氏春秋》音律에는 黃鐘, 大呂, 太簇, 夾鐘, 姑洗, 仲呂, 蕤賓, 林鐘, 夷則, 南呂, 無

射, 應鐘이라 하였으며 이에 따라 "仲冬曰短至, 則生黃鐘;季冬生大呂, 孟春生太
簇, 仲春生夾鐘, 孟夏生仲呂, 仲夏曰長至, 則生蕤賓, 季夏生林鐘, 孟秋生夷則, 仲
秋生南呂, 季秋生無射, 孟冬生應鐘"이라 함. 따라서 夷則은 孟冬의 때를 대신하
는 말로 쓴 것. 한편 고대 동짓날에 바람이 통하지 않는 밀실에서 갈대 껍질을
태운 재로 六律에 맞게 대롱을 책상에 올려놓은 다음 어느 律에 재가 흩날리는
가를 보고 節氣를 예측했다 함. 《漢書》律曆志(上) 참조. 《幼學瓊林》에 "冬至到而
葭灰飛, 立秋至而梧葉落"라 함.

【商, 傷也, 物旣老而悲傷】'商'과 '傷'은 聲訓으로 풀이한 것.

【夷, 戮也, 物過盛而當殺】'夷則'의 '夷'는 '戮'의 뜻이 들어 있음.

【嗟乎! 草木無情, 有時飄零】'飄零'은 나뭇잎이 바람에 의해 떨어짐.

【人爲動物, 惟物之靈;百憂感其心, 萬事勞其形;有動于中, 必搖其精】'人爲動物'은
사람도 살아 있는 생물임. 《眞寶》注에 "歸之於人"이라 함. '有動于中'의 '中'은 心
中. 마음에 움직이는 바가 있음. 《文忠集》注에는 "一作「人惟動物. 爲物之靈.」"이
라 함.

【而況思其力之所不及, 憂其智之所不能. 宜其渥然丹者爲槁木, 黟然黑者爲星星】
'憂其智之所不能' 다음에 《眞寶》注에 "自淺而深"이라 함. '渥然'은 붉은 윤이 나
는 모양. '黟然'은 머리가 까만 젊은 시절. 《眞寶》注에 "渥然, 丹者. 言紅顔變爲枯
木;黟然, 黑者, 言黑髮變爲白髮"이라 함. '星星'은 백발이 성성한 노년기.

【奈何非金石之質, 欲與草木而爭榮】'金石'은 가을을 상징함. 〈五行表〉(123 주) 참조.
《眞寶》注에 "發明尤佳"라 함.

【念誰爲之戕賊, 亦何恨乎秋聲】'戕賊'은 찌르고 賊害함을 뜻함.

【童子莫對, 垂頭而睡】'垂頭而睡'는 머리를 떨구고 잠이 들어버림.

【但聞四壁, 蟲聲唧唧, 如助予之歎息】'唧唧'은 가을 풀벌레가 우는 소리. 《眞寶》注
에 "車轉尤佳"라 함. '如'는 《文忠集》注에 "一作以"라 함.

> ### 참고 및 관련 자료

1. 작자:歐陽脩(歐陽修, 永叔) 074 참조.

2. 이 글은 《文忠集》(15), 《崇古文訣》(18), 《唐宋八大家文鈔》(60), 《宋文鑑》(3), 《古
賦辯體》(8), 《歷代賦彙》(12), 《事文類聚》(前集 10), 《淵鑑類函》(15) 등에 실려 있음.

078. 〈憎蒼蠅賦〉 ················· 歐陽永叔(歐陽脩)
증오스러운 파리 떼

＊〈憎蒼蠅賦〉:'蒼蠅'은 靑蠅과 같으며 파리를 뜻함. 파리가 사람에게 폐해를 끼치는 것을 크게 세 가지로 나눠 구체적으로 표현하고 아울러 《詩》止棘篇을 들어 小人輩에 비유하여 賦의 형식으로 지은 것. 宋 英宗(趙曙) 治平 3년(1066)에 지은 것임.

＊《眞寶》注에 "蠅之爲物, 賦形至微, 害物至重. 姦人邪佞, 以敗君德. 變黑白, 以爲物之害. 此詩人托物比興"이라 함.

쉬파리야, 쉬파리야! 나는 너의 생태를 안타깝게 여기노라.

이미 벌이나 전갈 같은 독 있는 꼬리도 없고, 게다가 모기나 등애 같은 날카로운 주둥이도 없다.

다행히 사람들이 두려워하지는 않지만 어찌 사람들이 좋아하는 것은 되지 못하느냐?

너의 생김은 지극히 작아 너의 욕심은 쉽게 채워지기는 한다.

배우盃盂에 남은 찌꺼기와 도마에 남은 비린내 정도로, 바라는 바가 아주 적어, 지나치면 감당하기 어려울 텐데도 무엇이 부족하다고 이에 종일토록 윙윙거리느냐?

냄새를 좇고 향내를 찾아 이르지 않는 곳이 없어 순식간에 모여드니 누가 서로 일러주는 것이냐?

그 물체로서는 비록 미미하지만 그 해가 됨은 지극히 대단하구나.

이를테면 화려한 서까래 큰 집에, 진귀한 자리의 네모난 침상에서 염풍炎風이 뜨겁고 여름날은 길어 정신이 혼미하고, 기력이 처져 흐르는 땀은 장물을 이루고, 사지를 풀어놓은 채 들 수도 없는 상태, 게다가 두

눈은 희미하여 보이는 것도 아득하고 어렴풋하여, 그저 높은 베개를 베고 한 잠 자면서 번거로운 찜통더위를 잠시나 있고자 하는데, 생각건대 내가 너에게 무슨 잘못을 저질렀다고 이런 재앙을 주느냐?

머리를 찾아 나타나고 얼굴에 부딪치며, 소매 속으로 들어가고 치마를 뚫고 파고들며, 혹 눈썹 끝에 모여들고, 혹 눈언저리를 따라 움직여 눈을 감으려 하다가 다시 경계하고 발은 이미 마비되었는데도 그래도 휘둘러야 한다.

이러한 때 공자孔子인들 어찌 비슷하게라도 주공周公을 뵐 수 있겠으며, 장자莊子인들 어찌 나비와 더불어 날아볼 수 있겠는가?

다만 시종이나 동자를 시켜 큰 부채로 바람을 일으키도록 하면, 혹 그들은 머리를 떨구며 졸기도 하고 혹 선채로 졸다가 엎어지기도 한다.

이것이 네가 사람에게 끼치는 첫 번째 폐해이다.

또 이를테면 높고 우뚝한 좋은 집에서 훌륭하고 지체 높은 손님을 모셔 술과 안주를 사와 자리를 펴고 잔치를 마련하여, 애오라지 하루의 여한餘閑을 즐기고자 하는데 어찌 너희들은 무리도 많아 대적하기조차 어려우냐?

혹 그릇에 모여들기도 하고, 혹 음식상에 진을 치기도 하며, 혹 술에 너희가 먼저 취하려다가 그로 말미암아 거기에 빠져 있기도 하며, 혹 뜨거운 국에 뛰어들었다가 끝내 그 혼백을 잃기도 하는구나.

진실로 죽어도 후회하지 않으니, 역시 이득에 탐욕을 부리는 자를 경계할 만도 하구나.

더욱이 붉은 머리를 가진 파리는 이를 불러 경적景迹이라 하는데, 한 번 달려들어 더럽히고 나면 사람이 먹을 수도 없게 된다.

어찌하여 너희 같은 족속을 끌어들이고 친구를 불러들여 머리를 흔들고 날개를 펄럭이며, 모였다 흩어짐을 순식간에 하며, 오고감이 끊임이 없어, 바야흐로 손님과 주인이 술잔을 주고받으면서 의관을 단정하게 꾸몄건만 나로 하여금 너를 쫓느라 손을 휘젓고 발이 뒤틀려 용모가 흐트러지고 얼굴색을 잃게 하느냐?

이러한 때라면 왕연王衍인들 어느 겨를에 청담淸談을 하겠으며, 가의賈誼인들 큰 한숨을 감당해내겠느냐?

이것이 네가 사람에게 끼치는 두 번째 폐해이다.

또 이를테면 혜해醯醢의 식품이나 장니醬醨의 제품을 때와 달에 맞추어 담가 수장收藏하여 조심해서 그 병과 옹기를 견고하게 막아 처리하였건만, 이에 너희들은 무리의 힘으로 공격하여 구멍을 뚫고 온갖 방법을 다하여 들여다본다.

심지어 크게 저민 고깃덩이나 살찐 희생물, 좋은 안주와 훌륭한 음식은 뚜껑을 덮거나 감추어 놓아도, 조금만 노출되거나 틈새가 있거나, 지키는 이가 혹 잠시 선잠이라도 들거나, 엄한 방비에 겨우 조금만 태만해도, 이윽고 곧바로 너희 같은 종족이 될 쉬를 쓸어놓는다.

그리하여 무성하게 번식시키지 않음이 없어, 그 식품에 물이 질질 흐르고 부패하고 괴멸하여, 이를테면 친구들이 갑자기 찾아왔을 때 내놓을 것이 없어 삭연索然히 기쁘게 맞을 수가 없게 되어, 이를 관리하던 노비들도 근심을 떠안은 채 이로써 죄를 얻게 된다.

이것이 네가 사람에게 끼치는 세 번째 폐해이다.

이는 모두가 큰 것만 이야기한 것이며 나머지 모두는 설명하기도 어렵다.

아! 〈지극止棘〉편의 시처럼 육경六經과 같은 경서에도 전해오고 있으니, 여기에서 그런 시를 지은 시인詩人이 사물에 널리 박식하여 이를 비흥比興으로 표현하여, 그 정수精髓를 삼아 마땅히 너로써 참훼하는 이가 나라를 어지럽힘을 풍자한 것이니, 진실로 가히 미워할 만하고 증오스럽도다!

蒼蠅, 蒼蠅! 吾嗟爾之爲生!

旣無蜂蠆之毒尾, 又無蚊蝱之利觜.

幸不爲人之畏, 胡不爲人之喜?

爾形至眇, 爾欲易盈.

盂盂殘瀝, 砧几餘腥, 所希秒忽, 過則難勝, 苦何求而不足, 乃終日而營營?

逐氣尋香, 無處不到, 頃刻而集, 誰相告報?

其在物也雖微, 其爲害也至要.

若乃華榱廣厦, 珍簟方牀, 炎風之燠, 夏日之長, 神昏氣懛, 流汗成漿, 委四肢而莫擧, 眊兩目其茫洋; 惟高枕之一覺, 冀煩歊之蹔忘, 念於爾而何負, 乃於吾而見殃?

尋頭撲面, 入袖穿裳, 或集眉端, 或沿眼眶, 目欲瞑而復警, 臂已痺而猶攘.

於此之時, 孔子何由見周公於髣髴; 莊生安得與蝴蝶而飛揚?

徒使蒼頭丫髻, 巨扇揮颺, 或頭垂而腕脱, 或立寐而顚僵.

此其爲害者一也.

又如峻宇高堂, 嘉賓上客, 沽酒市脯, 鋪筵設席, 聊娛一日之餘閑, 奈爾衆多之莫敵!

或集器皿, 或屯几格; 或醉醇酎, 因之沒溺; 或投熱羹, 遂喪其魄. 諒雖死而不悔, 亦可戒夫貪得.

尤忌赤頭, 號爲景迹, 一有霑汙, 人皆不食.

奈何引類呼朋, 搖頭鼓翼, 聚散倏忽, 往來絡繹; 方其賓主獻酬, 衣冠儼飾, 使吾揮手頓足, 改容失色?

於此之時, 王衍何暇於清談; 賈誼堪爲之太息?

此其爲害者二也.

又如醯醢之品, 醬虀之制, 及時月而收藏, 謹餅罌之固濟, 乃眾力以攻鑽, 極百端而窺覦.

至於大臠肥牲, 嘉穀美味, 蓋藏稍露而罅隙, 守者或時而假寐, 纔少怠於防嚴, 已輒遺其種類.

莫不養息蕃滋, 淋漓敗壞, 使親朋卒至, 索爾以無歡; 臧獲懷憂, 因之而得罪.

此其爲害者三也.

是皆大者, 餘悉難名.

嗚呼! <止棘>之詩, 垂之六經, 於此見詩人之博物, 比興之爲精, 宜乎以爾刺讒人之亂國, 誠可嫉而可憎!

【蒼蠅, 蒼蠅! 吾嗟爾之爲生】'蒼蠅'은 파리. 푸른색의 쉬파리. 靑蠅과 같음.《爾雅翼》(27)에 "蒼蠅, 蠅之絜者. 雅有靑蠅, 風有蒼蠅. 蒼蠅比於靑蠅而大其, 色蒼, 好集几案食飮上者, 是也"라 함. 그러나 모든 파리의 속성을 두고 읊은 것이며 파리처럼 奸詐하여 선한 무리에게 해가 되는 小人輩를 비유한 것임. '嗟'는 '슬퍼하다, 탄식하다, 불쌍히 여기다'의 뜻. '爾'는 而, 汝, 你 등과 같음. 이인칭대명사. '너' '爲生'은 삶의 방법. 생태.

【旣無蜂蠆之毒尾, 又無蚊蝱之利觜(嘴)】'蜂蠆'(봉채)는 벌과 전갈. 毒蟲을 가리킴. 《眞寶》注에 《左傳》:「蜂蠆有毒.」 蠆, 丑邁反"이라 함. '蚊蝱'은 蚊虻과 같음. 모기와 등에. '利觜'의 '觜'는 '嘴'의 假借字. 주둥이. 흔히 동물이나 곤충 등의 입이나 주둥이, 부리 등을 가리킴. '利嘴'는 날카로운 주둥이.《眞寶》注에 《聞見錄》: 歐陽公云:「予作<憎蠅賦>: 蠅可憎矣. 尤不堪蚊蚋自咦喝來, 利觜咬人也.」라 함.

【幸不爲人之畏, 胡不爲人之喜】그나마 다행히 두렵게 여기는 대상은 아니지만 그렇다고 좋아하는 대상도 아님.

【爾形至眇, 爾欲易盈】'至眇'는 지극히 작음. '易盈'은 채우기는 쉬움.

【盃盂殘瀝, 砧几餘腥, 所希秒忽, 過則難勝】'盃盂'는 술잔이나 鉢盂. 또는 술잔. 《文忠集》에는 '杯盂'로 표기되어 있음. '殘瀝'은 남은 찌꺼기. '砧几'는 도마. '餘腥'은 남은 비린내. 또는 날고기. '秒忽'은 아주 작음.《文忠集》에는 '梢忽'로 표기되

어 있음.

【苦何求而不足, 乃終日而營營】'營營'은 파리가 윙윙거리며 날아다니는 소리를 표현한 것. 《詩》小雅 靑蠅篇에 "營營靑蠅, 止于樊"이라 함. 《眞寶》注에 《詩》:「營營靑蠅.」이라 함.

【逐氣尋香, 無處不到, 頃刻而集, 誰相告報】'逐氣尋香'은 냄새를 쫓아 향내를 찾아다님. '頃刻'은 아주 짧은 시간. 잠깐.

【其在物也雖微, 其爲害也至要】크기는 작지만 해는 지극히 큼.

【若乃華榱廣厦, 珍簟方牀, 炎風之燠, 夏日之長, 神昏氣蹙, 流汗成漿, 委四肢而莫擧, 眊兩目其茫洋】'若乃'는 다음 상황을 설명하기 위한 連結語. '華榱'(화최)는 화려하게 꾸민 서까래. 좋은 집을 뜻함. '廣厦'는 크고 넓은 집. '珍簟'(진점)은 진귀한 대나무로 만든 자리. '炎風之燠'는 한여름의 뜨거운 무더위. '氣蹙'은 숨이 막힐 정도. '成漿'은 국물이나 장물과 같은 액체. 땀이 짭짤히 쏟아짐을 말함. '眊'(모)는 눈이 흐릿하여 잘 보이지 않음. '茫洋'은 아득하고 정신이 흐릿함을 뜻하는 疊韻連綿語.

【惟高枕之一覺, 冀煩歊之蹔忘, 念於爾而何負, 乃於吾而見殃】'一覺'은 잠깐 낮잠을 잠. '冀'는 '바라다', 願과 같음. '煩歊'(번고)는 김이 올라 괴로운 상태. 더위를 뜻함. '蹔忘'은 暫忘과 같음. 잠시 잊음. '念於爾而何負, 乃於吾而見殃'는 '생각건대 너에게 무슨 죄를 졌기에 나에게 이런 재앙을 내리는가?'의 뜻.

【尋頭撲面, 入袖穿裳, 或集眉端, 或沿眼眶, 目欲瞑而復警, 臂已痺而猶攘】'尋頭撲面'는 파리가 나의 머리를 찾아들고 얼굴에 부딪침. '眼眶'은 눈두덩, 눈자위. 눈 주위의 물기가 있는 곳.

【於此之時, 孔子何由見周公於髣髴; 莊生安得與蝴蝶而飛揚】'見周公'은 孔子가 꿈에서라도 周公을 보았으면 했던 고사. 《論語》述而篇에 "子曰:「甚矣, 吾衰也! 久矣吾不復夢見周公!」"을 말함. '髣髴'은 彷彿로도 표기하며 비슷함을 뜻하는 雙聲連綿語. '莊生'은 莊周. 莊子가 꿈에 나비가 되어 날아다닌 고사를 말함. 《莊子》齊物論에 "昔者, 莊周夢爲胡蝶, 栩栩然胡蝶也, 自喩適志與! 不知周也. 俄然覺, 則蘧蘧然周也. 不知周之夢爲胡蝶與, 胡蝶之夢爲周與? 周與胡蝶, 則必有分矣. 此之謂「物化.」"라 함. '飛揚'은 날아다님. 《眞寶》注에 "《語》: 子曰:「吾不復夢見周公.」;《莊子》:「夢爲蝴蝶, 栩栩然, 蝴蝶, 不知周也, 俄然覺, 則遽遽然周也.」"라 함.

【徒使蒼頭丫髻, 巨扇揮颺, 或頭垂而腕脫, 或立寐而顚僵】'蒼頭'는 남자종, '丫髻'는 여자종. '丫髻'는 '丫髻'로도 표기함. 《眞寶》注에 "蒼頭丫髻, 指奴子"라 함. '腕脫'은

파리를 잡으려 너무 심하게 휘두르다 팔이 빠짐. '顚僵'은 엎어져 넘어짐. '或立
寐'는 어쩌다 선 채로 좀. 그러나 《文忠集》에는 '每立寐'로 되어 있음.

【此其爲害者一也】이상이 파리가 사람에게 끼치는 첫 번째 폐해임.

【又如峻宇高堂, 嘉賓上客, 沽酒市脯, 鋪筵設席, 聊娛一日之餘閑, 奈爾衆多之莫敵】
'峻宇高堂'은 높이 솟은 큰 집. '嘉賓上客'은 훌륭하고 존귀한 빈객. '沽酒市脯'은
술을 사오고 안주거리 포를 사옴. '沽'와 '市'는 모두 '買'의 뜻.

【或集器皿, 或屯几格;或醉醇酎, 因之沒溺;或投熱羹, 遂喪其魄】'屯几格'은 '几格'
은 식탁이나 음식을 차려놓은 상을 뜻하는 雙聲連綿語. '屯'는 군사들이 신을
치듯이 모여듦. '醇酎'는 술. '酎'는 酒의 異體字이며 음은 '주'. 《眞寶》注에 "宙上"
이라 함.

【諒雖死而不悔, 亦可戒夫貪得】'諒'은 副使로 固, 眞, 誠과 같음. '진실로'의 뜻. '貪
得'은 이득에 탐욕을 부림. 《眞寶》注에 "班固〈難莊〉: 「靑蠅嗜肉汁而忘溺死, 衆人
貪稅吏而陷罪禍.」라 함.

【尤忌赤頭, 號爲景迹, 一有霑汙, 人皆不食】'赤頭'는 머리가 붉은 파리. '景迹'의 '景'
은 '大'의 뜻. 파리의 이름. 《眞寶》注에 "《酉陽雜俎》:身靑者能敗物, 巨者頭如火"
라 함. 그 파리가 앉았던 자리는 큰 자국이 남음. '霑汙'는 적셔놓아 더럽힘.

【奈何引類呼朋, 搖頭鼓翼, 聚散倏忽, 往來絡繹】'搖頭鼓翼'은 머리를 흔들며 날개
를 펄럭임. '倏忽'(숙홀)은 '갑자기, 순식간에'의 뜻. '絡繹'은 끊이지 않음.

【方其賓主獻酬, 衣冠儼飾, 使吾揮手頓足, 改容失色】'獻酬'은 술잔을 주고받음. '揮
手頓足'은 파리를 쫓느라 팔을 휘젓고 발이 뒤틀려 결국 넘어짐.

【於此之時, 王衍何暇於淸談;賈誼堪爲之太息】'王衍'(256-311)은 자는 夷甫. 竹林七
賢의 하나인 王戎의 從弟. 太尉를 지냈으며 그 무렵 유행하던 玄學의 淸談에 뛰
어났던 인물. 《晉書》(43)에 傳이 있음. 《眞寶》注에 "王衍手揮玉塵尾, 終日淸談"이
라 함. '賈誼'(B.C.200-B.C.168)는 西漢시대의 政論家이며 文學家. 文帝 초에 博士
가 되어 大中大夫에 올랐으나 죄를 짓고 長沙로 쫓겨남. 그 때 屈原과 자신을 비
교하여 〈吊屈原賦〉를 지었으며 司馬遷은 이의 공통점을 살려 〈屈原賈生列傳〉
으로 묶음. 《賈誼新書》附錄 〈上文帝書〉(陳政事疏:治安策)에 "臣竊惟事勢, 可爲痛
哭者一, 可爲流涕者二, 可爲長太息者六, 若其它背理而傷道者, 難偏以疏擧. 進言
者皆曰天下已安已治矣, 臣獨以爲未也"라 함. 《眞寶》注에 "賈誼〈上書〉:「可爲痛哭
者一, 可爲長太息者六.」"이라 함.

【此其爲害者二也】이상이 파리가 사람에게 끼치는 폐해의 두 번째임.

【又如醓醢之品, 醬臡之制, 及時月而收藏, 謹缾甊之固濟, 乃衆力以攻鑽, 極百端而窺覦】'醓醢'은 肉漿이나 젓갈을 뜻하는 雙聲連綿語. '醬臡'는 고기와 뼈를 섞어 만든 젓갈이나 장조림. '缾甊'은 단지. 항아리. 《文忠集》에는 '缾罍'으로 표기되어 있음. '固濟'는 단단히 막아 해결책을 찾음. '攻鑽'은 공격하여 구멍을 뚫음. '百端'은 온갖 수단. '窺覦'은 '들여다보다'의 뜻을 雙聲連綿語로 표기한 것.

【至於大胾肥牲, 嘉殽美味, 蓋藏稍露而罅隙, 守者或時而假寐, 纔少怠於防嚴, 已輒遺其種類】'大胾'은 큼지막하게 저며 놓은 고기. '肥牲'은 제물로 사용할 살찐 고기. '嘉殽'는 좋은 안주. '罅隙'는 갈라져 터진 틈새. '假寐'는 잠깐의 졸음. '纔少'는 겨우 조금. '遺其種類'는 그 종류(구더기)를 남겨놓음. 쉬를 쓸어놓음.

【莫不養息蕃滋, 淋漓敗壞, 使親朋卒至, 索爾以無歡; 臧獲懷憂, 因之而得罪】'蕃滋'는 무성하게 새끼들을 번식시킴. '淋漓'는 물이 줄줄 흐르는 모습을 표현하는 雙聲連綿語. 고기가 썩어 물이 흐르도록 함. '敗壞'는 썩어서 문드러짐. '使'는 若과 같음. 가령. '索爾'는 索然과 같음. 쓸쓸하고 삭막함. 여기서는 갑자기 찾아온 친구들에게 내놓을 것이 없어서 삭막한 상황이 됨. '臧獲'은 남녀 하인. 노예, 노비, 종을 일컫는 말. 《荀子》王霸 注에 "臧獲, 奴婢也. 《方言》曰:「荊, 淮, 海, 岱之間, 罵奴曰臧, 罵婢爲獲.」 或曰:「取貨謂之臧, 擒得謂之獲, 皆謂有罪爲奴婢者.」"라 하였고, 《名義考》에는 《風俗通》을 인용하여 "臧, 被罪沒官爲奴婢; 獲, 逃亡獲得爲奴婢"라 함. 《眞寶》注에 "臧獲, 指奴僕"이라 함.

【此其爲害者三也】이것이 파리가 사람에게 끼치는 세 번째 폐해임.

【是皆大者, 餘悉難名】이는 큰 것만 거론한 것이며 그 나머지는 모두 설명하기 어려움. '名'은 '표현하여 설명하다'의 뜻.

【嗚呼! 〈止棘〉之詩, 垂之六經, 於此見詩人之博物, 比興之爲精, 宜乎以爾刺讒人之亂國, 誠可嫉而可憎】〈止棘〉은 《詩》小雅 靑蠅篇에 "營營靑蠅, 止于樊. 豈弟君子, 無信讒言. 營營靑蠅, 止于棘. 讒人罔極, 交亂四國. 營營靑蠅, 止于榛. 讒人罔極, 構我二人"이라 하여 참소하는 소인을 비유한 것임. 《眞寶》注에 "〈止棘〉, 《詩傳》云:「營靑蠅止于棘.」"이라 함. '垂之六經'은 六經과 같은 經書에 실려 전해옴. '詩人'은 《詩經》의 시들을 지은 賢人을 말함. '博物'은 많은 사물의 특성을 인간 사회와 연관지어 교훈으로 삼음. '比興'은 《詩》六義 중의 比와 興. 比는 비유법, 興은 작가의 주관적 감흥. '刺'는 풍자하여 경계로 삼음. 《眞寶》注에 "刺, 譏議. 《詩》:「營營靑蠅止于棘. 讒人罔極, 交亂四國」"이라 함.

1. 작자:歐陽脩(歐陽修, 永叔) 074 참조.

2. 이 글은 《文忠集》(15), 《唐宋八大家文鈔》(60), 《事文類聚》(後集 49), 《歷代賦彙》(140), 《淵鑑類函》(446) 등에 실려 있음.

079. 〈鳴蟬賦〉 ·················· 歐陽永叔(歐陽脩)
명선부

* 〈鳴蟬賦〉: 매미 울음소리를 통해 만물의 울음을 비유하면서 사람에게도 문장 또한 그러한 울음과 같음을 賦로써 읊은 것임. 宋 仁宗(趙禎) 嘉祐 元年(1056), 醴泉宮에서 祈晴祭를 올릴 때 지은 것이며 序文과 賦로 나뉘어 있음. 《文忠集》에 "一本賦後有跋云: 予因學書, 起作賦草. 他兒一視而過, 獨小子棐守之不去, 此兒他日必能爲吾此賦也, 因以予之"라 하여 賦의 草稿를 지을 때 다른 아이들은 슬쩍 보고 가버렸으나 구양수의 어린 아들 棐만은 끝까지 지켜주면서 떠나지 않아 그에게 준 것이라 하였음. 《宋史》(319) 歐陽脩傳(附 歐陽斐)에도 "中子棐字 叔弼, 廣覽强記, 能文辭, 年十三時, 見脩著《鳴蟬賦》, 侍側不去. 修撫之曰:「兒異日 能爲吾此賦否?」因書以遺之"라 함.

* 《眞寶》注에 "此篇, 因蟬鳴而及萬物之鳴, 又因物鳴而及人之以文鳴, 播布推極, 大有意味. 末仍結歸蟬聲, 不走本題, 家數, 大略與〈秋聲賦〉相似. 楊誠齋嘗屢提 掇此賦, 以爲歐陽氏故實云"이라 함.

가우嘉祐 원년(1056) 여름, 큰비가 내려 임금의 조칙을 받들고 예천궁 醴泉宮에서 날씨가 개기를 빌었는데, 매미 소리를 듣고 느낀 바 있어 부 賦를 지었다.

"엄숙한 사정祠庭에서 공경히 제사를 받들도다.
예천궁의 높고 높은 모습을 쳐다보도다.
보고 들음을 거두어 생각을 청결하게 하고는,
마음을 재계齋戒하여 정성스럽게 제물을 올리도다.
이를 바탕으로 움직임이 있어,
만물의 정황에서 그것이 나타나 보이기를 바라고 있었다.
그러자 아침비가 홀연히 멈추더니 미풍도 일지 않는 것이었다.

곳곳에 구름도 없이 푸른 하늘이 드러나더니,

우렛소리 은은하게 그 여음餘音만이 들린다.

이에 방약芳葯을 앉을 자리로 하여 화려한 사당에 임하였더니,

몇 그루 고목에 풀만 황량하고 텅 빈 묘정廟庭인데,

어떤 물체 하나가 나무 꼭대기에서 울고 있었다.

맑은 바람 끌어들여 긴 휘파람 소리 내며, 가느다란 가지 껴안고 긴 탄식을 하는데,

맴맴 하는 소리 관악기 소리도 아니요, 영령泠泠하는 소리는 마치 현악기 소리 같았다.

찢어지듯 부르짖다가는 다시 흐느끼기도 하고, 처량하여 그치려고 하다가 다시 이어진다.

한 줄기 운韻만 토하여 율律에 맞추기는 어렵지만, 오음五音을 머금은 자연스러운 소리였다.

나는 이것이 무슨 물체인지 몰랐는데, 그 이름이 매미라는 것이었다.

물체에 맞게 형체를 갖추었다가 슬쩍 변화하는 자가 아니겠는가?

더러운 땅에서 나와, 맑은 공허함을 그리워한 자로다!

바람 타고 높이 날다가 머물 곳을 아는 자로다!

좋은 나무 무성하여 맑은 그늘을 좋아하는 자로다!

바람과 이슬 마시고 호흡하다가 능히 시해尸解, 태화蛻化한 자로다!

아름답게 두 갈래 머리를 곱고 길게 장식한 자로다!

그가 내는 소리는 즐겁지도 않고, 슬프지도 않으며, 궁음宮音도 아니고, 치음徵音도 아니로다!

어찌 그렇게 울고, 또 어찌 그렇게 멈추는가?

나는 일찍이 만물이 울기를 좋아하지 아니함이 없음을 슬프게 여겼었다.

이를테면 사시가 차례대로 삭아들 때마다 온갖 새들의 읊이여!

한때의 절후節候가 이를 때마다 온갖 벌레들의 놀람이여!

귀여운 아이나 예쁜 소녀들이 꾀꼬리 같은 목소리를 냄이여!

베틀 소리를 내며 베를 짜는 소리는 귀뚜라미가 내는 소리!

목구멍을 돌리며 혀를 놀려 내는 새들의 소리는 진실로 사랑스럽도다!

벌레는 배를 잡아당겨 다리를 움직여 소리를 내니, 그것이 어찌 억지로 그렇게 하는 것이겠는가?

심지어 (두꺼비는) 더러운 못 탁한 물속에서도 비를 만나면 시끄럽게 소리를 내고,

땅 속 샘물 마시며 흙을 먹으면서도 밤새도록 노래하도다!

저 두꺼비들은 진실로 무슨 욕구가 있어 그러는 것 같은데, 지렁이는 구하는 것이 무엇이기에 저러한가?

그 나머지 크고 작은 만 가지 상태는 모두 일일이 이름을 댈 수도 없지만,

각기 절기마다 종류가 있어 그 물체의 형태에 따라 스스로 그만둘 줄 모른 채, 마치 능력을 다투기라도 하는 것 같다.

그러다가 갑자기 계절이 변하여 만물도 바뀌면 모든 것이 막막히 아무 소리도 내지 않는다.

아! 통달한 사람은 만물은 똑같은 바가 있다 하여 만물은 동일한 것이라 여긴다.

그들 중에서 사람이 가장 귀한 까닭이란,

아마도 그 언어를 교묘하게 꾸밀 줄 알고, 또한 글로 써서 전할 수 있기 때문이리라.

이 까닭으로 그의 사려思慮가 궁하도록 하고 그의 혈기를 소모해가며,

혹은 그의 궁핍함에 대한 시름을 읊기도 하고, 혹은 자신의 지의志意

를 발양하기도 하는 것이리라.

　비록 만물은 어느 것이나 죽음을 가지고 있지만, 그래도 (사람은) 백세世를 두고 길이 울음을 우는 것이리라.

　나 역시 내가 그렇게 하고 있음을 어찌 알겠는가? 애오라지 즐겁게 여기며 스스로 글쓰기를 좋아할 뿐이지.

　바야흐로 득실을 따져보고 이동異同을 비교해보려는 참에,

　갑자기 구름이 어두워지며 다시 몰려와서는, 우레와 번개 함께 치더니,

　이윽고 큰 비가 쏟아지자 매미는 그만 소리를 멈추고 마는구나."

嘉祐元年夏, 大雨水, 奉詔祈晴於醴泉宮, 聞鳴蟬, 有感而賦云:

『肅祠庭以祗事兮, 瞻玉宇之崢嶸.
　收視聽以淸慮兮, 齋予心以薦誠.
　因以靜而求動兮, 見乎萬物之情.
　於是朝雨驟止, 微風不興;
　四無雲而靑天, 雷曳曳其餘聲.
　乃席芳蒻臨華軒, 古木數株, 空庭草間.
　爰有一物, 鳴于樹顚;
　引淸風以長嘯, 抱纖柯而永歎.
　嘒嘒非管, 泠泠若絃;
　裂方號而復咽, 凄欲斷而還連.
　吐孤韻以難律, 含五音之自然.
　吾不知其何物, 其名曰蟬.

　豈非因物造形, 能變化者耶?
　出自糞壤, 慕淸虛者耶!
　凌風高飛, 知所止者耶!

嘉木茂盛, 喜清陰者耶!
呼吸風露, 能尸解者耶!
綽約雙鬟, 修嬋娟者耶!
其爲聲也, 不樂不哀, 非宮非徵!
胡然而鳴, 亦胡然而止?

吾嘗悲夫萬物, 莫不好鳴.
若乃四時代謝, 百鳥嚶兮!
一氣候至, 百蟲驚兮!
嬌兒姹女, 語鸎庚兮!
鳴機絡緯, 響蟋蟀兮!
轉喉弄舌, 誠可愛兮!
引腹動股, 豈勉强而爲之兮?
至於汙池濁水, 得雨而聒兮!
飲泉食土, 長夜而歌兮!
彼蝦蟇, 固若有欲, 而蚯蚓, 亦何求兮?
其餘大小萬狀, 不可悉名;
各有氣類, 隨其物形, 不知自止, 有若爭能;
忽時變以物改, 咸漠然而無聲.

嗚呼! 達士所齊, 萬物一類.
人於其間, 所以爲貴;
蓋以巧其語言, 又能傳於文字.
是以窮彼思慮, 耗其血氣;
或吟哦其窮愁, 或發揚其志意.
雖共盡於萬物, 乃長鳴於百世.
予亦安知其然哉? 聊爲樂以自喜.

方將考得失, 較同異;
俄而雲陰復興, 雷電俱擊;
大雨旣作, 蟬聲遂息.』

【嘉祐元年夏, 大雨水, 奉詔祈晴於醴泉宮, 聞鳴蟬, 有感而賦云】'嘉祐'는 宋 仁宗(趙
禎)의 9번째이며 마지막 연호. 1056–1063년까지 8년간이었으며 그 뒤를 英宗(趙
曙)이 이음. '祈晴'은 祈雨의 상대어. 신 상마가 멈추기를 기노함. '醴泉宮'은 陝西
省 九成宮의 별칭. 唐 太宗이 避暑를 위해 갔다가 醴泉을 발견하여 醴泉宮이라
하였음. '賦'는 이 〈鳴蟬賦를〉 가리킴. 이상은 序文임.

【肅祠庭以祗事兮, 瞻玉宇之崢嶸】'肅祠庭'은 엄숙한 사당의 뜰. '祗事'는 공경히 제
사를 지냄. '玉宇'는 醴泉宮의 건물을 가리킴. '崢嶸'은 우뚝 높이 솟은 모습을 뜻
하는 連綿語.

【收視聽以淸盧兮, 齋予心以薦誠】'齋淸'은 齋戒하여 깨끗하게 함. '薦誠'은 올리는
제물을 정성을 다해 차려올림.

【因以靜而求動兮, 見乎萬物之情】'因以'는 《文忠集》에 "一作默以"라 하였고, '求'는
"一作觀"이라 함.

【於是朝雨驟止, 微風不興】'驟止'는 비가 갑자기 멎음.

【四無雲而靑天, 雷曳曳其餘聲】'曳曳'는 우렛소리가 약하게 울리는 소리. 《文忠
集》에는 "一作隱隱"이라 함.

【乃席芳药臨華軒, 古木數株, 空庭草間】'席芳药'의 '药'은 香草의 일종. 白芷. 구릿
대라는 식물. 芳药으로 짠 돗자리. '華軒'은 화려한 집. 廟堂을 가리킴. '空庭'은
《文忠集》에 "一作荒庭"이라 함.

【爰有一物, 鳴于樹顚】'爰'은 語頭 語助辭. '樹顚'은 나무 꼭대기.

【引淸風以長嘯, 抱纖柯而永歎】'纖柯'는 나무의 아주 가늘고 약한 가지. 《眞寶》
注에 "纖柯, 猶細枝"라 함.

【嘒嘒非管, 泠泠若絃】'嘒嘒'는 매미가 우는 소리. 우리의 '맴맴'과 같음. 象聲語.
'泠泠'은 매미의 맑고 시원한 소리를 형상화한 것.

【裂方號而復咽, 凄欲斷而還連】'裂方號'는 천을 찢는 소리처럼 부르짖음. '咽'(열)은
'흐느끼다, 嗚咽하다' 등의 뜻.

【吐孤韻以難律, 含五音之自然】'孤韻'은 한 줄기 노래. 홀로 부르는 자신만의 노래.

'難律'은 그 음률은 알아보기 어려움. '五音'은 宮, 商, 角, 徵, 羽의 다섯 음계.

【吾不知其何物, 其名曰蟬】《眞寶》注에 "此二句, 少疎漏. 文公嘗議之"라 함.

【豈非因物造形, 能變化者耶】《眞寶》注에 "此以下, 學荀子諸賦造語"라 함.

【出自糞壤, 慕淸虛者耶】'糞壤'은 더러운 흙. 매미는 흙 속에 7~8년을 굼벵이처럼 살다가 밖으로 나와 蛻化하여 비로소 成蟲 매미가 됨.《眞寶》注에 "世謂螳蜋化 蟬"이라 함.

【凌風高飛, 知所止者耶】'凌'은 陵과 같음. 훨씬 넘어섬. 매미가 바람을 훨씬 넘어 서 높이 날지만 그 멈출 곳을 앎.

【嘉木茂盛, 喜淸陰者耶】좋은 나무들이 무성한 곳, 맑은 그늘이 있는 곳을 좋아함.

【呼吸風露, 能尸解者耶】'尸解'는 道敎에서 神仙이 됨을 뜻함. 매미가 蛻化하듯 몸 은 빠져 神仙이 되어 사라지고, 옷이나 띠만 남는 것을 道敎에서는 '尸解登仙'이 라 함.

【綽約雙鬟, 修嬋娟者耶】'綽約'은 아리따운 모습을 뜻하는 疊韻連綿語. '妁約'으로 도 표기함.《眞寶》注에 "綽約, 猶嬋也"라 함. '雙鬟'은 두 갈래로 땋아 내린 머리. '修'는 脩와 같으며 長(길다)의 뜻. '嬋娟'은 아름답고 고움을 표현하는 疊韻連綿語.

【其爲聲也, 不樂不哀, 非宮非徵】'宮'과 '徵'(치)는 五音의 하나.《眞寶》注에 "宮徵, 五音之宮聲徵聲"이라 함.

【胡然而鳴, 亦胡然而止】'胡然'은 '何然'과 같음. '어찌 그러한가?'의 뜻.

【吾嘗悲夫萬物, 莫不好鳴】만물은 모두가 울기를 좋아함을 슬프게 여겼음.

【若乃四時代謝, 百鳥嚶兮】'代謝'는 차례로 삭아 사라짐. '謝'는 '삭다, 시들다' 등의 뜻. '嚶'은 새의 울음.

【一氣候至, 百蟲驚兮】한때의 節候가 오자마자 온갖 벌레들이 계절이 변하였음을 알고 놀람.

【嬌兒姹女, 語鸝庚兮】'嬌兒姹女'는 귀여운 아이와 예쁜 소녀. '姹'(차)는 귀엽고 예 쁜 소녀를 뜻함. '鸝庚(리경)은 꾀꼬리. 黃鸝, 黃鶯.《眞寶》注에 "鸝庚, 鶯也"라 함.

【鳴機絡緯, 響蟋蟀兮】'鳴機'는 베틀에서 베를 짜는 소리. '絡緯'은 '베를 짜다'의 뜻. 또는 이를 베짱이라 함. 베짱이는 紡織娘, 紡絲娘, 酸鷄라 함. 그러나《眞寶》 注에는 "絡緯, 卽蟋蟀"이라 하여 귀뚜라미라 하였음. '蟋蟀'은 귀뚜라미를 뜻하 는 雙聲連綿語. 蛐蛐, 蛬.

【轉喉弄舌, 誠可愛兮】'轉喉弄舌'은 목구멍을 굴리고 혀를 작동함. 鳥類의 소리를 표현한 것.《眞寶》注에 "鳥"라 함.

【引腹動股, 豈勉强而爲之分】'引腹動股'는 배를 잡아늘이고 다리를 움직임. 蟲類가 소리를 내는 모습을 관찰하여 표현한 것. 《眞寶》注에 "蟲"이라 함.

【至於汙池濁水, 得雨而聒兮】'聒'(괄)은 귀가 시끄럽도록 소리가 요란함. 《眞寶》注에 "蟆"라 하여 두꺼비(맹꽁이)의 울음을 가리킨다 하였음.

【飲泉食土, 長夜而歌兮】'長'은 《文忠集》에는 "一無長字"라 함. 《眞寶》注에 "蚓"이라 하여 지렁이라 하였으나 지렁이는 소리를 내지 않음.

【彼蝦蟆, 固若有欲, 而蚯蚓, 亦何求兮】'蝦蟆'는 두꺼비를 뜻하는 疊韻連綿語. 蟾蜍와 같음. 그러나 실제 두꺼비보다는 맹꽁이의 울음이 내용에 알맞음. '蚯蚓'은 지렁이.

【其餘大小萬狀, 不可悉名】'悉名'은 일일이 이름을 댐. 모두 설명함. 《眞寶》注에 "物鳴, 不止上所言者, 不可無此語該之"라 함.

【各有氣類, 隨其物形, 不知自止, 有若爭能】'物形' 다음에 《文忠集》에는 "一有而字"라 함.

【忽時變以物改, 咸漠然而無聲】한 시기가 변하여 사물이 바뀌면 모두가 조용히 아무런 소리를 내지 않음. '漠然'은 쓸쓸함. 적막함.

【嗚呼! 達士所齊, 萬物一類】'達士'는 모든 이치에 통달한 선비. '所齊'는 똑같은 바. '齊'는 一齊의 뜻.

【人於其間, 所以爲貴】그들 만물 사이에서 사람이 존귀한 까닭.

【蓋以巧其語言, 又能傳於文字】그 언어를 교묘하게 꾸미고 또한 이를 능히 문자로 적어 전할 수 있음.

【是以窮彼思慮, 耗其血氣】이 까닭으로 사람은 생각을 끝까지 해보고 혈기를 소모하면서 문자로 남기려 함.

【或吟哦其窮愁, 或發揚其志意】'吟哦'는 시를 읊는 것을 雙聲連綿語로 표현한 것. 《眞寶》注에 "二句有窮達之分"이라 함.

【雖共盡於萬物, 乃長鳴於百世】《眞寶》注에 "此二句, 乃一篇之警策, 雖然以窮思慮, 耗血氣, 而能以文鳴, 不過詞章家者流之事耳. 必如此以鳴, 是反不如蟲鳥之鳴出於自然也. 理達之文, 何嘗若是其費力哉!"라 함.

【予亦安知其然哉? 聊爲樂以自喜】'自喜'는 글 쓰는 것을 좋아함을 뜻함.

【方將考得失, 較同異】'方將'은 《文忠集》에는 "一作吾方"이라 함. 《眞寶》注에 "有未盡之意"라 함.

【俄而雲陰復興, 雷電俱擊】갑자기 구름이 어두워졌다가 다시 구름이 일어나더니

우레와 번개가 함께 침.

【大雨旣作, 蟬聲遂息】《眞寶》注에 "回護有收拾. ○歐公自跋云:「予因學書, 起作賦
草. 它(他)兒一時而過, 獨小子棐守之不去, 此兒他它日必能爲吾此賦也, 因以與之.」"
라 하여《文忠集》의 내용과 같음.

┌─────────────────┐
│ 참고 및 관련 자료 │
└─────────────────┘

  1. 작자:歐陽脩(歐陽修, 永叔) 074 참조.
  2. 이 글은《文忠集》(15),《宋文鑑》(3),《事文類聚》(後集 48),《歷代賦彙》(138) 등에
실려 있음.

《古文眞寶》[後集] 卷七

080. <送徐無黨南歸序> ·················· 歐陽永叔(歐陽脩)
남쪽으로 돌아가는 서무당에게 주는 글

*<送徐無黨南歸序>：徐無黨은 婺州 永康人으로 일찍이 歐陽修에게 학문을 배워 진실한 제자로 널리 알려진 인물임. 그는 仁宗 皇祐 5년(1053) 進士에 올라 灉池縣 知縣를 거쳐 郡敎授를 지냈으며 스승 歐陽修의 《五代史》에 注를 달기도 하였음. 《敬鄕錄》(2)과 《金華賢達傳》(8)에 관련 기록이 있음. 그가 남쪽 고향 永康으로 歸鄕하자 文人學者로서의 三不朽(德行, 功業, 文章)를 주제로 구양수가 送序를 써준 것임. 《崇古文訣》에는 "轉折過換妙"라 하였고, 《古文關鍵》에 "此篇文字, 象一箇階級, 自下說上, 一級進一級"이라 하였으며, 《古文集成》에는 "東萊批: 此篇文字, 象一个階級, 自下說上, 一級進一級"이라 함. 한편 《妙絶古今》에는 "本《春秋傳》立德, 立言, 立功之論"이라 하였으며, 《唐宋八大家文鈔》에는 "歐陽公極好爲文, 晩年見得如此. 吾輩生平好著文章以自娛, 當爲深省"이라 함. 宋 仁宗(趙禎) 至和 元年(1054)에 지은 것임.

*《眞寶》注에 "此篇謂古人有三不朽, 德行, 功業, 文章是也. 文章之虛, 不如功業之實, 而文章功業, 皆本於德行之深；功業之不朽者, 固不待見於文章；而德行之不朽者, 亦不待見於功業. 後世之士, 其不得以功業自見, 而以文章自見者, 多矣. 然往往泯沒不傳, 而不能終古不朽者, 豈非徒用力於文章, 而不知本於德行哉! 所以勉徐生以思, 欲其因文章而反求諸其本也"라 함.

초목草木과 조수鳥獸가 동식물이 되고, 많은 사람들이 사람되어, 그 살아가는 길은 비록 다르다 해도 그 죽음을 맞는 것은 같아, 한결같이 부괴腐壞되고 시진澌盡하여 민멸泯滅함으로 귀결될 뿐이다.

그런데 많은 사람 가운데 성현聖賢이라는 자가 있으니 진실로 그 또한 살았다가 그 사이에서 죽지만 유독 초목이나, 조수, 많은 사람들과 다른 것은, 비록 죽어도 썩지 않아 멀리 갈수록 존재가 더욱 빛난다는 점이다.

그들이 성현이 되는 까닭은 자신에게 수양을 다하고, 일에 이를 시행하며, 문장에 이를 드러내는 것이니, 이 세 가지가 능히 썩지 않고 존재하는 이유이다.

자신에게 수양하는 것은 얻지 못할 것이 없지만, 일에 이를 시행하는 것은 얻을 수도 있고 얻지 못할 수도 있으며, 문장에 이를 드러내는 것이라면 또한 능히 그렇게 할 수도 있고 그렇게 할 수 없는 경우도 있다.

일에 이를 시행할 경우에는 문장으로는 드러내지 않아도 된다.

《시詩》,《서書》와 《사기史記》로부터 전하는 바의 그 사람들이 어찌 반드시 모두가 능히 문장의 기록에 능한 선비들이었겠는가!

자신에게 수양을 다할 경우, 일에는 시행하지 못할 수도 있고 언어 기록에 드러내지 않을 수도 있으니 역시 그럴 수 있다.

공문孔門의 제자들 중에는 정사政事에 능한 자도 있었고, 언어에 능한 자도 있었다.

안회顔回같은 자는 누항陋巷에 살면서 팔베개를 하고 굶주린 채 누워 있었을 뿐이며, 여러 무리와 함께 있을 때는 종일 말이 없어 마치 어리석은 사람 같았다.

그럼에도 당시 여러 제자들로부터 모두가 추존推尊을 받아 감히 바라볼 뿐 따를 수는 없다고 여겨졌으며, 후세 천백千百년이 바뀌도록 역시 능히 그에게 미친 자가 없었다.

그의 썩지 않으면서 존재하는 것은 진실로 일에 시행되기를 기대한 것이 아니니, 하물며 문장으로 나타냄을 기대하였겠는가!

내가 반고班固의 〈예문지藝文志〉와 《당서唐書》의 〈사고서목四庫書目〉들을 읽어보며 거기에 열거된 글들을 보았더니, 삼대三代로부터 진한秦漢 이래로 글을 쓴 선비들로서 많은 이는 백여 편에 이른 자도 있었고, 적게 쓴 자라 해도 30~40편이나 되어 그 사람들은 셀 수 없을 정도지만 모두가 산망散亡되고 마멸磨滅되어 백에 한두 편씩 전해질 뿐이다.

나는 속으로 그 사람들의 문장은 아름답고, 언어는 공교하지만 초목이 영화榮華롭다가 바람에 휘날리고, 조수가 좋은 소리를 내다가 귀를 스치고 지나갈 뿐임을 슬프게 여긴다.

바야흐로 마음을 쓰고 힘을 들여 수고를 하지만 역시 일반 많은 사람들이 이익에 급급하여 안달을 부리는 것과 무엇이 다르겠는가?

그러다가 홀연히 죽음을 맞는 것은 비록 늦기도 하고 이르기도 하지만 마침내 그 덕행, 공업, 문장 등 세 가지와 함께 똑같이 민멸로 귀결되고 마는 것이다.

무릇 문장도 믿을 수 없는 것은 대체로 이와 같은 것이다.

지금 학자들로서 옛 성현들이 썩지 않은 것을 사모하여 일생을 부지런히 하며, 문자文字 사이에 마음을 모두 쏟고 있는 것은 모두가 가히 슬퍼할 만한 일일 뿐이다.

동양東陽 출신 서무당徐無黨은 어려서부터 나를 따라 학문을 배워 문장이 차츰 사람들로부터 칭송받고 있다.

이윽고 나를 떠나 여러 선비들과 예부禮部 시험에 높은 점수로 급제하여, 이로써 이름이 널리 알려지게 되었다.

그의 문사文辭는 날로 발전하여 물이 솟아나고 산이 솟아나는 듯해, 나는 그의 성한 기운을 꺾어 사고思考에 힘쓰도록 하고자 한다.

그 때문에 그가 돌아감에 이 말로써 고해주는 것이다.

그러나 나 또한 진실로 글을 짓기를 좋아하는 터라, 또한 이를 기회로 내 스스로의 경계로도 삼고자 하노라.

草木鳥獸之爲物, 衆人之爲人, 其爲生雖異, 而爲死則同, 一歸於腐壞澌盡泯滅而已.

而衆人之中, 有聖賢者, 固亦生且死於其間, 而獨異於草木鳥獸眾人者, 雖死而不朽, 愈遠而彌存也.

其所以爲聖賢者, 修之於身, 施之於事, 見之於言, 是三者, 所以能不朽而存也.

修於身者, 無所不獲; 施於事者, 有得, 有不得焉; 其見於言者, 則又有能, 有不能焉.

施於事矣, 不見於言可也.

自《詩》,《書》,《史記》所傳, 其人豈必皆能言之士哉!

修於身矣, 而不施於事, 不見於言, 亦可也.

孔門弟子, 有能政事者矣, 有能言語者矣.

若顏回者, 在陋巷, 曲肱飢臥而已, 其羣居則默然終日, 如愚人

然自當時羣弟子, 皆推尊之, 以爲不敢望而及, 而後世更千百歲, 亦未有能及之者.

其不朽而存者, 固不待施於事, 況於言乎?

予讀班固<藝文志>,《唐》<四庫書目>, 見其所列, 自三代秦漢以來, 著書之士, 多者, 至百餘篇; 少者, 猶三四十篇, 其人不可勝數, 而散亡磨滅, 百不一二存焉.

予竊悲其人文章麗矣, 言語工矣, 無異草木榮華之飄風, 鳥獸好音之過耳也.

方其用心與力之勞, 亦何異眾人之汲汲營營?

而忽然以死者, 雖有遲有速, 而卒與三者, 同歸於泯滅.

夫言之不可恃, 蓋如此.

今之學者, 莫不慕古聖賢之不朽而勤一世, 以盡心於文字間者, 皆可悲也.

東陽徐生, 少從予學, 爲文章稍稍見稱於人.

旣去, 乃與羣士, 試於禮部, 得高第, 由是知名.

其文辭日進, 如水涌而山出, 予欲摧其盛氣而勉其思也.

故於其歸, 告以是言.

然予固亦喜爲文辭者, 亦因以自警焉.

【草木鳥獸之爲物, 衆人之爲人, 其爲生雖異, 而爲死則同, 一歸於腐壞澌盡泯滅而已.】'爲物'은 '爲人'과, '爲生'은 '爲死'와 상대되는 말. '一歸'는 모두가 똑같이 귀착됨. '腐壞'는 썩어 문드러짐. '澌盡'은 다하여 없어짐. '泯滅'은 흔적 없이 사라짐을 雙聲連綿語로 표현한 것.

【而衆人之中, 有聖賢者, 固亦生且死於其間, 而獨異於草木鳥獸衆人者, 雖死而不朽, 愈遠而彌存也】'而'는 逆接. '그러나'의 뜻. '愈'는 《文忠集》에는 '逾'로 되어 있으며 注에 "一作愈"라 함. '彌存'은 존재가 더욱 드러남.

【其所以爲聖賢者, 修之於身, 施之於事, 見之於言, 是三者, 所以能不朽而存也】'修之於身'은 자신에게 덕행을 쌓는 것으로서 수양의 목적을 삼음. 《眞寶》注에 "德行"이라 함. '施之於事'는 이를 사물에게 베풀어 실천함. 《眞寶》注에 "功業"이라 함. '見之於言'은 말로 표현함. 언어(문장)를 통해 드러냄. '見'은 '현'으로 읽음. 《眞寶》注에 "文章"이라 함.

【修於身者, 無所不獲;施於事者, 有得有不得焉;其見於言者, 則又有能, 有不能焉】'無所不獲'은 획득하지 못함이 없음. 무엇이든지 얻음.

【施於事矣, 不見於言可也, 自自《詩》,《書》,《史記》所傳, 其人豈必皆能言之士哉】《詩》,《書》는 五經의 《詩經》과 《書經(尙書)》. 《史記》는 司馬遷의 저술로 최초의 기전체 史書. 이상은 이제까지의 모든 기록물을 뜻함.

【修於身矣, 而不施於事, 不見於言, 亦可也】수신만 하면서 공업과 문장은 이루지 못하는 경우도 있음을 말함.

【孔門弟子, 有能政事者矣, 有能言語者矣】'孔門'은 《文忠集》에는 '孔子'로 되어 있음. '能政事者'는 《論語》先進篇에 "德行:顏淵, 閔子騫, 冉伯牛, 仲弓. 言語:宰我, 子貢. 政事:冉有, 季路. 文學:子游, 子夏"라 하여 冉有(冉求)와 季路(仲由, 子路)를 가리킴.

【若顏回者, 在陋巷, 曲肱飢臥而已, 其羣居則黙然終日, 如愚人】'顏回'는 魯나라 출신으로 孔子가 가장 아꼈던 弟子. 字는 子淵. 孔子보다 30세 아래였음. 毛奇齡의 고증에 따르면 그는 B.C.511-480년으로 孔子보다 40세 아래였다 함. 《史記》仲尼

弟子列傳에는 "顔回者, 魯人也, 字子淵. 少孔子三十歲. ……回也如愚; 退而省其私, 亦足以發, 回也不愚."라 하였고, 《孔子家語》七十二弟子解에는 "顔回, 魯人, 字子淵, 年二十九而髮白, 三十一早死. 孔子曰:「自吾有回, 門人日益親.」回之德行著名, 孔子稱其仁焉"이라 함. '陋巷'은 누추한 골목. 《論語》雍也篇에 "子曰:「賢哉, 回也! 一簞食, 一瓢飮, 在陋巷, 人不堪其憂, 回也不改其樂. 賢哉, 回也!」"라 함. '曲肱'은 팔을 굽혀 베개로 삼음. 《論語》述而篇에 "子曰:「飯疏食飮水, 曲肱而枕之, 樂亦在其中矣. 不義而富且貴, 於我如浮雲.」"이라 함. '飢臥'는 굶주린 채로 누워 있음. 《論語》先進篇에 "子曰:「回也其庶乎, 屢空.」"이라 함. '默然終日如愚人'은 《論語》爲政篇에 "子曰:「吾與回言終日, 不違, 如愚. 退而省其私, 亦足以發, 回也不愚.」"라 함.

【然自當時羣弟子, 皆推尊之, 以爲不敢望而及, 而後世更千百歲, 亦未有能及之者】 '不敢望而及'은 《論語》公冶長篇에 "子謂子貢曰:「女與回也孰愈?」對曰:「賜也何敢望回? 回也聞一以知十, 賜也聞一以知二.」"라 함. '更千百歲'는 千百年이 바뀌어 흘러감. 한편 '望而及'은 《文忠集》注에는 "一作「望以及」"이라 함.

【其不朽而存者, 固不待施於事, 況於言乎】 '況於言乎'는 《文忠集》注에 "一作「況其言乎」"라 함.

【予讀班固〈藝文志〉, 唐〈四庫書目〉】 '班固'(32-92)는 자는 孟堅. 漢나라 扶風 安陵(지금의 陝西省 咸陽市) 출신. 아버지 班彪가 《漢書》를 완성하지 못한 채 죽자 明帝가 반고를 蘭臺令史의 蘭臺郎·典校秘書로 삼아 《漢書》를 완성토록 명하였음. 다시 章帝 建初 4년(79)에 《白虎通德論》을 완성했으며, 작품으로는 〈兩都賦〉, 〈幽通賦〉, 〈答賓戱〉, 〈典引〉, 〈封燕然山銘〉 등이 있음. 和帝 永元 元年(89)에는 두헌(竇憲)의 中護軍이 되어 匈奴를 토벌하러 나서기도 하였음. 뒤에 宦官의 모함을 입어 옥사하였음. 《後漢書》(40)에 傳이 있음. '藝文志'는 《漢書》藝文志. 劉歆의 《七略》을 근거로 당시까지의 도서를 輯略, 六藝略, 諸子略, 詩賦略, 兵書略, 術數略, 方技略 등 일곱으로 나누어 설명한 중국 최초의 도서목록. '唐〈四庫書目〉'은 《舊唐書》經籍志(上下)의 도서목록에 실려 있는 수많은 책을 가리킴. 唐代에 이르러 도서를 甲, 乙, 丙, 丁, 즉 經, 史, 子, 集 등 4가지로 나누어 각 해당 창고에 보관하여 淸代 〈四庫全書〉가 완성됨으로써 중국 도서의 분류 기준이 됨. 《新唐書》藝文志 序에 "自漢以來, 史官列其名氏篇第, 以爲六藝, 九種, 七略; 至唐始分爲四類, 曰經, 史, 子, 集. 而藏書之盛, 莫盛於開元, 其著錄者, 五萬三千九百一十五卷, 而唐之學者自爲之書者, 又二萬八千四百六十九卷. 嗚呼, 可謂盛矣!"라 함. 《舊唐書》經籍志 참고).

【見其所列, 自三代秦漢以來, 著書之士, 多者, 至百餘篇;少者, 猶三四十篇, 其人不可勝數, 而散亡磨滅, 百不一二存焉】‘三代’는 夏(禹), 商(湯), 周(文·武)의 삼대. 흔히 그 초기마다 매우 이상적인 정치가 이루어졌던 시대로 칭송함.

【予竊悲其人文章麗矣, 言語工矣, 無異草木榮華之飄風, 鳥獸好音之過耳也】‘悲其人’은 百에 한둘 정도만이 후세에 전하게 되어 그 작가들을 불쌍하게 여김. ‘飄風’은 바람에 휘날림. ‘過耳’은 그저 귀를 스쳐 지나감.

【方其用心與力之勞, 亦何異衆人之汲汲營營】‘力之勞’는 《文忠集》 注에 “勞, 一作勤”이라 함. ‘汲汲’은 서두르는 모습. ‘營營’은 이익을 위해 안달함을 뜻함. 《眞寶》 注에 “汲汲營營, 不息貌”라 함.

【而忽然以死者, 雖有遲有速, 而卒與三者, 同歸於泯滅】‘雖有遲有速’은 《文忠集》 注에는 “一作「其遲速雖異」”라 하였으며 ‘而卒’의 ‘而’는 “一作然”이라 함. ‘三者’는 앞에서 언급했던 草木, 鳥獸, 衆人을 가리킴.

【夫言之不可恃, 蓋如此】《眞寶》 注에 “無德行爲之本, 徒言固不可恃也”라 함.

【今之學者, 莫不慕古聖賢之不朽而勤一世, 以盡心於文字間者, 皆可悲也】‘文字間’은 《文忠集》에는 “一無此字”라 함.

【東陽徐生, 少從予學, 爲文章稍稍見稱於人】‘東陽’은 그즈음의 婺州. 《眞寶》 注에 “東陽, 婺州”라 함. 지금의 浙江省 永康縣. 徐生(徐無黨)의 고향.

【旣去, 乃與羣士, 試於禮部, 得高第, 由是知名】‘禮部’는 六部(吏部, 戶部, 刑部, 兵部, 工部)의 하나로 春官에 해당함. ‘高第’는 높은 점수로 급제함.

【其文辭日進, 如水涌而山出, 予欲摧其盛氣而勉其思也】《文忠集》에 注에 “一有而字”라 하여 앞에 ‘而’자가 더 있음. ‘摧其盛氣’는 그 왕성한 기운을 꺾어 억제함. 재능이 지나쳐 과실을 저지를 것을 미리 막아줌. ‘勉其思’는 사색을 면려시킴. 愼重히 하도록 일러줌.《眞寶》 注에 “深意在言外”라 함.

【故於其歸, 告以是言. 然予固亦喜爲文辭者, 亦因以自警焉】자신 역시 글을 짓기 좋아하므로 역시 이상의 예를 自警으로 삼음.

참고 및 관련 자료

1. 작자:歐陽脩(歐陽修, 永叔) 074 참조.
2. 이 글은 《文忠集》(43), 《歐陽文粹》(11), 《唐宋八大家文鈔》(46), 《崇古文訣》(19), 《宋文選》(2), 《宋文鑑》(86), 《古文關鍵》(上), 《妙絶古今》(4), 《古文集成》(2), 《文編》(54), 《文章辨體彙選》(339), 《古文淵鑑》(45), 《唐宋文醇》(24) 등에 실려 있음.

081. <縱囚論> ················· 歐陽永叔(歐陽脩)

종수론

* <縱囚論>:《新唐書》(56) 刑法志에 "六年, 親錄囚徒, 閔死罪者三百九十人, 縱之還家, 期以明年秋即刑; 及期, 囚皆詣朝堂, 無後者, 太宗嘉其誠信, 悉原之."라 하여 唐 太宗(李世民)은 貞觀 6년(632)에 사형수들을 친히 살펴본 뒤, 불쌍히 여겨 다음 해 9월에 돌아와 死刑에 임할 것을 약속하고 귀가시켰음. 이듬해 날짜가 되어, 과연 이들 390명 모두가 돌아오자 태종은 그들을 사면시켜 주었음. 이 사건을 두고 歐陽修가 論辯體로 이를 辨析한 것임.《古文關鍵》에 "文最緊曲折, 辨論驚人. 險語精神, 聚處詞盡, 意未盡此篇, 反覆有血脉"이라 하였고,《文章軌範》에는 "文有氣力有光燄, 熟讀之可發人才氣, 善於立論"이라 하였으며,《唐宋八大家文鈔》에는 "曲盡人情"이라 함. 宋 仁宗(趙禎) 康定 元年(1040)에 지은 것임.

* 《眞寶》注에 "唐太宗貞觀七年, 去年帝親錄繫囚, 見應死者, 憫之, 縱使歸家, 期以來秋, 來就死, 仍勅天下死囚, 皆縱遣, 至期, 來詣京師, 至時九月, 去歲所縱天下死囚, 凡三百九十人, 無人督帥, 皆如期自詣朝堂, 無一人亡匿者. 上皆赦之. ○歐公論此事, 得太宗之情, 盡用刑之理, 文尤簡而當, 婉而明, 宜熟讀"이라 함.

신의信義는 군자君子에게 행해지는 것이요, 형륙刑戮 소인小人에게 시행되어지는 것이다.

형벌이 사형에 들 정도의 사람이라면 이는 죄가 크고 악이 지극한 자이며, 이는 소인 중에 더욱 심한 자이다.

차라리 의로써 죽으면서 구차스럽게 요행으로 살아나지 않겠다고 여기며 죽음을 마치 돌아가는 것처럼 여기는 것, 이는 또한 군자라 해도 더욱 어려운 것이다.

바야흐로 당唐 태종太宗 6년(632) 대벽大辟에 해당하는 사형수 3백여명을 기록하다가 이들을 풀어 집으로 돌아가게 하되, 기한 안에 스스로 돌아와 사형에 임하도록 약속하였는데, 이는 군자로서도 능히 해내기 어려운 것이었건만 소인 중에서도 심한 자가 반드시 해낼 것이라 기대한 것이다.

그 죄수들은 기한에 이르자 마침내 스스로 돌아왔으며 늦게 온 자도 없었으니 이는 군자로서도 어려운 바였건만 소인들은 쉽게 여겼으니, 이것이 어찌 인정에 가까운 것이었는가?

어떤 이는 "죄가 크고 악이 지극한 것이 진실로 소인이다. 그런데 은덕을 베풀어 다가서면 그들로 하여금 군자로 변하도록 할 수 있다. 대체로 은덕이 사람의 깊은 곳에 들어가면 사람은 속히 변하는 것이니, 이와 같은 일이 있었던 것이다"라고 하였다.

나는 이렇게 생각한다.

"태종이 위와 같이 한 것은 이와 같은 명분을 찾기 위해서였다. 그러나 무릇 풀어주어 떠나게 하면서 '그들은 반드시 돌아올 것이며 이로써 사면을 바랄 것이기에 그래서 풀어주기로' 의도한 것은 아닌지를 어찌 알겠는가? 또 무릇 석방시켜 줌을 얻은 죄수들로서는 떠나면서 '스스로 돌아오면 틀림없이 사면을 얻을 것이니, 그래서 다시 돌아올 생각'을 한 것은 아닌지를 어찌 알겠는가? 무릇 반드시 돌아올 것이며, 그러면 풀어주겠다고 생각했으니 이는 윗사람이 아랫사람의 심리를 몰래 들여다본 것이요, 틀림없이 반드시 면죄를 받을 것임을 생각하여 다시 왔으니 이는 아랫사람이 윗사람의 심리를 몰래 들여다본 것이다. 내가 보기에는 위아래가 교차하여 서로 심리를 엿보아 이러한 미명을 성취한 것일 뿐이지, 어찌 은덕을 베풀거나 신의를 알았기 때문이라 말할 수 있겠는가! 그렇지 않다면 태종이 천하에 덕을 베푼 것이 그때까지 6년이나 되었는데도 그동안 소인으로 하여금 극악한 대죄를 짓지 않도록 하지 못하였다가, 하루의 은혜로 능히 죽음을 돌아가는 것으로 여기면서 신의가 존재하도록 했다는 것이 되는데, 이는 또한 논리에 통할 수 없는 일이다."

"그렇다면 어떻게 하는 것이 옳은가?"

나는 이렇게 생각한다.

"풀어주었으나 돌아왔더라도 이들은 죽여 용서함이 없어야 하며, 그 이후에 또 풀어주었는데도 또 돌아왔다면 그때서야 가히 은덕이 그렇게 한 것임을 알아야 한다. 그러나 이러한 일은 틀림없이 있을 수 없는 일이다. 만약 무릇 풀어주었는데 돌아왔고, 돌아왔다고 해서 용서해준다면 이는 우연히 한 번 그렇게 할 수 있는 일일 뿐이다. 만약 여러 차례 그렇게 한다면 사람을 죽인 자는 모두가 사형을 당하지 않게 될 것이니, 이것이 가히 천하의 상법常法이 될 수 있겠는가? 가히 상식이 될 수 없는 것이 성인聖人의 법일 수 있겠는가? 이 까닭으로 요순堯舜이나 삼왕三王의 다스림에는 반드시 인정人情에 근본을 두었지 특이함을 내세우는 것을 높은 것으로 여기지 않았으며, 인지상정을 거슬리면서까지 명예를 구하지는 않았던 것이다."

信義行於君子, 而刑戮施於小人.

刑入于死者, 乃罪大惡極, 此又小人之尤甚者也.

寧以義死, 不苟幸生, 而視死如歸, 此又君子之尤難者也.

方唐太宗之六年, 錄大辟囚三百餘人, 縱使還家, 約其自歸以就死, 是以君子之難能, 期小人之尤者以必能也.

其囚及期而卒自歸無後者, 是君子之所難, 而小人之所易也, 此豈近於人情?

或曰:「罪大惡極, 誠小人矣, 及施恩德以臨之, 可使變而爲君子. 蓋恩德入人之深而移人之速, 有如是者矣.」

曰:「太宗之爲此, 所以求此名也. 然安知夫縱之去也, 不意'其必來以冀免, 所以縱之'乎? 又安知夫被縱而去也, 不意'其自歸而必

獲免, 所以復來'乎? 夫意其必來而縱之, 是上賊下之情也; 意其
必免而復來, 是下賊上之心也. 吾見上下交相賊, 以成此名也, 烏
有所謂施恩德與夫知信義者哉! 不然, 太宗施德於天下, 於茲六
年矣, 不能使小人, 不爲極惡大罪, 而一日之恩, 能使視死如歸而
存信義, 此又不通之論也.」

「然則何爲而可?」
曰:「縱而來歸, 殺之無赦, 而又縱之, 而又來, 則可知爲恩德之
致爾. 然此必無之事也. 若夫縱而來, 歸而赦之, 可偶一爲之爾; 若
屢爲之, 則殺人者皆不死, 是可爲天下之常法乎? 不可爲常者, 其
聖人之法乎? 是以堯舜三王之治, 必本於人情, 不立異以爲高, 不
逆情以干譽.」

【信義行於君子, 而刑戮施於小人】君子에게는 信義로 행해야 하며, 小人에게는 刑
　戮으로 다스려야 함.
【刑入于死者, 乃罪大惡極, 此又小人之尤甚者也】형벌 중에 사형에 해당하는 짓을
　한 자는 罪大惡極한 것이며 小人 중에서도 더욱 낮은 소인임.
【寧以義死, 不苟幸生, 而視死如歸, 此又君子之尤難者也】'視死如歸'는 죽는 것을
　돌아가는 것으로 여김. 죽음을 두렵게 여기지 않음. 여기서는 '아무리 의로운
　죽음이라 해도 군자로서도 하기 어려운 일'을 뜻함. 《眞寶》注에 "敷演說未是
　主意, 亦斡旋好上"이라 함.
【方唐太宗之六年, 錄大辟囚三百餘人, 縱使還家, 約其自歸以就死】'太宗'은 李世民.
　唐나라 2대 황제. 高操 李淵의 둘째 아들. 아버지를 도와 唐의 건국에 지대한 공
　을 세워 秦王에 봉해졌으나 야심을 품고 玄武門의 政變(626)을 일으켜 그 무렵
　태자이며 형인 李建成과 아우 齊王 李元吉을 죽이고 자신이 태자 자리를 차지
　함. 이에 高祖는 얼마 뒤 제위를 世民에게 물려주었음. 이가 太宗이며 627년부터
　649년까지 23년간 재위함. 그는 연호를 貞觀이라 하였고 중국 역사상 가장 강성
　하였던 大帝國을 이룩함. 이 縱囚의 사건은 貞觀 6년(632)에 일어나 이듬해 결말
　이 났던 사건임. '大辟'은 원래 周代의 五刑, 墨刑, 劓刑, 剕刑, 宮刑, 大辟의 하나

로 사형에 해당하는 형벌.《眞寶》注에 "大辟, 謂死刑"이라 함. '縱'은 풀어줌. 석방함. 여기서는 귀가시킴을 뜻함.《眞寶》注에 "叙事省文, 亦高"라 함.

【是以君子之難能, 期小人之尤者以必能也】'期'는 기대함. 기약함.

【其囚及期而卒自歸無後者, 是君子之所難, 而小人之所易也】'無後者'는 늦게 도착한 사람이 없음. 모두가 정해진 기일에 돌아옴.《眞寶》注에 "省了幾句"라 함.

【此豈近於人情】'이것이 어찌 인지상정에 가까운 것이겠는가?'의 뜻.《眞寶》注에 "一句折倒簡當"이라 함.

【或曰:「罪大惡極, 誠小人矣, 及施恩德以臨之, 可使變而爲君子】소인에게 은덕을 베풀어 군자로 변하도록 함. 훌륭한 일을 한 것으로 칭송한 것.

【蓋恩德入人之深而移人之速, 有如是者矣】'移'는 옮겨가게 함. 변하게 함. 변화시킴.

【曰:「太宗之爲此, 所以求此名也】'曰'은 歐陽修 자신의 말. 歐陽修의 생각을 밝힌 것. '此名'은 은덕을 베풀어 소인을 군자로 변화시켰다는 美名.《眞寶》注에 "說破"라 함.

【然安知夫縱之去也, 不意'其必來以冀免, 所以縱之'乎】'不意'는 '그렇게 예상한 것이 아닌지'의 뜻. '冀免'은 면죄를 받을 것을 바람. '冀'는 希와 같음. 이 문장은 "安知——不意乎?"의 根幹에 사이사이 필요한 내용이 첨가된 것임. 아래도 같음.

【又安知夫被縱而去也, 不意'其自歸而必獲免, 所以復來'乎】'被縱'은 석방의 은혜를 입은 죄수들. '獲免'은 면죄를 받음.《眞寶》注에 "極是"라 함.

【夫意其必來而縱之, 是上賊下之情也;意其必免而復來, 是下賊上之心也】'上賊下'는 윗사람으로서 아랫사람의 심리를 몰래 엿보아 예측함. '賊'은 '窺測'의 뜻. 상대의 심리를 악용함, 미리 짐작하고 일을 시행함의 뜻. 아래 '下賊上'은 그에 상대되는 뜻.

【吾見上下交相賊, 以成此名也, 烏有所謂施恩德與夫知信義者哉】'烏'는 何, 胡, 焉, 安, 惡, 豈 등과 같은 疑問詞.《眞寶》注에 "此段關鎖斷制, 文極有法"이라 함.

【不然, 太宗施德於天下, 於玆六年矣】'於玆六年'은 唐太宗의 貞觀 6년. 6년 동안 정치를 잘 베풀어왔음을 말함. 따라서 극악한 죄인이 나오지 않아야 했음을 암시한 것.

【不能使小人, 不爲極惡大罪】小人으로 하여금 極惡大罪를 짓지 못하도록 하지 못하였음.

【而一日之恩, 能使視死如歸而存信義, 此又不通之論也】하루 은혜를 베풀어 죽음을 개의치 않고 신의를 가지도록 할 수 있도록 했다는 것은 통할 수 없는 논리

임. 《眞寶》注에 "此一轉, 倂後又有三轉, 多少好議論"이라 함.

【「然則何爲而可?」】 '그렇다면 어떻게 하는 것이 옳은가?'의 뜻.

【曰: 「縱而來歸, 殺之無赦, 而又縱之, 而又來, 則可知爲恩德之致爾】 '恩德之致'는 은덕을 베풀었기에 그러한 결과가 나타난 것으로 판단함.

【然此必無之事也】 이러한 일은 있을 수 없음.

【若夫縱而來, 歸而赦之, 可偶一爲之爾】 '偶一爲之'는 우연히 한 번 하고 말아야 할 사례일 뿐임.

【若屢爲之, 則殺人者皆不死, 是可爲天下之常法乎】 '常法'은 일상의 평범한 법. 상식적인 법.

【不可爲常者, 其聖人之法乎】 '常'이 되지 못하는 것이 성인의 법일 수는 없음.

【是以堯舜三王之治, 必本於人情, 不立異以爲高, 不逆情以干譽】 '三王'은 夏禹, 商湯, 周文·武의 3대 초기의 임금들. 모두가 성인의 정치를 한 위대한 임금이며 표준으로 여기던 성인들. 그러나 《眞寶》注에는 "三王, 殷湯, 周文王, 武王"이라 하여 夏禹를 제외하고 있음. '必本於人情'에 대해 《眞寶》注에는 "應豈近於人情?"이라 함. '異'는 '常'과 상대되는 뜻. '干譽'는 명예를 구함. '干'은 求와 같음. 《眞寶》注에 "簡健"이라 함.

参고 및 관련 자료

1. 작자: 歐陽脩(歐陽修, 永叔) 074 참조.

2. 이 글은 《文忠集》(18), 《歐陽文粹》(3), 《唐宋八大家文鈔》(42), 《文章軌範》(2), 《古文關鍵》(上), 《文編》(30), 《文章辨體彙選》(394), 《古文淵鑑》(45), 《示兒編》(8), 《文獻通考》(172) 등에 실려 있음.

082. <朋黨論> ·················· 歐陽永叔(歐陽脩)
붕당론

*<朋黨論>: '朋黨'은 '朋友'로써 黨을 지어 같은 主義主張을 내세우는 모임으로,
君子끼리의 경우 同道로 하여 긍정적이지만 小人끼리인 경우 同利로써 比周를
일삼으며 派黨을 이루어 상대를 헐뜯고 비방하며 混亂을 惹起시키게 되는 것.
이를 역사적인 사건을 나열하며 임금은 오직 君子와 小人을 변별하여 興亡治亂
의 거울로 삼아야 함을 勸告한 글.《文忠集》題下에 "在諫院進, 本以論爲議"라
함. 宋 仁宗 天聖 末年 范仲淹이 <百官圖>를 올려 時政을 비평하였다가 재상 呂
夷簡에게 미움을 사서 饒州 知事로 폄직되고 말았으며, 余靖과 尹洙, 그리고
歐陽修 등도 그와 同黨이라는 이유로 貶職되거나 귀양을 가게 됨. 그러다가 慶
曆 3년(1043) 杜衍, 富弼, 韓琦, 范仲淹이 다시 집정하면서 歐陽修는 諫官에 발
탁되어 좋은 건의를 많이 하게 됨. 그러자 소인들이 다시 이들을 모함하면서
朋黨을 이루어, 藍先振이 먼저 <朋黨論>을 올려 이들을 헐뜯자 이에 구양수는
杜衍, 富弼, 韓琦, 范仲淹을 적극 변호하면서 이 <朋黨論>을 지어 올린 것임. 이
에 仁宗은 그의 직언을 가상히 여겨 그를 知制誥로 발탁하였고 이로써 黨論이
잠시 그치게 되었음.《古文關鍵》과《古文集成》에도 "東萊批: 在諫院進, 議論出
人意表, 大凡, 作文妙處, 須出意外"라 함.《續資治通鑑長編》(148)에 "戊戌上謂輔
臣曰: 「自昔小人多爲朋黨, 亦有君子之黨乎?」 范仲淹對曰: 「臣在邊時, 見好戰者自
爲黨, 而怯戰者亦自爲黨, 其在朝廷邪正之黨亦然. 唯聖心所察爾. 苟朋而爲善於
國家, 何害也?」 初呂夷簡罷相, 夏竦授樞密使, 復奪之, 代以杜衍. 同時進用富弼,
韓琦, 范仲淹在二府, 歐陽修等爲諫官. 石介作慶曆<聖德詩>言進賢退姦之, 不易
姦, 盖斥夏竦也. 竦銜之而仲淹等皆修素所厚善, 修言事, 一意徑行, 略不以形迹,
嫌疑, 顧避竦, 因與其黨造爲黨論, 目衍, 仲淹及修爲黨人, 修乃作<朋黨論>上之"
라 하였고,《宋史紀事本末》에도 "慶曆三年三月增置諫官, 以歐陽修, 王素, 蔡襄
知諫院, 余靖爲右正言. 襄喜言路開, 而慮正人難久立, 因上言任諫非難, 聽諫爲
難; 聽諫非難, 用諫爲難. 修等三人忠誠剛直, 必能盡言臣, 恐邪人不利, 必造爲禦
之之說, 其禦之不過, 有三曰: 「好名好進, 彰君過耳. 願陛下察之. 無使有好諫之名
而無其實!」 修每入對帝, 必延問執政咨所宜, 行既多所張弛. 修慮善人必不勝, 數

爲帝分別言之, 自范仲淹貶饒州, 修及尹洙, 余靖皆以直. 仲淹見逐, 羣邪目之曰黨人. 於是朋黨之議遂起, 修乃爲〈朋黨論〉以進"이라 하였으며, 《古文淵鑑》에도 "初呂夷簡罷夏竦, 授樞密使, 復奪之, 代以杜衍. 同時進用富弼, 韓琦, 范仲淹在二府, 歐陽修爲諫官, 石介作慶曆〈聖德詩〉斥竦爲大姦. 竦銜之因與其黨造爲黨論, 目衍仲淹及修爲黨人. 慶曆四年四月上謂輔臣曰:「自昔小人多爲朋黨亦有君子之黨乎?」范仲淹對曰:「邪正之黨, 唯聖心所察, 苟朋而爲善於國家, 亦何害也?」修於是作〈朋黨論〉上之"라 함. 宋 仁宗(趙禎) 慶曆 4년((1044)에 지은 것임.

＊《眞寶》注에 "自朋黨之名, 起於弘恭, 石顯, 以是而譖蕭望之, 周堪, 劉向, 而後小人之傾善類者, 徃徃以此一網打盡之. 後漢之黨錮, 李唐之牛, 李, 宋之蜀黨, 洛黨, 元祐黨, 僞學黨, 其禍極矣. 公在諫院, 進此論, 亦劉向封事遺意也. 向曰:「孔子與顏淵, 子貢, 更相稱譽, 不爲朋黨;禹, 稷, 皐陶, 轉相汲引, 不爲比周, 何則? 忠於爲國, 無邪心也.」歐公不過推極之耳. 要之, 君子可以朋言, 不可以黨言. 公雖不說破, 然終篇用'朋'字'黨'字, 未嘗苟也, 細觀則見之"라 함.

제가 듣기로 붕당朋黨에 대한 설은 예로부터 있어왔으나, 오직 임금된 자가 그들이 군자인지 소인인지를 변별함을 다행으로 여겼을 뿐입니다.

크게 보건대 군자와 군자는 동도同道로써 붕朋이 되고, 소인과 소인은 동리同利로써 붕이 되는 것이니 이는 자연스러운 이치입니다.

그러나 제가 "소인은 붕이 될 수가 없으며 오직 군자라면 그럴 수 있다"라고 말씀드리는 것은 그 까닭이 무엇이겠습니까?

소인이 좋아하는 바는 이록利祿이며 탐貪하는 바는 재화財貨입니다.

그것이 동리일 때를 당해서는 잠시 서로 당黨으로 끌어들여 붕으로 여기는 것인데 이는 위선僞善입니다.

그들은 이익을 봄에 이르면 먼저 차지하겠다고 다투며, 그러다가 이익이 다하면 사귐이 소원해지고, 심한 경우에는 반대로 서로가 적해賊害를 하여 비록 형제나 친척이라도 서로 보호해주지 않습니다.

그 까닭으로 저는 소인에게는 붕이 없으며 그들이 잠시 붕으로 삼는다는 것은 위선이라 말하는 것입니다.

군자라면 그렇지 않으니 지키는 바는 도의道義요, 실행하는 것은 충신忠信이며, 아끼는 것은 명절名節입니다.

이 세 가지로써 자신을 닦게 됨에는 도를 같이하면서 서로 도움을 주고, 이 세 가지로써 나랏일을 하게 되면 동심으로써 공제共濟하여 끝과 시작이 같으니 이것이 군자의 붕입니다.

그러므로 사람의 임금된 자가 다만 의당 소인의 위붕僞朋을 퇴각시키고, 군자의 진붕眞朋을 활용한다면 천하는 다스려질 것입니다.

요堯임금 때는 소인들인 공공共工과 환도驩兜 등 네 사람이 하나의 붕을 이루었고, 군자들인 팔원八元과 팔개八愷 등 16인이 하나의 붕을 이루었습니다.

순舜이 요임금을 보좌하면서 사흉四凶의 소인지붕小人之朋은 퇴각시키고 팔원, 팔개의 군자지붕君子之朋은 진용하자 요임금 시대의 천하는 크게 다스려졌습니다.

순이 스스로 천자天子가 됨에 이르러서는 고요皐陶, 기夔, 후직后稷, 설契 등 22인이 아울러 조정에 줄을 서서 서로 돌아가며 훌륭함을 칭찬하고, 서로 돌아가며 추천하고 양보하였으니 무릇 22인이 하나의 붕당을 이루었고 순이 이들을 모두 등용하자 천하가 역시 크게 다스려졌습니다.

《서書》에는 "주紂는 신하가 억만 명이었지만 마음도 억만이었으나, 주周는 신하 3천이 오직 한마음이었다"라 하였습니다.

주 임금 때에는 억만 명이 저마다 다른 마음이었으니 가위 붕이 있을 수 없었습니다. 그리하여 주임금은 이로써 나라를 잃고 말았습니다. 그러나 주 무왕武王은 신하 3천 명이 하나의 큰 붕을 이루었으니, 주나라는 이를 등용하여 흥하였던 것입니다.

후한後漢 헌제獻帝 때에는 천하의 명사名士들을 모두 잡아 가두어 금고禁錮시키면서 이들을 당인黨人으로 지목하였습니다.

그러다가 황건적黃巾賊의 난이 일어나 한나라 황실이 대혼란이 일어난 뒤에야 후회하며 깨닫고 당인들을 모두 석방하였지만, 그래도 이미 구제해낼 수가 없었습니다.

당唐나라 말기에는 차츰 붕당에 대한 논박이 일어나더니 소종昭宗 때 이르러 조정의 명사들을 모두 죽여 혹 이들을 황하黃河에 던지면서 "이 무리들은 청류淸流들이니 가히 탁류濁流에 던져도 된다"라고까지 하였다가 드디어 당나라는 망하고 말았던 것입니다.

무릇 전세 군주들로서 능히 사람마다 다른 마음을 가져 붕을 이루지 못하도록 한 이로서는 주 임금만 한 이가 없고, 능히 선인이 붕당을 이루는 것을 금하고 끊어버린 자로서는 한나라 헌제만 한 이가 없으며, 청류의 붕당을 주륙하기로는 당 소종 시대만 한 때가 없었으니, 그리하여 모두가 혼란 속에 나라를 망하게 한 것입니다.

서로 돌아가며 아름다움을 칭찬해주고 추천하며 양보하되 스스로 의심도 갖지 않도록 한 이들로서는 순 임금 시대의 22명만 한 이가 없었으며, 순 임금 또한 의심하지 아니하고 이들을 모두 등용하였던 것입니다.

후세에 순이 22명에게 속임을 당했다고 꾸짖는 말이 없으며 도리어 순은 총명한 성자聖者라 칭송하니, 이는 군자와 소인을 변별했기 때문입니다.

주 무왕 때에는 나라 전체를 들어 신하 3천 명이 하나의 붕당을 이루었으니, 자고로 붕당을 이룬 숫자도 많았고 규모가 컸기로도 주나라만 한 때가 없었으나, 주나라가 이들을 등용하여 흥한 것은 선인은 아무리 많다고 해도 싫어하지 않았기 때문입니다.

무릇 흥망과 치란의 흔적을 군주 된 자는 가히 거울로 삼아야 할 것입니다!

臣聞朋黨之說，自古有之，惟幸人君，辨其君子小人而已。

大凡君子與君子，以同道爲朋；小人與小人，以同利爲朋，此自然之理也。

然臣謂「小人無朋，惟君子則有之」，其故何哉？

小人所好者，利祿也；所貪者，財貨也。

當其同利之時，暫相黨引以爲朋者，僞也。

及其見利而爭先，或利盡而交疏，甚者反相賊害，雖其兄弟親戚，不能相保。

故臣謂小人無朋，其暫爲朋者，僞也。

君子則不然，所守者道義，所行者忠信，所惜者名節。

以之脩身，則同道而相益；以之事國，則同心而共濟，終始如一，此君子之朋也。

故爲人君者，但當退小人之僞朋，用君子之眞朋，則天下治矣。

堯之時，小人共工，驩兜等四人爲一朋；君子八元，八愷十六人爲一朋。

舜佐堯，退四凶小人之朋，而進元愷君子之朋，堯之天下大治。

及舜自爲天子，而臯，夔，稷，契等二十二人，幷列于朝，更相稱美，更相推讓，凡二十二人爲一朋，而舜皆用之，天下亦大治。

《書》曰：「紂有臣億萬，惟億萬心；周有臣三千，惟一心。」

紂之時，億萬人各異心，可謂不爲朋矣，然紂以此亡國；周武王之臣三千人爲一大朋，而周用以興。

後漢獻帝時，盡取天下名士囚禁之，目爲黨人。

及黃巾賊起，漢室大亂，後方悔悟，盡解黨人而釋之，然已無救矣。

唐之晚年，漸起朋黨之論，及昭宗時，盡殺朝之名士，或投之黃河，曰「此輩清流，可投濁流」，而唐遂亡矣。

夫前世之主, 能使人人異心, 不爲朋, 莫如紂; 能禁絶善人爲朋, 莫如漢獻帝; 能誅戮清流之朋, 莫如唐昭宗之世, 然皆亂亡其國.

更相稱美推讓而不自疑, 莫如舜之二十二人, 舜亦不疑而皆用之.

然而後世, 不誚舜爲二十二人朋黨所欺, 而稱舜爲聰明之聖者, 以其辨君子與小人也.

周武之世, 擧其國之臣三千人共爲一朋, 自古爲朋之多且大, 莫如周, 然周用此以興者, 善人雖多而不厭也.

夫興亡治亂之迹, 爲人君者, 可以鑑矣!

【臣聞朋黨之說, 自古有之, 惟幸人君, 辨其君子小人而已】'惟幸'은 오직 바랄 뿐임. '辨'은 辨別함. 《文章軌範》注에 "此三句是一篇主意"라 함.

【大凡君子與君子, 以同道爲朋; 小人與小人, 以同利爲朋, 此自然之理也】'同道'는 추구하는 것이 같은 道임. 아래 小人의 '同利'에 상대하여 쓴 것. 《論語》里仁篇에 "君子喩於義, 小人喩於利"라 함.

【然臣謂小人無朋, 惟君子則有之, 其故何哉】'君子則有之' 다음에 《文章軌範》注에 "此轉最妙"라 함. '小人無朋'은 소인에게는 '朋'이라는 것이 있을 수 없음.

【小人所好者, 利祿也; 所貪者, 財貨也】'好, 貪'과 '利祿, 財貨'는 동격의 나열형.

【當其同利之時, 暫相黨引以爲朋者, 僞也】'暫'은 暫의 異體字. '黨引'은 자신의 당으로 끌어들임. 《文章軌範》注에 "初說小人無黨, 又生'僞''朋'二字尤妙"라 함.

【及其見利而爭先, 或利盡而交踈】'踈'는 疏, 疏, 疎 등과 같음. 疏遠해짐. 멀어짐.

【甚者反相賊害, 雖其兄弟親戚, 不能相保】'甚者'는 《文忠集》에는 '則'으로 되어 있음. '賊害'는 해치거나 배반하며 못된 짓을 함.

【故臣謂小人無朋, 其暫爲朋者, 僞也】'暫爲朋'은 잠시 朋友가 되는 것은 僞善임.

【君子則不然, 所守者道義, 所行者忠信, 所惜者名節】道義, 忠信, 名節은 군자가 높이 여기는 표준임. '惜'은 아까워함. '忠信'은 충성심과 믿음. '名節'은 명예와 절개.

【以之脩身, 則同道而相益; 以之事國, 則同心而共濟, 終始如一, 此君子之朋也】'以之'의 之는 道義, 忠信, 名節을 가리킴. '共濟'는 함께 힘을 모아 어려운 일을 해결하고 건넘.

【故爲人君者, 但當退小人之僞朋, 用君子之眞朋, 則天下治矣】'爲人君'은 남의 군주가 된 자. 즉 임금. '僞朋'과 '眞朋'은 상대하여 쓴 말.《眞寶》注에 "惟君子可以朋, 小人之朋, 則必以僞言矣. 道理旣明, 下文乃用事證"이라 함.

【堯之時, 小人共工, 驩兜等四人爲一朋】'堯'는 五帝(黃帝, 顓頊, 帝嚳, 帝堯, 帝舜)의 하나. 陶唐氏. 唐堯로도 부름. 祁姓이며 이름은 放勳. 帝嚳의 아들.《十八史略》(1)에 "帝堯陶唐氏: 伊祁姓, 或曰名放勛, 帝嚳子也. 其仁如天, 其知如神, 就之如日, 望之如雲, 都平陽. 茆茨不剪, 土階三等. 有草生庭, 十五日以前, 日生一葉, 以後日落一葉, 月小盡, 則一葉厭而不落, 名曰蓂莢, 觀之以知旬朔"이라 함.《史記》五帝本紀를 볼 것. '共工'과 '驩兜'는 모두 堯舜 때의 악행을 저지른 대표적인 신하로서 三苗와 鯀를 합하여 四凶이라 부름. '驩兜'는《尙書》와《文忠集》에는 '讙兜'로 표기되어 있음.《尙書》舜典에 "流共工于幽洲, 放驩兜于崇山, 竄三苗于三危, 殛鯀于羽山. 四罪而天下咸服"이라 함.《眞寶》注에 "共工驩兜, 唐堯時四凶"이라 함.

【君子八元, 八愷十六人爲一朋】'八元八愷'는 堯임금 때 훌륭한 여덟 신하. '八愷'는《文忠集》에는 '八凱'로 표기되어 있음.《左傳》文公 18년에 "昔高陽氏有才子八人: 蒼舒, 隤凱, 檮戭, 大臨, 尨降, 庭堅, 仲容, 叔達, 齊, 聖, 廣, 淵, 明, 允, 篤, 誠, 天下之民謂之八愷. 高辛氏有才子八人: 伯奮, 仲堪, 叔獻, 季仲, 伯虎, 仲熊, 叔豹, 季狸, 忠, 肅, 共, 懿, 宣, 慈, 惠, 和, 天下之民謂之八元. 此十六族也, 世濟其美, 不隕其名. 以至於堯, 堯不能擧. 舜臣堯, 擧八愷, 使主后土, 以揆百事, 莫不時序, 地平天成. 擧八元, 使布五敎于四方, 父義, 母慈, 兄友, 弟共, 子孝, 內平外成"이라 함. '元'은 善의 뜻. '愷'는 和의 뜻.《文章軌範》注에 "元, 善也; 愷, 和也"라 함.

【舜佐堯, 退四凶小人之朋, 而進元愷君子之朋, 堯之天下大治】'舜'은 五帝의 마지막 帝王. 有虞氏. 姓은 姒氏, 이름은 重華. 虞舜으로도 부름. 堯임금으로부터 천하를 물려받아 帝位에 오름. 瞽瞍의 아들로 孝誠이 뛰어났던 분으로 널리 알려져 있으며 儒家에서 聖人으로 추앙함.《十八史略》(1)에 "帝舜有虞氏: 姚姓, 或曰名重華, 瞽瞍之子, 顓頊六世孫也. 父惑於後妻, 愛少子象, 常欲殺舜. 舜盡孝悌之道, 烝烝乂不格姦"이라 함.

【及舜自爲天子, 而皐, 夔, 稷, 契等二十二人, 幷列于朝, 更相稱美, 更相推讓】'皐, 夔, 稷, 契'은 皐陶, 夔, 后稷, 契(설)을 가리킴. '皐陶'는 舜임금 때의 獄官을 지냈던 신하.《尙書》舜典에 "帝曰:「皐陶, 蠻夷猾夏, 寇賊姦宄. 汝作士, 五刑有服, 五服三就. 五流有宅, 五宅三居. 惟明克允!」"이라 함. '夔'는 典樂을 담당했던 신하.《尙書》舜典에 "帝曰:「夔! 命汝典樂, 敎胄子, 直而溫, 寬而栗, 剛而無虐, 簡而無傲, 詩言

志, 歌永言, 聲依永, 律和聲, 八音克諧, 無相奪倫, 神人以和.」라 함. '稷'은 棄(姬棄)로써 后稷을 담당함. 《尙書》舜典에 "帝曰:「棄, 黎民阻飢, 汝后稷, 播時百穀.」"이라 함. '契'은 卨로도 표기하며 司徒를 담당하였던 신하. 《尙書》舜典에 "帝曰:「契, 百姓不親, 五品不遜. 汝作司徒, 敬敷五敎, 在寬.」"이라 함. '二十二人'은 舜임금을 도운 四岳 九官, 十二牧 등의 훌륭했던 22명의 신하. 《尙書》舜典에 "帝曰:「咨! 汝二十有二人, 欽哉! 惟時亮天功.」"이라 함. 그러나 棄, 契, 皐陶, 禹, 垂. 그리고 十二牧과 四岳을 합해 모두 22명으로 보고 있음. 또는 四岳을 하나로 하여, 九官, 十二牧을 합하여 22명이라고도 함. '更相'은 '서로, 돌아가며'의 뜻.

【凡二十二人爲一朋, 而舜皆用之, 天下亦大治】22명이 모두 훌륭한 朋黨이 됨으로써 천하가 크게 다스려짐.

【《書》曰:「紂有臣億萬, 惟億萬心;周有臣三千, 惟一心.」】《書》는 《尙書(書經)》. 이는 泰誓篇(上)에 "同力度德, 同德度義. 受有臣億萬, 惟億萬心;予有臣三千, 惟一心. 商罪貫盈, 天命誅之. 予弗順天, 厥罪惟鈞. 予小子夙夜祗懼, 受命文考, 類于上帝, 宜于冢土, 以爾有衆, 底天之罰. 天矜于民, 民之所欲, 天必從之. 爾尙弼予一人, 永淸四海. 時哉, 弗可失!"이라 한 말을 인용한 것.

【紂之時, 億萬人各異心, 可謂不爲朋矣, 然紂以此亡國】'紂'는 이름은 受이며 殷나라 末王. 暴君으로 武王(姬發)에게 망함. 《史記》殷本紀에 "帝乙崩, 子辛立, 是爲帝辛, 天下謂之紂"라 하였고, 鄭玄은 "紂, 帝乙之少子名辛. 帝乙愛而欲立焉, 號曰受德. 時人傳聲轉作紂也. 史掌書, 知其本, 故曰受"라 함.

【周武王之臣三千人爲一大朋, 而周用以興】'周武王'은 西伯 姬昌. 古公亶父의 손자이며 季歷(公季)의 아들. 武王(姬發)과 周公(姬旦), 召公(姬奭) 등의 아버지. 殷나라 말 紂가 폭정을 일삼을 때 岐山에 거하면서 雍州伯에 봉해졌다가 남쪽으로 梁과 荊을 겸병하자 西伯에 봉해짐. 뒤에 그 아들 姬發(武王)이 殷을 멸하고 古公亶父를 太王으로, 季歷을 公季(王季)로, 姬昌을 文王으로 추존함. 《史記》周本紀에 "公季卒, 子昌立, 是爲西伯. 西伯曰文王"이라 함. 덕망이 높아 儒家에서 聖人으로 받듦.

【後漢獻帝時, 盡取天下名士囚禁之, 目爲黨人】'獻帝'는 後漢(東漢)의 마지막 임금. 廢帝(少帝, 劉辯)의 아들로 이름은 劉協. 189-220년까지 재위하였으며 魏公 曹操(魏文帝)에게 휘둘리다가 결국 曹丕(魏武帝)에게 나라를 빼앗기고 山陽公으로 강등되어 漢나라는 종말을 고함. 《文章軌範》注에 "漢之黨錮, 有三君八俊八顧八及八廚, 有張儉, 范滂, 李膺, 郭泰等爲之魁"라 함.

【及黃巾賊起, 漢室大亂, 後方悔悟, 盡解黨人而釋之, 然已無救矣】'黃巾賊'은 後漢 말의 가장 극렬했던 민란. 그 무렵 鉅鹿 출신 張角이 《太平淸領書》를 지어 이를 경전으로 '太平道'라는 사이비 종교를 만들어 "蒼天已死, 黃天當立; 歲在甲子, 天下大吉", 즉 '蒼天'은 東漢, '黃天'은 張角, '甲子'는 靈帝 元年(184)이라 하여 信徒들을 거느리고 난을 일으킴. 이들은 모두 노란색 두건을 쓰고 나서서 그 때문에 '황건적'이라 부른 것임. 1년 만에 진압은 되었으나 殘賊이 20여 년 간 황하 일대에서 버팀. '盡解黨人'은 '黨錮之禍'를 해제하였음을 말함. '黨錮之禍' 는 宦官과 外戚 사이에 극렬한 대립으로, 桓帝 때 太學生 李膺, 范滂 환관의 횡 포를 비판하고 나서자 환관들이 이들을 무고하여 후한 桓帝 延熹 9년(166) 2백 여 명을 투옥함. 이듬해 외척 竇武, 皇甫嵩 등의 건의에 의해 禁錮(평생 벼슬에 참여하지 못하도록 함)를 조건으로 석방하였으나 靈帝가 즉위하여 두무가 집정하 자 비밀리에 환관을 제거하기로 密謀하다가 누설되어 두무는 피살되고 이응 등 7백여 명이 다시 투옥(靈帝 建寧 2년, 169)되어 제 2차 黨錮 사건이 일어남. 이 로써 漢나라는 급속히 쇠락하여 암흑기를 맞다가 결국 曹操 등에 의해 망국의 길을 걷게 됨. 《後漢書》(67) 黨錮傳 참조. 《十八史略》(3)에 "會成瑨與太原守劉瓆, 於赦後案殺宦官之黨. 徵下獄, 將棄市. 山陽守翟超, 以張儉爲督郵, 破宦官蹟制 冢宅. 東海相黃浮, 亦收宦官家屬犯法者殺之. 宦官訴寃, 皆得罪. 蕃屢爭之, 上不 聽. 宦官敎人上書, 告李膺:「養太學遊士, 共爲部黨, 誹訕朝廷, 疑亂風俗.」上震怒, 下郡國逮捕黨人. 案經三府, 蕃卻不肯署. 上愈怒, 下膺等北寺獄. 辭連杜密, 陳寔, 范滂等二百餘人. 使者追捕四出, 蕃又極諫, 上策免之. 朝廷震慄, 莫敢復爲黨人言 者. 賈彪曰:「吾不西行, 大難不解.」乃入洛陽, 說皇后父竇武, 上疏解之. 膺等獄辭, 又多引宦官子弟. 宦官乃懼, 白上赦黨人二百餘人. 皆歸田里, 書名三府, 禁錮終身" 이라 함.

【唐之晚年, 漸起朋黨之論, 及昭宗時, 盡殺朝之名士, 或投之黃河】'唐之晚年'은 唐 나라 憲宗(11대 李純, 806–820), 穆宗(12대 李恒, 821–824), 敬宗(13대 李湛, 825– 826) 이후 쇠약해지기 시작한 시기를 말함. 이때는 환관이 作黨하여 穆宗, 文宗 (14대 李昂, 827–840) 武宗(15대 李炎, 841–846), 毅宗(17대 李漼, 860–873), 昭宗(19 대 李曄, 889–904) 등은 모두 宦官에 의해 세워졌으며, 憲宗과 敬宗은 환관에 의해 弑殺을 당하는 등 환관의 시대였음. 그 뒤 903년 朱溫(朱全忠, 뒤에 五代 後 梁의 건국자)에 의해 환관이 모두 주살되자 결말을 고하였음. '朋黨之論'은 武則 天 때부터 士族이 대거 집정하면서 武宗 때 두 파로 나누어 李德裕를 중심으

로 한 世族官僚와 牛僧孺, 李宗閔 등을 중심으로 한 進士出身 관료들이 40여 년 동안 극렬하게 대립하였으며 이를 '牛李黨爭'이라 함.《文章軌範》注에 "前世 李德裕之黨, 多君子;牛僧孺之黨, 多小人. 爲之牛李黨"이라 함. '昭宗'은 19대 황 제 李曄. 889-904년 재위. 그러나 이는 唐 마지막 황제 昭宣帝(20대 李柷, 哀帝, 904-907) 天祐 2년(905) 때의 일을 잘못 인용한 것임. 朱全忠이 당시 이름난 명 사들을 白馬驛에서 모두 죽이도록 한 다음 黃河에 던져버렸음.《新唐書》(140) 崔苗二裴呂傳에 "全忠遣人殺之白馬驛, 投尸于河, 年六十五. 初, 全忠佐吏李振曰: 「此等自謂淸流, 宜投諸河河, 永爲濁流.」 全忠笑而許之"라 하였으며,《文章軌範》 注에 "朱全忠之時, 盡殺黨人于白馬驛"이라 함. 朱全忠은 뒤에 李柷(昭宣帝)을 毒 殺하고 천하를 빼앗아 五代의 첫 왕조 後梁을 세움.

【曰「此輩淸流, 可投濁流」, 而唐遂亡矣】 '淸流'는 淸貧한 선비. '濁流'는 탁한 黃河 를 뜻함.《眞寶》注에 "用事已盡, 下文却紐上事作議論"이라 함.

【夫前世之主, 能使人人異心, 不爲朋, 莫如紂】 사람마다 異心을 가진 채 朋黨을 짓지 못하도록 한 면에서 紂만한 군주가 없음.

【能禁絶善人爲朋, 莫如漢獻帝】 獻帝는 善人들의 붕당을 금지하고 끊어버린 면에 서 가장 큰 실수를 저지른 황제임을 말함.

【能誅戮淸流之朋, 莫如唐昭宗之世, 然皆亂亡其國】 '昭宗'은 昭宣帝(哀帝)의 오류. 《文章軌範》注에 "天子看到此三句, 豈不感悟?"라 함.

【更相稱美推讓而不自疑, 莫如舜之二十二人, 舜亦不疑而皆用之】 舜을 보좌한 22 인은 稱美推讓에 가장 뛰어났던 인물들이며, 舜 또한 이들을 의심하지 아니하 고 등용하였음.

【然而後世, 不誚舜爲二十二人朋黨所欺, 而稱舜爲聰明之聖者, 以其辨君子與小人 也】 '誚'는 꾸짖고 나무람.

【周武之世, 擧其國之臣三千人共爲一朋, 自古爲朋之多且大, 莫如周, 然周用此以興 者, 善人雖多而不厭也】 '不厭'은 싫어하지 않음. 아무리 많아도 모두 자신을 도 울 사람으로 만듦.

【夫興亡治亂之迹, 爲人君者, 可以鑑矣】 '鑑'은 거울로 삼음.《眞寶》注에 "君子有 朋而無黨, 此說可破朋黨之論"이라 하였고,《文章軌範》注에는 "只二句結末, 絶 妙"라 함.

1. 작자:歐陽脩(歐陽修, 永叔) 074 참조.

2. 이 글은 《文忠集》(17), 《唐宋八大家文鈔》(42), 《宋文選》(1), 《宋文鑑》(94), 《古文關鍵》(上), 《古文集成》(33), 《文章軌範》(2), 《文編》(30), 《文章辨體彙選》(414), 《古文淵鑑》(45), 《續資治通鑑長編》(148), 《宋史紀事本末》(5), 《恥堂存稿》(2) 등에 실려 있음.

083. 〈族譜序〉 ·················· 蘇明允(蘇洵)

족보서

* 〈族譜序〉: 이는 蘇洵이 자신 집안의 族譜를 처음으로 만들면서 序文(引文)으로 쓴 것임. 중국인의 족보 기록은 여기에서 비롯되었다 하며, 이것이 편찬 족보 방법의 표준이 되었다 함. 《唐宋八大家文鈔》에는 "議論簡嚴, 情事曲折其氣格, 大畧從《公》,《穀》來"라 함. 한편 제목은 《嘉祐集》과 《文章辨體彙選》에는 〈蘇氏族譜〉로, 그 밖에는 모두 〈族譜引〉으로 되어 있으며 〈族譜序〉로 되어 있는 것은 없음. 그리고 《嘉祐集》에는 이 글의 뒤를 이어 "蘇氏諱釿, 子祈, 無嗣. 不仕娶, 子福, 子宗夐, 子昭鳳, 子惟讚, 子垂象 ……" 등 表로 된 族譜가 기록되어 있으며, 또한 〈族譜後錄〉(上下) 2篇이 실려 있음. 蘇洵은 이에 관련하여 〈族譜亭記〉와 〈族譜例序〉도 남겼으며 자신 高祖의 묘 서남쪽에 '族譜亭'을 짓고 비석도 세웠다 함.

* 《眞寶》注에 "迂齋曰:「議論簡嚴, 字數少而曲折多, 非特文章之妙, 可以見忠厚氣象, (不可草草看過.)」○族譜規模, 分親疎詳略, 可爲世法. 中分兩段, 結語同而意略不同. 前段是自己身單說上祖考去; 後段是自祖考旁說開近族去. 各以孝悌之心可油然而生結之, 使人自思而得之, 有有餘不盡一唱三歎之意焉. 老泉又有〈蘇氏族譜亭記〉及〈譜例序〉, 皆可以警世, 宜倂觀之"라 함.

소씨蘇氏의 《족보族譜》는 소씨 집안의 계보를 적은 것이다.

소씨는 고양씨(高陽氏, 顓頊)에게서 나와 천하로 뻗어갔다.

당唐 고조高祖 초, 장사長史 벼슬을 지낸 소미도蘇味道가 미주자사眉州刺史로 와 있다가 관직에서 생을 마쳤는데, 그중 한 아들이 미주에 남아 미주에 소씨가 있게 된 것은 이로부터 시작되었다.

그런데 족보로서도 미치지 못하는 사람은 친족관계가 다하였기 때문이다.

친족관계가 다하면 어찌 족보에 미치지 못하게 되는가? 《족보》는 친족을 위하여 만들어지는 것이기 때문이다.

  무릇 자식들에 대해서는 기록하면서 손자에 대하여는 기록하지 않는
것은 무엇 때문인가? 이는 한 세대를 드러내기 위해서이다.
  나의 아버지로부터 나의 고조高祖에 이르기까지는 벼슬을 했는지의
여부, 어느 집안에 장가를 들었는지, 향년享年은 얼마인지, 죽은 날짜 등
을 모두 기록하면서 다른 분들에 대해서는 이런 것들을 기록하지 않는
까닭은 무엇 때문인가? 이는 내가 나온 계보를 상세히 밝히기 위해서
이다.
  나의 아버지로부터 나의 고조에 이르기까지는 모두 휘모諱某라고 부
르면서 다른 사람이라면 이름을 그대로 쓰는 것은 무엇 때문인가? 이
는 내가 나온 바를 존중해서이다.
  《족보》는 소씨를 위해 만든 것인데 유독 내가 나온 바에 대해서만 상
세히 하고 존중함은 어째서인가? 《족보》는 내가 만들기 때문이다.

  아! 내가 만든 《족보》를 보는 자는 효제孝悌의 마음이 유연油然히 생
기게 될 것이다.
  정情은 친척에게서 드러나고 친척은 상복에서 드러나며, 상복은 참최
斬衰에서 시작하여 시마緦麻에 이르며, 상복을 입지 않아도 되는 관계까
지 있다.
  상복을 입지 않아도 되는 관계가 되면 친족 관계가 다한 것이며, 친족
관계가 다하면 정도 다한 것이고, 정이 다했다면 기쁜 일에도 경하하지
않아도 되고 슬픈 일에도 조문하지 않아도 된다.
  기쁜 일에 경하하지 않고, 슬픈 일에 조문하지 않는 관계라면 길 가
는 사람이다.
  내가 그를 함께 길 가는 사람으로 보게 되는 사람도 그 처음에는 형
제였을 것이며, 그 형제도 처음에는 한 사람의 몸에서 나왔을 것이다.

슬프도다! 한 사람의 몸에서 나누어져 길 가는 사람에 이르게 되니, 이것이 내가 족보를 짓게 된 까닭이다.

그 뜻은 "분리되어 길 가는 사람에 이르게 되는 것은 세勢이니, 세는 나로서도 어찌 할 수가 없다. 다행히 아직 길 가는 사람에 이르지 않았다면 그로 하여금 소홀히 하거나 잊지 않도록 함이 옳은 것"이라는 것이다.

아! 내가 지은 《족보》를 보는 자는 효제의 마음이 가히 유연히 생겨나게 될 것이다.

이에 연관지어 이렇게 시로 읊노라.

『내 아버지의 아들이, 지금 나의 형이 되어,
내 몸에 질병이 생기면, 형은 신음하며 편안치 못하니라.
몇 세대가 지난 뒤엔 어떤 사람인지 알지도 못하리라.
저가 죽고 살아도 슬퍼하거나 기뻐하지도 않게 되고 만다.
형제의 정은 마치 발과 같고 손과 같지만, 능히 그 얼마나 가겠는가?
서로 능히 그렇게 하지 못하는 자, 그런 자는 유독 어떤 마음에서인가!』

蘇氏族《譜》, 譜蘇之族也.
蘇氏出於高陽, 而蔓延於天下.
唐神堯初, 長史味道刺眉州, 卒于官, 一子留于眉, 眉之有蘇氏,
自此始.
而譜不及者, 親盡也.
親盡則曷爲不及? 《譜》爲親作也.

凡子得書而孫不得書者, 何也? 著代也.
自吾之父, 以至吾之高祖, 仕不仕, 娶某氏, 享年幾, 某日卒, 皆

書而它不書者, 何也? 詳吾之所自出也.

自吾之父, 以至吾之高祖, 皆曰諱某, 而它則遂名之, 何也? 尊吾之所自出也.

《譜》爲蘇氏作, 而獨吾之所自出, 得詳與尊, 何也?《譜》吾作也.

嗚呼! 觀吾之《譜》者, 孝悌之心, 可以油然而生矣.
情見于親, 親見于服, 服始于衰, 而至于緦麻, 而至于無服.
無服則親盡, 親盡則情盡, 情盡則喜不慶, 憂不弔.
喜不慶, 憂不弔, 則塗人也.
吾所與相視如塗人者, 其初兄弟也; 兄弟其初, 一人之身也.

悲夫! 一人之身, 分而至於塗人, 吾譜之所以作也.
其意曰:「分而至於塗人者, 勢也. 勢, 吾無如之何也.
幸其未至於塗人也, 使其無致於忽忘焉, 可也.」
嗚呼! 觀吾之《譜》者, 孝悌之心, 可以油然而生矣.

系之以詩曰:

『吾父之子, 今爲吾兄;
吾疾在身, 兄呻不寧.
數世之後, 不知何人,
彼死而生, 不爲戚欣.
兄弟之情, 如足如手, 其能幾何?
彼不相能, 彼獨何心!』

【蘇氏族《譜》, 譜蘇之族也】'蘇氏族譜'는《嘉祐集》에는 '蘇氏之譜'로 되어 있음. 앞의 《譜》는 책으로서의 족보이며 뒤의 '譜'자는 '족보로 편찬하다'의 뜻.

【蘇氏出於高陽, 而蔓延於天下】'出於高陽'은 《嘉祐集》에는 '出自高陽'으로 되어 있음. '高陽'은 顓頊 高陽氏. 고대 五帝의 하나로 黃帝의 손자. 《史記》五帝本紀에 "帝顓頊高陽者, 黃帝之孫而昌意之子也. 靜淵以有謀, 疏通而知事;養材以任地, 載時以象天, 依鬼神以制義, 治氣以敎化, 絜誠以祭祀. 北至于幽陵, 南至于交阯, 西至于流沙, 東至于蟠木. 動靜之物, 大小之神, 日月所照, 莫不砥屬"이라 함.

【唐神堯初, 長史味道刺眉州, 卒于官, 一子留于眉, 眉之有蘇氏, 自此始】'神堯'는 《嘉祐集》에는 '神龍'으로 되어 있음. '神堯'(神龍)는 唐 高祖 李淵의 廟號. 《舊唐書》와 《新唐書》高祖記에 "高祖神堯大聖大光孝皇帝, 諱淵, 字叔德, 姓李氏, 隴西成紀人也"라 함. 《眞寶》注에 "高祖"라 함. '長史'는 벼슬 이름. 뒤에 刺史를 長史라 칭하기도 하였음. '味道'는 唐初의 蘇味道. 20세 무렵 과거에 급제하여 進士가 된 뒤 鳳閣侍郎의 벼슬까지 오름. 문장과 시로 이름을 날려 李嶠, 崔融, 杜審言 등과 교유하며 세칭 '文章四友'라는 불렸음. 뒤에 四川 眉州로 귀양 갔다가 그곳에서 후손이 퍼져 소씨 가문을 이룸. 《舊唐書》(94)에 傳이 있음. '刺'는 《眞寶》注에 "刺, 卽刺史"라 함. '眉州'는 지금의 四川 眉山縣. 蘇洵과 蘇軾, 蘇轍의 고향. '自此始'는 《嘉祐集》에는 '自是始'로 되어 있음.

【而譜不及者, 親盡也;親盡則曷爲不及? 譜爲親作也】'不及者親'은 《嘉祐集》에는 '不及焉者'로 되어 있음. '親盡'은 親屬 관계가 다하고 없어짐. 성씨만 같을 뿐 친속 관계가 멀어져 사라짐.

【凡子得書而孫不得書者, 何也? 著代也】'子得書而孫不得書者'은 소순이 족보에 아들은 써 넣었으나 손자에 관해서는 써 넣지 않았음을 말함. 한편 《嘉祐集》에는 '者'자가 없음. '著代也'는 代數를 드러내어 밝히기 위한 것임. 《嘉祐集》에는 '以著代也'로 되어 있음.

【自吾之父, 以至吾之高祖, 仕不仕, 娶某氏, 享年幾, 某日卒】'高祖'는 자신의 고조할아버지.

【皆書而它不書者, 何也? 詳吾之所自出也】'它不書者'는 《嘉祐集》에는 '他不書'로 되어 있어 '它'는 他로, '者'는 없음. '它'는 자신의 '父'에서 고조에 이르는 분들 이외 조상들.

【自吾之父, 以至吾之高祖, 皆曰諱某, 而它則遂名之, 何也? 尊吾之所自出也】'它'는 《嘉祐集》에는 역시 '他'로 되어 있음. '遂名之'는 諱하지 않고 이름을 그대로 기록함.

【《譜》爲蘇氏作, 而獨吾之所自出, 得詳與尊, 何也?《譜》, 吾作也】내가 族譜를 기록

하기 때문에 내가 중심이 됨.

【嗚呼! 觀吾之《譜》者, 孝悌之心, 可以油然而生矣】'孝悌'는 《嘉祐集》에는 '孝弟'로 되어 있음. '油然'은 시원하게 솟아오르는 모습. 《孟子》 梁惠王(上)에 "天下莫不與也. 王知夫苗乎? 七八月之閒旱, 則苗槁矣. 天油然作雲, 沛然下雨, 則苗浡然興之矣. 其如是, 孰能禦之?"라 함.

【情見于親, 親見于服, 服始于衰, 而至于緦麻, 而至于無服】'衰'(최)는 縗와 같으며 喪服. 고대 親疎에 따라 차등을 두었으며, 참최(斬縗), 자최(齊縗), 대공(大功), 소공(小功), 시마(緦麻) 등 다섯 가지가 있었음. 가상 가까운 사이의 喪에는 참최를 입으며, 이 상복은 거친 베로 만들며 옷 가장자리를 꿰매지 않음. 자녀가 부모의 상에 입으며 며느리가 시아버지, 남편의 상에, 장손이 조부모의 상에 입는 상복임. '緦麻'는 상복 중 가장 가벼운 것으로 3개월의 상을 지킴. 《眞寶》注에 "衰, 服三年; 緦麻, 服三月"이라 함. 五服에 대해서는 《禮器》 間傳篇을 참조할 것.

【無服則親盡, 親盡則情盡, 情盡則喜不慶, 憂不吊】'憂不吊'의 '吊'은 《嘉祐集》에는 '弔'로 표기되어 있음. 아래도 같음. 憂患이 있어도 조문하지 않음.

【喜不慶, 憂不吊, 則塗人也】'塗人'은 途人과 같음. 길가는 사람. 아무런 관계가 없는 남과 같은 사람.

【吾所與相視如塗人者, 其初兄弟也; 兄弟其初, 一人之身也】'吾所與'는 《嘉祐集》에는 '吾之所以'로 되어 있어 의미가 훨씬 순통함. '兄弟'는 《顏氏家訓》 兄弟篇에 "兄弟者, 分形連氣之人也"라 함. 《眞寶》注에 "發明至此"라 함.

【悲夫! 一人之身, 分而至於塗人, 吾譜之所以作也】'至於塗人' 다음에 《眞寶》注에 "多少曲折"이라 함. '吾譜之所以作也' 앞에 《嘉祐集》에는 '此'자가 더 있음. 《眞寶》注에 "此作譜之意"라 함.

【其意曰:「分而至於塗人者, 勢也. 勢, 吾無如之何也】'吾無如之何也' 끝에 《嘉祐集》에는 '已'자가 더 있음.

【幸其未至於塗人也, 使其無致於忽忘焉, 可也】'使其無致於忽忘焉'은 소홀히 하여 잊고 마는 지경에 이르는 일이 없도록 함. 그러나 《嘉祐集》에는 '使之無至於忽忘焉'으로 되어 있어 의미가 훨씬 순통함. 《眞寶》注에 "忠厚氣象"이라 함.

【嗚呼! 觀吾之《譜》者, 孝悌之心, 可以油然而生矣】'孝悌'는 《嘉祐集》에는 '孝弟'로 되어 있음.

【系之以詩曰】'系'는 繫와 같음. 이에 연계하여 詩로써 표현함.

【吾父之子, 今爲吾兄; 吾疾在身, 兄呻不寧】같은 아버지에게서 태어난 두 사람 중

먼저 난 사람이 나의 형이 되며 내가 아프면 형은 신음하며 마음이 편치 못함.

【數世之後, 不知何人. 彼死而生, 不爲戚欣】'戚欣'은 슬픔과 기쁨의 두 가지 상황. '戚'은 慽과 같으며 '欣'은 喜의 뜻.

【兄弟之情, 如足如手. 其能幾何? 彼不相能, 彼獨何心!】'兄弟之情'은 《嘉祐集》에는 '兄弟之親'으로 되어 있음. '其能幾何'는 '관계나 시간상 얼마나 가깝게, 또는 얼마나 오래도록 가겠는가?'의 뜻. 끝에 《眞寶》注에 "族人之理, 近者當親, 遠者必疎, 同高祖者, 服緦, 過此, 無服矣. 古人於此, 甚謹之, 老泉〈族譜亭記〉曰:「今吾族人猶有服者, 不過百人. 乃作蘇氏族譜, 立亭於高祖, 墓塋之西南, 而刻石焉.」(이상 《嘉祐集》〈蘇氏族譜亭記〉) 東坡於惟簡大師, 稱之曰「無服之兄」, 韓昌黎於雲卿稱叔父, 於韓擇木, 必別之曰「同姓叔父」. 朱文公考之曰:「五世 祖免, 殺同姓也.」公於擇木, 已無服考, 以同姓言之. 楊誠齋與族弟濟翁書, 力辨族親弟之分, 何可苟也? 今世族譜, 不講者, 或近族稍貧下, 雖有服, 亦不齒之, 或五世以上, 雖可考, 亦削而不錄, 固非也. 其族譜之講者, 賴以辨親疎, 明行列, 亦幸矣. 而其流弊, 乃使不明古誼者, 徒執行列, 以厭疎遠, 已疎爲塗人, 而以親近之虛稱, 律之, 已之流爲工庸奴隸屠販. 玷詩禮, 隕家聲, 略不之恧, 而鬐齔忽耆艾, 癡騃玩儒宗, 徃徃而然. 反致乖和氣, 召呹呶尤非也. 故老泉此序此詩, 皆以爲已疎遠者, 無可奈何. 欲厚其未疎遠者而已.」或曰:「無服者, 例以塗人視之, 毋乃導人以薄乎?」曰:「於已爲塗人之後, 而於其中, 自有賢而可敬者, 情之交相厚, 而不可疎者, 更以同姓之義裁之, 而待之盡其道焉, 自有不言而可知者, 理一之仁, 分殊之義, 未嘗不並行而不相悖也. 親者厚之, 不當以賢否分;疎者厚之, 眞當以賢否分矣. 此乃導人以全和氣也. 何薄歟? 若不分親疎, 不問賢否, 不別老稚, 槩欲以區區之行列行之, 是爲無星之稱, 無寸之尺謾.」曰:「同姓皆當厚, 而近族反待之甚薄者, 有之矣. 不識族人之理者, 於此篇, 尤當讀之, 輒因批點而極論焉.」이라 함.

참고 및 관련 자료

1. 蘇洵(1009-1066)

자는 明允, 호는 老泉先生. 北宋 眉州 眉山(지금의 四川 眉山縣) 사람으로 27세에 비로소 학문에 뜻을 두고 공부하여 進士試驗에 응시하였으나 실패하자 문을 걸어잠그고 經史 및 百家書를 깊이 연구함. 그 뒤 嘉祐 연간에 아들 蘇軾과 蘇轍을 데리고 다시 서울 汴京(지금의 河南 開封)으로 가서 그 무렵 문단의 맹주 歐陽修를 뵙고 자신이 지은 〈權書〉 및 〈論衡〉 22편을 보여주고 인정을 받음. 그리고 재상 韓琦의 추천으로 秘書省 校書郎에 올라 姚闢과 함께 〈太常因革禮〉를 지음. 그 글이 완성되자 곧 58세로 일생을 마침.《嘉祐集》16권을 남겼으며 두 아들 蘇軾, 蘇轍과 함께 三父子 모두가 唐宋八大家에 이름을 올리게 됨. 이에 그를 老蘇, 蘇軾을 大蘇, 蘇轍을 小蘇라 하며 합하여 '三蘇'라 칭함.《宋史》(443) 文苑傳(5) 그의 전에 "蘇洵, 字明允, 眉州眉山人. 年二十七始發憤爲學, 歲餘擧進士, 又擧茂才異等, 皆不中. 悉焚常所爲文, 閉戶益讀書, 遂通《六經》, 百家之說, 下筆頃刻數千言. 至和, 嘉祐間, 與其二子軾, 轍皆至京師, 翰林學士歐陽修上其所著書二十二篇, 旣出, 士大夫爭傳之, 一時學者競效蘇氏爲文章. 所著《權書》,《衡論》,《機策》, 文多不可悉錄, 錄其《心術》,《遠慮》二篇. ……宰相韓琦見其書, 善之, 奏於朝, 召試舍人院, 辭疾不至, 遂除秘書省校書郎. 會太常修纂建隆以來禮書, 乃以爲霸州文安縣主簿, 與陳州項城令姚辟同修禮書, 爲《太常因革禮》一百卷. 書成, 方奏未報, 卒. 賜其家縑, 銀二百, 子軾辭所賜, 求贈官, 特贈光祿寺丞, 敕有司具舟載其喪歸蜀. 有文集二十卷, 《諡法》三卷"이라 함.

2. 이 글은《嘉祐集》(14),《唐宋八大家文鈔》(116),《宋文鑑》(88),《崇古文訣》(21), 《事文類聚》(後集 1),《妙絶古今》(4),《古文雅正》(12),《文章辨體彙選》(361, 557),《山堂肆考》(100),《唐宋文醇》(35) 등에 실려 있음.

084. 〈張益州畫像記〉 ·················· 蘇明允(蘇洵)
장익주의 화상에 대한 기문

＊〈張益州畫像記〉: 張翼州는 張方平. 자는 安道, 호는 樂全居士. 益州(지금의 四川
省)刺史를 역임하여 '張益州'라 부름. 그 무렵 儂智高의 반란이 있을 것이라 流
言이 돌며 민심이 흉흉하던 益州에 그가 부임하여 그곳 蜀人들을 '文'으로 안정
시키자, 그곳 사람들이 그의 덕을 사모하여 화상으로 보관하려고 한 일을 蘇洵
이 글로 적은 것. 그 뒤 張方平은 서울로 돌아가 宣徽使太子太保를 역임하기도
하였으며 《玉堂集》과 《張方平集》을 남김. 《宋史》(318) 張方平傳에 "張方平, 字安
道, 南京人. 少穎悟絶倫, 家貧無書, 從人假三史, 旬日卽歸之, 曰:「吾已得其詳矣.」
凡書皆一閱不再讀, 宋綬, 蔡齊以爲天下奇才. 擧茂材異等, 爲校書郞, 知昆山縣. 又
中賢良方正, 選遷著作佐郞, 通判睦州"라 함. 한편 제목은 《事文類聚》에는 〈張
文定生祠記〉로, 《宋文鑑》에는 〈張尙書畫像記〉로 되어 있음. 《唐宋八大家文鈔》
에는 "詞氣嚴重. 極有法度. 益州常稱老蘇似司馬子長. 此記自子長之後, 殆不多得"
이라 함. 《古文淵鑑》에는 "時張方平以侍講學士, 自滑州徙益州, 未至或扇言儂智
高在南詔將入寇, 攝守, 亟調兵築城, 日夜不得息, 民大驚擾. 朝廷發陝西步騎兵仗,
絡繹往戍蜀, 詔趣方平行, 許以便宜從事. 方平曰:「此必妄也.」道遇戍卒, 皆遣歸他
役, 盡罷適上, 元張燈城門三日不閉, 得卭部川譯人, 始造此語者, 梟首, 境上而流
其餘黨, 蜀人遂安. 復以三司, 使召方平去蜀之日, 民德之留其畫像, 而洵爲之記"
라 함.
＊《眞寶》注에 "張方平, 字安道, 號樂全居士. 除參知政事, 不拜, 以宣徽使太子太保
致仕, 卒年八十五. ○迂齋曰:「詞氣嚴重, 有法度, 說不必有像, 而亦不可以無像.
此三四轉奇, 甚是好處, 是善回護蜀人, 公蜀人也. 所以尤難言.」○老泉之文, 老辣
健峭, 頓挫宛轉, 甚有古氣. 子由固遠不及; 子瞻亦不能爲此也."라 함.

　　지화至和 원년(1054) 가을, 촉인蜀人들이 "도둑떼가 변방으로 몰려와
변방 군사들은 밤에는 고함을 지르고, 들에는 살던 사람들이 없어졌으
며 요언과 유언이 퍼지고 있다"라고 전해왔다.

경사京師에서는 크게 놀라 바야흐로 장수를 뽑도록 명하면서 천자天子는 이렇게 말하였다.

"난을 키우지 말 것이며, 변고를 부추겨도 안 된다. 많은 의견들이 무리 지어 일어나고 있지만 짐朕은 스스로 뜻을 정하였다. 밖으로부터의 난亂은 일어나지 않았으나 변고가 차츰 안에서 일어나고 있어 이미 문령文令으로는 할 수 없고, 그렇다고 무경武競으로 다툴 수도 없다. 짐의 한둘 높은 관리 가운데 누가 능히 이 문덕과 무력 둘 사이에 있으면서 이를 해낼 수 있겠는가? 그에게 명하여 짐의 군사들을 위무하려 하노라!"

이에 하나같이 이렇게 말하는 것이었다.

"장공張公 방평方平입니다."

천자가 말하였다.

"그렇다."

그러나 장공은 양친을 이유로 사양하였으나 허락을 얻지 못하자 드디어 길을 나섰다.

겨울 11월 촉에 이르렀는데 도착하는 날, 그곳에 주둔하고 있던 군사들을 돌려보내고 수비하던 이들도 철수시키면서 소속 군현郡縣에 이렇게 이르도록 하였다.

"구적寇賊들이 오는 것을 처리하는 책임은 나에게 있다. 그대들은 힘들게 고생하지 말라."

그리고 이듬해 정월 초하루, 촉인들은 서로 예전처럼 새해를 경축하며 평상시와 같이 끝내 아무 일이 없었다.

그리고 다음해 정월에는 서로 고하여 장공의 화상을 정중사淨衆寺에 남기려 하였으며 장공은 그것도 능히 금할 수가 없었다.

미양眉陽 사람 나 소순蘇洵은 무리들에게 이렇게 말하였다.

"아직 난이 일어나지 않았을 때라고 해서 다스리기 쉽고, 난이 일어났다 해도 다스리기 쉬운 것이다. 난이 일어날 싹은 있으되 난의 형세는 없는 경우, 이를 일러 장란將亂이라 하며, 장란이 다스리기 어려운 것이다. 난이 있다고 해서 서둘러 나설 수도 없고 또한 난이 없다고 해서 느슨하게 할 수도 없다. 오직 이 원년元年의 가을은 마치 의기欹器와 같아 아직 땅에 쓰러지지 않고 있었는데, 그대들의 장공이 그 의기 곁에 편안히 앉아 그 안색에 변함이 없이 서서히 일어나 바르게 세웠다. 이윽고 바르게 되자 유연油然히 일어나 물러나되 자랑하는 모습도 없었다. 천자를 위하여 소민小民을 기르기에 게으름이 없는 것은 오직 그대들의 장공뿐이다. 그대들이 이로써 살아났으니 그대들의 부모인 것이다. 게다가 장공께서 일찍이 나에게 이렇게 말하였다. '백성들이란 늘 변함 없는 정서를 가지고 있는 것이 아니며, 오직 윗사람만을 기대하고 있다. 사람들은 모두 촉인들은 변화가 심하다면서 이에 그들을 대하기를 도적을 대하는 뜻으로 대하였고, 그들을 묶되 도적을 묶는 법으로 묶어, 발이 겹치고 숨도 제대로 쉬지 못하는 백성들을 침부碪斧로 명령해 왔다. 이에 백성들은 처음부터 차마 그 부모처자들이 앙뢰仰賴하는 자신의 몸을 도적에게 버리고 말아, 그 때문에 매번 큰 난이 일어나는 것이다. 그런데 만일 예禮로써 묶고 법으로써 몰아간다면 오직 촉인에게는 쉬운 일이다. 급하게 하여 변란이 일어나게 하는 것은 비록 제齊·노魯나라 사람이라도 그러할 것이다. 내가 제·노나라 사람들을 대하듯 촉 사람을 대우한다면 촉 사람 또한 제·노 사람들처럼 자신의 몸을 대우할 것이다. 만약 제멋대로 마구 법률法律 밖의 방법으로 위압하여 겁을 주고 백성들을 통제하고 부리는 일이라면 나는 차마 하지 않으리라.' 아! 촉인을 사랑하는 깊음과 촉인을 대하는 후함이 장공 이전에는 나는 일찍이 본 적이 없다."

그러자 모두들 재배하며 머리를 조아리고 말하였다.

"그렇습니다."

나 소순은 또 이렇게 말하였다.

"장공의 은혜는 그대들 마음속에 있고 그대들이 죽은 뒤에는 그대들 자손에게 있을 것이며, 그 공과 업적은 사관史官들이 기록할 것이니 화상을 만들 필요는 없다. 게다가 장공의 뜻도 이를 바라지 않으니 어찌하면 좋겠는가?"

그러자 모두가 이렇게 말하였다.

"장공이 이러한 것에 어찌 일거리를 두겠습니까? 비록 그렇다 해도 우리들 마음에는 시원스럽지 못함이 있습니다. 지금 무릇 평소 하나의 선행善行을 들어도 반드시 그의 성명과 그가 사는 향리를 물어보는 법인데, 장단長短과 대소大小, 미악美惡 상태에 이르러서라면 심한 경우, 혹 그의 평소 기호를 물어 그의 사람됨을 상상하기도 하며, 사관 역시 그의 전傳에 써넣기도 합니다. 그 뜻은 천하 사람들로 하여금 마음에 그를 생각하여 눈에 이를 담아두기 위한 것입니다. 눈에 그의 모습을 담아두면 그로써 마음에 생각함도 또한 견고하기 때문입니다. 이로써 보건대 화상은 역시 도움이 되지 않는 것이 아닙니다."

나 소순은 더는 물어볼 수도 없어 드디어 이를 위해 기記를 짓게 되었다.

"공은 남경南京 사람으로 사람됨이 강개慷慨하고 대절大節이 있었으며, 도량度量은 천하에 웅대하였으니, 천하에 대사가 있으면 공은 가히 위촉할 만하다."

그리고 이렇게 시를 지어 연결하였다.

『천자께서 즉위하시니 간지로 갑오甲午년이었네.
촉인들이 말 전해오기를, 도적들이 담장까지 와 있다 하네.
조정에 무신武臣들이 있고 모신謀臣들이 구름떼처럼 많았건만,

천자는 '기쁘다' 하시면서, 우리 장공을 임명하셨네.

공께서 동쪽으로부터 오심에 깃발이 펄럭펄럭,

촉인들이 모여 구경하기를, 골목마다 길마다 가득하였네.

공에게 급하다고 말을 하였지만, 공은 오시자 천천히 대비하였네.

공께서 촉인들에게 말하였네. "너의 집안을 안전히 할 것이며, 혹 감히 거짓말을 퍼뜨리지 말라.

와언은 상서롭지 못하니, 가서 너희들 일상으로 돌아가라.

봄이면 너희들 뽕나무 가지를 자르고, 가을이면 너희들 타작마당을 깨끗이 하라."

촉인들은 머리를 조아리며, 공은 우리의 부형이라 하였네.

공께서 서유西囿에 계시니, 초목도 곁가지를 치며 무성히 자라났네.

공께서 그 관료들과 잔치를 벌이니 북소리 둥둥 울렸네.

촉인들이 와서 구경하면서 공의 만수를 축원하였네.

그의 딸은 예쁘고 규방 아녀자들은 얌전하였고,

그의 어린 아들은 으앙으앙 울면서 역시 이미 말도 할 줄 아네.

지난날 공께서 오시기 전에는 너희들은 버려질 것이라고만 알았지.

그런데 벼와 삼대 무성히 자라고 창고는 높고 높게 지어졌네.

아, 나의 아내와 아들들이여, 이 해의 풍년을 즐길지어다!

공께서 조정에 계시면, 천자의 고굉이 되신다네.

천자께서 '돌아오라' 하시니 공께서 감히 받들지 않을 수 있으리오?

그를 위해 지은 당堂은 엄엄嚴嚴하여, 행랑은 없고 마당은 있네.

공의 화상이 가운데에 있는데 조복朝服에 관의 끈도 매고 있는 모습.

촉인들이 서로 고하되, "감히 안일하게 하거나 황폐해지는 일이 없도록 하자" 했네.

공은 서울로 돌아갔지만, 공의 상은 이 당에 모셔져 있네.』

至和元年秋, 蜀人傳言:「有寇至邊, 邊軍夜呼, 野無居人, 妖言流聞.」

京師震驚, 方命擇帥, 天子曰:「毋養亂, 毋助變. 眾言朋興, 朕志自定, 外亂不作, 變且中起, 既不可以文令; 又不可以武競. 惟朕一二大吏, 孰能為處茲文武之間? 其命往撫朕師!」

乃惟曰:「張公方平, 其人」

天子曰:「然.」

公以親辭, 不可, 遂行.

冬十一月至蜀, 至之日, 歸屯軍, 撤守備, 使謂郡縣:「寇來, 在吾, 無以勞苦.」

明年正月朔旦, 蜀人相慶如它日, 遂以無事.

又明年正月, 相告留公像于淨眾寺, 公不能禁.

眉陽蘇洵, 言于眾曰:「未亂, 易治也; 既亂, 易治也. 有亂之萌, 無亂之形, 是謂將亂, 將亂難治. 不可以有亂急, 亦不可以無亂弛. 惟是元年之秋, 如器之欹, 未墜於地, 惟爾張公, 安坐於旁, 其顏色不變, 徐起而正之, 既正, 油然而退, 無矜容. 為天子牧小民不倦. 惟爾張公. 爾繄以生, 惟爾父母. 且公嘗為我言:『民無常性, 惟上所待. 人皆曰蜀人多變, 於是待之以待盜賊之意, 而繩之以繩盜賊之法, 重足屏息之民, 而以礁斧令. 於是民始忍以其父母妻子之所仰賴之身, 而棄之於盜賊, 故每每大亂. 夫約之以禮, 驅之以法, 惟蜀人為易. 至於急之而生變, 雖齊魯亦然. 吾以齊魯待蜀人, 而蜀人亦自以齊魯之人待其身. 若夫肆意於法律之外, 以威劫齊民, 吾不忍為也.』嗚呼! 愛蜀人之深, 待蜀人之厚, 自公而前, 吾未始見也.」

皆再拜稽首曰:「然.」

蘇洵又曰:「公之恩在爾心, 爾死在爾子孫, 其功業在史官, 無以像爲也. 且公意不欲, 如何?」

皆曰:「公則何事於斯? 雖然, 於我心, 有不釋焉. 今夫平居聞一善, 必問其人之姓名, 與其鄉里之所在, 以至於其長短大小美惡之狀, 甚者或詰其平生所嗜好, 以想見其爲人, 而史官亦書之於其傳. 意使天下之人, 思之於心, 則存之於目. 存之於目, 故其思之於心也固. 由此觀之, 像亦不爲無助.」

蘇洵無以詰, 遂爲之記:「公, 南京人, 爲人慷慨有大節, 以度量雄天下, 天下有大事, 公可屬.」

系之以詩曰:

『天子在祚, 歲在甲午. 西人傳言, 有寇在垣
庭有武臣, 謀夫如雲. 天子曰「嘻」, 命我張公.
公來自東, 旗纛舒舒. 西人聚觀, 于巷于塗.
謂公暨暨, 公來于于. 公謂西人:「安爾室家, 無或敢訛.
訛言不祥, 往卽爾常. 春爾條桑, 秋爾滌場.」
西人稽首, 公我父兄. 公在西圃, 草木駢駢.
公宴其僚, 伐鼓淵淵. 西人來觀, 祝公萬年.
有女娟娟, 閨闥閑閑. 有童哇哇, 亦旣能言.
昔公未來, 期汝棄捐. 禾麻芃芃, 倉庾崇崇.
嗟我婦子, 樂此歲豐! 公在朝廷, 天子股肱.
天子曰「歸」, 公敢不承? 作堂嚴嚴, 有廡有庭.
公像在中, 朝服冠纓. 西人相告:「無敢逸荒.」
公歸京師, 公像在堂.』

【至和元年秋, 蜀人傳言:「有寇至邊, 邊軍夜呼, 野無居人, 妖言流聞.」】'至和'는 宋 仁宗(趙禎)의 8번째 연호. 1054–1055년까지 2년간이었음. 그즈음 北宋은 遼, 西夏, 大理 등과 대립하며 시달리고 있었을 때임. '蜀'은 지금의 四川省 일대. 당시 益州로 불렸음. '有寇至邊'은 南詔(지금의 貴州에 세웠던 왕조)의 儂智高가 반란을 일으킬 것이라는 妖言을 말함. 儂智高(1025–1055)는 廣西 廣源州 少數民族의 首領으로 南詔를 이끌고 자주 반란을 일으켜 조정이 매우 골머리를 앓고 있었음.《宋史》(318) 張方平傳에 "以侍講學士知滑州, 徙益州. 未至, 或扇言儂智高在南詔, 將入寇, 攝守亟調兵築城, 日夜不得息, 民大驚擾. 朝廷聞之, 發陝西步騎兵仗, 絡繹往戌蜀. 詔趣方平行, 許以便宜從事, 方平曰:「此必妄也.」道遇戌卒, 皆遣歸, 他役盡罷. 適上元張燈, 城門三夕不閉, 得邛部川譯人始造此語者, 梟首境上, 而流其餘黨, 蜀人遂安"이라 함. 한편《嘉祐集》에는 '有寇至'로 되어 있으며 '邊'자는 없음.

【京師震驚, 方命擇帥, 天子曰:「毋養亂, 毋助變. 衆言朋興, 朕志自定, 外亂不作, 變且中起, 旣不可以文令;又不可以武競. 惟朕一二大吏, 孰能爲處玆文武之間? 其命徃撫朕師?」】'京師'는 서울 朝廷. 北宋 그 무렵의 首都는 汴京(지금의 河南 開封)이었음. '震驚'은 크게 놀라 떨며 겁을 먹음. '擇帥'는 將帥를 선택함. '朋興'은 한꺼번에 같은 의견으로 일어남. '文令'은 '文'으로써 다스림을 뜻함. 뒤의 '武競'에 상대하여 쓴 말. '武競'은 武力으로 억눌러 다투듯 제압함을 말함. '處玆文武之間'은 '文令'과 '武競' 사이에서 적절히 처리하는 것. '撫朕師'는 나(임금)의 군사를 慰撫함.

【乃惟曰:「張公方平, 其人.」天子曰:「然.」公以親辭, 不可, 遂行】'乃惟曰'은 '乃推曰'로 된 판본도 있음. '張公方平'은 張方平. 자는 安道, 호는 樂全居士. 益州(지금의 四川省)刺史를 역임하여 '張益州'라 부름. 宣徽使太子太保를 역임함.《玉堂集》과《張方平集》을 남기기도 함.《宋史》(318) 張方平傳에 "張方平, 字安道, 南京人. 少穎悟絶倫, 家貧無書, 從人假三史, 旬日即歸之, 曰:「吾已得其詳矣.」凡書皆一閱不再讀, 宋綬, 蔡齊以爲天下奇才. 擧茂材異等, 爲校書郎, 知昆山縣. 又中賢良方正, 選遷著作佐郎, 通判睦州"라 함. '以親辭'는 부모를 핑계로 사양함.

【冬十一月至蜀, 至之日, 歸屯軍, 撤守備, 使謂郡縣:「寇來, 在吾, 無以勞苦.」】'歸屯軍'은 寇賊을 막기 위해 와서 駐屯하고 있던 군대를 돌려보냄. '撤守備'는 도둑을 대비하여 수비하던 이들도 철수시킴. '使謂郡縣'은 蜀의 郡守와 縣令들에게 사람을 보내어 이르도록 함.《眞寶》注에 "見公能荷重任"이라 함.

【明年正月朔旦, 蜀人相慶如它日, 遂以無事】'正月朔旦'은 元旦. 설날을 가리킴. '朔旦'은 초하루 아침. '它日'은 예전 설날. 아무 탈없이 즐겁게 새해를 맞았음을 말함.

【又明年正月, 相告留公像于淨衆寺, 公不能禁】'淨衆寺'는 절 이름. 그곳에 張方平의 초상을 그려 남기려 함.

【眉陽蘇洵, 言于衆曰】'眉陽'은 眉州의 眉山 남쪽. 蘇洵의 고향. 자신의 출신지를 거론하여 앞에 내세우는 것이 관례였음.

【未亂, 易治也;旣亂, 易治也. 有亂之萌, 無亂之形, 是謂將亂, 將亂難治】난은 일어나기 전이나 일어나고 나서도 해결하기가 쉽지만 난이 일어날 싹이 있을 때를 將亂이라 하며 이것이 다스리기 어려운 것임.

【不可以有亂急, 亦不可以無亂弛. 惟是元年之秋, 如器之攲, 未墜於地, 惟爾張公, 安坐於旁, 其顏色不變, 徐起而正之, 旣正, 油然而退, 無矜容】'如攲之器'는 기울어지기는 하되 쓰러지지 않는 '攲器'를 말함.《荀子》宥坐篇에 "孔子觀於魯桓公之廟, 有攲器焉., 孔子問於守廟者曰:「此爲何器?」守廟者曰:「此蓋爲宥坐之器.」孔子曰:「吾聞宥坐之器者, 虛則攲, 中則正, 滿則覆.」孔子顧謂弟子曰:「注水焉!」弟子挹水而注之. 中而正, 滿而覆, 虛而攲. 孔子喟然嘆曰:「吁! 惡有滿而不覆者哉!」子路曰:「敢問持滿有道乎?」孔子曰:「聰明聖知, 守之以愚;功被天下, 守之以讓;勇力撫世, 守之以怯;富有四海, 守之以謙. 此所謂挹而損之之道也.」"라 하였으며 이는《孔子家語》(三恕篇),《說苑》(敬愼篇),《韓詩外傳》(3),《淮南子》(道應訓),《孔子集語》(事譜上),《文子》(九守篇) 등에 널리 실려 있음. '油然'은 힘 있게 솟아나는 모습.《孟子》梁惠王(上)에 "天下莫不與也. 王知夫苗乎? 七八月之閒旱, 則苗槁矣. 天油然作雲, 沛然下雨, 則苗浡然興之矣. 其如是, 孰能禦之?"라 함.

【爲天子牧小民不倦. 惟爾張公. 爾繄以生, 惟爾父母】'爾繄以生'의 '爾'는 '너', '繄'(예)는 '是'와 같으며 '以'는 因, 用과 같음. 그대들은 이 張公으로 인해 살아났음.

【且公嘗爲我言:「民無常性, 惟上所待】'常性'은 늘 떳떳하고 일정하여 변하지 않는 성품. '惟上所待'는 오직 윗사람들에게만 기대를 걸고 있음.

【人皆曰蜀人多變, 於是待之以待盜賊之意, 而繩之以繩盜賊之法, 重足屏息之民, 而以礰斧令】'蜀人多變'은 蜀지방 사람들의 정서를 부정적으로 말한 것. 변절이 심하고 믿을 수 없는 속성을 가지고 있다고 여긴 것. '繩'은 원래 繩墨을 가리키지만 여기서는 기준이나 법도를 뜻함.《眞寶》注에 "繩, 猶正也"라 함. 그러나 原義대로 '묶다'의 풀이가 원만할 듯함. '重足'은 발이 겹쳐 포개져서 앞으로 나아가지 못함을 말함. 매우 두려워함을 뜻함. '屏息'은 숨도 제대로 쉬지 못함.《眞寶》注에 "屏息, 言屏退氣息"이라 함. '礰斧'의 '礰'(침)은 장작을 팰 때 밑에 받치는 모탕. '斧'는 도끼. 여기서는 무서운 형벌이나 엄한 법령, 또는 위압적인 명령을 내세

위 다스림을 말함.

【於是民始忍以其父母妻子之所仰賴之身, 而棄之於盜賊, 故每每大亂】'始忍'은 '처음에 차마'의 뜻. '仰賴之身'은 우러러보고 믿어주는 대상인 자기 자신의 몸. '齊魯'는 지금의 山東省 일대. 고대 齊나라와 魯나라가 있던 곳으로 孟子와 孔子의 활동지로 儒學이 발흥하여 禮와 道德, 美風, 文雅함이 있음을 말함. 蜀人에 대한 부정적인 시각에 대비하여 거론한 것.

【夫約之以禮, 驅之以法, 惟蜀人爲易】'約之以禮'는《論語》雍也篇에 "子曰:「君子博學於文, 約之以禮, 亦可以弗畔矣夫!」"라 함. '驅'는 몰아감. 몰고 감. 원하는 곳으로 다스려나감.

【至於急之而生變, 雖齊魯亦然. 吾以齊魯待蜀人, 而蜀人亦自以齊魯之人待其身】《眞寶》注에 "出脫妙, 老蘇蜀人, 故此一轉, 尤佳"라 함.

【若夫肆意於法律之外, 以威劫齊民, 吾不忍爲也】'肆志'는 마음대로 함. 마구 대함. '威劫'은 威嚴과 劫脅, 곧 심하게 겁을 주어 다스리는 방법. '齊民'의 '齊'는 통제를 통해 一齊히 똑같이 명령에 따르도록 함을 뜻함.

【嗚呼! 愛蜀人之深, 待蜀人之厚, 自公而前, 吾未始見也】張方平 이전에는 사랑이나 厚德한 방법으로 蜀人을 다스린 자가 없었음.

【皆再拜稽首曰:「然.」】'稽首'는 머리를 조아리며 긍정하거나 존경하며 인정함.

【蘇洵又曰:「公之恩在爾心, 爾死在爾子孫, 其功業在史官, 無以像爲也. 且公意不欲, 如何?」】그대들과 자손의 마음속에 있을 것이며 史官이 기록하면 될 뿐, 초상을 그려 기념할 필요는 없음.《眞寶》注에 "此二三轉, 尤妙"라 함.

【皆曰:「公則何事於斯? 雖然, 於我心, 有不釋焉】'何事於斯'는 '張方平 자신이 이 일에 어찌 관심을 갖겠는가?'의 뜻. '不釋'은 석연치 않음. 만족할 수 없음. 마음이 편치 않음.

【今夫平居聞一善, 必問其人之姓名, 與其鄕里之所在, 以至於其長短大小美惡之狀, 甚者或詰其平生所嗜好, 以想見其爲人, 而史官亦書之於其傳】작은 선행도 이처럼 자세히 기록하여 전함을 말함.

【意使天下之人, 思之於心, 則存之於目. 存之於目, 故其思之於心也固. 由此觀之, 像亦不爲無助】'思之心也固' 다음에《眞寶》注에 "此幹十分精神"이라 하였고, '無助' 다음에는 "有力"이라 함.

【蘇洵無以詰, 遂爲之記】'詰'은 '질문하다'의 뜻. '記'는 張方平의 畫像記를 말함.

【公, 南京人, 爲人慷慨有大節, 以度量雄天下, 天下有大事, 公可屬】'南京'은 北宋 때

지금의 河南 商丘를 南京이라 불렀음. '慷慨'는 意氣가 높음을 뜻하는 雙聲連綿語. '雄'은 웅대함. 도량이 큼. 일부 판본에는 '雄'이 '容'으로 되어 있어 뜻이 순통함. '大事'는 戰爭이나 제사 등의 큰 일. 《左傳》成公 12년에 "國之大事, 在祀與戎"이라 함. '屬'은 囑과 같음. '맡기다. 부탁하다. 委囑하다'의 뜻.

【系之以詩曰】이에 맞추어 詩로 표현함.

【天子在祚, 歲在甲午. 西人傳言, 有寇在垣】'在祚'는 왕위에 있음. 재위하고 있음. '甲午'는 仁宗(趙禎) 至和 元年(1054). '在垣'은 담 가까이에 와 있음. 寇賊의 침입이 아주 가까이 다가왔음을 말함.

【庭有武臣, 謀夫如雲. 天子曰嘻, 命我張公】'嘻'는 놀라고 기뻐하는 뜻을 나타내는 감탄사. 《眞寶》注에 "舍武臣謀夫, 而特用張公"이라 함.

【公來自東, 旗纛舒舒. 西人聚觀, 于巷于塗】'旗纛'은 깃발과 쇠꼬리 등으로 장식한 큰 깃발. '舒舒'는 펄럭임.

【謂公暨暨, 公來于于. 公謂西人:安爾室家, 無或敢訛】'暨暨'는 급히 서두름. 《眞寶》注에 "急也"라 함. '于于'는 천천히 준비함. 《眞寶》注에 "緩也"라 함.

【訛言不祥, 伻卽爾常. 春爾條桑, 秋爾滌場】'條桑'은 뽕나무 가지를 잘라 뽕잎을 땀. 일상대로 누에치기를 하도록 한 것. '滌場'은 타작할 마당에 물을 뿌려 깨끗이 씻어놓음.

【西人稽首, 公我父兄. 公在西囿, 草木騂騂】'西人'은 蜀人을 가리킴. '騂騂'은 초목이 곁가지를 치고 나옴. 《眞寶》注에 "騂騂, 言枝卉旁出"이라 함.

【公宴其僚, 伐鼓淵淵. 西人來觀, 祝公萬年】'伐鼓'는 북을 치며 축하함. '淵淵'은 둥둥 울리는 북소리. 《眞寶》注에 "淵淵, 皷聲"이라 함.

【有女娟娟, 閨闥閑閑. 有童哇哇, 亦旣能言】'娟娟'은 예쁘고 아름다움. '閨闥'은 閨房의 문. '閑閑'은 얌전함. '哇哇'는 어린아이가 우는 소리. 《眞寶》注에 "哇哇, 兒啼聲"이라 함.

【昔公未來, 期汝棄捐. 禾麻芃芃, 倉庾崇崇】'芃芃'은 작물이 잘 자라 무성함. '倉庾'는 곡식을 저장하는 창고. '崇崇'은 창고가 높고 높아 수확한 것이 많음을 말함.

【嗟我婦子, 樂此歲豐. 公在朝廷, 天子股肱】'股肱'은 다리와 팔. 중요한 輔弼을 뜻함. 《眞寶》注에 "股肱, 喩良臣"이라 함.

【天子曰歸, 公敢不承? 作堂嚴嚴, 有廡有庭】'堂'은 畵像을 모신 堂. 張方平이 서울로 돌아가자 촉인들이 그를 위해 堂을 지은 것. '嚴嚴'은 엄숙하고 위엄이 있는 모습. '廡'는 행랑채.

【公像在中, 朝服冠縷. 西人相告, 無敢逸荒】'冠縷'은 禮冠의 끈을 매어 머리에 씀. '逸荒'은 안일하게 하거나 황폐하게 함. 관리를 하지 않은 채 아무렇게나 버려둠.

【公歸京師, 公像在堂】'京師'는 수도 汴京. 지금의 하남 開封이 北宋 때의 首都였음. 《眞寶》注에 "末八字妙, 謂公邃去而像留, 儼然臨之, 何敢忽也?"라 함.

참고 및 관련 자료

1. 작자: 蘇洵(明允, 老泉) 083 참조.

2. 이 글은 《嘉祐集》(15), 《唐宋八大家文鈔》(116), 《崇古文訣》(21), 《宋文鑑》(79), 《文編》(55), 《文章辨體彙選》(584), 《古文淵鑑》(47), 《唐宋文醇》(36), 《事文類聚》(前集 48), 《聖道文類》(45), 《續文章正宗》(16), 《全蜀藝文志》(41) 등에 실려 있음.

085. 〈管仲論〉 ·················· 蘇明允(蘇洵)

관중론

*〈管仲論〉:관중이 임종할 무렵 제환공이 찾아와 다음 재상에 대해 물었을 때, 관중이 적극적으로 의견을 내어 환공의 그릇된 판단을 바로잡아 주었어야 하나 그렇게 하지 않아, 환공이 죽고 나서 제나라가 혼란에 빠지게 된 사건을 두고 이는 관중의 책임이라는 관점에서 논리를 편 것임. 이 고사는 《韓非子》難一에 "管仲有病, 桓公往問之, 曰:「仲父病, 不幸卒於大命, 將奚以告寡人?」 管仲曰:「微君言, 臣故將謁之. 願君去豎刁, 除易牙, 遠衛公子開方. 易牙爲君主味, 君惟人肉未嘗, 易牙烝其子首而進之. 夫人情莫不愛其子, 今弗愛其子, 安能愛君? 君妒而好內, 豎刁自宮以治內. 人情莫不愛其身, 身且不愛, 安能愛君? 開方事君十五年, 齊, 衛之間, 不容數日行, 棄其母, 久宦不歸. 其母不愛, 安能愛君? 臣聞之:『矜僞不長, 蓋虛不久.』 願君去此三子者也.」 管仲卒死, 而桓公弗行. 及桓公死, 蟲出尸不葬."이라 하였고, 《呂氏春秋》(知接篇)에도 "管仲有疾, 桓公往問之曰:「仲父之疾病矣, 將何以敎寡人?」 管仲曰:「齊鄙人有諺曰:居者無載, 行者無埋. 今臣將有遠行, 胡可以問?」 桓公曰:「願仲父之無讓也.」 管仲對曰:「願君之遠易牙·豎刁·常之巫·衛公子啓方.」 公曰:「易牙烹其子以慊寡人, 猶尙可疑邪?」 管仲對曰:「人之情, 非不愛其子也, 其子之忍, 又將何有於君?」 公又曰:「豎刁自宮以近寡人, 猶尙可疑邪?」 管仲對曰:「人之情, 非不愛其身也, 其身之忍, 又將何有於君?」 公又曰:「常之巫審於死生, 能去苛病, 猶尙可疑邪?」 管仲對曰:「死生命也, 苛病失也. 君不任其命·守其本, 而恃常之巫, 彼將以此無不爲也.」 公又曰:「衛公子啓方事寡人十五年矣, 其父死而不敢歸哭, 猶尙可疑邪?」 管仲對曰:「人之情, 非不愛其父也, 其父之忍, 又將何有於君?」 公曰:「諾.」 管仲死, 盡逐之, 食不甘, 宮不治, 苛病起, 朝不肅. 居三年, 公曰:「仲父不亦過乎? 孰謂仲父盡之乎?」 於是皆復召而反. 明年, 公有病, 常之巫從中出曰:「公將以某日薨. 易牙·豎刁·常之巫相與作亂, 塞宮門, 築高牆, 不通人, 矯以公令. 有一婦人踰垣入, 至公所.」 公曰:「我欲食.」 婦人曰:「吾無所得.」 公又曰:「我欲飮.」 婦人曰:「吾無所得.」 公曰:「何故?」 對曰:「常之巫從中出曰:公將以某日薨. 易牙·豎刁·常之巫相與作亂, 塞宮門, 築高牆, 不通人, 故無所得. 衛公子啓方以書社四十下衛.」 公慨焉歎涕出曰:「嗟乎! 聖人之所見, 豈不遠哉? 若死者有知, 我將何

面目以見仲父乎? 蒙衣袂而絶乎壽宮. 蟲流出於戶, 上蓋以楊門之扇, 三月不葬. 此不卒聽管仲之言也. 桓公非輕難而惡管子也, 無由接見也. 無由接, 固却其忠言, 而愛其所尊貴也."라 하였으며, 《史記》(齊太公世家)에도 역시 "管仲病, 桓公問曰:「群臣誰可相者?」 管仲曰:「知臣莫如君.」 公曰:「易牙如何?」 對曰:「殺子以適君, 非人情, 不可.」 公曰:「開方如何?」 對曰:「倍親以適君, 非人情, 難近.」 公曰:「豎刁如何?」 對曰:「自宮以適君, 非人情, 難親.」 管仲死, 而桓公不用管仲言, 卒近用三子, 三子專權. 桓公病, 五公子各樹黨爭立. 及桓公卒, 遂相攻, 以故宮中空, 莫敢棺. 桓公尸在牀上六十七日, 尸蟲出于戶. 十二月乙亥, 無詭立, 乃棺赴. 辛巳夜, 斂殯."이라 하였으며, 《說苑》(權謀篇)에도 "管仲有疾, 桓公往問之, 曰:「仲父若棄寡人, 豎刁可使從政乎?」 對曰:「不可. 豎刁自刑以求入君, 其身之忍, 將何有於君.」 公曰:「然則易牙可乎?」 對曰:「易牙解其子以食君, 其子之忍, 將何有於君, 若用之, 必爲諸侯笑.」 及桓公歿, 豎刁易牙乃作難. 桓公死六十日, 蟲出於戶而不收."라 하였고, 《管子》(戒篇)에는 "管仲寢疾, 桓公往問之, 曰:「仲父之疾甚也, 若不可諱矣, 不幸而不起此疾, 彼政我將安移之?」 管仲未對. 桓公曰:「鮑叔之爲人何如?」 管子對曰:「鮑叔, 君子也, 千乘之國不以其道予之, 不受也. 雖然, 不可以爲政. 其爲人也, 好善而惡惡已甚, 見一惡終身不忘.」 桓公曰:「然則孰可?」 管仲對曰:「隰朋可. 朋之爲人, 好上識而下問. 臣聞之, 以德予人者謂之仁, 以財予人者謂之良. 以善勝人者, 未有服人者也. 于國有所不知政, 于家有所不知事, 必則朋乎!且朋之爲人也, 居其家不忘公門, 居公門不忘其家, 事君不二其心, 亦不忘其身, 擧齊國之幣, 握路家五十室, 其人不知也. 大仁也哉, 其朋乎!」 公又問曰:「不幸而失仲父也, 二三大夫者, 其猶能以國寧乎?」 管仲對曰:「君請矍已乎? 鮑叔牙之爲人也好直, 賓胥無之爲人也好善, 寧戚之爲人也能事, 孫在之爲人也善言.」 曰:「此四子者, 其孰能一? 人之上也, 寡人幷而臣之, 則其不以國寧, 何也?」 對曰:「鮑叔之爲人, 好直而不能以國詘;賓胥無之爲人也, 好善而不能以國詘;寧戚之爲人, 能事而不能以足息;孫在之爲人, 善言而不能以信黙. 臣聞之, 消息盈虛, 與百姓詘信, 然後能以國寧勿已者, 朋其可乎? 朋之爲人也, 動必量力, 擧必量技.」 言終, 喟然而歎曰:「天之生朋, 以爲夷吾舌也, 其身死, 舌焉得生哉!」 管仲曰:「夫江, 黃之國近于楚, 爲臣死乎, 君必歸之楚而寄之;君不歸, 楚必私之. 私之而不救也, 則不可;救之, 則亂自此始矣.」 桓公曰:「諾.」 管仲又言曰:「東郭有狗嘽嘽, 且暮欲齧, 我猳而不使也. 今夫易牙, 子之不能愛, 將安能愛君? 君必去之.」 公曰:「諾.」 管子又言曰:「北郭有狗嘽嘽, 且暮欲齧, 我猳而不使也. 今夫豎刁, 其身之不愛, 焉能愛君? 君必去之.」 公曰:「諾.」 管子又言曰:「西郭有狗嘽嘽, 且

暮欲齧, 我獧而不使也. 今夫衛公子開方, 去其千乘之太子而臣事君, 是所願也, 得
于君者是將欲過其千乘也, 君必去之.」桓公曰:「諾.」管子遂卒. 卒十月, 隰朋亦卒.
桓公去易牙, 豎刁, 衛公子開方. 五味不至, 于是乎復反易牙; 宮中亂, 復反豎刁; 利
言卑辭不在側, 復反衛公子開方. 桓公內不量力, 外不量交, 而力伐四鄰. 公薨, 六
子皆求立, 易牙與衛公子內與豎刁, 因共殺群吏, 而立公子無虧, 故公死七日不斂,
九月不葬. 孝公犇宋, 宋襄公率諸侯以伐齊, 戰于甗, 大敗齊師, 殺公子無虧, 立孝
公而還. 襄公立十三年, 桓公立四十二年.」이라 하였으며,《管子》(小稱)에도 "管仲有
病, 桓公往問之曰:「仲父之病病矣, 若不可諱而不起此病也, 仲父亦將何以詔寡
人?」管仲對曰:「微君之命臣也, 故臣且謁之. 雖然, 君猶不能行也.」公曰:「仲父命寡
人東, 寡人東; 令寡人西, 寡人西. 仲父之命于寡人, 寡人敢不從乎?」管仲攝衣冠起,
對曰:「臣願君之遠易牙, 豎刁, 堂巫, 公子開方. 夫易牙以調和事公, 公曰惟烝嬰兒
之未嘗, 于是烝其首子而獻之公, 人情非不愛其子也, 于子之不愛, 將何有于公?
公喜宮而妬, 豎刁自刑而爲公治內, 人情非不愛其身也, 于身之不愛, 將何有于公?
公子開方事公, 十五年不歸視其親, 齊衛之間, 不容數日之行. 臣聞之, 務爲不久,
蓋虛不長, 其生不長者, 其死必不終.」桓公曰:「善.」管仲死, 已葬, 公憎四子者廢之
官. 逐堂巫而苛病起兵, 逐易牙而味不至, 逐豎刁而宮中亂, 逐公子開方而朝不治.
桓公曰:「嗟! 聖人固有悖乎?」乃復四子者. 處期年, 四子作難, 圍公一室不得出. 有
一婦人, 遂從竇入, 得至公所, 公曰:「吾饑而欲食, 渴而欲飮, 不可得, 其故何也?」婦
人對曰:「易牙, 豎刁, 堂巫, 公子開方, 四人分齊國. 塗十日不通矣. 公子開方以書社
七百下衛矣, 食將不得矣.」公曰:「嗟, 茲乎! 聖人之言長乎哉! 死者無知則已, 若有
知, 吾何面目以見仲父于地下!」乃援素幬以裹首而絶. 死十一日, 蟲出于戶, 乃知桓
公之死也, 葬以楊門之扇. 桓公之所以身死十一日, 蟲出戶而不收者, 以不終用賢
也.」라 하였으며,《十八史略》(1)도 "管仲病, 桓公問:「羣臣誰可相? 易牙何如?」仲
曰:「殺子以食君, 非人情, 不可近.」「開方何如?」曰:「倍親以適君, 非人情, 不可近.」
蓋開方故衛公子來奔者也.「豎刁何如?」曰:「自宮以適君, 非人情, 不可近.」仲死, 公
不用仲言, 卒近之. 三子專權, 公內寵, 如夫人者六, 皆有子. 公薨, 五公子爭立相攻,
公尸在床, 無殯斂者六十七日, 尸蟲出于戶."라 하는 등 아주 널리 알려진 고사임.
蘇洵은 이 문제를 두고 管仲의 책임을 따져 이 글을 지은 것임.

*《眞寶》注에 "責其不薦賢. ○東萊云:「此文句句的當, 前亦可學, 後不可到.」○迂
齋曰:「諸論中, 唯此論最純正開闔抑揚妙, 責管仲最深切.」"이라 함.

관중管仲은 제齊나라 위공威公, 桓公의 재상이 되어 제후를 제패하고, 이적夷狄을 물리쳐서, 그 자신이 죽을 때까지 제나라는 부강하였으며 제후들은 감히 제나라를 배반하지 못하였다.

관중이 죽자 수조豎刁, 역아易牙, 개방開方이 등용되었으나 환공이 혼란 중에 죽고, 다섯 공자公子들이 서로 임금이 되고자 다투어 그 재앙이 널리 퍼져 간공簡公에 이르도록 제나라는 편안한 해가 없었다.

무릇 숭의 성취는 성취된 그날에 이룩한 것이 아니며, 대체로 반드시 그것이 연유된 바가 있게 마련이며, 재앙이 터짐은 터진 그날에 일어난 것이 아니라 또한 반드시 그것의 징조가 있었기 마련이다.

그렇다면 제나라가 다스려짐은 관중 때문이 아니라 포숙 때문이라고 나는 말하는 것이며, 난을 만나게 된 것도 수조나 개방 때문이 아니라 관중 때문이라고 나는 주장하는 것이다.

어찌하여 그런가? 저들 수조, 역아, 개방 세 사람은 진실로 나라에 난을 일으킬 사람들이었고, 돌아보건대 이들을 임용한 자는 환공이었기 때문이다.

무릇 순舜이 있은 연후에 사흉四凶을 방축할 줄 알게 되었고, 중니仲尼가 있은 다음에야 소정묘少正卯을 제거할 줄 알았다.

저 환공은 어떤 사람인가? 생각건대 환공으로 하여금 세 사람을 임용할 수 있도록 해 준 것은 관중이었다.

관중이 병이 들어 환공이 재상할 만한 사람을 물었을 때 내 생각이라면 관중은 장차 천하의 현자들을 천거하여 대답해야 했을 것인데, 그는 그저 "수조, 역아, 개방 세 사람은 인지상정에 어긋난 사람들이니 가까이 하면 안 됩니다"라고만 말했을 뿐이다.

아! 관중은 환공이 과연 능히 세 사람을 등용하지 않을 수 있다고 여겼던 것인가?

관중과 환공은 함께 한 것이 몇 년이나 되며, 또한 환공의 사람 됨됨
이를 알고 있지 않았던가!

환공은 음악이 귀에서 끊어진 적이 없었고, 색色이 눈에서 끊어진 적
이 없었는데, 세 사람이 아니었다면 그 욕망을 이룰 수가 없었다.

저들이 처음에 등용되지 않았던 것은 한갓 관중이 있었기 때문이
었다.

하루라도 관중이 없었다면 세 사람은 가히 관冠을 털며 서로 축하했
을 것이다.

관중은 장차 죽으면서 한 말이 가히 환공의 손과 발을 묶어둘 수 있
으리라 여겼던 것인가?

무릇 제나라는 세 사람이 있음을 걱정할 것이 아니라 관중이 없음을
걱정해야 하였으니, 관중이 있으면 세 사람은 그저 필부匹夫일 따름이었
기 때문이다.

그렇지 않다면 천하에 세 사람과 같은 무리들이 어찌 몇몇뿐이었겠
는가?

비록 환공이 다행히 관중의 말을 듣고 이런 세 사람을 주벌했다 하더
라도, 그 나머지 사람들을 관중이 어찌 능히 일일이 모두 수를 따져 제
거할 수 있었겠는가?

아! 관중은 가히 근본을 알지 못한 사람이라 말할 수 있다.

환공의 질문을 기회로 천하의 현자를 천거하여 자신의 뒤를 잇도록
하였더라면, 비록 관중이 죽고 없다 해도 제나라는 관중이 없는 나라가
되지 않았을 것이니, 무릇 어찌 세 사람만을 걱정할 것인가? 차라리 말
을 하지 않았어도 될 일이었다.

오패五霸로서 환공이나 진문공晉文公만큼 강했던 이는 없었는데, 진문
공의 재능은 환공을 넘어서지 못하였고, 그의 신하들도 모두가 관중에

미치지 못하였으며, 나아가 영공靈公의 포학함은 효공孝公의 관후寬厚함만 같지 못하였건만, 문공이 죽은 뒤 제후들이 감히 진晉나라를 배반하지 못한 것은, 진나라는 문공의 여위餘威를 이어받아 그래도 제후들의 맹주 노릇을 백여 년이나 할 수 있었던 것이다.

어찌 그러한가? 그 군주가 비록 불초不肖하다 해도, 그 나라에는 그래도 노련한 사람들이 있었기 때문이다.

환공이 죽고 나서 한 번의 난亂에 제나라는 그만 일패도지一敗塗地하고 말았다.

이는 이상하게 여길 것이 없다. 저는 홀로 하나의 관중만 믿었고 그러한 관중이 죽어 없어졌기 때문이다.

무릇 천하에는 현자가 없었던 적이 없었으나, 대체로 신하는 있으나 군주가 없었던 경우는 있었다.

환공 같은 군주가 있을 수는 있지만 천하에 관중만 한 자는 다시 있을 수 없다는 말을 나는 믿지 않는다.

관중의 글에 기록되어 있기를 그가 장차 죽음에 이르렀을 때 포숙과 빈서무賓胥無의 사람됨을 논하였고, 게다가 저마다 그들의 단점만을 아뢰었다 하였으니, 이는 그 마음에 이 몇몇 사람은 모두가 족히 나라를 맡길 수 없다고 여긴 것인데, 거기에 자신이 앞으로 죽을 것임을 미리 알고 있었다면 그 기록은 탄만誕謾한 것으로서, 족히 믿을 것이 되지 못한다.

내가 보건대 사추史鰌는 능히 거백옥蘧伯玉을 진달시켰으나 미자하彌子瑕는 퇴출시키지 못하였다고 해서 그 까닭으로 죽은 뒤에 시간屍諫을 하였고, 소하蕭何는 장차 죽음에 이르자 조참曹參을 천거하여 자신의 뒤를 잇도록 하였으니, 대신大臣의 마음 씀씀이는 진실로 이와 같아야 마땅한 것이다.

한 나라는 한 사람에 의해 흥할 수도 있고 한 사람에 의해 망할 수도 있으므로, 현자賢者는 그 자신의 죽음을 슬퍼할 것이 아니라 나라가 쇠약해질 것임을 걱정해야 하는 것이다.

그 때문에 모름지기 다시 현자가 있은 이후에야 자신이 죽을 수 있는 것인데, 저 관중은 어찌하고 죽었는가!

管仲相威公, 霸諸侯, 攘夷狄, 終其身齊國富强, 諸侯不敢叛.

管仲死, 豎刁, 易牙, 開方用, 威公薨於亂, 五公子爭立, 其禍蔓延, 訖簡公, 齊無寧歲.

夫功之成, 非成於成之日, 蓋必有所由起; 禍之作不作於作之日, 亦必有所由兆.

則齊之治也, 吾不曰管仲而曰鮑叔; 及其亂也, 吾不曰豎刁, 易牙, 開方而曰管仲.

何則? 豎刁, 易牙, 開方三子, 彼固亂人國者, 顧其用之者, 威公也.

夫有舜而後, 知放四凶; 有仲尼而後, 知去少正卯.

彼威公, 何人也? 顧其使威公, 得用三子者, 管仲也.

仲之疾也, 公問之相, 當是時也, 吾以仲且擧天下之賢者以對, 而其言乃不過曰「豎刁, 易牙, 開方三子, 非人情, 不可近而已」.

嗚呼! 仲以爲威公, 果能不用三子矣乎?

仲與威公處幾年矣, 亦知威公之爲人矣乎!

威公聲不絶乎耳, 色不絶於目, 而非三子者, 則無以遂其欲.

彼其初之所以不用者, 徒以有仲焉耳.

一日無仲, 則三子者, 可以彈冠而相慶矣.

仲以爲將死之言, 可以繫威公之手足耶?

夫齊國不患有三子, 而患無仲; 有仲則三子者, 三匹夫耳.

不然, 天下, 豈少三子之徒?

雖威公幸而聽仲, 誅此三人, 而其餘者, 仲能悉數而去之耶?

嗚呼! 仲可謂不知本者矣.

因威公之問, 舉天下之賢者以自代, 則仲雖死, 而齊國未爲無仲也, 夫何患三子者? 不言可也.

五霸莫盛於威, 文; 文公之才不過威公, 其臣又皆不及仲, 靈公之虐不如孝公之寬厚, 文公死, 諸侯不敢叛晉, 晉襲文公之餘威, 猶得爲諸侯之盟主百餘年.

何者? 其君雖不肖, 而尚有老成人焉.

威公之死也, 一亂塗地.

無惑也, 彼獨恃一管仲, 而仲則死矣.

夫天下未嘗無賢者, 蓋有有臣而無君者矣.

威公在焉而曰天下不復有管仲者, 吾不信也.

仲之書有記其將死, 論鮑叔, 賓胥無之爲人, 且各疏其短, 是其心, 以爲是數子者, 皆不足以托國, 而又逆知其將死, 則其書誕謾不足信也.

吾觀史鰌以不能進蘧伯玉而退彌子瑕, 故有身後之諫; 蕭何且死, 舉曹參以自代, 大臣之用心, 固宜如此也.

一國以一人興, 以一人亡, 賢者不悲其身之死, 而憂其國之衰.

故必復有賢者而後, 有以死, 彼管仲, 何以死哉!

【管仲相威公, 霸諸侯, 攘夷狄, 終其身齊國富强, 諸侯不敢叛】'管仲'은 管夷吾. 春秋시대 齊나라 재상. 이름은 夷吾, . 齊桓公을 첫 霸者로 성취한 인물. 처음 齊나라

에 公孫無知의 난이 일어나 公子들이 뿔뿔이 흩어질 때, 管仲은 公子 糾를 모시고 魯나라로 피신하였으며 鮑叔은 小白을 모시고 莒나라로 피신함. 뒤에 난이 끝나고 먼저 귀국하는 자가 왕위에 오르게 되어 있었으며 이때 管仲은 小白 일행이 오는 길목을 지키다가 활로 小白을 쏘았으나 小白이 허리띠 고리에 맞고 죽은 척 쓰러져 있다가 지름길로 들어가 먼저 왕위에 오름. 이가 환공임. 이에 공자 규와 관중 일행은 귀국하지 못하고 처벌을 기다렸으나 鮑叔의 추천으로 환공의 재상이 되어 仲父라 불렸으며, 제나라를 부강하게 만들어 재상에 오름. 환공이 그를 높여 仲父라 칭하였음. 《史記》 管晏列傳 및 《列子》 등을 참조할 것. '管鮑之交' 등의 많은 고사를 남겼으며 그의 思想과 言行을 기록한 《管子》가 전함. '相'은 재상이 됨. 《眞寶》 注에 "相, 猶輔相"이라 함. '威公'은 齊桓公을 가리킴. 宋 欽宗(趙桓)의 이름을 避하여 '威'로 바꾼 것임. 그러나 《嘉祐集》 등에는 모두 '桓公'으로 표기되어 있음. '齊桓公'은 春秋五霸의 첫 首長. 이름은 小白. 齊나라에 난이 일어나자 鮑叔이 모시고 莒나라로 피신, 管仲은 公子 糾를 모시고 魯나라로 피신함. 뒤에 난이 진압되고 먼저 귀국하여 제나라 왕위에 오름. 뒤에 鮑叔의 추천으로 管仲을 등용하여 제나라를 부강하게 하여 九合諸侯, 一匡天下하여 첫 패자가 됨. B.C.685-643년까지 43년간 재위함. 《史記》 齊太公世家를 참조할 것. '霸諸侯'는 제후들의 패자가 됨. 東周의 전반기는 春秋시대로 周王의 권위가 추락하자 제후들 중에 강한 자가 다른 제후들의 패자가 되어 周王으로부터 형식상 인정을 받아 천하를 이끌고 나갔음. 다섯 차례 제후들이 돌아가며 패자가 되어 이들을 春秋五霸라 함. 霸道政治는 王道政治의 상대되는 말. '攘夷狄'은 中原의 華夏 이외의 민족을 배격하는 주장을 말함. 춘추시대 패자들은 '尊王攘夷'의 기치를 내걸고 활동하였음. 이상 《眞寶》 注에 "功"이라 함.

【管仲死, 豎刁, 易牙, 開方用, 威公薨於亂, 五公子爭立, 其禍蔓延, 訖簡公齊無寧歲】 '豎刁'는 '豎刀'로도 표기하며 춘추시대 齊桓公의 內侍. 桓公에게 접근하기 위하여 宮刑을 자청하고 宦官이 되어 온갖 아첨을 다함. 뒤에 관중이 죽은 뒤 易牙, 開方과 함께 왕자들을 끼고 저마다 난을 일으킴. '易牙'는 齊桓公의 주방장. 환공이 진기한 요리는 모두 먹어보았으나 사람 고기는 먹어보지 못하였다고 하자 자신의 아들을 죽여 요리해서 바쳤다 함. '開方'은 오로지 桓公에게 환심을 사고자 어머니를 버린 인물. 앞 해제의 내용을 참조할 것. '薨'은 제후의 죽음을 칭하는 말. 《禮記》 曲禮(下)에 "天子死曰崩, 諸侯曰薨, 大夫曰卒, 士曰不祿, 庶人曰死, 在牀曰尸, 在棺曰柩, 羽鳥曰降, 四足曰漬. 死寇曰兵"이라 함. '五公子'는 환공

에게는 아들 여섯이 있었으며, 그중 公子 昭는 뒤에 孝公이 되고, 나머지 武孟, 元, 潘, 商人, 雍 공자들이 난을 일으킨 것. '訖簡公'의 '訖'은 迄, 到, 至의 뜻. '簡公'은 이름은 壬. 悼公의 아들. 桓公으로부터 11대 뒤의 군주. 齊나라는 簡公에 이르러 혼란이 극심하였으며 뒤에 결국 田氏(陳氏)에게 나라를 잃고 戰國시대 田氏齊로 넘어감. 이상 《眞寶》注에 "禍"라 함.

【夫功之成, 非成於成之日, 蓋必有所由起; 禍之作不作於作之日, 亦必有所由兆】 '所由起'는 일이 일어난 緣由. '所由兆'는 시작되는 徵兆. 《眞寶》注에 "承接好有方"이라 함.

【則齊之治也, 吾不曰管仲而曰鮑叔; 及其亂也, 吾不曰豎刁, 易牙, 開方而曰管仲】 '鮑叔'은 鮑叔牙. 齊나라 大夫로 젊은 시절 管仲과 친구로서 함께 활동하며 管仲을 이해하고 도와주었음. 뒤에는 管仲이 公子 糾를 섬기다가 붙잡히자, 자신이 모셔 군주에 오른 桓公에게 추천하여 재상이 되도록 하였음. '管鮑之交'의 고사를 낳은 인물. 《眞寶》注에 '曰鮑叔' 다음에 "備此形容下邊, 事見《左傳》莊元年"이라 하였으나 《左傳》莊公 元年에는 관련된 기록이 없음. '曰管仲' 다음에 《眞寶》注에 "推原禍本"이라 함.

【何則? 豎刁, 易牙, 開方三子, 彼固亂人國者, 顧其用之者, 威公也】 '顧'는 '돌아보다, 생각하다'의 뜻. 《眞寶》注에 "先責威公, 是責管仲張本"이라 함.

【夫有舜而後, 知放四凶; 有仲尼而後, 知去少正卯】 '四凶'은 舜에 의하여 追放되었던 驩兜, 共工, 鯀, 三苗를 가리킴. 《眞寶》注에 "四凶, 指共工, 驩兜, 三苗, 鯀"이라 함. '少正卯'는 魯나라 大夫로 여러 악행을 저지르다 孔子가 大司寇가 되자 즉시 처형했던 인물. 《史記》孔子世家에 "孔子年五十六, 由大司寇行攝相事, 有喜色. 門人曰:「聞君子禍至不懼, 福至不喜.」 孔子曰:「有是言也. 不曰『樂其以貴下人』乎?」 於是誅魯大夫亂政者少正卯."라 함.

【彼威公, 何人也? 顧其使威公, 得用三子者, 管仲也】《眞寶》注에 "含蘊, 方責仲"이라 함.

【仲之疾也, 公問之相, 當是時也, 吾以仲且擧天下之賢者以對, 而其言乃不過曰「豎刁, 易牙, 開方三子, 非人情, 不可近而已」】 '問之相'는 환공이 管仲에게 다음 재상이 될 자에 대해 자문함. '非人情'은 桓公이 거론한 세 사람은 人之常情에 어긋난 짓을 하였음을 말함. '賢者以對'는 《眞寶》注에 "此是本"이라 함.

【嗚呼! 仲以爲威公, 果能不用三子矣乎?】 그 정도의 반대로 환공이 그들을 거용하지 않을 것으로 여겼다면 이는 管仲이 잘못 판단한 것임. 《眞寶》注에 "看他過

接"이라 함.

【仲與威公處幾年矣, 亦知威公之爲人矣乎!】管仲은 桓公이 어떤 군주인지 그의 사람 됨됨이를 잘 알고 있었을 것임.《眞寶》注에 "責得有理"라 함.

【威公聲不絶乎耳, 色不絶於目, 而非三子者, 則無以遂其欲, 彼其初之所以不用者, 徒以有仲焉耳】'徒'는 '다만, 부질없이, 한갓' 등의 뜻.《眞寶》注에 "看有無二字"라 함.

【一日無仲, 則三子者, 可以彈冠而相慶矣】'彈冠'은 벼슬자리에 추천되어 나갈 것임을 기대하고, 걸어두었던 관을 꺼내어 먼지를 털고 기다림.《漢書》王吉傳에 "吉與貢禹爲友, 世稱「王陽在位, 貢公彈冠」, 言其取舍同也"라 하였고,《幼學瓊林》에 "王陽在位, 貢禹彈冠以待薦"이0라 함.《蒙求》(145)「王貢彈冠」에는 "前漢, 王吉字子陽, 琅邪皐虞人. 少好學明經, 宣帝時爲諫大夫. 與同郡貢禹爲友, 世稱『王陽在位貢公彈冠』, 言其取舍同也. 禹字少翁, 以明經潔行著聞. 仕至御史大夫."라 함.《眞寶》注에 "條理抑揚反覆在此數行"이라 함.

【仲以爲將死之言, 可以繫威公之手足耶?】'繫'는 '잡아매다, 묶다' 등의 뜻.《眞寶》注에 "婉曲切"이라 함.

【夫齊國不患有三子, 而患無仲; 有仲則三子者, 三匹夫耳】《眞寶》注에 "警策"이라 함.

【不然, 天下, 豈少三子之徒?】천하에 그러한 자는 세 사람에 그치지 않으며 매우 많음.

【雖威公幸而聽仲, 誅此三人, 而其餘者, 仲能悉數而去之耶?】'悉數而去'는 모두 따져보아 제거함. 있는 숫자대로 없애버림. '耶'는《嘉祐集》에는 '邪'로 되어 있음.《眞寶》注에 "好"라 함.

【嗚呼! 仲可謂不知本者矣】'不知本'은 근본에 대해서 잘 알지 못함.

【因威公之問, 擧天下之賢者以自代, 則仲雖死, 而齊國未爲無仲也, 夫何患三子者? 不言可也】'威文'은 齊桓公과 晉文公.《眞寶》注에 '以自代' 다음에 "本", '不言可也' 다음에 '末'이라 함.

【五霸莫盛於威文; 文公之才不過威公, 其臣又皆不及仲】'五霸'는 春秋五霸.《史記》와《孟子》(告子) 趙岐 注에는 齊桓公(小白), 晉文公(重耳), 秦穆公(任好), 宋襄公(玆父), 楚莊王(熊侶, 熊旅)을 들고 있으나,《荀子》(王霸篇)에는 秦穆公과 宋襄公 대신 吳王 闔閭와 越王 句踐을 들고 있음.《眞寶》注에 "五霸:齊桓, 晉文, 宋襄, 楚莊, 秦穆公; 使晉文外事佳, 意新文不困, 到此意已竭, 却把文公比並"이라 함. '不及仲' 다음에《眞寶》注에 "狐趙之徒"라 함.

【靈公之虐不如孝公之寬厚】'靈公'은 晉文公의 손자.《眞寶》注에 "文公孫"이라 함. 이름은 夷皐로 前620−前607년까지 14년간 재위하고 成公(黑臀)에게 이어짐. 靈公은 온갖 무도한 짓을 하다가 趙穿에게 죽임을 당하고 말았음.《左傳》宣公 2년 등을 참조할 것. 그 외《國語》晉語(5),《說苑》(立節篇),《呂氏春秋》(過理篇),《史記》(晉世家) 등에도 그에 대한 악행이 많이 실려 있음. '孝公'은 齊桓公과 鄭姬 사이에서 태어난 아들.《眞寶》注에 "威公子"라 함. 公子 때 이름은 昭. 桓公의 뒤를 이어 왕위에 오름. B.C.642~633년까지 10년간 재위함. 후덕한 임금으로 알려져 있음.《左傳》僖公 26년 등을 참조할 것.

【文公死, 諸侯不敢叛晉, 晉襲文公之餘威, 猶得爲諸侯之盟主百餘年】'百餘年'은 晉文公 이후 悼公(周:전 572−558년 재위)에 이르기까지 晉나라의 霸業이 계속되었음.《眞寶》注에 "繼霸直至悼公"이라 함.

【何者? 其君雖不肖, 而尙有老成人焉】'老成人'은 나이가 많고 경험이 풍부하며 노련하고 노숙한 인물들. 구체적으로 趙武와 魏絳 등을 가리킴.《眞寶》注에 "趙武魏絳等"이라 함.

【威公之死也, 一亂塗地】'一亂塗地'는 一敗塗地와 같음. 혼란으로 인해 땅이 무너짐. 한 번 실패에 나라가 그대로 망함. '死'는《嘉祐集》에는 '斃'으로 되어 있음.《眞寶》注에 "過佳"라 함.

【無惑也, 彼獨恃一管仲, 而仲則死矣】'無惑'은 의혹을 가질 이유가 없음. 의심할 바가 없음.

【夫天下未嘗無賢者, 蓋有有臣而無君者矣】현자는 늘 있었으나 옳은 군주가 없었던 시대는 있었음.

【威公在焉, 而曰天下不復有管仲者, 吾不信也】《眞寶》注에 "生新意承前"이라 함.

【仲之書有記其將死, 論鮑叔, 賓胥無之爲人, 且各疎其短】'仲之書'는 管仲의 언행을 기록한 책《管子》. 이 책은 후인의 위작이거나 수정 가필한 것으로 보고 있음. '賓胥無'는 齊나라 大夫.《嘉祐集》에는 '賓須無'로 되어 있음.《眞寶》注에 "鮑叔, 賓胥, 無之, 皆人名"이라 하여 잘못 설명하고 있음. '疏其短'은 그들의 단점만을 아룀. 앞의 해설 부분《管子》戒篇을 볼 것.《眞寶》注에 "管子寢疾, 威公往問之, 仲曰:「鮑叔之爲人, 好直而不能以國强; 賓胥無之爲人, 好善而不能以國詘.」"이라 함.

【是其心, 以爲是數子者, 皆不足以托國, 而又逆知其將死, 則其書誕謾不足信也】'逆知'는 豫知(預知)와 같음.《眞寶》注에 "逆知, 猶言預知"라 함. '誕謾'은 함부로 거짓말을 함을 뜻하는 疊韻連綿語.

【吾觀史鰌以不能進蘧伯玉而退彌子瑕, 故有身後之諫】 '史鰌'는 史鰍로도 표기하며 자는 魚. 史魚라고도 부르며, 衛나라 대부. 衛靈公 때 彌子瑕를 퇴출시키고 蘧伯玉을 등용할 것을 간언하였으나 靈公이 들어주지 않자 죽은 뒤 屍諫을 한 것으로 유명한 인물.《論語》(衛靈公)에 "子曰:「直哉史魚! 邦有道, 如矢; 邦無道, 如矢.」"라 하였고,《公子家語》(困誓篇)에는 "衛蘧伯玉賢而靈公不用, 彌子瑕不肖反任之, 史魚驟諫而不從. 史魚病將卒, 命其子曰:「吾在衛朝, 不能進蘧伯玉退彌子瑕, 是吾爲臣不能正君也. 生而不能正君, 則死無以成禮. 我死, 汝置屍牖下, 於我畢矣.」其子從之, 靈公弔焉, 怪而問焉, 其子以其父言告公, 公愕然失容曰:「是寡人之過也.」於是命之殯於客位, 進蘧伯玉而用之, 退彌子瑕而遠之. 孔子問之:「古之列諫之者, 死則已矣, 未有若史魚死而屍諫, 忠感其君者也, 不可謂直乎?」라 하였으며,《韓詩外傳》(7)에도 "昔者, 衛大夫史魚病且死, 謂其子曰:「我數言蘧伯玉之賢, 而不能進; 彌子瑕不肖, 而不能退. 爲人臣, 生不能進賢而退不肖, 死不當治喪正堂, 殯我於室, 足矣.」衛君問其故, 子以父言聞. 君造然召蘧伯玉而貴之, 而退彌子瑕, 徒殯於正堂, 成禮而後去. 生以身諫, 死以尸諫, 可謂直矣. 詩曰:『靖共爾位, 好是正直.』"이라 하였고,《新序》(雜事一)에도 "衛靈公之時, 蘧伯玉賢而不用, 彌子瑕不肖而任事. 衛大夫史鰌患之, 數以諫靈公而不聽. 史鰌病且死, 謂其子曰:「我卽死, 治喪於北堂. 吾不能進蘧伯玉而退彌子瑕, 是不能正君也, 生不能正君者, 死不當成禮, 置尸於北堂, 於我足矣.」史鰌死, 靈公往弔, 見喪在北堂, 問其故? 其子以父言對靈公. 靈公蹴然易容, 窹然失位曰:「夫子生則欲進賢而退不肖, 死且不懈, 又以屍諫, 可謂忠而不衰矣.」於是乃召蘧伯玉, 而進之以爲卿, 退彌子瑕. 徙喪正堂, 成禮而後返, 衛國以治. 史鰌, 字子魚,《論語》所謂「直哉! 史魚」者也."라 하는 등 널리 실려 있음. '彌子瑕'는 衛靈公의 佞臣으로 먹던 복숭아를 임금에게 주어 칭찬을 받고, 어머니의 병환에 임금의 수레를 타고 가서 칭찬을 받았으나 뒤에 미움을 받자 그 일들이 모두 더럽고 법을 범한 것이라는 '愛憎之變'의 고사를 남긴 인물.《韓非子》(說難篇)에 "昔者, 彌子瑕有寵於衛君. 衛國之法: 竊駕君車者罪刖. 彌子瑕母病, 人聞, 有夜告彌子; 彌子矯駕君車以出. 君聞而賢之, 曰:「孝哉! 爲母之故, 忘其犯刖罪.」異日, 與君遊於果園, 食桃而甘, 不盡, 以其半啖君. 君曰:「愛我哉! 忘其口味, 以啖寡人.」及彌子色衰愛弛, 得罪於君. 君曰:「是固嘗矯駕吾車, 又嘗啖我以餘桃.」故彌子之行未變於初, 而以前之所以見賢而後獲罪者, 愛憎之變也. 故有愛於主, 則智當而加親; 有憎於主, 則智不當見罪而加疏. 故諫說談論之士, 不可不察愛憎之主而後說焉."이라 하였으며,《史記》(老莊申韓列傳)에도 "昔者, 彌子瑕見愛

於衛君. 衛國之法, 竊駕君車者罪至刖. 旣而彌子之母病, 人聞, 往夜告之, 彌子矯駕
君車而出. 君聞之而賢之曰:「孝哉, 爲母之故而犯刖罪!」與君游果園, 彌子食桃而甘,
不盡而奉君. 君曰:「愛我哉, 忘其口而念我!」及彌子色衰而愛弛, 得罪於君. 君曰:
「是嘗矯駕吾車, 又嘗食我以其餘桃.」故彌子之行未變於初也, 前見賢而後獲罪者,
愛憎之至變也. 故有愛於主, 則知當而加親; 見憎於主, 則罪當而加疏. 故諫說之士
不可不察愛憎之主而後說之矣.」라 함. '蘧伯玉'은 이름은 瑗, 자는 伯玉. 衛靈公의
賢大夫. 孔子가 衛나라에 갔을 때 그의 집에 머물렀다 함. 《論語》 憲問篇에 "蘧
伯玉使人於孔了. 孔子與之坐而問焉, 曰:「夫子何爲?」對曰:「夫子欲寡其過而未能
也.」使者出, 子曰:「使乎使乎!」라 하였고, 衛靈公篇에는 "子曰:「直哉史魚! 邦有道,
如矢; 邦無道, 如矢. 君子哉蘧伯玉! 邦有道, 則仕; 邦無道, 則可卷而懷之.」라 함.

【蕭何且死, 擧曹參以自代, 大臣之用心, 固宜如此也】 '蕭何'는 沛 땅 사람으로 漢 高
祖 劉邦을 도와 천하를 평정한 인물. 뒤에 丞相이 되었으며, 侯에 봉해짐. 《史記》
蕭相國世家 참조. 그는 죽음을 앞두고 동료 曹參을 추천하여 재상이 되도록 하
여 나라를 안정시킴. '曹參'은 마찬가지로 高祖 劉邦을 도운 인물. 뒤에 蕭何의 뒤
를 이어 相國이 되었음. 《史記》 曹相國世家 참조. 《眞寶》 注에 "二事的當. 只如此
緻不費辭而有餘味"라 함.

【一國以一人興, 以一人亡, 賢者不悲其身之死, 而憂其國之衰】 '一國'은 《嘉祐集》에
는 '夫國'으로 되어 있음.

【故必復有賢者而後, 有以死, 彼管仲, 何以死哉!】 《嘉祐集》에는 '有以邪'는 '可以死'
로 되어 있으며, 《眞寶》 注에 "責仲十分到"라 함. '彼管仲'은 《嘉祐集》에는 '彼管仲
者'라 하여 '者'자가 더 있음. 끝에 《眞寶》 注에는 "斷句有力如破竹勢, 一句緊一
句"라 함.

참고 및 관련 자료

1. 작자: 蘇洵(明允, 老泉) 083 참조.

2. 이 글은 《嘉祐集》(9), 《唐宋八大家文鈔》(112), 《崇古文訣》(21), 《古文關鍵》(下),
《文章軌範》(3), 《文編》(31), 《文章辨體彙選》(399), 《古文淵鑑》(47), 《資治通鑑綱目前
篇》(11) 등에 실려 있음.

086. <木假山記> ·················· 蘇明允(蘇洵)
목가산기

* <木假山記>: '木假山'은 큰 나무가 장마나 폭우에 뽑혀 냇물을 타고 떠내려오면
서 깎이고 꺾여 큰 산 모양을 이룬 것을 말함. 소순이 자신의 집에 있는 三峰
형상으로 된 이러한 木假山을 두고 자신 三父子를 은근히 비유한 것임. 《唐宋
八大家文鈔》에는 "即木假山, 看出許多幸不幸來, 有感慨有態度. 文凡六轉, 入山
末, 又一轉有百尺竿頭之意"라 함. 《續文章正宗》에는 蘇軾 작으로 잘못 기재되
어 있음.
* 《眞寶》注에 "山谷云: 「徃嘗觀明允<木假山記>, 以爲文章氣, 自似莊周, 韓非.」 ○迂
齋云: 「首尾不過四百以下字, 而起伏開闔, 有無限曲折, 此老可謂妙於文字者矣. 其
終盖以三峰, 比其父子三人」云"이라 함.

나무의 삶은 혹 싹은 났으나 죽는 경우도 있고, 혹 한 줌 굵기로 자랐
으나 일찍 죽는 경우도 있다.

다행인 경우라면 기둥이나 들보감에 이르러 베어지는 것이요, 불행한
경우라면 바람에 뽑혀 물에 떠내려가다가 파쇄되어 부러지기도 하고,
또는 썩기도 하는 경우일 것이다.

다행하다 해도 파쇄되어 부러지지도 않고, 썩지도 않았으나 사람에게
재목이 되어 도끼를 만나는 환난이 있게 된다.

가장 다행인 경우라면 물결과 모래 사이를 둥둥 잠겼다 떠올랐다 하
면서 몇백 년인지도 모를 시간을 두고 물결에 쏘이고 씹히고 먹히고도
남아, 혹 산과 같은 모습이 되어 호사자好事者가 이를 거두어 가서는 억
지로 산이라 여겨, 그런 연후에 가히 진흙과 모래로부터 벗어나고 도끼
로부터 멀리할 수 있는 경우인 것이다.

그러나 황량한 강가에 이러한 나무가 몇 개나 되겠는가!

호사자의 눈에 띄지 않아 초부樵夫나 야인野人의 땔감이 되고 마는 경우도 있을 것이니, 어찌 가히 다 셀 수 있겠는가!

그렇다면 이런 경우는 가장 다행인 일 중에서도 다시 불행한 일일 것이다.

나의 집에는 세 봉우리 형상의 나무가 있어, 나는 매번 이를 생각하면 그 사이에 운이라는 것이 있지 않은가 의혹을 갖게 된다.

게다가 그 나무는 싹이 나서 죽지 않았고, 한 줌 크기로 자라서도 죽지 않았고, 기둥이나 들보감이 될 정도로 자라서도 베어지지 않았으며, 바람에 뽑혀 물에 떠내려오기는 했어도 파쇄되거나 부러지지 않고 썩지도 않았으며, 파쇄되거나 부러지지 않았으면서도 사람에게 재목으로 여겨져 도끼를 만나는 경우에 이르지도 않았으며, 격한 물살과 모래 사이를 빠져나왔으면서도 나무꾼이나 야인의 땔감이 되는 일도 만나지 않은 채, 마침내 여기에 이르렀으니, 그렇다면 이치로 보아 우연이 아닌 듯하다.

그러나 내가 이를 아끼는 것은 한갓 그것이 산처럼 생겼기 때문이 아니라, 거기에 그에게 감동하는 바가 있어서이다. 다시 한갓 감동하는 바가 있어서만이 아니라, 그를 공경하는 바가 있어서이다.

내 보기에 중봉中峰은 괴안魁岸하고 거사踞肆한 모습에, 의기意氣가 단중端重하여 마치 곁의 두 봉우리를 복종시키고 있는 듯하다.

곁의 두 봉우리는 장률莊栗하고 각삭刻削한 모습에, 늠름하여 가히 범犯할 수 없으며, 비록 그 형세는 중봉에게 복종을 당할지언정 급연岌然함이 결코 아부할 뜻이 없는 듯한 모습을 하고 있다.

아! 그것이 가히 공경스러움이로다! 그것이 가히 감동을 주고 있는 것이로다!

木之生, 或蘖而殤, 或拱而夭.

幸而至於任爲棟樑則伐, 不幸而爲風之所拔, 水之所漂; 或破折, 或腐.

幸而得不破折不腐, 則爲人之所材, 而有斧斤之患.

其最幸者, 漂沈汨沒於湍沙之間, 不知其幾百年, 而其激射齧食之餘, 或髣髴於山者, 則爲好事者取去, 強之以爲山, 然後可以脫泥沙而遠斧斤.

而荒江之濱, 如此者幾何!

不爲好事者所見, 而爲樵夫野人所薪者, 何可勝數!

則其最幸者之中, 又有不幸者焉.

予家有三峰, 予每思之, 則疑其有數存乎其間.

且其蘖而不殤, 拱而不夭, 任爲棟樑而不伐, 風拔水漂而不破折, 不腐; 不破折, 不腐, 而不爲人所材, 以及於斧斤; 出於湍沙之間而不爲樵夫野人之所薪, 而後得至乎此, 則其理似不偶然也.

然予之愛之, 則非徒愛其似山, 而又有所感焉; 非徒感之, 而又有所敬焉.

予見中峰, 魁岸踞肆, 意氣端重, 若有以服其旁之二峰.

二峰者 莊栗刻削, 凜乎不可犯, 雖其勢服於中峰, 而岌然決無阿附意.

吁! 其可敬也夫! 其可以有所感也夫!

【木之生, 或蘖而殤, 或拱而夭】'蘖'은 나무의 움. 막 자라기 시작함을 뜻함. 《眞寶》注에 "蘖, 卽萌蘖"이라 함. '殤'은 일찍 죽음. '拱'은 손으로 쥘 정도의 굵기. 한 줌의 굵기. 《眞寶》注에 "拱, 卽拱把"라 함. '夭' 또한 일찍 죽음. 天壽를 누리지 못함. '壽'의 相對語.

【幸而至於任爲棟樑則伐, 不幸而爲風之所拔, 水之所漂;或破折, 或腐】‘任爲棟樑’은 기둥이나 들보가 될 만한 것. ‘樑’은 梁과 같음.

【幸而得不破折不腐, 則爲人之所材, 而有斧斤之患】‘爲人之所材’는 被動形 문장. 사람에게 재목감이 되는 바로 여김을 받음. ‘斧斤之患’은 도끼에 찍혀 베어지는 환난.《眞寶》注에 “看此處曲折”이라 함.

【其最幸者, 漂沈汩沒於湍沙之間】‘漂沈’은 물에 떠서 흐르다가 가라앉았다 함. ‘汩沒’은 물 위로 솟았다 물속으로 들어갔다 함. ‘湍沙’는 격한 물과 모래.

【不知其幾百年, 而其激射齧食之餘】‘激射’는 격하게 부딪히고 다른 물건이 쏘듯 하는 공격을 받음. ‘齧食’은 씹히고 먹힘.

【或髣髴於山者, 則爲好事者取去, 强之以爲山, 然後可以脫泥沙而遠斧斤】‘髣髴’은 비슷함, 恰似함을 표현하는 雙聲連綿語. 彷彿, 仿佛로도 표기함. ‘强之’는 ‘억지로’

【而荒江之濱, 如此者幾何】‘荒江’은 거칠고 황량한 강. ‘濱’은《嘉祐集》에는 ‘濆’(분)으로 되어 있으며 濱과 같은 뜻임.

【不爲好事者所見, 而爲樵夫野人所薪者, 何可勝數】‘樵夫’는 나무꾼. ‘所薪者’는 땔나무가 되는 것들.

【則其最幸者之中, 又有不幸者焉】가장 다행이기는 하지만 그중에서 다시 불행한 것임.

【予家有三峰, 予每思之, 則疑其有數存乎其間】‘三峰’은 세 봉우리의 산 모습을 하고 있는 나무 그루터기. ‘數’는 運數. 運.

【且其蘖而不殤, 拱而不夭, 任爲棟樑而不伐, 風拔水漂而不破折, 不腐】‘且其蘖而不殤’ 다음에《眞寶》注에는 “此樣轉折妙甚”이라 함.

【不破折, 不腐, 而不爲人所材, 以及於斧斤】이상은 불행을 겪지 않고 온전히 지내왔음을 말함.

【出於湍沙之間而不爲樵夫野人之所薪, 而後得至乎此, 則其理似不偶然也】이는 偶然이 아님. 아마 자신과의 因緣이 깊어서일 것임.《眞寶》注에 “應有數存其間一句”라 함.

【然予之愛之, 則非徒愛其似山, 而又有所感焉】‘所感’은 느끼는 바. 감회.

【非徒感之, 而又有所敬焉】‘敬焉’은 그 나무에 대한 敬虔한 생각이 들어서임.

【予見中峰, 魁岸踞肆, 意氣端重, 若有以服其旁之二峰】‘中峰’은 蘇洵 자신을 비유한 것임.《眞寶》注에 “老泉自說”이라 함. ‘魁岸’은 크고 장대한 모습. ‘踞肆’는 거리낌이 없이 편안히 앉아 있는 모습. ‘端重’은 단아하고 장중한 모습.

【二峰者 莊栗刻削, 凜乎不可犯, 雖其勢服於中峰, 而岌然決無阿附意】 '二峰'은 자신의 두 아들 蘇軾과 蘇轍을 비유한 것. 《眞寶》注에 "待二子如此"라 함. '莊栗'은 장엄하고 겁이 날 정도의 모습. '栗'은 慄과 같음. '刻削'은 깎이고 파여 높이 솟은 모습. '凜乎'은 늠름하여 위엄이 있는 모습. '岌然'은 산이 높이 솟은 모습.

【吁! 其可敬也夫! 其可以有所感也夫】 '吁'는 감탄사.

참고 및 관련 자료

1. 작자: 蘇洵(明允, 老泉) 083 참조.

2. 이 글은 《嘉祐集》(15), 《宋文鑑》(79), 《崇古文訣》(22), 《唐宋八大家文鈔》(116), 《文章辨體彙選》(610), 《唐宋文醇》(36), 《古今事文類聚》(前集 14), 《文編》(57) 등에 실려 있음.

087. 〈高祖論〉 ·················· 蘇明允(蘇洵)

고조론

* 〈高祖論〉:漢 高祖(劉邦)가 미래에 대한 예측에 뛰어났음을 논한 글. 蘇洵은 高
  祖 劉邦은 呂氏들이 발호할 것임을 예견하고 周勃을 太尉에 임명하여 자신의
  뒤를 이을 惠帝(劉盈)를 보필하도록 하면서 呂后를 제거하지는 않았으나, 呂后
  의 세력을 약화시키기 위하여 여후의 당이 될 동서 樊噲(여후 여동생의 呂媭 臨
  光侯의 남편)를 陳平과 周勃로 하여금 죽여 없애도록 하였지만, 두 사람이 번쾌
  를 죽이지 않음으로써 결국 呂氏亂이 일어나게 되었음. 다행히 樊噲가 미리 죽
  었기 때문에 여씨들이 주발에 의하여 모두 죽게 되어 유씨 왕실이 이어갈 수
  있었던 것일 뿐, 결국 陳平과 周勃은 '고조의 걱정을 후세까지 남겨 놓았던 사
  람들'이라는 논리를 편 글임. 《文章軌範》에 "此論因高祖命平, 勃, 即軍中斬樊噲
  事, 有所見遂作一段, 文字知有呂氏之禍, 而用周勃不去呂后二事, 皆是窮思極慮,
  刻苦作文, 非淺學所到. 必熟讀暗記, 方知其好"라 하였고, 《古文關鍵》에는 "此篇
  須看抑揚, 反覆過接處, 將無作有以虛爲實"이라 함. 한편 《唐宋八大家文鈔》에는
  "雖非當漢成敗確論, 而行文却自縱橫可愛"라 함.
* 《眞寶》注에 "漢〈樊噲傳:〉盧綰叛, 帝遣噲伐之, 人有言:「噲黨呂氏, 一日, 宮車晏
  駕, 噲欲以兵, 誅戚氏趙王.」帝大怒, 使陳平載絳侯, 代將, 即軍中斬噲. 平, 畏呂氏,
  執噲詣長安, 至則帝已崩, 后釋噲. 惠帝六年, 噲卒. ○此篇反覆論高帝爲身後慮,
  全在斬樊噲上, 噲妻, 呂后女弟媭也. 不去呂后者, 欲扶惠帝之弱; 斬樊噲者, 欲剪呂
  后之黨. 斬噲則高帝可死而無憂矣. 平, 勃不悟此, 乃留噲不斬, 豈非遺帝身後之憂
  耶? 幸噲後來自先死耳, 議論抑揚反覆極有情神"이라 함.

한漢 고조高祖는 술수를 끼고 술법을 써서 한때의 손익을 제압하는
면에서는 진평陳平만 못하였고, 천하의 형세를 미리 헤아려 손가락만 들
거나 눈짓만 해서 항우項羽를 위협하여 제압하는 면에서는 장량張良만
못하였다.

이들 두 사람이 아니었더라면 천하는 한나라로 귀속되지 못하였을 것

이며, 고조는 그저 나무처럼 뻣뻣한 사람에 그치고 말았으리라.

그러나 천하가 이미 안정되고 나서 후세 자손을 위한 계책은 진평이나 장량의 지혜도 미치지 못하는 바를 고조는 늘 먼저 후손을 위해 규획規畫을 세우고 처치處置하였으니, 후세에 일어날 일로 하여금 효연曉然히 마치 눈으로 그 일을 보는 듯 해내는 자였다.

대체로 고조의 지혜는 큰 것에는 밝으면서 작은 것에는 어두운 것이 여기에 이른 이후에 드러난 것이다.

고조는 언제나 여후呂后에게 "주발周勃은 중후하고 겉치레가 적으니, 유씨劉氏 왕실을 안정시킬 자는 틀림없이 주발일 것이다. 그를 태위太尉로 삼을 만하다"라고 하였다.

바로 이때에 유씨는 이미 안정되어 있는데 주발이 다시 장차 누구를 안정시킨다는 것인가?

그러므로 내 생각으로는 "고조가 태위 자리를 주발에게 주도록 위촉한 까닭은, 여씨呂氏의 화禍가 있을 것임을 알았기 때문일 것이다. 비록 그렇다고는 하나 여후를 제거하지 아니함은 어째서인가? 형세가 불가했기 때문이다"라고 여기는 것이다.

옛날 무왕武王이 죽고 성왕成王이 어려 삼감三監이 반란을 일으켰다.

고조의 생각은 자신이 죽은 뒤 장군과 재상, 대신 및 제후왕들이 마치 무경武庚이나 녹보祿父처럼 구는 자가 있게 되면, 이들을 제압할 수 없으리라 여겼던 것이다.

고조가 홀로 계책을 세우되 "집안에 줏대 있는 어머니가 있으면 힘센 노비나 독한 여종이라도 감히 약한 어린 아들에게 대항하지 못할 것이다. 여씨는 나를 도와 천하를 평정하여 제후와 대신들이 평소 두려워하고 복종하는 대상이니, 오직 이렇게 하는 것이 그들의 사심邪心을 진압하여 내 뒤를 이을 사자嗣子, 劉盈가 장년이 되기를 기다릴 수 있을 것이다"라고 여겼던 것이다.

그러므로 여후를 제거하지 않은 것은 혜제惠帝, 劉盈를 위한 계책이었던 것이다.

이왕 여후를 제거할 수 없으니 그 까닭으로 그의 무리를 깎아버리고 그의 권력을 덜어서, 비록 변고가 있다 해도 천하가 요동치지 않도록 한 것이다.

이 까닭으로 번쾌樊噲가 공이 있었음에도 하루아침에 참수하여 없애버리려 하면서 아무런 망설임도 없었던 것이다.

아! 저가 어찌 유독 번쾌에게만 인자하지 않았겠는가!

게다가 번쾌는 고조와는 함께 기병하여 성城을 차지하고 적진을 함락시켰으니 공이 적다고 할 수 없으며, 바야흐로 아보亞父 범증范增이 항장項莊을 사주하여 유방을 죽이라 했을 때, 번쾌가 항우를 꾸짖지 않았더라면 한나라는 한나라가 될 수 있었을 것인지는 알 수 없었다.

하루아침에 어떤 사람이 번쾌를 악담하여 척씨戚氏를 멸족시키려 한다는 자가 있었고, 그때 마침 번쾌는 연燕의 노관盧綰을 치러 출정 중이었는데, 고조는 곧바로 진평과 주발에게 명하여 그 군중軍中에 가서 번쾌를 참수해 버리도록 하였다.

무릇 번쾌의 죄가 아직 형성되지도 않았고, 악담을 한 자의 진위도 반드시 그런 것이 아니었으며, 게다가 고조라면 한 여자 척부인을 이유로 천하의 공신을 죽일 리도 없음은 역시 명확한 것이었다.

번쾌는 여씨에게 장가를 들어 여씨 일족, 이를테면 여산呂産, 여록呂祿 같은 무리들은 모두가 용렬한 재주여서 근심할 만한 대상도 아니었으며, 유독 번쾌만은 호건豪健하여 여러 장수들도 능히 제압할 수 있는 자가 아니어서, 후세의 재앙이 될 자로서는 이보다 더 큰 상대는 없었다.

무릇 고제가 여후 보기를 마치 의원醫員이 근초董草를 보는 정도와 같아 그 독으로 하여금 가히 병을 치료하도록 할 뿐, 사람을 죽이는 데에는 이르지 않도록 할 것이니, 만약 번쾌가 죽는다 해도 여씨의 독은 사람을 죽이는 데에는 이르지 않으리라 여겼으니, 고조는 이는 자신이 죽은 후에도 족히 근심이 없으리라 여겼던 것이다.

그러나 진평과 주발은 고조에게 근심을 남겨놓은 자들이다.

번쾌는 혜제 6년에 죽었으니, 이는 하늘의 뜻이다.

그로 하여금 그때 죽지 않고 그대로 있게 했다면 여록을 속일 수 없었을 것이며, 태위 주발은 북군北軍으로 들어가 여씨 일족을 모두 죽여 없앨 수도 없었을 것이다.

어떤 이는 "번쾌는 고조와 가장 가까운 관계이니, 그가 살아 있었다 해도 여산, 여록과 함께 반란을 일으켰으리라 단정할 수는 없다"라고 말한다.

무릇 한신韓信이나 경포黥布, 노관 등은 모두가 남면南面하여 고고孤를 칭하였고, 노관은 또한 고조와 가장 친하고 사랑을 받았으나 그런데도 고조가 죽기 전에 모두가 차례로 반역을 꿈꾸다가 주살을 당한 이들이다.

누군들 고조가 죽은 뒤 추매椎埋의 못된 짓이나 개백정의 짓을 하던 사람이, 그 친척이 그런 자가 제왕이 되는 것을 보고는 흔연히 따르지 않을 자가 있다고 말할 수 있겠는가?

나는 그러므로 "저 진평과 주발이란 자는 고조에게 근심을 남겨놓은 자"라고 말하는 것이다.

漢高祖挾數用術, 以制一時之利害, 不如陳平, 揣摩天下之勢, 擧指搖目, 以劫制項羽, 不如張良.

微此二人, 則天下不歸漢, 而高帝乃木彊之人而止耳.

然天下已定, 後世子孫之計, 陳平, 張良智之所不及, 則高帝常先爲之規畫處置, 使夫後世之所爲, 曉然如目見其事而爲之者.

蓋高帝之智，明於大而暗於小，至於此而後見也。

帝常語呂后曰：「周勃重厚少文，然安劉氏者，必勃也，可令爲太尉。」

方是時，劉氏旣安矣，勃又將誰安耶？

故吾之意曰：「高帝之以太尉屬勃也，知有呂氏之禍也。雖然其不去呂后，何也？勢不可也。」

昔者，武王沒，成王幼而三監叛。

帝意百歲後，將相大臣及諸侯王，有如武庚，祿父，而無有以制之也。

獨計以爲「家有主母，而豪奴悍婢，不敢與弱子抗。呂氏佐帝定天下，爲諸侯大臣素所畏服，獨此可以鎭壓其邪心，以待嗣子之壯。」

故不去呂后者，爲惠帝計也。

呂后旣不可去，故削其黨，以損其權，使雖有變，而天下不搖。

是故以樊噲之功，一旦遂欲斬之而無疑。

嗚呼！彼(豈)獨於噲不仁耶！

且噲與帝偕起，拔城陷陣，功不爲少，方亞父唛項莊時，微噲譙羽，則漢之爲漢，未可知也。

一旦人有惡噲欲滅戚氏者，時噲出伐燕，立命平，勃，卽軍中斬之。

夫噲之罪未形也，惡之者誠僞，未必也，且帝之不以一女子斬天下功臣，亦明矣。

彼其娶於呂氏，呂氏之族，若産，祿輩，皆庸才不足邮，獨噲豪健，諸將所不能制，後世之患，無大於此矣。

夫高帝之視呂后，猶醫者之視董也，使其毒可使治病，而無至於

殺人而已; 噲死, 則呂氏之毒, 將不至於殺人, 高帝以爲是足以死
而無憂矣.

　彼平, 勃者, 遺其憂者也.

　噲之死於惠帝之六年, 天也.

　使之尚在, 則呂祿不可紿, 太尉不得入北軍矣.

　或謂「噲於帝最親, 使之尚在, 未必與産, 祿叛」

　夫韓信, 黥布, 盧綰, 皆南面稱孤, 而綰又最爲親幸, 然及高帝之
未崩也, 皆相繼以逆誅.

　誰謂百歲之後, 椎埋屠狗之人, 見其親戚得爲帝王, 而不欣然從
之耶?

　吾故曰:「彼平, 勃者, 遺其憂者也.」

【漢高祖挾數用術, 以制一時之利害, 不如陳平】'漢高祖'는 劉邦. 項羽와 秦나라를
멸하고 천하를 다툰 끝에 漢나라를 건국함. B.C.206-B.C.195년 在位.《史記》高
祖本紀 및《漢書》高帝紀를 참조할 것. '挾數'는 술수를 끼고 신하를 다룸. '陳平'
은 漢高祖 劉邦을 도와 천하를 제패하도록 한 功臣. 策略에 뛰어났음. 曹參이
죽은 뒤 左丞相에 올랐으며 曲逆侯에 봉해졌던 인물. 諡號는 獻侯.《史記》(56) 陳
丞相世家와《漢書》(40) 陳平傳을 참조할 것.

【揣摩天下之勢, 擧指搖目, 以劫制項羽, 不如張良】'揣摩'는 미루어 헤아리는 心靈
術의 하나.《戰國策》秦策(1)에 "(蘇秦) 乃夜發書, 陳篋數十, 得太公陰符之謀, 伏而
誦之, 簡練以爲揣摩. 讀書欲睡, 引錐自刺其股, 血流至足. 曰:「安有說人主不能出
其金玉錦繡, 取卿相之尊者乎?」期年揣摩成, 曰:「此眞可以說當世之君矣!」"라 함.
'劫制'는 위협하고 制御함. '擧指搖目'은 손가락을 들고 눈을 움직임. 아주 간단한
지시만으로 사람을 부릴 수 있음. '項羽'는 項籍. 楚나라 장수의 後裔로 秦末 천
하대란 때 가장 큰 세력으로 秦나라를 멸망시켰으나 뒤에 漢高祖와의 楚漢戰에
패하여 천하를 잃음.《史記》項羽本紀를 참조할 것. '張良'은 자는 子房. 韓나라
後裔로 秦始皇을 죽이려다 실패하자 下邳로 도망하여 黃石公의《太公兵法》을
얻어 秦末 천하대란 때에 劉邦을 도와 漢을 세우는 데 매우 큰 공을 세웠음. 뒤

에 留侯에 封해짐.《史記》留侯世家를 참조할 것.

【微此二人, 則天下不歸漢, 而高帝乃木彊之人而止耳】'微'는 '아니었더라면' 뜻을 나타내는 否定과 假定을 함께 표현하는 副詞. '木彊之人'은 나무처럼 뻣뻣한 사람. 나무처럼 뻣뻣하기만 할 뿐 아무 일도 할 수 없는 사람.《眞寶》注에 "抑"이라 함.

【然天下已定, 後世子孫之計, 陳平, 張良智之所不及】후세를 위한 계책에 대해서는 진평이나 장량일지라도 그 漢高祖에 미치지 못함.

【則高帝常先爲之規畫處置, 使夫後世之所爲, 曉然如目見其事而爲之者】'先爲之規畫'는 미리 후세 자손들을 위해 계획을 세움. '規'는 規와 같음. '處置'는 일을 처리함. '使夫'는《嘉祐集》에는 '以中'으로 되어 있음. '以中'은 정확하게 맞침. 예상했던 대로 됨. '後世之所爲'는 후세(후손)에게 하는 바의 일들. '曉然'은 분명함. 훤히 밝음. '目見其事'는 눈으로 그 사건을 직접 봄.《眞寶》注에 "揚"이라 함.

【蓋高帝之智, 明於大而暗於小, 至於此而後見也】'明於大而暗於小'는 큰일에는 밝으나 작은 일에는 어두움. '見'(현)은 드러남. 現과 같음.

【帝常語呂后曰:「周勃重厚少文, 然安劉氏, 必勃也, 可令爲太尉.」】'呂后'(呂雉)는 漢高祖의 부인. 單父(단보) 사람 呂公이 秦亂을 피해 劉邦이 사는 沛 땅 豐邑에 와서 머물 때, 劉邦이 큰 인물임을 알고 자신의 딸 呂雉를 주어 결혼시켰음. 뒤에 高祖가 제위에 오르자 太后가 되었으며 高祖가 죽은 뒤에는 스스로 권력을 잡아 女帝가 되어 B.C.187~B.C.180년까지 8년간 재위함. 아울러 자신의 친정 식구를 끌어들여 呂氏 天下를 이루고자 하였음.《史記》呂太后本紀를 참조할 것. '周勃'은 漢高祖의 공신 중의 하나. 뒤에 絳侯에 봉해짐.《史記》絳侯周勃世家를 참조할 것. '重厚'는《嘉祐集》에는 '厚重'으로 되어 있음. '少文'은 겉치레를 적게 함. 周勃의 성품이 質朴함을 뜻함. '劉氏'는 漢나라 高祖 劉邦의 劉氏 王室을 말함. '安劉氏'는《嘉祐集》에는 '安劉氏者'라 하여 '者'자가 더 있어 뜻이 명확함. '太尉'는 漢나라 때 最高 관직의 하나로 丞相, 御史大夫와 함께 三公이라 불렸음. 太衛는 최고 군사 책임자, 丞相은 행정 책임자, 御使大夫는 司法의 최고 책임자. '帝常於呂后曰' 다음에《眞寶》注에 "入實事第一段, 思量未盡"이라 함.

【方是時, 劉氏旣安矣, 勃又將誰安耶】'한나라가 이미 안정되었는데 주발이 무엇을 안정시킨다는 것인가?'의 뜻.

【故吾之意曰:「高帝之以太尉屬勃也, 知有呂氏之禍也. 雖然其不去呂后, 何也? 勢不可也.」】'屬'은 囑과 같음. 위촉함. 부탁함. 당부함. 임명함. '呂氏之禍'는 한고조가

죽은 뒤 呂后가 권력을 잡자, 劉邦과 다른 여인 사이에 난 자식들을 모두 죽이고 呂氏 집안사람들을 모아 세력을 구축한 것. 특히 戚夫人을 아주 잔인하게 학대하고 죽인 사건으로 유명함. '知有呂氏之禍耶' 다음에 《眞寶》注에 "文不斷"이라 하였고, '勢不可也' 다음에는 "第二段, 思量也未盡"이라 함.

【昔者, 武王沒, 成王幼而三監叛】'武王'은 西伯 昌(姬昌)의 아들 武王(姬發). '三監'은 周武王이 殷을 멸한 다음 殷나라 流民들을 慰撫하기 위해 紂王의 아들 武庚과 祿父를 殷의 옛 땅에 봉하고 대신 武王의 아우들 管叔과 蔡叔, 霍叔으로 하여금 이들을 감시토록 함. 그러나 武王이 죽고 어린 成王(姬誦)이 왕이 되어 武王의 아우 周公(姬旦)이 攝政을 하자 이들은 주공이 성왕을 대신하여 왕이 될 것이라는 유언을 퍼뜨리며 武庚과 결탁하여 난을 일으켰음. 이를 '三監之亂'이라 하며 周公이 東征하여 이들을 평정하고 대신 微子啓를 宋에 봉하여 은나라 제사를 잇도록 함. 이를 周公東征이라 함. 《史記》周本紀에 "周武王遂斬紂頭, 縣之大白旗. 殺妲己. 釋箕子之囚, 封比干之墓, 表商容之閭. 封紂子武庚, 祿父, 以續殷祀, 令修行盤庚之政. 殷民大說. ……周武王崩, 武庚與管叔, 蔡叔作亂, 成王命周公誅之, 而立微子於宋, 以續殷後焉"이라 함. 《眞寶》注에 "三監, 謂管叔, 蔡叔, 霍叔"이라 함.

【帝意百歲後, 將相大臣及諸侯王, 有如武庚, 祿父, 而無有以制之也】'百歲後'는 자신이 죽은 뒤를 말함. '有如武庚, 祿父'는 《嘉祐集》에는 '有武庚, 祿父者'로 되어 있음. '武庚'과 '祿父'(녹보)는 殷의 末王 紂의 아들들. 武王이 殷의 제사를 잇도록 이들을 殷의 舊地에 봉했으나 管叔, 蔡叔, 霍叔과 결탁하여 난을 일으켰다가 망함. '制之'는 그들을 제압함.

【獨計以爲「家有主母, 而豪奴悍婢, 不敢與弱子抗. 呂氏佐帝定天下, 爲大臣素所畏服, 獨此可以鎭壓其邪心, 以待嗣子之壯.」】'獨計'는 혼자서 계책을 세움. '以爲'는 아래 문장 전체를 포괄함. '主母'는 한 집안의 주인이 되는 부인. 여기서는 呂后를 비유함. '豪奴'는 힘이 센 노복. '悍婢'는 사나운 여종. 다루기 힘든 아랫사람들을 비유함. 《眞寶》注에 "句法"이라 함. '呂氏'는 《嘉祐集》에는 '呂后'로 되어 있음. '爲諸侯大臣'은 《嘉祐集》에는 '爲大臣'이라 하여 '諸侯'가 생략되어 있음. '嗣子'는 뒤를 이을 아들. 즉 惠帝(劉盈:B.C.194-B.C.188년 재위)를 가리킴. 劉邦과 呂后 사이에 난 아들로 劉邦은 戚夫人과 사이에 난 如意를 태자로 삼고자 하였으나 留侯 張良의 기지로 商山四皓를 불러옴으로써 무산되어 惠帝가 뒤를 잇게 됨. 《史記》呂太后本紀에 "呂太后者, 高祖微時妃也, 生孝惠帝, 女魯元太后. 及高祖爲漢王, 得定陶戚姬, 愛幸, 生趙隱王如意. 孝惠爲人仁弱, 高祖以爲不類我, 常欲廢太子, 立戚姬子如

意, 如意類我. 戚姬幸, 常從上之關東, 日夜啼泣, 欲立其子代太子. 呂后年長, 常留守, 希見上, 益疏. 如意立爲趙王後, 幾代太子者數矣, 賴大臣爭之, 及留侯策, 太子得毋廢.'라 함. 《眞寶》注에 "下語造字運意, 甚精到"라 함. '獨此'의 '此'는 여후로 하여금 周勃을 太尉로 삼아 다른 이들의 사심을 막고 惠帝가 장성하여 자신의 뒤를 이을 수 있을 때까지 기다릴 수 있게 되도록 하고자 한 것을 말함.

【故不去呂后者, 爲惠帝計也】《嘉祐集》에는 '呂后'가 '呂氏'로 되어 있음.

【呂后旣不可去, 故削其黨, 以損其權, 使雖有變, 而天下不搖】'削其黨'은 呂后 주변의 인물을 깎아 없애버림. '以損其權'은 이로써 呂氏의 권력을 덜어버림. 《眞寶》注에 "第三段, 思量力盡"이라 함. '不搖' 다음에 《眞寶》注에 "一篇之精神, 全在此句, 有挽萬鈞力"이라 함.

【是故以樊噲之功, 一旦遂欲斬之而無疑】'樊噲'는 高祖의 功臣 중 하나. 원래 項羽와 같은 고향 사람으로 개백정이었으나 劉邦을 따라 나서서 많은 공을 세웠으며 뒤에 舞陽侯에 봉해짐. 呂后의 동생을 아내로 맞아 呂氏 집안과 친밀한 관계가 됨. 《史記》(95) 樊酈滕灌列傳에 "舞陽侯樊噲者, 沛人也. 以屠狗爲事, 與高祖俱隱"이라 함. 특히 鴻門宴에서 項羽의 숙부 項莊이 칼춤을 추며 劉邦을 죽이려 하였을 때, 뛰어들어가 高祖를 구해낸 인물로 유명함. '一旦'은 하루아침. 어느 날. 어떤 이가 고조가 죽으면 번쾌는 여후와 힘을 합쳐 戚夫人과 그 집안을 없앨 것이라 하였음. 이에 고조는 번쾌가 큰 공을 세웠던 인물이며 자신의 동서임에도 그를 참수하여 없애는데 전혀 망설임이 없었음. '無疑'는 '망설임이 없다'의 뜻에 가까움.

【嗚呼! 彼獨於噲不仁耶】'彼獨於噲'는 《嘉祐集》에는 '彼豈獨於噲'라 하여 '豈'자가 더 있어 뜻이 명확함.

【且噲與帝偕起, 拔城陷陣, 功不爲少, 方亞父啑項莊時, 微噲譙羽, 則漢之爲漢, 未可知也】'偕起'는 樊噲는 劉邦과 함께 군사를 일으켜 抗秦隊列에 나섰음. '功不爲少'의 뒤에 《嘉祐集》에는 '矣'자가 더 있음. '亞父'는 項羽의 軍師 范增. 項羽는 평소에 그를 존경하여 '亞父'라 불렀음. 그런데 鴻門宴에서 劉邦을 죽이도록 눈짓을 하였으나 듣지 않자 천하를 차지할 자는 劉邦이라 탄식하고는 뒤에 項羽를 떠나 彭城으로 가겠다고 나섰다가 등창이 나서 죽고 말았음. 《史記》項羽本紀에 "歷陽侯范增曰:「漢易與耳, 今釋弗取, 後必悔之.」 項王乃與范增急圍滎陽. 漢王患之, 乃用陳平計間項王. 項王使者來, 爲太牢具, 擧欲進之. 見使者, 詳驚愕曰:「吾以爲亞父使者, 乃反項王使者.」 更持去, 以惡食食項王使者. 使者歸報項王, 項王乃疑

范增與漢有私, 稍奪之權. 范增大怒, 曰:「天下事大定矣, 君王自爲之. 願賜骸骨歸卒伍.」項王許之. 行未至彭城, 疽發背而死」라 함. '項莊'은 項羽의 숙부. 鴻門宴에서 范增은 項莊을 시켜 술자리에서 칼춤을 추다가 기회를 보아 劉邦을 찔러 죽이도록 하였으나 번쾌가 이를 알고 뛰어들어 劉邦의 죽음을 막아냈음.《史記》項羽本紀에 "沛公旦日從百餘騎來見項王, 至鴻門, 謝曰:「臣與將軍戮力而攻秦, 將軍戰河北, 臣戰河南, 然不自意能先入關破秦, 得復見將軍於此. 今者有小人之言, 令將軍與臣有郤.」項王曰:「此沛公左司馬曹無傷言之; 不然, 籍何以至此.」項王卽日因留沛公與飮. 項王, 項伯東嚮坐. 亞父南嚮坐. 亞父者, 范增也. 沛公北嚮坐, 張良西嚮侍. 范增數目項王, 擧所佩玉玦以示之者三, 項王黙然不應. 范增起, 出召項莊, 謂曰:「君王爲人不忍, 若入前爲壽, 壽畢, 請以劍舞, 因擊沛公於坐, 殺之. 不者, 若屬皆且爲所虜.」莊則入爲壽, 壽畢, 曰:「君王與沛公飮, 軍中無以爲樂, 請以劍舞.」項王曰:「諾.」項莊拔劍起舞, 項伯亦拔劍起舞, 常以身翼蔽沛公, 莊不得擊. 於是張良至軍門, 見樊噲. 樊噲曰:「今日之事何如?」良曰:「甚急. 今者項莊拔劍舞, 其意常在沛公也.」噲曰:「此迫矣, 臣請入, 與之同命.」噲卽帶劍擁盾入軍門. 交戟之衛士欲止不內, 樊噲側其盾以撞, 衛士仆地, 噲遂入, 披帷西嚮立, 瞋目視項王, 頭髮上指, 目眥盡裂. 項王按劍而跽曰:「客何爲者?」張良曰:「沛公之參乘樊噲者也.」項王曰:「壯士, 賜之卮酒.」則與斗卮酒. 噲拜謝, 起, 立而飮之. 項王曰:「賜之彘肩.」則與一生彘肩. 樊噲覆其盾於地, 加彘肩上, 拔劍切而啗之. 項王曰:「壯士, 能復飮乎?」樊噲曰:「臣死且不避, 卮酒安足辭! 夫秦王有虎狼之心, 殺人如不能擧, 刑人如恐不勝, 天下皆叛之. 懷王與諸將約曰'先破秦入咸陽者王之'. 今沛公先破秦入咸陽, 豪毛不敢有所近, 封閉宮室, 還軍霸上, 以待大王來. 故遣將守關者, 備他盜出入與非常也. 勞苦而功高如此, 未有封侯之賞, 而聽細說, 欲誅有功之人. 此亡秦之續耳, 竊爲大王不取也.」項王未有以應, 曰:「坐.」樊噲從良坐. 坐須臾, 沛公起如廁, 因招樊噲出. 沛公已出, 項王使都尉陳平召沛公. 沛公曰:「今者出, 未辭也, 爲之奈何?」樊噲曰:「大行不顧細謹, 大禮不辭小讓. 如今人方爲刀俎, 我爲魚肉, 何辭爲.」於是遂去. 乃令張良留謝. 良問曰:「大王來何操?」曰:「我持白璧一雙, 欲獻項王, 玉斗一雙, 欲與亞父, 會其怒, 不敢獻. 公爲我獻之.」張良曰:「謹諾.」當是時, 項王軍在鴻門下, 沛公軍在霸上, 相去四十里. 沛公則置車騎, 脫身獨騎, 與樊噲, 夏侯嬰, 靳彊, 紀信等四人持劍盾步走, 從酈山下, 道芷陽間行. 沛公謂張良:「從此道至吾軍, 不過二十里耳. 度我至軍中, 公乃入.」沛公已去, 閒至軍中, 張良入謝, 曰:「沛公不勝桮杓, 不能辭. 謹使臣良奉白璧一雙, 再拜獻大王足下; 玉斗一雙, 再拜奉大將軍足下.」項王曰:

「沛公安在?」良曰:「聞大王有意督過之, 脫身獨去, 已至軍矣.」項王則受璧, 置之坐上. 亞父受玉斗, 置之地, 拔劍撞而破之, 曰:「唉! 豎子不足與謀. 奪項王天下者, 必沛公也, 吾屬今爲之虜矣.」沛公至軍, 立誅殺曹無傷."이라 함.《眞寶》注에 "亞父, 謂范亞父"라 함. '嗾'(주)는 '使嗾하다'의 뜻. 劉邦을 죽이도록 지시하였음을 말함. '譙羽'는 항우를 질책하여 꾸짖음. 위의 원문을 볼 것. 한편《嘉祐集》에는 '譙'가 '誚讓' 두 글자로 되어 있음.《眞寶》注에 "譙羽, 謂樊噲責項羽"라 함.

【一旦人有惡噲欲滅戚氏者, 時噲出伐燕, 立命平, 勃, 卽軍中斬之】 '惡'은 惡評을 함. 모함을 함. '戚氏'는 高祖 劉邦이 가장 아끼던 戚夫人 일속으로 戚夫人은 如意를 낳아 고조는 如意가 자신을 닮았다고 하여 如意를 태자로 삼으려 하였음. 이에 번쾌(여후 여동생이 아내였음)가 여씨 집안과 일당이 되어 척씨 집안을 멸족시키려 한다고 악담을 한 것임. '燕'은 지금의 河北 지역 北京(薊)을 중심으로 한 옛 春秋戰國시대 燕나라 땅. 高祖의 공신 盧綰이 반란을 일으키려 하자 樊噲는 대장이 되어 정벌에 나섰던 것이며, 이때 高祖는 陳平과 周勃에게 그 기회에 가서 軍中에서 번쾌를 죽여 없애도록 명하였으나, 진평은 呂后의 보복이 두려워 번쾌를 죽이지 않은 채 長安으로 호송하였음. 그런데 長安에 도착하자 고조가 이미 죽은 뒤여서 樊噲는 즉시 석방되고, 陳平도 무사할 수 있었음.《史記》樊噲傳에 "其後盧綰反, 高帝使噲以相國擊燕. 是時高帝病甚, 人有惡噲黨於呂氏, 卽上一日宮車晏駕, 則噲欲以兵盡誅滅戚氏, 趙王如意之屬. 高帝聞之大怒, 乃使陳平載絳侯代將, 而卽軍中斬噲. 陳平畏呂后, 執噲詣長安. 至則高祖已崩, 呂后釋噲, 使復爵邑"이라 함.《眞寶》注에 "只使二子, 是何意?"라 함.

【夫噲之罪未形也, 惡之者誠僞, 未必也, 且帝之不以一女子斬天下功臣, 亦明矣】 '未形'은 아직 죄가 겉으로 드러나 형성되지 않음. '誠僞'는 眞僞와 같음. 사실 여부를 알 수 없음. '且帝'는《嘉祐集》에는 '且高帝'로 되어 있음.

【彼其娶於呂氏, 呂氏之族, 若産, 祿輩, 皆庸才不足卹, 獨噲豪健, 諸將所不能制, 後世之患, 無大於此矣】 '彼其娶於呂氏'는 樊噲가 呂后의 동생에게 장가들었음을 말함.《史記》樊噲傳에 "噲以呂后女弟呂須爲婦, 生子伉, 故其比諸將最親"이라 함. '産, 祿'은 呂産과 呂祿. 모두 呂后의 조카들. 여후 오빠의 아들.《眞寶》注에 "産, 祿, 指呂産, 呂祿"이라 함. 이들은 漢室을 呂氏 일가의 왕조로 구축하려 하였음.《史記》呂太后本紀에 "七年秋八月戊寅, 孝惠帝崩. 發喪, 太后哭, 泣不下. 留侯子張爲侍中, 年十五, 謂丞相曰:「太后獨有孝惠, 今崩, 哭不悲, 君知其解乎?」丞相曰:「何解?」辟彊曰:「帝母壯子; 太后畏君等. 君今請拜呂台, 呂産, 呂祿爲將, 將兵居南北軍, 及諸呂皆

入宮, 居中用事, 如此則太心安, 君等幸得脫禍矣.」丞相迺如辟彊計. 太后說, 其哭迺哀. 呂氏權由此起. 迺大赦天下. 九月辛丑, 葬. 太子卽位爲帝, 謁高廟. 元年, 號令一出太后"라 하였고, 같은 곳에 "六年十月, 太后曰呂王呂居處驕恣, 廢之, 以肅王台弟呂産爲呂王. ……建成康侯釋之卒, 嗣子有罪, 廢, 立其弟呂祿爲胡陵侯, 續康侯後"라 함. '庸才'는 庸劣한 才能. '不足卹'은 족히 걱정할 대상도 되지 않음.

【大高帝之視呂后, 猶醫者之視菫也, 使其毒可使治病, 而無至於殺人而已】'呂后' 다음에 《嘉祐集》에는 '也'자가 더 들어 있음. '菫'은 제비꽃, 혹 딱총나무, 또는 말오줌나무의 일종으로 毒性이 있어 사용 방법에 따라 사람의 병을 고치기도 하고 죽게도 함. 혹은 苦茶, 烏頭, 烏喙라고도 함. 《眞寶》注에 "菫, 苦茶"라 함. '可使治病'은 《嘉祐集》에는 '可以使治病'으로 되어 있음. '而已' 다음에 《嘉祐集》에는 '矣'자가 더 들어 있음.

【噲死, 則呂氏之毒, 將不至於殺人, 高帝以爲是足以死而無憂矣】'噲'는 《嘉祐集》에는 '樊噲'로 되어 있음.

【彼平, 勃者, 遺其憂者也】'平, 勃'은 陳平(獻侯)과 周勃(絳侯). '遺其憂'는 고조의 걱정을 후세에까지 남김. 즉 樊噲를 죽이도록 한 일을 실행하지 않아 呂氏 跋扈의 씨앗을 그대로 남겨두게 되었음을 말함.

【噲之死於惠帝之六年, 天也】'惠帝'는 漢 2대 황제 劉盈. '六年'은 B.C.189년. 이듬해 惠帝가 죽고 B.C.187–B.C.180년까지 본격적인 呂后의 시대가 되었다가 그 뒤 文帝(劉恒)가 다시 劉氏 王朝를 회복함. '六年' 다음에 《嘉祐集》에는 '也'자가 더 있음.

【使之尙在, 則呂祿不可給, 太尉不得入北軍矣】'給'는 '속이다'의 뜻. 여후가 죽은 뒤, 長安의 군대는 남북 양군으로 나뉘어 있었으며, 呂産과 呂祿 두 사람이 지휘를 맡아, 太尉 周勃(絳侯)조차도 軍中으로 들어갈 수가 없었음. 마침 齊王이 呂氏 토벌의 군사를 일으키자, 周勃은 陳平과 의논한 끝에, 呂祿에게 첩자를 보내어 여록으로 하여금 자신의 봉지 趙로 돌아가도록 속였음. 이에 여록이 이를 믿고 北軍의 지휘권을 내놓자 周勃은 북군으로 들어가 군사들을 선동하여 呂氏 일족을 모두 죽여 버리고, 劉恒을 皇帝로 옹립하였으며 이가 漢나라 3대 황제 文帝가 됨. 《史記》呂太后本紀에 "八月庚申旦, 平陽侯窋行御史大夫事, 見相國産計事. 郎中令賈壽使從齊來, 因數産曰:「王不蚤之國, 今雖欲行, 尙可得邪?」具以灌嬰與齊楚合從, 欲誅諸呂告産, 迺趣産急入宮. 平陽侯頗聞其語, 迺馳告丞相, 太尉. 太尉欲入北軍, 不得入. 襄平侯通尙符節. 迺令持節矯內太尉北軍. 太尉復令酈寄與典客劉揭先說呂祿曰:「帝使太尉守北軍, 欲足下之國, 急歸將印辭去, 不然, 禍且起.」呂祿以

爲酈兄不欺己, 遂解印屬典客, 而以兵授太尉. 太尉將之入軍門, 行令軍中曰:「爲呂氏右袒, 爲劉氏左袒.」軍中皆左袒爲劉氏. 太尉行至, 將軍呂祿亦已解上將印去, 太尉遂將北軍. 然尙有南軍. 平陽侯聞之, 以呂産謀告丞相平, 丞相平乃召朱虛侯佐太尉. 太尉令朱虛侯監軍門. 令平陽侯告衛尉:「毋入相國産殿門.」呂産不知呂祿已去北軍, 入未央宮, 欲爲亂, 殿門弗得入, 裴回往來. 平陽侯恐弗勝, 馳語太尉. 太尉尙恐不勝諸呂, 未敢訟言誅之, 迺遣朱虛侯謂曰:「急入宮衛帝.」朱虛侯請卒, 太尉予卒千餘人. 入未央宮門, 遂見産廷中. 日餔時, 遂擊産. 産走, 天風大起, 以故其從官亂, 莫敢鬪. 逐産, 殺之郎中府吏廁中. 朱虛侯已殺産, 帝命謁者持節勞朱虛侯. 朱虛侯欲奪節信, 謁者不肯, 朱虛侯則從與載, 因節信馳走, 斬長樂衛尉呂更始. 還, 馳入北軍, 報太尉. 太尉起, 拜賀朱虛侯曰:「所患獨呂産, 今已誅, 天下定矣.」遂遣人分部悉捕諸呂男女, 無少長皆斬之. 辛酉, 捕斬呂祿, 而笞殺呂嬃. 使人誅燕王呂通, 而廢魯王偃. 壬戌, 以帝太傅食其復爲左丞相. 戊辰, 徙濟川王王梁, 立趙幽王子遂爲趙王. 遣朱虛侯章以誅諸呂氏事告齊王, 令罷兵. 灌嬰兵亦罷滎陽而歸. 諸大臣相與陰謀曰:「少帝及梁, 淮陽, 常山王, 皆非眞孝惠子也. 呂后以計詐名他人子, 殺其母, 養後宮, 令孝惠子之, 立以爲後, 及諸王, 以彊呂氏. 今皆已夷滅諸呂, 而置所立, 卽長用事, 吾屬無類矣. 不如視諸王最賢者立之.」或言「齊悼惠王高帝長子, 今其適子爲齊王, 推本言之, 高帝適長孫, 可立也」. 大臣皆曰:「呂氏以外家惡而幾危宗廟, 亂功臣今齊王母家駟(鈞), 駟鈞, 惡人也. 卽立齊王, 則復爲呂氏.」欲立淮南王, 以爲少, 母家又惡. 迺曰:「代王方今高帝見之, 最長, 仁孝寬厚. 太后家薄氏謹良. 且立長故順, 以仁孝聞於天下, 便.」迺相與共陰使人召代王. 代王使人辭謝. 再反, 然後乘六乘傳. 後九月晦己酉, 至長安, 舍代邸. 大臣皆往謁, 奉天子璽上代王, 共尊立爲天子. 代王數讓, 群臣固請, 然後聽. 東牟侯興居曰:「誅呂氏吾無功, 請得除宮.」迺與太僕汝陰侯滕公入宮, 前謂少帝曰:「足下非劉氏, 不當立.」乃顧麾左右執戟者掊兵罷去. 有數人不肯去兵, 宦者令張澤諭告, 亦去兵. 滕公迺召乘輿車載少帝出. 少帝曰:「欲將我安之乎?」滕公曰「出就舍.」舍少府. 迺奉天子法駕, 迎代王於邸. 報曰:「宮謹除.」代王卽夕入未央宮. 有謁者十人持戟衛端門, 曰:「天子在也, 足下何爲者而入?」代王迺謂太尉. 太尉往諭, 謁者十人皆掊兵而去. 代王遂入而聽政. 夜, 有司分部誅滅梁, 淮陽, 常山王及少帝於邸. 代王立爲天子. 二十三年崩, 謚爲孝文皇帝.」라 함. 여기서는 만약 樊噲가 죽지 않고 살아 있었더라면 여씨 일족이 그토록 당하지는 않았을 것이라는 뜻.

【或謂噲於帝最親, 使之尙在, 未必與産, 祿叛】어떤 이는 번쾌가 고조와 가장 친

한 사이였기 때문에 그가 죽지 않고 그대로 있었다 해도 여산과 여록이 반란을
일으키도록 그대로 두지는 않았을 것이라 말함.

【夫韓信, 黥布, 盧綰, 皆南面稱孤, 而綰又最爲親幸, 然及高帝之未崩也, 皆相繼以
逆誅】'韓信'은 고조가 누구보다 신임했던 장군으로 항우와의 싸움에서 가장 큰
공을 세웠던 인물. 淮陰侯에 봉해진 다음 반란을 꾀하다가 죽임을 당함.《史記》
(92) 淮陰侯韓信列傳을 참조할 것. '黥布'는 본명은 英布. 살인을 저질러 墨刑을
받아 黥布라고 하였으며 원래 項羽를 섬기다가 劉邦에게로 와서 많은 공을 세웠
음. 韓信이 죽임을 당하는 것을 보고 자신의 위험을 감지하고 반란을 꾀하다가
마찬가지로 죽임을 당함.《史記》(91) 黥布列傳을 참조할 것. '盧綰'은 고조와 동향
으로 어릴 때부터 친구였으나 燕王에 봉해진 뒤 모반을 꾀하다가 고조가 樊噲
로 하여금 토벌하게 하자 匈奴로 달아남.《史記》高祖本紀에 "盧綰聞高祖崩, 遂
亡入匈奴"라 하였고,《史記》(93) 盧綰列傳에 "盧綰者, 豐人也, 與高祖同里. 盧綰親
與高祖太上皇相愛, 及生男, 高祖, 盧綰同日生, 里中持羊酒賀兩家. 及高祖, 盧綰
壯, 俱學書, 又相愛也. 里中嘉兩家親相愛, 生子同日, 壯又相愛, 復賀兩家羊酒. 高
祖爲布衣時, 有吏事辟匿, 盧綰常隨出入上下. 及高祖初起沛, 盧綰以客從, 入漢中
爲將軍, 常侍中. 從東擊項籍, 以太尉常從, 出入臥內, 衣被飮食賞賜, 羣臣莫敢望,
雖蕭曹等, 特以事見禮, 至其親幸, 莫及盧綰. 綰封爲長安侯. 長安, 故咸陽也. 漢五
年冬, 以破項籍, 迺使盧綰別將, 與劉賈擊臨江王共尉, 破之. 七月還, 從擊燕王臧
荼, 臧荼降. 高祖已定天下, 諸侯非劉氏而王者七人. 欲王盧綰, 爲羣臣觖望. 及虜臧
荼, 迺下詔諸將相列侯, 擇羣臣有功者以爲燕王. 羣臣知上欲王盧綰, 皆言曰:「太尉
長安侯盧綰常從平定天下, 功最多, 可王燕.」詔許之. 漢五年八月, 迺立盧綰爲燕王.
諸侯王得幸莫如燕王. 漢十一年秋, 陳豨反代地, 高祖如邯鄲擊豨兵, 燕王綰亦擊其
東北. 當是時, 陳豨使王黃求救匈奴. 燕王綰亦使其臣張勝於匈奴, 言豨等軍破. 張
勝至胡, 故燕王臧荼子衍出亡在胡, 見張勝曰:「公所以重於燕者, 以習胡事也. 燕所
以久存者, 以諸侯數反, 兵燕不決也. 今公爲燕欲急滅豨等, 豨等已盡, 次亦至燕,
公等亦且爲虜矣. 公何不令燕且緩陳豨而與胡和? 事寬, 得長王燕;卽有漢急, 可以
安國.」張勝以爲然, 迺私令匈奴助豨等擊燕. 燕王綰疑張勝與胡反, 上書請族張勝.
勝還, 具道所以爲者. 燕王寤, 迺詐論它人, 脫勝家屬, 使得爲匈奴閒, 而陰使范齊
之陳豨所, 欲令久亡, 連兵勿決. 漢十二年, 東擊黥布, 豨常將兵居代, 漢使樊噲擊斬
豨. 其裨將降, 言燕王綰使范齊通計謀於豨所. 高祖使使召盧綰, 綰稱病. 上又使辟
陽侯審食其, 御史大夫趙堯往迎燕王, 因驗問左右. 綰愈恐, 閉匿, 謂其幸臣曰:「非

劉氏而王, 獨我與長沙耳. 往年春, 漢族淮陰, 夏, 誅彭越, 皆呂后計. 今上病, 屬任呂后. 呂后婦人, 專欲以事誅異姓王者及大功臣.」迺遂稱病不行. 其左右皆亡匿. 語頗泄, 辟陽侯聞之, 歸具報上, 上益怒. 又得匈奴降者, 降者言張勝亡在匈奴, 爲燕使. 於是上曰:「盧綰果反矣!」使樊噲擊燕. 燕王綰悉將其宮人家屬騎數千居長城下, 候伺, 幸上病愈, 自入謝. 四月, 高祖崩, 盧綰遂將其衆亡入匈奴, 匈奴以爲東胡盧王. 綰爲蠻夷所侵奪, 常思復歸. 居歲餘, 死胡中. 高后時, 盧綰妻子亡降漢, 會高后病, 不能見, 舍燕邸, 爲欲置酒見之. 高后竟崩, 不得見. 盧綰妻亦病死. 孝景中六年, 盧綰孫他之, 以東胡王降, 封爲亞谷侯.」라 함.

【南面稱孤】王이 되어 南面하여 '孤'라 칭함. '孤'는 임금이 자신을 낮추어 부르는 칭호. 《老子》(39)에 "故貴以賤爲本, 高以下爲基. 是以侯王自謂孤·寡·不穀, 此非以賤爲本邪? 非歟?"라 함.

【誰謂百歲之後, 椎埋屠狗之人, 見其親戚得爲帝王, 而不欣然從之耶】'椎埋'(추매)는 사람을 몽둥이로 쳐 죽여 땅에 묻어 버리는 무법자. 구체적인 인물을 가리킨 것은 아니며 못된 짓을 했으나 운이 좋아 성공한 자를 가리킴. 黥布는 죄를 지어 墨刑에 처해지는 등 그와 같은 類의 사람들. 《眞寶》注에 "椎埋, 卽墓賊"이라 하였고, 《史記》貨殖列傳에 "其在閭巷少年, 攻剽椎埋, 劫人作姦, 掘冢鑄幣, 任俠幷兼, 借交報仇, 篡逐幽隱, 不避法禁, 走死地如鶩者, 其實皆爲財用耳"라 함. '屠狗'는 개백정의 일을 했던 사람. 樊噲를 가리킴. 그처럼 못된 짓을 한 사람이었더라도 제왕이 되면 그 친척들은 기쁘게 여기며 따를 것이라 보는 편이 타당함. '得爲帝王'은 《嘉祐集》에는 '乘勢爲帝王'으로 되어 있으며 '耶'는 '邪'로 되어 있음. 《眞寶》注에 "帝在則與帝親, 帝死則産, 祿爲親矣"라 함.

【吾故曰:「彼平, 勃者, 遺其憂者也.」】앞서 주장한 陳平과 周勃로 하여금 呂氏 一族을 옹호했던 樊噲를 죽이도록 하였으나 두 사람이 이를 실행하지 않음으로써 高祖에게 근심을 남기도록 하였음을 결론으로 내세운 것.

참고 및 관련 자료

1. 작자: 蘇洵(明允, 老泉) 083 참조.

2. 이 글은 《嘉祐集》(3), 《唐宋八大家文鈔》(113), 《文章軌範》(3), 《古文關鍵》(下), 《歷代名賢確論》(40), 《說郛》(8 下), 《文編》(29), 《文章辨體彙選》(394), 《中庸衍義》(9), 《經濟類編》(84), 《群書考索》(21) 등에 실려 있음.

088. <上歐陽內翰書> ·················· 蘇明允(蘇洵)
내한 구양수에게 올리는 글

＊<上歐陽內翰書>: 이는 蘇洵이 歐陽修에게 보낸 다섯 번의 편지 중 첫 번째 서신으로 자신의 學問을 소개함과 아울러 직접 만나 뵙기를 청한 것임. 《嘉祐集》에는 제목이 <上歐陽內翰第一書>로 되어 있음. 歐陽은 歐陽修, 內翰은 翰林의 별칭. 그 무렵 歐陽修는 翰林院 侍讀學士로 있었음. 《唐宋八大家文鈔》에는 "此書凡三段, 一段歷敍諸君子之離合見, 已慕望之切; 二段稱歐陽公之文, 見已知公之深; 三段自敍平生經歷, 欲歐陽公之知之也. 而情事婉曲, 周折何等意氣? 何等風神?"이라 함. 한편 《仕學規範》(32)에는 "明允<上歐陽公書>云:「執事之文章, 天下之人, 莫不知之. 然竊以爲某之知, 特深愈於天下之人, 何者? 孟子之文, 語約而意深. 不爲巉刻斬絶之言, 而其鋒不可犯; 韓子之文, 如長江大河, 渾浩流轉, 魚黿蛟龍萬怪, 逴惑而抑絶, 蔽掩不使自露, 而人望見其淵然之光, 蒼然之色, 亦自畏避不敢迫視, 執事之文, 紆餘委備往復, 萬折而條達, 疎暢無所間斷. 氣盡語極, 急言竭論, 而容與閑易, 無艱難辛苦之態. 此三者, 皆斷然自爲一家之文也"라 함.

＊《眞寶》注에 "離合二字, 爲前段綱領, 而以已之道, 未成將成粗成大成, 等字參錯之, 中間叙六君子; 中有已先死而不及見者, 有貴與遠而難見者, 可以書見者, 唯歐公而已. 遂以一段, 頌公之文; 又以一段, 自述己之文, 節節相生, 前後照應, 無一語出律令外. ○選此篇, 又有一說: 老泉二十五歲, 方知讀書學文, 彼其用力精專, 後來成就, 高卓如此, 後生徒以過時, 自棄而不肯用力者, 尤宜讀此, 以自鞭策焉"이라 함.

(내한 집사께:) 저蘇洵는 평민으로 궁핍하게 살면서 늘 속으로 스스로 탄식하되, 천하 사람들은 모두가 똑똑할 수만은 없고 모두가 불초한 것만은 아니라 여겨왔습니다.

이 까닭으로 현인군자가 세상에 처하면서 합쳤다가는 반드시 헤어지고, 헤어졌다가도 반드시 합치는 것입니다.

지난날, 천자께서 바야흐로 다스림에 뜻을 가졌을 때 범공(范公, 范仲

淹)은 재상의 관부에 있었고, 부공(富公, 富弼)은 추밀부사樞密副使의 지위에 있었으며, 집사歐陽修께서는 여공(余公, 余靖), 채공(蔡公, 蔡襄)과 함께 간관諫官으로 활동하셨으며, 윤공(尹公, 尹洙)께서는 위아래를 달리면서 전쟁터에서 온 힘을 쏟고 계셨습니다.

바야흐로 이때에는 천하 사람들은 모발사속毛髮絲粟과 같은 작은 재주만 있어도 분분紛紛히 일어나 합하여 뜻이 하나가 되었습니다.

그러니 저는 스스로 생각하기에 우매하고 노둔하여 쓸모가 없는 몸으로서, 그 사이에 스스로 떨쳐 일어나기에 부족하다고 여겨 물러나 마음을 수양하여, 다행히 그 도가 차츰 성취하면 가히 다시 당세의 현인군자를 뵐 수 있으리라 기대하였습니다.

불행하게도 아직 도를 이루지 못하였는데 범공은 서쪽으로 떠났고, 부공은 북쪽으로, 집사와 여공, 채공께서는 흩어져 사방으로 가셨으며, 윤공 또한 세력을 잃고 작은 관리로 분주히 떠도는 신세가 되고 말았습니다.

저는 그때 서울에 있었던 터라 그 일을 직접 보았으며 홀홀忽忽이 하늘을 우러러 탄식하면서, 이런 분들이 가버렸으니 비록 도가 성취된다고 해도 다시는 족히 영광스러움이 될 수 없다고 여겼습니다.

이윽고 다시 스스로 생각해 보니 지난날 여러 군자들이 조정에 나가게 된 것은, 그 시작에는 반드시 훌륭한 분들의 추천이 있어서였는데, 지금은 틀림없이 소인들이 이간해서 그렇게 되었으리라 생각하게 되었습니다.

지금의 세상에 다시 선인이 없다면 그만이겠지만, 만약 그렇지 않다면 내 무엇을 근심하겠습니까?

잠시 마음을 수양하여 그 도로 하여금 이룸이 있게 한 다음, 이를 기다리면 되는 것인데 어찌 상심하겠습니까?

그리하여 물러나 거처한 지 10년, 비록 감히 스스로 그 도를 이룸이 있다고 말할 수는 없으나, 그러나 가슴속에 호호浩浩함은 지난번과 달라진 것 같습니다.

그런데 여공이 마침 남방에서 공을 이룸이 있고, 집사와 채공께서는 다시 서로 이어 조정에 오르게 되었으며, 부공께서도 다시 밖으로부터 조정으로 들어와 재상이 되시어, 그 형세가 차츰 다시 합하여 하나가 되었습니다.

기쁘고 또한 스스로 축하하며 도가 이윽고 거칠게나마 성취되었으니, 과연 장차 이를 펼 기회가 있게 되리라 여기고 있습니다.

이윽고 다시 지난번 앙모하고 희망하며 사랑하고 기꺼워하던 이들이었으나 만나 뵙지 못하였던 이들이 여섯 분들이었는데, 지금 장차 가서 만나 뵈려 하였으나 여섯 분 중에 이미 범공과 윤공 두 분은 별세하여 없으니, 다시 이들을 위해 왈칵 눈물을 쏟으면서 슬퍼하고 있습니다.

아! 두 분은 다시는 만나 뵐 수가 없게 되었습니다!

그러나 이러한 마음에 위로가 될 수 있으며 믿을 만한 분은 그래도 네 분이나 계시니, 또 이로써 스스로 근심을 풀고 생각은 이 네 분밖에 없어, 급급汲汲히 서둘러 한 번 면식面識을 터서 마음속에 하고 싶은 말을 펴고 싶습니다.

그런데 부공께서는 다시 천자의 재상이시니 원방遠方의 한사寒士로서 급히 그 앞에 말로써 통할 수는 없고, 여공과 채공은 먼 분으로써 만리 밖에 계시며, 오직 집사만이 조정에 계시면서 그 지위와 차등도 그리 귀한 것은 아니어서 가히 불러 부여잡고 말씀으로 들려드릴 수 있을 뿐입니다.

그런데 기한飢寒과 쇠로衰老의 병이 다시 고질이 되어 그대로 나를 붙들어 두어, 능히 스스로 집사의 뜰에 이를 수 없게 하는군요.

무릇 앙모하고 희망하며 사랑하고 기꺼워하는 마음속의 사람들인데 10년을 뵙지 못하다가 그 중 이미 죽은 사람이 범공과 윤공 두 분이나 되는데, 그렇다면 네 분 중에서 그 세력으로 보아 가히 급히 말로 통할 수 없는 자가 아닌 자라면 어찌 가히 능히 스스로 찾아가기를 갑자기 그만둘 수 있겠습니까?

집사의 문장은 천하 사람들로서 알지 못하는 이가 없으나, 그러나 생각건대 저야말로 특별하고 깊기가 천하 사람보다 더하다고 여깁니다.

어찌 그렇겠습니까? 맹자孟子의 문장은 말이 축약되었으나 의미가 깊어 참각鑱刻하거나 참절斬截한 말로 하지 않았음에도 그 날카로운 끝은 가히 범할 수가 없습니다.

그런가 하면 한자(韓子, 韓愈)의 문장은 마치 장강대하長江大河와 같아 혼호渾浩히 흐르고 돌아, 어원교룡魚黿蛟龍과 같은 온갖 괴이함과 황혹惶惑함을 느끼게 하며, 억누르고 막고 엄폐하고 스스로를 드러내지 않되 사람들은 스스로 그 연연淵然한 광채를 발견하게 되고, 창연蒼然한 색깔에 역시 스스로 두려워 피하도록 하여 감히 가까이 다가가서 볼 수 없도록 하고 있습니다.

그런데 집사의 문장은 여유가 있고 두루 갖추어져 있으며, 왕복백절往復百折하되 조리가 분명하고 소통이 시원하며, 중간에 끊어짐이 없으며, 문기文氣와 논리가 지극하며, 말은 급하고 결론을 다하되 용납함과 편안함은 있되, 간난艱難이나 신고辛苦의 형태는 없습니다.

이 세 가지는 단연코 자연스럽게 일가一家의 문장을 이룬 것입니다.

오직 이고李翶의 문장은 그 맛이 암연黯然하며 길고, 그 광채는 씩씩하게 솟아오르면서 그윽하여, 굽어보거나 쳐다보며 읍손揖遜할 정도여서 집사와 같은 문체를 가지고 있습니다.

그리고 육지陸贄의 문장은 말의 표현과 뜻은 배치가 절근하고 적당하여, 집사의 실질을 가지고 있기는 하나 집사의 재능은 또한 스스로 남을 뛰어넘음이 있습니다.

대체로 집사의 문장은 맹자나 한자의 문장이 아니요, 구양자 자신만의 문장입니다.

무릇 남의 훌륭함을 즐겨 말하면서 아첨이 되지 않는 까닭은, 그 사람의 진실함이 족히 당연히 그렇다고 여기기 때문입니다.

저 알지 못하는 자들은 이를 남을 칭찬하여 자신을 좋아하도록 하기 위한 것이라 여깁니다. 무릇 남을 칭찬하여 자신을 좋아하도록 하는 것은 저 역시 그렇게 하지는 않지만 그럼에도 집사의 광명성대한 덕을 말하면서 스스로 그칠 줄 모르는 이유는, 역시 제가 집사께서 제가 집사를 잘 알고 있음을 알도록 하고 싶어서입니다.

비록 그렇기는 하나 집사의 이름이 천하에 가득하여 설사 그 문장을 보지 않더라도 진실로 이미 구양자라는 인물이 있음을 알고 있습니다.

저는 불행히 초야의 진흙 속에 떨어져 묻혀 있으나 도를 알고자 하는 마음이 다시 근래에 와서야 조금씩 생기고 있습니다.

그러나 맨 손으로 지척咫尺의 짧은 글을 받들고 스스로 집사께 의탁하고자 하지만, 장차 집사로 하여금 어떤 방법을 통해서 알 수 있도록 하겠으며 어떤 길을 통해 믿음을 얻을 수 있겠습니까?

저는 소년 시절에는 배움에 나서지 않았다가 스물다섯이 되어서야 비로소 독서를 시작하여 사군자士君子들과 교유하였습니다.

이미 늦은 나이였으나 다시 심각한 뜻으로 힘써 실행하여 옛사람의 경지를 기약하되 완수하지는 못했으나, 나와 동렬同列들을 보았더니 모두가 나보다 낫지는 않기에, 그렇다면 마침내 나도 가능할 것이라 여겼습니다.

그 뒤 곤궁함이 더욱 심해져 매번 옛사람의 문장을 취하여 읽어보고는 비로소 그들이 말로 표현해내고 뜻을 글로 적어내는 것이 나와 크게 다르다는 것을 깨닫게 되었습니다.

이에 때때로 다시 안으로 반성해보고 내 재능을 스스로 생각해 보았더니, 다시 무릇 마침내 여기에서 그치고 말 일이 아닌 것 같았습니다.

이로 말미암아 지난날 지었던 바의 문장 수백 편을 불살라 버리고, 《논어》, 《맹자》, 《한자》 및 기타 성인과 현인들의 문장을 취하여 올연兀然히 단정하게 앉아 종일 이를 읽기를 7, 8년이 되었습니다.

바야흐로 그 시작에는 그 중심으로 들어가 황연惶然이 의혹을 느꼈고, 그 밖의 것을 널리 보고는 해연駭然히 놀라기도 하였습니다.

오래도록 이와 같이 함에 이르러 읽기를 더욱 정밀히 하자, 가슴속이 활연豁然히 밝아져 마치 사람의 말이란 진실로 마땅히 그래야 하는 것으로 여기게 되었으나, 그럼에도 아직 감히 내 자신의 말을 지어낼 수는 없었습니다.

오랜 시간이 흐르자 날이 갈수록 가슴속에 말이 많아져 스스로도 자제할 수가 없어 시험 삼아 꺼내어 글로 써서는, 이윽고 이미 두 번, 세 번 읽어보니 그것을 풀어내어 쓴다는 것이 쉽다는 것을 혼혼渾渾히 깨닫게 되었습니다.

그럼에도 아직 감히 스스로 옳다고 여기지는 못하고 있습니다.

근래에 지은 바 《홍범론弘範論》과 《사론史論》 모두 7편은 집사께서 보시기에 어떠하신지요?

아! 구구하게 자신을 말하는 바를 알지 못하는 자는 다시 장차 스스로 자랑하여 남이 자신을 알아주기를 구하는 일이라 여길 것입니다.

오직 집사께서는 10년 동안 생각한 마음이 이처럼 우연한 것이 아님을 살펴주시기를!

더 펴서 말씀드리지 못합니다. 소순이 재배합니다.

(內翰執事):洵布衣窮居, 常竊自歎. 以爲天下之人, 不能皆賢, 不能皆不肖.

是以賢人君子之處於世, 合必離, 離必合.

往者, 天子方有意於治, 而范公在相府, 富公在樞密, 執事與余公, 蔡公爲諫官, 尹公馳騁上下, 用力於兵革之地.

方是之時, 天下之人, 毛髮絲粟之才, 紛紛而起, 合而爲一.

而洵也, 自度其愚魯無用之身, 不足以自奮於其間, 退而養其心, 幸其道之將成, 而可以復見於當世之賢人君子.

不幸道未成, 而范公西, 富公北, 執事與余公, 蔡公, 分散四出, 而尹公亦失勢, 奔走於小官.

洵時在京師, 親見其事, 忽忽仰天歎息, 以爲斯人之去, 而道雖成, 不復足以爲榮也.

旣復自思, 念往者衆君子之進於朝, 其始也, 必有善人焉推之; 今也亦必有小人焉間之.

今世無復有善人也, 則已矣; 如其不然也, 吾何憂焉?

姑養其心, 使其道大有成而待之, 何傷?

退而處十年, 雖未敢自謂其道有成矣, 然浩浩乎其胷中, 若與曩者異.

而余公適亦有成功於南方, 執事與蔡公, 復相繼登於朝, 富公復自外入爲宰相, 其勢將復合于一.

喜且自賀, 以爲道旣已粗成, 而果將有以發之也.

旣又反而思其向之所慕望愛悅之而不得見之者, 蓋有六人焉, 今將徃見之矣, 而六人者, 已有范公, 尹公二人亡焉, 則又爲之潸焉出涕以悲.

嗚呼! 二人者不可復見矣!

而所恃以慰此心者, 猶有四人也, 則又以自解; 思其止於四人也, 則又汲汲欲一識其面, 以發其心之所欲言.

而富公又爲天子之宰相, 遠方寒士, 未可遽以言通於其前, 而余公, 蔡公, 遠者又在萬里外, 獨執事在朝廷間, 而其位差不甚貴, 可以叫呼攀援而聞之以言.

而飢寒衰老之病, 又痼而留之, 使不克自至於執事之庭.

夫以慕望愛悅其人之心, 十年而不得見, 而其人已死, 如范公, 尹公二人者, 則四人者之中, 非其勢不可遽以言通者, 何可以不能自征而遽已也?

執事之文章, 天下之人莫不知之, 然竊以爲洵之知之也特深, 愈於天下之人.

何者? 孟子之文, 語約而意深, 不爲巉刻斬截之言, 而其鋒不可犯.

韓子之文, 如長江大河, 渾浩流轉, 魚黿蛟龍, 萬怪惶惑, 而抑遏蔽掩, 不使自露, 而人望(自)見其淵然之光, 蒼然之色, 亦自畏避, 不敢迫視.

執事之文, 紆餘委備, 往復百折, 而條達疏暢; 無所間斷, 氣盡語極, 急言竭論, 而容與閒易; 無艱難辛苦之態.

此三者, 皆斷然自爲一家之文也.

惟李翱之文, 其味黯然而長, 其光油然而幽, 俯仰揖遜, 有執事之態.

陸贄之文, 遣言措意, 切近的當, 有執事之實, 而執事之才, 又自有過人者.

蓋執事之文, 非孟子, 韓子之文, 而歐陽子之文也.

夫樂道人之善而不爲諂者, 以其人誠足以當之也.

彼不知者, 則以爲譽人以求其悅己也.

夫譽人以求其悅己, 洵亦不爲也, 而其所以道執事光明盛大之德, 而不自知止者, 亦欲執事之知其知我也.

雖然, 執事之名, 滿於天下, 雖不見其文, 而固已知有歐陽子矣.

而洵也, 不幸墮在草野泥塗之中, 而其知道之心, 又近而粗成.

(而)欲徒手奉咫尺之書, 自托於執事, 將使執事, 何從而知之, 何從而信之哉!

洵少年不學, 生二十五歲, 始知讀書, 從士君子游.

年旣已晚, 而又不遂刻意屬行, 以古人自期, 而視與己同列者, 皆不勝己, 則遂以爲可矣.

其後困益甚, 復取古人之文而讀之, 始覺其出言用意, 與己大異(別).

時復內顧, 自思其才, 則又似夫不遂止於是而已者.

由是盡燒其曩時所爲文數百篇, 取《論語》,《孟子》,《韓子》及其它聖人, 賢人之文, 而兀然端坐, 終日以讀之者七八年矣.

方其始也, 入其中而惶然以惑, 博觀於其外, 而駭然以驚.

及其久也, 讀之益精, 而其胸中豁然以明, 若人之言, 固當然者, 然猶未敢自出其言也.

時旣久, 胸中之言, 日益多, 不能自制, 試出而書之, 已而再三讀之, 渾渾乎覺其來之易也.

然猶未敢自以爲是也.

近所爲《洪範論》,《史論》凡七篇, 執事觀其如何?

噫嘻! 區區而自言, 不知者, 又將以爲自譽以求人之知己也.

惟執事, 思其十年之心, 如是之不偶然也而察之!

不宣, 洵再拜.

【(內翰執事)】: 洵布衣窮居, 常竊自歎. 以爲天下之人, 不能皆賢, 不能皆不肖.《嘉祐集》에는 앞에 '內翰執事' 이 4자로 시작되고 있음. '執事'는 일을 집행하는 사람. 상대를 높여 부르는 칭호. 여기서는 歐陽修를 가리킴. '洵'은 蘇洵 자신.《眞寶》注

에 "洵, 蘇洵自謂"라 함. '布衣窮居'는 평민으로 궁하게 살고 있음. '常竊自歎'은
《嘉祐集》에는 '嘗竊有歎'으로 되어 있음. '竊'은 몰래 속으로 생각함. '不肖'는 賢
에 상대되는 말로 똑똑하지 못함.

【是以賢人君子之處於世, 合必離, 離必合】'是以'는《嘉祐集》에는 '故'로 되어 있음.
《眞寶》注에 "離合之說, 本出《國語》"라 함.

【往者, 天子方有意於治, 而范公在相府, 富公在樞密, 執事與余公, 蔡公爲諫官, 尹公
馳騁上下, 用力於兵革之地】'天子'는 宋 仁宗(趙禎)을 가리킴. 이때는 仁宗 慶曆 3
년(1043)임.《眞寶》注에 "仁宗慶曆三年"이라 함. '范公'은 范仲淹(989-1052). 자는
希文. 西夏를 격퇴한 功으로 仁宗 때 樞密副使를 거쳐 參知政事에 오름. 본《眞
寶》〈嚴先生祠堂記〉(068), 〈岳陽樓記〉(069) 등을 참조할 것. '相府'은 宰相의 官府.
同平章事가 宰相. 參知政事는 副相의 지위였음.《眞寶》注에 "仲淹, 參政"이라 함.
'富公'은 富弼(1004-1083). 자는 彦國. 諡號는 韓國公. 宋나라 때의 名相. 仁宗 때
契丹을 제압한 공으로 樞密副使, 英宗(趙曙) 때는 樞密使에 올랐음. 王安石의 新
法에 반대하여 鄆州로 좌천되었다가 다시 司空에 오름.《宋史》(313)에 傳이 있음.
'樞密'은 樞密院. 中書省과 함께 兩府라 불렸으며 軍事 업무를 담당하였음.《眞
寶》注에 "弼"이라 함. 한편 '在樞密'은《嘉祐集》에는 '爲樞密副使'로 되어 있음.
'余公'은 余靖(1000-1064), 본명은 希古. 자는 安道. 호는 武溪. 仁宗 天聖 2년에 급
제하여 集賢校理를 거쳐 右正言이 되어 歐陽修, 王素, 蔡襄과 함께 '慶曆四諫'이
라 불렸으며, 뒤에 工部尙書에 오름.《宋史》(320)에 傳이 있음. '蔡公'은 蔡襄(1012-
1067), 자는 君謨, 北宋의 유명한 書藝家이며 政治家, 茶에 대한 名人이기도 함.
仁宗 天聖 8년 進士에 올라 知諫院, 知制誥, 龍圖閣直學士, 樞密院直學士, 翰林
學士 등을 역임하였으며 뒤에 泉州, 福州, 開封, 杭州 등의 知事를 역임함.《宋
史》(320)에 傳이 있음. '尹公'은 尹洙(1001-1047), 자는 師魯.《眞寶》注에 "洙, 師魯"
라 함. 洛陽 사람으로 북송의 散文家이며 세칭 河南先生이라 불렸음. 天聖 2년
進士에 올라 館閣校勘, 太子中允 등을 지냄. 范仲淹이 승상의 잘못을 지적하다
가 饒州로 좌천되자 이에 상소를 올려 변호하였으나 그 일로 자신도 崇信軍節
度掌書記로 좌천됨. 뒤에 풀려나 右司諫, 渭州支社 등을 거쳐 陝西經略使, 起居
舍人 등을 역임함.《宋史》(295)에 傳이 있음. '兵革'은 전쟁을 뜻함.《眞寶》注에
"洙爲陝西經略"이라 함.

【方是之時, 天下之人, 毛髮絲粟之才, 紛紛而起, 合而爲一】'毛髮絲粟'은 털이나 머
리카락, 실이나 좁쌀처럼 아주 작은 것을 뜻함. '合而爲一'은 합하여 뜻을 하나로

모아 일을 하고자 함.

【而洵也, 自度其愚魯無用之身, 不足以自奮於其間, 退而養其心, 幸其道之將成, 而可以復見於當世之賢人君子】'自度'(자탁)은 헤아려봄.《眞寶》注에 "度, 卽忖度"이라 함. '愚魯'는 우매하고 노둔함.

【不幸道未成, 而范公西, 富公北, 執事與余公, 蔡公, 分散四出, 而尹公亦失勢, 奔走於小官】'范公西'는 范仲淹. 그는 陝西宣撫로 나갔음.《眞寶》注에 "陝西宣撫"라 함. '富公北'은 이때 富弼. 河北宣撫로 나갔음.《眞寶》注에 "河北宣撫"라 함. '分散四出'은 당시 歐陽修는 河北都轉運, 余靖은 吉州, 蔡襄은 福州知事로 각기 흩어짐.《眞寶》注에 "歐, 河北都轉運; 余, 坐蕃罷貶知吉州; 蔡, 以親老請郡知福州"라 함. '小官'은 尹洙는 濠州通判의 작은 벼슬로 좌천되었음.《眞寶》注에 "通判濠州"라 함.

【洵時在京師, 親見其事, 忽忽仰天歎息, 以爲斯人之去, 而道雖成, 不復足以爲榮也】'京師'는 서울, 그 무렵 汴京, 지금의 開封. '忽忽'은 갑작스러워 맥이 빠짐을 뜻함.《眞寶》注에 "榮字, 意欠審"이라 함.

【旣復自思, 念往者衆君子之進於朝, 其始也, 必有善人焉推之; 今也亦必有小人焉間之】'推之'는 추천해야 조정에 나갈 수 있음. '間之'는 이간에 의해 쫓겨남.

【今世無復有善人也, 則已矣. 如其不然也, 吾何憂焉?】'今世'는《嘉祐集》에는 '今之世'로 되어 있음. '如不其然'은 '만약 그렇지 않다면'의 뜻.

【姑養其心, 使其道大有成而待之, 何傷?】'姑'는 잠시. '何傷'은 '무슨 상심할 것이 있겠는가?'의 뜻.

【退而處十年, 雖未敢自謂其道有成矣, 然浩浩乎其胷中, 若與曩者異】'浩浩乎'는 탁 트여 광대한 모습. '曩者'는 지난날, 옛날.

【而余公適亦有成功於南方, 執事與蔡公, 復相繼登於朝, 富公復自外入爲宰相, 其勢將復合於一】'成功於南方'은 余靖이 桂州知事로 나가 仁宗 至和 3년(1056) 儂智高의 난을 평정한 것을 말함. 뒤에 그는 이 공로로 工部侍郎에 오름.《眞寶》注에 "余知桂州, 平儂智高, 與有功除工部侍郎"이라 함. '合于一'은《嘉祐集》에는 '合爲一'로 되어 있음.

【喜且自賀, 以爲道旣已粗成, 而果將有以發之也】'粗成'은 거칠지만 대강 성취됨. '發之'는 올바른 도를 발휘하게 됨.

【旣又反而思其向之所慕望愛悅之而不得見之者, 蓋有六人】'向之'는 '전에, 이전에'의 뜻.《眞寶》注에 "向, 猶前時"라 함.《嘉祐集》에는 '嚮之'로 되어 있음. '慕望愛

‘悅’은 흠모하고 우러러보며 사랑하고 기꺼워함. ‘六人’은 歐陽修, 范仲淹, 富弼, 余靖, 蔡襄, 尹洙 등 여섯 사람.

【今將徃見之矣, 而六人者, 已有范公, 尹公二人亡焉, 則又爲之潸焉出涕以悲】‘亡焉’은 당시 이미 范仲淹과 尹洙는 죽고 없음. ‘潸焉’(산언)은 눈물을 줄줄 흘림.《嘉祐集》에는 ‘潸然’으로 되어 있음.

【嗚呼! 二人者不可復見矣!】‘二人’은 范仲淹과 尹洙.

【而所恃以慰此心者, 猶有四人也, 則又以自解; 思其止於四人也, 則又汲汲欲一識其面, 以發其心之所欲言】‘汲汲’은 서두름을 뜻하는 疊語.

【而富公又爲天子之宰相, 遠方寒士, 未可遽以言通於其前】‘遽’는 갑자기. 황급히. ‘寒士’는 벼슬에 오르지 못한 빈한한 선비.

【而余公, 蔡公, 遠者又在萬里外, 獨執事在朝廷間, 而其位差不甚貴, 可以叫呼攀援而聞之以言】‘萬里外’는 余靖은 靑州知事로, 蔡襄은 福州知事로 멀리 나가 있었음.《眞寶》注에 “余, 知靑州; 蔡, 在福州”라 함. ‘執事’는 歐陽修를 가리킴.《眞寶》注에 “執事, 謂歐陽修”라 함. ‘位差’는 地位와 差等. ‘叫呼’는 소리침. ‘攀援’은 붙잡고 올라감.《嘉祐集》에는 ‘扳援’으로 되어 있음.《眞寶》注에 “執事, 謂歐陽修”라 함.

【而飢寒衰老之病, 又痼而留之, 使不克自至於執事之庭】‘痼’는 고질병. ‘執事’는 歐陽修를 가리킴.

【夫以慕望愛悅其人之心, 十年而不得見, 而其人已死, 如范公, 尹公二人者, 則四人之中, 非其勢不可遽以言通者, 何可以不能自信而遽已也】‘四人者之中’은《嘉祐集》에는 ‘者’자가 있음. ‘遽已’는 급히 그만둠. 갑자기 중지함.

【執事之文章, 天下之人, 莫不知之, 然竊以爲洵之知之特深, 愈於天下之人】‘知之也特深’은《嘉祐集》에는 ‘知之特深’으로 되어 있음.

【何者? 孟子之文, 語約而意深, 不爲巉刻斬截之言, 而其鋒不可犯】‘意深’은《嘉祐集》에는 ‘意盡’으로 되어 있음. ‘巉刻斬截’은 높이고 깎고 베고 자름. 문장을 심하게 다듬어 공교히 하고자 함을 비유함.《嘉祐集》에는 ‘斬截’이 ‘斬絶’로 되어 있음.

【韓子之文, 如長江大河, 渾浩流轉, 魚黿蛟龍, 萬怪惶惑, 而抑遏蔽掩, 不使自露, 而人望見其淵然之光, 蒼然之色, 小自畏避, 不敢迫視】‘韓子’는 唐나라 때의 大文豪 韓愈(退之, 韓文公). ‘渾浩流轉’은 큰물이 마구 흐르며 감돌 듯함. ‘魚黿蛟龍’은 물 속의 모든 신기한 동물들. ‘萬怪惶惑’은 만 가지 괴이함과 당혹하고 미혹케 하는 것들. ‘抑遏蔽掩’은 억누르고 막고 가리고 덮음. ‘人望見其淵然之光’은《嘉祐集》에는 ‘人自見其淵然之光’으로 되어 있음. ‘淵然’은 깊고 심오함. ‘迫視’는 가까이 바짝

다가가서 봄.

【執事之文, 紆餘委備, 徃復百折, 而條達疏暢, 無所間斷, 氣盡語極, 急言竭論, 而容與閑易, 無艱難辛苦之態】 '紆餘'는 이리저리 굽은 모습을 뜻하는 雙聲連綿語. '委備'는 모든 것이 두루 갖추어져 있음. '徃復百折'은 왕복하여 여러 번 꺾임. '條達疏暢'은 글의 조리가 분명하며 뜻이 거침없이 잘 소통됨. 疏는 疏, 疎와 같음. '急言竭論'은 말을 펴 나가는 것이 급하며 논리를 끝까지 다함. '容與閑易'는 용납함이 있고 한가하며 편안함. '閑'은 《嘉祐集》에는 '閒'으로 되어 있음. '艱難'은 어렵고 힘든 상황을 표현하는 疊韻連綿語. '辛苦'는 맵고 씀. 역시 힘든 모습을 뜻함. 《嘉祐集》에는 '勞苦'로 되어 있음.

【此三者, 皆斷然自爲一家之文也】 '三者'는 孟子, 韓愈, 歐陽修를 가리킴. 그러나 歐陽修의 문장에서의 세 가지 특징, 곧 "(1)紆餘委備, 徃復百折, 而條達疏(疏)暢. (2)無所間斷, 氣盡語極, 急言竭論, 而容與閑易(閒易). (3)無艱難辛苦(勞苦)之態"로 볼 수도 있음.

【惟李翶之文, 其味黯然而長, 其光油然而幽, 俯仰揖遜, 有執事之態】 '李翶'(772–844)는 자는 習之. 唐 隴西 成紀 사람으로 文學家이며 哲學者. 唐 德宗 貞元 연간에 進士에 올라 國子博士, 中書舍人을 거쳐 桂州刺史, 山南東道節度使 등을 역임함. 그는 韓愈에게 古文을 배워 古文運動에 참여하였으며 崇儒排佛에 입각하여 문장을 지었음. 《李文公集》이 있으며 《舊唐書》(160)와 《新唐書》(177)에 傳이 있음. '黯然'은 어두워 그 속의 깊은 뜻을 얼른 알아보기 어려울 정도. '油然'은 새로 솟아나는 활기찬 모습. 《孟子》梁惠王(上)에 "天下莫不與也. 王知夫苗乎? 七八月之閒旱, 則苗槁矣. 天油然作雲, 沛然下雨, 則苗浡然興之矣. 其如是, 孰能禦之?"라 함. '俯仰'은 몸을 숙이고 젖히고 함. '揖遜'은 겸손함. 《嘉祐集》에는 '揖讓'으로 되어 있음.

【陸贄之文, 遣言措意, 切近的當, 有執事之實, 而執事之才, 又自有過人者】 '陸贄'(754—805)는 자는 敬輿, 吳郡 嘉興 출신으로 唐나라 때 유명한 文學家이며 政論家. 陸侃의 9째 아들로 陸九라 불리기도 함. 唐 代宗 大曆 8년(773)에 博學宏辭科에 올라 德이 즉위하자 翰林學士에 올랐으며 建中 4년(783), 朱泚의 난 때 德宗이 奉天으로 몽진하자 詔書를 기초하기도 하였음. 뒤에 兵符侍郎을 거쳐 中書侍郎, 재상에 오름. 그러나 裴延齡의 모함에 빠져 재상직에서 파직되었으며 永貞 원년(805)에 생을 마침. 兵部尙書에 추증되었으며 시호는 宣公. 詩文과 奏議에 뛰어나 權德輿는 "權古揚今, 雄文藻思"라 칭하였음. 《全唐诗》에 시 3수가 전하며

《陸宣公翰苑集》(24권)과 《陸氏集驗方》(50권)이 전함. 《舊唐書》(139)와 《新唐書》(157)에 傳이 있음. '遣言措意'는 문장의 표현과 뜻의 서술을 말함. '切近的當'은 아주 사실에 가깝게 표현하여 的確하고 正當함.

【蓋執事之文, 非孟子, 韓子之文, 而歐陽子之文也】歐陽修는 나름대로 特徵이 있고 特出함을 뜻함.

【夫樂道人之善而不爲諂者, 以其人誠足以當之也】'樂道'는 즐겁게 여겨 말함. '道'는 '말하다'의 뜻. 《眞寶》注에 "道, 猶言也"라 함. '不爲諂'은 아첨이 되는 것이 아님. '當之'는 마땅히 칭송을 듣기에 합당함.

【彼不知者, 則以爲譽人以求其悅己也】'譽人以求其悅己'는 '남을 칭찬하여 그로 하여금 자신을 좋아하도록 하려 함'을 뜻함.

【夫譽人以求其悅己, 洵亦不爲也, 而其所以道執事光明盛大之德, 而不自知止者, 亦欲執事之知其知我也】歐陽修 귀하께서 내가 귀하를 잘 알고 있듯이 귀하도 나를 알아주기를 바라는 마음에서 그렇게 하는 것임.

【雖然, 執事之名, 滿於天下, 雖不見其文, 而固已知有歐陽子矣】글을 보지 않아도 '歐陽修'라는 대단한 분이 있음은 누구나 알고 있음.

【而洵也, 不幸墮在草野泥塗之中, 而其知道之心, 又近而粗成】'草野泥塗'는 초야의 진흙. 빈한한 선비로 살고 있음을 표현한 것.

【欲徒手奉咫尺之書, 自托於執事, 將使執事, 何從而知之? 何從而信之哉】'欲徒手'는 《嘉祐集》에는 '而欲徒手'로 되어 있음. '徒手'는 맨손. '咫尺之書'는 아주 짧은 글. 길지 않은 편지 등. '自托'은 스스로 위탁함.

【洵少年不學, 生二十五歲, 始知讀書, 從士君子游】'二十五歲'는 《嘉祐集》에는 '二十五年'으로 되어 있으며 '君子游'의 '游'자는 '遊'자로 되어 있음.

【年旣已晚, 而又不逐刻意厲行, 以古人自期, 而視與己同列者, 皆不勝己, 則遂以爲可矣】'刻意'는 결심을 굳게 하여 뜻을 세움. '厲行'은 지독하게 실행함.

【其後困益甚, 復取古人之文而讀之, 始覺其出言用意, 與己大異】《嘉祐集》에는 '復取古人之文'이 '然每取古人之文'으로, '與己大異'는 '與己大別'로 되어 있음.

【時復內顧, 自思其才, 則又似夫不逐止於是而已者】'內顧'는 안으로 돌아봄. 스스로 반성해봄.

【由是盡燒曩時所爲文數百篇, 取《論語》, 《孟子》, 《韓子》及其它聖人, 賢人之文, 而兀然端坐, 終日以讀之者七八年矣】《嘉祐集》에는 '曩時'는 지난날. 이전. 《嘉祐集》에는 이 앞에 '其'자가 더 있으며, '其它聖人'은 '其他聖人'으로 되어 있음. '兀然'은

우뚝하고 꼿꼿함. '端坐'는 단정히 앉음.

【方其始也, 入其中而惶然以惑, 博觀於其外, 而駭然以驚】'惶然以惑'은 당황하여 의혹을 가짐. 그러나《嘉祐集》에는 '以惑' 2글자가 없음. '駭然'은 놀람.

【及其久也, 讀之益精, 而其胷中豁然以明, 若人之言, 固當然者, 然猶未敢自出其言也】'豁然'은 시원하고 훤하게 탁 트임. '自出其言'은 스스로 그러한 글을 지어냄.

【時旣久, 胷中之言, 日益多, 不能自制, 試出而書之, 已而再三讀之, 渾渾乎覺其來之易也】'渾渾乎'는 깊고 크며 넓은 모습. 끝의 '也'는《嘉祐集》에는 '矣'로 되어 있음. 《眞寶》 注에 "公〈墓誌〉云:「年二十七, 始大發憤讀書爲文.」"이라 함. 執事, 謂歐陽修"라 함.

【然猶未敢自以爲是也】그래도 아직 감히 내 자신이 옳다고 여기지는 못함.

【近所爲《洪範論》,《史論》凡七篇, 執事觀其如何?】《洪範論》과《史論》은 蘇洵이 지은 글 제목.《洪範論》은《嘉祐集》 권7에,《史論》은 권9에 각각 실려 있음.

【噫嘻! 區區而自言, 不知者, 又將以爲自譽以求人之知己也】'噫嘻'는《嘉祐集》에는 앞의 '噫'자가 없음. '區區'는 잡다한 모습. '求人之知己'는 남이 자신을 알아주기를 바람.

【惟執事, 思其十年之心, 如是之不偶然也而察之】10년 동안 思惟해서 나온 작품이니만큼 우연한 것이 아님을 알아줄 것을 바란 것.

【不宣, 洵再拜】이 5글자는《嘉祐集》에는 없음. '不宣'은 하고 싶은 말을 다 펴지 못함.

참고 및 관련 자료

1. 작자: 蘇洵(明允, 老泉) 083 참조.

2. 이 글은《嘉祐集》(12),《唐宋八大家文鈔》(109),《宋文鑑》(117),《文編》(48),《唐宋文醇》(35),《文章辨體彙選》(226),《事文類聚》(新集 20) 등에 실려 있음.

089. 〈上田樞密書〉 ·················· 蘇明允(蘇洵)

추밀원 전황에게 올리는 글

＊〈上田樞密書〉: 田樞密은 田況(1005~1063), 자는 元鈞으로 京兆 사람이나 信都로 옮겨 살았으며, 賢良方正科에 급제하여 江陵推官, 太常丞 등을 거쳐 仁宗 嘉祐 3년(1088) 樞密副使에 오른 인물. 59세에 생을 마쳤으며 太子太保에 추증되었고 시호는 宣簡. 저서로는 《奏議》(30)권이 있으며 《宋史》(292)에 傳이 실려 있음. 蘇 洵이 멀리 四川 眉山에서 京兆(汴京)로 올라와 이에게 자신의 포부와 학문 및 문장 등을 설명하며 벼슬자리를 구하기 위해 올린 글이면서 구차하거나 비굴 함이 없다는 평가를 받음. 《古文集成》에 "田樞密, 名況, 字元鈞. 其先京兆人, 後 徙信都. 嘉祐三年爲樞密使. 東萊批:「此篇議論, 反覆極有法度, 切宜詳味.」라 함. 《唐宋八大家文鈔》에는 "此文骨子, 原自于〈襄陽書〉中來, 而氣特雄"이라 함. 한편 《仕學規範》(32)에는 "蘇明允〈上田樞密書〉云:「曩者, 見執事於益州, 當時之文, 淺 狹可笑, 飢寒窮困亂其心, 而聲律記問, 又從而破壞其體, 不足觀也. 凡數年來, 退 居草野, 自分永棄, 與世俗日疎濶, 得以大肆其力於文章. 詩人之優柔, 騷人之淸深, 孟韓之溫淳, 遷固之雄剛, 孫吳之簡切, 投之所嚮, 無不如意. 常以爲董生, 得聖人 之經, 其失也流而爲迂; 鼂錯得聖人之權, 其失也流而爲詐, 有二子之才而不流者, 其惟賈生乎!」라 하였고, 《群書考索》(21)에는 "老泉〈上田樞密書〉: 洵退居山野, 自 分永棄, 與世俗日疎闊, 得以大肆其力於文章. 詩人之優柔, 騷人之淸深, 孟韓之溫 淳, 遷固之雄剛, 孫吳之簡切, 投之所嚮, 無不如意. 常以爲董生得聖人之經, 其失 也流而爲迂; 鼂錯得聖人之權, 其失也流而爲詐, 有二子之才而不流者, 其惟賈生 乎! 惜乎! 今之世愚未見其人也.」라 함.

＊《眞寶》注에 "田公, 名況, 字元鈞, 嘉祐三年, 爲樞密使. ○東萊云:「此篇議論, 反覆 極有法度, 最宜詳美, 意實求知, 辭不卑屈.」"이라 함.

하늘이 나에게 (재능을) 주신 까닭이 어찌 우연이겠습니까!

　요堯임금도 단주丹朱에게 그러한 것을 줄 수가 없었고, 순舜임금도 그 러한 것을 상균商均에게 줄 수 없었으며, 고수瞽瞍는 또한 그것을 순으로부터 빼앗을 수 없었습니다.

그것은 마음에서 발현되며 말에서 나오고 일에서 드러나는 것이니, 이처럼 확고하여 가히 바꿀 수도 없는 것입니다.

성인聖人이라 해도 남에게 줄 수가 없고, 아버지라고 해서 아들로부터 빼앗을 수도 없는 것이니, 이에 하늘이 나에게 준 까닭은 우연이 아님을 알 수 있습니다.

대체로 그것을 나에게 준 까닭은 틀림없이 나를 쓰고자 해서일 것입니다.

내가 이를 알면서 실행하지 못하거나, 남에게 일러주지 않는다면 하늘이 진실로 나를 써야 하는데 내가 실로 이를 버리는 것으로써, 이러한 경우를 '기천'棄天이라 합니다.

그렇다고 스스로 몸을 낮추어 나의 말을 좋아해주기를 바라며, 스스로 작게 굴어 그 도道가 사용되기를 바란다면, 하늘이 나에게 줄 까닭이 어떤 것인데 내가 이와 같이 한다면 이를 일러 '설천'褻天이라 합니다.

기천은 나의 죄요, 설천 또한 나의 죄이지만, 기천도 하지 않고 설천도 하지 않았는데 사람들이 나를 써주지 않는다면, 나를 써주지 않은 것이 죄이니 이를 '역천'逆天이라 합니다.

그렇다면 기천과 설천은 그 책임이 나에게 있지만, 역천은 그 책임이 남에게 있는 것입니다.

나에게 책임이 있을 경우, 내가 앞으로 나의 힘이 능한 것을 모두 다하여 하늘이 나에게 부여해준 뜻을 채워 천하 후세에 비판을 면하기를 바라면 됩니다.

그러나 남에게 책임이 있을 경우, 나는 어찌 알 수 있겠습니까? 내가 무릇 내 한 몸의 책임도 면할 길을 찾을 겨를이 없는데 남을 위해 근심할 겨를이 있겠습니까?

공자孔子와 맹가孟軻는 불우하여 길에서 늙어가면서도, 게으름을 피우지도 않았고 서운해하지도 않았으며 부끄러워하지도 않았고 상처받지도 않은 것은, 무릇 진실로 그 책임의 소재를 알고 있었기 때문이었습니다.

그런데 위령공衛靈公, 노애공魯哀公, 제선왕齊宣王, 양혜왕梁惠王 같은 무리들은 서로 함께 어떤 일을 하기에 부족하여, 나(그들 孔孟) 또한 그것을 알고 있었을 것이니, 생각건대 공자나 맹자 자신들은 그들 자신의 마음을 다했을 따름입니다.

그들 공자와 맹자가 마음을 다하지 않았다면 천하 후세에 위령공, 노애공, 제선왕, 양혜왕 같은 무리들에게 책임을 묻지 않을까 두려웠을 것이며, 저들 또한 앞으로 그 책임에 대해 핑계를 댈 말이 있게 될 터이니, 그렇게 되면 공자와 맹가도 장차 지하에서 제대로 눈을 감지 못하였을 것입니다.

무릇 성인과 현인의 마음 씀씀이란 진실로 이와 같았으니, 이처럼 살았고, 이처럼 죽었으며, 이처럼 빈한하였고, 이처럼 부귀하기도 하였으며, 올라가서는 하늘처럼 되고, 잠기어 심연이 되기도 하여, 흐르면 냇물이 되고, 멈추면 산이 되나, 그런 것들이 자신들의 일에 간여하지 않으면 그들 자신들이 해야 할 일도 끝이 나고 마는 것입니다.

속으로 생각건대 괴이하게 여기는 것은, 무릇 후대의 현자들은 능히 그 몸을 잘 처신하지 못하여 기한과 곤궁을 이겨내지 못하게 되면 남에게 도움을 부르짖는다는 점입니다.

아! 나로 하여금 진실로 기한과 곤궁 속에 죽으라 한다면 천하 후세에 책임이 장차 틀림없이 있게 될 것인데, 저들은 자신에게 그 책임이 있다고 여기면서도 스스로는 그것을 근심으로 삼지 않는데, 내가 그 근심을 취하여 내 자신에게 더 보탠다면 역시 이미 지나친 것이 아니겠습니까?

지금 저는 불초하니 어찌 감히 나를 성현의 반열에 올려놓겠습니까?
그러나 그 마음은 역시 심히 스스로 가볍게 여기지 못할 바가 있습니다.

어찌 그러하냐고요? 천하의 학자들이 누가 단번에 성인의 영역에 이르고 싶어하지 않겠습니까?

그러나 그것을 이루지 못함에 이르러서는 한 마디 말이라도 도에 가까웠으면 하고 바라지만 그렇게 될 수가 없습니다.

천금의 부잣집 아들은 남을 가난하게도 할 수 있고, 남을 부유하게도 할 수 있지만 하늘이 준 능력이 있지 아니하면, 비록 그토록 남을 가난하게 하거나, 부유하게 할 수 있는 권력일지라도 한 마디 말이 도에 가까웠으면 하고 바란다 해도 그렇게 될 수 없습니다.

천자의 재상은 남을 살릴 수도 있고 죽일 수도 있지만 하늘이 그에게 준 능력이 있지 아니하면, 비록 남을 살리고 남을 죽이고 하는 권한이 있다 해도 한 마디 말이 도에 가까웠으면 하고 바란다 해도 그렇게 될 수가 없습니다.

이제 저는 성인과 현인의 학술에 온힘을 쏟아온 지가 역시 이미 오래되었습니다.

저의 그 언어, 그 문장은 비록 과연 오늘에 쓰일 만한지, 후세에 전해질지 그 여부는 알 수 없습니다.

그러나 홀로 괴이하게 여기는 것은 이를 터득함에 힘이 들지 아니하고, 이것이 마음에 생각으로 다가옴이 마치 혹 어떤 이가 일으켜주는 듯하며, 이를 마음에 터득하여 종이에 글로 씀에 마치 혹 누가 도와주는 듯하다는 것입니다.

무릇 어찌 도에 가까운 말이 한 마디도 없겠습니까?

천금의 부잣집 아들이나 천자의 재상으로서는 구하고자 해도 얻을 수 없는 것이 하루아침에 나에게 있게 되어, 그 때문에 마음에 터득하여 자부自負로 여기는 것이니, 아마 하늘이 역시 나에게 부여한 것일 것입니다.

　지난날, 익주益州에서 집사를 뵈었을 때 당시 저의 문장은 천협淺狹하여 가소로웠으니, 기한과 곤궁이 제 마음을 어지럽혔고, 성률聲律과 기문記問도 역시 그에 따라 그 본체를 파괴하여 족히 볼 만한 것이 되지 못하였던 것입니다.

　그런데 수년 동안 물러나 산야에 묻혀 살면서 스스로 세상으로부터 영원히 버려짐을 나의 분수로 여기며 세속과는 날로 멀어지자, 크게 문장에 마음대로 할 수 있는 힘을 얻게 되었습니다. 그리하여 옛 《시》를 지은 시인의 우유優游, 優柔함, 굴원과 같은 소인騷人의 청심淸深, 精深함, 맹교孟郊, 孟子?와 한유韓愈의 온순溫醇, 溫淳함, 사마천司馬遷이나 반고班固와 같은 웅강雄剛함, 손빈孫臏이나 오기吳起와 같은 간절簡切함 등이 향하고 싶은 방향대로 되지 않는 것이 없게 되었습니다.

　일찍이 시험삼아 동중서董仲舒를 생각하건대 성인의 경經을 얻었으나 잘못되어 그 흐름은 우활迂闊함에 빠졌고, 조조鼂錯는 성인의 권도權道를 얻었으나 잘못 흘러 속임수가 되고 말았는데, 이 두 사람의 재능을 가지고 있으면서 잘못 흐르지 않은 자는 오직 가의賈誼라 여겼습니다!

　아깝습니다! 지금 세상에 저는 아직 그러한 사람을 만나지 못하였습니다.

　저는 책策 두 편을 지어 《심세深勢》와 《심적深敵》이라 이름하였고, 서書 10편을 지어 이름을 《권서權書》라 하였습니다.

　저는 산전山田 한 마지기는 있어 흉년이 들지 않는 한 굶지 않을 수 있고, 힘써 농사짓고 절약하여 쓰는 한 역시 족히 스스로 이로써 늙을 수 있습니다.

　불초한 저는 족히 아까울 것은 없으나 하늘이 나에게 준 재능은 차마 버릴 수 없고 게다가 감히 허투루 할 수도 없습니다.

집사의 이름은 천하에 가득하여 천하의 선비를 등용하거나 등용하지 않음은 집사에게 달려 있습니다.

그러므로 감히 이른바 책 2편과 《권서》 10편을 바칩니다.

평소의 문장은 멀리 계셔서 많이 드릴 수가 없어, 《홍범론洪範論》과 《사론史論》 10(7)편은 근래에 내한內翰 구양수歐陽修 공에게 바쳤습니다.

생각건대 집사와는 조석朝夕으로 서로 함께 상종相從하시면서 천하의 일을 논의하실 것이니, 이 글 역시 아마 앞에 펼쳐놓일 것으로 기대합니다.

만약 무릇 그 글의 말들이 가히 쓰일 만한 것인지와 제 몸이 가히 귀한 신분이 될 수 있는지의 여부라면, 이는 집사의 일이며 집사의 책임이니 저에게 무슨 관여할 일이 있겠습니까?

天之所以與我者, 夫豈偶然哉!
堯不得以與丹朱, 舜不得以與商均, 而瞽瞍不得奪諸舜.
發於其心, 出於其言, 見於其事, 確乎其不可易也.
聖人不得以與人, 父不得奪諸其子, 於此見天之所以與我者, 不偶然也.
夫其所以與我者, 必有以用我也.

我知之, 不得行之, 不以告人, 天固用之, 我實置之, 其名曰'棄天'.
自卑以求幸其言, 自小以求用其道, 天之所以與我者何如, 而我如此也, 其名曰'褻天'.
棄天, 我之罪也; 褻天, 亦我之罪也; 不棄不褻, 而人不我用, 不我用之罪也, 其名曰'逆天'.
然則棄天, 褻天者, 其責在我; 逆天者, 其責在人.
在我者, 吾將盡吾力之所能爲者, 以塞夫天之所以與我之意, 而求免夫(乎)天下後世之譏.

在人者, 吾何知焉? 吾求免夫一身之責之不暇, 而暇爲人憂乎哉?

孔子, 孟軻之不遇, 老於道途, 而不倦不慍, 不怍, 不沮者, 夫固知夫責之所在也.

衛靈, 魯哀, 齊宣, 梁惠之徒, 不足相與以有爲也, 我亦知之矣, 抑將盡吾心焉耳.

吾心之不盡, 吾恐天下後世無以責夫衛靈, 魯哀, 齊宣, 梁惠之徒, 而彼亦將有以辭其責也, 然則孔子, 孟軻之目, 將不暝於地下矣.

夫聖人賢人之用心也, 固如此, 如此而生, 如此而死, 如此而貧賤, 如此而富貴, 升而爲天, 沉而爲淵, 流而爲川, 止而爲山, 彼不預吾事, 吾事畢矣.

竊怔怪夫後之賢者, 不能自處其身也, 飢寒窮困之不勝而號於人, 嗚呼! 使吾誠死於飢寒困窮耶, 則天下後世之責, 將必有在, 彼其身之責, 不自任以爲憂, 而我取而加之吾身, 不亦過乎?

今洵之不肖, 何敢亦自列於聖賢? 然其心, 有所甚不自輕者.
何則? 天下之學者, 孰不欲一蹴而造聖人之域?
然及其不成也, 求一言之幾乎道, 而不可得也.
千金之子, 可以貧人, 可以富人, 非天之所與, 雖以貧人富人之權, 求一言之幾乎道, 不可得也.
天子之宰相, 可以生人, 可以殺人, 非天之所與, 雖以生人殺人之權, 求一言之幾乎道, 不可得也.

今洵用力於聖人賢人之術, 亦已久矣.
其言語, 其文章, 雖不識其果可以有用於今而傳於後與否.

獨怏夫得之之不勞; 方其致思於心也, 若或起之; 得之心而書之紙也, 若或相之.

夫豈無一言之幾於道者乎?

千金之子, 天子之宰相, 求而不得者, 一旦在己, 故其心得以自負, 或者天其亦有以與我也.

曩者, 見執事於益州, 當時之文, 淺狹可笑, 飢寒窮困亂其心, 而聲律記問, 又從而破壞其體, 不足觀也已.

數年來, 退居山野, 自分永棄, 與世俗日疏闊, 得以大肆其力於文章.

詩人之優游, 騷人之清深, 孟韓之溫醇, 遷固之雄剛, 孫吳之簡切, 投之所向, 無不如意.

嘗試以爲董生, 得聖人之經, 其失也流而爲迂; 鼂錯得聖人之權, 其失也流而爲詐, 有二子之才而不流者, 其惟賈生乎!

惜乎! 今之世, 愚未見其人也.

作策二道曰《審勢》, 《審敵》, 作書十篇曰《權書》.

洵有山田一頃, 非凶歲, 可以無飢; 力耕而節用, 亦足以自老.

不肖之身, 不足惜, 而天之所與者, 不忍棄, 且不敢褻也.

執事之名滿天下, 天下之士用與不用, 在執事.

故敢以所謂《策》二道, 《權書》十篇爲獻.

平生之文, 遠不可多致, 有《洪範論》, 《史論》十(七)篇, 近以獻內翰歐陽公.

度執事與之朝夕相從, 議天下之事, 則斯文也其亦庶乎得陳於前矣.

若夫言之可用, 與其身之可貴與否者, 執事事也, 執事責也, 於洵何有哉!

【天之所以與我者, 夫豈偶然哉】'所以與我'는 나에게 부여해 준 이유. 여기서는 蘇
洵이 자부하는 자신의 학문과 문장에 대한 재능을 말함.

【堯不得以與丹朱, 舜不得以與商均, 而瞽瞍不得奪諸舜】'堯'는 전설상 上古시대 五
帝의 하나. 陶唐氏. 唐堯로도 부름. 祁姓이며 이름은 放勳. 帝嚳의 아들.《十八史
略》(1)에 "帝堯陶唐氏:伊祁姓, 或曰名放勛, 帝嚳子也. 其仁如天, 其知如神, 就之如
日, 望之如雲, 都平陽, 茆茨不剪, 土階三等. 有草生庭, 十五日以前, 日生一葉, 以後
日落一葉, 月小盡, 則一葉厭而不落, 名曰蓂莢, 觀之以知旬朔"이라 함.《史記》五帝
本紀를 볼 것. '丹朱'는 堯의 아들이었으나 덕과 능력이 전혀 없고 불초하여, 堯
는 천하를 아들에게 넘기지 않고 舜에게 禪讓함.《國語》楚語(上) 注에 "朱, 堯子,
封於丹"이라 하였고《史記》五帝本紀에는 "堯知子丹朱之不肖, 不足授天下, 於是
乃權授舜"이라 함. '舜'은 고대 五帝의 마지막 임금. 有虞氏. 姓은 姒氏, 이름은 重
華. 虞舜으로도 부름. 堯임금으로부터 천하를 물려받아 帝位에 오름. 瞽瞍의 아
들로 孝誠이 뛰어났던 인물로 널리 알려져 있으며 儒家에서 聖人으로 추앙함.
《十八史略》(1)에 "帝舜有虞氏:姚姓, 或曰名重華, 瞽瞍之子, 顓頊六世孫也. 父惑於
後妻, 愛少子象, 常欲殺舜. 舜盡孝悌之道, 烝烝乂不格姦"이라 함. '商均'은 舜의
아들. 역시 어리석어 舜은 禹에게 천하를 물려주었음.《史記》五帝本紀에는 "舜子
商均亦不肖, 舜乃豫薦禹於天"이라 함. '瞽瞍'는《嘉祐集》에는 '瞽叟'로 되어 있으
며 순임금의 아버지로 장님이었으며 舜이 어릴 때 효를 극진히 다하였으나 계모
와 배다른 아우 象과 함께 순을 죽이려 온갖 악행을 다 저질렀음.《史記》五帝
本紀에 "嶽曰:「盲者子. 父頑, 母嚚, 弟傲, 能和以孝, 烝烝治, 不至姦.」"이라 함.《眞
寶》注에 "丹朱, 堯之子;商均, 舜之子;瞽瞍, 舜之父"라 함.

【發於其心, 出於其言, 見於其事, 確乎其不可易也】'見'(현)은 드러남. 드러냄.

【聖人不得以與人, 父不得奪諸其子, 於此見天之所以與我者, 不偶然也】성인이나 아
버지라 해도 주거나 빼앗을 수 없는 것임.

【夫其所以與我者, 必有以用我也】하늘이 나에게 재능을 준 까닭은 틀림없이 나를
쓰고자 해서일 것임.

【我知之, 不得行之, 不以告人, 天固用之, 我實置之, 其名曰'棄天'】'不以告人'은 하늘
로부터 부여받은 재능을 사람들에게 일러주지 않음. 벼슬이나 가르침, 작문 등
에 관심을 두지 않음을 말함. 책임을 다하지 않음을 뜻함. '置之'는 방치함. 버려
둠. '棄天'은 하늘이 준 사명을 버림.

【自卑以求幸其言, 自小以求用其道, 天之所以與我者何如, 而我如此也, 其名曰'褻

天〕'幸其言'은 다행히 자기 말이 남에게 받아들여짐. '褻天'은 하늘이 준 재능을 모독함. 함부로 함. 허투루 함. 중시하지 않음.

【棄天, 我之罪也; 褻天, 亦我之罪也】棄天도 褻天도 자신의 죄이므로 그렇게 할 수 없음.

【不棄不褻, 而人不我用, 不我用之罪也, 其名曰'逆天'】棄天도 褻天도 하지 않고 있는데 나를 써주지 않는다면 그것은 나의 죄가 아니며 이를 '逆天'이라 함.

【然則棄天, 褻天者, 其責在我; 逆天者, 其責在人】逆天은 그 책임이 나에게 있지 않음.

【在我者, 吾將盡吾力之所能爲者, 以塞夫天之所以與我之意, 而求免夫天下後世之譏】'塞'은 막음. 충당함. 해냄. 보답함. '譏'는 비난함. 비평함. 《嘉祐集》에는 '求免夫'가 '求免乎'로 되어 있음.

【在人者, 吾何知焉? 吾求免夫一身之責之不暇, 而暇爲人憂乎哉?】'不暇'는 겨를이 없음. 뒤의 '而暇爲人'은 《嘉祐集》에는 '暇'자가 없음.

【孔子, 孟軻之不遇, 老於道途, 而不倦不慍, 不怍, 不沮者, 夫固知夫責之所在也】'老於道塗'는 길거리에서 늙음. 뜻을 이루려 길을 돌아다니다가 늙어버림. '途'는 《嘉祐集》에는 '塗'로 되어 있음. '不倦'은 싫증을 내지 않음. 《論語》述而篇에 "子曰:「默而識之, 學而不厭, 誨人不倦, 何有於我哉?」"라 함. '不慍'은 성내거나 불만을 갖지 않음. 《論語》學而篇에 "人不知, 而不慍, 不亦君子乎?"라 함. '不怍'은 부끄러워하지 않음. 《孟子》盡心(上)에 "仰不愧於天, 俯不怍於人, 二樂也"라 함. '沮'는 기운을 잃음. 의욕을 잃음. 좌절감을 느끼고 상처를 받아 포기하려 함.

【衛靈, 魯哀, 齊宣, 梁惠之徒, 不足相與以有爲也, 我亦知之矣, 抑將盡吾心焉耳】'衛靈'은 春秋시대 衛나라 靈公(B.C.534-B.C.493년 재위), 군주. 魯哀公(B.C.494-B.C.468년 재위)은 노나라 군주. 모두 孔子의 가르침을 제대로 받아들이지 않음. '齊宣'은 戰國시대 齊나라 宣王(B.C.319-B.C.301년 재위). 이름은 辟彊. 梁(魏) 惠王(B.C.369-B.C.320년 재위)은 魏(梁)나라 군주. 이름은 罃. 孟子와 같은 시대로 孟子의 주장을 받아들이지 않음. 《嘉祐集》에는 '之徒' 다음에 '之'자가 있어 말이 이어지는 것으로 되어 있음. '有爲'는 뜻있는 일을 하는 것. '我亦知之'의 '我'는 그 무렵 군주들에 대해 孔子나 孟子가 그렇게 알고 있었을 것임을 말함. 뒤의 '吾心'도 孔孟의 마음을 뜻함. '抑'은 말을 바꿀 때 쓰는 副詞.

【吾心之不盡, 吾恐天下後世無以責夫衛靈, 魯哀, 齊宣, 梁惠之徒, 而彼亦將有以辭其責也, 然則孔子, 孟軻之目, 將不瞑於地下矣】'辭'는 변명의 말. '不瞑'은 눈을 감지 못함.

【夫聖人賢人之用心也, 固如此, 如此而生, 如此而死, 如此而貧賤, 如此而富貴, 升而爲天, 沉而爲淵, 流而爲川, 止而爲山, 彼不預吾事, 吾事畢矣】'沉而爲淵' 다음에 《眞寶》注에 "此喩人己各有職"이라 함. '預'는 간여함. 간섭함. 《眞寶》注에 "預, 猶干預"라 함. '畢'은 끝냄. 모두 마침.

【竊恠怪夫後之賢者, 不能自處其身也, 飢寒窮困之不勝而號於人】《嘉祐集》에는 '賢者' 다음에 '之'자가 더 있음. '號於人'은 남에게 소리쳐 구원을 청함.

【嗚呼! 使吾誠死於飢寒窮困耶(邪), 則天下後世之責, 將必有在, 彼其身之責, 不自任以爲憂, 而我取而加之吾身, 不亦(已)過乎?】'耶'는 '邪'와 같음. '必有在'는 반드시 책임질 자가 있음. '彼'는 책임을 져야 할 사람. 자기를 임용해 주지 않은 사람을 가리킴. '不亦'은 《嘉祐集》에는 '不已'로 되어 있음.

【今洵之不肖, 何敢亦自列於聖賢? 然其心, 有所甚不自輕者】《嘉祐集》에는 '何敢亦'은 '何敢以'로, 뒤의 '有所甚不自輕'은 '亦有所不敢自輕'으로 되어 있음.

【何則? 天下之學者, 孰不欲一蹴而造聖人之域, 然及其不成也?】'一蹴'은 한 번 발로 참. '造'는 '이르다, 도달하다'의 뜻. '至'와 같음.

【求一言之幾乎道, 而不可得也】'幾乎道'는 거의 도에 가까움. 《眞寶》注에 "幾, 猶近也"라 함.

【千金之子, 可以貧人, 可以富人, 非天之所與, 雖以貧人富人之權, 求一言之幾乎道, 不可得也】'千金之子'는 부잣집 자녀. '天之所與'는 하늘이 부여해준 자질. 학문과 문장의 뛰어난 재능.

【天子之宰相, 可以生人, 可以殺人, 非天之所與, 雖以生人殺人之權, 求一言之幾乎道, 不可得也】'天子之宰相'은 권력이 막강하여 백성의 生死與奪權까지 지닌 사람.

【今洵用力於聖人賢人之術, 亦已久矣】소순 자신이 오랫동안 성인의 학술을 공부해 왔음을 말함.

【其言語, 其文章, 雖不識其果可以有用於今而傳於後與否, 獨恠夫得之之不勞】'獨恠'는 홀로 괴이하게 생각함. '得之'는 성현의 학문과 이상을 터득함.

【方其致思於心也, 若或起之; 得之心而書之紙也, 若或相之】'致思'는 사색에 이름. 깊이 사색함. '若或起之'는 어떤 이가 자신의 뜻을 일으켜 주는 듯함. '若或相之'는 누군가가 도와주는 듯함.

【夫豈無一言之幾於道者乎?】《嘉祐集》에는 '者乎' 2자가 없음.

【千金之子, 天子之宰相, 求而不得者, 一旦在己, 故其心得以自負, 或者天其亦有以與我也】'一旦'은 '하루아침에' 또는 '뜻하지 않게'의 뜻을 표현하는 副詞語.

【曩者, 見執事於益州, 當時之文, 淺狹可笑, 飢寒窮困亂其心, 而聲律記問, 又從而 破壞其體, 不足觀也已】'曩者'는 지난날. '執事'는 田況을 가리킴. 《眞寶》注에 "執事, 謂田樞密"이라 함. '益州'는 지금의 四川省. '聲律'은 한자의 발음을 聲調와 음률에 맞게 정한 규범. '記問'은 여러 기록과 질문 등. 잡다한 지식을 뜻함.

【數年來, 退居山野, 自分永棄, 與世俗日疏闊, 得以大肆其力於文章】'自分永棄'는 세상으로부터 영원히 버려진 것을 스스로의 분수라 여김. 《眞寶》注에 "自分, 自料"라 함. '疏闊'은 관계가 소원해짐. 疏는 疎, 疏, 疎 등과 같음. '大肆'는 하고 싶은 대로 발휘함.

【詩人之優游, 騷人之淸深, 孟韓之溫醇, 遷固之雄剛, 孫吳之簡切, 投之所向, 無不如意】'詩人'은 《詩》의 각 편 작자를 가리킴. '優游'는 여유 있고 자유스러움을 뜻하는 雙聲聯綿語. 《嘉祐集》에는 '優柔'로 되어 있음. '騷人'은 《楚辭》離騷를 지은 屈原을 가리키며 轉義되어 시인을 지칭하는 말로 널리 쓰임. '淸深'은 《嘉祐集》에는 '精深'으로 되어 있음. '孟韓'은 孟郊(東野)와 韓愈(退之). 이하 《眞寶》注에 "孟韓, 孟郊, 韓愈; 遷固, 司馬遷, 班固; 孫吳, 孫臏, 吳起"라 함. 그러나 '孟'은 혹시 孟子를 일컫는 것이 아닌가 함. '溫醇'은 온화하고 잘 순화되어 있음. 蘊醇과 같음. 《嘉祐集》에는 '溫淳'으로 되어 있음. '遷固'은 漢 武帝 때 《史記》를 저술한 司馬遷과 後漢 때 《漢書》를 지은 班固. '孫吳'는 戰國시대 兵家 孫臏과 吳起. 각각 《孫子》와 《吳子》를 남김. '簡切'은 간결하면서 절실함. '投之所向'은 투신하는 방향. '向'은 《嘉祐集》에는 '嚮'으로 되어 있음.

【嘗試以爲董生, 得聖人之經, 其失也流而爲迂; 鼂錯得聖人之權, 其失也流而爲詐; 有二子之才而不流者, 其惟賈生乎!】'嘗試'는 《嘉祐集》에는 '常' 한 글자로만 되어 있음. '董生'은 漢武帝 때의 董仲舒(B.C.179-B.C.104. 漢나라 때 思想家, 政治家, 敎育家, 今文經學의 大家. 《春秋公羊傳》에 연구가 깊었으며 景帝 때 博士가 됨. 武帝 元光元年〈擧賢良大冊〉을 건의하였고 '天人感應說'을 주장함. 漢代 儒學思想의 대표적인 인물로 陰陽五行說을 중심으로 神權, 君權, 父權, 夫權 등을 주장함. 《春秋繁露》가 전해짐.) 《史記》(121)와 《漢書》(56)에 傳이 있음. '迂'는 迂闊함. 실질과 거리가 멂. '鼂錯'(B.C.200-B.C.154)는 晁錯로도 표기하며 文帝 때 太常掌故가 되어 濟南의 伏生으로부터 《尙書》를 베껴와 今文經學을 엶. 太子舍人을 거쳐 博士에 올라 太子家令이 되어 智囊으로 불렸음. 文帝에게 對策을 올려 中大夫에 올랐다가 景帝가 즉위하자 內史에 오름. 《漢書》 藝文志에 《鼂錯》(31篇)이 저록되어 있음. 《史記》(101)와 《漢書》(49)에 傳이 있음. '權'은 權衡, 어떤 일에 대처하는 능력이나 機變

등을 이르는 말. '詐'는 속임수로 일을 처리하고자 하는 술책. '賈生'은 賈誼(B.
C.200−B.C.168)는 文帝 때의 賦작가로도 유명함. 〈過秦論〉(005)과 〈弔屈原
賦〉(006)를 참조할 것.

【惜乎! 今之世, 愚未見其人也】'其人'은 賈誼와 같은 사람. 《眞寶》注에 "老泉蓋以賈
生自擬"라 함.

【作策二道曰《審勢》,《審敵》, 作書十篇曰《權書》】'策'은 어떤 문제 해결을 위한 對策
文이나 策論. '二道'는 두 편. 〈審勢〉와 〈審敵〉 두 편은 賈誼가 지은 策論을 본떠
지은 것이라 함. '書十篇'은 10편의 글, 〈心術〉, 〈法術〉, 〈攻守〉, 〈强弱〉, 〈用間〉의
5편과 〈高祖論〉, 〈項籍論〉, 〈子貢論〉, 〈孫武論〉, 〈六國論〉의 5편을 가리킴. '權書'
는 權에 관한 글.

【洵有山田一頃, 非凶歲, 可以無飢, 力耕而節用, 亦足以自老】'頃'은 농지 넓이의 단
위. '自老'는 그것으로 늙도록 살아갈 수 있음을 말함.

【不肖之身, 不足惜, 而天之所與者, 不忍棄, 且不敢藝也】하늘이 자신에게 준 재능
을 차마 포기할 수 없음.

【執事之名滿天下, 天下之士用與不用, 在執事】천하의 선비 등용의 권한을 가지고
있음.

【故敢以所謂《策》二道,《權書》十篇爲獻】그 때문에 감히 이런 자신의 저술을 올림.

【平生之文, 遠不可多致, 有《洪範論》,《史論》十(七)篇, 近以獻內翰歐陽公】《洪範論》
과 《史論》은 앞의 〈上歐陽內翰書〉를 볼 것. '十篇'은 《嘉祐集》에는 '七篇'으로 되
어 있으며 '七'이 맞음. 앞의 〈上歐陽內翰書〉를 볼 것.

【度執事與之朝夕相從, 議天下之事, 則斯文也其亦庶乎得陳於前矣】'度'(탁)은 '헤아
리다, 생각하다'의 뜻. '議天下之事' 앞에 《嘉祐集》에는 '而'자가 더 있음. '得陳於
前'은 앞에 펼쳐놓이게 됨.

【若夫言之可用, 與其身之可貴與否者, 執事事也, 執事責也, 於洵何有哉】'若夫言之'
는 《嘉祐集》에는 '若其言之'로 되어 있음.

참고 및 관련 자료

1. 작자: 蘇洵(明允, 老泉) 083 참조.
2. 이 글은 《嘉祐集》(11), 《唐宋八大家文鈔》(108), 《古文關鍵》(下), 《古文集成》(18),
《文章軌範》(4), 《文編》(48), 《經濟類編》(24), 《文章辨體彙選》(226) 등에 실려 있음.

090. <名二子說> ·················· 蘇明允(蘇洵)
두 아들의 이름에 대한 해설

*<名二子說>:蘇洵이 두 아들 蘇軾(子瞻)과 蘇轍(子由)의 이름을 지으면서 그 取名이유와 원리를 명료하게 밝힌 것. 《崇古文訣》(迂齋)에 "字數不多, 而宛轉折旋有無限意思, 此文字之妙. 觀此, 老之所以逆料二子之終身不差毫釐, 可謂深知二子矣. 與〈木假山記〉相出入"이라 하였고, 《唐宋八大家文鈔》에는 "字僅百而無限宛轉, 無限情思"라 함. 한편 《霏雪錄》(下)에 "文字有簡短, 而意思無窮者, 如荊公〈讀孟嘗君傳〉, 凡八十八字, 而文勢四轉, 老泉〈名二子說〉, 凡八十一字, 而文勢九轉, 字數愈少, 曲折愈多, 議論明潔, 筆力遒健, 非老手不能到也"라 하였으며, 《唐宋文醇》에는 "唐順之曰:「此老泉所以逆探兩公之終身也. 卒也, 長公再以斥廢, 僅而能免;而少公終得以遺老自解脫, 攸攸卒歲, 是亦奇矣"라 하여 이들 이름대로, 蘇軾은 두 번이나 廢斥을 당하였다가 겨우 면하게 되었으며, 蘇轍은 아무 탈없이 생을 마치게 되었다 함.

*《眞寶》注에 "老泉先生二子, 長曰軾, 次曰轍. 觀此老之所以逆料二子終身, 不差毫釐, 可謂深於知二子矣.」 迂齋云:「字數不多而宛轉折旋, 有無限意思, 此文字之妙也.」"라 함.

윤輪, 폭輻, 개盖, 진軫은 모두가 수레에서 맡은 직무가 있으나 식軾은 마치 하는 일이 없는 것처럼 여겨지고 있다.

비록 그렇기는 하나 식을 없애버린다면 나는 그것을 완전한 수레라 여길 수 없다.

식아! 나는 네가 겉치레만 하게 되지 않을까 걱정이 된다.

천하의 수레는 바퀴자국을 따르지 않음이 없건만, 수레의 효능을 말할 때에는 바퀴자국은 거기에 넣지 않는다.

비록 그렇기는 하나 수레가 엎어지고 말이 죽더라도 그 재앙이 바퀴

자국에는 미치지 않으니, 이는 바퀴자국이라는 것은 화도 복도 관련 없
는 중간인 것이다.

철아! 나는 네가 화를 면하게 될 것임을 알겠도다.

輪輻盖軫, 皆有職乎車, 而軾獨若無所爲者.
雖然, 去軾則吾未見其爲完車也.
軾乎! 吾懼汝之不外飾也.

天下之車, 莫不由轍, 而言車之功(者), 轍不與焉.
雖然, 車仆馬斃, 而患不及轍, 是轍者禍福之間(也).
轍乎! 吾知免矣.

【輪輻盖軫, 皆有職乎車, 而軾獨若無所爲者】'輪'은 수레바퀴. '輻'은 바퀴통에 의지
하여 바퀴를 작용하게 하는 살. '盖'(蓋)는 수레의 덮개, 지붕. '軫'은 수레 뒤에 틀
을 안정시키는 橫木. '軾'은 수레 앞에 있는 횡목. 軾은 실제 마치 없어도 되는 듯
이 여김. 그러나 이를 잡기도 하고, 또는 아는 사람과 마주칠 때 내릴 수 없어 일
어서서 잡고 인사를 하는 용도로 쓰임. 당연히 내려다보며 예를 표하게 됨. 이에
따라 蘇軾은 자를 子瞻(쳐다보다)으로 지은 것임.《眞寶》注에 "圓轉者曰輪, 輳於
輪曰輻, 覆乎車者曰盖, 車後橫木曰軫, 軾在車前"이라 함.
【雖然, 去軾則吾未見其爲完車也】그렇지만 수레에서 軾을 없애버리면 완전한 수
레로 볼 수 없음.《眞寶》注에 "言天下無此人不得"이라 함.
【軾乎! 吾懼汝之不外飾也】'外飾'은 쓸모는 없으나 장식으로 설치한 것. 여기서는
그처럼 아들 蘇軾이 뒤에 언행을 잘 수식하며 완성된 모습을 보이도록 기대한
것.《眞寶》注에 "深憂長公之不合世俗, 恐得禍重也. '不外飾'與'無所爲'一句相應"
이라 함.
【天下之車, 莫不由轍, 而言車之功(者), 轍不與焉】'由轍'은 앞의 수레가 지나간 다음
의 바퀴자국을 따라 수레를 몰게 됨. '由'는 '경유하다, 따르다'의 뜻으로 그 때문
에 蘇轍은 자가 子由임. '車之功'은 수레의 각 부위 여러 가지 효능과 임무.《嘉祐
集》에는 뒤에 '者'자가 더 있음.《眞寶》注에 "不與功, 亦不受福, 正相乘除"라 함.

【雖然, 車仆馬斃, 而患不及轍, 是轍者禍福之間(也)】'車仆'(부)는 수레가 엎어져 넘어짐. '馬斃'(폐)는 말이 죽음. '患不及轍'은 그러한 불상사가 난다 해도 수레바퀴 자국은 아무런 관련이 없음. 《眞寶》注에 "忌之者少, 或可免禍"라 함. '禍福之間'은 禍도 받지 않고 福도 받지 않는 중간.

【轍乎! 吾知免矣】'免'은 위험이나 재앙, 또는 불상사로부터 벗어남. 《嘉祐集》에는 뒤에 '者'자가 더 있음. 《眞寶》注에 "亦知少公得禍必輕"이라 함.

참고 및 관련 자료

1. 작자: 蘇洵(明允, 老泉) 083 참조.

2. 이 글은 《嘉祐集》(15), 《唐宋八大家文鈔》(116), 《崇古文訣》(22), 《文章辨體彙選》(430), 《戒子通錄》(5), 《山堂肆考》(35), 《唐宋文醇》(35) 등에 실려 있음.

《古文眞寶》[後集] 卷八

091. 〈潮州韓文公廟碑〉 ·················· 蘇子瞻(蘇軾)
조주 한유 사당의 비문

＊〈潮州韓文公廟碑〉：潮州는 지금의 廣東 汕頭 근처의 지명으로 唐나라 때 韓愈
가 유배와 있던 곳. 그곳 사람들이 그의 감화를 그리워하여 사당을 짓고 東坡
에게 墓碑文을 청하자 이에 碑文과 頌詩를 지어 보내준 것임.《後村語錄》(29)에
"作文要一意到底, 有結搆說到後來, 還與起處相照. 東坡〈潮州韓文公廟碑〉, 頭腦
太大, 下正當發揮, 其排斥異端, 獨力自任之艱苦, 却接云「談笑而麾之」, 便不的當.
是東坡風度矣, 至「開衡山之雲, 馴鰐魚之暴」等句, 益沒緊要, 下面一路說開去, 遂
以立廟結, 不復照顧起處矣"라 하였고,《聖朝仁宗皇帝御製文集》(제3집 40)에는
"氣槪雄深, 光芒萬丈, 文之有關於世敎者, 固振古如新也"라 함. 한편《文章軌範》
에는 "後生熟讀此等文章, 下筆便有氣力有光彩"라 하였고,《唐宋八大家文鈔》에
는 "予覽此文, 不是昌黎本色, 前後議論多漫然. 然蘇長公生平氣格, 獨存故錄之"
라 하였으며,《古文雅正》에는 "韓文公, 范文正公, 歐陽文忠公三大人物, 其碑記序
文, 得蘇文忠公, 以崇論閎議, 精思浩氣, 搆之大人物. 得此大手筆快哉!"라 함.
＊《眞寶》注에 "郎曰：「東坡外集載〈與吳子野書〉, 論此碑云：「文公廟碑, 近己寄去矣.
潮州自文公未到, 已有文行之士, 如趙德者, 蓋風俗之美, 久矣. 先伯父, 與陳文惠
公相知, 公在政府, 未嘗日日忘潮也. 云：「潮民雖小民, 亦知禮義, 信如子野言也.」
碑中已具論矣. ○洪容齋曰：「劉夢得, 李習之, 皇甫湜, 李南紀, 皆稱訟文公之文,
各極其至, 及東坡之碑, 一出而衆說盡廢, 騎龍白雲之詩, 蹈厲發越, 直到雅訟, 所
謂若捕龍蛇搏虎豹者.」 大哉言乎! ○秦漢以後, 振文章而反之古, 一昌黎耳. 此碑
誠大題目非東坡大手筆, 誰宜爲之? 坡文之雄偉不常者, 此是也. 然方虛谷, 嘗因
論感生帝之說, 而言曰：「維岳降神, 生甫及申, 詩人蓋盛言賢者之生, 不偶然, 天生
之, 以昇國家, 其謂嵩高降神, 而爲此人者, 實以其稟太山喬嶽高厚非常之氣, 非果
有一物, 投胎托化而生也. 俗儒不得其意, 而曰蕭何孕昂, 傅說騎箕, 下至西竺輪廻
之說, 蔓延滋甚, 東坡學佛, 故亦曰「其生也有自來, 其逝也有所爲.」 信如此則古今
聖賢, 其生也必以其物之精英而來；其死也又必復還夫精英之元. 物者世豈有此理
也哉? 此說, 亦學者所當知也. 故倂錄焉.」이라 함.

필부匹夫이면서 백세百世의 스승이 되고 한마디 말로 천하의 법이 되니, 이는 모두 천지의 조화에 참여하고 천하 성쇠의 운명에 관여함이 있기 때문이다.

그 태어남에도 저절로 온 곳이 있고, 그 죽어서도 하는 바가 있는 것이다.

그 때문에 신백申伯과 여후(呂侯, 甫侯)는 숭산嵩山에서 인간 세상으로 내려왔고, 부열傳說은 죽어서 별자리가 되었다 하였으니, 예로부터 오늘에 전해오는 바는 거짓일 수가 없다.

맹자孟子는 "나는 나의 호연지기浩然之氣를 잘 기르리라" 하였으니, 이 기氣라는 것은 심상尋常의 속에 깃들어져 있으며, 천지天地 사이에 가득 차 있어, 갑자기 이를 만나게 되면 왕공王公이라 해도 귀함을 잃게 되며, 진晉나라, 초楚나라라 할지라도 그 부강함을 잃게 되며, 장량張良과 진평陳平이라 할지라도 그 지혜를 잃게 되며, 맹분孟賁이나 하육夏育이라 해도 그 용맹을 잃게 되며, 장의張儀나 소진蘇秦이라 해도 그 말솜씨를 잃게 되는 것이니, 이는 누가 시켜서 그렇게 되는 것이겠는가?

그것은 틀림없이 형체에 의거하지 않고도 설 수 있으며, 힘을 믿지 않고도 운행할 수 있으며, 태어남을 기다리지 않고도 존재하며, 죽음을 따라가도 사라지지 않는 무엇인가가 있어서이리라.

그러므로 하늘에 있으면 성신星辰이 되고, 땅에 있게 되면 하악河嶽이 되며, 저승 세계라면 귀신이 되고, 이승 세계라면 다시 사람이 되나니, 이러한 이치는 상리常理로서 족히 괴이하게 여길 것이 없다.

동한東漢 이래로 도道는 상실되고 문풍은 피폐해졌으며, 이단異端이 함께 일어나 당唐 정관貞觀과 개원開元의 성대盛代함을 거치면서 방현령房玄齡, 두여회杜如晦, 요숭姚崇, 송경宋璟 같은 훌륭한 재상들이 보필하였건만 능히 구제할 수 없었는데, 유독 한문공(韓文公, 韓愈)이 포의布衣로 일어나 담소하면서 지휘해도 천하가 미연靡然히 공公을 따라 다시 정도正道로 돌아온 지 거의 3백 년이 지나 오늘에 이르렀다.

그의 문文은 팔대八代의 쇠미했던 것을 일으켜 세웠고, 그의 도道는 물에 빠져 허우적거리던 천하를 건져냈으며, 그의 충忠은 임금의 노함을 범하였고, 그 용勇은 삼군三軍의 장수를 빼앗았으니, 이 어찌 천지에 참여하고 성쇠에 관여하며, 호연浩然히 독존獨存한 것이 아니겠는가!

대체로 나는 일찍이 천天과 인人의 변별을 논함에, "사람은 이르지 못할 바가 없으나 오직 하늘은 거짓을 용납하지 않는다. 지혜로서는 가히 왕공을 속일 수 있으나 돼지나 물고기는 속일 수 없고, 힘으로는 가히 천하를 얻을 수 있으나 필부필부匹夫匹婦의 마음은 얻을 수 없다"고 여긴 적이 있다.

그 까닭으로 공의 정성精誠은 능히 형산衡山의 구름을 걷어낼 수 있었으나 헌종憲宗의 미혹함은 되돌릴 수 없었고, 능히 악어鱷魚의 포악함은 길들일 수 있었으나 황보박皇甫鎛과 이봉길李逢吉의 비방은 막을 수가 없었으며, 남해南海의 주민들에게 믿음을 사서 백세토록 사당의 제사를 받아먹을 수는 있으나 능히 자신의 몸으로 하여금 하루라도 조정에서 편안하도록 할 수 없었으니, 대체로 공의 능한 것은 천天에 관한 것이요, 그 능히 할 수 없었던 것은 인人에 관한 것이었으리라.

애초 시작에 조주潮州 사람들은 학문에 대해 아직 알지 못하여, 공께서 진사 조덕趙德으로 하여금 선생님이 되도록 하자 이로부터 조주의 선비들은 모두가 문행文行에 독실해져서 모든 주민에게 뻗어나가, 지금에 이르도록 다스리기 쉬운 곳易治이라 칭해지고 있으니, 미덥도다! 공자孔子께서 "군자가 도를 배우면 남을 사랑하게 되고, 소인이 도를 배우면 부리기가 쉽다" 하신 말씀이.

조주 사람들이 공을 섬기기를, 음식은 반드시 공에게 제祭를 올리며,

홍수나 가뭄, 질병이나 역질, 그리고 무엇을 바랄 때는 모두가 반드시 그에게 기도를 한다.

그런데 자사刺史의 공당公堂 뒤에 사당이 있어 백성들이 드나들기에 불편하여, 전前 수령이 새로 사당을 짓고자 조정에 청하였으나 뜻을 이루지 못하였다.

원우元祐 5년 조산랑朝散郎 왕척王滌이 이 고을에 수령으로 와서는 무릇 양사치민養士治民에 관한 것 모두를 하나같이 공을 스승으로 삼자, 주민들은 이윽고 기꺼이 복종하였다.

그러자 영令을 내려 "공의 사당을 새로 세우기를 바란다면 들어주겠노라" 하였다.

백성들은 기쁨에 넘쳐 달려가 주성州城 남쪽 7리에 길吉한 터를 잡아 1년 만에 사당을 완성하였다.

혹자는 "공께서 국도를 떠나 만 리 먼 이곳 조주에 유배오셨으나 능히 한 해를 채우지 못하고 되돌아가셨는데, 죽고 나서도 앎이 있다 할지라도 조주에서의 일을 그리 사랑하고 연연해하지 않을 것임은 분명하다"라고 말한다.

그러나 나蘇軾는 "그렇지 않다. 공의 신령이 천하 어디에나 있는 것은 마치 물이 땅 속에 있으면서 가는 곳마다 없는 곳이 없는 것과 같다. 그런데 조주 사람들은 유독 그에 대해 믿음이 깊고 그리워함이 지극하여 향을 피우고 처창悽愴하리 만큼 여겨 혹 직접 뵙듯이 하고 있다. 비유컨대 우물을 파다가 샘물이 나오자 '오직 여기에만 물이 있다'라고 한다면, 어찌 이치에 맞는 것이겠는가?" 하였다.

원풍元豊 원년(칠년) 황제가 조칙을 내려 공을 창려백昌黎伯에 봉하였으니, 그 때문에 사당의 현판을 「창려백한문공지묘昌黎伯韓文公之廟」라 하였다.

조주 사람들이 사적을 글로 지어 돌에 새기기를 청하여, 이로 말미암아 시를 지어 주어 노래로서 공을 제사지내도록 하였다.

그 가사는 다음과 같다.
『공께서는 일찍이 백운향白雲鄕에서 용을 타고,
손으로 은하수를 갈라 문장을 나누시니,
직녀가 그를 위해 구름을 짜서 비단 치마를 지어주었네.
표연히 바람을 타고 황제의 곁에 오셔서,
아래로 탁한 세상의 비강秕糠을 쓸어버리고,
서쪽으로 함지咸池에서 노닐고 부상扶桑을 스쳐갔네.
초목도 그의 밝은 빛을 입게 되었고,
이백李白과 두보杜甫를 뒤쫓아 함께 날아오르니,
장적張籍이나 황보식皇甫湜 같은 문인들 땀을 쏟으며 쫓아가고 엎어졌지만,
사라지는 해와 같아 바라볼 수 없는 그의 경지,
글을 지어 불교를 꾸짖고 군왕을 비판하다가,
남해에 오신 것은 형산衡山과 상수湘水를 관람시키고자 함이었네.
순舜임금 묻힌 구의산九疑山을 지나 아황娥皇과 여영女英을 조문하자,
축융祝融이 앞에서 몰고 나가니 해약海若도 숨어버렸고,
교룡과 악어를 묶어 마치 양을 몰 듯이 쫓아냈네.
균천鈞天에 마땅한 사람 없어 천제가 슬피 여기다가,
노래를 부르며 무양巫陽을 내려 보내 공을 데려가셨네.
들소 제물에 닭 뼈로 점을 치며 우리의 술잔을 받으시니,
아! 제수祭需는 찬란한 붉은 여지荔枝와 노란 향초香草 바나나,
공의 신령 잠시도 머물지 않으시면 우리는 펑펑 눈물 흘릴 것이니,
편연翩然히 머리카락 휘날리며 이 대황大荒으로 내려오소서.』

匹夫而爲百世師, 一言而爲天下法, 是皆有以參天地之化, 關盛衰之運.

其生也有自來, 其逝也有所爲(矣).

故申呂自嶽降, 傅說爲列星, 古今所傳, 不可誣也.

孟子曰:「我善養吾浩然之氣,」是氣也, 寓於尋常之中, 而塞乎天地之間, 卒然遇之, 王公失其貴, 晉楚失其富; 良平失其智, 賁育失其勇; 儀秦失其辯, 是孰使之然哉?

其必有不依形而立, 不恃力而行, 不待生而存, 不隨死而亡者矣.

故在天爲星辰, 在地爲河嶽; 幽則爲鬼神, 而明則復爲人, 此理之常, 無足恠者.

自東漢以來, 道喪文弊, 異端並起, 歷唐貞觀, 開元之盛, 輔以房杜姚宋, 而不能救, 獨韓文公起布衣, 談笑而麾之, 天下靡然從公, 復歸于正, 蓋三百年於此矣.

文起八代之衰, 而道濟天下之溺; 忠犯人主之怒, 而勇奪三軍之帥, 此豈非參天地, 關盛衰, 浩然而獨存者乎!

蓋嘗論天人之辨, 以謂:「人無所不至, 惟天不容僞. 智可以欺王公, 不可以欺豚魚; 力可以得天下, 不可以得匹夫匹婦之心.」

故公之精誠, 能開衡山之雲, 而不能回憲宗之惑; 能馴鱷魚之暴, 而不能弭皇甫鎛, 李逢吉之謗; 能信於南海之民, 廟食百世, 而不能使其身, 一日安於朝廷之上, 蓋公之所能者, 天也; 其所不能者, 人也.

始, 潮人未知學, 公命進士趙德爲之師, 自是潮之士, 皆篤於文行, 延及齊民, 至于今號稱易治, 信乎! 孔子之言曰「君子學道則愛人, 小人學道則易使」也.

潮人之事公也, 飲食必祭, 水旱疾疫, 凡有求, 必禱焉.

而廟在刺史公堂之後, 民以出入爲艱.

前守欲請諸朝, 作新廟, 不果.

元祐五年, 朝散郞王君滌, 來守是邦, 凡所以養士治民者, 一以公爲師, 民旣悅服.

則出令曰:「願新公廟者聽.」

民讙趨之, 卜地於州城之南七里, 期年而廟成.

或曰:「公去國萬里, 而謫于潮, 不能一歲而歸, 沒而有知, 其不眷戀于潮也審矣.」

軾曰:「不然. 公之神在天下者, 如水之在地中, 無所往而不在也. 而潮人獨信之深, 思之至, 焄蒿悽愴, 若或見之. 譬如鑿井得泉, 而曰『水專在是』, 豈理也哉?」

元豐元(七)年, 詔封公昌黎伯, 故榜曰「昌黎伯韓文公之廟」.

潮人請書其事于石, 因爲作詩以遺之, 使歌以祀公.

其辭曰:

『公昔騎龍白雲鄕, 手抉雲漢分天章, 天孫爲織雲錦裳.

飄然乘風來帝旁, 下與濁世掃粃糠, 西游咸池略扶桑.

草木衣被昭回光, 追逐李杜參翺翔, 汗流籍湜走且僵.

滅沒倒景不得望, 作書詆佛譏君王, 要觀南海窺衡湘.

歷舜九疑吊英皇, 祝融先驅海若藏, 約束鮫鱷如驅羊.

鈞天無人帝悲傷, 謳吟下招遣巫陽, 爆牲雞卜羞我觴.

於粲荔丹與蕉黃, 公不少留我涕滂, 翩然被髮下大荒.』

【匹夫而爲百世師, 一言而爲天下法】 '匹夫'는 평범한 남자. 보통 남자. 平民의 신분. '百世師'는 1世는 30년이므로 3천 년을 두고 숭앙받을 스승.《眞寶》注에 "起句力 量大, 究其極. 惟孔孟可當之"라 함.

【是皆有以參天地之化, 關盛衰之運】 '參天地之化'는 天地의 造化에 참여함. '關盛 衰之運'은 天下 盛衰의 運數에 관계함. 필요한 시기와 장소에 맞추어 태어나고 활동함.

【其生也有自來, 其逝也有所爲(矣)】 '逝'는 죽음.《東坡集》에는 끝에 '矣'자가 더 있음.

【故申呂自嶽降, 傳說爲列星, 古今所傳, 不可誣也】 '申呂'는 申伯과 呂侯. 周 宣王 때 의 功臣으로 呂侯는《詩》에 따르면 甫侯를 가리키는 것으로 보임.《詩》大雅 崧 高에 "崧高維嶽, 駿極于天. 維嶽降神, 生甫及申"이라 함. 그러나《眞寶》注에 '呂' 는 '呂尙', 즉 姜太公을 가리키는 것이라 하였음. '自嶽降'은 이 두 사람은 嵩山의 신령으로써 세상에 내려왔다고 여겼음. '自嶽降'은《眞寶》注에 "生有自來"라 하였 고, '爲列星'은 "逝有所爲"라 함. 傳說(부열)은 殷나라 高宗(武丁)이 꿈에 본 현인 을 찾아 기용된 재상으로 원래 성벽을 쌓는 일을 하고 있었다 함. '爲列星'은 그 가 죽은 후 하늘에 올라가다가 北斗星과 箕星 사이에 걸터앉아 별자리가 되었 다는 전설이 있음.《莊子》大宗師에 "傅說得之, 以相武丁, 奄有天下, 乘東維, 騎箕 尾, 而比於列星"이라 하였고,《幼學瓊林》에도 "傅說死, 其精神托于箕尾"라 함. '不 可誣'는 거짓말일 수가 없음.

【孟子曰:「我善養吾浩然之氣,」 是氣也, 寓於尋常之中, 而塞乎天地之間】 '浩然之氣' 는《孟子》公孫丑(上)에 "曰:「我知言, 我善養吾浩然之氣.」「敢問何謂浩然之氣?」 曰:「難言也. 其爲氣也, 至大至剛; 以直養而無害, 則塞于天地之閒. 其爲氣也, 配義 與道; 無是, 餒也. 是集義所生者, 非義襲而取之也. 行有不慊於心, 則餒矣. 我故曰: 『告子未嘗知義.』 以其外之也. 必有事焉而勿正, 心勿忘, 勿助長也."라 한 것을 말함. '寓於尋常之中'은 평범함 속에 붙어 있음. '尋常'은 원래 길이 8척과 16척을 뜻하 지만 평범함을 의미하는 雙聲連綿語로도 쓰임. '塞乎天地之間'은 천지 사이에 가득 채워져 있음. '乎'는 '於'와 같음.

【卒然遇之, 王公失其貴, 晉楚失其富; 良平失其智, 賁育失其勇; 儀秦失其辯, 是孰使 之然哉?】 '卒然'은 갑자기. 홀연히. '王公'은 帝王과 公卿. 부유함을 누리는 이들을 가리킴. '晉楚'는 春秋시대 매우 富强하였던 두 나라. '良平'은 張良과 陳平. 漢 高 祖(劉邦)를 도와 漢 帝國을 건설하였던 智略家들. '張良'은 漢興三傑의 하나. 字 는 子房. 원래 韓나라 출신으로 나라가 秦始皇에게 망하자 복수를 결심하고 始

皇을 博浪沙에서 저격하려다 실패로 끝나자 下邳로 도망갔음. 그곳에서 黃石公을 만났고, 다시 劉邦에게 합류하여 項羽를 멸하였으며 留侯에 봉해짐.《史記》留侯世家 참조. '陳平'은 처음에는 項羽를 섬겼으나 뒤에 劉邦에게로 가서 큰 공을 세움. 字는 孺子이며, 陽武人으로 黃老術을 익혔음. 曲逆侯에 봉해졌으며 惠帝와 孝文帝 때 丞相을 지냈음.《史記》陳丞相世家 및《漢書》陳平傳 참조할 것. '賁育'은 孟賁과 夏育. 고대에 용맹을 대표하여 병칭되던 두 사람. 孟賁은 秦 武王 때 烏獲과 함께 武王을 모시고 周나라 洛陽에 가서 九鼎을 들고 희롱하다가 그 鼎의 다리를 부러뜨린 일이 있다 하였음(《戰國策》秦策 참조). 한편《史記》袁盎傳의 索隱에《尸子》를 인용하여 "孟賁水行不避蛟龍, 陸行不避兕虎"라 하였고, 《太平御覽》(437)에는《新序》를 인용하여 "勇士一呼, 三軍皆避易, 士之誠也. 夫勇士孟賁水行不避蛟龍, 陸行不避虎狼, 發怒吐氣, 聲響動天, 至其死矣, 頭身斷絶. 夫不用仁而用武, 當時雖快, 身必無後, 是以孔子勤勤行仁"이라 함. '夏育'은 衛나라 사람으로 千鈞의 무게를 들어 올릴 수 있었다 함. '儀秦'은 張儀와 蘇秦. 둘 모두 戰國시대 외교가로 변설에 뛰어났던 대표적인 유세가. 蘇秦은 合從說로, 張儀는 連橫說로 저마다 天下에 이름을 날림.《史記》蘇秦列傳, 張儀列傳 및《戰國策》등을 참조할 것.《眞寶》注에 "如破竹勢"라 함.

【其必有不依形而立, 不恃力而行, 不待生而存, 不隨死而亡者矣】'恃'는 '의지하다'의 뜻.《眞寶》注에 '不待生而存'은 "應生有自來"라 하였고, '不隨死而亡者矣'는 "應逝有所爲"라 함.

【故在天爲星辰, 在地爲河嶽;幽則爲鬼神, 而明則復爲人, 此理之常, 無足恠者】'星辰'은《眞寶》注에 "應傅說爲列星句"라 하였고, '河嶽'은 "應申呂自嶽降"이라 함. '河嶽'은 河川과 山岳. 강과 산. '幽'는 저승. 冥界. '明'은 이승. 밝은 세계. '恠'는 怪와 같음.《眞寶》注에 "全是輪廻之說"이라 함.

【自東漢以來, 道喪文弊, 異端並起, 歷唐貞觀, 開元之盛, 輔以房杜姚宋, 而不能救】'東漢以來'의 '東漢(25–220년)은 後漢. 光武帝 劉秀가 王莽의 新을 멸하고 다시 劉氏의 제국을 洛陽에 세워 이어간 왕조. 뒤에 獻帝(劉協)가 曹丕에게 나라를 禪讓의 형식으로 빼앗겨 망하였으며 그 뒤 三國(魏, 蜀, 吳:220–265)을 거쳐 西晉(265–317), 東晉(317–420), 다시 南北朝(南朝:宋, 齊, 梁, 陳:420–589↔北朝:北魏, 西魏, 東魏, 北齊, 北周:439–581)의 혼란기를 지나 隋(581–618), 唐(618–907)을 거쳐 五代(後梁, 後唐, 後晉, 後漢, 後周:907–960)를 지나 蘇軾의 시대였던 北宋(960–1127)에 이름. '道喪文弊'는 道(幼學)는 상실되고 문장(古文)은 피폐해짐. 六朝시대

騈儷文이 유행하여 참된 문장이 없었음을 말함. '異端並起'는 정통 儒家보다는 道家와 佛家가 흥하였음을 말함. '貞觀'은 唐 太宗(李世民)의 연호(627-649)로 治道에 가장 성공했던 시기. '開元'은 唐 玄宗의 연호(713-741)로 역시 잘 다스려졌던 시기였음을 말함. '房杜姚宋'은 貞觀시기 名臣 房玄齡, 杜如晦와 開元시기 명신 姚崇과 宋璟을 가리킴. 房玄齡(579-648)은 자는 喬(혹 이름이 喬이며 자가 玄齡이라고도 함). 濟州 臨淄(지금의 山東 淄博) 출신으로 貞觀 元年(627) 中書令이 되었으며 3년(629) 尙書左僕射가 되어 梁國公에 봉해졌음. 10여 년 간 재상 직에 있으면서 많은 업적을 쌓았음.《貞觀政要》를 참조할 것.《舊唐書》(66)와《新唐書》(96)에 傳이 있음. '杜如晦'(585-630)는 자는 克明. 隋末 滏陽尉의 낮은 벼슬이었으나 唐兵이 關中으로 들어오자 李世民에게 도움으로 주어 陝東道大行臺司勳郎中이 되었으며 太宗이 즉위하자, 尙書右僕射에 오름. 정책 결정에 과감하여 흔히 "房謀杜斷"이라 하였음.《貞觀政要》를 참조할 것.《舊唐書》(66)와《新唐書》(96)에 傳이 있음. '姚崇'은(651-721)은 본명은 元崇, 자는 元之. 唐代 著名한 政治家. 則天, 中宗, 睿宗을 거쳐 두 차례 宰相에 올랐으며 兵部尙書를 지냄. '宋璟'(663-737)은 자는 廣平. 河北 邢台 출신으로 少年시절부터 박학다재하였으며 문장에도 뛰어남. 약관에 진사에 올라 上黨尉, 鳳閣舍人, 御史臺中丞, 吏部侍郎 등을 역임함. 姚崇과 宋璟은《舊唐書》(96)와《新唐書》(124)에 모두 傳이 있음.《眞寶》注에 "房玄齡, 杜如晦, 太宗貞觀相; 姚崇, 宋璟, 玄宗開元相"이라 함.

【獨韓文公起布衣, 談笑而麾之, 天下靡然從公, 復歸于正, 盖三百年於此矣】'布衣'는 匹夫와 같음. 평민을 뜻함. '麾之'는 손으로 저어 지휘함. '靡然從公'은 풀이 바람에 쏠리듯 그의 지시를 따름. '三百年'은 韓愈가 활약했던 唐 憲宗 때로부터 蘇軾이 이 글을 쓴 宋 哲宗 때까지 280여 년 간을 대체로 3백 년이라 부른 것.

【文起八代之衰, 而道濟天下之溺, 忠犯人主之怒, 而勇奪三軍之帥】'八代'는 東漢, 魏, 晉, 宋, 齊, 梁, 陳, 隋를 가리킴.《眞寶》注에 "東漢, 魏, 晉, 宋, 齊, 梁, 陳 隋也"라 함. '濟'는 救濟함. '天下之溺'은 천하의 사람들이 물에 빠져 헤어 나오지 못하는 것과 같았던 풍조. '人主之怒'는 천자의 노여움. 唐 憲宗이 佛教에 빠져 佛骨을 궁중에 들여오려 하자, 韓愈가〈論佛骨表〉를 올려 극간하였다가 憲宗의 노여움을 사서 潮州로 귀양 가게 되었음을 말함.《眞寶》注에 "諫憲宗迎佛骨"이라 함. '勇奪三軍之帥'는 용맹함이 三軍의 將帥를 굴복시킬 만함. 唐 穆宗 때에 鎭州에 군란이 일어나 田弘正을 죽이고 王廷湊를 節度使로 옹립하려는 등 절도사들이 발호하자 조정에서 韓愈를 兵部侍郎에 임명함. 이에 한유는 道理를 논하여 난을

진압함. 《眞寶》注에 "入王廷三軍, 折服之, 出牛元翼於圍"라 함.

【此豈非參天地, 關盛衰, 浩然而獨存者乎】'浩然而獨存者'는 浩然하여 홀로 당당히 존재함. 《東坡集》에는 앞에 '此'자가 더 있음. 《眞寶》注에 "收拾前語鎖結"이라 함.

【蓋嘗論天人之辨, 以謂人無所不至, 惟天不容僞】'天人之辨'은 하늘과 사람의 분별. '無所不至'는 이르지 않는 곳이 없음. '天不容僞'는 하늘은 거짓을 용납하지 않음.

【智可以欺王公, 不可以欺豚魚; 力可以得天下, 不可以得匹夫匹婦之心】'智可以欺王公'은 《眞寶》注에 "人"이라 함. '豚魚'는 돼지나 물고기. 《眞寶》注에 "天"이라 함. '力可以得天下'는 《眞寶》注에 "人"이라 함. 匹夫匹婦는 보통 사람. 《眞寶》注에 "天"이라 함.

【故公之精誠, 能開衡山之雲, 而不能回憲宗之惑】'開衡山之雲'은 衡山의 구름을 걷히게 함. 衡山은 五嶽 중 南嶽으로 湖南省에 있음. 韓愈가 일찍이 衡山의 山神祠堂에 이르렀을 때, 가을비가 심하게 내리려 함에 그가 기도하였더니 하늘이 맑아져 봉우리와 靑空을 볼 수 있었다 함. 《眞寶》注에 "天. ○文公〈謁衡嶽廟詩〉云:「我來正逢秋雨節, 陰氣晦昧無淸風. 潛心黙禱若有應, 豈非正直能感通? 須臾淨掃衆峰出, 仰見突兀撑靑空.」"이라 함. '回憲宗之惑'은 憲宗이 미혹함을 되돌림. 〈論佛骨表〉를 가리킴. 《眞寶》注에 "憲宗, 謂唐憲宗, 名純"이라 함.

【能馴鱷魚之暴, 而不能弭皇甫鎛, 李逢吉之謗】'馴鱷魚之暴'은 악어의 포악함을 길들임. '鱷魚'는 鰐魚로도 표기함. 韓愈의 〈鱷魚文〉(035)을 참조할 것. 《眞寶》注에 "天"이라 함. '弭'(미)는 '그치게 하다, 막다'의 뜻. '皇甫鎛'은 德宗(李适) 貞元 때 進士에 올라 監察御史를 거쳐 吏部員外郞, 判度支, 戶部侍郞 등을 역임한 인물. 憲宗(李純) 때에 재상에 올랐으며, 憲宗이 韓愈를 潮州로 귀양 보낸 것을 후회하고 다시 부르려 하자 疏를 올려 韓愈를 비방하고 謫地를 袁州로 옮기게 하였음. '李逢吉'(758~835)은 穆宗 때의 재상. 韓愈와 李紳을 이간시켜 韓愈를 兵部侍郞으로 폄직시켰던 인물. 《眞寶》注에 "人. ○上得公〈潮州謝表〉, 欲復用之, 鎛奏「愈終狂踈, 可且內移」, 遂移袁州. 逢吉, 因臺參事, 使與李紳交鬪, 遂罷爲兵部侍郞"이라 함.

【能信於南海之民, 廟食百世, 而不能使其身, 一日安於朝廷之上】'南海'는 군 이름으로 지금의 福建 潮州 番禺縣. '廟食'은 廟堂(祠堂)에서 제사를 받아먹음. 潮州에 묘당이 세워져 그곳 사람들로부터 제사를 받게 되었음을 뜻함. 《眞寶》注에 "天"이라 함. 끝에 《眞寶》注에 "人"이라 함.

【盖公之所能者, 天也; 其所不能者, 人也】한유는 하늘의 뜻을 遂行하는 데는 능란

하나 사람을 다루는 데는 능숙하지 못함.《眞寶》注에 "二句倂鎖. 前人無不至'天不容僞'句"라 함.

【始, 潮人未知學, 公命進士趙德爲之師, 自是潮之士, 皆篤於文行, 延及齊民, 至于今號稱易治】'趙德'은 唐나라 海陽 사람으로 進士에 급제하여 韓愈가 潮州刺史로 부임하면서 그에게 海陽縣尉로 부임할 것을 청하여 학문에 관한 일을 전담시켰음. '篤於文行'은 학문과 덕행에 독실함. '延及齊民'은 일반 백성에게 그 영향이 미침. '易治'는 쉽게 다스림. 한유의 교화를 입은 곳이어서 다스리기 쉬운 곳으로 널리 알려짐.

【信乎孔子之言曰「君子學道則愛人, 小人學道則易使」也】'孔子之言'의 구절은《論語》陽貨篇에 "子之武城, 聞弦歌之聲. 夫子莞爾而笑, 曰:「割雞焉用牛刀?」子游對曰:「昔者, 偃也聞諸夫子曰:『君子學道則愛人, 小人學道則易使也.』」子曰:「二三子! 偃之言是也. 前言戲之耳.」"를 말함.

【潮人之事公也, 飮食必祭, 水旱疾疫, 凡有求, 必禱焉】'水旱疾疫'은 홍수, 가뭄, 질병과 전염병 등.

【而廟在刺史公堂之後, 民以出入爲艱】'刺史公堂'은 刺史가 업무를 보는 관청. '出入爲艱'은 드나들기가 어려움.

【前守欲請諸朝, 作新廟, 不果】'請諸朝'는 조정에 청함. '諸'(저)는 '之於, 之乎'의 合音字. '不果'는 뜻대로 성공을 거두지 못함.

【元祐五年, 朝散郎王君滌, 來守是邦, 凡所以養士治民者, 一以公爲師】'元祐'는 宋哲宗(趙煦)의 연호(1086–1093). 元祐 5년은 1090년.《眞寶》注에 "哲宗朝, 庚午歲"라 함. '朝散郎'은 벼슬 이름. 散郎은 散官과 같음. '王君滌'은 王滌. 人名. '君'은 존칭어. '是邦'은 이 고을. 즉 潮州를 가리킴.

【民旣悅服. 則出令曰:「願新公廟者聽.」】'悅服'은 기꺼이 복종함.

【民讙趨之, 卜地於州城之南七里, 期年而廟成】'讙趨'는 즐겁게 추진함.《東坡集》에는 '趨'가 '趣'로 되어 있음. '卜地'는 吉地를 고름. 터를 잡음. '期年'은《東坡集》에는 '朞年'으로 되어 있으며, 만 1년을 뜻함.

【或曰:「公去國萬里, 而謫于潮, 不能一歲而歸, 沒而有知, 其不眷戀于潮也審矣.」】'去國'은 國都(汴京)를 떠남. '謫于潮'는 潮州로 귀양을 옴. '不能一歲而歸'는 한유가 조주로 귀양을 와서 그곳 주민을 교화한 기간은 고작 8개월 정도로 짧아 1년도 되지 않음. '沒而有知'는 죽어서도 지각이 있어 이곳을 앎. '眷戀'은 돌아보며 그리워함. '審'은 확실함. 틀림없음.

【軾曰:「不然. 公之神在天下者, 如水之在地中, 無所住而不在也. 而潮人獨信之深, 思之至, 焄蒿悽愴, 若或見之. 譬如鑿井得泉, 而曰『水專在是』, 豈理也哉!」】'軾'은 蘇軾. 《眞寶》注에 "軾, 謂蘇軾"이라 함. '焄蒿悽愴'은 향을 피우며 감동하면서 슬퍼함. '悽愴'은 마음이 감동되어 슬피 여김을 뜻하는 雙聲連綿語. '鑿井'은 우물을 팜.

【元豐元(七)年, 詔封公昌黎伯. 故榜曰昌黎伯韓文公之廟】'元豐'은 宋 神宗(趙頊)의 연호(1078-1085). 元豐 元年은 1078년(戊午). 그러나 《東坡集》에는 '七年'으로 되어 있고 《眞寶》注에 "神宗朝, 甲子歲"라 하여 7년이 옳음. '元'은 '七'의 오류임. '詔封 公昌黎伯'은 神宗이 詔書를 내려 韓愈를 昌黎伯으로 追尊하여 封함. '昌黎'는 군이름으로 지금의 河北 通縣. 韓愈의 先祖가 살던 本鄕. '伯'은 公侯伯子男의 작위 등급의 하나. '榜'은 현판, 간판. 額과 같음.

【潮人請書其事于石, 因爲作詩以遺之, 使歌以祀公】潮州 사람들이 蘇軾에게 昌黎伯 韓愈의 사적을 써서 돌에 새기기를 청함.

【其辭曰】이하는 3구절씩으로 이루어진 讚歌임.

【公昔騎龍白雲鄕, 手抉雲漢分天章, 天孫爲織雲錦裳】'白雲鄕'은 天帝가 사는 곳, 즉 하늘나라. 《眞寶》注에 《莊子》:「乘彼白雲, 至于帝鄕.」이라 함. '手抉雲漢'은 은하수를 손으로 쳐서 가름. '天章'은 하늘의 문장. '天孫'은 織女. 《眞寶》注에 "天孫, 爲織女"라 함. '織雲錦裳'은 은하수를 옷감처럼 織造하여 비단 옷을 만듦.

【飄然乘風來帝旁, 下與濁世掃粃糠, 西游咸池略扶桑】'帝旁'은 황제의 곁. 인간 세상 唐나라에 태어남. '掃粃糠'은 벼쭉정이와 쌀겨를 쓸어내어 버림. '粃糠'은 秕糠과 같으며 이는 古文이 아닌 駢儷文, 또는 佛敎나 道敎를 비유함. 《眞寶》注에 "指攘斥佛老. 起意謂公自天降, 應生有自來"라 함. '咸池'는 서쪽 끝으로 태양이 져서 목욕을 하는 못. '略'은 지나감. '扶桑'은 동해 끝의 神木으로 아침마다 해가 그 나무 위에서 뜬다 함. 《楚辭》(離騷) "飮余騎馬於咸池兮, 摠余轡乎扶桑"의 王逸 注에 "咸池, 日浴處也. 日出, 下浴于湯谷, 上拂其扶桑, 爰始而登, 照曜四方"라 하였고, 《淮南子》(天文訓)에는 "日出於暘谷, 浴於咸池"라 함. 《眞寶》注에 "〈離騷〉:「飮予馬於咸池兮, 摠予轡乎扶桑.」《淮南子》:「日出暘谷, 浴於咸池, 拂於扶桑.」喩公之道, 與日齊光也"라 함.

【草木衣被昭回光, 追逐李杜參翶翔, 汗流籍湜走且僵】'衣被'는 '입다, 둘러쓰다'의 뜻. '은혜를 입다'의 뜻. '昭回光'은 두루 밝게 비침. 韓愈의 德光이 태양빛처럼 고루 비춰줌을 뜻함. '追逐'은 뒤쫓아 감. '李杜'는 李白과 杜甫. 《眞寶》注에 "李杜,

謂李白, 杜甫"라 함. '翱翔'은 높이 낢. '汗流'는 땀을 흘림. '籍湜'은 張籍(024를 볼
것)과 皇甫湜(028의 주를 볼 것). 둘 모두 韓愈의 門人으로 문장에 뛰어났음.《眞
寶》注에 "籍湜, 張籍, 皇甫湜"이라 함. '僵'은 넘어짐, 엎어짐.

【滅沒倒景不得望, 作書詆佛譏君王, 要觀南海窺衡湘】'滅沒' 사라져 없어짐. 여기서
는 지는 해를 뜻하며 한유가 죽어 사라져 더는 그에게 배울 수 없었음을 말함.
'倒景'은 거꾸로 비친 그림자.《眞寶》注에 "相如〈大人賦〉:「貫列缺之倒景.」"이라
함. '作書詆佛'은 글을 지어 佛敎를 꾸짖음.〈論佛骨表〉를 가리킴. '譏君王'은 감
히 憲宗을 나무람. '觀南海'는 南海를 둘러봄. 韓愈가 유배되었던 潮州 지역에서
의 활동을 말함. '窺衡湘'은 衡山과 湘水를 엿봄. 韓愈가 潮州에서 袁州로 유배지
를 옮길 때 지났던 곳임.《眞寶》注에 "謂謫潮"라 함.

【歷舜九疑吊英皇, 祝融先驅海若藏, 約束鮫鱷如驅羊】'九疑'는 九疑山. 舜임금이
남쪽을 巡遊하다가 蒼梧의 들에서 죽어 이 산에 묻혔다 함. '吊'은 '弔'와 같으며
'조문하다'의 뜻.《東坡集》에는 '弔'로 되어 있음. '英皇'은 女英과 娥皇. 堯의 두 딸
로 둘 모두 舜의 妃가 되었는데, 舜이 蒼梧에서 죽자 뒤를 따라 湘水에 투신하
여 죽어 그곳 水神이 되었다 함.《眞寶》注에 "娥皇, 女英, 舜二妃"라 함. '祝融'은
불의 신. 南方 또는 南海의 신. 炎帝. '海若'은 바다의 신.《莊子》秋水篇에 "北海
若曰:「井蟺不可以語於海者, 拘於虛也; 夏蟲不可以語於冰者, 篤於時也; 曲士不可
以語於道者, 束於敎也.」"라 함. '藏'은 자취를 감춤. '約束'은 묶어 맴. '鮫鱷'은 蛟
龍과 鱷魚.《東坡集》에는 '鮫鰐'으로 되어 있음.

【鈞天無人帝悲傷, 謳吟下招遣巫陽, 爆牲雞卜羞我觴】'鈞天'은 八方과 中央으로 나
뉜 하늘의 중앙을 鈞天이라 함. 天帝의 도읍이 있는 곳. '遣巫陽'은 그곳에 천제
를 보필할 마땅한 사람이 없자 巫陽을 보내어 韓愈를 데려감. '巫陽'은 하늘의 神
巫.《眞寶》注에 "謂公沒, 復歸于天, 應逝有所爲"라 함. '爆牲'은 들소 제물. '爆'은
들소. '牲'은 희생물. 제물. '雞卜'은 닭의 뼈로 치는 점으로 남방의 풍속이라 함.
'羞'는 饈와 같음. 음식.

【於粲荔丹與蕉黃, 公不少留我涕滂, 翩然被髮下大荒】'於(오)는 感歎詞. '荔丹'은 남
방에서 나는 붉은 荔枝. '蕉黃'은 노란 芭蕉의 열매. 곧 香蕉(바나나). 韓愈의 柳宗
元 追慕文〈羅池廟碑銘〉에 "荔子丹兮蒸葉黃"이라 함.《眞寶》注에 "用韓公祭柳
侯之語, 祭公"이라 함. '涕滂'은 눈물을 비 오듯 쏟음. '大荒'은 大地. 原野. 인간 세
상. 한유의 사당이 있는 땅.《眞寶》注에 "文公〈雜詩〉:「翩然下大荒, 被髮騎麒麟.」
竟用公說, 豪逸切當"이라 함.

1. 소동파(蘇東坡)

소식(蘇軾. 1037–1101) 宋代 시인이며 문장가. 자는 子瞻, 호는 東坡居士이며 北宋의 大文豪. 眉州 眉山(지금의 四川 眉山縣) 사람으로 아버지 蘇洵, 아우 蘇轍과 함께 '三蘇'로 널리 불리며 모두 唐宋八大家에 속함. 北宋 仁宗 景祐 4년에 태어나 徽宗 建中靖國 元年에 죽었으며 향년 65세. 嘉祐 2년에 서울에 올라와 과거에 응하여 당시 시험관 歐陽修의 탄상을 받았으며 神宗 때 祠部員外郞을 시작으로 密州, 徐州, 湖州 등의 州知府를 역임하면서 많은 업적을 쌓았음. 王安石의 變法에 반대하다가 黃州로 귀양을 감. 그 뒤 哲宗이 즉위하고 太皇太后가 舊黨을 등용하자 소식은 다시 翰林學士를 거쳐 杭州知州로 갔다가 禮部尙書로 올라오게 됨. 얼마 뒤 哲宗이 親政에 나서 다시 新黨이 정권을 잡자 蘇軾은 惠州, 澹州, 潁州로 밀려났다가 다시 돌아오는 길에 常州에서 죽었음. 그는 당시 文壇의 領袖였으며 박학한 지식과 풍부한 감정으로 詩, 詞, 散文 등과 書畫 등 예술분야 전반에 탁월한 경지를 보였음. 특히 書法은 蔡襄, 米芾, 黃庭堅과 합하여 '宋四大家'로 불렸음. 《仇池筆記》,《東坡志林》,《東坡全集》,《東坡詞》 등이 있으며 《宋史》(338)에 傳이 있음. 《眞寶》 諸賢姓氏事略에 "蘇子瞻, 名軾, 眉山人. 號東坡, 嘉祐甲科, 元豐二年謫黃州, 元祐初召入翰林, 遷內翰, 紹聖元年南遷"이라 함.

2. 이 글은 《東坡全集》(86),《唐宋八大家文鈔》(142),《原本韓文考異》(10),《別本韓文考異》(附錄),《東雅堂昌黎集註》(朱子校),《古文關鍵》(下),《續文章正宗》(16),《文章軌範》(4),《文編》(59),《文章辨體彙選》(656),《古文淵鑑》(50),《廣東通志》(59),《金石文考略》(15),《乾道稿》(18),《古文雅正》(12),《唐宋文醇》(49) 등에 널리 실려 있음.

092. <前赤壁賦> ·················· 蘇子瞻(蘇軾)
전적벽부

* <前赤壁賦>:蘇軾 47세 때 湖北 黃州에 유배되자, 찾아온 楊世昌과 함께 그곳 赤壁에 뱃놀이를 나섰다가 賦로 지은 두 편의 글, 前後로 나누어 칭하고 있으나 <前赤壁賦>의 경우 <赤壁賦>로 單稱하기도 함. 한편 赤壁은 三國시대 曹操가 周瑜에게 대패한 水戰地로 주위 절벽이 붉은색이어서 붙여진 지명. 흔히 嘉魚縣 동북쪽 長江이 그 전투를 벌였던 적벽이라 하나 구체적으로 어느 곳인지 정설은 없음. 그 밖에 赤壁은 漢水 곁의 竟陵(지금의 復州), 齊安郡(黃州), 江夏郡 남쪽(漢陽縣)과 蘇軾이 노닐었던 이곳 黃州 黃岡의 赤壁 등 여러 곳이 있음. 그러나 黃州 黃岡의 赤壁은 실제로 赤壁戰이 있었던 곳이 아니며, 蘇軾이 잘못 안 것으로 여기고 있음. 《文章軌範》(7)과 《古賦辯體》(8)에 "此賦學莊騷文法, 無一句與莊騷相似, 非超然之才, 絶倫之識, 不能爲也. 瀟灑神奇, 出塵絶俗, 如乘雲御風, 而立乎九霄之上, 俯視六合, 何物茫茫? 非惟不掛之齒牙, 亦不足入其靈臺丹府也"라 하였고, 《唐宋八大家文鈔》에는 "予嘗謂:「東坡文章, 仙也. 讀此二賦, 令人有遺世之想.」"이라 함.

* 《眞寶》注에 "陳靜觀批二賦, 皆東坡謫黃州時作. 是時放情事外, 寄興風月, 直將無意於人世, 是故皆托仙以爲言. 前篇謂風月之常新, 吾亦樂之, 亦不必羨於仙; 後篇驚江山之忽異, 凜不可以久樂, 又復有羨於仙矣. 二篇大意, 皆倣〈寓言〉之莊, 〈遠遊〉之屈, 〈賦鵩〉之賈, 未爲正論. 但其凌厲飄逸之言, 無一句類食烟火人語, 讀之, 令人亦覽有登閬風涉蓬萊氣象, 盖眞可與造物遊者, 非可執筆學爲如此也. ○坡自書此賦後云:「黃州少西山麓斗入江中, 石色如丹. 傳云曹公敗處, 所謂赤壁者, 或曰非也. 曹公敗歸, 由華容路, 今赤壁少西對岸, 卽華容鎭, 庶幾是也. 然岳州復有華容縣, 竟不知孰是. ○江夏〈辨疑〉云:江漢之間, 指赤壁者三:一在漢水之側, 竟陵之東, 卽今復州;一在齊安郡之步下, 卽今黃州;一在江夏西南二百里許, 今屬漢陽縣. 予謂江夏西南者, 正曹公所敗之地也.」按《三國志》:「劉琮降, 備走夏口, 操自江陵征備, 至赤壁戰不利.」又〈周瑜傳〉:「備進住夏口, 權遣瑜幷力迎操, 遇於赤壁.」夫操自江陵下, 瑜由夏口泝逆戰, 則赤壁, 非竟陵之東者, 與齊安之步下者, 明矣.」라 함.

임술壬戌년 가을 7월 기망(16)에 나 소식은 객과 더불어 적벽赤壁 아래에 배를 띄워 뱃놀이를 하였다.

맑은 바람은 서서히 불어오고, 파도도 일지 않았다.

잔 들어 객에게 권하여 명월明月의 시를 외우고, 요조窈窕의 시를 노래하였다.

조금 뒤 동산 위로 달이 솟아올라, 북두성과 견우성 사이를 배회한다.

흰 이슬은 강물 위에 비껴 있고, 물빛은 하늘에 닿아 있다.

갈대만 한 한 조각 작은 배를 가는 대로 내맡겼더니, 만경창파를 넘어 망연히 흘러간다.

호호浩浩하여 마치 허공에 기대어 타고 바람을 모는 듯하여 그 그칠 곳을 모르겠고, 표표飄飄하여 마치 세상을 버리고 홀로 서서 날개가 돋아 신선 세계로 오르는 듯하였다.

이에 술을 마셔 즐거움이 심해져 뱃전을 두드리며 노래를 부르니, 그 노래는 이러하였다.

"계수나무 노와 목란나무 삿대로 텅 빈 하늘 밝은 달을 치며 물에 흐르는 빛을 거슬러 올라가네. 아득하도다, 나의 심회여. 미인을 바라보니 하늘 저쪽에 있도다."

객 가운데 퉁소를 부는 자가 있어 그 노래에 맞추어 화답하는데, 그 음조는 애절하여 원망하는 듯, 사모하는 듯, 우는 듯, 하소연하는 듯하였다.

여음餘音은 가냘프고 가냘프되 끊이지 않기가 실과 같으며 깊은 골짜기의 잠겼던 교룡을 춤추게 하고, 한 척 외로운 배의 과부를 울릴 정도였다.

나는 초연愀然하여 옷깃을 바로하고 오뚝하게 바로 앉아 객에게 물었다.

"어쩌면 그런 소리를 내는가?"

객이 말하였다.

"달빛이 밝아 별빛이 희미해지자 까마귀 까치는 남쪽으로 날아가도다'라 하였으니, 이는 조맹덕曹孟德의 시가 아니오? 서쪽으로 하구夏口를 바라보고, 동쪽으로는 무창武昌을 바라보니 산천이 서로 어우러져 울창하고 푸르기만 한데, 이는 조맹덕이 주유周瑜에게 곤액을 당한 곳이 아닙니까? 바야흐로 막 형주荊州를 깨뜨리고 강릉江陵으로 내려와, 강물을 따라 동쪽으로 내려올 때는, 배는 꼬리를 물고 천 리로 이어졌고, 정기旌旗는 창공을 덮었으며, 강가에 임해서는 술을 따르며, 긴 창을 비껴들고 시를 지어 호방함을 자랑했으니 진실로 일세의 영웅이었는데, 이제는 어디에 있소이까? 하물며 나와 그대는 강가에서 고기나 잡고, 땔나무나 하며, 물고기나 새우 따위를 짝으로 삼고, 미록麋鹿 따위나 벗으로 삼고 있는 신세. 잎 하나만 한 작은 배에 몸을 싣고 바가지 술잔이나 들고 서로 권하고 있소. 하루살이처럼 천지 사이에 빌붙어 있고, 창해滄海에 좁쌀 한 톨처럼 보잘것없는 몸. 내 삶이 잠깐임을 슬퍼하고 장강長江의 끝없음을 부러워, 날아가는 신선을 끼고 놀고, 명월을 껴안고 길이 살다가 마쳤으면 하지만, 그런 것은 곧바로 얻을 수 없음을 알기에 비풍悲風에 유향遺響을 의탁하는 것이라오."

내가 말하였다.

"그대 또한 물과 달을 알겠지요? 가는 것은 이처럼 물과 같지만 아주 일찍이 가버린 적이 없습니다. 차고 기우는 것은 저 달과 같지만 끝내 아주 사라지거나 영원히 커지기만 하는 것은 아닙니다. 대체로 그 변하는 입장에서 보면 천지는 한 순간도 그대로 있는 것이 없지만, 변하지 않는 입장에서 보면 만물과 나는 모두가 다함이란 없는 것이라오. 그런데 다시 무엇을 부러워하겠습니까? 게다가 무릇 천지 사이에 만물은 저마다 주인이 있어 진실로 나의 소유가 아니어서 비록 털끝만 한 것이라 해도 가질 수 없으나, 오직 강 위로 불어오는 청풍과 산간의 명월만은, 귀로 얻어 소리가 되고, 눈에 붙여 색깔이 되되, 취해도 금하는 자가 없으며 사용해도 다함이 없으니, 이는 조물주의 무진장無盡藏으로, 나와 그대가 함께 즐길 바입니다."

객은 기뻐 웃고는 잔을 씻어 다시 술을 주고받아, 안주가 이미 다하여, 배반盃盤이 낭자狼藉하였다.

서로를 베고 깔고 배 안에서 곯아떨어져 동방이 이미 밝아오고 있음도 알지 못하였다.

壬戌之秋七月旣望, 蘇子與客泛舟遊於赤壁之下,
清風徐來, 水波不興.
擧酒屬客, 誦明月之詩, 歌窈窕之章.
少焉, 月出於東山之上, 徘徊於斗牛之間.
白露橫江, 水光接天.
縱一葦之所如, 凌萬頃之茫然.
浩浩乎如憑虛御風, 而不知其所止; 飄飄乎如遺世獨立, 羽化而登仙.

於是飲酒樂甚, 扣舷而歌之,
歌曰:「桂棹兮蘭槳, 擊空明兮泝流光. 渺渺兮余懷, 望美人兮天一方.」
客有吹洞簫者, 倚歌而和之, 其聲嗚嗚然, 如怨如慕, 如泣如訴.
餘音嫋嫋, 不絕如縷, 舞幽壑之潛蛟, 泣孤舟之嫠婦.

蘇子愀然, 正襟危坐而問客曰:「何爲其然也?」

客曰:「『月明星稀, 烏鵲南飛』, 此非曹孟德之詩乎? 西望夏口,
東望武昌. 山川相繆, 鬱乎蒼蒼, 此非孟德之困於周郎者乎? 方其
破荊州, 下江陵, 順流而東也, 舳艫千里, 旌旗蔽空. 釃酒臨江, 橫
槊賦詩, 固一世之雄也, 而今安在哉? 況吾與子, 漁樵於江渚之上,
侶魚蝦而友麋鹿. 駕一葉之扁舟, 擧匏樽以相屬; 寄蜉蝣於天地,
渺滄海之一粟. 哀吾生之須臾, 羨長江之無窮; 挾飛仙以遨遊, 抱
明月而長終. 知不可乎驟得, 託遺響於悲風」

蘇子曰:「客亦知夫水與月乎? 逝者如斯, 而未嘗往也; 盈虛者
如彼, 而卒莫消長也. 蓋將自其變者而觀之, 則天地曾不能以一
瞬; 自其不變者而觀之, 則物與我皆無盡也, 而又何羨乎? 且夫天
地之間, 物各有主, 苟非吾之所有, 雖一毫而莫取; 惟江上之清風,
與山間之明月, 耳得之而爲聲, 目寓之而成色; 取之無禁, 用之不
竭, 是造物者之無盡藏也, 而吾與子之所共樂.」

客喜而笑, 洗盞更酌, 肴核旣盡, 盃盤狼藉.
相與枕藉乎舟中, 不知東方之旣白.

【壬戌之秋七月旣望, 蘇子與客泛舟遊於赤壁之下】 '壬戌'은 宋 神宗(趙頊) 元豐 5년
(1082). 《眞寶》注에 "元豐五年, 坡年四十七"이라 함. '旣望'은 음력 16일. 望月이 이
미 지난 날. '蘇子'는 작자 蘇軾 자신. '客'은 함께 뱃놀이에 나섰던 楊世昌을 가리
킴. 소식의 고향 친구로 자는 子京, 眉山으로부터 黃州까지 찾아와 두 차례에 걸
쳐 赤壁에서 뱃놀이를 하며 그를 위로했다 함.
【清風徐來, 水波不興】 맑은 바람이 서서히 불어오고 파도도 일지 않음.
【擧酒屬客, 誦明月之詩, 歌窈窕之章】 '屬客'은 囑客과 같음. 객에게 술을 附囑하여
권함. '明月之詩'는 《詩》 陳風 月出篇을 말함. "月出皎兮, 佼人僚兮. 舒窈糾兮, 勞心
悄兮. 月出皓兮, 佼人懰兮. 舒慢受兮, 勞心慅兮. 月出照兮, 佼人燎兮. 舒夭紹兮, 勞心
慘兮"라 함. '窈窕之章'은 月出篇의 '窈糾'를 가리킴. 혹 周南 關雎篇의 "關關雎鳩,

在河之洲. 窈窕淑女, 君子好逑. 參差荇菜, 左右流之. 窈窕淑女, 寤寐求之. 求之不
得, 寤寐思服. 悠哉悠哉, 輾轉反側. 參差荇菜, 左右采之. 窈窕淑女, 琴瑟友之. 參
差荇菜, 左右芼之. 窈窕淑女, 鍾鼓樂之."를 가리키는 것이라고도 함.《眞寶》注에
"淸風明月爲後張本"이라 함.

【少焉, 月出於東山之上, 徘徊於斗牛之間】'少焉'은 잠시 뒤. '斗牛之間'은 北斗星과
牽牛星 사이.

【白露橫江, 水光接天】흰 이슬은 강을 가로 지르고 물빛은 하늘과 접해 있음.

【縱一葦之所如, 凌萬頃之茫然】'縱一葦'은 한 잎 갈대와 같은 작은 배를 풀어놓음.
'所如'는 가는 대로. '如'는 徃, 之, 行, 向 등과 같음. '凌萬頃之茫然'은 만 이랑의
넓은 강을 넘질러 망연히 흘러감.

【浩浩乎如憑虛御風, 而不知其所止】'浩浩乎'는 매우 넓음을 뜻함. '憑虛御風'은 허
공을 의지하여 바람을 조종함. '憑'은《東坡集》에는 '馮'으로 되어 있음.

【飄飄乎如遺世獨立, 羽化而登仙】'飄飄乎'는 하늘거리며 가벼이 떠 있는 상태. '遺
世'는 세속을 버림. 세속을 떠남. '羽化而登仙'은 날개가 돋아 신선이 되어 하늘
신선세계로 오름.《眞寶》注에 "自謂有仙意"라 함.

【於是飮酒樂甚, 扣舷而歌之】'扣舷'은 뱃전을 두드리며 노래에 장단을 맞춤.

【歌曰:「桂棹兮蘭槳, 擊空明兮泝流光. 渺渺兮余懷, 望美人兮天一方.」】'桂棹'는 계수
나무로 만든 노. '蘭槳'은 木蘭으로 만든 삿대. 또는 난초 무늬를 넣어 장식한 삿
대. '擊空明兮泝流光'는 달빛에 의해 밝은 공중을 치며 달빛 어린 강물을 거슬러
올라감. '渺渺兮余懷'는 '아득하도다 나의 회포와 온갖 심정이여'의 뜻.

【客有吹洞簫者, 倚歌而和之, 其聲嗚嗚然, 如怨如慕, 如泣如訴】'洞簫'는 퉁소.《眞
寶》注에 "王褒有〈洞簫賦〉, 乃簫之無孔底者. 大者二十管, 小者十六管"이라 함. '嗚
嗚然'은 퉁소 가락의 구성진 소리를 형용한 것.《東坡集》에는 '烏烏然'으로 되어
있음.

【餘音嫋嫋, 不絶如縷, 舞幽壑之潛蛟, 泣孤舟之嫠婦】'嫋嫋'는 퉁소 소리가 가늘고
야들야들함을 형용한 것. '幽壑'은 깊은 골짜기. '潛蛟'는 숨어 있는 蛟龍. '嫠婦'
는 과부.

【蘇子愀然, 正襟危坐而問客曰:「何爲其然也?」】'愀然'(초연)은 슬픔과 애상함을 느
끼는 감정. '正襟危坐'는 옷깃을 여미고 오뚝하게 몸을 바로하고 단정히 앉음.

【客曰:「『月明星稀, 烏鵲南飛』, 此非曹孟德之詩乎?」】'月明星稀, 烏鵲南飛'는 달빛이
밝아지자 별이 희미해지고, 까마귀, 까치는 남쪽으로 날아가 퇴각함. 曹操가 赤

壁大戰 때 자신이 달처럼 빛나자 劉備와 孫權이 무력해지고 있음을 自信한 것. 이는 《樂府詩集》(30)에 실려 있는 曹操의 〈短歌行〉 "對酒當歌, 人生幾何? 譬如朝露, 去日苦多. 慨當以慷, 憂思難忘. 何以解憂? 唯有杜康. 青青子衿, 悠悠我心. 呦呦鹿鳴, 食野之苹. 我有嘉賓, 鼓瑟吹笙. 明明如月, 何時可輟? 憂從中來, 不可斷絶. 越陌度阡, 枉用相存. 契濶談讌, 心念舊恩. 月明星稀, 烏鵲南飛. 繞樹三匝, 何枝可依? 山不厭高, 水不厭深. 周公吐哺, 天下歸心"의 구절임. 《眞寶》注에 "曹操詩見《文選》"이라 함. '孟德'은 曹操의 字.

【西望夏口, 東望武昌, 山川相繆, 鬱乎蒼蒼, 此非孟德之困於周郎者乎?】 '夏口'는 지명. 지금의 湖北省 漢口. 《眞寶》注에 "江夏縣西, 屬鄂州"라 함. '武昌' 또한 지명으로 湖北省에 있음. 《眞寶》注에 "鄂州"라 함. '相繆'는 서로 얽혀 하나가 됨. 曹操가 그 지역을 평정하고 세력을 떨쳤음을 말함. '周郎'은 周瑜. 吳 孫權 麾下의 장수. 劉備를 쫓던 曹操의 백만 대군이 赤壁에서 周瑜의 3만 군사에게 참패당한 일을 가리킴.

【方其破荊州, 下江陵, 順流而東也, 舳艫千里, 旌旗蔽空】 '荊州'와 '江陵' 또한 지명으로 지금의 湖北省 荊州 일대. 《眞寶》注에 "劉琮降於操"라 함. 三國의 각축이 가장 심했던 곳. '舳艫千里'는 曹操가 이를 차지하고 長江을 따라 동쪽으로 내려갈 때의 모습으로 뱃머리와 배꼬리가 천리나 잇닿아 있음. 舳艫(축로)는 배의 고물과 이물. '旌旗弊空'은 깃발들이 하늘을 덮음.

【醜酒臨江, 橫槊賦詩, 固一世之雄也, 而今安在哉?】 '醜酒'(시주)는 '술을 거르다'의 뜻이나 여기에서는 自祝의 술을 마심을 말함. '橫槊賦詩'는 긴 창을 옆으로 비끼고 시를 읊음. 曹操와 曹丕는 文章에도 뛰어나 전투 중에도 시를 지었음. 《古詩紀》(152)에 "建安之後, 天下文士, 遭罹兵戰. 曹氏父子, 鞍馬間爲文, 往往橫槊賦詩. 故其遒文壯節, 抑揚怨哀, 悲離之作, 尤極於古"라 함. 《眞寶》注에는 "元稹云:「曹氏父子, 鞍馬間爲文, 往往橫槊賦詩.」"라 함.

【況吾與子, 漁樵於江渚之上, 侶魚蝦而友麋鹿】 '漁樵'는 물고기를 잡고 땔감을 구함. 漁夫와 樵夫의 역할을 함. '江渚'는 강가 언덕. '侶魚蝦'는 물고기나 새우를 짝으로 여김. '蝦'는 蝦와 같음. '友麋鹿'은 麋鹿을 벗으로 여김. '麋'는 큰 사슴.

【駕一葉之扁舟, 擧匏樽以相屬. 寄蜉蝣於天地, 渺滄海之一粟】 '一葉之扁舟'는 '一葉扁舟'(一葉片舟)의 줄인 말. 《眞寶》注에 "應舳艫千里"라 함. '匏樽'은 박으로 만든 술동이. 《眞寶》注에 "應醜酒臨江"이라 함. '樽'은 《東坡集》에는 '尊'으로 되어 있음. '蜉蝣'는 하루살이를 뜻하는 疊韻連綿語의 蟲名. 《眞寶》注에 "蜉蝣, 朝生暮

死, 喩人生之暫時"라 함. '渺滄海之一粟'의 '渺'는 아주 작아 가물가물함을 뜻함. 《東坡集》에는 '眇'로 되어 있음.

【哀吾生之須臾, 羨長江之無窮;挾飛仙以遨遊, 抱明月而長終】'須臾'는 아주 짧은 시간을 뜻하는 疊韻連綿語. '遨遊'는 마음대로 다니며 노닒을 뜻하는 雙聲連綿語. '長終'은 길이 오래도록 살다가 생을 마침.

【知不可乎驟得, 託遺響於悲風】'驟得'은 곧바로 얻음. '託遺響於悲風'은 그 때문에 퉁소 소리의 遺響을 悲風에 맡겨 이토록 애절한 소리를 내는 것임. 《眞寶》注에 "與前孟德一段, 小大相形, 謂英雄如此, 今成陳述, 況我輩哉! 恨不挾仙二游, 與長江明月相爲無盡, 蓋羨仙也"라 함.

【蘇子曰:「客亦知夫水與月乎? 逝者如斯, 而未嘗往也」】'水與月'은 長江과 明月. 《眞寶》注에 "就長江明月說"이라 함. '逝者如斯'는 흘러가는 것이 이와 같음. 《論語》 子罕篇에 "子在川上, 曰:「逝者如斯夫! 不舍晝夜.」"라 한 말을 원용한 것. 《眞寶》注에 "變"이라 함. '未嘗往也'는 아주 가늘고 끊어진 적이 없음. 강물이 영원히 이렇게 흘러갈 것임. 《眞寶》注에 "不變"이라 함.

【盈虛者如彼, 而卒莫消長也】'盈虛'는 찼다가 기울었다 함. 달을 가리킴. 《眞寶》注에 "變"이라 함. '莫消長'은 아주 없어지거나 더 늘어나지도 않은 채 반복함. 《眞寶》注에 "不變"이라 함.

【蓋將自其變者而觀之, 則天地曾不能以一瞬;自其不變者而觀之, 則物與我皆無盡也, 而又何羨乎?】'將自其變者而觀之'는 변한다는 원리로써 이를 봄. '天地曾不能以一瞬'은 천지 사이의 모든 만물은 한순간도 변하지 않고 그대로 있는 것이란 없음. 《眞寶》注에 "言不必羨仙, 謂我自有千古不朽, 與水月相爲無盡者, 由今觀之, 坡仙之名, 與天壤相弊, 盡使赤壁江山, 托蘇子以香人牙頰, 其不然哉!"라 함.

【且夫天地之間, 物各有主, 苟非吾之所有, 雖一毫而莫取】'苟非吾之所有'는 진실로 나의 소유란 없음.

【惟江上之淸風, 與山間之明月, 耳得之而爲聲, 目寓之而成色】그러나 오직 강 위의 청풍과 산간의 명월만은 소리와 색깔을 내가 듣고 보고 할 수 있음.

【取之無禁, 用之不竭, 是造物者之無盡藏也. 而吾與子之所共樂】'共樂'은 함께 즐김. 그러나 《東坡集》에는 '共適'으로 되어 있음.

【客喜而笑, 洗盞更酌, 肴核旣盡, 盃盤狼藉】'肴核'은 안주. '肴'는 육류 안주. '核'은 과일 안주. '盃盤'은 杯盤으로도 표기하며 술상. 잔과 쟁반. '狼藉'는 어지러이 흩어져 있음을 뜻하는 連綿語. 이리가 앉았다 떠난 자리의 어지러움을 비유한 것

이라 함. '藉'는 '적'으로도 읽어 押韻에 맞춤. 《眞寶》 注에 "四字出《史記》淳于髡語"라 함. 한편 《史記》淳于髡傳에 "日暮酒闌, 合尊促坐, 男女同席, 履舄交錯, 杯盤狼藉, 堂上燭滅, 主人留髡而送客, 羅襦襟解, 微聞薌澤, 當此之時, 髡心最歡, 能飮一石. 故曰酒極則亂, 樂極則悲; 萬事盡然, 言不可極, 極之而衰"라 함.

【相與枕藉乎舟中, 不知東方之旣白】 '枕藉'는 술에 곯아 떨어져 서로 베고 깔고 자고 있음. '旣白'은 이미 하얗게 날이 샘. 《眞寶》 注에 "《朱子語錄》一條論此賦: 「見子在川上'章云, 盈虛者如代, '代'字多誤, 作'彼'字; 而吾與子之所共食, 食字多誤, 作'樂'字, 嘗見東坡手本, 皆作'代'字'食'字, '食', 如'食邑'之食.」"이라 함.

[참고 및 관련 자료]

1. 작자: 蘇軾(東坡, 子瞻) 091 참조.

2. 이 글은 《東坡全集》(33), 《唐宋八大家文鈔》(144), 《宋文鑑》(5), 《文章軌範》(7), 《古賦辯體》(8), 《唐宋文醇》(38), 《歷代賦彙》(20), 《淵鑑類函》(308), 《湖廣通志》(38) 등에 실려 있음.

093. 〈後赤壁賦〉 ················· 蘇子瞻(蘇軾)

후적벽부

＊〈後赤壁賦〉: 蘇軾이 元豊 5년 7월 旣望(16일)에 〈前赤壁賦〉를 쓴 뒤 3개월 뒤인 10월 보름에 다시 적벽에 놀러가 夢幻的인 일을 겪고 그 내용을 이 〈後赤壁賦〉로 짓게 된 것임. 매우 夢幻的인 내용을 담고 있음. 《唐宋八大家文鈔》에 "蕭瑟"이라 함.

이해 10월 보름, 설당雪堂으로부터 걸어 나와 차츰 임고정臨皐亭으로 돌아가려 하는데 두 객이 나를 따라와 황니黃泥 고개를 지나게 되었다.

이미 서리와 이슬이 내려 나뭇잎은 모두 지고 사람의 그림자가 땅에 비치기에, 고개 들어 밝은 달을 쳐다보았다.

돌아보고 걸으면서 함께 노래 부르고 서로 화답하다가, 이윽고 이렇게 탄식하였다.

"객이 있는데 술이 없고, 술이 있어도 안주가 없구나. 달은 밝고 바람은 맑은데 이와 같은 좋은 밤을 어쩐다지?"

그러자 그 객이 말하였다.

"오늘 어스름녘에 그물을 건져 물고기를 잡았습니다. 큰 입에 가는 비늘이 있어 모습이 마치 송강松江의 농어鱸魚 같더이다. 생각건대 술을 어디에서 구하지요?"

돌아와 아내에게 상의했더니 아내가 말하였다.

"나에게 한 말 술이 있습니다. 오랫동안 저장해오면서 그대가 불시에 필요로 할 때를 대비한 것이지요."

그리하여 술과 물고기를 가지고 다시 적벽 아래로 놀이에 나섰다.

강물은 흐르면서 소리를 내고 있었고, 깎아지른 언덕은 천 척尺이나 되었으며, 산은 높고 달은 작았고 물은 말라 돌이 드러나 있었다.

　일찍이 세월이 얼마나 흘렀다고 강산이 다시 알아볼 수 없을 만큼 되었는가!

　나는 이에 옷을 걷어 올리고 올라가, 솟은 바위를 밟고 우거진 풀을 헤치고, 호랑이 표범 같이 생긴 바위에 걸터앉기도 하고, 이무기와 용처럼 생긴 나무를 오르기도 하고, 매가 살고 있는 위험한 둥지를 잡고 올라가기도 하며, 빙이馮夷가 살 듯한 깊은 궁궐을 내려다보기도 하였다.

　대체로 두 객은 나를 따라올 수 없었다.

　획연劃然히 긴 휘파람 소리가 나더니 초목이 진동하고, 산이 울리자 골짜기는 메아리를 치며 바람이 일고 물은 솟구치는 것이었다.

　나 역시 초연悄然히 슬픔이 일어나고, 숙연肅然히 두려움이 앞서며 썰렁하여 그대로 머물 수가 없었다.

　되돌아와서 배에 올라 물 가운데로 풀어놓고, 배가 그치는 곳에 이르러 그대로 쉬기로 하였다.

　때는 곧 한밤중이 되어 곳곳을 둘러봐도 고요하고 적료寂寥하기만 하였는데, 마침 학 한 마리가 강을 가로질러 동쪽으로부터 날아오는데, 날개는 수레바퀴만 하며 검은 치마에 흰 옷의 모습으로 알연戞然히 긴 울음을 내면서 내가 타고 있는 배를 스쳐 서쪽으로 가는 것이었다.

　잠시 뒤 객들이 떠나고 나 또한 잠자리에 들었는데, 꿈에 한 도사가 우의羽衣를 펄럭이며 임고정 아래를 지나면서 나에게 읍揖하며 이렇게 묻는 것이었다.

　"적벽에서의 놀이는 즐거웠는가?"

　그 이름을 물었으나 머리를 숙인 채 대답하지 않는 것이었다.

　"오호, 아! 나는 알겠소이다. 지난 밤 날면서 울음 소리를 내며 나를 지나간 자가 그대가 아니오?"

도사는 돌아보며 웃음을 띠었고, 나 역시 놀라 잠을 깨어 문을 열고 살펴보았으나 그가 간 곳을 알 수 없었다.

是歲十月之望, 步自雪堂, 將歸于臨皐, 二客從予, 過黃泥之坂.
霜露旣降, 木葉盡脫, 人影在地, 仰見明月.
顧而樂之, 行歌相答, 已而歎曰:「有客無酒, 有酒無肴. 月白風淸, 如此良夜何?」
客曰:「今者薄暮, 擧網得魚, 巨口細鱗, 狀如松江之鱸, 顧安所得酒乎?」
歸而謀諸婦, 婦曰:「我有斗酒, 藏之久矣, 以待子不時之需.」

於是携酒與魚, 復遊於赤壁之下.
江流有聲, 斷岸千尺; 山高月小, 水落石出.
曾日月之幾何, 而江山不可復識矣!

予乃攝衣而上, 履巉巖, 披蒙茸, 踞虎豹, 登虬龍, 攀棲鶻之危巢, 俯馮夷之幽宮.
盖二客之不能從焉.
劃然長嘯, 草木震動, 山鳴谷應, 風起水涌.
予亦悄然而悲, 肅然而恐, 凜乎其不可留也.
反而登舟, 放乎中流, 聽其所止而休焉.

時夜將半, 四顧寂寥, 適有孤鶴, 橫江東來, 翅如車輪, 玄裳縞衣, 戛然長鳴, 掠予舟而西也.
須臾客去, 予亦就睡, 夢一道士, 羽衣翩躚, 過臨皐之下, 揖予而言曰:「赤壁之遊, 樂乎?」
問其姓名, 俛而不答.

「嗚呼噫嘻! 我知之矣. 疇昔之夜, 飛鳴而過我者, 非子也耶?」
道士顧笑, 予亦驚悟, 開戶視之, 不見其處.

【是歲十月之望, 步自雪堂, 將歸于臨皋, 二客從予, 過黃泥之坂】'是歲'는 宋 神宗 元豐 5년(1082). '望'은 음력 보름. '雪堂'은 蘇軾이 元豐 3년(1080) 黃州로 유배되어 2년 뒤인 元豐 5년 집을 하나 짓던 중 큰 눈이 내리자 네 벽에 雪景을 그려 넣고 이름을 雪堂이라 하였음. 《東坡志林》(6)에 "蘇子得廢園於東坡之脅, 築而垣之作堂焉. 其正曰雪堂. 堂以大雪中爲, 因繪雪於四壁之間, 無容隙也. 起居偃仰, 環顧睥睨, 無非雪者, 蘇子居之, 眞得其所居者也"라 함. 《眞寶》注에 "東坡之脅, 作堂, 大雪中成, 因繪雪於四壁, 名雪堂"이라 함. '臨皋'는 臨皋로도 표기하며, 蘇軾은 黃州에 처음 와서 우선 定惠禪寺에 있다가 뒤에 이 臨皋亭으로 거처를 옮겼음. 《東坡年譜》(45세)에 "先生寓居定惠, 未久, 以是春, 遷臨皋亭, 乃舊日之回車院也. 又有遷居臨皋亭"이라 함. 《眞寶》注에 '亭名'이라 함. '二客' 중 한 사람은 楊世昌. '黃泥之坂'은 黃泥로 불리던 언덕. 《湖廣通志》(8) 黃州府 黃岡縣에 "黃岡山從府城南, 度濠壍, 綿亘而行, 平岡迤邐, 其土黃色. 即蘇子瞻〈赤壁賦〉所云'與客過黃泥之坂'也"라 함.

【霜露旣降, 木葉盡脫】'霜露旣降'은 서리와 이슬이 이미 내렸음. '木葉盡脫'은 나뭇잎이 모두 떨어져 앙상함. 이미 가을이 깊어가고 있음을 말함.

【人影在地, 仰見明月】사람의 그림자가 땅에 비쳐 쳐다보았더니 달이 밝음.

【顧而樂之, 行歌相答】'顧而樂之' 다음에 《眞寶》注에 "初見可樂"이라 함. 서로 돌아보며 즐거워 길을 걸으며 노래하고 화답함.

【已而歎曰:「有客無酒, 有酒無肴. 月白風淸, 如此良夜何?」】'已而'는 잠시 뒤. '良夜'는 이처럼 좋은 밤.

【客曰:「今者薄暮, 擧網得魚, 巨口細鱗, 狀如松江之鱸, 顧安所得酒乎?」】'今者薄暮'의 '今者'는 시간 副詞. '薄暮'는 해질 무렵. '擧網得魚'는 쳐 두었던 그물을 들어 올려 물고기를 잡았음. '松江之鱸'는 松江의 농어(鱸魚). 《世說新語》識鑒篇에 "張季鷹辟齊王東曹掾, 在洛, 見秋風起, 因思吳中菰菜, 蓴羹, 鱸魚膾, 曰:「人生貴得適意爾! 何能羈宦數千里以要名爵?」遂命駕便歸. 俄而齊王敗, 時人皆謂爲見機"라 하였고, 《晉書》(92) 張翰傳에도 "翰因見秋風起, 乃思吳中菰菜, 蓴羹, 鱸魚膾, 曰:「人生貴得適志, 何能羈宦數千里以要名爵乎!」遂命駕而歸. 著〈首丘賦〉, 文多不載. 俄

而囧敗, 人皆謂之見機"라 한 張翰(季鷹)의 '松江鱸魚' 고사를 인용한 것. '顧'는 '돌아보건대, 생각건대'의 뜻.

【歸而謀諸婦, 婦曰:「我有斗酒, 藏之久矣, 以待子不時之需.」】 '謀諸婦'는 아내에게 모책을 내도록 함. '諸'(저)는 '之於, 之乎, 之于'의 合音字. 《眞寶》注에 《史記》:「優孟請歸與婦計之.」라 함. '不時之需'는 뜻하지 않은 때에 필요로 함. '需'는 《東坡集》에는 '須'로 되어 있음.

【於是携酒與魚, 復遊於赤壁之下】 술과 물고기를 가지고 다시 赤壁 아래로 뱃놀이를 감.

【江流有聲, 斷岸千尺】 '斷岸'은 깎아지른 강의 언덕.

【山高月小, 水落石出】 '水落石出'은 절벽으로 흐르던 물이 모두 줄어들어 돌들이 드러남. 《眞寶》注에 "景與秋景不同"이라 함.

【曾日月之幾何, 而江山不可復識矣】 '日月之幾何'은 '세월(시간)이 얼마나 지났다고'의 뜻. 곧 '지난 번 뱃놀이를 한 뒤 석 달밖에 되지 않았건만'의 뜻. '江山不可復識'은 강산의 모습을 다시 알아볼 수 없을 정도임.

【予乃攝衣而上, 履巉巖, 披蒙茸, 踞虎豹, 登虬龍】 '攝衣'는 옷자락을 걷어 올림. '巉巖'은 깎아지른 듯 높고 험한 바위. '蒙茸'(몽용)은 풀이 무성하게 난 모습을 표현하는 疊韻連綿語. 《眞寶》注에 "蒙茸, 卽蔓草"라 함. '踞虎豹'는 호랑이나 표범처럼 생긴 바위에 걸터앉음. '登虬龍'은 이무기와 용처럼 구부러진 枯木을 타고 올라감. '虬'는 虯와 같음.

【攀棲鶻之危巢, 俯馮夷之幽宮】 '攀棲鶻之危巢'는 매가 깃들어 사는 높은 둥지에까지 잡고 올라감. '俯馮夷之幽宮'는 馮夷(빙이로 읽음)가 사는 깊은 못 속의 궁궐을 내려다봄. '馮夷'는 水神 河伯. 《博物志》(7)에 "馮夷, 華陰潼鄕人也, 得道成水仙, 是爲河伯. 豈道同哉? 仙人乘龍虎, 水神乘魚龍. 其行恍惚, 萬里如室"이라 하였고 《搜神記》(4)에는 "宋時, 弘農馮夷, 華陰潼鄕隄首人也. 以八月上庚日渡河, 溺死. 天帝署爲河伯"이라 하였으며, 《史記》 西門豹傳 正義에는 "河伯, 華陰潼鄕人也, 姓馮氏, 名夷. 浴於河中而溺死. 遂爲河伯也"라 하는 등 널리 알려져 있음. 《眞寶》注에 "馮夷, 海神"이라 함.

【蓋二客之不能從焉】 함께 온 두 사람은 따라오지 못함. 《眞寶》注에 "坡氣超物表, 二客在下風矣"라 함.

【劃然長嘯, 草木震動, 山鳴谷應, 風起水涌】 '劃然'은 돌연히, 갑자기.

【予亦悄然而悲, 肅然而恐, 凜乎其不可留也】 '悄然而悲'는 쓸쓸하여 슬픈 생각이

듦. '肅然而恐'은 숙연하여 두려움을 느낌. 《眞寶》注에 "到此樂變而爲悲恐矣"라
함. '凜乎'는 써늘한 기분이 듦.

【反而登舟, 放乎中流, 聽其所止而休焉】'聽其所止而休焉'은 그것이 머무는 대로 그
곳에서 멈추어 그대로 둠. '聽'은 從과 같음. 《眞寶》注에 "見豪放不凡"이라 함.

【時夜將半, 四顧寂寥】'寂寥'는 고요함. 孤寂함.

【適有孤鶴, 橫江東來, 翅如車輪, 玄裳縞衣, 戛然長鳴, 掠予舟而西也】'玄裳縞衣'는
검은 치마에 흰 저고리. '玄'은 黑, '縞'는 皓(白)의 뜻. 鶴의 모습을 표현한 것. '戛
然'(알연)은 맑으면서 고음인 학의 울음소리를 형용한 것. '掠'은 스치고 지나감.

【須臾客去, 予亦就睡】'須臾'는 아주 짧은 시간을 뜻하는 疊韻連綿語.

【夢一道士, 羽衣翩躚, 過臨皐之下, 揖予而言曰:「赤壁之遊, 樂乎?」】'羽衣翩躚'의
'羽衣'는 흔히 神仙의 옷을 뜻함. '翩躚'(편선)은 펄럭이는 모습을 뜻하는 疊韻連
綿語. '揖'은 두 손을 마주 잡고 표하는 예.

【問其姓名, 俛而不答】'俛'은 고개를 숙임. 仰의 상대어.

【「嗚呼噫嘻! 我知之矣. 疇昔之夜, 飛鳴而過我者, 非子也耶?」】'嗚呼噫嘻'는 감탄사.
'疇昔之夜'는 어젯밤. '非子也耶'는 '그대가 아니었는가?'의 뜻.

【道士顧笑, 予亦驚悟, 開戶視之, 不見其處】'顧笑'는 돌아보며 웃음을 띰. 《眞寶》
注에 "暗用〈石鼎聯句序〉及青城山道士徐佐卿化鶴事, 末雖遊戲寓言, 然猶不能忘
情於神仙變化之說云. ○山谷云:「爛蒸同州羊羔, 沃以杏酪, 食之以匕, 抹南京麵作
槐葉冷淘, 糝以襄邑熟豬肉, 炊共城香稻, 用吳人膾松江鱸, 旣飽, 以康王谷簾泉,
烹曹溪鬪品, 少焉臥北窓下, 使人誦東坡〈赤壁〉二賦, 亦足快焉.」出趙德麟《侯鯖錄》
이라 함.

> 참고 및 관련 자료

1. 작자: 蘇軾(東坡, 子瞻) 091 참조.

2. 이 글은 《東坡全集》(33), 《文章軌範》(7), 《唐宋八大家文鈔》(144), 《宋文鑑》(5),
《歷代賦彙》(20), 《唐宋文醇》(38), 《湖廣通志》(83), 《淵鑑類函》(308) 등에 실려 있음.

094. 〈祭歐陽公文〉 ·················· 蘇子瞻(蘇軾)
구양수에 대한 제문

*〈祭歐陽公文〉: 歐陽修(字 永叔, 諡號 文忠公)가 神宗 熙寧 5년(1072) 汝陰에서 66
세로 생을 마치자, 杭州通判으로 있던 東坡가 너무 멀어 직접 가지 못하고 祭
文만을 지어 보낸 것임. 《文忠集》附錄(2)에 "蘇文忠公軾, 通判杭州日"이라 함.
《宋史》(319) 歐陽修傳에 "熙寧四年, 以太子少師致仕, 五年卒, 贈太子太師, 諡曰文
忠"이라 함.

*《眞寶》注에 "迂齋云:「模寫小人情狀, 極其底蘊, 介甫門下觀之, 能無怒乎? 然歐
陽公之存亡, 關於否泰消長之運(如此), 非東坡筆力不能及也.」○歐陽公脩字永叔,
官至參政, 以神宗熙寧五年薨於汝陰, 諡文忠公. 東坡時爲杭州卒, 此文所以祭也.
此等祭文與祭泛泛之人不同, 乃大題目, 議論貴大, 又貴切. 此文兩得之, 能得歐公
之大者, 施之他人, 斷不能當也. 前叙出處, 爲天下言; 後叙事契, 爲自身言. 末以兩
句該之, 甚佳."라 함.

아, 애통하도다! 공께서 세상에 살아 계셨던 66년.

백성들에게는 부모로 계셨고, 나라에는 시구蓍龜 역할을 하셨으며, 문
장을 전해 주시어 학자들은 스승이 있었고, 군자에게는 믿을 바가 되어
두려움이 없었으며, 소인들에게는 두려워하는 바가 되어 나쁜 짓을 하
지 못하였습니다.

이는 비유컨대 큰 냇물과 큰 산은 비록 그 운행과 동작을 드러내어 보
여주지는 않지만, 사물에 미치는 공功과 이익은 세어보거나 헤아려 두
루 알려줄 수 없는 것과 같습니다.

지금 공께서 돌아가시니 갓난아이와 같은 우리들은 우러르며 보호받
을 곳이 없게 되었고, 조정에서는 의심나는 일에 대해 자문을 구할 어
른이 없게 되었으며, 성인의 문장은 이단異端이 되어 학자들은 오랑캐의
법도를 사용함에 이르렀으며, 군자들은 선을 실행함을 허여해 줄 이가

없게 되었고, 소인은 패연沛然히 자신들이 때를 얻었다고 여기게 되고 말았습니다.

비유컨대 심산대택深山大澤에 용이 사라지고 호랑이가 떠나자 온갖 변괴變怪가 수없이 출현하고 미꾸라지와 드렁허리가 춤을 추고 여우와 삵이 울부짖는 것과 같습니다.

공께서 아직 등용이 되지 않자 천하 사람들은 잘못된 것이라 여겼었고, 이윽고 등용이 되시자 다시 너무 늦었다고 여겼으며, 자리를 버리고 떠나심에 이르러서는 다시 등용되시기를 바라지 않은 이가 없었으며, 늙음을 이유로 귀향함에 이르자 창연悵然히 실망하지 않은 이가 없었으나, 그래도 만에 하나 다행히 공께서 쇠약하지 않으셨으면 하는 것이었습니다.

그런데 공께서 더는 이 세상에 뜻을 두지 않으시고 갑자기 떠나시어, 우리는 따라갈 수 없게 될 줄 그 누가 알았겠습니까?

일찍이 저의 선군[蘇洵]께서 뜻을 품은 채 세상을 떠나 은둔하셨었는데 공이 아니었다면 능히 세상에 나오지 못했을 것이며, 불초한 저도 제대로 갖추지 못하였으나 인연夤緣에 따라 출입하며 공의 문하門下에서 가르침을 받아온 지 이에 16년이 되었습니다.

공께서 세상을 떠나셨다는 소식을 듣고, 의리로 보아 마땅히 포복匍匐해서라도 가서 조문을 드려야 하나 벼슬에 얽매어 가지 못하고 있으니, 육니恧怩한 마음으로 옛사람들에게 부끄럽기만 합니다.

이 글을 봉하여 천리로 보내면서 한결같은 애통함을 붙여 보낼 뿐입니다.

대체로 위로는 천하를 위하여 서럽게 울고, 아래로는 저의 사사로움으로서 통곡하나이다.

(오호, 애재라! 상향尚饗.)

嗚呼哀哉! 公之生於世, 六十有六年.

民有父母, 國有蓍龜, 斯文有傳, 學者有師, 君子有所恃而不恐, 小人有所畏而不爲.

譬如大川喬嶽, 雖不見其運動, 而功利之及於物者, 蓋不可(以)數計而周知.

今公之沒也, 赤子無所仰庇, 朝廷無所稽疑; 斯文化爲異端, (而)學者至於用夷; 君子以爲無與爲善, 而小人沛然自以爲得時.

譬如深山大澤, 龍亡而虎逝, 則變恠百出, 舞鰌鱔而號狐狸.

公之未用也, 天下以爲病; 而其旣用也, 則又以爲遲; 及其釋位而去也, 莫不冀其復用; 至於請老而歸也, 莫不悵然失望, 而猶庶幾於萬一者, 幸公之未衰.

孰謂公無復有意於斯世也, 奄一去而莫予追?

豈厭世之溷濁, 潔身而逝乎? 將民之無祿, 而天莫之遺?

昔我先君, 懷寶遯世, 非公則莫能致, 而不肖無狀, 夤緣出入, 受教門下者, 十有六年於斯.

聞公之喪, 義當匍匐徃吊, 而懷祿不去, 愧古人以忸怩.

緘辭千里, 以寓一哀而已(矣).

盖上以爲天下慟, 而下以哭吾私.

(嗚呼哀哉! 尚饗.)

【嗚呼哀哉! 公之生於世, 六十有六年】 '嗚呼哀哉'는 祭文 앞에 붙여 슬픔과 애통함을 표현하는 말. '六十有六年'은 歐陽修는 宋 眞宗 景德 4년(1007)에 나서 神宗 熙寧 5년(1072)에 죽어 66세를 일기로 생을 마쳤음.

【民有父母, 國有蓍龜, 斯文有傳, 學者有師, 君子有所恃而不恐, 小人有所畏而不爲】 '蓍龜'의 蓍草와 거북. 둘 모두 점을 쳐서 나라의 일을 묻는 것. 여기서는 국사를 자문하고 보살펴주는 대상을 뜻함. '斯文'은 이 문장, 즉 聖人의 글. 《論言》子罕

篇에 "子畏於匡, 曰：「文王旣沒, 文不在玆乎? 天之將喪斯文也, 後死者不得與於斯文也; 天之未喪斯文也, 匡人其如予何?」"라 함. 여기서는 歐陽修의 글을 높여 말한 것. '不爲'는 소인들이 그를 두려워하여 나쁜짓을 하지 못함.

【譬如大川喬嶽, 雖不見其運動, 而功利之及於物者, 蓋不可(以)數計而周知】'喬嶽'은 크고 높은 산. '雖不見其運動'에서 《東坡集》에는 '雖'자가 없음. '不可數計'는 《東坡集》에는 '不可以數計'로 되어 '以'자가 더 있음. '周知'는 두루 앎. 누구나 앎.

【今公之沒也, 赤子無所仰庇, 朝廷無所稽疑】'沒'은 歿과 같음. 죽음. '赤子'는 갓난 아기. 보호받아야 할 대상. 백성을 가리키기도 함. '仰庇'는 우러러보며 보호받음. 《東坡集》에는 '仰芘'로 되어 있음. '稽疑'는 의심나는 것을 묻고 자문을 구함.

【斯文化爲異端, (而)學者至於用夷】'異端'은 유가에 위배되는 이론. 《論語》爲政篇에 "子曰：「攻乎異端, 斯害也已.」"라 함. 《東坡集》에는 이 다음에 '而'자가 더 들어 있음. '用夷'는 오랑캐의 잘못된 학술을 사용함. 여기서는 佛敎나 道敎 등 異端을 말함.

【君子以爲無與爲善, 而小人沛然自以爲得時】'無與爲善'은 《東坡集》에는 '無爲爲善'으로 되어 있음. '沛然'은 물이 쏟아지듯 퍼붓거나 성하여 솟아남을 말함. 《孟子》梁惠王(上)에 "七八月之閒旱, 則苗槁矣. 天油然作雲, 沛然下雨, 則苗浡然興之矣"라 함.

【譬如深山大澤, 龍亡而虎逝, 則變恠百出, 舞鰌鱔而號狐狸】'深山大澤'은 《東坡集》에는 '深淵大澤'으로 되어 있으나 뒤의 '虎逝'와 '狐狸'로 보아 '山'이 의미가 더욱 순통함. '變恠百出'은 《東坡集》에는 '變怪雜出'로 되어 있음. '鰌鱔'은 미꾸라지와 드렁허리. '鰌'는 '鰍'와 같으며 '鱔'은 '鱓'과 같음. 《東坡集》에는 '鰌鱓'으로 되어 있음.

【公之未用也, 天下以爲病; 而其旣用也, 則又以爲遲】'病'은 병폐, 잘못. '遲'는 너무 늦었다고 여김.

【及其釋位而去也, 莫不冀其復用】'釋位'는 자리를 풀어놓고 떠남. 辭職함. '冀'는 希와 같음. '바라다. 희망하다'의 뜻.

【至於請老而歸也, 莫不悵然失望, 而猶庶幾於萬一者, 幸公之未衰】'悵然'은 슬퍼함. 《東坡集》에는 雙聲連綿語 '惆悵'으로 되어 있음. '庶幾'는 '바라다, 희망하다'의 뜻.

【孰謂公無復有意於斯世也, 奄一去而莫予追?】'奄'은 갑자기, 홀연히. '追'는 《東坡集》에는 '遺'로 되어 있음.

【豈厭世之溷濁, 潔身而逝乎? 將民之無祿, 而天莫之遺?】'溷濁'은 混濁과 같으며 어지럽고 더러움. '潔身'은 《東坡集》에는 '絜身'으로 되어 있음. '將'은 或과 같은 뜻임. '혹 그렇지 않으면'의 뜻. '祿'은 福과 같음. 疊韻互訓. '遺'는 '남겨두다'의 뜻.

【昔我先君, 懷寶遯世, 非公則莫能致, 而不肖無狀】'先君'은 東坡 蘇軾의 아버지 蘇洵(明允). '懷寶遯世'는 재능을 품고 있으면서도 세상을 피하여 숨어 삶. 《論語》陽貨篇에 "陽貨欲見孔子, 孔子不見, 歸孔子豚. 孔子時其亡也, 而往拜之. 遇諸塗. 謂孔子曰:「來! 予與爾言.」曰:「懷其寶而迷其邦, 可謂仁乎?」曰:「不可.」「好從事而亟失時, 可謂知乎?」曰:「不可.」「日月逝矣, 歲不我與.」孔子曰:「諾, 吾將仕矣.」"라 함. 한편 '遯'은 遁과 같으며 《東坡集》에는 '遁世'로 되어 있음. '致'는 불러내어 벼슬을 하도록 함. 蘇洵은 고향 眉山에 은거하다가 仁宗 때 蘇軾과 蘇轍 두 아들을 데리고 汴京으로 와서 歐陽修에게 面識을 청하여 구양수의 추천으로 秘書省 校書郎의 벼슬을 시작하였으며, 蘇軾도 嘉祐 2년(1057) 구양수가 禮部의 典試를 맡았을 때 과거에 급제하였으며 그 이후 스스로 구양수의 門下生으로 자처하였음. '不肖'는 '不肖其父'의 줄인 말로 못남. 東坡가 자신을 낮추어 칭한 것. '無狀'은 제대로 갖춘 것이 없음. 훌륭하지 못함.

【夤緣出入, 受敎門下者, 十有六年於斯】'夤緣'은 因緣과 같으며 《東坡集》에는 因緣으로 되어 있음. '斯'는 《東坡集》에는 '玆'로 되어 있음. '斯'는 玆, 此, 是 등과 같음.

【聞公之喪, 義當匍匐徃弔, 而懷祿不去, 愧古人以恧怩】'匍匐'은 엉금엉금 기다의 雙聲連綿語. 《詩》邶風 谷風에 "凡民有喪, 匍匐救之"라 함. '徃弔'는 《東坡集》에는 '往救'로 되어 있음. '懷祿'은 녹을 생각함. 벼슬에 얽매임. 그 무렵 蘇軾은 杭州通判의 벼슬로 있었으며 歐陽修가 죽은 汝陰까지 公務를 제치고 갈 수 없었음을 말한 것. '恧怩'(뉴니)는 부끄럽고 죄송함을 뜻하는 雙聲連綿語. '忸怩'(뉴니)로도 표기하며 《東坡集》에는 '忸怩'로 표기되어 있음.

【緘辭千里, 以寓一哀而已】'緘辭'는 《東坡集》에는 '緘詞'로 되어 있으며 祭文을 지어 봉하여 보냄. '寓一哀'는 한 가닥의 슬픔을 붙여 보냄. 한편 《東坡集》에는 이 문장 끝에 '矣'자가 더 있음.

【盖上以爲天下慟, 而下以哭吾私】'吾私'는 《東坡集》에는 '其私'로 되어 있음.

【(嗚呼哀哉! 尙饗.)】《東坡集》에는 말미에 이 구절이 더 있음. '尙饗'은 上饗과 같으며 祭床에 음식을 올리며 예를 표하는 것.

참고 및 관련 자료

1. 작자: 蘇軾(東坡, 子瞻) 091 참조.
2. 이 글은 《東坡全集》(91), 《文忠集》(附錄 2), 《崇古文訣》(24), 《宋文鑑》(134), 《唐宋文醇》(49), 《事文類聚》(前集 55), 《淵鑑類函》(182) 등에 실려 있음.

095. 〈六一居士集序〉 ·················· 蘇子瞻(蘇軾)
육일거사집 서문

＊〈六一居士集序〉:《六一居士集》은 歐陽修의 《歐陽文忠集(文忠集)》을 가리키며, '六一居士'는 歐陽修의 自號. '六一'은 《宋名臣言行錄》(後集 2)에 〈行狀〉을 인용하여 "在滁時自號醉翁, 晚年自號六一居士. 曰:「吾《集古錄》一千卷, 藏書一萬卷, 琴一張, 棊一局, 常置酒一壺, 吾老其間, 是爲六一"이라 하여 《集古錄》1천 권, 藏書 1만 권, 琴, 棊, 酒, 다섯 가지에 늙은 자신까지 합해 여섯 가지를 뜻함. 《古文集成》題注에도 "《歐文六一居士傳》云: 東萊云:唐子西《語錄》云:「客有問曰:『六一, 何謂也?』居士曰:『吾家藏書一萬卷, 集錄三代以来金石遺文一千卷, 有琴一張, 有棊一局, 而嘗置酒一壺.』客曰:『是爲五, 一爾奈何?』居士曰:『以吾一翁老, 於此五物之間, 豈不爲六一乎?』此篇曲折最多, 破頭說大, 故下面應亦言大. 今人文字上面言大, 下面未必大:言遠下面, 未必言遠. 如以文章配天孔孟, 配禹, 果然大而非誇. 凡爲文上句重, 下句輕, 則或爲上句壓倒. 〈居士集序〉云「言有大而非誇」. 此雖只一句, 而體勢則甚重, 下乃云「達者信之, 衆人疑焉」, 非用兩句, 亦載上句不起"라 함. 한편 《宋史》(319) 歐陽修傳에도 "修, 始在滁州, 號醉翁, 晚更號六一居士. 天資剛勁, 見義勇爲, 雖機穽在前, 觸發之不顧, 放逐流離, 至于再三志氣自若也"라 함. 그러한 晚年의 自號 이름을 넣어 文集을 만들자 東坡가 이에 序文을 쓴 것임. 歐陽修의 《文忠集》에는 제목이 〈文忠集原序〉로 되어 있으며, 末尾에 "元祐六年六月十五日, 叙門人翰林學士, 承旨左朝奉郎, 知制誥兼侍讀, 蘇軾撰"이라 하여 宋 哲宗(趙煦) 元祐 6년(1091) 6월 15일에 쓴 것으로 되어 있음. 한편 《古文關鍵》에는 "此篇曲折最多, 破頭說大, 故下面應亦言大. 今人文字上面言大, 下面未必言大;上面言遠, 下面未必言遠. 如以文章配天孔孟, 配禹, 果然大而非夸"라 하였으며, 《唐宋八大家文鈔》에는 "蘇長公, 乃歐文忠公極得意門生, 此序却亦不負歐公"이라 함.

＊《眞寶》注에 "東萊云:「此篇曲折最多, 頗頭說大, 故下面應言亦大, 今人文字上面言大, 下面未必大, 言遠, 下面未必言遠. 如此以文章配天, 孔孟配禹, 果然大而非誇.」○陳靜觀云:「本意只是以歐公, 非韓子, 以介甫新學之害, 比佛老 却逆推上韓子比孟子, 孟子配禹, 說來, 盖人不知韓子之功, 則歐公之不明人;不知孔孟不功, 則

韓子之功不明. 但中間於韓子配孟子處, 語有斟酌, 而以申韓一段, 旁證孟子之功, 尤淸切而精神.」○此篇議論則是自孟子答公都子一段來人, 但不能如此發明精神耳. 此段精神全在說申韓之禍不減, 洪水却入楊墨之禍不減申韓處. ○人知洪水亂臣賊子楊墨申韓佛老新學等, 是一般禍患, 方知大禹孔孟韓歐, 是一樣功業. 但力量有輕重, 功業亦因之而高下, 則公所謂孟子配禹可也. 以愈配孟子, 盖庶幾焉之類, 自有斟酌劑量矣.」라 함.

무릇 말(言)은 크면서도 과장이 아닐 때 통달한 이들은 이를 믿지만 일반 사람은 이를 의심하게 된다.

공자孔子는 "하늘이 장차 성인의 글을 없애고자 한다면 나중에 죽는 자는 이 성인의 글을 볼 수 없게 된다"라 하였다.

그런가 하면 맹자孟子는 "우禹는 홍수를 막았고, 공자는 《춘추春秋》를 지었으며, 나 맹자는 양주楊朱와 묵적墨翟을 막았노라"라고 하였으니, 대체로 이로써 맹자를 우임금과 짝을 이루는 것이리라.

문장이 전해지거나 상실되어버리는 것이 하늘과 무슨 관계가 있기에, 우임금의 공은 하늘과 병립할 정도인데, 공자와 맹자가 한 말들이 헛된 것인데도 이와 짝을 이룬다면 너무 과장된 것이 아니겠는가?

"《춘추》를 지음으로부터 난신적자亂臣賊子가 두려워하였다"라 하여, 맹자의 말은 실행되었고, 양주와 묵적의 도가 폐기되자 천하는 마땅히 그러리라고 여기면서도 그들의 공을 크게 알지는 못하였다.

맹자가 이윽고 죽고 나자 신불해申不害, 상앙商鞅, 한비韓非의 학술이 나타나 도를 거스르면서 이익만 좇아가고, 백성에게는 잔혹하게 하면서 군주만 후하게 하는 것으로서, 그 주장은 지극히 비루하였건만 선비들은 이로써 윗사람을 속였고, 윗사람은 일체의 성공을 요행으로 바라면서 휩쓸리듯 그것을 따라갔다.

그럼에도 세상에는 대인선생大人先生으로서 공자나 맹자처럼 그 본말을 미루어 판단하고, 그 화복禍福의 경중을 저울질하여 그 미혹함에서 구제해줄 이가 없었다.

그 때문에 그들의 학술이 드디어 행해지게 되었지만, 진秦나라는 이 때문에 천하를 잃었고, 그 지나침과 혼란은 진승陳勝, 오광吳廣, 유방劉邦, 항우項羽의 화禍禍에 이르러서는 죽은 자가 열에 여덟아홉이나 되어 천하가 소연蕭然해지고 말았으니, 홍수의 재앙이라 해도 아마 이 정도에까지 이르지는 않았을 것이다.

바야흐로 진나라가 미처 법가 사상으로 뜻을 얻지 못했을 때, 만약에 맹자 같은 분이 다시 한 분만 더 나왔더라도 신불해와 한비의 말은 공언空言이 되어, 그들 마음에 작동하여 일에 해를 끼치고, 그 일에 작동하여 그 정치에 해를 끼치기가, 틀림없이 이처럼 치열함에 이르지는 않았을 것이다.

그리고 양주나 묵적으로 하여금 천하에 뜻을 얻도록 했다 해도 그 재앙이 어찌 신불해나 한비보다 적었겠는가!

이로 말미암아 말하건대 비록 맹자를 우임금에 짝한다 해도 옳은 것이다.

태사공太史公은 "합공蓋公은 황로술黃老術을 말하였고, 가의賈誼와 조조晁錯는 신불해와 한비자의 사상을 밝혔다"라 하였다.

조조는 족히 거론 대상도 되지 못하지만 가의 또한 법가를 부정하지 않았으니, 나는 이로써 사설邪說이 사람을 변화시킴이 비록 호걸지사라도 벗어나지 못함을 알겠거늘 하물며 일반 사람임에랴?

한漢나라 이래로 도술道術이 공자 유가에서 나오지 못한 채 천하를 어지럽힌 경우는 많았다.

진晉나라는 노장老莊 때문에 망하였고, 양梁나라는 불교 때문에 망하였는데 누구도 이를 바로잡아주지 못하다가, 5백여 년이 지난 이후 한유韓愈가 나타나자 학자들은 한유를 맹자에 짝하였으니 대체로 옳다고 여길 수 있으리라.

　한유 이후에 3백여 년이 지난 뒤 구양자歐陽子께서 나오시니 그의 학문은 한유와 맹자를 미루어 공자에게 통달하여, 예악과 인의의 실체를 드러내어 대도大道에 합치시켰다.

　그의 말은 간단하면서도 명료하였고 미덥고 통하였으며 사물의 이치를 끌어들여 같은 부류와 연결시켜, 이를 지극한 이치에 절충하여 사람들 마음을 감복시켰다.

　그 때문에 천하가 흡연翕然히 그를 스승으로 존경하게 된 것이다.

　구양자가 살아 계셨을 때 세상에 그를 좋아하지 않는 자들은 시끄럽게 떠들며 그를 공격하였으나, 그의 몸은 꺾어 곤욕스럽게 할 수는 있었지만 그의 논리는 굴복시킬 수 없었다.

　그리하여 선비들로서 현명한 자나 불초한 자에 관계없이, 상의하지 않았으나 똑같이 "구양자는 지금의 한유로다"라고 말하고 있다.

　송나라가 일어난 지 70여 년, 백성들은 병화兵禍를 모른 채 부유하게 살면서 교화받아 천성天聖, 경우景祐에 이르러서는 극에 달하였으나, 그럼에도 성현의 학문은 끝내 옛사람에게 부끄러운 점이 있었으니, 선비들은 역시 고루함에 빠져 옛 것을 지키기에만 바빴고, 논리는 비루하고 기세는 약했다.

　그러다가 구양자가 나오면서 천하 선비들은 경쟁하듯 스스로를 씻어내고 연마함으로써 경서에 통달하고 옛것을 배우는 것을 높이 여겼으며, 시대를 구제하고 도를 실행함을 현명한 것으로 여겨, 임금 면전에서 얼굴을 붉히며 과감히 간언을 하는 것을 충忠으로 여기게 되었다.

　이렇게 길러주고 성취시켜 가우嘉祐 말에 이르자 선비다운 선비가 많다고 칭하게 되었으니, 이는 구양자의 많은 공 때문이었다.

　아! 이것이 어찌 사람의 힘으로 된 것이겠는가! 하늘이 아니면 누가 능히 그렇게 하도록 할 수 있었겠는가?

구양자께서 돌아가신 지 10여 년, 선비들이 다시 신학新學을 시작하여, 불교와 노자의 유사한 것을 가지고 주공周公과 공자의 진실을 혼란시키자 식자識者들이 근심하였다.

마침 천자의 현명하고 성스러움으로 취사법取士法의 조칙을 내린 덕분에, 그로써 학자들을 풍려風勵하여 오로지 공자의 학문에 전념하고 이단을 축출하도록 한 연후에야 풍속이 일변一變하게 된 것이다.

그리하여 사우師友의 연원淵源이 비롯된 바를 고론考論하여, 다시 구양자의 글을 외우고 익힐 줄 알게 된 것이다.

나는 그의 시문詩文 766편을 그의 아들 비棐에게서 얻어 이에 차례를 정하여 엮어 이렇게 논증하였다.

"구양자는 대도를 논함은 한유와 닮아 있고, 사건을 논함은 육지陸贄와 유사하며, 사실을 기록함은 사마천司馬遷과 비슷하고, 시부詩賦는 이백李白과 같도다. 이는 나의 말이 아니라 천하의 말이로다."

구양자는 휘諱는 수修이며 자는 영숙永叔, 늙어서는 스스로 육일거사六一居士라 하였다.

(원우元祐 6년 6월 15일 씀. 문인門人 한림학사翰林學士, 승지좌조봉랑承旨左朝奉郞, 지제고겸시독知制誥兼侍讀, 소식蘇軾 찬.)

夫言有大而非誇, 達者信之, 衆人疑焉.

孔子曰:「天之將喪斯文也, 後死者不得與於斯文也.」

孟子曰:「禹抑洪水, 孔子作《春秋》, 而余距楊, 墨.」蓋以是配禹也.

文章之得喪, 何與於天, 而禹之功, 與天之矸, 孔子, 孟子以空言配之, 不已誇乎?

「自《春秋》作而亂臣賊子懼」, 孟子之言行, 而楊, 墨之道廢, 天下以爲是固然, 而不知大其功.

孟子旣沒, 有申, 商, 韓非之學, 違道而趨利, 殘民以厚生(主), 其說至陋也, 而士以是罔其上, 上之人僥倖一切之功, 靡然從之.

而世無大人先生如孔子, 孟子者, 推其本末, 權其禍福之輕重, 以救其惑.

故其學遂行, 秦以是喪天下, 陵夷至於勝, 廣, 劉, 項之禍, 死者十八九, 天下蕭然, 洪水之患, 蓋不至此也.

方秦之未得志也, 使復有一孟子, 則申, 韓爲空言, 作於其心, 害於其事; 作於其事, 害於其政者, 必不至若是烈也.

使楊, 墨得志於天下, 其禍豈減於申, 韓哉!

由此言之, 雖以孟子配禹, 可也.

太史公曰:「蓋公言黃老, 賈誼, 晁錯, 明申, 韓.」

錯不足道也, 而誼亦爲之, 余以是知邪說之移人, 雖豪傑之士, 有不免者, 況衆人乎?

自漢以來, 道術不出於孔氏, 而亂天下者, 多矣.

晉以老莊亡, 梁以佛亡, 莫或正之, 五百餘年而後得韓愈, 學者以愈配孟子, 或(蓋)庶幾焉.

愈之後三百有餘年而後得歐陽子, 其學推韓愈, 孟子, 以達於孔氏, 著禮樂仁義之實, 以合於大道.

其言簡而明, 信而通, 引物連類, 折之於至理, 以服人心.

故天下翕然師尊之.

自歐陽子之存, 世之不悅者, 譁而攻之, 能折困其身, 而不能屈其言.

士無賢不肖, 不謀而同曰:「歐陽子, 今之韓愈也.」

宋興七十餘年, 民不知兵, 富而教之, 至天聖, 景祐極矣, 而斯文終有愧於古, 士亦因陋守舊, 論卑而氣弱.
自歐陽子出, 天下爭自濯磨, 以通經學古爲高, 以救時行道爲賢, 以犯顏敢諫爲忠.
長育成就, 至嘉祐末, 號稱多士, 歐陽子之功爲多.
嗚呼! 此豈人力也哉! 非天其孰能使之?

歐陽子歿十有餘年, 士始爲新學, 以佛老之似, 亂周孔之實(眞), 識者憂之.
賴天子明聖, 詔修取士法, 風屬學者, 專治孔氏, 黜異端, 然後風俗一變.
考論師友淵源所自, 復知誦習歐陽子之書.
予得其詩文七百六十六篇於其子棐, 乃次而論之曰:「歐陽子論大道似韓愈, 論事似陸贄, 記事似司馬遷, 詩賦似李白. 此非予言也, 天下之言也.」
歐陽子諱修, 字永叔, 既老, 自謂六一居士云.
(元祐六年六月十五日叙. 門人翰林學士, 承旨左朝奉郎, 知制誥兼侍讀, 蘇軾撰.)

【夫言有大而非誇, 達者信之, 衆人疑焉】'誇'는 과장됨. 부풀림.《東坡集》과《文忠集》에는 '夸'로 되어 있음. '達者'는 사리에 통달한 사람.

【孔子曰:「天之將喪斯文也, 後死者不得與於斯文也.」】《論語》子罕篇에 "子畏於匡, 曰:「文王既沒, 文不在玆乎? 天之將喪斯文也, 後死者不得與於斯文也; 天之未喪斯文也, 匡人其如予何?」"라 함. 여기서의 '斯文'은 聖人의 도리를 밝힌 글로 儒家의 학술을 말함.

【孟子曰:「禹抑洪水. 孔子作《春秋》, 而余距楊, 墨.」】《孟子》滕文公(下)에 "昔者, 禹
抑洪水而天下平, 周公兼夷狄驅猛獸而百姓寧, 孔子成《春秋》而亂臣賊子懼. ……能
言距楊墨者, 聖人之徒也"라 한 구절을 말함. '余'는 《東坡集》과 《文忠集》에 모두
'予'로 되어 있음. '楊, 墨'은 楊朱와 墨翟. 戰國시대 兼愛說과 爲我主義를 주장하
였던 사상가들로 孟子 당시 크게 유행하여 많은 이들이 휩쓸렸음. 이에 孟子가
아주 심하게 이들을 비난한 내용이 《孟子》滕文公(下)篇에 자세히 실려 있음.

【蓋以是配禹也】이 까닭으로 孟子를 禹임금과 같은 위치로 높이 여김.

【文章之得喪, 何與於天, 而禹之功, 與天之幷, 孔子, 孟子以空言配之, 不已誇乎?】
'得喪'은 전해지거나 없어짐. '喪'은 失과 같음. '幷'은 《東坡集》에는 '並', 《文忠集》
에는 竝으로 되어 있음. '誇'는 두 곳 모두 '夸'로 되어 있음.

【「自《春秋》作而亂臣賊子懼」, 孟子之言行, 而楊墨之道廢】「自《春秋》作'은 《孟子》滕
文公(下)의 구절. 앞의 주를 참조할 것.

【天下以爲是固然, 而不知大其功】'固然'은 진실로 그렇다고 인정함. '不知大其功'은
《東坡集》과 《文忠集》 모두 '不知其功'으로 '大'자가 없음.

【孟子旣沒, 有申, 商, 韓非之學, 違道而趨利, 殘民以厚生, 其說至陋也】'申, 商, 韓非'
는 申不害, 商鞅, 韓非의 세 사람. 모두 法家의 대표적인 사상가들. 申不害는 戰
國시대 韓나라 昭侯 때의 재상. 韓非보다 백여 년 앞선 인물로 刑名 法家 사상
으로 韓나라 昭侯를 도왔으며 법가의 선구자. 《史記》老莊申韓列傳에 "申不害者,
京人也, 故鄭之賤臣. 學術以干韓昭侯, 昭侯用為相. 內脩政敎, 外應諸侯, 十五年.
終申子之身, 國治兵彊, 無侵韓者. 申子之學本於黃老而主刑名. 著書二篇, 號曰《申
子》"라 함. 商鞅은 公孫鞅, 衛鞅으로도 불리며 戰國 중기 秦 孝公을 섬겨 法治의
공으로 商 땅에 봉을 받아 商君으로도 불림. 가혹한 법치를 주장한 대표적 인
물. 뒤에 車裂刑을 당하였으며 《商君書》가 전함. 《史記》商君列傳 참조. 韓非는
戰國 말 韓나라 출신으로 法家 사상을 완성하여 방대한 《韓非子》(20권)를 남겼
음. 《史記》老莊申韓列傳을 참조할 것. '趨利'는 오직 이익이 되는 방향으로 내달
림. 《東坡集》과 《文忠集》에는 모두 '趣利'로 되어 있음. '殘民以厚生'의 '生'은 '主'
의 誤記. 《東坡集》과 《文忠集》에는 모두 '主'로 되어 있음. 백성에게 잔혹하게 굴
어 군주에게만 도움이 되도록 함. 法家思想의 폐해를 지적한 것임.

【而士以是罔其上, 上之人僥倖一切之功, 靡然從之】'士以是罔其上'의 '士'는 遊說家
들. '罔'은 속임. '靡然'은 쫓고 따라 한쪽으로 쏠림.

【而世無大人先生如孔子, 孟子者, 推其本末, 權其禍福之輕重, 以救其惑, 故其學遂

行】'大人先生'은 잘못을 바로잡아 줄 孔子나 孟子와 같은 훌륭한 어른. '權'은 저울질하여 따져봄.

【秦以是喪天下, 陵夷至於勝, 廣, 劉, 項之禍】'秦'은 이 법가로 인해 천하를 얻었지만 도리어 그로 말미암아 천하를 잃음. '陵夷'는 넘어서 혼란에 빠짐. 세상을 능멸하고 마구 대듦. '勝, 廣, 劉, 項'은 陳勝, 吳廣, 劉邦, 項羽 등 네 사람을 가리킴. 모두 秦末 천하를 다투었던 사람들이며 결국 뒤에 劉邦이 승리하여 漢나라가 됨. 陳勝(陳涉)과 吳廣은 최초로 秦나라에 叛旗를 든 인물들. 각기 《史記》陳涉世家를 참조할 것. 劉邦은 〈高祖本紀〉를, 項羽는 〈項羽本紀〉를 각각 참조할 것.

【死者十八九, 天下蕭然, 洪水之患, 蓋不至此也】'十八九'는 열에 여덟아홉. '蕭然'은 어수선한 상태.

【方秦之未得志也, 使復有一孟子, 則申, 韓爲空言, 作於其心, 害於其事;作於其事, 害於其政者, 必不至若是烈也】'秦之未得志'는 '秦나라가 법가 사상으로 천하를 잡기 전에'의 뜻. '空言'은 申不害나 韓非의 말이 헛된 것이 되고 말았을 것임.

【使楊, 墨得志於天下, 其禍豈減於申, 韓哉】楊朱와 墨翟의 사상이 천하에 성공했더라면 그 재앙은 申不害나 韓非보다 더했을 것임.

【由此言之, 雖以孟子配禹, 可也】이 까닭으로 맹자의 공로를 우임금의 공로와 동등하게 여기는 것은 옳은 것임.

【太史公曰: 「蓋公言黃老, 賈誼, 晁錯, 明申, 韓.」】'太史公'은 司馬遷. 《史記》를 저술함. '蓋公'(蓋은 지명으로 '합'으로 읽음)은 漢初 曹參이 齊相이 되자 그를 도와 그곳 齊나라를 잘 다스리도록 하였던 인물. 《史記》(54) 曹相國世家에 "孝惠帝元年, 除諸侯相國法, 更以參爲齊丞相. 參之相齊, 齊七十城. 天下初定, 悼惠王富於春秋, 參盡召長老諸生, 問所以安集百姓, 如齊故(俗)諸儒以百數, 言人人殊, 參未知所定. 聞膠西有蓋公, 善治黃老言, 使人厚幣請之. 旣見蓋公, 蓋公爲言治道貴淸靜而民自定, 推此類具言之. 參於是避正堂, 舍蓋公焉. 其治要用黃老術, 故相齊九年, 齊國安集, 大稱賢相"이라 하였고, 〈太史公自序〉에는 "自曹參薦蓋公言黃老, 而賈生, 晁錯明申, 商, 公孫弘以儒顯, 百年之, 天下遺文古事靡不畢集太史公"이라 함. '黃老'는 黃老術. 黃帝(軒轅氏)와 老子(李耳)의 사상을 합하여 神仙術로 발전한 道家의 한 流派로 漢나라 때 크게 유행하였으며 뒤에 道敎로 발전하게 됨. '賈誼'(B.C.200-B.C.168)는 漢나라 때 洛陽 사람으로 賦에 뛰어났던 문학가이며 文帝로부터 미움을 사서 長沙王 太傅로 좌천되어 가던 중 〈弔屈原賦〉를 지었으며 그 외 〈鵬鳥賦〉 등이 유명함. 〈過秦論〉(005)과 〈弔屈原賦〉(006)을 참조할 것. 《史記》

(084) 屈原賈生列傳 및 《漢書》(048) 賈誼傳을 참조할 것. '晁錯'(B.C.200-B.C.154)는 鼂錯로도 표기하며 文帝 때 太常掌故가 되어 濟南의 伏生으로 부터 《尚書》를 베껴와 今文經學을 읽. 太子舍人을 거쳐 博士에 올라 太子家令이 되어 智囊으로 불렸음. 文帝에게 對策을 올려 中大夫에 올랐다가 景帝가 즉위하자 內史에 오름. 《漢書》藝文志에 《鼂錯》(31篇)이 저록되어 있음. 《史記》(101)와 《漢書》(49)에 傳이 있음.

【錯不足道也, 而誼亦爲之, 余以是知邪說之移人】'移人'은 사람들에게 영향을 미쳐 변화시킴.

【雖豪傑之士, 有不免者, 況衆人乎?】'豪傑이라 해도 벗어나지 못하거늘 하물며 일 반 사람들임에랴?'의 뜻.

【自漢以來, 道術不出於孔氏, 而亂天下者, 多矣】'道術'은 治道와 法術.

【晉以老莊亡, 梁以佛亡, 莫或正之】'晉'(265-420)나라 때는 老莊을 중심으로 한 竹 林七賢 등 玄學이 발달하고 儒家를 멀리함으로써 나라가 망한 것이라 본 것. '梁' (502-557)은 南朝시대 建康(지금의 南京)에 도읍을 두었으며, 불교를 심하게 믿었 음. 특히 《梁書》(3) 武帝本紀(下)에 "三月庚子, 高祖幸同泰寺 設無遮大會, 捨身, 公 卿等以錢一億萬奉贖. 夏四月丁亥, 興駕還宮, 大赦天下, 改元, 孝悌力田爲父後者 賜爵一級, 在朝群臣宿衛文武並加頒賞"라 할 정도였음.

【五百餘年而後得韓愈, 學者以愈配孟子, 或庶幾焉】'或庶幾焉'은 《東坡集》과 《文忠 集》에는 모두 '蓋庶幾焉'으로 되어 있음.

【愈之後三百有餘年而後得歐陽子, 其學推韓愈, 孟子, 以達於孔氏, 著禮樂仁義之 實, 以合於大道】'歐陽子'는 歐陽修를 가리킴. '孔氏'는 《文忠集》에는 '孔子'로 되 어 있음.

【其言簡而明, 信而通, 引物連類, 折之於至理, 以服人心. 故天下翕然師尊之】'信而 通'은 信實하면서 모든 것에 통함. '引物連類'는 만물의 이치를 끌어들여 여러 가 지 類別로 연결함. '折之'는 折衷함. '翕然'은 모여듦.

【自歐陽子之存, 世之不悅者, 譁而攻之, 能折困其身, 而不能屈其言】'譁而攻之'는 시 끄럽게 떠들며 공격함. 여론몰이를 함. '折困'은 꺾어 곤경에 빠뜨림.

【士無賢不肖, 不謀而同曰:「歐陽子, 今之韓愈也.」】'不謀而同'은 상의하지 않았음에 도 모두 동의함.

【宋興七十餘年, 民不知兵, 富而敎之, 至天聖, 景祐極矣, 而斯文終有愧於古】'天聖' 은 宋 仁宗(趙禎)의 첫 연호(1023-1031), 景祐는 세 번째 연호(1034-1037).

【士亦因陋守舊, 論卑而氣弱】'因陋守舊'는 비루함에 빠져 옛 것만 지키려 함.

【自歐陽子出, 天下爭自濯磨, 以通經學古爲高, 以救時行道爲賢, 以犯顔敢諫爲忠】 '濯磨'는 깨끗이 씻고 연마함. 異端을 버리고 儒家의 학문에 정진함을 뜻함. '犯顔敢諫'은 임금의 앞에서 과감히 간언함. 그러나 《東坡集》에는 '犯顔納諫'으로, 《文忠集》에는 '犯顔納說'로 되어 있음.

【長育成就, 至嘉祐末, 號稱多士, 歐陽子之功爲多】'長育成就'는 儒家의 학문이 잘 育成되어 성취를 이룸. '嘉祐'는 宋 仁宗의 아홉 번째 연호(1056-1063).

【嗚呼! 此豈人力也哉! 非天其孰能使之】이는 人力으로 되는 것이 아니라 누군가가 시켰을 것임. 즉 하늘이 아니면 해낼 수 없음.

【歐陽子歿十有餘年, 士始爲新學, 以佛老之似, 亂周孔之實, 識者憂之】'歐陽子歿'의 '歿'은 두 문집에는 '沒'로 되어 있음. '新學'은 王安石의 新法을 가리킴. 이로 말미암아 北宋은 심한 갈등과 혼란을 겪기도 하였음. '周孔之實'은 周公(姬旦)과 孔子(孔丘)의 실질적인 학문. 그러나 《東坡集》에는 '周孔之眞'으로 되어 있음.

【賴天子明聖, 詔修取士法, 風厲學者, 專治孔氏, 黜異端, 然後風俗一變】'取士法'은 선비들 중에 儒學을 한 이들을 관리로 뽑는 제도. 仁宗 때 만든 과거 혁신의 하나. 儒家를 가장 높은 학문과 이념으로 채택한 것을 말함. '風厲'는 그러한 풍조가 번지도록 함.

【考論師友淵源所自, 復知誦習歐陽子之書】'師友淵源所自'는 儒家 師友의 淵源이 비롯된 바.

【予得其詩文七百六十六篇於其子棐, 乃次而論之曰】'其子棐'는 歐陽修의 셋째아들 歐陽棐. 자는 叔弼. 그가 아버지의 遺品과 글들을 간직하고 있었음. 《宋史》(319) 歐陽修傳에 "中子棐字叔弼, 廣覽強記, 能文辭, 年十三時, 見脩著《鳴蟬賦》, 侍側不去. 脩撫之曰:「兒異日能爲吾此賦否?」因書以遺之. 用蔭, 爲秘書省正字, 登進士乙科, 調陳州判官, 以親老不仕. 脩卒, 代草遺表, 神宗讀而愛之, 意脩自作也."라 함.

【「歐陽子論大道似韓愈, 論事似陸贄, 記事似司馬遷, 詩賦似李白. 此非予(余, 予)言也, 天下之言也.」】'陸贄'(754-805)는 자는 敬輿, 吳郡 嘉興 출신으로 唐나라 때 유명한 文學家이며 政論家. 陸侃의 9째 아들로 陸九라 불리기도 함. 唐 代宗 大曆 8년(773)에 博學宏辭科에 올라 德이 즉위하자 翰林學士에 올랐으며 建中 4년(783), 朱泚의 난 때 德宗이 奉天으로 몽진하자 詔書를 기초하기도 하였음. 뒤에 兵符侍郎을 거쳐 中書侍郎, 재상에 오름. 그러나 裴延齡의 모함에 빠져 재상직에서 파직되었으며 永貞 원년(805)에 생을 마침. 兵部尙書에 추증되었으며 시호

는 宣公. 詩文과 奏議에 뛰어났으며 權德興는 "權古揚今, 雄文藻思"라 칭하였음.
《全唐诗》에 시 3수가 전하며 《陸宣公翰苑集》(24권)과 《陸氏集驗方》(50권)이 전함.
《舊唐書》(139)와 《新唐書》(157)에 전이 있음. '此非予言'은 《東坡集》에는 '予'가 余
로 되어 있음.

【歐陽子諱修, 字永叔, 旣老, 自謂六一居士云】이 문장 다음에 《文忠集》에는 "元祐
六年六月十五日叙. 門人翰林學士, 承旨左朝奉郎, 知制誥兼侍讀, 蘇軾撰"이 더 있
음. 元祐 6년은 1091년임.

참고 및 관련 자료

1. 작자: 蘇軾(東坡, 子瞻) 091 참조.
2. 이 글은 《東坡全集》(34), 《文忠集》(原序), 《唐宋八大家文鈔》(139), 《宋文鑑》(89),
《古文集成》(3), 《古文關鍵》(下), 《續文章正宗》(2), 《文編》(53), 《妙絶古今》(4), 《文章辨
體彙選》(305), 《古文淵鑑》(50), 《古文雅正》(12), 《經濟類編》(52) 등에 실려 있음.

096. 〈三槐堂銘〉 ·················· 蘇子瞻(蘇軾)
삼괴당명

＊〈三槐堂銘〉(幷叙): '槐'는 회화나무, 또는 홰나무라고도 하며 콩과에 속하는 낙
엽활엽교목으로 학명은 Sophora japonica L 잎은 우상복엽이며 꽃은 8월부터 황
백색의 원추화서(圓錐花序)로 달림. 열매는 꼬투리 형태이며 길이 5~8㎝로서
10월에 익음. 한방에서는 꽃을 괴화(槐花), 열매를 괴각(槐角)이라 부르며 약재
로 쓰기도 함. 꽃은 7~8월에 채취하고 열매는 10월에 따서 햇볕에 말려 사용
함. 열매는 寒苦의 약성을 지녀 凉血, 止血, 淸熱, 補肝의 효능이 있고, 꽃은 凉
苦하며 鎭痙, 消腫의 효능이 있는 것으로 알려져 있음. 마치 아카시나무와 비
슷하며 중국에서는 廟堂 등에 많이 심었으나 한국에서는 오늘날 가로수로도
널리 심고 있어 쉽게 볼 수 있음. 특히 蘇軾의 이 글로 인해 흔히 '재상나무', '三
公樹'라고도 불림. 이 글은 宋代 王祜(《宋史》에는 王祐로 되어 있음)가 음덕을 쌓
으면서 자신의 집에 槐樹 세 그루를 심고 "후세 우리 집안에 반드시 三公이 날
것"이라 하였음. 이에 眞宗皇帝가 그 집에 '三槐堂'이라 편액을 내려주었으며, 과
연 뒤에 그 아들 王旦, 손자 王素가 저마다 三公의 재상에 오름. 동파가 이 고
사를 두고 銘으로 지은 것.《宋史》(282) 王旦傳에 "王旦, 字子明, 大名莘人. 曾祖
言, 黎陽令. 祖徹, 左拾遺. 父祐, 尙書兵部侍郎, 以文章顯於漢周之際, 事太祖, 太
宗爲名臣. 嘗論杜重威使無反漢, 拒盧多遜害趙普之謀, 以百口明符彦卿無罪, 世
多稱其陰德. 祐手植三槐於庭, 曰:「吾之后世, 必有爲三公者, 此其所以志也.」"라
함. 한편 《汴京遺蹟志》(8)에 "三槐堂在仁和門外, 宋兵部侍郎王祜手植三槐于庭,
曰:「吾後世子孫, 必有爲三公者.」祜子旦相, 眞宗遂號三槐王氏, 因扁其堂曰「三槐
堂」, 蘇軾爲銘, 金季兵燬"라 하였고,《事文類聚》(1)에는 "王文正公旦, 沉黙好學.
父祐器之, 常曰:「此兒異日必爲三公輔臣.」因手植三槐於庭, 以爲識"라 함.《唐宋
八大家文鈔》에는 "中多名言"이라 함. 앞의 散文은 叙(序)이며 뒤의 韻文이 銘임.
'銘'은 〈文選序〉에 "序事淸潤"이라 하여 讚揚이나 警惕, 또는 告誡 등의 내용을
다루는 文體이며 흔히 金石에 새겨 늘 警戒로 삼기도 하였음.
＊《眞寶》注에 "宋太祖始欲相王晉公祜(祐), 公請以百口保符彦卿, 不反. 忤太祖意,
遂不相. 或有惜之者曰:「再雖不做, 兒子二郎, 必做.」二郎文正公旦也. ○此篇發明

天人意好. ○迂齋曰:「序文, 理致甚長, 然猶可到, 至銘詩, 則不可及矣. 學者看了序文, 且掩卷默想, 銘文當如何下語, 却來看他作, 方有長進.」이라 함.

천리天理는 필연적인가? 그런데도 현자임에도 반드시 장수하는 것은 아니다. 천리는 필연적이지 않은가? 그런데도 인자에게는 반드시 후손이 있다.

이 두 가지는 장차 절충을 취해서 해석할 수 있으리라!

내 듣기로 신포서申包胥는 "많은 무리를 가진 자는 하늘의 뜻을 이길 수 있으나, 하늘이 정해놓은 것은 역시 능히 사람의 뜻을 이긴다"라 하였다.

세상에 하늘을 논하는 자는 모두가 그 정해진 것은 기다리지 않은 채 요구하기만 하다가, 그 때문에 하늘을 그저 망망茫茫한 것으로 여겨, 착한 자는 이 때문에 태만해지고, 악한 자는 이로써 마구 행동하게 된다.

도척盜跖의 장수長壽나, 공자孔子와 안회顔回의 곤액 등, 이는 모두가 하늘의 뜻이 아직 정해지지 않은 것이다.

그러나 송백松栢이 산림에 나서, 그 처음에는 쑥부쟁이 따위에게 곤액을 당하고, 소나 양에게 재앙을 당하기도 하지만 그 끝에는 사시四時에 관통하고 천세千歲를 구경하면서도 변함이 없는 것은 하늘이 정해준 것이다.

선악의 보답이 자손에게 이른다면 그 결정은 이미 오래전에 된 것이다.

나는 본 바와 들은 바(전해 들은 바)로써 상고하건대 그것이 필연이라는 것은 분명하다.

나라가 장차 흥하려 함에는 반드시 세덕世德의 신하가 후하게 베풀었으나 그 보답을 받아먹지 못한 이가 있어서, 그런 연후에야 그 자손이 능히 그 법을 지켜 태평성세의 군주와 더불어 천하의 복을 함께 누리게 되는 것이다.

병부시랑兵部侍郎을 지낸 진국공晉國公 왕우王祐는 후한後漢, 후주後周 때에 드러난 나머지 태조太祖와 태종太宗을 섬겨오면서, 문무文武와 충효忠孝로써 천하가 그를 재상으로 삼기를 희망하였으나, 공은 끝내 강직한 도를 지켜 시세에 용납되지 못하였다.

그는 일찍이 손수 홰나무 세 그루를 뜰에 심으며 이렇게 말하였다.

"내 자손 중에 반드시 삼공三公에 오르는 자가 있으리라!"

이윽고 그 아들 위국문정공魏國公文正公 왕단王旦이 경덕景德, 상부祥符 연간에 진종황제眞宗皇帝의 재상이 되자, 조정은 청명淸明하고 천하는 무사無事한 때로서 그 복록과 영명榮名을 누린 것이 18년간이었다.

지금 무릇 남에게 물건을 맡겼다가 이튿날 그것을 되찾을 수도 있고, 찾지 못할 수도 있다.

그러나 진국공〔王祐〕은 덕은 자신에게서 닦고 보답의 책임은 하늘에 맡긴 채, 수십 년 뒤 그 보답을 기필하였는데 마치 왼손에 문권을 쥐었다가 나중에 서로 내밀어 맞추어본 듯 맞아떨어진 것이었다.

이로써 나는 하늘의 결과는 가히 필연임을 아는 것이다.

나는 위국공〔王旦〕은 미처 직접 볼 수 없었으나 그의 아들 의민공懿敏公 왕소王素는 볼 수 있었는데, 그는 인종황제仁宗皇帝를 직간으로 섬겨, 시종侍從과 장수將帥로써 30여 년을 드나들었으나 그의 지위는 덕에 비해 만족할 만 것이 아니었다.

하늘은 차츰 왕씨를 부흥시키려 했는가? 어찌 그 자손이 그렇게도 똑똑했는가!

세상에서는 진국공을 당나라 때 이서균李棲筠에게 비기는 이가 있는데, 그들의 웅재雄才와 직기直氣는 진실로 서로 높낮이를 따질 수 없을 정도이고, 이서균의 아들 이길보李吉甫와 그 손자 이덕유李德裕의 공명과 부귀는 대략 왕씨와 같았지만 충신忠信과 인후仁厚의 면에서는 위국공 부자父子에 미치지 못한다.

　이로 말미암아 보건대 왕씨의 복은 대체로 아직 끝나지 않은 것이다.

　의민공의 아들 왕공王鞏은 나와 교유가 있으며, 그는 덕을 좋아하고 문장에도 뛰어나 그 집안을 대대로 이어가고 있어, 나는 이 때문에 이를 기록하노라.

　명銘 :

『아! 훌륭하도다!

　위국공의 업業은, 홰나무와 함께 싹이 텄도다.

　북돋우고 심은 공은, 틀림없이 대대로 성취를 이루었도다.

　이윽고 진종황제의 재상이 되어, 곳곳이 숫돌처럼 평평하였도다.

　돌아와 그 집을 살펴보니, 홰나무 그늘이 뜰에 가득하도다.

　우리 같은 소인들은, 아침에 저녁도 대비하지 못한 채,

　때를 보아 이익만을 좇으니, 어느 겨를에 그 덕이 모자람을 걱정하겠는가?

　그저 요행만을 바라며, 심지도 않고 수확하려 하도다.

　군자가 있지 않았다면, 그 어찌 능히 나라를 다스릴 수 있겠는가?

　왕성王城의 동쪽, 진국공이 살던 곳.

　울창한 세 그루 홰나무는, 덕에 부합하였도다!

　아! 아름답도다!』

天可必乎? 賢者不必貴, 仁者不必壽; 天不可必乎? 仁者必有後.
二者將安取衷哉!

　吾聞之: 申包胥曰:「人衆者勝天, 天定亦能勝人.」

　世之論天者, 皆不待其定而求之, 故以天爲茫茫, 善者以怠, 惡者以肆.

盜跖之壽, 孔顏之厄, 此皆天之未定者也.

松栢生於山林, 其始也困於蓬蒿, 厄於牛羊; 而其終也, 貫四時, 閱千歲而不改者, 其天定也.

善惡之報, 至於子孫, 則其定也久矣.

吾以所見所聞(所傳聞)而考之, (而)其可必也審矣.

國之將興, 必有世德之臣, 厚施而不食其報, 然後其子孫, 能與守文太平之主, 共天下之福.

故兵部侍郎晉國王公, 顯於漢周之餘, 歷事太祖, 太宗, 文武忠孝, 天下望以爲相, 而公卒以直道不容於時.

蓋嘗手植三槐於庭, 曰:「吾子孫, 必有爲三公者!」

已而, 其子魏國文正公, 相眞宗皇帝於景德, 祥符之間, 朝廷清明, 天下無事之時, 享其福祿榮名者, 十有八年.

今夫寓物於人, 明日而取之, 有得有否.

而晉公修德於身, 責報於天, 取必於數十年之後, 如持左契, 交手相付.

吾以是知天之果可必也.

吾不及見魏公, 而見其子懿敏公, 以直諫事仁宗皇帝, 出入侍從將帥三十餘年, 位不滿其德.

天將復興王氏也歟? 何其子孫之多賢也!

世有以晉公, 比李棲筠者, 其雄才直氣, 眞不相上下, 而棲筠之子吉甫, 其孫德裕, 功名富貴, 略與王氏等, 而忠信仁厚, 不及魏公父子.

由此觀之, 王氏之福, 蓋未艾也.

懿敏公之子鞏與吾遊, 好德而文, 以世其家, 吾是以錄之.

銘曰:

『嗚呼休哉!

魏公之業, 與槐俱萌.

封植之功, 必世乃成.

旣相眞宗, 四方砥平.

歸視其家, 槐陰滿庭.

吾儕小人, 朝不謀夕.

相時射利, 皇卹厥德?

庶幾僥倖, 不種而穫.

不有君子, 其何能國?

王城之東, 晉公所廬.

鬱鬱三槐, 惟德之符!

嗚呼休哉!』

【天可必乎? 賢者不必貴, 仁者不必壽; 天不可必乎? 仁者必有後】'天可必乎'은 '하늘의 이치는 필연적인가? 하늘의 뜻은 틀림이 없는가?'의 命題. '仁者不必壽'는 '어질게 살았건만 꼭 장수하지 못하는 경우도 있으므로 천리는 필연적인 것은 아님'을 말함. 《眞寶》注에 "從《史記》伯夷傳來"라 함. 한편 《論語》雍也篇에 "子曰: 「知者樂水, 仁者樂山. 知者動, 仁者靜. 知者樂, 仁者壽.」"라 함. '仁者必有後'는 '인자에게는 반드시 그 훌륭한 후손이 있으니 이는 천리가 不可必한 것이 아님', 즉 天理는 분명한 것임. 《眞寶》注에 "含子孫意"라 함. 그러나 이 구절은 對稱을 이루지 못하여 문제가 있음. 〈四部叢刊〉(初編) 《經進東坡文集事略》에는 "天可必乎? 賢者不必壽; 天不可必乎? 仁者必有後"로 되어 있음. 이에 따라 풀이하였음.

【二者將安取衷哉】'二者'는 '賢者不必壽'와 '仁者必有後'의 두 가지. '取衷'은 折衷함. 둘 모두 인정하여 중간을 취함.

【吾聞之, 申包胥曰: 「人衆者勝天, 天定亦能勝人.」】'申包胥'는 春秋시대 楚나라 大夫. 성은 公孫. 이름이 包胥. 申땅에 봉해져 申包胥로 불리며 伍子胥가 吳나라를 도와 楚나라를 멸하자 산중으로 피해 있다가 伍子胥에게 사람을 보내어 이 말을 한 다음 秦나라로 가서 七日七夜를 울며 도움을 요청, 결국 吳나라를 다시

치고 楚나라를 구한 인물.《史記》(66) 伍子胥列傳에 "始伍員與申包胥爲交, 員之亡也, 謂包胥曰:「我必覆楚.」包胥曰:「我必存之.」及吳兵入郢, 伍子胥求昭王. 旣不得, 乃掘楚平王墓, 出其尸, 鞭之三百, 然後已. 申包胥亡於山中, 使人謂子胥曰:「子之報讎, 其以甚乎! 吾聞之:人衆者勝天, 天定亦能破人. 今子故平王之臣, 親北面而事之, 今至於僇死人, 此豈其無天道之極乎?」伍子胥曰:「爲我謝申包胥:『吾日莫途遠, 吾故倒行而逆施之.』」於是申包胥走秦告急, 求救於秦. 秦不許. 包胥立於秦廷, 晝夜哭, 七日七夜不絶其聲. 秦哀公憐之, 曰:「楚雖無道, 有臣若是, 可無存乎?」乃遣車五百乘救楚擊吳. 六月, 敗吳兵於稷. 會吳土久留楚求昭土, 而闔廬弟夫槪乃亡歸, 自立爲王. 闔廬聞之, 乃釋楚而歸, 擊其弟夫槪. 夫槪敗走, 遂奔楚. 楚昭王見吳有內亂, 乃復入郢. 封夫槪於堂谿, 爲堂谿氏. 楚復與吳戰, 敗吳, 吳王乃歸."라 함. '天定'은 하늘이 정한 것.《眞寶》注에 "見《國語》"라 하였으나《國語》楚語에는 같은 구절이 없음.

【世之論天者, 皆不待其定而求之, 故以天爲茫茫, 善者以怠, 惡者以肆】'茫茫'은 넓고 아득함. 구체적이지 않고 기필할 수 없는 것이기에 믿을 수 없음. '肆'는 제멋대로 마구 행동함.

【盜跖之壽, 孔顔之厄, 此皆天之未定者也】'盜跖'은《東坡集》에는 盜蹠으로 표기되어 있으며 春秋시대 惡行으로 이름이 높던 大盜. 柳下惠(季)의 아우로도 알려져 있음.《莊子》盜跖篇에 "孔子與柳下季爲友, 柳下季之弟, 名曰盜跖. 盜跖從卒九千人, 橫行天下, 侵暴諸侯, 穴室摳戶, 驅人牛馬, 取人婦女, 貪得忘親, 不顧父母兄弟, 不祭先祖. 所過之邑, 大國守城, 小國入保, 萬民苦之"라 함. '孔顔'은 孔子와 顔回(顔淵).《眞寶》注에 "孔顔, 謂孔子, 顔子"라 함. 둘 모두 훌륭한 일을 하고 선하게 살았건만 심하게 곤액을 당하고 일찍 죽음. '厄'은 곤액, 불운, 재난.《史記》伯夷列傳에는 "或曰:「天道無親, 常與善人.」若伯夷, 叔齊, 可謂善人者非邪? 積仁絜行如此而餓死! 且七十子之徒, 仲尼獨薦顔淵爲好學. 然回也屢空, 糟糠不厭, 而卒蚤夭. 天之報施善人, 其何如哉? 盜蹠日殺不辜, 肝人之肉, 暴戾恣睢, 聚黨數千人橫行天下, 竟以壽終. 是遵何德哉? 此其尤大彰明較著者也. 若至近世, 操行不軌, 專犯忌諱, 而終身逸樂, 富厚累世不絶. 或擇地而蹈之, 時然後出言, 行不由徑, 非公正不發憤, 而遇禍災者, 不可勝數也. 余甚惑焉, 儻所謂天道, 是邪非邪?"라 함.

【松栢生於山林, 其始也困於蓬蒿, 厄於牛羊;而其終也, 貫四時, 閱千歲而不改者, 其天定也】'松栢'은 松柏과 같으며 소나무와 잣나무. 歲寒의 靑靑으로 인해 君子의 象徵으로 널리 인용됨. '蓬蒿'는 쑥대 같은 잡초. 松栢에 상대하여 별것 아닌 존

재. '厄於牛羊'은 소나 말에 짓밟힘. 《眞寶》注에 "未定"이라 함. '貫四時'는 1년 사시를 보냄. 蓬蒿가 한 철을 사는 것에 대비시킨 것. '閱千歲'는 천 년 두고 세상의 흐름을 지켜봄. 긴 시간을 뜻함.

【善惡之報, 至於子孫, 則其定也久矣】'則其定也'는 《東坡集》에는 '而其定也'로 되어 있음. '至於子孫'은 《眞寶》注에 "漸漸切"이라 함. '其定也久矣'는 《眞寶》注에 "從申包胥天定之說, 演出許多'定'字議論"이라 함.

【吾以所見所聞(所傳聞)而考之, 其可必也審矣】《東坡集》에는 '所見所聞' 다음에 '所傳聞' 3자가 더 있으며, '其可必也'는 '而其可必也'로 되어 있음. '審矣'은 분명함. 틀림없음. 《眞寶》注에 "轉入下一脚"이라 함.

【國之將興, 必有世德之臣, 厚施而不食其報, 然後其子孫, 能與守文太平之主, 共天下之福】'世德之臣'은 대를 두고 덕을 쌓아온 신하의 집안. '厚施'는 후하게 베풂. '不食其報'는 그 보답을 제대로 누리지 못함. 즉시 그 응보가 나타나지는 않음. 《眞寶》注에 "暗說王晉公"이라 함. '守文'은 법을 잘 지킴. '文'은 成文法을 의미함. '共天下之福'은 《眞寶》注에 "暗說文正公, 義理甚長於王氏爲尤切"이라 함.

【故兵部侍郞晉國王公, 顯於漢周之餘】'故兵部侍郞'은 일찍이 兵部侍郞을 역임하였던 사람을 뜻함. '晉國王公'은 宋나라 때 王祐의 爵號, 封號. 宋 太祖 때 宰相을 삼으려 하였으나, 符彦卿의 無罪를 極諫하여 재상에 오르지 못하다가 太宗 때 兵部侍郞을 역임하고 晉國公에 봉해짐. '漢周'는 宋나라 直前 五代의 後漢(947-950)과 後周(951-960)를 가리킴.

【歷事太祖, 太宗, 文武忠孝, 天下望以爲相, 而公卒以直道不容於時】'太祖'는 宋太祖 趙匡胤. 五代 後周를 이어 宋나라를 세운 뒤 文治를 앞세웠던 군주. 960-975년 재위. 太宗은 趙匡胤의 아우 趙光義. 형을 이어 北宋 2대 皇帝가 되어 976-997년 재위. '文武忠孝'는 《眞寶》注에 "厚施"라 함. '以直道不容於時'는 도를 바르게 지키다가 시대에 용납되지 못함. 즉 재상이 되지 못함. '不容於時'는 《眞寶》注에 "不食其報"라 함. 《宋史》(269) 王祐傳(王祐傳)에 "會符彦卿鎭大名, 頗不治, 太祖以祐代之, 俾察彦卿動靜, 謂曰:「此卿故鄕, 所謂晝錦者也.」祐以百口明彦卿無罪, 且曰:「五代之君, 多因猜忌殺無辜, 故享國不永, 願陛下以爲戒.」彦卿由是獲免, 故世謂祐有陰德"이라 한 사건을 말함.

【盖嘗手植三槐於庭, 曰:「吾子孫, 必有爲三公者.」】'三公'은 國政의 최고의 책임자. 周代에는 太師, 太傅, 太保였으며, 前漢 때에는 大司馬, 大司徒, 大司空, 後漢 때 이후 唐宋에 이르는 동안에는 太尉, 司徒, 司空을 三公이라 하였음. 또는 세 사

람의 재상을 뜻하기도 함. 이 구절은 《宋史》(282) 王旦傳에 실려 있음. 《眞寶》注
에 "事實須明說. ○面三槐三公位焉"이라 함.

【已而, 其子魏國文正公, 相眞宗皇帝於景德, 祥符之間, 朝廷淸明, 天下無事之時, 享
其福祿榮名者, 十有八年】'已而'는 이윽고, 그 뒤. 뒷날. '魏國文正公'은 王祜의 아
들 王旦. 眞宗 때 太保가 되었으며, 魏國公에 봉해짐. 諡號는 文正. 《宋史》(282)에
전이 실려 있음. '眞宗'(趙恒)은 2대 太宗(趙光義)의 아들로 北宋 3대 황제가 되어
998-1022년 재위함. '景德'은 眞宗의 2번째 연호. 1004-1007년까지 4년간. 祥符
는 3번째 연호 大中祥符로 1008-1016년까지 9년간. 그 무렵 北宋은 북쪽은 遼
(거란), 남쪽은 大理, 서쪽은 西夏 등 外患의 기미가 시작되고 있었음. '十八年' 다
음에 《眞寶》注에 "與守文太平之主, 共天下之福"이라 함.

【今夫寓物於人, 明日而取之, 有得有否】'寓物於人'은 남에게 물건을 맡김. '有得有
否'은 찾을 수도 있고 되돌려 받지 못할 수도 있음.

【而晉公修德於身, 責報於天, 取必於數十年之後, 如持左契, 交手相付】'責報'는 응
보를 책임지게 함. '左契'는 《東坡集》 등에는 모두 '左券'으로 되어 있으며 '契'와
'券'은 모두 증명서를 뜻함. 옛날 대쪽에 契約 내용을 써서 둘로 쪼개어 좌우 각
하나씩 소지했었음. '交手相付'는 계약했던 내용을 두 사람이 꺼내어 서로 맞추
어 봄. 계약대로 실행되었음을 뜻함.

【吾以是知天之果可必也】하늘은 결과를 필히 이룸을 알 수 있음. 《眞寶》注에 "結
斷前意"라 함.

【吾不及見魏公, 而見其子懿敏公, 以直諫事仁宗皇帝, 出入侍從將帥三十餘年, 位不
滿其德】'懿敏公'은 王素. 자는 仲儀. 魏國公 王旦의 막내아들이며 王祜(王祐)의
손자. 仁宗을 섬겨 여러 벼슬을 거쳐 工部尙書로 67세로 생을 마침. 諡號는 懿敏
公. 《宋史》(320) 王素傳에 "王素, 字仲儀, 太尉旦季子也. ……轉工部尙書, 仍故職致
仕. 故事, 雖三公致仕, 亦不帶職. 朝廷方新法制, 素首以學士就第. 卒, 年六十七,
諡曰懿敏"이라 함. '仁宗'은 眞宗의 아들로 北宋 4대 황제 趙禎. 1023-1063년 재
위함. '直諫'은 王素傳에 "仁宗思其賢, 擢知諫院. 素方壯年, 遇事感發. 嘗言:「今中
外無名之費, 倍蓰於前, 請省其非急者.」適皇子生, 將進百僚以官, 惠諸軍以賞. 素爭
曰:「今西夏畔渙, 契丹要求, 縣官之須, 且日急矣. 宜留爵秩以賞戰功, 儲金繒以佐
邊費.」議遂已. 京師旱, 素請帝禱於郊, 帝曰:「太史言月二日當雨, 今將以旦日出禱.」
素曰:「臣非太史, 然度是日必不雨.」帝問故, 曰:「陛下知其且雨而禱之, 應天不以誠,
故臣知不雨.」帝曰:「然則明日詣醴泉觀.」素曰:「醴泉之近, 猶外朝耳, 豈憚暑不遠

出邪?」帝悚然. 更詔詣西太一宮, 諫官故不在屬車間, 乃命素扈從. 日甚熾, 埃氛翳空, 比輿駕還, 未薄城, 天大雷電而雨. 王德用進二女子, 素論之, 帝曰:「朕眞宗皇帝之子, 卿王旦之子, 有世舊, 非他人比也. 德用實進女, 然已事朕左右, 奈何?」素曰:「臣之憂正恐在左右爾.」帝動容, 立命遣二女出."이라 하여 많은 고사를 남겼음.

【天將復興王氏也歟? 何其子孫之多賢也】王氏 집안의 후손으로 훌륭한 자가 많았음을 말함.《眞寶》注에 "德如此, 位不當止此, 而止於此, 子孫又當有如文正者出, 屬望其後有無盡意"라 함.

【世有以晉公, 比李棲筠者, 其雄才直氣, 眞不相上下】'李棲筠'은《東坡集》등에는 모두 '李栖筠'으로 표기되어 있으며 唐나라 代宗 때 御史大夫를 지냈던 인물. 李吉甫의 아버지. 자는 貞一. 代宗이 그를 재상으로 임명하고자 하였지만 元載의 반대로 재상에 오르지 못함.《眞寶》注에 "棲筠, 唐人, 代宗朝御使大夫"라 함.《新唐書》(130)에 "代宗惡宰相元載怙權, 召棲筠爲御史大夫, 欲以相, 棲筠引冑殿中侍御史, 尤爲載所惡"이라 하였고,《新唐書》(146) 李栖筠(李棲筠)傳에는 "元載當國久, 益恣橫, 代宗不能堪, 陰引剛鯁大臣自助, 欲收綱權以黜載. 會御史大夫敬括卒, 即召棲筠與河南尹張延賞, 擇可爲大夫者. 延賞先至, 遂代括. 會李少良, 陸珽等上書劾載陰事, 詔御史問狀, 延賞稱疾, 不敢鞫, 少良, 珽覆得罪死. 帝殊失望, 出延賞爲淮南節度使, 引拜棲筠爲大夫"라 함.

【而棲筠之子吉甫, 其孫德裕, 功名富貴, 略與王氏等, 而忠信仁厚, 不及魏公父子】'吉甫'는 李吉甫. 李棲筠의 아들로 자는 弘憲. 翰林學士, 中書舍人 등을 거쳐 德宗 때 재상을 지냈음. 贊皇侯에 봉해졌으며 諡號는 忠懿.《新唐書》(146) 李吉甫傳에 "元和二年, 杜黃裳罷宰相, 乃擢吉甫中書侍郎, 同中書門下平章事. ……會暴疾卒, 年五十七. 帝震悼, 賻外別賜縑五百恤其家, 自大斂至卒哭, 皆中人臨吊. 吉甫圖淮西地, 未及上, 帝敕其子獻之. 及葬, 祭以少牢, 贈司空. 有司諡曰敬憲, 度支郎中張仲方非之, 帝怒, 貶仲方, 更賜諡曰忠懿"라 함.《舊唐書》(148)에도 傳이 있음.《眞寶》注에 "相憲宗"이라 함. '德裕'는 李吉甫의 아들 李德裕. 자는 文饒.《舊唐書》(174)와《新唐書》(180)에 전이 있음. 唐代 유명한 宰相으로 藩鎭의 화를 여러 차례 평정함. 文宗 때 재상으로 기용하려 하였으나 반대파의 반대로 뜻을 이루지 못하다가 武宗 때 재상이 되었음. 죽은 뒤 衛國公에 봉해짐.《眞寶》注에 "又相武宗"이라 함.《新唐書》李德裕傳에 "懿宗時, 詔追復德裕太子少保, 衛國公, 贈尙書左僕射, 距其沒十年"이라 함. '王氏等' 다음에《眞寶》注에 "用事極切"이라 하였고, '不及魏公父子' 다음에는《眞寶》注에 "用事又活, 王氏德過於李氏, 而位不及李氏"라 함.

【由此觀之, 王氏之福, 蓋未艾也】'艾'는 끊어짐, 다함. 盡, 止와 같음.《眞寶》注에 "艾, 猶止也. 足下天將復興王氏의"라 함.

【懿敏公之子鞏與吾遊, 好德而文, 以世其家, 吾是以錄之】'鞏'은 王鞏. 王素의 아들. 자는 定國. 蘇軾과 교유하였으며 詩에 뛰어났었음. 벼슬은 높이 오르지 못하였음.《宋史》(320) 王素傳에 "鞏有雋才, 長於詩, 從蘇軾遊. 軾守徐州, 鞏往訪之, 與客遊泗水, 登魋山, 吹笛飲酒, 乘月而歸. 軾待之於黃樓上, 謂鞏曰「李太白死, 世無此樂三百年矣.」軾得罪, 鞏亦竄賓州. 數歲得還, 豪氣不少挫. 侯歷宗正丞, 以跌蕩傲世, 每除官, 輒爲言者所議, 故終不顯"이라 함.《眞寶》注에 "德者, 本也"라 함.

【銘曰】王氏 집안과 三槐堂의 내력을 銘으로 읊음.

【嗚呼休哉】'休'는 '아름답다, 훌륭하다'의 뜻. 美, 善과 같음.

【魏公之業, 與槐俱萌】'萌'은 '싹이 트다'의 뜻.《眞寶》注에 "言種槐, 卽是種德"이라 함.

【封植之功, 必世乃成】'封植'은 북돋워주고 심음. '功'은《東坡集》등에는 모두 '勤'으로 되어 있음.

【旣相眞宗, 四方砥平】'砥平'은 砥(숫돌)로 칼을 평평하게 갈 듯이 곧게 함.

【歸視其家, 槐陰滿庭】그 집에 가 보았더니 회화(홰)나무 그늘이 뜰에 가득함.《眞寶》注에 "照應豐腴體狀妙"라 함.

【吾儕小人, 朝不謀夕】'吾儕'는 우리들. 나와 같은 무리. 吾輩와 같음. '朝不謀夕'은 아침에 저녁의 일을 대비하지 못함.《東坡集》등에는 모두 '朝不及夕'으로 되어 있음.

【相時射利, 皇卹厥德】'相時射利'는 때를 살펴 이익을 추구하기를 마치 사냥꾼이 화살을 날리듯 함. '皇卹厥德'의 '皇'은 遑, '卹'은 恤, '厥'은 其와 같음. '자신의 덕행이 모자람을 걱정할 겨를이 있겠는가?'의 뜻.

【庶幾僥倖, 不種而穫】'庶幾'는 바람. 희망함.《眞寶》注에 "以常人不知種德, 反形出極妙"라 함.

【不有君子, 其何能國】'군자가 없으면 어찌 나라를 다스릴 수 있겠는가?'의 뜻. '能'은 '能治'의 줄인 말.《眞寶》注에 "接有力"이라 함.

【王城之東, 晉公所廬】'王城'은 北宋 수도 汴京(지금의 河南 開封). '晉公'은 晉國公 王祜(王祐). '所廬'는 거주하던 곳. 三槐를 처음 심었던 곳.《眞寶》注에 "首只用魏公起有手段, 末却用晉公照出, 不費辭而意自足矣"라 함.

【鬱鬱三槐, 惟德之符. 嗚呼休哉】'符'는 徵驗이나 미리 예견했던 말에 符合함.《眞

寶》注에 "符, 驗也. 此字妙不可易. 此銘專就種槐, 體狀乃序中所未及, 不然亦不切
於三槐堂"이라 함.

참고 및 관련 자료

1. 작자: 蘇軾(東坡, 子瞻) 091 참조.

2. 이 글은 《東坡全集》(97), 《唐宋八大家文鈔》(134), 《文章軌範》(7), 《宋文鑑》(73), 《崇古文訣》(25), 《古文集成》(48), 《文編》(59), 《唐宋文醇》(38), 《文章辨體彙選》(453), 《山東通志》(35−19上), 《汴京遺蹟志》(8), 《事文類聚》(別集 32, 新集 1), 《經濟類編》(89), 《淵鑑類函》(311) 등에 실려 있음.

097. 〈表忠觀碑〉 ················ 蘇子瞻(蘇軾)
표충관 비문

*〈表忠觀碑〉: 宋代 杭州知州 趙抃이 五代十國 중 그곳 杭州에 있었던 吳越國 錢氏 왕들이 宋나라 초 새로 건국된 송나라에게 많은 도움을 주며 귀순했음에도, 그들 무덤이 허물어져 폐허가 되어가고 있음을 안타깝게 여겨 복원하여 살펴주기를 바라는 上奏文을 앞에 싣고, 蘇軾이 복원된 사당의 表忠觀 앞에 세운 碑에 銘文을 쓴 것임. '表忠觀'은 조변의 제언에 따라 妙因院 자리에 세운 錢氏를 위한 사당으로, '觀'은 道觀을 뜻하며 道教式 寺廟에 붙이는 명칭. 따라서 도교식으로 사당을 만들어 세운 것임. 한편 이 글 앞의 序文은 처음부터 끝까지 趙抃의 上奏文을 그대로 인용하고, 뒤의 碑銘만 蘇軾이 쓴 것으로, 이는 唐 柳宗元의 〈壽州安豐縣孝門銘〉이 앞에는 모두 壽州刺史의 奏言으로 채운 형식과 완전히 같음. 《唐宋八大家文鈔》에는 "通篇以疏爲序, 事之文絶, 是史遷風旨"라 함.

*《眞寶》注에 "王荊公云:「此作絶似西漢, 坐客歎譽不已, 公笑曰:『西漢誰人可擬?』楊德逢曰:『王褒, 盖易之也.』公曰:『不可草草.』德逢曰:『司馬相如, 揚雄之流乎?』公曰:『相如賦〈子虛〉,〈大人〉, 洎〈喩蜀文〉,〈封禪書〉爾; 雄所著《太玄》,《法言》, 以準《易》,《論語》, 未見其叙事典贍, 如此也. 直須與子長馳騁上下.』坐客又從而贊之. 公曰:『畢竟似子長何語?』坐客竦然, 公徐曰:『《漢興以來諸侯王年表》也.』」 ○迂齋云:「發明吳越贊功與德, 全是以他國形容, 比並出來, 方見朝廷坐收土地, 不勞兵革, 知他是全了多少生靈. 說墳墓尤切, 意在言外, 文極典雅.」 ○按〈碑序〉全作守臣趙抃〈奏疏〉, 此盖法柳文《壽州安豐縣孝門銘》也. 其文起云:「壽州刺史臣承思言:『九月丁亥, 安豐縣令臣某, 上所部編戶甿李興云云, 請孝其門閭云云, 觀示後祀, 永永無極, 臣昧死上請.』帝曰:『可.』其銘曰云云』. 觀此則知坡公, 非創爲之矣"라 함.

희녕熙寧 10년(1077) 10월 무자戊子날에 자정전대학사資政殿大學士 우간의대부右諫議大夫 지항주군사知抗州軍事 신 조변趙抃이 아룁니다.

　"옛 오월국왕吳越國王 전씨錢氏의 분묘(墳墓, 墳廟) 및 그 조부와 비妃, 부인夫人, 자손들의 무덤으로 전당錢塘에 있는 것이 26곳이요, 임안臨安

에 있는 것이 11곳인데, 모두가 황무해져 폐허가 된 채 돌보지 않아 부로父老들이 지나가면 눈물을 흘리는 이들이 있습니다. 삼가 옛 무숙왕武肅王 전류錢鏐는 처음 향병鄕兵으로서 황소黃巢를 깨뜨려 쫓아내어 강회江淮에 이름을 날렸습니다. 다시 팔도병八都兵으로 유한굉劉漢宏을 토벌하여 월주越州를 아우른 다음 동창董昌을 받들면서 자신은 항주杭州에 거주하게 되었습니다. 동창이 월주에서 반란을 일으키자 동창을 주살하고 월주도 병합함으로써 절동浙東, 절서浙西 지역을 모두 차지하게 되었습니다. 이렇게 하여 그 아들 문목왕文穆王 전원관錢元瓘에게 이어졌고, 그 손자 충헌왕忠獻王 전인좌錢仁佐에 이르러서는 드디어 이경李景의 병사들을 깨뜨리고 복주福州를 취하게 되었습니다. 그러고 나서 전인좌의 아우 충의왕忠懿王 전숙錢俶은 다시 군사를 크게 출병시켜 이경을 공격하고 주周 세종世宗의 군사를 맞아 싸웠습니다. 그 뒤 나라를 가지고 우리 조정에 들어와 천자를 뵙게 된 것입니다. 3대에 걸쳐 네 분의 왕은 시작과 끝을 오대五代와 함께 하였던 것입니다.

천하가 큰 혼란에 빠졌을 때 호걸들이 벌떼처럼 일어나, 바야흐로 그러한 시대에는 몇 개 주州의 땅을 가지고도 이름을 도둑질하는 자가 그 수를 헤아릴 수 없었습니다. 그러나 이윽고 그 족속이 복멸覆滅하여 그 재앙이 무고無辜한 백성들에게 미쳐 그 혈유孑遺들조차 없어지고 말았습니다. 오월은 지방 천리의 땅을 가졌고 대갑帶甲도 십만이요, 산의 광물을 녹이고 바닷물을 끓여 소금도 생산하고, 상서주옥象犀珠玉의 풍부함은 천하에 으뜸이었건만, 그럼에도 끝내 신하의 절의를 잃지 않고 공물을 바치는 사신들이 길에서 서로 보일 정도였습니다. 이 때문에 그 백성들은 늙어 죽을 때까지 전쟁이란 몰랐고, 사철 즐겁게 놀며 노래와 북소리가 서로 들릴 정도로 오늘에 이르도록 끊어지지 않고 있으니, 그의 덕이 이 백성에게 아주 후하였던 것입니다. 황제의 송宋나라가 천명을 받아 사방에서 사방에서 참란僭亂하게 굴던 이들이 차례로 삭평削平해 가고 있는데도, 후촉後蜀과 강남江南, 南唐은 험하고 멀리 있다는 것을 자부하고 있어서, 군대가 성 아래에 이르러 자신들의 힘이 꺾이고 형세가 궁해진 연후에야 손을 묶고 나와 항복하였습니다. 그런가 하면 하동河東의 유씨劉氏, 北漢는 백 번 전투에도 죽음으로 지키겠노라며 왕사王師에게 저항하여 해골이 쌓여 성城을 이루고, 피를 걸러 못이 되도록 버텨, 천하의 힘을 다한 끝에야 겨우 이겨낼 수 있었습니다. 그런데 유독 오월만은 경고나 명령을 기다리지도 않고 부고府庫를 봉하고, 군현郡縣의 문서를 기록하고는 조정의 관리에게 귀순할 것을 청하였습니다. 그는 자신의 나라를 버리기를 마치 잠시 머물던 객사를 버리듯 하였으니, 그가 조정에 공을 끼친 것은 아주 큽니다. 지난날 두융竇融이 하서河西 땅을 가지고 한漢, 東漢에게 귀의하자 광무제光武帝는 조서를 내려 우부풍右扶風에 있는 그의 조부 무덤을 수리하고 태뢰太牢로써 제사를 올리도록 하였습니다. 지금 전씨의 공덕은 아마 두융을 넘어설 것인데도 미처 백 년도 되지 않아 분묘가 돌보는 이 없이 길을 가는 자가 안타깝게 여기며 슬퍼하고 있으니, 공신을 권장하고 민심을 위로하며 보답하는 의義에 심히 어긋나는 것입니다. 신은 원컨대, 용산龍山에 폐허가 된 불사佛寺, 佛祠로 묘인원妙因院이라는 곳을 관觀으로 하여, 전씨의 후손 중에 도사道士가 된 자연自然이라는 자로 하여금 거주토록 하되, 무릇 분묘 중에 전당에 있는 것은 자연에게 맡기고, 임안에 있는 것은 그 현縣의 정토사淨土寺라는 절의 승려 도미道微에게 맡겨, 해마다 각기 도인徒人 한 사람씩을 출가하도록 하여 대대로 이를 관장시켰으면 합니다. 그 토지의 수입을 기록하여 때에 맞추어 그 사우祠宇를 수리하고 초목도 심고 가꾸도록 하되, 제대로 돌보지 못하는 것은 현령縣令과 현승縣丞이 살펴보아 심한 경우, 그 사람을 교체하게 되면 아마 영원토록 실추되지 않게 되어 조정이 전씨를 대접하는 뜻에 걸맞을 것입니다. 신 조변은 죽음을 무릅쓰고 이를 아뢰옵니다.”

　황제가 결재하였다.

　“옳다.”

이리하여 묘인원을 고쳐 표충관이라는 이름을 하사하였다.

명銘 :
『천목산은 초수苕水가 거기에서 나오네.
 용이 날고 봉이 춤추듯 임안에 모였네.
 독실하게 특이한 인물을 나게 하였으니, 남과 다르고 무리와는 벗어
난 자였네.
 분격하여 나서서 크게 소리치니, 그를 따르는 자 구름 같았네.
 하늘을 우러러 강에 맹세하니, 달과 별도 그 빛을 감추어 어두워졌
다네.
 강한 쇠뇌로 조수를 쏘니, 강물과 바다가 동쪽으로 물러났네.
 유한굉을 죽이고 동창을 주살하고 곧바로 오월 땅을 차지하자,
 금권金券과 옥책玉冊에, 호부虎符와 용절龍節을 받게 되었네.
 그 살던 곳에 큰 성을 쌓아 그곳 산천을 아우르고 연결시키니,
 왼쪽은 강이요 오른쪽은 호수인데, 섬과 산들을 모두 눌러 끌어들
였네.
 해마다 돌아와 쉬면서 부로父老들에게 잔치를 베풀 때는,
 빛나기가 신인神人과 같아 옥대를 차고 구마毬馬를 탔네.
 41년을 두고 공경하는 마음으로 조심하면서,
 공물 바구니 서로 줄을 섰으니, 대패大貝와 남쪽의 금이었네.
 오조五朝가 혼란하여 자신의 나라를 바칠 만한 대상이 없어,
 삼왕三王을 이어가며 덕 있는 자 나오기를 기다렸다네.
 이윽고 귀순할 상대를 얻으니, 모책도 자문도 구하지 않은 채,
 '선왕先王의 뜻, 내가 실천하면 그뿐인 걸' 하였네.
 하늘은 복을 주어 대대로 작위와 읍을 소유하면서,
 진실로 문덕과 무위를 가졌으니, 그 자손이 천 억이었지.
 황제께서 수신守臣에게 이르시어, 그 사당과 무덤을 손질토록 하여,

그 곁에서 초목樵牧을 못하도록 하여, 후손에게 부끄러운 일 없도록
하였네.

용산의 남쪽, 외연嵬然히 솟은 새 사당.

사사롭게 전씨 집안을 위한 것이 아니라 오직 충성을 권면함일세.

충성이 없으면 임금 없고, 효가 없으면 어버이도 없는 법.

무릇 지위를 가진 모든 사람들이여, 여기에 새겨진 글을 볼지어다!』

熙寧十年十月戊子, 資政殿大學士右諫議大夫知杭州軍事, 臣
抃言:

「故吳越國王錢氏墳墓(廟), 及其父祖妃夫人子孫之墳, 在錢塘
者二十有六, 在臨安者十有一, 皆蕪廢不治, 父老過之, 有流涕者.
謹按故武肅王鏐, 始以鄉兵, 破走黃巢, 名聞江淮. 復以八郡(都)
兵, 討劉漢宏, 幷越州, 以奉董昌, 而自居於杭. 及昌以越叛, 則誅
昌而幷越, 盡有浙東西之地. 傳其子文穆王元瓘, 至其孫忠獻(顯)
王仁佐, 遂破李景兵, 取福州. 而仁佐之弟忠懿王俶, 又大出兵攻
景, 以迎周世宗之師. 其後卒以國入覲. 三世四王, 與五代相終始.
天下大亂, 豪傑蜂起, 方是時, 以數州之地, 盜名字者, 不可勝數.
旣覆其族, 延及于無辜之民, 罔有子遺. 以吳越地方千里, 帶甲十
萬, 鑄山煮(爨)海, 象犀珠玉之富, 甲于天下, 然終不失臣節, 貢獻
相望於道. 是以其民, 至於老死, 不識兵革, 四時嬉遊, 歌鼓之聲
相聞, 至于今不廢, 其有德於斯民甚厚. 皇宋受命, 四方僭亂, 以次
削平, 西(而)蜀, 江南, 負其險(嶮)遠, 兵至城下, 力屈勢窮, 然後束
手. 而河東劉氏, 百戰守死, 以抗王師, 積骸爲城, 釃血爲池, 竭天
下之力, 僅乃克之. 獨吳越不待告命, 封府庫, 籍郡縣, 請吏于朝.
視去其國, 如去傳舍, 其有功於朝廷甚大. 昔竇融以河西歸漢, 光
武詔右扶風修理其祖父墳塋, 祠以大(太)牢. 今錢氏功德, 殆過於
融, 而未及百年, 墳墓(廟)不治, 行道傷嗟, 甚非所以勸獎功臣, 慰

答民心之義也. 臣願以龍山廢佛寺(祠)曰妙因院者爲觀, 使錢氏
之孫爲道士曰自然者居之, 凡墳墓(廟)之在錢塘者, 以付自然; 其
在臨安者, 以付其縣之淨土寺僧曰道微, 歲各度其徒一人, 使世掌
之. 籍其地之所入, 以時修其祠宇, 封植其草木, 有不治者, 縣令丞
察之, 甚者易其人, 庶幾永終不墜, 以稱朝廷待錢氏之意. 臣抃昧
死以聞.」

制曰:「可.」

其妙因院, 改賜名曰表忠觀

銘曰:

『天目之山, 苕水出焉. 龍飛鳳舞, 萃于臨安.
篤生異人, 絶類離羣. 奮梃大呼, 從者如雲.
仰天誓江, 月星晦蒙. 强弩射潮, 江海爲東.
殺宏誅昌, 奄有吳越. 金券玉冊, 虎符龍節.
大城其居, 包絡山川. 左江右湖, 控引島蠻.
歲時歸休, 以燕父老. 曄如神人, 玉帶毬馬.
四十一年, 寅畏小心. 厥篚相望, 大貝南金.
五朝昏亂, 罔堪託國. 三王相承, 以待有德.
旣獲所歸, 弗謀弗咨.「先王之志, 我維行之.」
天祚忠厚, 世有爵邑. 允文允武, 子孫千億.
帝謂守臣, 治其祠墳. 毋俾樵牧, 愧其後昆.
龍山之陽, 巋然新宫. 匪私于錢, 惟以勸忠.
非忠無君, 非孝無親. 凡百有位, 視此刻文!』

【熙寧十年十月戊子】'熙寧'은 宋 神宗(趙頊)의 첫 번째 연호(1068–1077). '十年'은
1077년. '十月戊子'는 10월 11일에 해당함.
【資政殿大學士右諫議大夫知杭州軍事, 臣抃言】'資政殿大學士'는 宋代 名譽職銜의

하나로 正三品. '諫議大夫'는 諫院의 長官. '知杭州軍事'는 杭州의 知州. '抃'은 趙抃. 자는 閱道. 熙寧 3년부터 杭州知州로 있었음. 《宋史》(316)에 傳이 있음. 進士가 된 뒤로 성격이 강직하여 '鐵面御使'로 불리기도 하였음. 여러 벼슬을 거치면서 백성을 救恤하는 일에 많은 공헌을 하였고, 神宗 때 參知政事에 올랐으나 王安石의 新法에 반대하며 사직하였음. 《宋史》本傳에 "元豊七年, 薨, 年七十七. 贈太子少師, 諡曰淸獻"이라 함. 《新校前漢書》(100권), 《成都古今集記》(30권), 《南台諫垣集》(2권), 《淸獻盡言集》(2권) 등을 저술을 남기기도 하였음. 《眞寶》注에 "趙淸獻公抃, 字閱道"라 함.

【故吳越國王錢氏墳墓(廟), 及其父祖妃夫人子孫之墳】 '吳越國'은 五代(907-960: 後梁, 後唐, 後晉, 後漢, 後周) 十國(902-979:前蜀, 後蜀, 吳, 南唐, 吳越, 閩, 楚, 荊南, 南漢, 北漢) 中 十國의 吳越國. 錢鏐(852-932)가 杭州에 도읍하여 907-978년(혹 893-978년)까지 다섯 군주, 86년(또는 72년)간 지속되었으며, 지금의 浙江, 江蘇 남부, 福建 북부 일대를 중심으로 발전했던 江南의 대표적인 나라. ①武肅王 錢鏐(893-932) ②文穆王 錢元瓘(932-941) ③憲王 錢弘佐(941-947) ④忠遜王 錢弘倧(047-948) ⑤忠懿王 錢俶(948-978)으로 이어졌으며 975년 宋太宗이 南唐을 멸하자 太平興國 元年(976), 忠懿王 錢俶이 宋나라에 입조하였다가 978년 다시 입조하여 나라를 모두 바치고 자신은 집안을 이끌고 모두 汴京으로 居所를 옮겨 나라가 종말을 고하였음. '錢氏'는 錢鏐를 가리키며 자는 具美, 어릴 때 자는 婆留. 杭州 臨安(지금의 浙江 臨安) 사람으로 젊을 때 소금장수를 하다가 975년(唐 僖宗) 浙西鎭遏使 王郢이 반란을 일으키자, 이를 막고 있던 董昌의 鄕兵 모집에 응하여 그의 휘하에 들어가 王郢을 진압하였음. 다시 黃巢의 亂이 일어나 그들이 臨安에 이르자 이를 막아내어 그 무렵 淮南節度使였던 高騈이 그들의 공을 인정하여 董昌을 杭州刺史로, 錢鏐는 都知兵馬使로 추천함. 882년 浙東觀察使 劉漢宏이 浙西를 공격하여 몇 년의 대치 끝에 董昌과 錢鏐가 강을 건너 劉漢宏을 공격하여 무너뜨림. 이 공으로 동창은 越州觀察使로, 錢鏐는 杭州刺史가 됨. 그 뒤 錢鏐는 孫儒, 楊行密(뒤에 吳를 세운 인물) 등과 혼전을 벌이다가 승리하여 鎭海軍節度使에 오름. 895년 董昌이 자칭 羅平國皇帝를 칭하며 나라를 세우자 錢鏐는 이에 반대하여 越州(지금의 昭興)를 공격, 동창을 죽임. 이에 唐 조정에서는 錢鏐를 鎭海, 鎭東의 兩鎭節度使로 임명하였음. 錢鏐는 이에 세력을 키워 주변 10州를 차지하게 되었고 뒤에 福州까지 점령하는 등 13주를 점거함. 이에 唐 조정에서는 그를 越王으로 책봉(902)하였다가 다시 吳王(904)에 봉하였음. 907년

唐나라가 망하고 북쪽에 五代의 첫 後梁(朱溫, 朱全忠)이 들어서면서 錢鏐를 吳越王에 봉하여 十國의 첫 나라가 되었음. 그 뒤 後唐(李存勗) 長興 3년(932) 錢鏐가 죽자 아들 元瓘(887-941)이 뒤를 이었고, 後晉(石敬瑭) 天福 5년 閩(福建)에 난이 일어나자 元瓘이 쳐들어갔다가 이듬해(941) 죽고, 아들 錢弘佐(錢佐, 928-947)가 뒤를 이어 946년 다시 閩을 공격, 福州를 차지하였으나 이듬해 죽고, 아우 錢弘倧이 이었으나 군부에서 난을 일으켜 그를 폐위하고 아우 錢弘俶(錢俶, 929-988)을 세웠음. 975년 宋이 吳越과 이웃한 북쪽 南唐(李昇, 徐知誥, 金陵, 즉 南京에 도읍)을 멸하자 위기를 느껴 978년 나라를 宋 太宗(趙光義)에게 바침. '墳墓'는 《東坡集》에는 모두 '墳廟'로 되어 있음.

【在錢塘者二十有六, 在臨安者十有一, 皆蕪廢不治, 父老過之, 有流涕者】'錢塘'은 浙江 杭州灣의 古地名이며 지금은 杭州의 郊縣. 錢塘江(浙江)에서 유래됨. '臨安'은 지금의 浙江 杭州市 西北部 天目山區에 속하는 지명으로 역시 杭州의 郊縣. '蕪廢'는 荒蕪하여 廢墟가 됨.《眞寶》注에 "歷年多施澤亦多, 故感之者深爾"라 함.

【謹按故武肅王鏐, 始以鄕兵, 破走黃巢, 名聞江淮】'黃巢'는 唐나라 때 크게 민란을 일으켰던 인물. 唐 僖宗 때 王仙芝의 난(874)에 호응하여 長安까지 함락하고 齊帝를 자칭하기도 하였으나 崔致遠의 〈討黃巢檄文〉에 의해 官軍이 진압에 나서 패망하였음. '江淮'는 長江과 淮水 지방. 지금의 江蘇, 安徽 일대. 黃巢의 亂이 南方까지 세력을 떨쳐 臨安에 이르자 錢鏐가 이를 막아내었음.

【復以八郡(都)兵, 討劉漢宏, 并越州, 以奉董昌, 而自居於杭】'八郡兵'은《東坡集》에는 '八都兵'으로 되어 있으며, 杭州에는 8縣이 있어 縣마다 1천 명씩 모았음. 이를 '都兵'이라 함. '劉漢宏'은 그즈음 越州觀察使. 원래 兗州의 낮은 관리로 王仙芝의 난을 토벌하러 나섰다가 군권을 가로채어 반란을 일으켰으나 항복하여 義勝軍節度使를 거쳐 浙東觀察使에 임명됨. 그러다가 中和 2년(882), 浙西를 차지하고자 董昌과 접전을 벌였으며 그때 錢鏐가 董昌에게 건의하여 渡江, 그들을 공격하여 全滅시키고 越州(昭興)를 수복하게 되었음. '越州'는 지금의 浙江 紹興. 고대 越나라 도읍 會稽였던 곳. '董昌'은 錢鏐와 同鄕인 臨安 출신으로 錢鏐의 上官. 함께 杭州 일대를 잘 지켜 唐 僖宗 때 義勝軍節度使가 되어 朝廷의 신임을 얻어 檢校太尉同中書門下平章事에 올라 隴西郡王의 봉을 받았음. 그러나 昭宗 때 越州(昭興)에 大越羅平이라는 나라를 세우고(895) 皇帝를 칭하며 연호를 順天이라 하였으나 이에 반대한 錢鏐가 공격하여 越州에서 죽여 없앰. '杭'은 杭州.

【及昌以越叛, 則誅昌而并越, 盡有浙東西之地】'浙'은 浙江. 원래 錢塘江, 漸水, 曲

江, 淛江등으로 불리다가 浙江으로 바뀜. 이에 그 강을 경계로 서북부를 浙西, 그 동남부를 浙東이라 부름.

【傳其子文穆王元瓘. 至其孫忠獻(顯)王仁佐, 遂破李景兵, 取福州】'元瓘'은 錢元瓘 (887–941). 錢鏐의 일곱 번째 아들. 자는 明寶. 학문과 시를 좋아하였고, 錢鏐가 죽은 뒤 吳越國王(932–941 재위)이 되었으며 諡號는 文穆. '忠獻王'은 《東坡集》에는 '忠顯王'으로 되어 있으며 역사적으로는 '獻王'으로 부름. '仁佐'는 錢鏐의 손자 錢弘佐(928–947), 줄여서 錢佐로도 부름. 자는 祐立. '仁佐'의 '仁'은 원래 '弘'자로 避諱한 것으로 보임. 시호는 忠獻(忠顯). '李景'은 뒤에 李璟으로 이름을 바꾸었으며 五代 南唐의 2대 군주. 南唐(937–975)은 五代 後晉 때 金陵(지금의 南京)의 徐知誥(888–943)가 937년 이름을 李昇으로 바꾸고 그곳에 나라를 세워 국호를 '南唐'이라 하였으며, 그의 아들 李璟(943–961년 재위)이 뒤를 이었고, 다시 그의 아들 後主 李煜이 이었으나 975년에 宋나라에게 멸망함. '福州'는 지금의 福建省 福州. 十國의 閩國(王審知가 세움)이 있었던 곳으로, 閩은 南唐에게 복종하여 왔으나 李仁達이 반란을 일으켜 그곳을 차지하고, 南唐에 반기를 들자 李璟이 공격, 이에 李仁達은 錢仁佐에게 구원을 요청함. 이에 錢仁佐는 李璟의 군대를 福州에서 대패시키고 947년 복주를 차지함.

【而仁佐之弟忠懿王俶, 又大出兵攻景, 以迎周世宗之師】'忠懿王俶'은 錢元瓘의 아홉째 아들이며 錢鏐의 손자. 자는 文德. 형 錢佐(忠獻王), 錢倧(忠遜王, 1년간 재위)의 뒤를 이어 吳越國王에 올랐으나 978년 宋 太宗에게 입조하여 나라를 바침. 시호는 忠懿. '周世宗'은 五代 後周(951–960, 郭威가 세움. 도읍은 汴京)의 2대 임금 郭榮(郭紫榮. 954–959년 재위). 後周 太祖(郭威)의 양자. 文武를 겸하여 治道를 이루었으나 世宗이 죽은 뒤 恭帝(郭宗訓:959–960년 재위) 때에 宋 太祖(趙匡胤)에게 망하여 五代가 마감됨. 그 무렵 吳越國은 後漢과 後周와 동시대였는데 後周 世宗이 956년 南征에 나서 常州를 공격할 때 戰船을 내어 도와주었음.

【其後卒以國入覲】'以國入覲'은 宋 太宗(趙光義)에게 입조하여 나라를 바침.

【三世四王, 與五代相終始】'三世四王'은 3세대에 네 군주. 錢鏐(武肅王)와 그 아들 錢元瓘(文穆王), 그리고 손자 셋, 錢仁佐(錢弘佐 獻王)와 錢俶(忠懿王). 그러나 역사적으로는 제 4대 錢弘倧(忠遜王)이 있어 5왕이어야 하나 그는 재위 기간이 미처 1년이 되지 않아 당시 인정하지 않았던 것으로 여겨짐. 《眞寶》注에 "三世四王, 謂吳越王錢鏐, 錢仁佐, 錢瓘, 錢弘俶"이라 함. '五代'는 唐(618–907)이 망하고 十國과 같은 시기 汴京과 洛陽 등 中原 일대에 53년간 있었던 다섯 朝代. 즉 後梁

(朱全忠. 907-923. 汴京)→後唐(李存勗. 923-936. 洛陽)→後晉(石敬瑭. 936-946. 汴京)→後漢(劉知遠. 947-950. 汴京)→後周(郭威. 951-960. 汴京).《眞寶》注에 "五代: 梁唐晉漢周"라 함.

【天下大亂, 豪傑蜂起, 方是時, 以數州之地, 盜名字者, 不可勝數】唐末부터 五代十國을 거쳐 宋이 통일하기까지의 혼란한 시기를 말함.

【旣覆其族, 延及于無辜之民, 罔有孑遺】'延及無辜之民'은 혼란의 재앙이 무고한 백성에게까지 미침.《眞寶》注에 "以彼形此"라 함. '孑遺'는 子子單身으로 살아남은 자손들.

【以吳越地方千里, 帶甲十萬, 鑄山煑海, 象犀珠玉之富, 甲于天下】'帶甲'은 무장한 군사들. '鑄山煑海'는 광물을 채굴하여 생산하고, 바닷물을 끓여 소금을 생산함. '象犀'는 象牙와 외뿔소의 뿔. '甲'은 으뜸가는 것. 이상 물산이 풍요한 곳임을 말함.

【然終不失臣節, 貢獻相望於道】'相望於道'는 길에 앞서 가는 사신이 서로 보일 정도로 줄을 섬. 끊임이 없고 빈번함을 말함. '冠蓋相望'과 같음.

【是以其民, 至於老死, 不識兵革, 四時嬉遊, 歌皷之聲相聞, 至于今不廢, 其有德於斯民甚厚】'兵革'은 전쟁의 다른 말.《眞寶》注에 "與後有功於朝廷句, 立兩柱"라 함.

【皇宋受命, 四方僭亂, 以次削平】'皇宋'은 皇帝國 宋나라를 말함. '僭亂'은 僭濫히 혼란을 일삼음. '削平'은 깎아 평정함.

【西(而)蜀, 江南, 負其險(嶮)遠, 兵至城下, 力屈勢窮, 然後束手】'西蜀'은 '而蜀'의 오기.《東坡集》등에는 모두 '而蜀'으로 되어 있어 '西'는 '而'의 誤記임. '蜀'은 後蜀(933-965)을 가리킴. 孟知祥이 지금의 四川에 成都에 세웠던 十國의 하나. 2主 41년 만에 宋에게 망함. '江南'은 南唐을 가리킴. '負'는 믿음. 의지함. 自負함. '險遠'은 지형이 험하고 도읍으로부터 멀어 안전하다고 여김.《東坡集》등에는 '嶮遠'으로 되어 있음. '束手'는 항복하여 손을 묶음.

【而河東劉氏, 百戰守死, 以抗王師, 積骸爲城, 釃血爲池, 竭天下之力, 僅乃克之】'河東劉氏'의 河東은 黃河의 동쪽. 지금의 山西省 太原. '劉氏'는 北漢(951-979)을 건국한 劉旻을 가리킴. 晉陽(지금의 山西 太原)에 나라를 세워 4대 劉繼元 때 宋 太祖(趙匡胤)가 開寶 9년(976, 太宗 元年)에 정벌에 나섰으나 契丹(遼)의 도움으로 버텼다가 太宗(趙光義) 太平興國 4년(979) 다시 北征하여 멸망시켰음. '王師'는 皇帝의 지휘를 받는 官軍. 여기서는 宋나라의 통일 과정을 말한 것. '釃血'은 피를 거름. '釃'(시)는 灑와 같은 뜻.

【獨吳越不待告命, 封府庫, 籍郡縣, 請吏于朝】'封府庫'는 나라 창고의 문을 봉해놓

고 宋나라의 조치를 기다림. '籍郡縣'은 관할 지방 여러 郡과 縣의 문서들을 잘 기록하여 송나라에게 바침.

【視去其國, 如去傳舍, 其有功於朝廷甚大】'傳舍'는 客舍, 客館. 잠시 머물다가 가는 집처럼 여김. 《眞寶》注에 "傳舍, 猶旅館"이라 함.

【昔竇融以河西歸漢, 光武詔右扶風修理其祖父墳塋, 祠以大(太)牢】'竇融'은 東漢 초의 인물로 자는 周公. 王莽에게 波水將軍의 지위를 받았으며 王莽이 죽은 뒤에는 淮陽王에게 붙어 鉅鹿太守 등을 지냈음. 뒤에는 다시 河西五郡大將軍을 맡았다가 光武帝(劉秀)가 즉위하사 이에 歸附하여 大司馬에 올라 安豐侯에 봉해졌음. 《後漢書》(53)에 竇融傳을 참조할 것. '河西'는 黃河 서쪽. 酒泉, 張掖, 敦煌, 天水, 金城 등지. 지금의 陝西, 甘肅 일대. '右扶風'은 행정 구역 명칭. 지금의 陝西 長安縣 서쪽. 京兆尹, 左馮翊과 함께 三輔라 부르던 곳. 竇融의 先塋이 있던 곳을 말함. '大牢'는 太牢로도 표기하며 제사나 향연에 소, 양, 돼지 三牲을 갖추어 크게 거행함을 말함. 《眞寶》注에 "用事切當"이라 함.

【今錢氏功德, 殆過於融, 而未及百年, 墳墓(廟)不治, 行道傷嗟, 甚非所以勸獎功臣, 慰答民心之義也】'墳墓'는 《東坡集》에는 '墳廟'로 되어 있어 분묘와 사당을 말함. '傷嗟'는 안타깝게 여기면서 탄식함. '慰答'은 위로하고 보답함. 《眞寶》注에 "只輕說兩三句便"이라 함.

【臣願以龍山廢佛寺(祠)曰妙因院者爲觀, 使錢氏之孫, 爲道士曰自然者居之】'龍山'은 浙江 杭州 錢塘 남쪽에 있는 산. 龍臥山, 龍華山으로도 부름. 그 아래 龍井이 있으며 龍井茶로 유명한 곳. '佛寺'는 《東坡集》에는 '佛祠'로 되어 있음. '妙因院'은 절 이름. 원래의 절이 廢寺되고 그곳에 작은 寺院이 있었음. '觀'은 道觀. 道敎의 寺廟. '自然'은 錢鏐의 후손 중에 道士가 되어 그 이름을 '自然'이라 하였음.

【凡墳墓(廟)之在錢塘者, 以付自然; 其在臨安者, 以付其縣之淨土寺僧曰道微】'墳墓'는 역시 《東坡集》에는 墳廟로 되어 있음. '淨土寺'는 臨安에 있는 절 이름. '道微'는 淨土寺에 있는 僧侶. 法名이 道微였음.

【歲各度其徒一人, 使世掌之】'度'는 離俗出家를 의미하며, 그리하여 僧侶나 道士가 되면 이 度牒을 받고 租稅와 賦役 등이 면제됨.

【籍其地之所入, 以時修其祠宇, 封植其草木】'籍'은 물건 등을 받아 장부에 기록함. '祠宇'는 祠堂 건물. '封植'은 《東坡集》에는 '封殖'으로 되어 있음.

【有不治者, 縣令丞察之, 甚者易其人, 庶幾永終不墜, 以稱朝廷待錢氏之意】'庶幾'는 기대됨. 원하는 바대로 될 것임. '永終'은 '영원히, 끝내' 등의 뜻. 《眞寶》注에

"西漢語"라 함.

【臣抃昧死以聞】'昧死'는 신하가 임금에게 글을 올릴 때 자신의 의견이 혹 황제의 뜻에 맞지 않을까 하여 이르는 상투어. '죽음을 무릅쓰다, 죽음에 몽매하다'의 뜻. '以聞'은 아랫사람이 윗사람에게 알려 그에게 들려드림.

【制曰:「可.」】'制'는 임금의 명령이나 결제.

【其妙因院, 改賜名曰表忠觀】妙因院을 '表忠觀'으로 개명하도록 함.

【銘曰】아래는 銘의 문체로 칭송한 것.

【天目之山, 苕水出焉】'天目山'은 杭州 臨安 서북쪽에 있는 산. 산 위에 두 못이 있어 마치 하늘의 두 눈과 같다 하여 붙여진 이름. '苕水'는 苕溪. 天目山에서 발원하여 太湖로 흘러들어가며 苕(갈대의 일종)가 많아 붙여진 이름이라 함.《眞寶》注에 "天目, 苕水, 皆杭州之山水. 要說篤生, 故從頭說來"라 함.

【龍飛鳳舞, 萃于臨安】'龍飛鳳舞'는 용과 봉처럼 빼어난 인물이 많이 났음을 말함.《杭州圖經》에 "吳越王錢氏世葬臨安. 有題詩者:「天目山前兩乳長, 鸞飛鳳舞下錢塘.」"이라 함. '萃'는 '모이다, 모으다, 拔萃하다' 등의 뜻.

【篤生異人, 絶類離羣】'絶類離群'은 비슷한 무리와는 전혀 다르며 일반 무리로부터는 분리될 정도로 훌륭한 인물.

【奮梃(挺)大呼, 從者如雲】'奮挺'은 떨치고 나섬. 그러나《東坡集》에는 '奮梃'으로 되어 있어 몽둥이를 들고 떨쳐 일어남을 뜻함.

【仰天誓江, 月星晦蒙】'仰天誓江'은 하늘을 우러러 맹세하고 강을 두고 서약함. 錢鏐가 劉漢宏을 칠 때 中和 2년 7월 12일 밤, 달이 너무 밝아 몰래 渡江할 수가 없게 되자 강의 모래를 집어 삼키며 어두워지도록 誓願하였음. 그러자 즉시 咫尺을 알아볼 수 없을 만큼 곳곳이 어두워졌다 함.《吳越備史》(1)에 "是月十二夜將, 渡江而星月皎然, 兵不可渡. 王親掬江沙而吞之, 祝曰:「吾以義兵討賊, 天將見助, 願陰雲蔽月, 以濟我師.」俄而雲霧四起, 咫尺晦暝, 王大喜, 即先渡江"이라 함. 그 외《十國春秋》(77)에도 같은 내용이 실려 있음. '晦蒙'은 어두워지고 가려져 캄캄함《眞寶》注에 "語壯"이라 함.

【强弩射潮, 江海爲東】'强弩射潮'는 강한 쇠뇌로 潮水를 향해 활을 쏨. 杭州에는 潮水의 피해가 심해 浙江의 羅刹石과 城門까지 밀려오곤 하였음. 이에 錢鏐가 弩를 들고 있다가 밀려오는 潮水를 향해 활을 쏘도록 하자 潮水가 밀려갔다 함.《錢塘遺事》(1)에 "昔江潮每衝激城下, 錢氏以壯士數百人, 候潮之至, 以强弩射之, 由此潮頭退避"라 하였고,《吳越備史》(2)에도 "八月始築捍海塘, 王因江濤衝激, 命

强弩以射濤, 頭遂定其基, 復建候潮, 通江等城門"이라 함. 그 외《十國春秋》(78),
《浙江通志》(1) 등 아주 널리 전함.《眞寶》注에 "實事"라 함.

【殺宏誅昌, 奄有吳越】'殺宏誅昌'은 劉漢宏을 죽이고 董昌을 誅殺한 일.

【金券玉冊, 虎符龍節】'金券'은 功臣에게 내려주어 대대로 작은 죄는 면하게 해주
던 문건. '玉冊'은 임금이 신하에게 작위를 내릴 때 주던 冊書를 높여 칭한 것.
後唐 莊宗이 錢鏐에게 玉冊金印을 내려주며 冊封하자, 전류는 그때부터 吳越王
을 칭하며 돌아와 玉冊樓, 金印樓, 詔書樓 등 세 누각을 지어 中原으로부터 정식
책봉을 받았음을 과시하였음. '虎符龍節'은 호랑이와 용의 모습을 조각한 符節.
군대 통솔권을 상징함.

【大城其居, 包絡山川】'大城其居'는 錢鏐가 杭州를 다스리면서 唐末에 이미 자신
의 거처를 넓혀 鎭海軍使院이라 하였고, 後梁 때에는 捍海石塘을 지었으며, 杭
州城을 확장하고 臺館을 크게 수축하는 등 杭州를 아주 동남 제일의 큰 도시로
바꾸었음. '包絡'은 包含하고 網羅함.

【左江右湖, 控引島巒】'左江右湖'는 浙江 杭州 동남쪽에 浙江이 있으며, 서쪽에는
西湖가 있음. '控引'은 끌어 잡아당김. '島巒'은 섬과 산들. 그러나《眞寶》에는 '巒'
을 '蠻'으로 판독하여 남방 島夷, 즉 그곳의 소수민족으로 보았으나,《東坡集》등
에는 모두 '島巒'으로 되어 있음. 궁궐을 화려하고 장대하게 지었음을 표현한 것.

【歲時歸休, 以燕父老】'歸休'는 唐末 昭宗이 入朝한 錢鏐를 인정하여 杭州를 衣錦
城이라 하자 光化 6년(903) 돌아와 잔치를 베풀며 주위를 모두 비단으로 덮었다
함. '以燕父老'는 나이 많은 노인들에게 잔치를 베풀어 줌.

【曄如神人, 玉帶毬馬】'曄如神人'은 신처럼 빛남. '玉帶'는 옥으로 장식한 官服의
띠. '毬馬'는 擊毬(말을 탄 채 하는 축구)를 할 수 있는 말. '毬'는 실을 둥글게 묶
어 鞠蹴에 쓰이는 공. 後梁 太祖(朱全忠)가 吳越國 錢鏐가 보낸 사신에게 "전류가
좋아하는 것이 무엇인가?"라고 묻자 "玉帶名馬"라고 대답함. 이에 玉帶와 打毬御
馬 10필을 내려주었다 함.

【四十一年, 寅畏小心】'四十一年'은 錢鏐는 唐 昭宗(李曄) 景福 元年(892) 武威軍團
練使가 되어 81세 되던 後唐 長興 3년(932)에 죽었으며, 그 기간이 41년이었음. '寅
畏'는 공경하고 두려워함을 뜻하는 雙聲連綿語.《眞寶》注에 "寅畏, 猶敬畏"라 함.

【厥篚相望, 大貝南金】'厥篚'는 공물을 바치기 위한 그들의 바구니. '厥'은 其와 같
음. '篚'는 貢物을 바쳐왔음을 뜻함.《眞寶》注에 "篚, 言貢篚"라 함. '大貝南金'은
좋은 비단과 남쪽에서 나는 금(銅) 등 특산물.

【五朝昏亂, 罔堪託國】‘五朝’는 五代. ‘罔堪託國’은 나라를 맡길 수 없음. ‘罔’는 無와 같음. ‘무’로 읽음.

【三王相承, 以待有德】‘三王’은 錢元瓘(文穆王), 錢仁佐(獻王), 錢俶(忠懿王)을 가리킴. 《眞寶》注에 “最佳見錢氏不歸五代而歸宋之意”라 함.

【旣獲所歸, 弗謀弗咨】‘旣獲所歸’는 귀순해도 될 상대, 즉 宋나라를 이윽고 얻음. ‘弗謀弗咨’는 대책을 모의하거나 물어보지도 않음.

【「先王之志, 我維行之.」】先王은 錢鏐를 가리킴. “선왕 전류의 뜻에 따라 내(錢俶)가 실행하는 것”이라 생각했던 것임.

【天祚忠厚, 世有爵邑】‘天祚忠厚’는 《東坡集》에는 ‘天祚忠孝’로 되어 있음.

【允文允武, 子孫千億】‘允’은 ‘진실로’의 뜻.

【帝謂守臣, 治其祠墳】‘祠墳’은 祠堂과 무덤. 《眞寶》注에 “歸恩於上”이라 함.

【毋俾樵牧, 愧其後昆】‘毋俾樵牧’은 그 무덤 근처에서 땔나무를 하거나 목축을 하지 못하도록 함. ‘後昆’은 후손의 다른 말. 《眞寶》注에 “後昆, 謂後孫”이라 함.

【龍山之陽, 巋然新宮】‘陽’은 산의 남쪽. ‘巋然’은 우뚝 높이 솟은 모양.

【匪私于錢, 惟以勸忠】錢氏 집안을 사사롭게 우대함이 아니라 오직 충성을 勸勉하기 위한 것임. 《眞寶》注에 “切於勸名”이라 함.

【非忠無君, 非孝無親】忠이 아니면 임금이 있을 수 없고, 孝가 아니면 어버이가 있을 수 없음.

【凡百有位, 視此刻文】‘凡百有位’는 모든 분들.

참고 및 관련 자료

1. 작자: 蘇軾(東坡, 子瞻) 091 참조.

2. 이 글은 《東坡全集》(86), 《唐宋八大家文鈔》(132), 《宋文鑑》(77), 《崇古文訣》(24), 《續文章正宗》(15), 《文章辨體彙選》(656), 《文編》(59), 《西湖遊覽志》(6), 《西湖志纂》(11), 《唐宋文醇》(49) 등에 실려 있으며, 《東坡全集》(58)에도 관련 기록이 있음.

098. <凌虛臺記> ················ 蘇子瞻(蘇軾)
능허대기

* <凌虛臺記>:이 글은 蘇軾이 28세의 젊은 나이(嘉祐 8년, 1063)로, 그 무렵 鳳翔
  府 知府(太守)였던 陳希亮 밑에서 簽書判官事란 벼슬을 하고 있을 때, 陳希亮
  이 凌虛臺를 지으며 東坡에게 記를 짓도록 하자 '永遠無窮함이란 없다'는 뜻을
  먼저 말씀드린 다음, 그 내용을 그대로 記로 지은 것임. '凌虛臺'는 '허공을 뚫
  고 솟을 정도로 높은 곳에 고층으로 지은 樓臺'라는 뜻으로 지금의 陝西 鳳翔
  縣에 있음. 《唐宋八大家文鈔》에 "蘇公往往有此一段曠達處, 却於陳太守, 少回護"
  라 함.
* 《眞寶》注에 "陳希亮, 字公弼, 剛正人也. 嘉祐中知鳳翔府. 東坡初擢制科僉書判
  官事, 吏呼蘇賢良, 公怒曰:「府判官, 何賢良也?」杖其吏不顧. 坡作齋醮祈禱文, 公
  弼必塗墨改定, 數徃返, 至爲公弼作<凌虛臺記>. 公弼覽之, 笑曰:「吾視蘇明允,
  猶子也. 軾猶孫也. 平日不以辭色假之者, 以其年少, 暴得大名, 懼夫滿而不勝也.
  乃不吾樂耶?」不易一字, 亟命刻之石. ○嘉祐八年癸卯, 坡時年二十八, 作此《記》.
  起句突然, 似乎無頭. 自起以下, 節節奇妙, 登臺而望其東以下, 乃法習鑿齒<與其
  弟書>. 坡又作<超然臺記>, 其中一段, 亦用此格調, 後又有法之者, 汪彦章<月觀
  記>是也. 今皆附見于後. 坡所以諷切陳公者深矣. 世有足恃者, 立德立功立言, 三
  不朽之謂乎? 今臺必爲荒草野田而反賴坡之文章, 以千載不朽, 則所謂足恃者, 豈
  不信然哉!"라 함.

누대를 종남산終南山 아래를 근거하여 지으니, 마땅히 일상생활은 산
과 접하게 된다.

사방의 산들로서 종남산보다 더 높은 것이 없고, 도읍에서 아름다운
산이 있는 곳으로는 부풍扶風만큼 이 산에 가까운 곳은 없다.

지극히 가까운 곳에서 가장 높은 것을 찾는다면, 그 형세로 보아 반
드시 종남산을 알았을 텐데, 태수太守는 이곳에 살면서도 일찍이 이런
산이 있다는 사실조차 알지 못하였다.

비록 손해나 이득을 잣대로 사물을 볼 것은 아니지만, 물리物理로 보아 마땅하지는 않음이 있으니, 이것이 능허대凌虛臺를 짓게 된 까닭이다.

바야흐로 아직 능허대를 짓기 전에 태수 진공陳公, 陳希亮은 그 아래에 지팡이 짚고 짚신 신고 이리저리 거닐면서, 산이 수풀 위로 솟아올라 유류纍纍한 모습이 마치 사람들이 떼 지어 담장 밖을 지나가면서 그 상투만 보이는 것과 같음을 발견하고는, "이는 틀림없이 특이한 풍경이 되리라"라 하였다.

그리하여 공인工人을 시켜 그 앞을 파서 방지方池를 만들도록 하고, 그 흙으로 누대를 축조하여 집 처마보다 더 높이 솟아오르도록 한 다음에야 그쳤다.

그런 연후에 위에 오르는 사람은 황연怳然히 누대가 높아진 것은 알지 못한 채 산이 용약踴躍하며 급히 뛰쳐나와 솟아난 것인 줄로 여기게 되었다.

공公이 말하였다.

"이는 마땅히 이름을 능허凌虛라 해야 하리라."

그러고는 종사從事인 나 소식에게 글을 짓도록 하여 기記로 삼겠노라 하였다

나는 공에게 이렇게 보고하였다.

"사물의 폐흥廢興과 성훼成毀는 가히 알아낼 수 없는 것입니다. 옛날 황초荒草의 들 밭으로서 서리와 이슬이 덮여 컴컴하여, 여우나 독사가 숨어 엎드려 있던 곳이, 바야흐로 이때에는 어찌 능허대가 서게 될 줄 알았겠습니까? 흥폐와 성훼는 무궁함 속에서 서로 순환하는 것이니만큼 누대가 다시 황초의 들밭이 될지는 누구도 가히 알 수 없는 일이지요. 제가 일찍이 공과 함께 누대에 올라 바라보았더니, 그 동쪽은 진목공秦穆公의 기년궁祈年宮과 탁천궁槖泉宮이 있던 곳이요, 남쪽은 한무제

漢武帝의 장양궁長楊宮과 오작궁五柞宮이 있던 곳이며, 그리고 그 북쪽은 수隋나라 때 인수궁仁壽宮과 당唐나라 때 구성궁九成宮이 있던 곳입니다. 한 시대의 성함을 헤아려 보건대 굉걸宏傑하고 궤려詭麗하여 가히 변동이 있을 수 없음이 어찌 다만 능허대보다 백 배에 그칠 따름이겠습니까! 그럼에도 몇 세대 뒤에는 그와 비슷함을 찾아보고자 해도 깨어진 기왓장과 허물어진 담장조차도 그대로 있는 것이 없고 그저 이미 벼나 기장이 자라는 농토가 되었거나, 가시덩굴만 우거진 곳이 되었거나, 언덕 폐허나 밭두둑 고랑일 뿐인데, 하물며 이런 누대쯤이야 어떻겠습니까? 무릇 누대도 오히려 장구하기를 믿을 수 없거늘, 하물며 사람 일의 득실은 갑자기 왔다가 갑자기 가는 것임에야 어떻겠습니까? 그런데도 혹자는 이로써 세상에 자랑하고 스스로 만족하고자 하니 이는 잘못된 것입니다. 대체로 세상에 족히 믿을 것이란, 이런 누대의 존망 여부에 달려 있는 것은 아닙니다."

이윽고 공에게 말을 끝내고 물러나 이를 기記로 지었다.

臺(因)於南山之下, 宜若起居飲食, 與山接也.
四方之山, 莫高於終南; 而都邑之最麗(山)者, 莫近於扶風.
以至近求最高, 其勢必得; 以太守之居, 未嘗知有山焉.
雖非事之所以損益, 而物理有不當然者, 此凌虛之所爲築也.

方其未築也, 太守陳公, 杖屨逍遙於其下, 見山之出於林木之上者, 纍纍然如人之旅行於墻外而見其髻也, 曰: 「是必有異.」
使工鑿其前爲方池, 以其土築臺, 出於屋之簷而止.
然後人之至於其上者, 怳然不知臺之高, 而以爲山之踊躍奮迅而出也.
公曰: 「是宜名凌虛.」
以告其從事蘇軾, 而俾(求文以)爲之記.

軾復於公曰:「物之廢興成毀, 不可得而知也. 昔者, 荒草野田,
霜露之所蒙翳, 狐虺之所竄伏, 方是時, 豈知有凌虛臺耶? 廢興成
毀, 相尋於無窮, 則臺之復爲荒草野田, 皆不可知也. 嘗試與公登
臺而望, 其東則秦穆公之祈年, 橐泉也; 其南則漢武之長楊, 五柞;
而其北則隋之仁壽, 唐之九成也. 計其一時之盛, 宏傑詭麗, 堅固
而不可動者, 豈特百倍於臺而已哉! 然而數世之後, 欲求其彷彿
(髣髴), 而破瓦頹垣, 無復存者, 旣已化爲禾黍荊棘, 丘墟隴畝矣,
而況於此臺歟? 夫臺猶不足恃以長久, 而況於人事之得喪, 忽往
而忽來者歟? 而或者欲以夸世而自足, 則過矣. 蓋世有足恃者, 而
不在乎臺之存亡也.」

　旣已言於公, 退而爲之記.

【臺(因)於南山之下, 宜若起居飮食, 與山接也】'臺於南山之下'는《東坡集》에는 '臺因
　於南山之下'로 되어 '因'자가 더 있으며,《陝西通志》,《文編》,《事文類聚》 등에는
　'國於南山之下'로 '國'자로 되어 있음. '國'은 도읍을 뜻함. '南山'은 終南山. 지금의
　陝西 長安縣 남쪽에 있음. '起居飮食'은 사람의 일상생활.
【四方之山, 莫高於終南;而都邑之最麗(山)者, 莫近於扶風】'最麗者'는《東坡集》에는
　'最麗山者'라 하여 '山'자가 더 있음. '扶風'은 지금의 陝西 咸陽縣 동쪽 행정구역
　명칭으로 鳳翔府가 있던 곳.
【以至近求最高, 其勢必得;以太守之居, 未嘗知有山焉】'必得'은 반드시 얻게 됨. 종
　남산이 곁에 있음을 말함. '太守'는 그곳 鳳翔府의 知府(太守) 陳希亮(1014-1077),
　字公弼, 北宋 때 인물로 각지의 縣令, 知州, 知府 등을 거쳐 轉運使 등을 역임하
　였으며 조정에 들어서는 너무 강직하여 반대파의 많은 저지를 당하기도 하였음.
　蘇軾은 그를 존경하여〈陳公弼傳〉을 지었음.《宋史》(298)에 傳이 있으며,《陳希
　亮文集》과《制器尙象論》등을 남겼음. 그는 鳳翔縣 知府였을 때 이 凌虛臺를 지
　었음.
【雖非事之所以損益, 而物理有不當然者, 此凌虛之所爲築也】'物理'는 사물의 이치.
　'凌虛'는 '虛空을 지나 치솟다'의 뜻.
【方其未築也, 太守陳公, 杖屨逍遙於其下, 見山之出於林木之上者】'杖屨'는 지팡이

를 짚고 짚신을 신음. '逍遙'는 자유롭고 한가하게 산책하며 구경함. 疊韻連綿語.

【纍纍然如人之旅行於墻外而見其髻也, 曰:「是必有異.」】'纍纍然'은 《東坡集》에는 '纍纍'(류류)로만 되어 있어 '然'자가 없음. 올망졸망한 모습. '旅行'은 무리를 이루어 다님을 뜻함. '髻'(계)는 상투. '是必有異'는 이는 특이함이 있음. 특이한 풍경을 이루고 있음을 말함.

【使工鑿其前爲方池, 以其土築臺, 出於屋之簷而止】'鑿'은 땅을 팜. '方池'는 方形의 못. '屋之簷'은 집의 처마 높이.

【然俊人之至於其上者, 怳然不知臺之高, 而以爲山之踴躍奮迅而出也】'怳然'은 怳惚한 상태. '踴躍'은 막 뛰거나 내달려감(옴)을 표현하는 雙聲連綿語. '奮迅'은 급히 떨치고 달려 나옴.

【公曰:「是宜名凌虛.」】'마땅히 이름을 凌虛臺로 해야겠다'라고 함.

【以告其從事蘇軾, 而俾(求文以)爲之記】'從事'는 상관 밑에서 따르며 일하는 낮은 직책. '俾'는 使와 같은 使役形助動詞. 그러나 '俾爲之記'는 《東坡集》 등에는 모두 '求文以爲記'로 되어 있음.

【軾復於公曰】'復'은 復命함. 대답하여 아뢰거나 보고함.

【物之廢興成毁, 不可得而知也】'廢興成毁'는 興廢盛衰와 같음.

【昔者, 荒草野田, 霜露之所蒙翳, 狐虺之所竄伏, 方是時, 豈知有凌虛臺耶】'蒙翳'는 덮고 가려 어둑어둑함. '狐虺'(호훼)는 여우나 독사 따위. '竄伏'은 숨어 엎드려 있음.

【廢興成毁, 相尋於無窮, 則臺之復爲荒草野田, 皆不可知也】'相尋'은 번갈아 이어짐. '尋'은 循과 같은 뜻.

【嘗試與公登臺而望, 其東則秦穆公之祈年, 橐泉也】'秦穆公'은 《東坡集》에는 '秦穆'으로 되어 있어 '公'자가 없음. 秦穆公은 秦繆公으로도 표기하며 秦나라 군주로 春秋五霸의 하나. 이름은 任好. 秦 成公을 이어 B.C.659－B.C.621년까지 39년간 재위하고 康公(罃)에게 이어짐. 百里奚와 公孫枝, 由余 등을 등용하여 西戎을 制霸함. 당시 秦나라는 咸陽을 도읍으로 하고 있었음. '祈年'과 '橐泉'은 둘 모두 궁궐 이름. '橐泉'은 橐泉으로도 표기함. 《漢書》地理志 顔師古 注에 의하면 祈年宮은 秦惠公, 橐泉宮은 秦孝公 때 축조했던 것으로 되어 있어 穆公과는 관련이 없음.

【其南則漢武之長楊, 五柞;而其北則隋之仁壽, 唐之九成也】'漢武'는 漢武帝(B.C.156~87년). 이름은 劉徹. 景帝의 아들로 B.C.140~87년까지 재위하면서 나라 안팎으로 많은 업적과 일화를 남김. 《史記》(12) 孝武本紀 참조. '長楊'과 '五柞' 또한 둘

모두 궁궐 이름. 五柞宮은 武帝 後元 2년(B.C.87)에 건설하였으며 지금의 陝西省
周至縣 동남쪽에 있음.《西京雜記》(3)에 "五柞宮有五柞樹, 皆連抱, 上枝蔭覆數十
畝"라 하여 '柞'은 떡갈나무의 일종으로 다섯 그루가 茂盛하여 유래된 궁 이름.
'仁壽'는 隋 文帝(楊堅)가 지었던 避暑宮. 지금의 陝西 麟遊縣에 터가 있음. '九成'
은 仁壽宮을 唐 太宗(李世民)이 재건하여 고친 다음 九成宮으로 이름을 바꾸었
음.《眞寶》注에 "橐泉, 九成, 皆宮名"이라 함.

【計其一時之盛, 宏傑詭麗, 堅固而不可動者, 豈特百倍於臺而已哉】'宏傑'은 宏壯하
고 傑出함. 아주 크고 빼어남. '詭麗'는 특이하게 화려함. '詭'는 奇와 같음.

【然而數世之後, 欲求其彷彿(髣髴), 而破瓦頹垣, 無復存者, 旣已化爲禾黍荊棘, 丘墟
隴畝矣, 而況於此臺歟】'彷彿'은 비슷함을 뜻하는 雙聲連綿語.《東坡集》에는 '髣
髴'로 되어 있음. '破瓦頹垣'은 깨어진 기와와 무너진 담. '禾黍荊棘'은 벼와 기장,
그리고 가시덩굴과 가시나무. 田地나 혹 荒蕪地가 됨을 말함. '丘墟'는 언덕과 빈
터의 둔덕. '隴畝'는 밭고랑이나 이랑.《眞寶》注에 "數轉, 無限妙處"라 함.

【夫臺猶不足恃以長久, 而況於人事之得喪, 忽往而忽來者歟】'得喪'은 得失과 같음.

【而或者欲以夸世而自足, 則過矣】'夸世'는 세상에 뽐냄. 자랑함. '夸'는 誇와 같음.

【蓋世有足恃者, 而不在乎臺之存亡也】'足恃'는 족히 믿을 만한 것.

【旣已言於公, 退而爲之記】이윽고 公에게 할 말을 마치고 물러나 이 記를 지음.

《眞寶》注에는 이 뒤에 부록으로 習鑿齒(자는 彦威(?–384). 襄陽人. 桓溫의 戶曹參
軍을 지냈으며 뒤에 榮陽太守에 오름.《漢晉春秋》54권을 써서 蜀을 정통으로 보고 魏
나라를 篡逆한 것으로 여겨 桓溫이 晉室을 엿보는 것을 비난했었음. 苻堅이 襄陽을 함
락한 후 그를 長安까지 불러 대접함.《晉書》(82)에 전이 있음)의 〈與其弟秘書〉와 蘇
東坡의 〈超然臺記〉 및 王彦章이 劉季高를 위해 지은 〈鎭江月觀記〉를 다음과 같
이 싣고 있음.

〈1〉習鑿齒〈與其弟秘書〉曰:

「吾以去年五月三日, 來達襄陽, 觸目悲感, 略無歡情, 每定省家舅, 從北門入, 西望
隆中, 想卧龍之吟; 東眺白沙, 思鳳雛之聲; 北臨樊墟, 存鄧老之高; 南瞻城邑, 懷羊
公之風, 縱目檀溪, 念崔徐之友, 肆眺漁梁, 追二德之遠. 未嘗不徘徊移日,惆悵極
多」云云.(이 글은《建康實錄》(9)에 실려 있음.)

〈2〉東坡密州〈超然臺記〉內有曰:

「南望馬耳常山, 出沒隱見若近若遠, 庶幾有隱君子乎! 而其東則盧山, 秦人盧敖之
所從遁也. 西望穆陵, 隱然如城郭, 師尙父齊桓公之遺烈, 猶有存者, 北俯濰水. 慨

然太息, 思淮陰之功而弔其不終.」(〈超然臺記〉 全文은 《東坡全集》(36)에 실려 있음.)

〈3〉王彦章, 爲劉季高作〈鎭江月觀記〉曰:

「嘗與子四顧而望之. 其東曰海門, 鴟夷子皮之所從遁也. 其西曰瓜步, 魏佛狸之所
嘗至也. 若其北廣陵, 則謝太傅之所築埭而居也. 江中之流, 則祖豫州之所擊楫而
誓也. 計其一時, 英雄慷慨, 憤中原之未復, 反虜之未禽, 欲呑之以忠義之氣, 雖狹
宇宙而隘九州, 自其胸中所積, 亦江山有以發之. 今覽而納諸數楹之地, 使千載之
事, 了然在吾目中, 則季高之志, 可見矣.」

참고 및 관련 자료

1. 작자: 蘇軾(東坡, 子瞻) 091 참조.
2. 이 글은 《東坡全集》(35), 《唐宋八大家文鈔》(141), 《文編》(56), 《續文章正宗》(14),
《陝西通志》(91), 《事文類聚》(續集 8) 등에 실려 있음.

《古文眞寶》[後集] 卷九

099. ＜李君山房記＞ ·················· 蘇子瞻(蘇軾)

이군산방기

＊＜李君山房記＞: 혹 ＜李氏山房藏書記＞, ＜李氏山房記＞, ＜李氏藏書房記＞ 등 여러 가지로 불리며, 宋代 李常(字는 公擇)이 오늘의 江西 九江 廬山 五老峰 아래 白石庵 僧舍에서 공부하여 과거에 급제, 그곳을 떠나면서 뒷사람이 이용하도록 책을 모두 두고 가자 그곳 사람들이 그를 기려 '李氏山房'이라 불렀음. 이에 李常이 東坡에게 記文을 청하자 이 글을 지은 것임. 《唐宋八大家文鈔》에는 "題本小而文旨特, 放而遠之, 纔不鮮腆"이라 함.

＊《眞寶》注에 "靜觀云:「有李君藏書以遺後之人, 又有東坡爲記. 以惜有書不讀之士, 二翁立心也. 拳拳有望於學者如此. 彼有吝嗇其書, 惟恐人見, 或自有書而束之高閣者, 皆二翁之罪人也.」"라 함.

상아象牙, 서각犀角, 주옥珠玉과 진기하고 괴이한 물건들은 사람의 이목耳目에는 즐거움이 있으나, 쓰임에는 알맞지 않고, 쇠, 돌, 풀, 나무, 사마絲麻, 오곡五穀, 육재六材는 쓰임에는 적합하나 이를 사용하면 닳고, 이를 취하면 고갈되고 만다.

사람의 이목을 즐겁게 하면서 쓰임에도 적합하고, 이를 사용해도 닳지도 않고, 이를 취해도 고갈되지도 않으면서, 똑똑한 이나 어리석은 이가 얻는 바가 저마다 그 재능에 달려 있고, 어진 자나 지혜로운 자가 보는 바가 각기 그 분수에 따르며, 재주나 분수가 같지 않더라도 구하려 들어 얻지 못할 것이 없는 것이라면 오직 책뿐일 것이다!

공자孔子 같은 성인도 그 배움은 반드시 책을 보는 것으로 시작되었다. 그 당시에 오직 주周나라의 주하사柱下史였던 노담老聃이 책이 많았고, 한선자韓宣子가 노魯나라에 간 연후에야 《역易》, 《상象》과 《노춘추魯春秋》를 볼 수 있었으며, 계찰季札이 상국上國에 초빙되어 간 연후에야 《시詩》

의 풍아송風雅頌을 들을 수 있었으며, 초楚나라에서는 오직 좌사左史 의 상의相만이 능히 《삼분三墳》,《오전五典》,《팔색八索》,《구구九丘》를 읽을 수 있었다.

선비가 이러한 때 태어나서 〈육경六經〉을 볼 수 있었던 자는 아마 거의 없었을 터이니, 그들의 배움은 가히 어려웠다고 할 수 있을 것인데도, 모두가 예악禮樂에 익숙하고 도덕道德에의 깊이는 후세의 군자가 미칠 수 없을 정도였다.

진한秦漢 이래로 글을 짓는 이는 더욱 많아지고 종이와 자획도 날로 간편해지는 쪽으로 내달아, 책은 갈수록 많아져서 세상에 없는 것이 없음에도 학자들은 더욱 구차스럽게도 간편함만 추구하니 어째서인가?

나는 일찍이 노유선생老儒先生을 뵌 적이 있는데 그 스스로 "자신이 어렸을 때엔 《사기史記》나 《한서漢書》를 구해 보려 해도 구할 수가 없었으며, 다행히 구하게 되면 모두를 스스로 베껴 써서 낮이나 밤으로 외우고 읽으며 오히려 그에 미치지 못할까 두려워하였다"라는 말을 들었다.

근세에 시중 상인들은 돌려가며 서로 제자백가諸子百家의 책을 모사하여 베끼고 새겨, 하루에 수만 장의 종이가 쏟아져 나와, 학자에게 있어서 책이란 많기도 하고 게다가 쉽게 구할 수도 있음이 이와 같으니, 그들의 문사文辭, 文詞와 학술學術은 마땅히 옛사람과 비교해 곱절이나 다섯 배가 되어야 하건만, 그런데도 후생後生으로서 과거科擧를 치른 선비들은 모두가 책을 묶어둔 채 보지 않으면서 근거도 없는 유담遊談을 일삼고 있으니, 이 또한 어찌된 일인가?

내 친구 이공택李公擇은 어려서 여산盧山 오로봉五老峰 아래 백석암白石菴의 승사僧舍에서 공부하였다.

공택이 이윽고 그곳을 떠나자 산중 사람들이 그를 사모하여 그가 거처하던 곳을 가리켜 '이씨산방'李氏山房이라 하였는데, 그곳의 장서藏書

가 무릇 9천여 권이었다.

공택은 이미 그 책들의 흐름을 섭렵하였고 그 근원을 탐구하였으며, 그 속의 꽃과 열매를 채집하고 긁어내어 그 기름과 맛을 씹어보고는, 이를 자신의 소유로 삼아 이것이 문사에 발로되고, 행사行事에 드러나 당세에 이름이 널리 알려졌다.

그러나 그 책들은 진실로 그대로 있으며 조금도 손상된 것이 없어, 장차 이를 뒤에 오는 자에게 물려주어 그 무궁한 요구에 공급하며, 각기 그 재주와 분수대로 마땅히 얻을 수 있음에 충족시켜주려 하였다.

이 까닭으로 자신의 집에 소장하지 아니하고, 자신이 지난날 거처하던 승사에 소장하도록 하였으니 이는 인자仁者의 마음 씀씀이이다.

나는 이미 몸이 쇠하고 게다가 병까지 있어 세상에 쓰일 바가 없으나, 오직 몇 년의 시간을 얻어 아직 보지 못한 책을 다 읽어보았으면 한다.

게다가 여산은 진실로 한 번 유람하고 싶었던 곳이었으나 기회를 얻지 못하였지만, 아마 장차 늙음을 그곳에서 보내면서 공택의 장서를 모두 펴서 그가 버린 것을 주워 내 스스로의 보충으로 삼는다면 이로움이 있으리라 기대하고 있다!

그리고 공택이 나에게 기기로 삼을 글을 요구하기에 이에 한 마디 말을 하여, 후세 사람들로 하여금 옛날 군자는 책을 보기조차 어려웠는데, 지금의 학자들은 책이 있어도 읽지 않고 있음이 가히 안타까운 것임을 알리고자 하노라.

象犀珠玉珍怪之物, 有悅於人之耳目, 而不適於用; 金石草木絲麻五穀六材, 有適於用, 而用之則弊; 取之則竭.

悅於人之耳目而適於用; 用之而不弊, 取之而不竭; 賢不肖之所得, 各因其才; 仁智之所見, 各隨其分, 才分不同, 而求無不獲者, 惟書乎!

自孔子聖人, 其學必始於觀書.

當是時, 惟周之柱下史老聃, 爲多書; 韓宣子適魯, 然後見《易》, 《象》與《魯春秋》; 季札聘於上國, 然後得聞《詩》之風雅頌; 而楚獨有左史倚相, 能讀《三墳》,《五典》,《八索》,《九丘》.

士之生於是時, 得見〈六經〉者蓋無幾, 其學可謂難矣, 而皆習於禮樂, 深於道德, 非後世君子所及.

自秦, 漢以來, 作者益眾, 紙與字畫, 日趨於簡便, 而書益多, 世莫不有, 然學者, 益以苟簡, 何哉?

余猶及見老儒先生, 自言「其少時, 欲求《史記》,《漢書》而不可得; 幸而得之, 皆手自書, 日夜誦讀, 惟恐不及」.

近世(歲)市人, 轉相模(摹)刻諸子百家之書, 日傳萬紙, 學者之於書, 多且易致如此, 其文辭(詞)學術, 當倍蓰於昔人, 而後生科舉之士, 皆束書不觀, 遊談無根, 此又何也?

余友李公擇, 少時讀書於廬山五老峰下白石菴(庵)之僧舍.

公擇既去, 而山中之人思之, 指其所居爲'李氏山房', 藏書凡九千餘卷.

公擇既已涉其流, 探其源, 採剥其華實, 而咀嚼其膏味, 以爲己有, 發於文辭(詞), 見於行事, 以聞名於當世矣.

而書顧(固)自如也, 未嘗少損, 將以遺來者, 供其無窮之求, 而各足其才分之所當得.

是以不藏於家, 而藏於故所(其所故)居之僧舍, 此仁者之心也.

余既衰且病, 無所用於世, 惟得數年之閑(間), 盡讀其所未見之書.

而廬山, 固所願遊而不得者, 蓋將老焉, 盡發公擇之藏, 拾其遺(餘)棄以自補, 庶有益乎!

而公擇求余文以爲記, 乃爲一言, 使來者知昔之君子見書之難,
而今之學者有書而不讀, 爲可惜也.

【象犀珠玉珍怪之物, 有悅於人之耳目, 而不適於用】'象犀'는 象牙와 물소 뿔. '珍怪
之物'은 珍奇하고 怪異한 물건. 玩賞用의 특이한 것들. 《東坡集》 등에는 모두 '怪
珍之物'로 되어 있음.

【金石草木絲麻五穀六材, 有適於用, 而用之則弊; 取之則竭】'絲麻'는 명주실과 삼.
옷감의 기본 재료들. '五穀'은 다섯 가지 곡식. 식용의 중요한 곡물. 《眞寶》注에
"五穀: 黍稷稻粱麥"이라 함. '六材'는 집을 짓거나 土木工事, 또는 각종 器具를 만
드는 중요한 재료들. 《眞寶》注에 "六材: 榛栗椅桐梓漆"이라 하였으며, 이는 《詩》
衛風 〈定之方中〉에 "樹之榛栗, 椅桐梓漆, 爰伐琴瑟" 구절을 근거로 한 것임.

【悅於人之耳目而適於用; 用之而不弊, 取之而不竭; 賢不肖之所得, 各因其才; 仁智之
所見, 各隨其分, 才分不同, 而求無不獲者, 惟書乎】'各因其才'는 저마다 그 재능에
따라 얻을 수 있음. 《眞寶》注에 "應在後"라 함. '各隨其分'은 각기 그 분수에 따
라 얻을 수 있음. '惟書乎'는 오직 책밖에 없을 것임을 강조한 것. 《眞寶》注에 "入
書字不覺"이라 함.

【自孔子聖人, 其學必始於觀書】孔子 같은 성인도 그 학문은 책을 보는 데에서 시
작됨. 《眞寶》注에 "綴書字"라 함.

【當是時, 惟周之柱下史老聃, 爲多書】'柱下史'는 周代의 벼슬 이름. 뒤의 御史와 같
은 것이었다 함. '老聃'은 《東坡集》에는 '聃'으로만 되어 '老'자가 없음. 老子. 이름
은 李耳. 자는 伯陽. 諡號는 聃. 周나라 守藏室의 史였으며, 孔子가 周나라에 갔
을 때 그에게 禮에 관하여 배웠다 함. 《史記》 老子傳에 "老子者, 楚苦縣厲鄕曲仁
里人也, 姓李氏, 名耳, 字聃, 周守藏室之史也"라 함.

【韓宣子適魯, 然後見《易象》與《魯春秋》】'韓宣子'는 春秋시대 晉나라의 대부 韓起.
韓厥의 아들이며 韓無忌의 아우. 시호는 宣子. 그들 후손이 春秋末 晉六卿이었으
며 戰國시대 三晉의 하나가 되어, 戰國七雄인 韓나라로 발전함. 그가 魯나라에
사신으로 가서 太史氏로부터 《易》, 《象》과 《魯春秋》를 처음으로 보게 되었다 함.
《左傳》 昭公 2년에 "晉侯使韓宣子來聘, 且告爲政, 而來見, 禮也. 觀書於大史氏,
見《易》, 《象》與《魯春秋》, 曰: 「周禮盡在魯矣, 吾乃今知周公之德與周之所以王也.」"
라 함. 《易》은 《周易》. 그즈음 孔子가 아직 완전히 정리하지 않은 상태였을 것으
로 보며, 고대 三易, 즉 《歸藏易》, 《連山易》, 《周易》 중 《周易》을 가리킴. 64괘와 卦

辭 爻辭가 周初에 이루어졌으며 十翼은 孔子에 의해 초보적인 정리가 된 것으로 보아 韓起가 본 것은 卦辭와 爻辭까지일 것으로 여김. 《象》은 《象魏》를 가리키는 것으로 봄. 《象魏》는 《象闕》, 《魏闕》, 또는 《觀》이라고도 하며 줄여서 《象》이라고도 함. 周나라 때 궁문에 높이 걸어 널리 알렸던 法令들. 이를 모은 것이며 그 자료를 본 것으로 여김. 그러나 《易象》을 묶어 하나의 책으로 보기도 함. 《魯春秋》는 魯나라 역사 기록의 簡策 자료들. 孔子의 《春秋》는 이를 근거로 작성된 것임. 《孟子》離婁(下)에 '魯之春秋'라 하여 '春秋'는 보통명사 역사책을 의미히는 뜻으로 쓰였음.

【季札聘於上國, 然後得聞《詩》之風雅頌】 '季札'은 春秋시대 吳나라 公子. 延陵季子. 吳나라에서 가장 덕이 있는 인물로 알려짐. 각 典籍에 많은 故事와 逸話를 남김. 壽夢의 막내아들. 《公羊傳》에 "謁(遏)也, 餘祭也, 夷昧也, 與季札同母者四. 季子弱而才, 兄弟皆愛之, 同欲立之以爲君. 謁曰:「今若是迮而與季子國, 季子猶不受也. 請無與子而與弟, 弟兄迭爲君而致國乎季子.」皆曰:「諾.」"이라 함. 그가 魯나라에 사신으로 가서 처음으로 《詩》의 國風, 小雅, 大雅, 頌을 차례로 감상하고 평하였음. 《左傳》襄公 29년에 "吳公子札來聘, 見叔孫穆子, 說之. 謂穆子曰:「子其不得死乎! 好善而不能擇人. 吾聞君子務在擇人. 吾子爲魯宗卿, 而任其大政, 不愼擧, 何以堪之? 禍必及子!」請觀於周樂. 使工爲之歌〈周南〉,〈召南〉, 曰:「美哉! 始基之矣, 猶未也, 然勤而不怨矣.」爲之歌〈邶〉,〈鄘〉,〈衛〉. 曰:「美哉淵乎! 憂而不困者也. 吾聞衛康叔, 武公之德如是, 是其衛風乎!」爲之歌〈王〉, 曰:「美哉! 思而不懼, 其周之東乎!」爲之歌〈鄭〉, 曰:「美哉! 其細已甚, 民弗堪也. 是其先亡乎!」爲之歌〈齊〉, 曰:「美哉, 泱泱乎! 大風也哉! 表東海者, 其大公乎! 國未可量也.」爲之歌〈豳〉, 曰:「美哉, 蕩乎! 樂而不淫, 其周公之東乎!」爲之歌〈秦〉, 曰:「此之謂夏聲. 夫能夏則大, 大之至也, 其周之舊乎!」爲之歌〈魏〉, 曰:「美哉, 渢渢乎! 大而婉, 險而易行, 以德輔此, 則明主也.」爲之歌〈唐〉, 曰:「思深哉! 其有陶唐氏之遺民乎! 不然, 何憂之遠也? 非令德之後, 誰能若是?」爲之歌〈陳〉, 曰:「國無主, 其能久乎!」自〈鄶〉以下無譏焉. 爲之歌〈小雅〉, 曰:「美哉! 思而不貳, 怨而不言, 其周德之衰乎? 猶有先王之遺民焉.」爲之歌〈大雅〉, 曰:「廣哉, 熙熙乎! 曲而有直體, 其文王之德乎!」爲之歌〈頌〉, 曰:「至矣哉! 直而不倨, 曲而不屈, 邇而不偪, 遠而不攜, 遷而不淫, 復而不厭, 哀而不愁, 樂而不荒, 用而不匱, 廣而不宣, 施而不費, 取而不貪, 處而不底, 行而不流. 五聲和, 八風平. 節有度, 守有序, 盛德之所同也.」"라 함.

【而楚獨有左史倚相, 能讀《三墳》,《五典》,《八索》,《九丘》】 '倚相'은 春秋시대 楚나라

의 左史.《左傳》昭公 12년에 "左史倚相趨過, 王曰:「是良史也, 子善視之! 是能讀《三墳》,《五典》,《八索》,《九丘》.」"라 함.《三墳》,《五典》,《八索》,《九丘》는 모두 옛 책이름.《三墳》은 三皇시대의 역사를 기록한 책.《五典》은 五帝 때의 일을 기록한 책.《八索》은 八卦에 대해서 쓴 것,《九丘》는 洪範九疇에 관한 내용이었다 함. 그러나 이미 사라져 억측이 구구할 뿐임.

【士之生於是時, 得見〈六經〉者蓋無幾, 其學可謂難矣, 而皆習於禮樂, 深於道德, 非後世君子所及】'六經'은《易》,《詩》,《書》,《禮》,《樂》,《春秋》 등 儒家의 가장 중요한 기본 經들. '無幾'는 얼마 되지 않음. 거의 없음.《眞寶》注에 "此時書未備, 倒有眞儒"라 함.

【自秦, 漢以來, 作者益衆, 紙與字畫, 日趨於簡便, 而書益多, 世莫不有】'字畫'은 글자의 획. 秦나라 이후로 한자 字形이 통일되고 날로 간소화됨. 秦末 이미 大篆이 小篆으로 통일되었고 뒤이어 隸書, 楷書로 발전하여 간편해짐.

【然學者, 益以苟簡, 何哉】'苟簡'은 구차히 간략함을 요구함.《眞寶》注에 "後來書多, 眞儒反少"라 함.

【余猶及見老儒先生, 自言其少時, 欲求《史記》,《漢書》而不可得; 幸而得之, 皆手自書, 日夜誦讀, 惟恐不及】'老儒先生'은 나이가 많은 老學者. 노인 儒士.《史記》는 司馬遷이 五帝시대부터 漢 武帝 그때까지의 역사를 기록한 紀傳體의 대표적인 史書. '《漢書》'는《前漢書》라고도 하며 班固가 漢 高祖부터 前漢 말까지의 역사를 기록한 通代史로 紀傳體 正史의 두 번째 史書. '惟恐不及'은 그에 미치지 못할까 두려워함.《論語》泰伯篇에 "子曰:「學如不及, 猶恐失之.」"라 함.

【近世市人, 轉相模刻諸子百家之書, 日傳萬紙, 學者之於書, 多且易致如此】'近世'는《東坡集》에는 '近歲'로 되어 있음. '模刻'은 베껴 새겨 출간함.《東坡集》에는 '摹刻'으로 되어 있음. '諸子百家'는 儒家, 九流十家의 기록들. 즉 春秋戰國시대의 儒家, 道家, 墨家, 法家, 名家, 陰陽家, 縱橫家, 農家, 小說家, 雜家, 兵家 등 여러 학설. '日傳萬紙'는 하루에 만 장의 종이가 전해짐. 모든 책들이 마구 쏟아져 나옴을 뜻함.

【其文辭學術, 當倍蓰於昔人, 而後生科擧之士, 皆束書不觀, 遊談無根, 此又何也】'文辭'는 문학이나 문예 창작.《東坡集》에는 '文詞'로 되어 있음. '後生'은 자신보다 후배의 생도들. '倍蓰'의 倍는 두 배, 蓰(사)는 다섯 배. 그러나 고대 표현법은 숫자의 겹침은 흔히 곱하기였으므로 이를 2×5의 열 배로 보기도 함. '束書不觀'은 이미 과거에 급제하였으니 책은 더 볼 필요가 없다고 여겨 묶어둔 채 보지

않음.《眞寶》注에 "意骨在此"라 함.

【余友李公擇, 少時讀書於廬山五老峰下白石菴之僧舍】'李公擇'은 李常. 字는 公擇. 宋나라 때 인물로 黃山谷(黃庭堅) 어머니의 외삼촌.《眞寶》注에 "黃山谷之母舅"라 함. 王安石과 친하였으나 王安石의 新法을 반대하여 물러났다가 哲宗 때 御史中丞에 오름.《宋史》(344) 李常傳에 "李常, 字公擇, 南康建昌人. 少讀書廬山白石僧舍. 旣擢第, 留所抄書九千卷, 名舍曰李氏山房. 調江州判官, 宣州觀察推官. 發運使楊佐將薦改秩, 常推其友劉琦, 佐曰:「世無此風久矣.」幷薦之. ……安世幷劾常, 徙兵部尙書, 辭不拜, 出知鄧州. 徙成都, 行次陝, 暴卒, 年六十四. 有文集, 奏議六十卷,《詩傳》十卷,《元祐會計錄》三十卷"이라 하였음. '廬山'(해발 1483m)은 고대 匡廬山으로 불렸으며 지금의 江西 九江縣에 있는 유명한 산으로 풍광이 빼어나 詩人墨客은 물론 學者, 정치가 등 역사적으로 수많은 사람들이 찾았던 산. 근처에 陶淵明 고향, 白鹿洞誓願, 彭蠡湖(鄱陽湖), 長江 등이 있음. '五老峰(1358m)'은 廬山 동남쪽 다섯 바위산 봉우리. 李白의 〈望廬山五老峰〉에 "廬山東南五老峰, 靑天削出金芙蓉. 九江水色可攬結, 吾將此地巢雲松"이라 함. 그 아래 白石庵이 있으며 그곳 僧舍에서 李常이 공부하였음.

【公擇旣去, 而山中之人思之, 指其所居爲'李氏山房', 藏書凡九千餘卷】'旣去'는 이윽고 과거에 급제하여 그곳을 떠남.《宋史》에 "旣擢第, 留所抄書九千卷, 名舍曰李氏山房"이라 함.

【公擇旣已涉其流, 探其源, 採剝其華實, 而咀嚼其膏味, 以爲己有】'涉其流'는 많은 책을 통해 학문의 流派를 涉獵함. '探其源'은 여러 학문의 근원을 탐구함.《眞寶》注에 "文字組繪"라 함. '採剝其華實'은 학문들의 꽃과 열매를 채집하고 긁고 깎아 자신의 것으로 함. '咀嚼其膏味'는 학문의 기름진 맛을 씹어 먹음. 책을 온갖 시각에서 모두 읽고 공부하여 학문을 성장시켰음을 말함.

【發於文辭, 見於行事, 以聞名於當世矣, 而書顧自如也, 未嘗少損】'文辭'는《東坡集》에는 '文詞'로 되어 있음. '見於行事'는 행동과 사실에 드러남. '見'은 '현'으로 읽음. '書顧自如'는 책은 전혀 손상됨이 없이 그대로 있음. '顧'는《東坡集》에는 '固'로 되어 있음.

【將以遺來者, 供其無窮之求, 而各足其才分之所當得】'以遺來者'는 뒤에 그곳에 오는 자에게 남겨놓아 넘겨줌.《眞寶》注에 "應前"이라 함.

【是以不藏於家, 而藏於故所居之僧舍, 此仁者之心也】'故所居之僧舍'는《東坡集》에는 '其所居之僧舍'로 되어 있음.

【余旣衰且病, 無所用於世, 惟得數年之閑, 盡讀其所未見之書】 ‘得數年之閑’은 《東坡集》에는 ‘得數年之間’으로 되어 있음.

【而廬山, 固所願遊而不得者, 盖將老焉, 盡發公擇之藏, 拾其遺棄以自補, 庶有益乎】 ‘將老焉’은 앞으로 그곳에서 노년을 보내려 하였음. ‘拾其遺棄’는 《東坡集》에는 ‘拾其遺餘’로 되어 있음. ‘庶有益’은 아마 유익할 것이라 기대함. ‘庶’는 희망, 기대 등을 가볍게 표현할 때 쓰는 말. 《眞寶》注에 "東坡猶發此言, 我輩當如何哉!"라 함.

【而公擇求余文以爲記, 乃爲一言, 使來者知昔之君子見書之難, 而今之學者有書而不讀, 爲可惜也】 ‘以爲記’는 그 山房의 記로 삼음. ‘可惜’은 가히 안타깝게 여김. 《眞寶》注에 "結盡主意. ○按東坡〈與程全甫推官帖〉云: 「兒子到此, 抄得《唐書》一部, 又借得《前漢》一部, 欲抄」 若了此二書, 便是貧兒暴富也. 老拙, 亦欲爲此, 而目昏心疲, 不能自若, 故樂以此, 告壯者耳. 見尺牘觀此帖, 與此〈記〉所云, 可見前輩求書之勤, 苦類如此. 近年以來, 全史難得, 又有如東坡所云者矣. 讀此, 不勝其浩歎云"이라 함.

참고 및 관련 자료

1. 작자: 蘇軾(東坡, 子瞻) 091 참조.

2. 이 글은 《東坡全集》(36), 《唐宋八大家文鈔》(140), 《宋文鑑》(82), 《文章辨體彙選》(608), 《江西通志》(123), 《唐宋文醇》(44), 《文獻通考》(174), 《事文類聚》(別集 3), 《文編》(56), 《淵鑑類函》(194) 등에 실려 있음.

100. <喜雨亭記> ·················· 蘇子瞻(蘇軾)
희우정기

*<喜雨亭記>: 東坡가 28세 때인 宋 仁宗 嘉祐 6년(1061) 11월에 鳳翔府判官이라는
첫 버슬에 나섰는데 이듬해인 嘉祐 7년 봄, 가뭄이 들어 모두 큰 걱정을 하던
중 큰비가 내려 가뭄이 해소되었음. 그 무렵 동파는 휴식을 위해 정자를 짓고
있었는데 마침 단비가 내렸고 그때 짓던 정자가 완성되자 누대 이름을 '喜雨亭'
으로 짓고, 그 과정을 재미있게 표현한 것임.《古文集成》에 "張子韶云:「予聞陳
伯脩云:〈喜雨亭記〉, 自非具眼目者, 未易知也:迂齋批:蟬蛻汙濁之中, 蜉蝣塵埃之
外, 所謂以文謂戲者"라 하였고,《唐宋八大家文鈔》에는 "公之文, 好爲滑稽"라 하
여 장난기가 섞인 문장이라 하였음.
*《眞寶》注에 "迂齋云:蟬蛻汙濁之中, 浮游塵埃之表, 所謂以文爲戲者.」○東坡登
弟初, 任鳳翔府判官, 其年二十有八耳, 筆力已如此. 此篇與〈凌虛臺記〉, 皆官鳳翔
時所作, 眞天才也"라 함.

정자의 이름을 '雨'로 함은 기쁨을 기억하기 위한 것이다.

옛날에는 기쁜 일이 있으면 그것으로써 물건의 이름을 지어 잊지 않
을 것임을 표시하였다.

주공周公이 '禾'벼를 얻자 이로써 그 책이름을 〈가화嘉禾〉로 지었고,
한漢 무제武帝가 정鼎을 얻자 이로써 연호를 원정元鼎이라 하였으며, 숙
손득신叔孫得臣은 적과 싸워 승리하자 그 기념으로 자신의 아들 이름
을 교요僑如라 지었으니, 그 기쁨의 크고 작음은 똑같지 않지만 잊지 않
음을 표시한 것은 한가지로 같았던 것이다.

내가 부풍扶風에 도착한 이듬해 비로소 관사官舍를 수리하고 공당公堂
의 북쪽에 정자를 짓고, 그 남쪽에는 땅을 파서 못을 만들고 흐르는 물
을 끌어들여 나무를 심어 휴식의 장소로 삼았다.

이 해 봄 기산岐山의 남쪽에 보리가 비처럼 내린 일이 있어, 점을 쳤더니 풍년이 들 것이라 하였다.

그런데 이윽고 한 달이 넘도록 비가 내리지 않자 백성들은 바야흐로 근심으로 여기기 시작하였다.

사흘이 지난 을묘乙卯 날에 비가 내렸고, 갑자甲子 날에도 또 비가 내렸지만 백성들은 아직 풍족하지 못하다고 여겼는데, 정묘丁卯 날에 큰 비가 내려 사흘이나 이어지고서야 그쳤다.

그러자 관리들은 조정에서 서로 경축하였고, 상인들은 저자에서 서로 노래를 불렀으며, 농부들은 들에서 서로 손뼉을 쳤고, 근심하던 자는 즐겁게 여겼고, 병을 앓던 자는 기뻐하였는데, 나의 정자가 마침 완성되었던 것이다.

이에 정자에서 술을 들어 이로써 객들에게 권하면서 이렇게 고하였다.
"닷새 동안 비가 내리지 않아도 괜찮았을까요?"
그러자 그들이 말하였다.
"닷새 동안 더 비가 내리지 않았으면 보리가 없어졌을 겁니다."
"열흘 동안 더 비가 내리지 않았다면 어땠을까요?"
그들이 말하였다.
"열흘 동안 더 비가 내리지 않았으면 벼가 없어졌겠지요."
보리도 없고 벼도 없어져 해마다 기근까지 겹쳐진다면 옥송獄訟이 빈번하게 일어날 것이요, 도적이 자꾸 치열해질 것인데, 그렇게 되면 나와 우리 두셋이 비록 근심 없이 이 정자에서 즐기고자 한들 그렇게 할 수 있겠는가!

지금 하늘이 이 백성을 버리지 않아 처음에는 가물었다가 비를 내려주시어, 나와 두세 명으로 하여금 서로 걱정 없이 이 정자에서 즐겁게 놀 수 있도록 해 주는 것은, 모두가 비를 내려주었기 때문이니 어찌 가히 잊을 수 있겠는가?

이윽고 이로써 정자의 이름을 짓고, 다시 그에 따라 이렇게 노래를 지어 불렀다.

"하늘로 하여금 구슬을 비로 삼아 내려주도록 한다 해도,
추위에 떠는 자는 그것으로 저고리를 지어 입을 수 없고,
하늘로 하여금 옥을 비처럼 내려주도록 한다 해도,
배고픈 자는 그것으로 곡식을 삼을 수 없네.
한 번 시작된 비가 사흘을 이어졌으니,
이것이 누구의 힘이겠는가?
백성들이 태수의 힘이라 하지만,
태수는 이를 차지하지 않고,
이를 천자에게 공을 돌려주었으나,
천자는 그렇지 않다고 말씀하시면서,
이를 다시 조물주에게 돌려주었으나
조물주는 스스로 이를 공으로 여기지 않은 채,
다시 이를 태공太空에게 돌려주었네.
그러나 태공은 아득히 명명冥冥하여,
어떻게 해도 이름을 붙일 수가 없으니,
나는 이로써 내 정자의 이름을 지었도다."

亭以雨名, 志喜也.
古者, 有喜卽以名物, 示不忘也.
周公得禾, 以名其書; 漢武得鼎, 以名其年; 叔孫勝敵, 以名其子, 其喜之大小不齊, 其示不忘一也.

予至扶風之明年, 始治官舍, 爲亭於堂之北, 而鑿池其南, 引流種樹, 以爲休息之所.
是歲之春, 雨麥於岐山之陽, 其占爲有年.

旣而彌月不雨, 民方以爲憂.

越三日乙卯乃雨, 甲子又雨, 民以爲未足, 丁卯大雨, 三日乃止.

官吏相與慶於庭, 商賈相與歌於市, 農夫相與抃於野, 憂者以樂, 病者以喜, 而吾亭適成.

於是擧酒於亭上, 以屬客而告之曰:「五日不雨, 可乎?」

曰:「五日不雨, 則無麥.」

「十日不雨, 可乎?」

曰:「十日不雨, 則無禾.」

無麥無禾, 歲且荐饑, 獄訟繁興, 而盜賊滋熾, 則吾與二三子, 雖欲優游以樂於此亭, 其可得耶!

今天不遺斯民, 始旱而賜之以雨, 使吾與二三子, 得相與優游以樂於此亭者, 皆雨之賜也, 其又可忘耶?

旣以名亭, 又從而歌之, 曰:

「使天而雨珠, 寒者不得以爲襦;

使天而雨玉, 飢者不得以爲粟.

一雨三日, 伊(緊)誰之力?

民曰太守, 太守不有;

歸之天子, 天子曰不然;

歸之造物, 造物不自以爲功.

歸之太空, 太空冥冥.

不可得而名, 吾以名吾亭.」

【亭以雨名, 志喜也】'志喜'는 기쁨을 기록하여 잊지 않음.《眞寶》注에 "志, 猶誌也"라 함.

【古者, 有喜卽以名物, 示不忘也】옛날의 사례를 거론하기 위해 말한 것.《眞寶》注

에 "解志喜意"라 함.

【周公得禾, 以名其書】이는 周 成王(姬誦) 때 아우 唐叔이 각기 이삭이 서로 합쳐진 벼를 왕에게 바치자 이를 경사스러운 일이라 하여 周公(姬旦)이 〈嘉禾篇〉을 지음. 《尙書》嘉禾篇이 있으나 본문은 전하지 않고 〈序〉에 "周公旣得命禾, 旅天子之命, 作〈嘉禾〉"라 함. 《眞寶》注에 "作〈嘉禾〉"라 함.

【漢武得鼎, 以名其年】漢 武帝(劉徹)가 元狩 6년(B.C.117) 여름 汾陰의 后土祠堂에서 鼎이 출토되자 年號를 元鼎(B.C.116~B.C.111년)으로 고쳤음. 《史記》武帝本紀에 "五月, 返至甘泉. 有司言寶鼎出爲元鼎"이라 하였고, 《漢書》武帝紀에도 "元鼎元年夏五月, 赦天下, 大酺五日. 得鼎汾水上"이라 함. 《眞寶》注에 "得鼎汾水, 改元元鼎"이라 하였고, 《古文集成》에는 "文字不可無此等句"라 함.

【叔孫勝敵, 以名其子】叔孫勝敵以名其子】魯나라 叔孫得臣이 狄人 鄋瞞國의 군주 長狄(長翟)僑如를 사로잡자, 그 공을 기려 자신의 아들 宣伯의 이름을 僑如(叔孫僑如)라 하였음. 《左傳》文公 11년에 "冬十月甲午, 敗狄于鹹, 獲長狄僑如. 富父終甥椿其喉以戈, 殺之. 埋其首於子駒之門, 以命宣伯"이라 함. 《史記》魯世家에는 "十一年十月甲午, 魯敗翟于鹹, 獲長翟喬如, 富父終甥春其喉, 以戈殺之, 埋其首於子駒之門, 以命宣伯"이라 하여 '喬如'로 되어 있음. 《眞寶》注에 "《左》文十一年, 叔孫得臣獲長狄僑如, 以名子"라 함.

【其喜之大小不齊, 其示不忘一也】'不齊'는 똑같지는 않음. 《眞寶》注에 "照應密, 文法好"라 함.

【予至扶風之明年, 始治官舍, 爲亭於堂之北, 而鑿池其南, 引流種樹, 以爲休息之所】'予'는 《東坡集》에는 '余'로 되어 있음. '扶風'은 長安 서쪽의 縣. 鳳翔府에 속하였음. '鑿池'는 땅을 파서 못을 만듦.

【是歲之春, 雨麥於岐山之陽, 其占爲有年】'雨麥'은 하늘에서 보리가 비처럼 내려옴. '雨'는 動詞. 기이한 현상을 나라에 보고한 것. '岐山之陽'은 岐山의 남쪽. '其占爲有年'은 고대 기이한 현상이 나타나면 점을 쳤으며 이때의 점괘는 豐年이 들 것이라 한 것임. '有年'은 豐年을 뜻함.

【旣而彌月不雨, 民方以爲憂】'彌月'은 만 한 달.

【越三日乙卯乃雨, 甲子又雨, 民以爲未足, 丁卯大雨, 三日乃止】'越三日'은 '사흘이 넘어서'의 뜻. '甲子又雨' 다음에 《眞寶》注에 "書法"이라 하였고, 《古文集成》에는 "似《春秋》書法"이라 함.

【官吏相與慶於庭, 商賈相與歌於市, 農夫相與抃於野, 憂者以樂, 病者以喜, 而吾亭

適成】'商賈'(상고)는 상인. '商'은 行商, '賈'는 坐商을 뜻하는 말. '抃'은 손뼉을 치며 기뻐함. '適成'은 마침 그때 완성됨. '適'은 副詞.《眞寶》注에 "接得好"라 하였고,《古文集成》에는 "接得甚妙"라 함.

【於是舉酒於亭上, 以屬客而告之, 曰:「五日不雨, 可乎?」】'舉酒'는 축배를 듦. '屬客'은 손님에게 술을 권함. '屬'은 囑과 같음. '五日不雨'는 지금 비가 오지 않고 가뭄이 앞으로 닷새 더 지속됨.

【曰:「五日不雨, 則無麥.」】'無麥'은 보리가 없게 됨. 보리농사를 망치게 됨.

【「十日不雨, 可乎?」曰:「十日不雨, 則無禾.」】'無禾'는 벼가 없게 됨. 벼농사를 망치게 됨. '十日不雨'는 비가 오지 않은 채 가뭄이 열흘 더 지속됨.

【無麥無禾, 歲且荐饑, 獄訟繁興, 而盜賊滋熾, 則吾與二三子, 雖欲優游以樂於此亭, 其可得耶】'歲且荐饑'은 해마다 기근이 거듭됨. '荐'은 거듭됨, 겹쳐짐. '獄訟'은 소송. '滋熾'는 더욱 늘어나고 치열해짐. 더욱 성해짐. '優遊'는 한가롭게 노닒을 뜻하는 雙聲連綿語.

【今天不遺斯民, 始旱而賜之以雨, 使吾與二三子, 得相與優游以樂, 於此亭者, 皆雨之賜也, 其又可忘耶】'不遺斯民'은 이 백성을 遺棄하지 않음.

【旣以名亭, 又從而歌之, 曰】이윽고 정자 이름을 짓고 이어서 노래를 지어 부름. 아래는 노래 가사.

【使天而雨珠, 寒者不得以爲襦】'襦'는 짧은 속옷. 저고리. 구슬처럼 귀한 것을 내려준다 해도 추위에 떠는 자에게는 아무런 소용이 없음.

【使天而雨玉, 飢者不得以爲粟】옥을 내려준다 해도 그것을 곡식으로 삼을 수 없음. 비를 내려 곡식이 자라도록 함이 더 나음.

【一雨三日, 伊誰之力】'伊'는 《東坡集》 등에는 모두 '繄'(예)로 되어 있음. 둘 모두 雙聲互訓으로 發語辭에 해당하며 뜻은 없음.《眞寶》注에 "此句已包太守, 天子, 造物, 太空也"라 함.

【民曰太守, 太守不有】'太守'는 東坡가 모시고 있던 鳳翔府의 陳希亮을 가리킴. 〈凌虛臺記〉(098)의 注를 참조할 것. '不有'는 그러한 공을 자신의 것으로 가질 수 없다고 여김.

【歸之天子, 天子曰不然】그 공을 천자에게 귀속시키려 해도 천자가 아니라고 함.

【歸之造物, 造物不自以爲功】'造物'은 造物主. 만물의 창조자. 그 역시 자신의 공이라 하지 않음.

【歸之太空, 太空冥冥】'太空'은 하늘.《古文集成》과《眞寶》注에 "太空, 指天也"라

함. '冥冥'은 아득하고 까마득함.

【不可得而名, 吾以名吾亭】太空은 冥冥하여 이름을 지어줄 수가 없으니 대신 이 정자에게 그 이름을 붙여줌. 《古文集成》과 《眞寶》注에 "四者, 旣皆無所歸, 則歸之於亭名"이라 함.

참고 및 관련 자료

1. 작자: 蘇軾(東坡, 子瞻) 091 참조.

2. 이 글은 《東坡全集》(35), 《唐宋八大家文鈔》(141), 《崇古文訣》(24), 《古文集成》(8), 《續文章正宗》(13), 《文編》(56), 《文章辨體彙選》(599), 《唐宋文醇》(44), 《事文類聚》(全集 5) 등에 실려 있음.

101. <四菩薩閣記> ················ 蘇子瞻(蘇軾)
사보살각의 기문

*<四菩薩閣記>:蘇軾의 아버지 蘇洵이 그림을 좋아하여, 蘇軾이 마침 唐 玄宗 때의 화가 吳道子가 그린 네 쪽의 菩薩像 木板을 구하게 되자 이를 비싼 값으로 사서 드렸음. 소순이 죽은 뒤 소식은 가까운 승려 惟簡의 권유로 고인을 위해 그가 생전에 가장 소중히 여기던 소장품 중 하나였던 이 보살상들을 절에 施捨하도록 권하자, 이를 길이 보존할 방도를 서로 토론한 끝에 儒家의 도리로써 하기로 하고, '四菩薩閣'을 지어 蘇洵의 화상과 함께 모시게 되었음. 이에 소식이 그 유래와 내용을 글로 쓴 것임. 《唐宋八大家文鈔》에 "長公愛道子畫爲障, 而對惟簡語甚達"이라 함.

*《眞寶》 注에 "坡作僧家文字多矣. 今獨取此, 以後一半議論, 反覆之妙故也. 捨施不足信而其守畫之說, 愈轉愈妙, 吁! 吾之所以因此, 有所感者, 豈獨菩薩畫而已哉!"라 함.

　본래 나의 선군〔蘇洵〕께서는 물건에 대해 좋아하시는 바가 없어, 평소 생활이 마치 재계하듯이 사셨고 말씀과 웃음도 일정한 때가 있으셨다.

　그런데 생각해보니 일찍이 그림을 좋아하셔서서 제자와 문인들이 기쁘게 해드릴 것이 없으면, 그가 좋아하는 바를 다투어 갖다드려 한 번이라도 얼굴을 펴시기를 바랐다.

　그 때문에 비록 포의의 신분이셨지만 그림을 모으신 것은 공경公卿과 같을 정도였다.

　장안長安의 옛 장경감藏經龕은 당唐 명황제明皇帝가 세운 것으로서, 문이 사방으로 나 있었으며 여덟 쪽의 판자가 모두 오도자吳道子의 그림이었다.

　바깥은 보살菩薩을 그렸고, 안쪽은 천왕天王을 그려 모두 16구軀였다.

그런데 광명(廣明, 880) 때 황소黃巢의 난으로 도적들에게 불태워지자, 어떤 승려가 있어 그 이름은 잊혀졌지만 병화兵火 속에서 네 쪽의 판목을 뽑아 도망쳤으나 무거워 짊어질 수도 없고 또한 적들에게 쫓기고 있어, 능히 그 전부를 온전히 가져갈 수 없을 것이 두려워 판목 두 쪽씩에 구멍을 내어 짐으로 질 수 있도록 하여, 서쪽 기산현岐山縣으로 달아나 오아사烏牙寺의 승사僧舍에 의탁하다가 죽었는데, 판목이 여기에 머물게 된 것이 180년이나 되었다.

어떤 객이 이를 10만 전錢을 주고 구하여 나에게 보여주기에 나는 그가 부르는 값을 다 주고 이를 구입하여 선친께 갖다 드렸다.

선친께서 좋아하시는 소장품이 백여 가지가 넘었으나 하루아침에 이 네 개의 판목이 가장 으뜸이 되었다.

치평治平 4년(1067), 선친께서 경사京師에서 돌아가시자, 나는 변경汴京의 변하汴河로부터 회수淮水로 들어가 장강長江을 거슬러 올라가 이 네 쪽의 판목을 싣고 돌아왔다.

이윽고 상복을 벗자 일찍부터 왕래가 있던 승려 유간惟簡이란 자가 스승의 말씀을 소리 내 읽으며, 나에게 선군을 위하여 시사捨施를 하되, 반드시 심히 아끼던 것이면서 동시에 차마 버리기 아까워하는 것으로 해야 한다고 하였다.

나는 그의 말에 따라 생각해보았더니 아버지께서 심히 아끼셨고, 나로서도 버리기 아까운 것이란 이 목판보다 더한 것이 없었기에 드디어 그에게 주었던 것이다.

그리고 이렇게 고하였다.

"이는 명황제께서도 능히 지켜내지 못하여 난적에게 불에 탈 뻔한 것인데, 하물며 내가 지켜낼 수 있겠소? 내 보기에 천하에 이러한 것을 쌓아두고 있는 자가 많으나 능히 삼대를 지켜낸 자가 있었소? 처음 이를 구할 때는 구하지 못하면 어쩌나 하다가도 이미 얻은 다음에는 잃을까 두려워하였으나, 그 자손들이 이를 가지고 옷이나 먹을 것으로 바꾸지 않은 자가 적지요. 나도 스스로 헤아려보건대 이를 끝까지 지켜낼 수가 없소. 이 까닭으로 그대에게 주는 것이오. 그런데 그대는 앞으로 이를 어떻게 지켜낼 것이오?"

그러자 유간이 말하였다.

"내 몸으로 이것을 지켜내겠소. 내 눈이 멀게 되고, 내 발이 잘린다 해도 이 그림은 빼앗기지 않을 것이오. 이와 같이 하면 문제없이 지켜낼 수 있겠지요?"

내가 말하였다.

"아니오. 이는 그대가 죽을 때까지만 충분히 그렇게 할 수 있을 뿐이오."

유간이 말하였다.

"내 다시 부처님께 맹세하여 귀신이 지켜내도록 하겠소. 무릇 이것을 취하는 자와 이를 남에게 넘겨주는 자는 그 죄를 계율戒律에 있는 대로 할 것입니다. 이와 같이 하면 충분히 지켜낼 수 있겠지요?"

내가 말하였다.

"아니오. 세상에는 부처도 없다고 여기며 귀신까지도 멸시하는 자가 있소."

"그럼 어떻게 해야 된다는 것입니까?"

내가 말하였다.

"내가 이것을 그대에게 주는 것은 무릇 아버님을 위해 희사하는 것이오. 천하에 아버지 없는 자가 어찌 있을 수 있겠소? 그러니 그 누가 차마 이를 가져갈 수 있겠소? 만약 그가 이런 말을 듣고도 마음을 바르게 갖지 않은 채 한 번 보는 것으로 그치지 아니하고, 앞으로 반드시 취해 가진 다음에야 흔쾌히 여기겠다고 한다면, 그런 사람의 현우賢愚는 광명의 난 때 이를 불태웠던 자와 같은 부류일 거요. 그러한 자는 그 자손을 온전히 하기 어려울 것인데 하물며 이를 장구히 소유할 수 있겠소? 그리고 이것을 가질 수 없도록 하는 것은 그대에게 달려 있으나, 이것을 가지거나 가지지 못하는 것은 남에게 달려 있는 것이오. 그대는 힘쓰시오. 그대로서는 남이 가질 수 없게 할 수 있을 뿐이니 다른 일은 어찌 알 수 있겠소?”

이윽고 이를 유간에게 수자, 유간은 백만 전으로써 큰 각閣을 만들어 이를 보관하면서 아울러 아버님의 화상을 그 위에 그려 넣을 생각을 하였다.

나도 그 돈의 20분의 1을 보조하여 이듬해 겨울에 그 각을 완성하기로 기약하였다.

희녕熙寧 원년(1068) 10월 (26)일 기록함.

始吾先君, 於物無所好, 燕居如齋, 言笑有時.
顧嘗嗜畫, 弟子門人, 無以悅之, 則爭致其所嗜, 庶幾一解其顏.
故雖爲布衣, 而致畫與公卿等.

長安有故藏經龕, 唐明皇帝所建. 其門四達, 八板皆吳道子畫.
陽爲菩薩, 陰爲天王, 凡十有六軀.
廣明之亂, 爲賊所焚, 有僧忘其名, 於兵火中, 拔其四板以逃, 旣重不可負, 又迫於賊, 恐不能(皆)全, 遂竄其兩板以受荷, 西奔於岐, 而託(寄)死於烏牙之僧舍, 板留於是, 百八十年矣.
客有以錢十萬得之, 以示軾者, 軾歸其直而取之, 以獻諸先君.
先君之所嗜, 百有餘品, 一旦以是四板爲甲.

治平四年, 先君沒于京師, 軾自汴入淮, 泝于江, 載是四板以歸.
旣免喪, 所嘗與往來浮屠人惟簡, 誦其師之言, 敎軾爲先君捨施,必所甚愛, 與所不忍捨者.

軾用其說, 思先君之所甚愛, 軾之所不忍捨者, 莫若是板, 故遂以與之.

且告之曰:「此明皇帝之所不能守, 而焚於賊者也, 而況於余乎? 余視天下之蓄此者多矣, 有能及三世者乎? 其始求之, 若不及; 旣得, 惟恐失之, 而其子孫, 不以易衣食者, 鮮矣. 余(惟)自度不能長守此也, 是以予子. 子將何以守之?」

簡曰:「吾以身守之. 吾眼可瞳(瞠), 吾足可斷, 吾畫不可奪. 若是, 足以守之歟?」

軾曰:「未也. 足以終子之世而已.」

簡曰:「(吾)又盟於佛, 而以鬼守之. 凡取是者, 與凡以是予人者, 其罪如律. 若是, 足以守之歟?」

軾曰:「未也. 世有無佛而蔑鬼者.」

「然則何以守之?」

曰:「軾之以是予子者, 凡以爲先君捨也. 天下豈有無父之人歟? 其誰忍取之? 若其聞是而不悛, 不惟一觀而已, 將必取之然後爲快, 則其人之賢愚, 與廣明之焚此者一也. 全其子孫難矣, 而況能久有此乎? 且夫不可取者, 存乎子; 取不取者, 存乎人. 子勉之矣. 爲子之不可取者而已, 又何知焉?」

旣以予簡, 簡以錢百萬, 度爲(大)閣以藏之, 且畫先君像其上.

軾助錢二十之一, 期以明年冬閣成.

熙寧元年十月(二十六)日記.

【始吾先君, 於物無所好, 燕居如齋, 言笑有時】'先君'은 先親. 蘇軾의 아버지 蘇洵 (明允, 老泉). 《眞寶》注에 "老泉"이라 함. '燕居如齋'의 '燕居'는 평소의 생활. 《論

語》述而篇에 "子之燕居, 申申如也, 夭夭如也"라 함. 《眞寶》注에 "燕居, 謂平居"
라 함. '如齋'는 마치 齋戒하듯 근엄하게 지냄. '言笑有時'는 말하고 웃는 것 등이
일정한 때가 있음. 평소 행동이 절제되고 매우 근엄함을 말함. 《論語》憲問篇에
"子問公叔文子於公明賈曰:「信乎, 夫子不言, 不笑, 不取乎?」公明賈對曰:「以告者過
也. 夫子時然後言, 人不厭其言; 樂然後笑, 人不厭其笑; 義然後取, 人不厭其取.」子
曰:「其然? 豈其然乎?」"라 함.

【顧嘗嗜畫, 弟子門人, 無以悅之, 則爭致其所嗜, 庶幾一解其顔】'顧'는 '돌이켜보건
대, 그러나, 도리어' 등의 뜻으로 내용을 선환할 때 쓰는 발. '庶幾'는 바람, 희망
함. '一解其顔'은 한 번 그 얼굴을 폄. 근엄함을 깨뜨리게 할 수 있음.

【故雖爲布衣, 而致畫與公卿等】布衣의 신분이지만 그림에 대한 기호는 公卿의 신
분과 같을 정도임.

【長安有故藏經龕, 唐明皇帝所建. 其門四達, 八板皆吳道子畫】'長安'은 과거 唐나
라 때의 수도. 오늘의 陝西 西安 長安市. '藏經龕'(장경감)은 佛經을 보관하여 소
장하는 龕室. '明皇帝'는 唐 玄宗(李隆基). 盛唐 때의 군주로 楊貴妃와의 고사 및
安史의 난, 李白, 杜甫 등 매우 많은 역사적 사건을 겪은 황제. '四達'은 四闥과
같음. 사방의 문. '八板'은 문은 두 개의 木板으로 되어 있어 四闥의 門은 모두 여
덟 쪽의 목판임. '吳道子'의 이름은 道玄. 자는 道子(약 680~759년), 唐나라 때 유
명한 화가로 畫聖이라 불리기도 하였음. 陽翟(지금의 河南 禹州) 출신. 벼슬은 兗
州 瑕丘縣尉를 지냈으나 곧바로 사직하고 洛陽을 떠돌며 남의 벽화를 그려주는
일을 하다가 開元 연간에 궁중에 불려 들어가 활동함. 그 때 張旭, 賀知章으로
부터 글씨를 배워 글씨와 그림 모두에 통달하게 됨. 그는 佛畫, 神鬼, 人物, 山水,
鳥獸, 草木, 樓閣 등에 모두 뛰어났으며 특히 불화의 벽화에 많은 작품을 남김.
《宣和畫譜》,《太平廣記》,《歷代名畫記》 등에 그에 관한 기록이 있음. 《眞寶》注에
"道子, 唐之善畫者, 極有名"이라 함.

【陽爲菩薩, 陰爲天王, 凡十有六軀】'陽'은 겉. '菩薩'은 梵語로 正士를 뜻하며 佛敎
를 독실히 믿는 사람을 통칭하는 말로도 쓰임. '陰'은 뒤쪽. 안쪽. '天王'은 四天
王. 須彌山 중턱 犍陀羅山의 네 봉우리에 있으면서 人世의 四方을 지켜주는 역
할을 맡고 있다 함. '軀'는 畫象을 세는 단위.

【廣明之亂, 爲賊所焚】'廣明之亂'의 廣明은 唐 僖宗(李儇)의 연호로 단 1년간(880)
이었음. 이 해에 黃巢의 난이 일어났으며 이를 廣明之亂이라 함. 《眞寶》注에 "廣
明, 僖宗年號. 時黃巢亂"이라 함.

【有僧忘其名, 於兵火中, 拔其四板以逃, 既重不可負, 又迫於賊, 恐不能(皆)全】 '有僧忘其名'은 어떤 승려. 그 이름은 잊혀져 알 수 없음. '恐不能皆全'은 모두를 온전히 지켜낼 수 없을 것이라 두려워함. 《東坡集》에는 '恐不能全'으로 되어 있음.

【遂竅其兩板以受荷, 西奔於岐, 而託(寄)死於烏牙之僧舍, 板留於是, 百八十年矣】 '竅'는 구멍을 뚫음. '受荷'는 짐으로 질 수 있게 함. '岐'는 지금의 陝西 岐山縣 동북쪽. '託死'는 죽음을 기탁함. 거기에 몸을 의탁하고 삶. 《東坡集》에는 '寄死'로 되어 있음. '烏牙'는 烏牙寺. 그곳의 절 이름.

【客有以錢十萬得之, 以示軾者, 軾歸其直而取之, 以獻諸先君】 '歸其直'은 그 값을 곧바로 줌. '直'는 値와 같음. 《眞寶》注에 "直, 猶價也"라 함. '以獻諸先君'은 이를 선친 蘇洵에게 드림. 《眞寶》注에 "先君, 指蘇洵"이라 함. '諸'(저)는 '之於', '之乎', '之于'의 合音字.

【先君之所嗜, 百有餘品, 一旦以是四板爲甲】 '爲甲'은 가장 귀중한 것으로 여김. 《眞寶》注에 "可想其妙"라 함.

【治平四年, 先君沒于京師, 軾自汴入淮, 泝于江, 載是四板以歸】 '治平'은 宋 英宗(趙曙)의 연호. 그 4년은 1067. 《眞寶》注에 "英宗朝, 丁卯歲"라 함. 蘇洵은 治平 3년 4월에 죽어, 蘇軾이 고향 四川 眉山으로 시신을 모셔 治喪함. 따라서 治平 4년은 오류임. 《眞寶》注에 "按宮師公, 以治平三年丙午四月卒于京師. 子瞻卽護喪歸葬, 熙寧元年戊申七月, 除喪, 是冬公出蜀, 此云'治平四年', 恐誤"라 함. '京師'는 汴京. '汴'은 汴京이며 동시에 그곳에 흐르는 汴河. 지금의 河南 開封. 北宋 때의 서울임. '淮'는 淮水. 安徽, 江蘇 북부를 거쳐 바다로 흘러들어감. '泝于江'은 長江을 거슬러 올라감. 蘇軾은 歸葬하려고 물길을 따라 淮水로 나와 다시 바다를 거쳐 長江을 거슬러 올라가 四川으로 갔던 것임.

【既免喪, 所嘗與往來浮屠人惟簡, 誦其師之言, 敎軾爲先君捨施, 必所甚愛, 與所不忍捨者】 '浮屠'는 梵語로 'Budda'(佛陀)의 여러 역음 중 하나. 불교의 승려를 뜻함. 《眞寶》注에 "浮屠, 僧也"라 함. '惟簡'은 승려 이름. '捨施'는 부처께 시주를 함. '不忍捨者'는 차마 버리기 아까운 것.

【軾用其說, 思先君之所甚愛, 軾之所不忍捨者, 莫若是板, 故遂以與之】 그의 논리에 따라 아버지가 가장 아끼던 것이며, 동시에 자신이 차마 버리기 아까워하는 것인 그 板을 주기로 함.

【且告之曰】 이하는 그 板을 영원히 보존하기 위한 방법에 대한 토론임.

【此明皇帝之所不能守, 而焚於賊者也, 而況於余乎! 余視天下之蓄此者多矣, 有能及

三世者乎}'玄宗 같은 천자도 지켜내지 못하였는데 내가 어찌 지켜낼 수 있겠는 가?'의 뜻.

【其始求之, 若不及;旣得, 惟恐失之, 而其子孫, 不以易衣食者, 鮮矣}'若不及'은 미 치지 못하는 듯이 함. '惟恐失之'는 잃을까 걱정함. 《論語》泰伯篇에 "子曰:「學如 不及, 猶恐失之.」"라 함.

【余(惟)自度不能長守此也, 是以予子. 子將何以守之}'余自度'(여자탁)은 《東坡集》에 는 '余惟自度'으로 되어 있음. '내가 생각해보건대'의 뜻.

【簡曰:「吾以身守之. 吾眼可矐(霍), 吾足可斮, 吾畫不可奪. 若是, 足以守之歟?」}'矐' (학)은 '눈이 멀다'의 뜻. 《東坡集》에는 '霍'으로 되어 있음. '斮'(착)은 斫, 斲과 같으 며 '베다, 자르다'의 뜻.

【軾曰:「未也. 足以終子之世而已.」}'終子之世'는 그대 평생이 끝나도록. 그대의 평 생 동안.

【簡曰:「(吾)又盟於佛, 而以鬼守之. 凡取是者, 與凡以是予人者, 其罪如律. 若是, 足以 守之歟?」}'又盟於佛'은 《東坡集》에는 '吾又盟於佛'로 되어 있음. '如律'은 율법대 로 함. 율법에 따라 엄벌을 당할 것임을 말함.

【軾曰:「未也. 世有無佛而蔑鬼者.」}세상에는 부처의 존재를 불신하며 귀신도 멸시 하는 자가 있음. 부처나 귀신 따위를 인정하지 않고 두려워하지도 않는 자가 있음.

【「然則何以守之?」}승려 惟簡이 東坡에게 보존방법을 되물은 것. 《眞寶》注에 "此 句乃簡之問"이라 함.

【曰:「軾之以是予子者, 凡以爲先君捨也. 天下豈有無父之人歟? 其誰忍取之?」}儒家 의 도리를 내세워 그 판이 보존될 것임을 기대한 것. 《眞寶》注에 "尤妙"라 함.

【若其聞是而不悛, 不惟一觀而已, 將必取之然後爲快, 則其人之賢愚, 與廣明之焚 此者一也}'不悛'은 자신의 과오를 고치지 않음. '悛'(전)은 改悛의 뜻.

【全其子孫難矣, 而況能久有此乎? 且夫不可取者, 存乎子;取不取者, 存乎人}'況能久 有此乎?' 다음에 《眞寶》注에 "絶妙子孫二字, 愚意易以軀字如何, 同志幸商之"라 함. '存乎子'는 그대에게 간직되어 있음. '存乎人'은 그것을 가져가고 가져가지 않 고 하는 것은 남에게 있음. 그대의 책임이 아님.

【子勉之矣. 爲子之不可取者而已, 又何知焉}'不可取者而已'는 가히 가져갈 수 없도 록 하는 것일 뿐임. 《眞寶》注에 "添此一轉, 毫髮無遺恨矣"라 함.

【旣以予簡, 簡以錢百萬, 度爲(大)閣以藏之, 且畫先君像其上}'度爲閣以藏之'는 閣 을 만들어 거기에 보관할 생각을 함. '閣'은 《東坡集》에는 '大閣'으로 되어 있음.

【軾助錢二十之一, 期以明年冬閣成】‘二十之一’은 東坡 자신도 20분의 1을 내기로 함.
【熙寧元年十月(二十六)日記】‘熙寧’는 宋 神宗(趙頊)의 첫 연호(1068–1077). 원년은
1068.《東坡集》에는 ‘十月’ 다음에 ‘二十六’의 3자가 더 있어 날짜까지 정확히 밝
히고 있음.《眞寶》注에 “戊申歲, 坡年三十三. ○按歐陽公有〈菱溪大石記〉: 意度與
此記頗相似. 不知坡公見知而作此也! 抑暗合也. 學者於歐記, 亦當取而參之云”이
라 하여 歐陽修의 〈菱溪大石記〉와 類似하다 하였음.

> 참고 및 관련 자료

1. 작자: 蘇軾(東坡, 子瞻) 091 참조.
2. 이 글은 《東坡全集》(35),《唐宋八大家文鈔》(141),《蜀中廣記》(105),《成都文類》
(38),《全蜀藝文志》(38),《文章辨體彙選》(591) 등에 실려 있음.

102. <田表聖奏議序> .... 蘇子瞻(蘇軾)
전표성주의에 대한 서문

*<田表聖奏議序>:宋 太宗과 眞宗 때 言官(諫議大夫)으로 활약했던 田錫이 임금
에게 올렸던 글을 모은 <田表聖奏議>에 東坡가 序文으로 쓴 것임. 田錫은 자가
表聖이며 《咸平集》(50권. 《宋史》藝文志에는 《田錫集》으로 뇌어 있음)을 남겼음.
《宋史》(293)에 傳이 있음. 《宋史》藝文志에는 《三朝奏議》(5권) 및 《唐明皇制誥後
集》(100권) 등이 저록되어 있으며, 《咸平集》에 이 문장이 <原序>로 되어 있음.
《文獻通考》(234)에 "田表聖《咸平集》五十卷. 鼂氏曰:「宋朝田錫, 字表聖. 其先京兆
人. 唐末徙於蜀, 國初與胡旦, 何士宗齊名. 中興國三年進士第, 歷相臺, 桐廬, 淮陽,
海陵四郡守, 知制誥. 終於諫議大夫. 范仲淹, 司馬光讀其書, 皆稱其直諒. 蘇軾亦
以比賈誼云.」陳氏曰:「首卷有奏議十二篇, 即東坡所序. 錫之子孫, 無顯者. 端平初,
游侶爲成都, 漕奏言朝廷, 方用端拱. 咸平之舊紀元, 而臣之部内, 乃有端拱. 咸平
之直臣, 宜褒表之以示勸. 願下有司議, 諡博士, 徐清叟議諡曰獻翼. 今漢嘉田氏子
孫不知在亡, 而文集版之在州者, 亦燬於兵燼矣"라 하였고, 《宋大事記講義》(7)에
는 "咸平六年十二月, 田錫卒. 出處二十年, 未嘗趨權貴之門. 上見錫色必莊, 嘗目之
曰:「此吾之汲黯也.」"라 함. 한편 《唐宋八大家文鈔》에는 "不爲巉刻之言, 而文自達"
이라 함.
*《眞寶》注에 "意深切, 文縝密, 事的當, 冠冕佩玉之文也"라 함.

고故 간의대부諫議大夫이며 사도司徒로 추증된 전표성(田表聖, 田錫) 공
의 주의奏議 10편篇.

오호라! 전공田公은 옛 유풍에 따라 곧은 도리를 지키신 분이다.

그가 하고 싶은 말을 거리낌 없이 다한 것은, 대체로 그와 상대가 되
는 그 이하의 사람이라도 능히 참아낼 수 없는 자가 있었을 터인데 하
물며 임금이야 어떠하였겠는가?

나는 이로써 태종太宗과 인종仁宗 두 임금이 성군聖君이셨음을 알겠
노라.

태평흥국太平興國 이래로 함평咸平 연간에 이르기까지는 가히 천하가 크게 잘 다스려져 천 년에 한 번 있을 시기라 할 수 있다.

그런데도 진공의 말은 언제나 예측할 수 없는 우환이 있으며 가까이는 조석朝夕 사이에 곧 있을 것처럼 말하였으니 어째서였는가?

옛날 군자는 반드시 치세治世일수록 걱정하였고 명석한 임금일수록 위태롭게 여겼으니, 명석한 군주는 남보다 뛰어난 자질을 가졌기 때문이며, 치세일수록 두려워할 것에 대한 방비가 없기 때문이었다.

무릇 남보다 뛰어난 자질을 가지게 되면 틀림없이 그 신하를 가볍게 여기게 되고, 두려워할 것에 대한 방비를 갖추지 않고 있으면 반드시 그 백성들을 쉽게 여기게 되는 것이니, 이것이 군자가 심히 두려워한 것이다.

바야흐로 한漢 문제文帝 때는 형벌을 버려둔 채 사용하지 않았고 무력도 시험해 볼 필요가 없었지만 가의賈誼는 "천하에는 길게 탄식할 일들도 있고, 가히 눈물을 흘릴 일들이 있으며, 가히 통곡할 일들이 있다"라고 하였다.

후세 사람들은 이로써 한 문제를 작게 여기지 않았고, 가의에 대해서도 심하다 여기지 않았다.

이로써 보건대 군자는 치세를 만나 명석한 군주를 모시고 있을 때는, 모시는 방법이 마땅히 이와 같아야 하는 것이다.

가의는 비록 때를 만나지는 못하였지만 그가 말한 바는 이윽고 대략은 시행되었으나 불행하게도 일찍 세상을 뜨는 바람에, 그의 공업(功業, 功烈)은 그 당시에는 세상에 드러나지 못하였다.

그러나 가의가 일찍이 건의했던 말은 제후들과 왕손으로 하여금 저마다 그 땅을 순서에 따라 분배받도록 하는 것이었는데, 문제는 미처 그의 건의를 채용하지 못하다가, 경제景帝를 거쳐 무제武帝 때 이르러 주보언

主父偃이 이를 실행하여 한나라 왕실은 이로써 안정되었던 것이다.

지금 공의 건의는 열 가지 중에 대여섯 가지도 아직 채용되지 않았으나, 후세에 어찌 주보언과 같은 이가 있어 이를 실행에 옮기게 될 수 없다고 여기겠는가?

원컨대 그의 글을 세상에 널리 펴게 되면 틀림없이 공의 뜻과 합치되는 이가 있을 터이니, 이 또한 충신과 효자의 뜻일 것이다.

故諫議大夫贈司徒田公表聖, 奏議十篇.

嗚呼! 田公古之遺直也.

其盡言不諱, 蓋自敵以下受之, 有不能堪者, 而況於人主乎?

吾以是知二宗之聖也.

自太平興國以來, 至于咸平, 可謂天下大治, 千載一時矣.

而田公之言, 常若有不測之憂, 近在朝夕者, 何哉?

古之君子, 必憂治世而危明主, 明主有絶人之資, 而治世無可畏之防.

夫有絶人之資, 必輕其臣; 無可畏之防, 必易其民, 此君子之所甚懼者也.

方漢文時, 刑措不用, 兵革不試, 而賈誼之言曰:「天下有可長太息者, 有可流涕者, 有可痛哭者.」

後世不以是少漢文, 亦不以是甚賈誼.

由此觀之, 君子之遇治世而事明主, 法當如是也.

誼雖不遇, 而其所言, 略已施行, 不幸早世, 功業(烈)不著於時.

然誼嘗建言, 使諸侯王子孫, 各以次受分地, 文帝未及用, 歷孝景至武帝, 而主父偃擧行之, 漢受(室)以安.

今公之言, 十未用五六也, 安知來世不有若偃者, 擧而行之歟?
願廣其書於世, 必有與公合者, 此亦忠臣孝子之志也.

【故諫議大夫贈司徒田公表聖, 奏議十篇】'故諫議大夫'의 '故'는 일찍이 그러한 벼
슬을 지냈던 사람 앞에 붙이는 말. '贈司徒'의 '贈'은 죽은 뒤 追贈된 벼슬. '司徒'
는 三公의 하나. '田公表聖'은 田錫. 字는 表聖. 宋 太宗과 眞宗 때 諫議大夫, 史
館修撰 등을 지냈으며, 直言으로 널리 알려진 인물.《宋史》(293)에 傳이 있음. '奏
議'는 임금에게 의견을 아룀. 이상은《咸平集》에 실려 있는 제목〈奏議十篇〉을
말하며, 동시에《咸平集》전체의 序文으로 대신한 것임.

【嗚呼! 田公古之遺直也】'遺直'은 옛사람의 遺風에 따라 直道를 지켜낸 사람.《宋
史》田錫傳에 "上覽之惻然, 謂宰相李沆曰:「田錫, 直臣也. 朝廷少有闕失, 方在思
慮, 錫之章奏已至矣. 若此諫官, 亦不可得.」"이라 함.

【其盡言不諱, 盖自敵以下受之, 有不能堪者, 而況於人主乎】'盡言不諱'는 거리낌 없
이 할 말을 다함. '敵以下受之'는 '그와 對敵하는 그 이하의 사람들이 이런 경우
를 당하면'의 뜻. '不能堪'은 감당해내지 못함. 그의 직언에 곧바로 맞대응을 하
게 됨.

【吾以是知二宗之聖也】'二宗'은 그가 모셨던 宋 太宗과 眞宗.《眞寶》注에 "太宗,
眞宗, 入得好"라 함.

【自太平興國以來, 至于咸平, 可謂天下大治, 千載一時矣】'太平興國'은 宋 2대 황제
太宗(趙光義)의 첫 연호. 976-983년까지 8년간. '咸平'은 宋 3대 임금 眞宗(趙恒)의
첫 연호. 998-1003년까지 6년간. '千載一時'는 천 년에 한 때. 극히 만나기 어려운
기간임을 뜻함.

【而田公之言, 常若有不測之憂, 近在朝夕者, 何哉】'不測之憂'은 예측할 수 없는 우
환.《宋史》田錫傳에 "《御屛風序》曰:「古之帝王, 盤盂皆銘, 幾杖有戒, 蓋起居必睹,
而夙夜不忘也. 湯之《盤銘》曰:'苟日新, 日日新, 又日新.' 武王銘於幾杖曰:'安不忘危,
存不忘亡, 熟惟二者, 後必無凶.' 唐黃門侍郞趙智爲高宗講《孝經》, 擧其要切者言之
曰:'天子有爭臣七人, 雖無道不失其天下.'」라 함. '近在朝夕者'는 코앞에 있음.

【古之君子, 必憂治世而危明主, 明主有絶人之資, 而治世無可畏之防】'憂治世而危明
主'는 治世임에도 걱정하여 明主에게 늘 위험이 있을 것임을 警覺시킴. '絶人之
資'는 남보다 훨씬 앞선 훌륭한 자질. 明君을 말함. '可畏之防'은 가히 두려워할

일에 대한 방비. 반드시 방비를 해두어야 할 두려운 일.

【夫有絶人之資, 必輕其臣;無可畏之防, 必易其民, 此君子之所甚懼者也】'輕其臣'은
그 신하를 가볍게 여김. '易其民'은 그 백성들을 쉽게 여김.《眞寶》注에 "鎖得妙,
陳君學論, 多法此"라 함.

【方漢文時, 刑措不用, 兵革不試】'漢文'은 漢나라 3대 황제 文帝(劉恒). 漢 高祖(劉
邦)의 아들로 惠帝(劉盈)를 이어 제위에 오른 다음 漢帝國의 기초를 다진 임금.
B.C.179~B.C.157년까지 23년간 재위하였으며 뒤를 이은 景帝(劉啓) 때와 합하여
'文景之治'를 이룸. '刑措不用'의 '措'는 置와 같음. 형벌은 버려두고 쓰지 않음. 漢
文帝는 특히 肉刑을 없앤 일로 널리 알려짐. '兵革不試'는 文帝와 景帝 때에는 內
憂外患이 없어 전쟁을 겪지 않음으로 해서 무력을 시험해 볼 경우도 없었음.

【而賈誼之言曰:「天下有可長太息者, 有可流涕者, 有可痛哭者.」】'賈誼'(B.C.200~B.
C.168)는 漢나라 때 賦에 뛰어났던 文學家이며 文帝로부터 미움을 사서 長沙王
太傅로 좌천되어 가던 중〈弔屈原賦〉를 지었으며 그 외〈鵬鳥賦〉등이 유명함.
《史記》(084) 屈原賈生列傳 및《漢書》(048) 賈誼傳 및 본《眞寶》의〈過秦論〉(005)
과〈弔屈原賦〉(006)를 참조할 것. 引用文은《賈誼新書》(賈子) 數寧篇(事勢)에 "臣
竊惟事勢, 可爲痛惜者一, 可爲流涕二, 可爲長大息者六"이라 하여 '통탄하며 애석
히 여길 일이 한 가지, 눈물 흘릴 일이 두 가지, 길게 탄식할 일이 여섯 가지'라
고 하여 그 내용을 자세히 싣고 있음. 모두 평온할 때 위험을 대비하고 있어야
함을 강조한 것. 그중 종실 제후들의 世襲은 세력 확장으로 조정에 위험이 될 것
임을 건의한 내용이 있음.

【後世不以是少漢文, 亦不以是甚賈誼】漢文帝가 賈誼로 하여금 마음놓고 건의하도
록 한 것은 임금으로서 度量이 있었기 때문이며, 賈誼가 이에 따라 심하게 정책
을 비판했으나 그 또한 지나친 것이 아님을 말함.

【由此觀之, 君子之遇治世而事明主, 法當如是也】'遇治世而事明主'는 治世를 만났
고 게다가 明哲한 군주를 모시고 있는, 아주 유리한 조건을 말함. '法當如是'는
방법이 마땅히 이와 같아야 함.

【誼雖不遇, 而其所言, 略已施行, 不幸早世, 功業(烈)不著於時】'略已施行'은 대략은
이미 시행되었음. '功業'은《東坡集》등에는 '功烈'로 되어 있음.

【然誼嘗建言, 使諸侯王子孫, 各以次受分地】'以次受分地'는 차례로 땅을 나누어
받음. 고대 諸侯나 王孫의 封地는 宗法制에 의해 嫡長子에게만 대대로 세습되었
음. 賈誼는 이런 제도는 왕실을 약화할 위험이 있다고 여겨, 봉지와 재산을 모든

아들들에게 순서에 따라 분할하여 적장자의 확장이나 독점을 막아야 한다고 주장하였음. 뒤에 이 제도가 시행되어 王室의 통치권이 강화되었음.

【文帝未及用, 歷孝景至武帝, 而主父偃擧行之, 漢受(室)以安】'武帝'는 西漢 極盛期의 君主. 景帝의 아들이며 이름은 劉徹. B.C.140-B.C.87년 재위. '主父偃'은 漢 武帝 때 학자이며 政論家. 長短從橫術과 《易》,《春秋》 및 諸子學術에 두루 뛰어났었음. 《史記》(112)에 傳이 있음. 그는 諸侯 弱化 정책을 건의하여 실행하였음. 《史記》景帝本紀 司馬遷 贊에 "太史公曰: 漢興, 孝文施大德, 天下懷安, 至孝景, 不復憂異姓, 而晁錯刻削諸侯, 遂使七國俱起, 合從而西鄕, 以諸侯太盛, 而錯爲之不以漸也. 及主父偃言之, 而諸侯以弱, 卒以安. 安危之機, 豈不以謀哉?"라 함. 한편 〈主父偃傳〉에는 "偃說上曰:「古者, 諸侯不過百里, 彊弱之形易制. 今諸侯或連城數十, 地方千里, 緩則驕奢易爲淫亂, 急則阻其彊而合從以逆京師. 今以法割削之, 則逆節萌起, 前日晁錯是也. 今諸侯子弟或十數, 而適嗣代立, 餘雖骨肉, 無尺寸地封, 則仁孝之道不宣. 願陛下令諸侯得推恩分子弟, 以地侯之. 彼人人喜得所願, 上以德施, 實分其國, 不削而稍弱矣.」於是上從其計"라 하여 武帝에게 건의하여 실행된 내용이 들어 있음. '漢受以安'은 《東坡集》 등에는 '漢室以安'이라 하여 뜻이 훨씬 명확하여 이에 따라 풀이함. 《眞寶》 注에 "此意於田公奏議, 傳世尤切, 先後著高"라 함.

【今公之言, 十未用五六也, 安知來世不有若偃者, 擧而行之歟】뒤에 主父偃과 같은 이가 나와 田錫이 제시한 정책들이 시행하게 될 것임을 기대한 것.

【願廣其書於世, 必有與公合者, 此亦忠臣孝子之志也】'廣其書於世'는 그의 〈奏議十篇〉이 실려 있는 이 《咸平集》이 세상에 널리 퍼지기를 바란 것. 《眞寶》 注에 "字數不多, 而議論關涉大"라 함.

참고 및 관련 자료

1. 작자: 蘇軾(東坡, 子瞻) 091 참조.

2. 이 글은 《東坡全集》(34), 《咸平集》(序), 《唐宋八大家文鈔》(139), 《宋文鑑》(89), 《文編》(52), 《資治通鑑後編》(23), 《文獻通考》(234), 《宋大事記講義》(7), 《文章辨體彙選》(311) 등에 실려 있음.

103. <錢塘勤上人詩集序> ················· 蘇子瞻(蘇軾)
전당 근상인시집 서문

＊〈錢塘勤上人詩集序〉: '錢塘'은 浙江 杭州의 옛 지명. 秦나라가 천하를 통일한 뒤 靈隱山 근처에 錢塘縣을 설치하고 會稽郡에 예속시켰음. 그 뒤 隋나라 開皇 9년(589)에 그것을 "杭州"라 불러 현재에 이름. 근처를 흐르는 浙江 또한 고내에는 錢塘江(富春江)이라 불렀음. '勤上人'은 杭州 西湖 근처에서 수도하던 승려 惠勤. '上人'은 唐宋시대 승려를 높이 부르던 칭호. 승려 惠勤은 歐陽修와 交遊하여 인정받았으며 끝까지 그에 대한 공경심을 잃지 않았음. 한편 東坡가 杭州判官이 되어 가는 길에 汝陰에서 歐陽修를 뵙자 "그곳에 가서 인물을 찾고자 하면 혜근을 만나보라"라고 권함. 이에 東坡는 赴任한 지 3일 뒤 즉시 惠勤과 惠思를 만나보고 〈臘日游孤山訪惠勤惠思二僧〉이라는 시를 짓기도 하였음. 《唐宋詩醇》(33)에 "施元之曰: 惠勤, 餘杭人. 東坡通守錢塘, 見歐陽文忠公於汝陰而南, 公曰:「西湖僧惠勤, 甚文而長於詩. 子求人於湖山間, 而不可得, 則往從勤乎!」東坡到官三日, 訪勤於孤山之下, 遂賦此詩"라 함. 뒤에 東坡가 密州知事(지금의 山東 諸城)로 옮겨가게 되자 惠勤은 자신의 시를 보여주며 序文을 부탁함. 이에 東坡가 그의 사람 됨됨이를 述懷하는 것으로 序文을 대신하여 써 준 것임. '序'는 《東坡集》에는 '敘'로 되어 있음. 《唐宋八大家文鈔》에 "勤上人之詩, 必不足傳而長, 公却於歐公之交, 上作一烟波議論"이라 함.

＊《眞寶》注에 "西湖僧惠勤長於詩, 見知於歐陽公. 公嘗作〈山中樂〉三章贈之. 熙寧四年, 坡公通判杭州, 見公於汝陰之南. 公謂坡曰:「子求人於湖山間, 而不可得, 則往從勤乎!」坡到官三日, 卽訪之. 明年歐公卒, 坡哭之於勤舍七年. 坡除知密州, 勤以其詩求序, 此序前一大截, 全不及勤, 末漸漸引上, 以勤之生死不忘公, 而知其能不負公;而勤之不負公, 而魁士之負公者, 乃是先有末後一段意思, 而遂立前一段議論也. 若其詩則不甚言之前人之賢, 如此, 詩不言可知矣. 甚文而長於詩, 又見於〈六一泉銘〉云"이라 함.

  옛날 적공翟公이 정위廷尉 직책에서 파직되자, 빈객들이 한 사람도 찾아오는 자가 없었다.

그 뒤 다시 복직되어 손님들이 찾아오려 하자, 적공은 그 집 대문에 크게 "한 번 죽고 한 번 살아나 봐야 사귐의 정을 알 수 있고, 한 번 가난해졌다가 한 번 부유해져 봐야 사귐의 태도를 알 수 있으며, 한 번 귀해졌다가 한 번 천해져 봐야 사귐의 정이 드러난다"라고 써 붙여 세간의 이야깃거리가 되었다.

그러나 나는 일찍이 그의 사람됨을 천박하게 여겨 "그를 찾아오는 손님들이 비루하였거나 적공이 손님을 대접함이 유독 옹졸해서 그렇지 않았겠는가?"라고 여겼었다.

옛 태자태사太子太師를 지내신 구양공歐陽公께서 선비를 좋아함은 천하에 제일이어서, 선비 중에 한 마디라도 도道에 맞는 말을 하는 자가 있으면 천리를 멀다 하지 아니하고 찾아가 선비들이 공을 찾는 것보다 훨씬 심하게 하셨다.

이 까닭으로 천하의 호걸들을 모두 불러들여, 용렬한 보통 사람의 신분이었건만 그를 통해 세상에 현달한 자가 참으로 많았다.

그런데도 선비들 중에는 때때로 공을 저버린 자가 역시 있었다.

그래서 공께서는 일찍이 개연慨然히 크게 탄식하며 사람을 알기 어렵다는 것으로써 선비를 좋아하는 자의 경계로 삼기도 하였다.

생각건대 공께서 선비에 대하여 이로부터 조금씩 싫증을 느끼리라 여겼었는데, 그가 영수潁水 가로 물러나 노년을 보내실 때 내가 찾아가 뵈었더니, 오히려 선비의 어진 자를 논함에는 오직 그러한 자가 세상에 알려지지 않을까 하는 걱정을 하고 계셨다.

심지어 자신을 저버린 자에 대해서라면 "이는 죄가 나에게 있지 그의 허물이 아니다"라고 하셨다.

적공의 빈객들은 적공에게 사생死生과 귀천貴賤의 사이에서 배신하였지만, 구양공의 선비들은 순식瞬息과 아경俄頃 사이에서 공을 배신한 것이었다.

그런데 적공은 그 죄를 손님에게 씌웠지만, 구양공은 자신에게 죄를 씌우면서 선비에게 더욱 후하게 하셨으니 옛사람보다 현명하심이 훨씬 원대했던 것이다.

공께서는 불교와 노자를 좋아하지 않아 그를 따르는 무리들로서 시서詩書를 공부하고, 인의仁義의 논리를 배우는 자라면 반드시 끌어들여 진달進達시켜주셨다.

그런데 불교 승려인 혜근惠勤이 공을 좇아 30여 년을 교유하게 되자, 공께서는 그를 두고 총명재지聰明才智하며 학문學問이 있고 특히 시에 뛰어나다고 칭찬하셨다.

공께서 여음汝陰에서 돌아가시어, 나는 그의 승사에서 곡을 하였고, 그 뒤 그를 만났을 때 구양공에 대한 언급이 있을 때면 일찍이 체읍涕泣하지 않은 적이 없었다.

혜근은 진실로 세속에서 구하고자 하는 것이 없었고, 구양공 또한 혜근에게 무슨 덕을 베푼 것도 없었는데 그가 그렇게 체읍하며 잊지 않은 것이 어찌 이익을 위해서였겠는가!

나는 그런 연후에 더욱 혜근의 현명함을 알게 되었으니, 설사 그로 하여금 사대부士大夫의 사이에서 공명功名에 종사하도록 했다 할지라도 공을 저버리지 않았을 것임은 틀림없으리라.

희녕熙寧 7년(1074), 내가 전당錢塘으로부터 고밀高密로 부임하러 갈 때, 혜근이 자신의 시詩 몇 편을 내놓으면서 나에게 서문을 부탁하고 세상에 전해졌으면 하였다.

나는 시란 서문을 기다린 다음에 전해지는 것은 아니지만, 그의 사람 됨됨이의 대략은 이러한 서문이 아니면 전할 수 없다고 여겼다.

昔翟公罷廷尉, 賓客無一人至者.

其後復用, 賓客欲往, 翟公大書其門曰「一死一生, 乃知交情; 一貧一富, 乃知交態; 一貴一賤, 交情乃見」, 世以爲口實.

然余嘗薄其爲人, 以爲「客則陋矣, 而公之所以待客者, 獨不爲小哉?」

故太子太師歐陽公好士, 爲天下第一, 士有一言中於道, 不遠千里而求之, 甚於士之求公.

以故盡致天下豪傑(俊), 自庸衆人, 以顯於世者固多矣.

然士之負公者, 亦時有之.

蓋嘗慨然太息, 以人之難知, 爲好士者之戒.

意公之於士, 自是少倦, 而其退老於潁水之上, 余往見之, 則猶論士之賢者, 惟(唯)恐其不聞於世也.

至於負者, 則曰「是罪在我, 非其過」.

翟公之客, 負公於死生貴賤之間, 而公之士, 叛公於瞬息俄頃之際.

翟公罪客, 而公罪己, 與士益厚, 賢於古人遠矣.

公不喜佛老, 其徒有治詩書, 學仁義之說者, 必引而進之.

佛者惠勤, 從公遊三十餘年, 公嘗稱之爲聰明才智有學問者, 尤長於詩.

公薨於汝陰, 余哭之於其室, 其後見之, 語及於公, 未嘗不涕泣也.

勤固無求於世, 而公又非有德於勤者, 其所以涕泣不忘, 豈爲利(也)哉!

余然後益知勤之賢, 使其得列於士大夫之間, 而從事於功名, 其不負公也審矣.

熙寧七年, 予自錢塘, 將赴高密, 勤出其詩若干篇, 求予文以傳於世.

余以爲詩非待文而傳者也, 若其爲人之大略, 則非斯文莫之傳也

【昔翟公罷廷尉, 賓客無一人至者】 '翟公'은 漢 文帝 때 廷尉(司法府의 최고 책임자)를 지냈던 인물. 下邽 사람. 구체적인 傳이 없어 이름 등은 알 수 없음. 그가 廷尉의 높은 벼슬일 때에는 찾아오는 사람이 많았지만 罷職되자 단 한 사람의 손님도 찾아오지 않아 그 문에 참새를 잡는 그물을 쳐 두어도 될 정도로 한적하고 쓸 쓸했다 함. 《蒙求》 「鄭莊置驛」에 "先是下邽翟公爲廷尉, 賓客亦塡門, 及廢門外可 設爵羅. 後復爲廷尉, 客欲往, 翟公大署其門曰: 「一死一生, 迺知交情; 一貧一富, 迺 知交態; 一貴一賤, 交情乃見.」"이라 함.

【其後復用, 賓客欲往, 翟公大書其門曰「一死一生, 乃知交情; 一貧一富, 乃知交態; 一 貴一賤, 交情乃見」, 世以爲口實】 翟公이 다시 복직되자 빈객이 찾아듦. 《史記》 汲 鄭列傳에 "太史公曰: 夫以汲, 鄭之賢, 有勢則賓客十倍, 無勢則否, 況衆人乎! 下邽 翟公有言, 始翟公爲廷尉, 賓客闐門; 及廢, 門外可設雀羅. 翟公復爲廷尉, 賓客欲往, 翟公乃大署其門曰: 「一死一生, 乃知交情. 一貧一富, 乃知交態. 一貴一賤, 交情乃 見.」 汲鄭亦云, 悲夫!"라 하였고, 《漢書》 鄭當時列傳에도 "先是下邽翟公爲廷尉, 賓 客亦塡門, 及廢, 門外可設爵羅. 後復爲廷尉, 客欲往, 翟公大署其門曰: 「一死一生, 乃知交情; 一貧一富, 乃知交態; 一貴一賤, 交情乃見.」"이라 함. '口實'은 이야깃거리. 화제가 됨.

【然余嘗薄其爲人, 以爲「客則陋矣, 而公之所以待客者, 獨不爲小」哉】 '薄其爲人'은 그 (翟公)의 사람됨을 천박하게 여겼음. '그를 찾아왔던 빈객들은 비루한 자들이었 을 것이며, 적공이 빈객을 대접한 것도 유독 협소한 도량이었기 때문에 그런 일 이 있었던 것'이라 여겼음.

【故太子太師歐陽公好士, 爲天下第一】 '歐陽公'은 歐陽修. 太子太師를 역임하였음.

【士有一言中於道, 不遠千里而求之, 甚於士之求公】 歐陽修가 선비를 좋아한 것은 선비들이 구양공을 좋아하던 것보다 더 심했음.

【以故盡致天下豪傑(俊), 自庸衆人, 以顯於世者固多矣】 '豪傑'은 《東坡集》에는 '豪俊' 으로 되어 있음. 豪傑과 俊士. '庸衆人'은 庸劣한 보통사람.

【然士之負公者, 亦時有之】 '負公'은 구양수를 배반함. '亦時有之'는 《東坡集》에는 '之'자가 없음.

【盖嘗慨然太息, 以人之難知, 爲好士者之戒】'慨然'은 실망하여 크게 탄식하는 모습.

【意公之於士, 自是少倦, 而其退老於潁水之上】'意'는 '생각건대'의 뜻. '少倦'은 의욕이 줄어듦. 조금씩 싫증을 느낌. '退老'는 벼슬에서 물러나 노년을 보냄. '潁水'는 물 이름. 河南省에서 발원하여 安徽의 太和, 阜陽, 潁上縣을 거쳐 淮水에 합수함. 東坡는 杭州通判이 되어 가는 길에 汝陰을 들러 스승 歐陽修를 찾아뵈었음. 이때 歐陽修가 惠勤을 만나보도록 일러준 것임.

【余往見之, 則猶論士之賢者, 惟(唯)恐其不聞於世也】歐陽修는 그대로 賢者를 논하면서 그가 세상에 알려지지 못함을 걱정해주고 있었음. '惟恐'은 《東坡集》에는 '唯恐'으로 되어 있음.

【至於負者, 則曰「是罪在我, 非其過」】歐陽修는 자신을 배신한 자에 대해서 전혀 섭섭해 하지 않았음.

【翟公之客, 負公於死生貴賤之間, 而公之士, 叛公於瞬息俄頃之際】'公之士'의 '公'은 歐陽公(歐陽修)을 가리킴. '瞬息'과 '俄頃'은 아주 짧은 시간을 뜻함.

【翟公罪客, 而公罪己, 與士益厚, 賢於古人遠矣】翟公은 賓客에게 죄를 씌웠으나, 歐陽公은 자신의 탓으로 돌렸음.

【公不喜佛老, 其徒有治詩書, 學仁義之說者, 必引而進之】'佛老'는 佛敎와 道敎.《眞寶》注에 "佛老, 卽釋氏, 老子"라 함. '引而進之'는 그러한 이들을 끌어들여 進達시켜줌.

【佛者惠勤, 從公遊三十餘年, 公嘗稱之爲聰明才智有學問者, 尤長於詩】'從公遊'는 惠勤이 歐陽修를 좇자 30여 년을 교유함. 歐陽修는 그에게 〈山中樂〉 3章을 지어주며 인정해 주었음. 明 田汝成의 《西湖遊覽志》(2) 「孤山三提勝蹟」에 "予(東坡)通守杭州, 別公(歐陽修)而南, 公曰:「西湖僧惠勤, 甚文長於詩, 吾昔爲〈山中樂〉三章以贈之.」"라 함.

【公薨於汝陰, 余哭之於其室, 其後見之, 語及於公, 未嘗不涕泣也】'薨'은 諸侯의 죽음을 일컫는 말. '汝陰'은 지금의 安徽 卓陽縣. 潁上縣과 접해 있음. '其室'은 惠勤의 僧舍를 가리킴. 蘇軾이 杭州通判으로 있을 때 歐陽修가 汝陰에서 죽자 祭文을 보낸 다음(《祭歐陽公文》(094)을 참조할 것), 惠勤의 僧舍에서 7년 동안 歐陽修를 위해 哭을 하였음. '未嘗不涕泣'은 惠勤이 歐陽修를 언급할 때마다 눈물을 흘리지 않은 적이 없음. 이에 東坡는 惠勤이 죽은 뒤 그의 뜻에 따라 그곳 샘물 이름을 '六一泉'이라 하고 銘을 지었음.《西湖遊覽志》(2)에 "踰年六一公薨. 予哭於勤舍. 又十八年, 予守杭州, 則勤亦逝矣. 其弟子二仲, 畫六一公像與勤像, 而祀之. 有泉

出講堂下, 予遂本勤意而名之曰六一泉, 銘之'라 함.

【勤固無求於世, 而公又非有德於勤者, 其所以涕泣不忘, 豈爲利(也)哉】'非有德於勤者'는 歐陽修도 惠勤에게 恩德을 베푼 것은 없음. '豈爲利哉'는《東坡集》에는 '豈爲利也哉'라 하여 뜻이 훨씬 명확함.

【余然後益知勤之賢, 使其得列於士大夫之間, 而從事於功名, 其不負公也審矣】'使其'는 '設使(만약) 그로 하여금'의 뜻. '從事於功名'은 공명을 추구하는 일에 종사시킴. 功名을 위해서는 背信도 하는 士大夫들을 지칭한 것. '審'은 틀림없음. 확실함.《眞寶》注에 "篇都結, 在此一句"라 함.

【熙寧七年, 予自錢塘, 將赴高密】'熙寧'은 宋 神宗(趙頊)의 연호. 7년은 1074년. '錢塘'은 杭州. 蘇軾이 杭州通判으로 있었음. '高密'은 지금의 山東 膠縣 서북쪽. 그 무렵 蘇軾은 密州(지금의 諸城市)知事로 옮겨갔으며 高密은 密州의 屬縣이었음.

【勤出其詩若干篇, 求予文以傳於世】惠勤이 자신의 시를 꺼내어 東坡에게 세상에 전해지도록 序文을 부탁함.

【余以爲詩, 非待文而傳者也】詩는 序文을 기다렸다가 전해지는 것은 아니라 생각함.

【若其爲人之大略, 則非斯文, 莫之傳也】'爲人之大略'은 惠勤의 사람 됨됨이에 관한 대략. 惠勤의 '非斯文'은 東坡 자신의 이 서문.

┌─────────────────┐
│ 참고 및 관련 자료 │
└─────────────────┘

 1. 작자: 蘇軾(東坡, 子瞻) 091 참조.

 2. 이 글은《東坡全集》(34),《唐宋八大家文鈔》(139),《宋文鑑》(89),《古文關鍵》(下),《事文類聚》(前集 24),《文編》(53),《文章辨體彙選》(299) 등에 실려 있음.

104. <稼說送同年張琥> ·················· 蘇子瞻(蘇軾)
농사짓는 일을 비유하여 동년 장호에게 설명함

*〈稼說送同年張琥〉:《東坡集》에는 '〈稼說〉(送張琥)'이라 하여 '送張琥'는 注로 처
리되어 있으며, 다른 轉載文에는 거의 〈稼說〉로 되어 있음. 그런가 하면 《東坡
七集》에는 오히려 〈雜說〉(一首送張琥)로 되어 있음. '稼'는 농사짓는 일.《周禮》
司稼 注에 "種穀曰稼. 如嫁女以有所生. 種曰嫁, 斂曰穡"이라 함. '同年'은 같은 해
에 과거에 급제한 同僚를 부르는 칭호. '張琥'는 蘇軾의 친구이며 뒤에 이름을
璪로 바꾸었음. 자는 邃明. 滁州 全椒 출신으로 未冠에 進士에 東坡와 함께 登
第(嘉祐 2년, 1057)하여 嘉祐 8년(1063) 蘇軾이 鳳翔府判官이었을 때 그는 같은
鳳翔府法曹의 관직에 함께 봉직하였음.《宋史》(328) 張璪(張琥)傳에 "張璪, 初名
琥, 字邃明, 滁州全椒人, 泊之孫也. 早孤, 鞠於兄環, 欲任以官, 辭不就. 未冠登第,
歷鳳翔法曹, 絳雲令. ……蘇軾下臺獄, 璪與李定雜治, 謀傅致軾於死, 卒不克. ……
如是逾歲, 乃以資政殿學士知鄭州, 徙河南, 定州, 大名府, 進大學士, 知揚州以卒.
贈右銀靑光祿大夫, 諡曰簡翼"이라 함. 한편 王文誥의《蘇詩總案》에 의하면 이
글은 嘉祐 8년 東坡가 鳳翔府判官으로 있을 때 같은 곳에서 함께 奉職하던 張
琥가 고향으로 돌아감에 이 글을 주어 서울(汴京)을 지나게 되면 자신의 아우
蘇轍(子由)에게도 일러줄 것을 부탁한 것이라 하였음.《唐宋八大家文鈔》에는
"歸本於學有見"이라 함.
*《眞寶》注에 "迂齋云:「觀公此說, 豈以一世盛名自居者(哉)? 其朋友兄弟之相切磋
如此, 所以名益盛而學益進也.」"라 함.

일찍이 부자의 농사짓는 것을 보지 않았는가?

그 농토는 비옥하고 많으며, 그 식량은 풍족하고 여유 있지.

그 농토가 비옥하고 많으면 윤작하여 지력이 온전함을 얻을 수 있고,
그 식량이 풍족하고 여유 있으면 씨 뿌릴 때 언제나 때에 뒤지지 않게
되고, 이를 거둘 때도 늘 그 작물이 잘 익을 때를 맞출 수 있을 것일세.

그 까닭으로 부자의 농사는 언제나 훌륭하여 쭉정이가 적고 열매는

많으며, 오래도록 저장해도 썩지 않게 되는 것이지.

지금 우리는 열 식구의 집으로서 백 무畝의 농토를 함께하여, 한 치의 땅도 모두 농토로 밤낮으로 바라보면서 호미질, 흙덮기, 낫질, 베기 등을 하느라 그 농토 위에서 서로 이어지기를 마치 물고기 비늘처럼 달라붙어 하고 있어, 지력이 다하고 말았네.

씨를 뿌릴 때는 늘 때를 맞추지 못하고, 이를 거둘 때도 잘 여물기를 기다리지 못하니, 이렇게 하고서야 어찌 능히 다시 훌륭히 농사를 지을 수 있겠는가?

옛날 사람이라고 해서 그 재능이 요즘 사람보다 훨씬 뛰어난 것은 아니었다네.

그들은 평소 자신을 갈고닦되 감히 가볍게 사용하지 않았고, 그것이 완성되기를 기다리면서 근심하기를 마치 어린아이가 자라나는 것을 바라보는 듯이 하였지.

그리하여 약한 것은 길러주어 굳세게 되도록 하고, 허虛한 것은 채워주어 충실함에 이르도록 하였지.

서른 살 이후에야 벼슬을 하였고, 쉰 살 이후에야 작위를 받았으며, 오랫동안 굽힌 채로 있다가 그 속에서 폈으며, 지극히 충족된 이후에야 썼으며, 물이 이미 넘쳐 여유가 있게 된 다음에야 흘려보냈고, 잔뜩 시위를 당긴 마지막에야 발사하였으니, 이것이야말로 옛사람이 남보다 훨씬 뛰어난 이유이고, 오늘의 군자들이 따르지 못하는 이유라네.

나는 어려서 학문에 뜻을 두었으나 불행하게도 너무 일찍 그대와 함께 동년同年으로 과거에 급제하고 말았으며, 그대의 급제 또한 이르지 않다고 할 수는 없을 것일세.

나는 지금 비록 스스로 부족하다고 여겨지기를 바라고 있지만, 많은 사람들이 마구 나를 밀어 관직에 오르고 말았다네.

오호라! 그대는 이곳을 떠나게 되었으니 학문에 힘쓸지어다!

널리 보아 이를 묶어 취하며 두터이 쌓되 이를 엷게 펼칠 것이니, 내 그대에게 일러줌은 이쯤에서 그치겠네.

그대가 귀향하는 길에 경사京師를 지나면서 물어보면, 철철轍 자유子由라는 이가 있을 것이니 그가 나의 아우일세. 그에게도 이 말로 일러주게.

盍(曷)嘗觀於富人之稼乎?

其田美而多, 其食足而有餘.

其田美而多, 則可以更休而地力得完; 其食足而有餘, 則種之常不後時, 而歛之常及其熟.

故富人之稼常美, 少秕而多實, 久藏而不腐.

今吾十口之家, 而共百畝之田, 寸寸而取之, 日夜而望之, 鋤耰銍刈(艾), 相尋於其上者如魚鱗, 而地力竭矣.

種之常不及時, 而歛之常不待其熟, 此豈能復有美稼哉?

古之人, 其才非有大過今之人也.

其平居, 所以自養而不敢輕用, 以待其成者, 閔閔焉如嬰兒之望長也.

弱者養之, 以至於剛; 虛者養之, 以至於充.

三十而後仕, 五十而後爵, 伸(信)於久屈之中, 而用於至足之後; 流於旣溢之餘, 而發於持滿之末, 此古人之所以大過人, 而今之君子所以不及也.

吾少也有志於學, 不幸而早得與吾子同年, 吾子之得, 亦不可謂不早矣(也).

吾今雖欲自以爲不足, 而衆且妄推之矣.

嗚呼! 吾子其去此, 而務學也哉!

博觀而約取, 厚積而薄發, 吾告吾子止於此矣.

子歸過京師而問焉, 有曰轍子由者, 吾弟也, 其亦以是語之.

【盍嘗觀於富人之稼乎】‘盍’은 ‘何不’의 合音字. 그러나 다른 轉載文에는 거의가 모두 ‘曷’로 되어 있음. ‘稼’는 ‘稼穡’의 줄인 말. 농사를 대신하는 말.

【其田美而多, 其食足而有餘】‘田美’는 ‘田沃’과 같음. 농토가 肥沃함.

【其田美而多, 則可以更休而地力得完】‘更休’는 輪作을 뜻함. 번갈아 쉬게 하여 地力을 保全함.

【其食足而有餘, 則種之常不後時, 而歛之常及其熟】‘歛’은 收와 같음. 收穫함.

【故富人之稼常美, 少秕而多實, 久藏而不腐】‘秕’는 낟알의 쭉정이. 《韻會》에 “秕, 穀不成也”라 하였고, 章炳麟의 《新方言》 釋植物에 “今謂不成粟者爲秕穀”이라 함.

【今吾十口之家, 而共百畝之田, 寸寸而取之, 日夜而望之】‘十口之家’는 열 식구의 집안. ‘畝’는 토지 넓이의 단위. ‘寸寸而取之’는 한 치의 땅도 모두 이용하여 경작함.

【鋤櫌銍刈, 相尋於其上者如魚鱗, 而地力竭矣】‘鋤櫌銍刈’(서우질예)의 ‘鋤’는 호미질. ‘櫌’는 고무래질. 파종한 것을 고르게 덮어주는 작업. 《論語》 子張篇에 “櫌而不輟”이라 하였고, 《史記》 龜策列傳 ‘耕之櫌之’의 張守節 〈正義〉에 “櫌, 覆種也”라 함. ‘銍’은 낫질. 《說文》에 “銍, 穫禾短鎌也”라 함. ‘刈’는 베기. 《東坡集》에는 ‘艾’로 되어 있음. 詩 周頌 臣工에 “奄觀銍艾”라 함. ‘相尋’은 ‘계속 이어짐’을 뜻하는 雙聲連綿語. ‘如魚鱗’은 물고기 비늘처럼 다닥다닥 붙어 연이어 있음. 쉴 새 없이 작업을 하는 모습을 말함.

【種之常不及時, 而歛之常不待其熟, 此豈能復有美稼哉】제때에 파종을 하지 않거나 여물기를 기다리지 않고 거둔다면 훌륭한 농사라 할 수 없음.

【古之人, 其才非有大過今之人也】옛사람이라고 지금 사람보다 훨씬 뛰어난 것은 아니었음.

【其平居, 所以自養而不敢輕用, 以待其成者, 閔閔焉如嬰兒之望長也】‘平居’는 평상시. 일상생활. ‘閔閔焉’은 걱정하는 모습. 《左傳》 昭公 13년 “閔閔然如農夫之望歲”의 杜預 注에 “閔閔, 憂貌”라 함.

【弱者養之, 以至於剛;虛者養之, 以至於充】약한 것과 허한 것을 잘 보살펴 강하고 충실하게 함.

【三十而後仕, 五十而後爵, 伸於久屈之中, 而用於至足之後】‘三十而後仕’는 서른이

된 이후에야 벼슬을 함. 그러나 《禮記》 曲禮(上)에 "人生十年曰幼, 學. 二十曰弱, 冠. 三十曰壯, 有室. 四十曰强, 而仕. 五十曰艾, 服官政"이라 하였고, 〈王制篇〉에 도 "五十而爵"이라 하였으며, 《白虎通》 爵篇에도 "《禮》曰:「四十强而仕, 至五十爵 爲大夫.」"라 하여 '三十'은 '四十'의 誤記가 아닌가 함. '伸'은 '펴다, 뻗다'의 뜻. 《東 坡集》에는 '信'으로 되어 있으며 伸과 같은 뜻임. '久屈'은 오랫동안 펴지 못한 채 있음. 한참을 고생하여야 함을 말함.

【流於旣溢之餘, 而發於持滿之末】 '旣溢之餘'는 물이 넘치고도 남음이 있음. '發於 持滿之末'은 화살을 쏠 때 시위를 잔뜩 당긴 다음에 쏘아야 함. 《史記》 李廣傳 에 "胡急擊之, 矢下如雨, 漢兵死者過半, 漢矢且盡. 廣乃令持滿毋發"이라 하였고, 顔師古 注에 "矢弓弩而引盡之, 不發矢也"라 함.

【此古人之所以大過人, 而今之君子所以不及也】 이러한 원리를 지켰기 때문에 옛사 람이 지금보다 나은 것임.

【吾少也有志於學, 不幸而早得與吾子同年】 '不幸而早得'은 불행하게도 너무 일찍 과거에 급제하여 그 때문에 학문에 정진할 기회를 놓침. '與吾子同年'은 그대와 같은 해에 進士에 급제함. 蘇軾은 嘉祐 2년 22세에 進士에 급제하였음.

【吾子之得, 亦不可謂不早矣(也)】 그대도 나처럼 너무 일찍 급제한 셈임. '矣'는 《東 坡集》에는 '也'로 되어 있음. 張琥는 20세 전에 이미 進士에 급제하여 東坡보다 더 어린 나이였음.

【吾今雖欲自以爲不足, 而衆且妄推之矣】 '妄推'는 경험도 없는 나를 마구 밀어 벼 슬길로 나서도록 하였음. 그 때문에 학문에만 몰두할 환경이 되지 못하고 있음 을 말한 것임. 揚雄 《法言》에 "無驗而言之謂妄"이라 함.

【嗚呼! 吾子其去此, 而務學也哉】 그대는 여기를 떠나 고향으로 돌아가 학문에 더 욱 힘쓰기를 바람.

【博觀而約取, 厚積而薄發, 吾告吾子止於此矣】 '博觀而約取'는 널리 보고 배우되 활용할 때는 요약하여 취해 씀. 《論語》 雍也篇에 "博學於文, 約之以禮"라 함. '厚 積而薄發' 또한 두텁게 학문을 쌓아가되 밖으로 드러낼 때는 엷게 해야 함.

【子歸過京師而問焉, 有曰轍子由者, 吾弟也, 其亦以是語之】 '歸過京師'는 고향으로 돌아가는 길에 京師를 들르게 됨. '京師'는 北宋 때의 서울 汴京. 지금의 河南 開 封. '問焉'은 물어서 찾아 봄. '轍子由'는 蘇軾의 아우 蘇轍. 字는 子由. 그 무렵 그는 汴京에 있었음.

1. 작자: 蘇軾(東坡, 子瞻) 091 참조.

2. 이 글은《東坡全集》(92),《唐宋八大家文鈔》(144),《宋文鑑》(107),《崇古文訣》(25),《續文章正宗》(2),《文編》(38),《文章辨體彙選》(428) 등에 실려 있음.

105. <王者不治夷狄論> ···················· 蘇子瞻(蘇軾)
왕자는 이적을 통치하지 않는다는데 대한 변론

＊〈王者不治夷狄論〉: 이 글은 嘉祐 6년(1061) 秘閣에서의 制科 考試를 볼 때 논술 제목이었으며 그때 東坡와 王介, 蘇轍 등의 6편 논문이 뽑혀 임금에게 올려졌던 것 가운데 한 편임. '王者不治夷狄論'은《春秋》隱公 2년 "公會戎于潛"(魯隱公이 戎을 潛에서 회동하였다)에 대해《公羊傳》何休의 〈解詁〉에 처음 主張한 논리로《春秋公羊傳注疏》(2) 何休學에 "「二年春, 公會戎于潛.」注:『凡書'會'者, 惡其虛內務恃外好也. 古者, 諸侯非朝時, 不得踰. 竟所傳聞之世, 外離會不書. 書內離會者,《春秋》王魯明, 當先自持正躬自厚, 而薄責於人, 故略外也. '王者不治夷狄', 錄戎者, 來者勿拒, 去者, 勿追. 東方曰夷, 南方曰蠻, 西方曰戎, 北方曰狄. 朝聘會盟例, 皆時.』」라 한 것을 말함.《古文集成》에 "東萊批: 統體好, 前面開說長, 後正說甚短. 讀之, 全不覺長短, 蓋後面一句, 轉一句故也. 大凡罵題先說他好, 然後罵, 中間出入, 意外說戎, 乃筆力高人處. ○郞學士曰:「出《公羊傳》註:〈公墓誌〉云: 秘閣試六論, 舊不起草, 以故多文不工. 公始具草, 文義粲然, 時以爲難.」○敎齋評曰: 此篇論《春秋》'不治夷狄'. 其不治者, 乃所以深治議論, 儘有味. 中間鋪叙, 齊晉行事, 未能純爲中國; 秦楚行事, 未能純爲夷狄. 聖經終抑夷而尊夏者, 此正可見其用法至詳處. 末又說戎之會公, 不敢深責, 其禮文意亦高妙"라 하였고,《文章軌範》에는 "此是東坡應制科, 程文六論中之一. 有冒頭有原題, 有講題有結尾, 當熟讀, 當暗記, 始知其巧"라 함.

＊《眞寶》注에 "嘉祐六年, 命翰林吳奎等, 就秘閣, 考試制科, 奎等上王介蘇軾轍論各六首, 此篇其一也. ○東萊云:「統體好, 前面閑說長, 後正說甚短, 讀之, 全不覺長短, 蓋後面一句, 轉一句故也.」"라 함.

다음과 같이 논함.

이적夷狄은 중국(중원)을 다스리는 방법으로는 다스릴 수 없으니, (비유컨대) 금수禽獸와 같아 크게 다스려지기를 요구하다가는 반드시 대란에 이르게 됨과 같다.

선왕先王들은 그러함을 알았기에 이 까닭으로 다스리지 않는 것으로써 다스림을 삼았으니, 다스리지 않음으로써 다스린다는 것이 바로 깊이 다스리는 것이었다.

《춘추春秋》에 "은공隱公이 융戎을 잠潛에서 회동하였다"라고 썼고, 하휴何休는 "왕자王者는 이적을 다스리지 않으니, 융이 오는 것을 막지 않았고, 가는 것은 뒤쫓지 않음을 기록한 것"이라 하였다.

무릇 천하에 지극히 엄嚴하면서 법을 사용하기에 매우 상세한 것으로 《춘추》보다 더한 것은 없다.

일반적으로 《춘추》에서 공公, 후侯, 자字, 명名으로 써준 나라들은 그 임금이 제후가 될 수 있고, 그 신하가 대부大夫가 될 수 있음을 인정한 것으로, 거의 모두가 제齊나라나 진晉나라에 대한 기록들이다.

그렇게 기록하지 않은 나라라면 제나라나 진나라와의 동맹국들이다.

주州, 국國, 씨氏, 인人이라 쓴 경우, 그 임금은 제후가 될 수 없으며 그 신하는 대부가 될 수 없음을 표시한 것으로, 거의 모두가 진秦나라와 초楚나라에 대한 기록들이다. 그렇게 기록하지 않았다면 진나라나 초나라와의 동맹국들이다.

무릇 제나라와 진나라 임금으로서 그가 자신의 국가國家를 다스리고 천자를 옹위하며 백성을 사랑하고 기르는 자라고 해서 어찌 능히 옛 법을 모두 다 해내었겠는가?

대체로 사술詐術과 무력을 내어 거기에 인의仁義를 섞어서 했을 것이니, 이는 제나라나 진나라라 해도 역시 순수한 중국일 수 없는 것이다.

진나라와 초나라라도 역시 유독 그들만이 탐욕스럽고 마구 대들며, 치욕을 모르고 제멋대로 행동하면서 뒤도 돌아보지 않았던 것만은 아니며, 아마도 역시 도道를 잡고 의義를 행한 임금이 있었을 것이니, 이는 진나라나 초나라도 역시 아직 순전히 이적이 되었던 것도 아니다.

제나라나 진나라 임금이 능히 순수한 중국일 수 없었음에도 《춘추》에서 그렇게 인정한 까닭은, 언제나 그들을 향해 잘한 일이 있으면 서둘러 이를 기록하여 오직 후세에 알려지지 못할까 걱정해서였으며, 허물이 있을 때 여러 방면으로 명분을 찾아주며 열어주어 용서한 것은, 오직 군자가 되지 못할까 해서였다.

그런가 하면 진나라나 초나라 임금이 아직 순전히 이적이 되지 않았음에도 《춘추》에서는 그들을 인정하지 아니한 것은, 언제나 그들에게 있어서 잘한 일이 있으면 그것이 쌓인 이후에야 진달시켜주고, 악한 것이 있으면 생략하여 기록하지 않아 특히 기록할 만하지 않다고 여겼기 때문이었다.

이는 유독 제나라와 진나라에 대해서는 사사롭게 하고, 진나라와 초나라에 대해서는 치우치게 미워해서 그런 것이 아니었으며, 그것은 하루라도 중국을 등지게 해서는 안 되며, 하루라도 이적을 향하게 해서는 안 됨을 보여주기 위한 것이었다.

순전히 그렇게 되지 않은 것에게 포폄褒貶을 붙여줄 만하다고 여기지 않았다면, 순전히 그렇게 된 것에게는 어땠을까 하는 것은 가히 알 수 있을 것이다.

그 때문에 "천하에 지극히 엄하며, 법을 적용함에도 지극히 상세한 것으로는 《춘추》만 한 것이 없다"라고 말하는 것이다.

무릇 융戎이 어찌 특히 진나라나 초나라가 이적화한 것과 정도에 그치겠는가?

그런데도 《춘추》에는 "은공이 융을 잠에서 회동하였다"라 하면서, 은공에 대해서는 폄하한 것도 없고, 융은 가히 회동해도 되는 것으로 되어 있으니, 이는 유독 어찌된 것인가?

무릇 융은 능히 회례會禮로써 은공과 만났을 리가 없음도 또한 분명하니, 이것이 학자들이 깊은 의혹을 가지고 그 이유를 찾고 있는 것이다.

그 때문에 "왕자는 이적을 다스리지 않는 것이니, 융을 기록함에 찾아오는 자는 거절하지 아니하고 가는 자는 뒤쫓지 아니한다"라 한 것이다.

무릇 융은 가히 교화시켜 가르칠 수도, 회유하여 복종시킬 수도 없어, 저들이 사납게 무기를 잡고 변방에서 우리와 싸움을 하겠다고 대들지 않는 것만으로도 진실로 다행인데, 하물며 그들은 이른바 회동이라는 것이 있다는 것을 알아 그것을 행하고자 하니, 이 어찌 그 뜻을 싶이 가상스럽게 여기기에 부족하겠는가?

그렇게 여겨주지 않고 장차 그 예禮를 깊게 책망하여, 저들이 앞으로 참을 수 없는 바가 있어 그 분노를 폭발시킨다면 그 재앙은 크게 격화되고 말 것이다.

중니仲尼께서는 이를 깊이 걱정하여, 그들이 오자 '회동하였다'라고 쓰면서 "이렇게 하면 족하다"라고 말한 것이니, 이는 곧 다스리지 않음으로써 깊이 다스리는 방법인 것이다.

이로 말미암아 보건대 《춘추》에서 융적戎狄을 미워한 것은 순수한 융적을 미워한 것이 아니라 중국이면서 융적에게 유입된 자들을 미워한 것이다.

(삼가 논함)

論曰:
夷狄不可以中國之治治也, (譬若禽獸然), 求其大治, 必至於大亂.

先王知其然, 是故以不治治之; 治之以不治者, 乃所以深治之也.

《春秋》書「公會戎于潛」, 何休曰:「王者不治夷狄, 錄戎來者不拒, 去者不追也.」

夫天下之至嚴, 而用法之至詳者, 莫過於《春秋》.

凡《春秋》之書公, 書侯, 書字, 書名, 其君得爲諸侯, 其臣得爲大夫者, 擧皆齊, 晉也.

不然, 則齊, 晉之與國也.

其書州, 書國, 書氏, 書人, 其君不得爲諸侯, 其臣不得爲大夫者, 擧皆秦, 楚也.

不然, 則秦, 楚之與國也.

夫齊, 晉之君, 所以治其國家, 擁衛天子, 而愛養百姓者, 豈能盡如古法哉?

蓋亦出於詐力, 而參之以仁義, 是(齊, 晉)亦未能純爲中國也.

秦, 楚者, 亦非獨貪冒無恥, 肆行而不顧也, 蓋亦有秉道行義之君焉, 是秦, 楚亦未至於純爲夷狄也.

齊, 晉之君, 不能純爲中國, 而《春秋》之所與(予)者, 常嚮焉, 有善則汲汲而書之, 惟恐其不得聞於後世; 有過則多方而開赦之, 惟恐其不得爲君子.

秦, 楚之君, 未至於純爲夷狄, 而《春秋》之所不與(予)者, 常在焉, 有善則累而後進, 有惡則略而不錄, 以爲不足錄也.

是非獨私於齊, 晉, 而偏疾於秦, 楚也, 以見中國之不可以一日背, 而夷狄之不可以一日嚮也.

其不純者, 不足以寄其褒貶, 則其純者, 可知矣.

故曰:「天下之至嚴, 而用法之至詳者, 莫如《春秋》.」

夫戎者, 豈特如秦, 楚之流入於夷狄而已哉?

然而《春秋》書之曰「公會戎于潛」, 公無所貶而戎爲可會, 是獨何歟?

夫戎之不能以會禮會公亦明矣, 此學者之所以深疑而求其說也.

故曰:「王者不治夷狄, 錄戎來者不拒, 去者不追也.」

夫以戎之不可以化誨懷服也, 彼其不悍然執兵, 以與我從事於邊鄙, 固(則)亦幸矣, 又況(乎)知有所謂會者, 而欲行之, 是豈不足以深嘉其意乎?

不然, 將深責其禮, 彼將有所不堪, 而發其暴(憤)怒, 則其禍大矣.

仲尼深憂之, 故因其來而書之以'會', 曰「若是足矣」, 是將以不治深治之也.

由是觀之, 《春秋》之疾戎狄者, 非疾純戎狄也, 疾其(夫)以中國而流入於戎狄者也.

(謹論)

【論曰】考試 문제〈王者不治夷狄論〉에 대해 東坡가 그 논거를 답으로 쓴 것.

【夷狄不可以中國之治治也】'夷狄'은 중국 주변의 이민족. 中國(中原)에 비해 미개하며 禮를 갖추지 못한 족속들이라 여겨 폄하하여 불렀음. 四方으로 구분하여 東夷, 西戎, 南蠻, 北狄이라 하였음. '中國之治'의 '中國'은 中原을 뜻함. 중국을 다스리는 방법, 즉 인의와 도덕, 신뢰 등을 기본으로 하는 방법으로는 이민족을 다스릴 수 없음. 《眞寶》注에 "起有力"이라 함.

【(譬若禽獸然), 求其大治, 必至於大亂】《東坡集》에는 '譬若禽獸然'의 5자가 없음.

【先王知其然, 是故以不治治之; 治之以不治者, 乃所以深治之也】'先王'은 夏, 殷, 周 三代의 聖君들을 말함. '以不治治之'는 다스리지 않는 것으로써 다스림을 삼음. '深治'는 깊이 다스림. 《眞寶》注에 "鎖有力, 亦得體"라 함.

【《春秋》書「公會戎于潛」, 何休曰:「王者不治夷狄, 錄戎來者不拒, 去者不追也.」】《春秋》는 중국 최초의 編年史. 원래 孔子가 魯나라의 역사를 紀로 삼아 기록한 것으로, 동시대 각국의 역사적 사실을 年度에 맞추어 쓴 것임. 東周 平王 49년(魯 隱公 元年, BC 722)부터 敬王 39년(魯 哀公 14년, BC 481)까지의 242년간 魯나라 12公의 시대이며, 역사적으로 이 시기를 春秋時代라 하는 이유도 이 때문임. 이 책은 공자의 添削을 거쳐 이루어졌으며, '微言大義', '正名分', '寓褒貶' 등의 고차원

적 의미를 담고 있음. 漢나라 때에는 《春秋經》(今文 11卷)과 《春秋五經》(古文 12卷)의 단독 책이었음. 今文과 古文의 문체는 같으나 今文은 莊公에 閔公을 합해 1편을 줄였으며, 今文은 魯 哀公 14년에 끝났으나 古文은 그보다 2년이 더 많음. 뒤에 杜預가 《左氏傳》과 《春秋古經》을 합해서 集解를 붙여 《春秋左氏傳》이라 칭하게 되었으며, 《公羊傳》과 《穀梁傳》은 《春秋今文經》과 합해져서 《公羊傳》은 唐의 徐彦에 의해, 《穀梁傳》은 晉의 范寧에 의해 독립된 편목으로 자리잡아 《春秋經》單行本은 사라지고 九經, 十二經, 十三經 등의 변화에 저마다 독립되어 열거되면서 '三傳'으로 불리게 된 것임. '公會戎于潛'은 《春秋》隱公 2년(B.C.721)의 經文이며 '隱公이 戎을 潛에서 만나 會同하였다'는 뜻으로 中原 魯나라 임금이 미개한 戎을 만나 會同을 한 것은 명분상 어긋난 것인데 이를 두고 東漢 何休가 《春秋公羊傳解詁》에서 '王者不治夷狄'이라고 하여 '오는 자는 막지 않고 가는 자는 뒤쫓지 않음을 기록한 것'이라는 논리로써 공자가 이를 기록한 것에 대해 분석한 것임. 《左傳》에는 "二年春, 公會戎于潛, 修惠公之好也. 戎請盟, 公辭."(2년 봄, 隱公이 潛에서 戎과 만난 것은 惠公 때의 우호를 다지기 위한 것이었다. 그때 융이 동맹을 맺기를 청하였지만 은공이 거절하였다)라 하였음. 그 무렵의 '戎'은 원래 서쪽에 살던 이민족을 일컫는 말이었으나 여기서는 魯(曲阜)나라 동쪽 이민족을 말함. 지금의 山東 曹縣에 戎城이 있음. 春秋시대 中國에는 華, 夷, 狄, 戎, 蠻이 서로 섞여 살고 있었음. '潛'은 魯나라 땅으로 지금의 山東 曹縣. 《淸一統志》에 "山東省曹縣西北有戎城"이라 하였고, 《水經注》濟水 注에 "濟瀆自濟陽縣故城南, 東逕戎城北, 春秋「公會戎于潛」是"라 함. '何休'(129-182)는 東漢 때의 今文經學의 大家로 《春秋》의 微言大義를 밝힌 인물. 자는 邵公. 《春秋公羊傳解詁》, 《公羊墨守》, 《左氏膏肓》, 《穀梁廢疾》 등을 남겼으며 《後漢書》(79)에 傳이 있음. 한편 '王者不治夷狄'에서의 '王者'는 王道政治를 실행함을 말하며, 여기서는 夷狄과 대비하여 中原의 순수한 夏華民族만을 일컫는 말이기도 함. 《眞寶》注에 "擧題"라 함.

【夫天下之至嚴, 而用法之至詳者, 莫過於《春秋》】'至嚴'은 孔子가 《春秋》를 쓴 것은 正名分, 寓褒貶 등의 微言大義가 들어 있어 역사적 審判을 중히 여긴 것임을 말함. 《孟子》滕文公(下)에 "孔子成《春秋》而亂臣賊子懼"라 함.

【凡《春秋》之書公, 書侯, 書字, 書名, 其君得爲諸侯, 其臣得爲大夫者, 擧皆齊, 晉也】'書公, 書侯'는 孔子가 《春秋》에서 제후들은 死後의 일을 기록함에는 나라 이름과 함께 '公'을 붙여 '晉文公', '齊桓公' 등으로 적었고, 살아 있을 때의 기록은 나라 이름에 爵位를 붙여 '晉侯', '齊侯', '楚子' 등으로 적었음. '書字, 書名'은 卿大夫

들은 이름을 적었으나 간혹 字를 불러 존중을 표시하기도 하였음. ‘齊, 晉’은 春秋時代 두 나라. 齊나라는 姜太公(呂尙)이 封地로 받은 異姓 諸侯國으로 지금의 山東省 臨淄(淄博市)에 도읍을 두었으며 뒤에 첫 霸者 齊桓公(小白)이 나왔음. 晉나라는 周나라 成王의 아우 叔虞가 봉지로 받아 唐이라 하였으나 叔虞의 아들 姬燮이 나라 이름을 晉으로 바꾼 同姓 諸侯國으로 山西省에 있으면서, 春秋五霸의 晉文公(重耳)이 나왔음. 뒤에 晉나라는 六卿(知氏, 范氏, 韓氏, 趙氏, 魏氏, 中行氏)이 각축전을 벌이다가 결국 韓, 魏, 趙로 굳어져 저마다 戰國七雄의 반열에 오르게 됨. 한편 春秋五霸는 ‘尊王攘夷’의 기치를 내세우고 諸侯들을 이끌며 周宗室을 인정하는 명분을 가지고 있었음. 《眞寶》注에 “閑說”이라 함.

【不然, 則齊, 晉之與國也】 ‘不然’은 그렇게 기록하지 않은 나라들. ‘與國’은 同盟國을 일컫는 말. ‘尊王攘夷’의 명분에 적극 참여하였던 나라들로서 宋, 衛, 陳, 鄭 같은 나라들을 가리킴. 이들 제후국들은 제나라와 진나라가 패자였을 때 늘 그들에게 동조하였음. 《左傳》 등을 참조할 것. 《眞寶》注에 “如宋衛陳鄭”이라 함.

【其書州, 書國, 書氏, 書人, 其君不得爲諸侯, 其臣不得爲大夫者, 擧皆秦, 楚也】 ‘書州, 書國, 書氏, 書人’의 ‘州’는 九州로써 國(諸侯)보다 높은 의미로 썼음. 《公羊傳》莊公 10년에는 楚나라를 ‘荊’(荊州)으로 불렀으며, 이에 대해 “秋, 九月, 荊敗蔡師于莘, 以蔡侯獻舞歸. 荊者何? 州名也. 州不若國, 國不若氏, 氏不若人, 人不若名, 名不若字. 字不若子. 蔡侯獻舞何以名. 絶, 曷爲絶之. 獲也. 曷爲不言其獲. 不與夷狄之獲中國也”(州는 國이라 칭함만 못하고, 國은 氏만 못하고, 氏는 人만 못하고. 人은 名만 못하고, 名은 字만 못하고, 字는 子만 못하다)라고 함. ‘秦, 楚’의 春秋時代에 처음에는 변방에 치우쳐 독자적으로 발전을 거듭하여 일찍이 王을 참칭하며 尊王攘夷의 명분을 따르지 않는 등 中原과 달리하여 蠻戎이라 여겨 멸시하였음. ‘秦’은 원래 顓頊의 후예. 柏翳 때 舜으로부터 嬴이란 姓을 얻었으나 周代에는 여전히 야만족 취급을 받아오다가 그 뒤 蜚廉, 女防을 거쳐 非子에 이르렀을 때 周室의 孝王이 그에게 말을 길러 바치도록 하였음. 非子가 汧渭(지금의 陝西省 隴縣 및 郿縣) 근처에서 養馬하여 크게 번식시키자 周王은 이를 보고 그에게 땅을 附庸으로 주고 秦을 邑으로 삼아 나라 이름이 됨.

그로부터 차차 秦은 강해지고 莊公을 거쳐 襄公에 이르렀을 때 마침 周室에서는 褒姒의 일로 幽王이 犬戎의 침입을 받아 죽게 되자, 이때 襄公은 이를 막아주고 周室을 일으켜 준 공로를 인정받아 드디어 伯爵이 되고 岐山 서쪽을 얻게 됨. 그 뒤 도읍도 雍(陝西省 鳳翔縣. 德公 때), 櫟陽(陝西省 臨潼縣. 獻公 때)을 거쳐 드디어 孝公 때 咸陽으로 옮겨 완전 국가체제를 갖추고 諸侯의 반열에 올라 春秋의 각축전에 뛰어들게 됨. 이렇게 하여 文公, 寧公, 出公, 武公, 德公, 成公을 거쳐 繆公(穆公)에 이르렀을 때 百里奚를 등용, 春秋五霸 중에 最後를 장식하게 됨. 春秋에서 戰國으로 전환되는 와중에서도 지리적 조건이 유리하여 函谷關 및 崤山 때문에 中原 세력 변동에 영향을 덜 받았고, 경제적 풍요로 오히려 정세를 역이용하여 商鞅, 張儀, 范雎, 李斯, 呂不韋 같은 인물을 적극 등용, 秦始皇(嬴政) 때 완전 法治國歌의 기틀을 마련한 후, 끝내 B.C.221년 중국을 통일하게 됨. 한편 '楚'는 미성(羋姓)으로 春秋五霸의 楚莊王을 낳았고 戰國시대에는 七雄에 드는 등 면모를 갖추었던 남방 대국이었음. 오늘의 湖北(옛 荊州)에서 '荊'으로도 칭하며 長江 유역의 풍부한 물산을 근거로 발전하였음. 본래 羋姓은 祝融 八姓의 하나이며 시조는 季連. 그의 후손 중에 鬻熊이 周 文王을 도와 그 뒤로 熊氏를 성씨로 하였다가 鬻熊의 증손 熊繹이 荊山(지금의 湖北 南漳, 保康 일대)을 개척하고 周 成王을 섬겨 子男의 爵位를 받고, 丹陽(지금의 湖北 秭歸)에 도읍을 삼아 나라를 일으켰음. 西周 때에는 제대로 힘을 펴지 못하여 蠻夷로 취급받았으며 周 昭王이 두 번이나 정벌한 적이 있었음. 周 夷王 때 周室이 약해지자 熊繹의 후손 熊渠가 곳곳으로 정벌 세력을 키워나갔음. 춘추시대로 들어서자 若敖의 손자 蚡冒가 中原으로 진출하기 시작하였고, 熊通이 郢(지금의 湖北 江陵 紀南城)으로 도읍을 옮겨 B.C.704년 자립하여 王號를 칭하였으며 이가 楚 武王임. 뒤를 이은 文王 때부터 강성하게 발전, 江漢 일대의 소국을 차례로 복속시키고 북상하여 申, 息, 鄧 등을 정벌, 드디어 中原 세력과 맞닿게 되었음.

　春秋 중기 成王이 여러 차례 鄭나라를 정벌하고 제후국들과 연합을 꾀하였으며 齊 桓公이 죽고나서 霸者를 자칭한 宋 襄公을 제압, 드디어 대국의 면모를 과시하였으나 晉 文公에게 城濮에서 크게 패하여 일시 좌절을 맛보았음. 그러나 다시 이웃 소국을 차례로 겸병하였으며 穆王 때는 江, 六 등을 멸하여 안정을 얻게 되었음. 드디어 春秋五霸의 하나인 莊王이 들어서자 명실공히 패자로 자리를 굳히고 B.C.660 周나라를 압박, 九鼎의 輕重을 묻는 등 무력을 과시하였고 B.C.597년에는 晉나라를 邲에서 대파하고 宋나라를 포위하기도 하였음. 그러나 共王 때부터 차츰 세력이 약화되어 鄢陵에서 晉나라에게 패하는 등 추락의 길로 접어들음. 춘추 말기에는 장기간의 내란에 휩싸여 共王의 다섯 아들 중 康王이 들어섰으나 그가 죽고 郟敖가 이었다가 子圍와 子晳, 棄疾 등의 왕위 다툼에 쉴 날이 없었으며 子圍가 결국 郟敖를 살해하고 靈王으로 들어섰음. 그러나 棄

疾과 子比, 子晳이 靈王이 외출한 틈을 이용 靈王의 태자 祿을 살해하고 子比를 왕으로 세우는 등 혼란을 거듭하여 靈王은 申亥의 집에서 굶어죽는 상황이 벌어지고 말았음. 뒤에 棄疾이 다시 子比를 죽이자 子晳은 자립하여 平王이 되었지만 그는 포학한 성격을 고치지 못한 채 太子 建의 부인을 겁탈하고 伍奢 집안을 핍박하는 등 횡포를 부리다가 결국 伍奢의 아들 伍子胥가 吳나라로 망명하여 吳王 闔廬를 획책, 楚나라를 쳐들어오도록 하는 지경에 이르렀음.

다시 초나라는 柏擧 전투에서 吳나라에게 일격을 당하여 더욱 피폐해졌으며 昭王을 거쳐 子惠가 들어서사 太子 建의 아들 勝이 白公이 되어 令尹 子西와 司馬子期를 백주에 조정에서 죽이고 惠王을 위협하는 등 白公之亂을 거쳐 楚나라는 겨우 춘추시대를 넘기게 됨. 그러나 戰國시대에 이르러 楚나라는 다시 세력을 키워 戰國七雄에 드는 등 남방 대국으로 자리를 잡게 됨.

【不然, 則秦, 楚之與國也】秦, 楚와 同盟國이 되어 尊王攘夷의 명분에 동의하지 않았던 崇, 介, 江, 黃과 같은 나라들을 가리킴. 이들은 늘 秦나라나 楚나라를 도와 中原에 도전했었음.《左傳》여러 곳에 이들과의 관계를 기록한 내용이 들어 있음.《眞寶》注에 "如崇介江黃"이라 함.

【夫齊, 晉之君, 所以治其國家, 擁衛天子, 而愛養百姓者, 豈能盡如古法哉】'國家'는 제후국을 말함. '國'은 제후국, '家'는 卿大夫의 집안을 부르는 말이었음.《韓非子》集解에 "君曰國, 大夫曰家"라 함. 天子(周)나라는 天下觀에 의해 國家라 부르지 않음.

【盖亦出於詐力, 而參之以仁義, 是(齊, 晉)亦未能純爲中國也】'詐力'은 詐術과 武力. 곧 權謀術數와 霸道의 방법을 사용함을 말함. '參之仁義'는 仁義를 섞어 씀. '中國'은 中原. 곧 蠻夷 등 이민족과 구분되는 의미.

【秦, 楚者, 亦非獨貪冒無恥, 肆行而不顧也, 盖亦有秉道行義之君焉】'貪冒'는 탐욕스럽고 함부로 덤빔. '肆行'은 자기 멋대로 마구 행동함.

【是秦, 楚亦未至於純爲夷狄也】秦나라와 楚나라는 純粹한 夷狄은 아님. 완전히 夷狄化한 것은 아님.

【齊, 晉之君, 不能純爲中國, 而《春秋》之所與(予)者】'所與'의 '與'는 '편들어 주다, 함께 하다, 허여하다'의 뜻.《東坡集》에는 '予'로 되어 있음.

【常嚮焉, 有善則汲汲而書之, 惟恐其不得聞於後世; 有過則多方而開赦之, 惟恐其不得爲君子】'常嚮'은 늘 그쪽으로 향함. 항상 '嚮'은 向과 같음. '汲汲'은 서두르며 안달함을 뜻함. '多方'은 여러 방법으로 보여줌. 잘못을 직접 나무라지 않고 다른

여러 각도에서 명분을 찾음. '開赦'는 너그럽게 용서해줌. '不得聞於後世' 다음에
《眞寶》注에는 "如書齊桓名陵之盟. 晉文城濮之戰之類"라 하였고 '不得爲君子' 다
음에는 "如齊桓滅項, 則曰「師滅項」; 晉文召王, 則曰「王狩」之類"라 함.

【秦, 楚之君, 未至於純爲夷狄, 而《春秋》之所不與(予)者】'不與者'는 《東坡集》에는
'不予者'로 되어 있으며 아무리 그래도 그들을 許與(인정)해주지 않음.

【常在焉, 有善則累而後進, 有惡則略而不錄, 以爲不足錄也】'常在焉'은 '늘 그들에
게 있어서'의 뜻. '累而後進'은 신뢰가 여러 차례 쌓여진 뒤에야 이를 진달시켜 기
록해 줌. '進'은 나서서 기록해 줌을 뜻함. 《眞寶》注에 "如荊入蔡伐鄭, 則以「州」
稱, 至來聘則曰「荊人」"이라 함. '不足錄也' 다음에는 《眞寶》注에 "如商臣弑其君
頵, 止書「楚子卒」"이라 함.

【是非獨私於齊】晉, 而偏疾於秦, 楚也】'獨私'는 유독 사사롭게 대함. '偏疾'은 치우
치게 미워함.

【以見中國之不可以一日背, 而夷狄之不可以一日嚮也】'嚮'은 向과 같으며 그 방향으
로만 관심을 두고 좋아함.

【其不純者, 不足以寄其褒貶, 則其純者, 可知矣】'不足以寄其褒貶'은 《東坡集》에는
'不'자가 없음. 따라서 이 구절은 《東坡集》 원문에 따르면 "순전히 中國化되지도,
또는 순전히 夷狄化되지도 않은 나라에게 칭찬이나 폄훼를 붙여주었다면 순수
한 중국(중원)이나 순수한 이적일 경우에는 어떻게 해 주었을 것인가는 가히 알
수 있다"로 풀이 됨. '褒貶'은 稱讚과 貶毁. 《眞寶》注에 "鎖結有力"이라 하였고,
이 구절 끝에는 "斡下意"라 함.

【故曰:「天下之至嚴, 而用法之至詳者, 莫如《春秋》.」】위에 한 말을 다시 강조하여
결론을 삼은 것.

【夫戎者, 豈特如秦, 楚之流入於夷狄而已哉】'流入'은 흘러들어감. 夷狄으로 흘러들
어가 그들과 섞여 타락함. 夷狄化함.

【然而《春秋》書之曰「公會戎于潛」, 公無所貶而戎爲可會, 是獨何歟】《眞寶》注에 "正
說"이라 함.

【夫戎之不能以會禮會公亦明矣, 此學者之所以深疑而求其說也】'會禮'는 會同할 때
의 禮. '不能以會禮會'는 會禮를 갖추어 會同할 수 없음. '求其說'은 그 이론을 추
구함. 그 이유를 알고 싶어함.

【故曰「王者不治夷狄」, 錄戎來者不拒, 去者不追也】何休의 논리를 인용하여 '求其
說'에 대한 답으로 증명한 것. 《眞寶》注에 "再擧題"라 함.

【夫以戎之不可以化誨懷服也, 彼其不悍然執兵, 以與我從事於邊鄙, 固(則)亦幸矣】 '化誨懷服'는 敎化시키고 가르치고 품어주어 복종시킴. '悍然'은 사납고 거친 모습. '執兵'은 무기를 들고 덤벼듦. '從事'는 전쟁을 일으킴. '邊鄙'는 변경. 국경.《眞寶》注에 "邊鄙, 卽邊方"이라 함. '鄙'는 도읍으로부터 먼 시골 邊方을 일컫는 말.《荀子》非相篇 "期思之鄙人也"의 注에 "鄙人, 郊野之人也"라 함. '固亦幸矣'는《東坡集》에는 '則亦幸矣'로 되어 있음.

【又況(乎)知有所謂會者, 而欲行之, 是豈不足以深嘉其意乎】 '又況知'는《東坡集》에는 '又況乎之'라 하여 중간에 '乎'사가 더 있음. '會者'는 會同이라고 하는 것. '深嘉其意'는 그 뜻을 깊이 가상하게 여김. 매우 훌륭하게 여김.《眞寶》注에 "彼自中國流入夷狄; 此自夷狄, 知慕中國"이라 함.

【不然, 將深責其禮, 彼將有所不堪, 而發其暴(憤)怒, 則其禍大矣】 '暴怒'는 포악함과 노함. 그러나《東坡集》에는 '憤怒'로 되어 있음.

【仲尼深憂之, 故因其來而書之以'會', 曰若是足矣】 '仲尼'는 孔子(孔丘), 字가 仲尼임. '書之以會'는 孔子가 '會'자를 쓴 것임. '會'는 대등한 諸侯끼리의 會同이나 會談, 會盟에 쓰는 말이지만 戎과 만남을 '見'으로 쓰지 않고 '會'자로 썼음을 두고 말한 것.

【是將以不治深治之也】 不治로써 이들을 깊이 다스리기 위한 것임.

【由是觀之,《春秋》之疾戎狄者, 非疾純戎狄也, 疾其(夫)以中國而流入於戎狄者也】 '疾其以中國'은《東坡集》에는 '疾夫以中國'으로 되어 있음.《眞寶》注에 "結有力, 一篇意全結在此二句上. ○此初年程詩論之體面平正者. 諸論, 他不暇盡選, 更於晚年論中, 選〈范增〉一篇云"이라 함.

【(謹論)】이상과 같이 삼가 논함.《東坡集》에는 끝에 이 두 글자가 더 있음.

> **참고 및 관련 자료**

1. 작자: 蘇軾(東坡, 子瞻) 091 참조.
2. 이 글은《東坡全集》(40),《古文集成》(43),《文章軌範》(3),《左氏傳續說》(7),《尙書全解》(11) 등에 全文 혹 일부가 실려 있음.

106. 〈范增論〉 ·················· 蘇子瞻(蘇軾)

범증론

*〈范增論〉: 蘇軾의 여러 인물론, 즉 〈鼂錯論〉, 〈留侯論〉, 〈荀卿論〉, 〈伊尹論〉, 〈韓非論〉, 〈始皇論〉, 〈賈誼論〉 중의 하나이며, 이는 《史記》項羽本紀에 실려 있는 范增에 대한 인물평임. 范增은 項羽의 가장 뛰어난 보좌이며 책략가였지만 일찍 項羽를 떠나지 못하고 陳平의 계략에 의해 의심을 받게 되고 나서야 떠난 것은, 판단이 늦은 것이라는 주장을 편 것임. 《古文關鍵》에는 "這一篇要看抑揚處, 吾嘗論一段前平, 平說來, 忽換起放開說, 見得語新意屬. 又見一伏一起處, 漸次引入難, 一段之曲折, 若無陳涉之得民, 便接羽殺卿子一段去, 則文字直了, 無曲折; 且義帝之立一段, 亦直了, 惟有此二段然後見曲折處"라 하였고, 《唐宋八大家文鈔》에는 "增之罪案, 一一刺骨"이라 함.

*《眞寶》注에 "迂齋云:「義帝是義帝所命; 義帝, 是范增所立. 三人死生存亡去就, 最相關涉, 此坡公海外文字筆力, 老健.」○靜觀云:「增當去於羽殺宋義之時, 此是一篇本意, 但有難看者, 若把殺宋義, 爲弑義帝之兆, 弑義帝, 爲疑增之本. 此處道增不曉此不得只是看項羽不破, 有依羽成功之心, 所以一齊昏了.」○責增全說興楚, 不可無義帝, 羽決不可自有爲, 若增此處纖得分明斬截, 則當羽殺宋義時, 有廢主目爲之意, 便當決策, 不誅之則去之, 失處全在此.」라 함.

한漢 유방劉邦이 진평陳平의 계략을 써서 초楚나라 항우項羽의 군신君臣 사이를 이간시켜 멀어지게 하자, 과연 항우는 범증范增이 한나라와 사사롭게 내통하고 있다고 의심하여 조금씩 그의 권한을 삭탈해나갔다.

범증은 크게 노하여 "천하의 일은 크게 결정이 나고 말았소이다. 임금께서 스스로 하시오. 원컨대 해골이나 온전히 하여 졸개로 돌아가게 해주시오!"라고 말했다.

그리고 미처 팽성彭城에 이르지도 못하여 등에 등창이 나서 죽고 말았다.

나 소식은 "범증이 떠난 것은 잘한 일이다. 떠나지 않았으면 항우는 틀림없이 범증을 죽였을 것이다. 다만 그가 좀 더 일찍 떠나지 않은 것이 한스러울 뿐이다"라고 결론부터 내린다.

　그렇다면 어떤 일이 있었을 때 떠났어야 했는가?
　범증이 항우에게 패공(沛公, 劉邦)을 죽이라고 권했지만 항우가 그 말을 듣지 않아, 결국 이 때문에 천하를 잃고 말았으니 마땅히 이때에 떠났어야 했는가? 그렇지 않다.
　범증이 패공을 죽이고자 했을 때는 자신이 항우의 신하된 자로서의 본분이었고, 항우가 패공을 죽이지 않은 것은 항우 자신이 유방의 군주였으므로 그래도 도량을 베푼 것이니, 범증이 어찌 이를 이유로 떠날 수 있었겠는가?
　《역易》에 "기미를 아는 것은 신이로다!"라 하였고, 《시詩》에는 "우설이 쏟아지는 것을 살펴보니, 먼저 싸락눈이 모여들도다"라 하였다.
　범증이 떠났어야 할 때는 마땅히 항우가 경자관군(卿子冠軍, 宋義)을 죽였을 때였다.

　진섭陳涉이 백성의 지지를 얻은 것은 항연項燕과 부소扶蘇를 내세웠기 때문이었고, 항씨項氏가 흥한 것은 초회왕楚懷王의 손자 심心을 세웠기 때문이었는데, 제후가 이에 반기를 든 것은 항우가 의제義帝를 시살했기 때문이었다.
　게다가 의제를 세운 것은 범증이 그 모책의 주동자였는데 의제의 존망이 어찌 유독 초나라의 성쇠에만 국한된 것이었겠는가?
　이 또한 범증이 얻게 될 화복과 함께 한 것이니, 의제가 없어졌는데 범증만이 오래 살아남을 수는 없는 것이었다.
　항우가 경자관군을 죽인만큼 이는 의제를 시살할 전조前兆였던 것이다.

그가 의제를 시살함은 범증을 의심하게 된 근본인데, 어찌 반드시 진평의 계략까지 기다리겠는가!

물건이란 반드시 먼저 썩고 난 뒤에야 벌레가 생기는 것이요, 사람이란 반드시 먼저 의심을 가진 뒤에야 헐뜯는 말이 파고들 수 있는 것이다.

진평이 비록 지혜롭다 해도 어찌 능히 의심을 갖지 않은 군주를 이간할 수 있었겠는가?

나는 일찍이 의제를 두고 천하의 현명한 군주로 논하였었다.

패공을 홀로 함곡관函谷關으로 들어가게 하면서 항우는 보내지 않았으며, 많은 사람들 속에서 경자관군을 알아보고 그를 뽑아 상장上將으로 삼았으니, 현명하지 않고서야 능히 이와 같이 할 수 있었겠는가?

그런데 항우가 이윽고 거짓을 꾸며 경자관군을 죽이자, 의제는 틀림없이 능히 견딜 수 없었을 터이니, 항우가 의제를 시살하지 않으면 의제가 항우를 죽여야 할 것임은 지혜로운 사람이 아니라도 알 수 있는 일이다.

범증은 애초 항량項梁에게 의제를 세워 제후들이 이로써 복종하게 할 것을 권하였는데, 중도에 이를 시살했으니 이는 범증의 뜻이 아니었다.

무릇 어찌 유독 그런 뜻이 아닐 뿐이었겠는가? 장차 틀림없이 힘써 간쟁을 해도 듣지 않았을 것이다.

그의 말을 채용하지 않을뿐더러 나아가 그가 세워준 사람까지 시살하였으니, 항우가 범증을 의심한 것은 틀림없이 여기에서부터 시작되었던 것이다.

바야흐로 경자관군을 죽일 때는 범증과 항우는 어깨를 나란히 하면서 의제를 섬기고 있어, 둘 사이는 군신君臣의 구분이 아직 확정되지 않았다.

범증 자신을 위한 계책으로 권력이 능히 항우를 주벌할 수 있었다면 주벌하고, 그것이 불가했다면 떠나버리면 되었을 터이니, 그것이 어찌 의 연한 대장부가 아니었겠는가?

범증은 이미 일흔 살이었으니 뜻이 맞으면 머물고, 맞지 않으면 떠났어야 했는데, 이때에 거취의 구분을 명확하게 하지 아니한 채 항우에게 의지하여 공명功名을 이루려 했으니 비루하도다!

비록 그렇기는 하나 범증은 고제(高帝, 劉邦)에게는 두려운 존재였으니, 만일 범증이 떠나지 않았다면 항우 또한 망하지 않았을 것이다.

아! 범증은 역시 인걸人傑이었도다!

漢用陳平計, 間踈楚君臣, 項羽疑范增與漢有私, 稍奪其權.
增大怒曰:「天下事大定矣, 君王自爲之. 願賜骸骨歸卒伍!」
未至彭城, 疽發背死.
蘇子曰:「增之去, 善矣. 不去, 羽必殺增, 獨恨其不蚤耳.」

然則當以何事去?
增勸羽殺沛公, 羽不聽, 終以此失天下, 當於是去邪? 曰: 否.
增之欲殺沛公, 人臣之分也; 羽之不殺, 猶有君人之度也, 增曷爲以此去哉?
《易》曰「知幾其神乎!」, 《詩》曰「相彼雨雪, 先集維霰」.
增之去, 當於羽殺卿子冠軍時也.

陳涉之得民也, 以項燕, 扶蘇; 項氏之興也, 以立楚懷王孫心, 而諸侯叛之也, 以弑義帝.
且義帝之立, 增爲謀主矣, 義帝之存亡, 豈獨爲楚之盛衰?
亦增之所與同禍福也, 未有義帝亡, 而增獨能久存者也.
羽之殺卿子冠軍也, 是弑義帝之兆也.
其弑義帝, 則疑增之本也, 豈必待陳平哉!

物必先腐也而後, 蟲生之; 人必先疑也而後, 讒入之.

陳平雖智, 安能間無疑之主哉?

吾嘗論義帝, 天下之賢主也.

獨遣沛公入關而不遣項羽, 識卿子冠軍於稠人之中, 而擢以爲上將, 不賢而能如是乎?

羽旣矯殺卿子冠軍, 義帝必不能堪, 非羽弑帝, 則帝殺羽, 不待智者而後知也.

增始勸項梁立義帝, 諸侯以此服從, 中道而弑之, 非增之意也.

夫豈獨非其意? 將必力爭而不聽也.

不用其言, 而殺其所立, 羽之疑增, 必自此始矣.

方羽殺卿子冠軍, 增與羽比肩而事義帝, 君臣之分, 未定也.

爲增計者, 力能誅羽則誅之, 不能則去之, 豈不毅然大丈夫也哉?

增年已七十, 合則留, 不合則去, 不以此時明去就之分, 而欲依羽以成功名, 陋矣!

雖然, 增, 高帝之所畏也, 增不去, 項羽不亡.

嗚呼! 增亦人傑也哉!

【漢用陳平計, 間踈楚君臣, 項羽疑范增與漢有私, 稍奪其權】'陳平'은 漢高祖 劉邦을 도와 유방으로 하여금 천하를 제패하도록 한 功臣. 策略에 뛰어나 여섯 번의 奇計를 내었었으며 項羽와 范增을 이간시킨 것이 그중 하나임. 曹參이 죽은 뒤 左丞相에 오름. 曲逆侯에 봉해졌으며 諡號는 獻侯. 《史記》(56) 陳丞相世家와 《漢書》(40) 陳平傳을 참조할 것. '間踈楚君臣'은 陳平이 楚나라 項羽의 君臣 사이를 멀어지도록 離間함. 이는 《史記》項羽本紀에 "漢之三年, 項王數侵奪漢甬道, 漢王食乏, 恐, 請和, 割滎陽以西爲漢. 項王欲聽之. 歷陽侯范增曰:「漢易與耳, 今釋弗取, 後必悔之.」項王乃與范增急圍滎陽. 漢王患之, 乃用陳平計間項王. 項王使者來, 爲太牢具, 擧欲進之. 見使者, 詳驚愕曰:「吾以爲亞父使者, 乃反項王使者.」更持去,

以惡食食項王使者. 使者歸報項王, 項王乃疑范增與漢有私, 稍奪之權. 范增大怒, 曰:「天下事大定矣, 君王自爲之. 願賜骸骨歸卒伍!」項王許之. 行未至彭城, 疽發背而死."의 내용을 시작으로 한 것. 漢 高祖(劉邦) 3년(B.C.204) 項羽가 范增의 제안으로 劉邦의 군대를 포위하자 陳平의 계책을 써서 項羽와 范增을 離間시켰던 사건. 項羽가 보낸 使者에게 太牢를 갖추어놓고는 역시 "亞父(范增)께서 보낸 사자가 아니고, 겨우 항우의 사자냐?" 물어보고는 조악한 음식으로 바꾸어 대접함으로써 使者가 돌아가 項羽에게 이를 알리자 項羽는 范增이 劉邦과 내통하고 있다고 의심하고는 차츰 범증의 권한을 빼앗기 시작함. '間踈'는 이간하여 사이가 멀어지도록 함. '楚君臣'은 項羽와 范增을 가리킴. '范增'은 項羽의 모신이며 軍事 諮問을 맡았었음. 항우는 일찍이 그를 존경하여 亞父라 불렀음. 范增은 居巢 사람으로 처음 陳勝이 反秦의 旗幟를 들자 項羽의 叔父 項梁을 찾아가 擧事를 일으킬 것을 권유하여 項羽가 큰 인물이 되도록 하였음.《史記》項羽本紀에 "居鄛人范增, 年七十; 素居家, 好奇計, 往說項梁曰:「陳勝敗固當. 夫秦滅六國, 楚最無罪. 自懷王入秦不反, 楚人憐之至今, 故楚南公曰'楚雖三戶, 亡秦必楚也.' 今陳勝首事, 不立楚後而自立, 其勢不長. 今君起江東, 楚蜂午之將皆爭附君者, 以君世世楚將, 爲能復立楚之後也.」於是項梁然其言, 乃求楚懷王孫心民閒, 爲人牧羊, 立以爲楚懷王, 從民所望也. 陳嬰爲楚上柱國, 封五縣, 與懷王都盱台. 項梁自號爲武信君."이라 함. '項羽'는 이름은 籍. 楚나라 貴族으로 秦末 起兵하여 秦이 망하자 자립하여 西楚霸王이 되어 천하를 호령하였으나, 뒤에 楚漢戰에서 垓下에서 劉邦에게 패하자 烏江에서 스스로 목숨을 끊음.《史記》項羽本紀를 참조할 것.

【增大怒曰:「天下事大定矣, 君王自爲之. 願賜骸骨歸卒伍!」】'賜骸骨'은 자신의 해골을 온전히 하여 고향으로 돌아가 살다 죽을 수 있도록 허락해 달라는 뜻. '歸卒伍'는 졸개, 즉 평민의 신분으로 돌아감.

【未至彭城, 疽發背死】'彭城'은 지금의 江蘇省 銅山縣. 그 무렵 項羽가 도읍으로 정하고 있었음. '疽發背死'는 范增은 項羽를 떠나 고향으로 가던 중 등에 등창이 나서 죽고 말았음.《眞寶》注에 "漢三年, 楚急擊, 絶漢甬道, 圍漢王於滎陽城. 漢王用陳平謀, 出黃金四萬斤予平, 爲間於楚, 宣言曰:「諸將鍾離昧等, 爲項王將, 功多矣. 然終不得裂地而王, 欲與漢爲一, 以滅項氏, 分王其地.」項王果疑之, 使使至漢, 漢爲大牢之具, 擧進, 見楚使則陽驚, 曰:「以爲亞父使, 乃項王使也.」復去, 以惡草具進楚使, 使歸具以報. 項王果大疑亞父, 亞父欲急擊下滎陽城, 項王不聽, 亞父怒, 乞骸骨云云."이라 함.

【蘇子曰: 增之去, 善矣. 不去, 羽必殺增, 獨恨其不蚤耳】'不蚤'는 늦었음. 좀 더 일찍 결정했어야 함. '蚤'는 '早'와 같음.

【然則當以何事去】'어떤 사건이 났을 때 떠났어야 하는가?'의 뜻.

【增勸羽殺沛公, 羽不聽. 終以此失天下, 當於是去邪? 曰: 否】이는 '鴻門宴 사건'을 말함. '沛公'은 漢 高祖를 가리킴. 高祖 劉邦은 沛에서 일어나 많은 무리들이 그를 '沛公'이라 불렀으며, 뒤에 項羽에 의해 漢中王에 봉해져 '漢王'이라 칭했음. 鴻門宴 때 范增은 項羽에게 劉邦을 죽이라고 눈짓을 보냈으며 이 기회를 놓치면 천하를 잃게 된다고 여겼음. 그러나 項羽는 劉邦을 죽이지 않았고 이로 말미암아 천하를 잃게 된 것임. 《史記》項羽本紀에 "沛公旦日從百餘騎來見項王, 至鴻門, 謝曰:「臣與將軍戮力而攻秦, 將軍戰河北, 臣戰河南, 然不自意能先入關破秦, 得復見將軍於此. 今者有小人之言, 令將軍與臣有卻.」項王曰:「此沛公左司馬曹無傷言之; 不然, 籍何以至此.」項王卽日因留沛公與飮. 項王, 項伯東嚮坐, 亞父南嚮坐. 亞父者, 范增也. 沛公北嚮坐, 張良西嚮侍. 范增數目項王, 擧所佩玉玦以示之者三, 項王默然不應. 范增起, 出召項莊, 謂曰:「君王爲人不忍, 若入前爲壽, 壽畢, 請以劍舞, 因擊沛公於坐, 殺之. 不者, 若屬皆且爲所虜.」莊則入爲壽, 壽畢, 曰:「君王與沛公飮, 軍中無以爲樂, 請以劍舞.」項王曰:「諾.」項莊拔劍起舞, 項伯亦拔劍起舞, 常以身翼蔽沛公, 莊不得擊. 於是張良至軍門, 見樊噲. 樊噲曰:「今日之事何如?」良曰:「甚急. 今者項莊拔劍舞, 其意常在沛公也.」噲曰:「此迫矣, 臣請入, 與之同命.」噲卽帶劍擁盾入軍門. 交戟之衛士欲止不內, 樊噲側其盾以撞, 衛士仆地, 噲遂入, 披帷西嚮立, 瞋目視項王, 頭髮上指, 目眥盡裂. 項王按劍而跽曰:「客何爲者?」張良曰:「沛公之參乘樊噲者也.」項王曰:「壯士, 賜之卮酒.」則與斗卮酒. 噲拜謝, 起, 立而飮之. 項王曰:「賜之彘肩.」則與一生彘肩. 樊噲覆其盾於地, 加彘肩上, 拔劍切而啗之. 項王曰:「壯士, 能復飮乎?」樊噲曰:「臣死且不避, 卮酒安足辭! 夫秦王有虎狼之心, 殺人如不能擧, 刑人如恐不勝, 天下皆叛之. 懷王與諸將約曰'先破秦入咸陽者王之'. 今沛公先破秦入咸陽, 豪毛不敢有所近, 封閉宮室, 還軍霸上, 以待大王來. 故遣將守關者, 備他盜出入與非常也. 勞苦而功高如此, 未有封侯之賞, 而聽細說, 欲誅有功之人. 此亡秦之續耳, 竊爲大王不取也.」項王未有以應, 曰:「坐.」樊噲從良坐. 坐須臾, 沛公起如廁, 因招樊噲出. 沛公已出, 項王使都尉陳平召沛公. 沛公曰:「今者出, 未辭也, 爲之奈何?」樊噲曰:「大行不顧細謹, 大禮不辭小讓. 如今人方爲刀俎, 我爲魚肉, 何辭爲.」於是遂去. 乃令張良留謝. 良問曰:「大王來何操?」曰:「我持白璧一雙, 欲獻項王, 玉斗一雙, 欲與亞父, 會其怒, 不敢獻. 公爲我獻之」張良曰:「謹

諾.」當是時, 項王軍在鴻門下, 沛公軍在霸上, 相去四十里. 沛公則置車騎, 脫身獨
騎, 與樊噲, 夏侯嬰, 靳彊, 紀信等四人持劍盾步走, 從酈山下, 道芷陽閒行. 沛公謂
張良曰:「從此道至吾軍, 不過二十里耳. 度我至軍中, 公乃入.」沛公已去, 閒至軍中,
張良入謝, 曰:「沛公不勝桮杓, 不能辭. 謹使臣良奉白璧一雙, 再拜獻大王足下; 玉斗
一雙, 再拜奉大將軍足下.」項王曰:「沛公安在?」良曰:「聞大王有意督過之, 脫身獨
去, 已至軍矣.」項王則受璧, 置之坐上. 亞父受玉斗, 置之地, 拔劍撞而破之, 曰:
「唉! 豎子不足與謀. 奪項王天下者, 必沛公也, 吾屬今爲之虜矣.」沛公至軍, 立誅殺
曹無傷"이라 함.

【增之欲殺沛公, 人臣之分也, 羽之不殺, 猶有君人之度也, 增曷爲以此去哉】'人臣之
分'은 范增은 項羽의 신하였으므로 자신의 군주를 위해 권유할 수 있는 것임. '君
人之度'는 君主로서의 度量. 그즈음 項羽는 君主, 劉邦은 그의 臣下인 셈이었음.
따라서 劉邦을 죽이지 않은 것은 項羽가 君主로서의 度量을 베푼 것임. '曷'은 疑
問이나 感歎을 나타내는 助詞. 《眞寶》注에 "漸次引入無, 此一切則直了"라 함.

《易》曰「知幾其神乎!」, 《詩》曰「相彼雨雪, 先集維霰」《易》繫辭傳(下)에 "子曰:「知幾
其神乎? 君子上交不諂, 下交不瀆, 其知幾乎? 幾者, 動之微, 吉之先見者也. 君子見
幾而作, 不俟終日.」"이라 함. '幾'는 빌미, 幾微, 어떤 일의 徵候. '神'은 神과 같은
마음의 작용. 미래의 희미한 徵兆를 앎이 신과 같음. 《詩》는 小雅 頍弁에 "豈伊異
人, 兄弟甥舅. 如彼雨雪, 先集維霰. 死喪無日, 無幾相見. 樂酒今夕, 君子維宴"이라
함. 큰 눈이 내리기 전에 싸락눈부터 내림을 뜻함. '霰'은 싸락눈. '相彼雨雪'은
《眞寶》注에는 "相, 猶視也"라 하였으나, 원문에는 '如彼雨雪'로 되어 있음.

【增之去, 當於羽殺卿子冠軍時也】'卿子冠軍'은 楚나라 義帝의 장군 宋義. 그 무렵
反秦 세력들은 名分을 위해 楚나라 후손 楚 懷王의 孫子 心을 세워 義帝라 부
르며 그 휘하에 있었음. 이때 義帝는 宋義를 上將軍으로, 項羽를 次將軍으로
삼았음. 아울러 宋義를 높여 '卿子冠軍'이라 불렀으나 뒤에 項羽는 宋義를 죽이
고 자신이 上將軍에 올랐음. 《史記》項羽本紀에 "初, 宋義所遇齊使者高陵君顯在
楚軍, 見楚王曰:「宋義論武信君之軍必敗, 居數日, 軍果敗. 兵未戰而先見敗徵, 此
可謂知兵矣.」王召宋義與計事而大說之, 因置以爲上將軍, 項羽爲魯公, 爲次將, 范
增爲末將, 救趙. 諸別將皆屬宋義, 號爲卿子冠軍"이라 함. 《眞寶》注에 "宋義方說
出"이라 함.

【陳涉之得民也, 以項燕、扶蘇】'陳涉'은 이름은 勝. 吳廣과 함께 최초로 秦나라로
반기를 들었던 인물. 《史記》陳涉世家를 참조할 것. "燕雀安知鴻鵠之志?", '王侯

將相寧有種乎?' 등의 고사를 남겼으며, 그가 일어서자 천하가 드디어 호응하여 項羽와 劉邦도 봉기하게 된 것임.《史記》秦始皇本紀에 "七月, 戍卒陳勝等反故荊地, 爲「張楚」. 勝自立爲楚王, 居陳, 遣諸將徇地. 山東郡縣少年苦秦吏, 皆殺其守尉令丞反, 以應陳涉, 相立爲侯王, 合從西鄕, 名爲伐秦, 不可勝數也. 謁者使東方來, 以反者聞二世. 二世怒, 下吏. 後使者至, 上問, 對曰「群盜, 郡守尉方逐捕, 今盡得, 不足憂.」上悅. 武臣自立爲趙王, 魏咎爲魏王, 田儋爲齊王. 沛公起沛. 項梁擧兵會稽郡"이라 함. '項燕'은 戰國 말의 楚나라 장수이며 項羽의 祖父. '扶蘇'는 秦始皇의 태자 이름. 秦始皇이 죽자 趙高가 거짓 詔書를 꾸며 자결토록 하고 대신 胡亥를 二世皇帝로 세움. 陳涉은 처음에 군사를 일으킬 때 자신들은 項燕과 扶蘇의 殘餘部隊라 거짓 명분을 내세워 민심을 얻었음.《史記》陳涉世家에 "陳勝者, 陽城人也, 字涉. 吳廣者, 陽夏人也, 字叔. 陳涉少時, 嘗與人傭耕, 輟耕之壟上, 悵恨久之, 曰「苟富貴, 無相忘.」庸者笑而應曰「若爲庸耕, 何富貴也?」陳涉太息曰「嗟乎, 燕雀安知鴻鵠之志哉!」陳勝·吳廣乃謀曰「今亡亦死, 擧大計亦死, 等死, 死國可乎?」陳勝曰「天下苦秦久矣. 吾聞二世少子也, 不當立, 當立者乃公子扶蘇. 扶蘇以數諫故, 上使外將兵. 今或聞無罪, 二世殺之. 百姓多聞其賢, 未知其死也. 項燕爲楚將, 數有功, 愛士卒, 楚人憐之. 或以爲死, 或以爲亡. 今誠以吾衆詐自稱公子扶蘇·項燕, 爲天下唱, 宜多應者.」吳廣以爲然. 乃行卜. 卜者知其指意, 曰「足下事皆成, 有功. 然足下卜之鬼乎!」陳勝·吳廣喜, 念鬼, 曰「此敎我先威衆耳.」乃丹書帛曰「陳勝王」, 置人所罾魚腹中. 卒買魚烹食, 得魚腹中書, 固以怪之矣. 又閒令吳廣之次所旁叢祠中, 夜篝火, 狐鳴呼曰「大楚興, 陳勝王」. 卒皆夜驚恐. 旦日, 卒中往往語, 皆指目陳勝. 吳廣素愛人, 士卒多爲用者. 將尉醉, 廣故數言欲亡, 忿恚尉, 令辱之, 以激怒其衆. 尉果笞廣. 尉劍挺, 廣起, 奪而殺尉. 陳勝佐之, 幷殺兩尉. 召令徒屬曰「公等遇雨, 皆已失期, 失期當斬. 藉弟令毋斬, 而戍死者固十六七. 且壯士不死卽已, 死卽擧大名耳, 王侯將相寧有種乎!」徒屬皆曰「敬受命.」乃詐稱公子扶蘇·項燕, 從民欲也"라 함.

【項氏之興也, 以立楚懷王孫心, 而諸侯叛之也, 以弑義帝】 '項氏'는 項羽가 叔父 項梁과 함께 군사를 일으켜 함께 칭한 것. '楚懷王孫心'은 楚나라 懷王의 손자. 이름은 心. 戰國 末에 楚 懷王은 秦나라에 속아 秦나라에 갔다가 붙잡혀 그곳에서 죽어, 楚나라는 秦나라에 대한 원한이 매우 컸음. 이에 范增은 項梁에게 懷王의 孫子 心을 민간에서 찾아 그를 임금으로 내세워, 그를 처음에는 楚懷王으로 불렀다가 뒤에 秦나라를 멸하고 나서 義帝라 부르고, 劉邦을 漢中王으로, 그리고

할거하던 각지의 반군들을 王으로 봉한 다음, 자신은 西楚霸王이 되었음.《眞寶》注에 "心, 義帝"라 함. '弑義帝'는 項羽는 秦나라를 멸망시키고 나서 義帝를 湖南 長沙로 옮겨놓았다가 九江王 英布로 하여금 江中에서 擊殺하도록 하였음.《眞寶》注에 "此是說羽決不可以自有, 爲增看不破處"라 함.

【且義帝之立, 增爲謀主矣, 義帝之存亡, 豈獨爲楚之盛衰】 '謀主'는 項梁으로 하여금 義帝를 세우도록 했던 주모자 范增.

【亦增之所與同禍福也, 未有義帝亡, 而增獨能久存者也】 '所與同禍福'는 禍福을 함께 받음.《眞寶》注에 "此增元曉得底, 後來昏了"라 함. '能久存者' 다음에《眞寶》注에는 "無陳涉之得民以下, 便說羽殺宋義事, 則文字無曲折, 而失之直矣"라 함.

【羽之殺卿子冠軍也, 是弑義帝之兆也】 '兆'는 徵兆, 前兆.

【其弑義帝, 則疑增之本也, 豈必待陳平哉】 '本'은 范增을 의심하게 한 근본.

【物必先腐也而後, 蟲生之; 人必先疑也而後, 讒入之】 '讒'은 讒害, 모함, 헐뜯음, 비방함.《眞寶》注에 "又著此語, 則文字優游不迫, 與前面引《詩》《易》同類"라 함.

【陳平雖智, 安能間無疑之主哉】 의심을 품고 있지 않은 군주를 離間시킬 수 없음.

【吾嘗論義帝, 天下之賢主也】 義帝는 현명한 군주였음.

【獨遣沛公入關而不遣項羽, 識卿子冠軍於稠人之中, 而擢以爲上將, 不賢而能如是乎】 '遣沛公入關'은 義帝가 沛公(劉邦)을 보내어 函谷關으로 들어가게 함. 원래 項羽가 먼저 函谷關으로 들어가 秦나라 咸陽을 공격하겠다고 나섰으나, 義帝는 項羽가 난폭하여 民心을 잃을 것임을 우려하여 沛公으로 하여금 먼저 咸陽을 공격하도록 하였음.《史記》高祖本紀에 "趙數請救, 懷王乃以宋義爲上將軍, 項羽爲次將, 范增爲末將, 北救趙. 令沛公西略地入關. 與諸將約:「先入定關中者, 王之.」當是時, 秦兵彊, 常乘勝逐北, 諸將莫利先入關. 獨項羽怨秦破項梁軍, 奮, 願與沛公西入關. 懷王諸老將皆曰:「項羽爲人僄悍猾賊. 項羽嘗攻襄城, 襄城無遺類, 皆阬之, 諸所過無不殘滅. 且楚數進取, 前陳王, 項梁皆敗. 不如更遣長者扶義而西, 告諭秦父兄. 秦父兄苦其主久矣, 今誠得長者往, 毋侵暴, 宜可下. 今項羽僄悍, 今不可遣. 獨沛公素寬大長者, 可遣.」卒不許項羽, 而遣沛公西略地, 收陳王, 項梁散卒. 乃道碭至成陽, 與杠里秦軍夾壁, 破(魏)〔秦〕二軍. 楚軍出兵擊王離, 大破之"라 함.《眞寶》注에 "義帝識羽, 增識不破"라 함. '稠人'은 많은 사람들. 빽빽하게 밀집한 사람들.

【羽旣矯殺卿子冠軍, 義帝必不能堪, 非羽弑帝, 則帝殺羽, 不待智者而後知也】 '矯殺'은 속임수를 써서 죽임. 項羽는 군중에서 卿子冠軍 宋義를 죽이고, 그가 齊나라

와 내통하고 반란을 꾀하였기 때문에 義帝의 命에 의해 죽인 것이라 거짓말을
함. 宋義는 義帝의 명을 받들어 趙를 구하러 나서서 安養에 이르자 46일 동안 머
물며 趙와 秦이 맞붙어 지치기를 기다려 漁父之利를 얻고자 책략을 세웠으나,
項羽는 이에 반대하여 趙나라와 연합하여 秦軍을 공격할 것을 요구함. 이에 宋
義가 노하자 項羽는 도리어 宋義를 齊와 謀議하여 楚나라를 배반하려 했다고
거짓을 꾸며 죽인 것임. 《史記》項羽本紀에 "項羽晨朝上將軍宋義, 卽其帳中斬宋
義頭, 出令軍中曰:「宋義與齊謀反楚, 楚王陰令羽誅之.」"라 함. '不能堪'은 감내하지
못함. '則帝殺羽'는 그렇지 않으면 義帝가 項羽를 죽였을 것임. 《眞寶》注에 "應
「殺冠軍爲弑, 義帝之兆」一句"라 하였고, 끝에는 "增豈不曉得?"이라 함.

【增始勸項梁立義帝, 諸侯以此服從, 中道而弑之, 非增之意也】'項梁'은 項燕의 아
들이며 項羽의 숙부. 처음 范增이 項梁에게 찾아가 楚나라 민심을 얻기 위해 楚
懷王의 손자 心을 세울 것을 권유함. 이에 心을 찾아 왕으로 세우고 처음에는
楚懷王으로 불렀으나 뒤에 義帝로 고쳐 부름.

【夫豈獨非其意, 將必力爭而不聽也】'力爭'은 힘써 간쟁을 하며 義帝의 죽음을 막
음. '爭'은 諍과 같음. 《眞寶》注에 "文字要用無作有"라 함.

【不用其言, 而殺其所立, 羽之疑增, 必自此始矣】《眞寶》注에 "應「弑義帝爲疑增之
本」一句"라 함.

【方羽殺卿子冠軍, 增與羽比肩而事義帝, 君臣之分, 未定也】'君臣之分'은 임금과 신
하의 구분. 그 무렵 項羽도 아직 군주가 아니었으므로 項羽와 范增 사이는 임금
과 신하의 관계가 아니며 서로 義帝의 신하들이었음을 말함.

【爲增計者, 力能誅羽則誅之, 不能則去之, 豈不毅然大丈夫也哉】'不能則去之' 다음
에 《眞寶》注에 "二句妙"라 함. '毅然'은 꿋꿋한 모습.

【增年已七十, 合則留, 不合則去, 不以此時明去就之分, 而欲依羽以成功名, 陋矣】'去
就之分'은 去取의 문제. '陋矣'는 鄙陋함. 떳떳하지 못함. 《眞寶》注에 "增只是此
處者不破, 倂前曉得底, 都昏了"라 함.

【雖然, 增, 高帝之所畏也, 增不去, 項羽不亡】范增은 高帝(劉邦)가 두렵게 여기는 대
상이었음. 項羽에게 范增이 있음으로 해서 劉邦은 자신의 뜻을 제대로 펼 수 없
었음을 말함.

【嗚呼, 增亦人傑也哉】《眞寶》注에 "前深抑之, 此處揚之, 操縱法. 大凡作漢唐君臣
文字. 前說他好, 後須說, 些不好處, 前說他不好, 後面須放他出一線路"라 함.

1. 작자: 蘇軾(東坡, 子瞻) 091 참조.

2. 이 글은《東坡全集》(105, 御製讀蘇軾范增論),《古文關鍵》(下),《文章軌範》(3),《唐宋八大家文鈔》(130),《唐宋文醇》(43),《文編》(31),《經濟類編》(84),《歷代名賢確論》(38),《御製文集》(2集 34) 등에 실려 있음.

107. <上樞密韓太尉書> ·················· 蘇子由(蘇轍)
추밀원 한태위에게 올리는 글

＊〈上樞密韓太尉書〉: '樞密'은 軍事와 國防의 일을 관장하던 樞密院의 장관 樞密
使. '韓太尉'는 韓琦(1008-1075). 字는 稚圭. 宋나라 때 安陽(지금의 河南 安陽) 사
람으로 仁宗(趙禎) 天聖(1023-1031) 연간에 樞密院使를 거쳐 魏國公에 봉해짐.
《宋史》(312)에 傳이 있음. 蘇軾(東坡)의 아우 蘇轍(子由)이 그를 한 번 만나보고,
자신에게 더욱 문장에 精進하고 관리의 일도 배울 기회를 달라고 피력하여 올
린 上書. 蘇轍의 열아홉 살에 지은 것이라 하여, 迂齋의 《崇古文訣》에는 혹시
아버지 蘇洵(老泉)이 대신 써준 것이 아닌가 疑問을 제기하기도 하였음. '太尉'
는 원래 漢나라 때의 직책 이름으로 군사 관련 최고 장관으로 唐宋 때의 樞密
院使와 같음. 《唐宋八大家文鈔》에 "胸次博大"라 함.

＊《眞寶》注에 "迂齋云:「胷臆之談, 筆勢規模, 從司馬子長〈自序〉中來, 從歐陽公, 轉
韓太尉身上, 可謂奇險, 子由是年十九歲, 或云老泉代作.」○按此篇, 雄建恢踈, 眞
老泉之作. 子由文平正純熟, 不類此也. 其後馬存〈子長遊〉一篇, 意實出於此, 但不
用其文耳"라 함.

태위太尉 한기韓琦 집사執事께:

  저(轍)는 태어나면서 문장 짓기를 좋아하여, 깊이 생각해 보았더니 "문
장이란 기氣가 형태를 이루는 것으로 문장은 학습한다고 해서 능하게
할 수 있는 것이 아니지만, 기는 수양하면 이룰 수 있는 것"이라고 여기
게 되었습니다.

  맹자孟子는 "나는 나의 호연지기浩然之氣를 잘 기르리라"고 하였습
니다.

  지금 그 문장을 보면 관후寬厚하고 굉박宏博하여, 천지 사이에 가득차
서, 그 기의 대소에 걸맞습니다.

  태사공(太史公, 司馬遷)은 천하를 다니며 두루 사해四海와 명산대천을

유람하고, 연燕, 조趙 사이의 호준豪俊들과 교유하였습니다. 그 까닭으로 그의 문장은 소탕疎蕩하여 자못 기이한 기를 가지고 있습니다.

이 두 사람이 어찌 일찍이 집필을 배워서 이와 같은 문장을 지어낸 것이겠습니까?

그 기가 그 가슴속에 충만하여 그것이 겉으로 넘쳐난 것이며, 그 언어에 움직여서 그 문장에 드러나는 것인데도 스스로는 알지 못하였던 것입니다.

저는 지금 태어난 지 19년이 되었으면서도, 살고 있던 집에서 교유하는 자라고 해야 인리향당鄰里鄉黨 사람들을 넘지 않으며, 보는 바라고 해야 수백 리에 불과하여, 올라가 구경하면서 스스로를 넓힐 만한 높은 산과 큰 들도 없었으며, 제자백가의 책들은 비록 읽지 않은 것이 없지만 그럼에도 모두 옛사람들의 묵은 흔적으로써, 저의 기지氣志를 격발시키기에 족한 것이 없었습니다.

드디어 그렇게 묻히고 말지 않을까 두려워, 그 때문에 결연決然히 집을 버리고 떠나 천하의 기이한 견문과 장대한 경관을 찾아 천지의 광대함을 알고자 하였습니다.

그리하여 진秦나라와 한漢나라 때의 옛 도읍을 경유하여 신나게 종남산終南山, 숭산嵩山, 화산華山의 높은 모습을 마음놓고 구경하고, 북쪽으로는 황하黃河가 분류奔流함을 돌아보고는 개연慨然히 옛 사람들의 호걸스러움을 상상하였습니다.

경사京師에 이르러서는 궁궐의 장대함과 창름倉廩, 부고府庫, 성지城池, 원유苑囿의 풍부하고도 장대함을 우러러보고 난 후에야 천하가 크고 화려하다는 것을 알게 되었습니다.

한림翰林 구양공歐陽公, 歐陽修을 뵙고 그분의 의론議論이 굉장하고, 변론에 뛰어남도 들었고, 그분 용모의 수위秀偉함과 그분께서 문인門人들 중 현명한 사대부士大夫들과 교유하였음을 들은 후에야 천하의 문장이 여기에 다 모여 있음을 알게 되었습니다.

 태위께서 재략才略으로는 천하 제일임으로 하여 천하의 믿는 바가 되어, 이로써 아무런 걱정을 하지 않아도 되고, 사이四夷는 꺼리는 대상이 되어 감히 도발을 하지 못하고 있으며, 들어서는 주공周公이나 소공召公이 되시고 나가서는 방숙方叔이나 소호召虎가 되어 있으시나, 저는 아직 만나 뵙지 못하였습니다.

 게다가 무릇 사람이 학문을 하면서 장대함에 뜻을 두지 않는다면 비록 많이 배운다 한들 무엇을 위한 것이겠습니까?

 제가 이렇게 서울로 오면서 산이라면 종남산과 숭산, 화산의 높은 모습을 보았고, 물이라면 황하의 크고 깊은 모습을 보았으며, 사람이라면 구양공을 뵈었지만 그래도 아직 태위를 뵙지 못하였습니다.

 이런 까닭으로 현명하신 분의 광채를 뵙고 한 마디 말씀을 들어, 제 스스로를 장대하게 한 연후에야, 가히 천하의 대관大觀을 다하였으니 더 이상 유감이 없다라고 여기게 되기를 원합니다.

 저는 나이가 어려 아직 관리의 일에는 능히 통하여 익히지 못하였으나, 지난날 서울에 온 것은 몇 되 몇 말의 봉록을 얻기 위함이 아니었지만 우연히 관직을 얻기는 하였으나 그것으로써 즐거움을 느끼는 것은 아닙니다.

 그러니 다행히 고향으로 돌아가 나중에 다시 선발되기를 기다리며 저로 하여금 편안히 지낼 수 있는 몇 년의 기간을 얻도록 해 주신다면, 장차 돌아가 문장을 더욱 잘 다스리며 또한 정사政事에 대해서도 배울 것입니다.

 태위께서 진실로 가르칠 만한 상대라 여기시어 욕되게 가르침을 주신다면, 또한 다행이겠습니다!

（太尉執事:）轍生好爲文, 思之至深, 以爲「文者, 氣之所形. 然文不可以學而能, 氣可以養而致」.

孟子曰:「我善養吾浩然之氣.」

今觀其文章, 寬厚宏博, 充乎天地之間, 稱其氣之小大.

太史公行天下, 周覽四海名山大川, 與燕趙間豪俊交遊. 故其文疎(疎)蕩, 頗有奇氣.

此二子者, 豈嘗執筆, 學爲如此之文哉?

其氣充乎其中而溢乎其貌, 動乎其言而見乎其文, 而不自知也.

轍生十有九年矣, 其所居家與遊者, 不過其鄰里鄉黨之人, 所見不過數百里之間, 無高山大野可登覽以自廣, 百氏之書, 雖無所不讀, 然皆古人之陣迹, 不足激發其志氣.

恐遂汩沒, 故決然捨去, 求天下之奇聞壯觀, 以知天地之廣大.

過秦漢之故都, 恣觀終南 · 嵩 · 華之高, 北顧黃河之奔流, 慨然想見古人之豪傑.

至京師, 仰觀天子宮闕之壯, 與倉廩 · 府庫 · 城池 · 苑囿之富且大也, 而後知天下之巨麗.

見翰林歐陽公, 聽其議論之宏辨(辯), 觀其容貌之秀偉, 與其門人賢士大夫遊, 而後知天下之文章, 聚乎此也.

太尉以才略冠天下, 天下之所恃以無憂, 四夷之所憚而(以)不敢發. 入則周公 · 召公, 出則方叔 · 召虎, 而轍也, 未之見焉.

且夫人之學也, 不志其大, 雖多而奚(何)爲?

轍之來也, 於山見終南 · 嵩 · 華之高, 於水見黃河之大且深; 於人見歐陽公, 而猶以(爲)未見太尉也.

故願得觀賢人之光耀, 聞一言以自壯, 然後可以盡天下之大觀而無憾者矣.

轍年少, 未能通習吏事, 嚮之來, 非有取於升斗之祿, 偶然得之, 非其所樂.

然幸得賜歸待選, 使得優游數年之間, 將以(歸)益治其文, 且學爲政.

太尉苟以爲可敎而辱敎之, 又幸矣!

【(太尉執事:) 轍生好爲文, 思之至深, 以爲文者, 氣之所形】'太尉執事'는《欒城集》에
는 이 4자가 앞에 더 있음. '太尉'는 韓琦를 가리킴. '執事'는 서신을 쓸 때 흔히
상대를 높여 부르는 말로 사용함. '氣'는 氣量이나 才氣.

【然文不可以學而能, 氣可以養而致】'以養而致'는 잘 길러야 얻어짐.

【孟子曰:「我善養吾浩然之氣.」】이는《孟子》公孫丑(上)에 "曰:「我知言, 我善養吾浩
然之氣.」「敢問何謂浩然之氣?」曰:「難言也. 其爲氣也, 至大至剛; 以直養而無害,
則塞于天地之間. 其爲氣也, 配義與道; 無是, 餒也. 是集義所生者, 非義襲而取之
也. 行有不慊於心, 則餒矣. 我故曰:『告子未嘗知義.』以其外之也. 必有事焉而勿正,
心勿忘, 勿助長也. 無若宋人然:宋人有閔其苗之不長而揠之者, 芒芒然歸. 謂其人
曰:『今日病矣, 予助苗長矣.』其子趨而往視之, 苗則槁矣. 天下之不助苗長者寡矣. 以
爲無益而舍之者, 不耘苗者也;助之長者, 揠苗者也. 非徒無益, 而又害之.」라 한 내
용을 인용한 것. '浩然之氣'는 천지자연 속에 사람으로서의 아주 위대한 기운.

【今觀其文章, 寬厚宏博, 充乎天地之間, 稱其氣之小大】'寬厚宏博'은 寬大함과 溫厚
함, 그리고 宏遠함과 廣博함. '稱其氣之小大'는 그 氣의 크기에 알맞음.

【太史公行天下, 周覽四海名山大川, 與燕趙間豪俊交遊. 故其文踈(疎)蕩, 頗有奇氣】
'太史公'은 司馬遷.《史記》(130권)를 지었으며, 그 이전에 많은 곳을 유람하여 뜻
을 넓히고 역사적 유지를 확인함. '燕趙'는 고대 周나라 때 있었던 燕나라 지역
과 戰國시대 趙나라가 있던 곳. 燕은 도읍이 薊(지금의 北京)였으며, 趙는 도읍이
지금의 河北省 邯鄲으로 山西省과 河北省 일대를 장악하고 있었음. '踈蕩'은 시
원하게 탁 트이고 거침이 없음. 踈는 疏, 疎, 疎 등과 같음.《欒城集》에는 疎蕩으
로 표기되어 있음.

【此二子者, 豈嘗執筆, 學爲如此之文哉】'二子'는 孟子와 司馬遷.

【其氣充乎其中而溢乎其貌, 動乎其言而見乎其文, 而不自知也】'充乎其中'의 '乎'는
於, 于와 같음. '見乎其文'의 '見'(현)은 現과 같음. 드러남. 표현됨.

【轍生十有九年矣, 其所居家與遊者, 不過其鄰里鄉黨之人, 所見不過數百里之間, 無
高山大野可登覽以自廣】'鄰里鄉黨'은 고대 행정단위로《周禮》地官 遂人에 "五家
爲鄰, 二十五家二里, 萬二千五百家爲鄉, 五百家爲黨"이라 하였음. 여기서는 이웃
과 향당. 좁은 식견만을 얻었을 뿐임을 말함. '自廣'은 넓게 유람하여 자신의 견
식을 넓힘.

【百氏之書, 雖無所不讀, 然皆古人之陣迹, 不足激發其志氣】'百氏'는 諸子百家를
가리킴. '陳迹'은 묵은 자취. 낡은 발자취.

【恐遂汩沒, 故決然捨去, 求天下之奇聞壯觀, 以知天地之廣大】'汩沒'(골몰)은 매몰됨.
그대로 묻혀 재능을 발휘하지 못함. 疊韻連綿語. '捨去'는 자신의 고향을 떠남.

【過秦漢之故都, 恣觀終南·嵩·華之高, 北顧黃河之奔流, 慨然想見古人之豪傑】'秦
漢之故都'는 秦나라와 漢나라 때의 옛 도읍. 秦나라는 咸陽, 漢나라는 西漢 때
에는 長安, 東漢 때에는 洛陽이 수도였음. '恣觀'은 마음껏 신나게 구경함. '終南'
은 산 이름. 陝西省 西安 長安縣 남쪽에 있음. '嵩'은 嵩山. 五嶽 중 中嶽 지금의
河南省 登封縣 북쪽에 있음. '華'는 華山. 五嶽의 西嶽. 지금의 陝西省 華陰縣 남
쪽에 있음.

【至京師, 仰觀天子宮闕之壯, 與倉廩·府庫·城池·苑囿之富且大也, 而後知天下之巨
麗】'京師'는 北宋 때의 수도 汴京. 지금의 河南省 開封市. '倉廩'은 곡식 창고. '府
庫'는 문서나 무기 등을 보관하는 창고. '城池'는 城과 못. 방어용 城과 垓字. '苑
囿'는 궁중의 큰 정원.

【見翰林歐陽公, 聽其議論之宏辨(辯), 觀其容貌之秀偉, 與其門人賢士大夫遊, 而後
知天下之文章, 聚乎此也】'歐陽公'은 歐陽修. 翰林學士 등의 벼슬을 하여 翰林으
로 부른 것. 三蘇(蘇洵, 蘇軾, 蘇轍)를 추천하여 벼슬길에 나서게 되어 蘇氏 집안
에서는 歐陽修를 스승처럼 존경하고 모셨음. '宏辨'은《欒城集》에는 '宏辯'으로
되어 있음. 대단한 이론과 말 표현을 뜻함.《眞寶》注에 "上說終南嵩華黃河, 下以
歐公, 配之則人物, 可想矣"라 함. '賢士大夫遊'는《眞寶》注에 "曾子固, 梅聖兪, 蘇
子美之徒"라 하여 曾鞏, 梅聖兪, 蘇味道 등을 가리킴.

【太尉以才略冠天下, 天下之所恃以無憂, 四夷之所憚而(以)不敢發】'才略'은 재능과
지략. '冠天下'는 천하에 으뜸임. '所憚而不敢發'은《欒城集》에는 '而'가 '以'로 되
어 있음. 四夷가 그를 두려워하여 감히 挑發하지 못함.

【入則周公·召公, 出則方叔·召虎, 而轍也, 未之見焉】'周公, 召公'은 周 武王(姬昌)의
아들이며 武王(姬發)의 아우들. 주공(姬旦)은 文王과 武王을 도와 문물제도를 완

비하고 조카 成王(姬誦)을 보필하여 7년간 섭정하고 물려주었음. 召公(姬奭) 또한
周王室을 보필하여 뒤에 燕(지금의 北京)에 봉지를 받아 燕나라 시조가 됨. '方叔,
召虎'의 方叔은 周 宣王 때 武將. 荊蠻을 정벌하여 周나라를 중흥시켰던 功臣.
'召虎'는 召公(姬奭)의 후손으로 역시 宣王을 도와 淮夷를 정벌하여 공을 세웠음.
《詩》에는 이들의 활동과 공적을 노래한 작품이 있음.

【且夫人之學也, 不志其大, 雖多而奚(何)爲】'奚爲'는 '무엇을 위하겠는가?'의 뜻.
《欒城集》에는 '何爲'로 되어 있음.

【轍之來也, 於山見終南·嵩·華之高, 於水見黃河之大且深; 於人見歐陽公, 而猶以(爲)
未見太尉也】'而猶以未見'은 《欒城集》에는 '猶以爲未見'으로 되어 있어 뜻이 더욱
명확함.《眞寶》注에 "入得妙. 此等最是緊要, 盤錯處, 着上面說歐公處, 更無別人,
却只一句斡得轉, 此所謂「筆力扛九鼎」"이라 함.

【故願得觀賢人之光耀, 聞一言以自壯, 然後可以盡天下之大觀而無憾者矣】'光耀'는
광채. '大觀'은 대단한 경관. 위대한 모습.

【轍年少, 未能通習吏事, 嚮之來, 非有取於升斗之祿, 偶然得之, 非其所樂】'嚮'은 지
난날.《眞寶》注에 "嚮, 猶前時"라 함. '升斗之祿'은 몇 되나 몇 말 정도의 봉록. 적
은 봉록을 뜻함.

【然幸得賜歸待選, 使得優游數年之間, 將以(歸)益治其文, 且學爲政】'待選'은 선발되
어 임용되기를 기다림. '優游'는 여유 있게 지내는 상황을 뜻하는 雙聲連綿語.
'將以益治其文'은 《欒城集》에는 '將歸益治其文'으로 되어 있음.

【太尉苟以爲可敎而辱敎之, 又幸矣】'苟'는 '진실로, 만약' 등의 뜻을 나타냄.

参고 및 관련 자료

1. 蘇轍(1039-1112)

자는 子由. 北宋 眉州 眉山(지금의 四川 眉山縣) 사람으로 蘇洵(明允, 老泉)의 둘째
아들이며 蘇軾(子瞻, 東坡)의 아우. 仁宗 嘉祐 2년(1057)에 형 蘇軾과 함께 同榜으
로 進士에 합격하여 仁宗, 神宗, 哲宗, 徽宗 등 네 임금을 거치면서 벼슬을 함. 哲
宗 元祐 원년(1086) 司諫을 거쳐 門下侍郞에 오르는 등 주요 관직을 역임하였으
며, 王安石의 新法을 반대하여 新黨의 배척을 받아 여러 차례 좌천과 유배를 겪
기도 하였음. 晚年에는 許州(지금의 河南 許昌縣)에 은거하며 근처 潁水 가에 집을
지어 스스로 호를 '潁濱遺老'라 하고 독서와 參禪으로 노년을 보냈음. 그의 古文
은 氣勢가 旺盛하고 語辭가 簡潔하여 三父子가 함께 唐宋八大家에 이름이 올라

'三蘇'로 칭해짐. 젊어서는 俊逸한 재능을 보였으나 만년에는 平澹함을 추구하였음. 자신의 詩文을 모아 《欒城集》(84권)을 엮었고, 그 외 《詩集傳》, 《春秋集解》, 《道德經解》, 《古史》 등의 저술이 있음. 널리 알려진 문장으로는 〈商論〉, 〈六國論〉, 〈三國論〉, 〈漢文帝論〉, 〈唐論〉, 〈元祐會計錄序〉, 〈民賦序〉, 〈君術策〉, 〈武昌九曲亭記〉, 〈東軒記〉 등이 있음. 《宋史》(339)에 傳이 있음.

2. 이 글은 《欒城集》(22), 《崇古文訣》(26), 《唐宋八大家文鈔》(149), 《宋文鑑》(118), 《文章辨體彙選》(228), 《事文類聚》(新集 3), 《淵鑑類函》(196), 《文編》(49) 등에 실려 있음.

108. 〈袁州學記〉 ·················· 李太伯(李泰伯) (李覯)
원주학기

*〈袁州學記〉: 袁州는 지금의 江西 宜春縣으로 宋代에 州府를 두었었음. 唐 玄宗
天寶 5년(746), 태수 房琯이 孔子廟를 성 북문 밖에 세워 이미 교육이 시작되었
으나, 그 뒤 宋 仁宗 때, 각 州縣에 학교를 세우도록 한 詔勅에 의해 다시 교육
이 흥기하게 되었음. 仁宗 皇祐 5년(1038, 寶元 元年), 태수 祖無擇이 부임하여 학
교가 너무 황폐해 가고 있음을 보고 廳舍 동북쪽에 새로 학교를 세우면서 袁
州의 州學이 활기를 띠게 됨. 이에 校舍가 낙성된 후, 李覯가 이 글을 쓰게 된
것이며, 이는 실제 至和 원년(1054)이었음을 밝히고 있음. 《龍學文集》에는 "本朝
慶曆中, 詔天下郡縣, 興崇學校. 皇祐五年, 龍學自廣南東路轉運使移典袁州, 下車
之初, 迺議改學. 次年至和甲子, 學成盱(旴)江李泰伯撰, 記刻石以識其事, 京兆章
友直篆額, 河東柳淇書, 世號三絶. 熙寧元豐間, 館閣第天下學記, 以袁州爲冠"이
라 함.

*《眞寶》注에 "迂齋云: 「議論關涉(世敎), 筆力老健.」○〈學記〉多矣, 意正說嚴, 文老
氣壯, 未有科此者. 明倫而敦忠孝, 此學之大本, 爲文以徼利達, 此學之流弊, 一勸
一戒, 凜凜如秋霜烈日"이라 함.

황제〔仁宗〕 23년(1045), 조칙을 내려 주현州縣에 학교를 세우도록 하
였다.

그런데 당시 수령守令 중에는 똑똑한 이도 있었고 우매한 자도 있었으
며, 온갖 힘과 생각을 다하여 공경스럽게 임금의 덕스러운 뜻을 따르는
이도 있었고, 임시로 도관(道觀, 道宮)을 빌리고 이름으로만 교사教師라
하며 구차스럽게 문서만 갖추어 놓은 경우도 있었다.

그런가 하면 혹 몇 개의 성城과 현縣을 연이어도 공부하는 소리를 들
을 수 없었으니, 천자의 선창에 호응하지 않아 교육이 멈춘 채 실행되지
못하고 있었다.

32년(1054), 범양范陽 조무택祖無擇이 원주袁州의 지주知州로 왔다.

처음으로 여러 생도들을 오게 하였다가 학궁學宮이 비어 있는 상황을 알고서, 인재가 방실放失되고 유학의 효과가 소활疎闊하여 황제의 뜻에 맞지 않음을 크게 두려워하였다.

통판通判 영천潁川 사람 진신陳侁이 이 말을 듣고는 그렇다고 여겨, 의론이 부합하였다.

그리하여 옛 부자묘夫子廟, 孔廟를 살펴보았더니 매우 좁아 다시 고칠 수도 없어, 이에 치소治所의 동북 귀퉁이에 터를 잡아 학사를 짓게 되었다.

그곳 토질은 건조하고 딱딱하였으며, 그 위치도 남쪽을 향해 있었고, 그 재목도 크고 좋아 기와와 벽돌 및 검은 칠, 흰 칠, 붉은 칠, 옻칠 등도 모두 옛 법에 따라 지었으며, 전당殿堂과 실방室房, 행랑채와 대문도 저마다 그 법도에 맞추었다.

생도들과 선생들도 머무를 집이 있도록 하였으며 부엌과 창고도 차례에 맞게 짓고, 온갖 필요한 기구도 모두 갖추도록 손을 모아 함께 작업을 하였는데, 공인工人들도 일을 잘하였고 관리들도 부지런하여 새벽부터 밤이 되도록 힘을 쏟아, 이듬해 완성되어 석채釋菜의 날짜까지 잡게 되었다.

나 우강旴江 이구李覯는 여러 사람들에게 이렇게 고하였다.

"사대四代의 학문은 경서經書를 상고하면 가히 알 수 있다. 진秦나라가 산서山西 지역이었는데 육국六國을 멸하고 만세萬世토록 황제의 칭호가 이어지고자 하였으나, 유씨(劉氏, 劉邦)가 한 번 소리치자 함곡관을 지키던 진나라 군사들이 문을 열어주었고, 무부武夫와 건장健將들은 마치 장사꾼이 이익을 탐내듯이 뒷날을 걱정하며 항복하였으니 왜 그랬겠는가? 시서詩書의 도道가 폐폐廢하여 사람들은 오직 이익만 볼 뿐 의義에 대해서는 들어보지 못하였기 때문이었다. 효무제(孝武帝, 劉徹)는 당시 국세의 풍부豐富함을 이용하였고, 세조(世祖, 光武帝)는 정벌의 행렬에서 나와 모두가 학술에 힘쓰시어 풍속과 교화의 두터움이 영제靈帝, 헌제獻帝 때까지 이어졌다. 초야에 묻혔던 선비도 바른 말을 하여 목이 꺾일지언정 후회하지 않았고, 공적이 열렬하여 군주조차 벌벌 떨게 하던 자들도 명령을 듣고는 무기를 내려놓았으며, 군웅들은 서로 눈치를 보면서 감히 신하로서의 위치를 버리지 않았다. 이렇게 수십 년씩 이어져 교화와 도덕이 사람의 마음을 한곳으로 모음이 이와 같았던 것이다. 지금 성신聖神하신 임금을 만난 이 시대에, 너희 원주에서는 현명한 지도자를 얻어, 너희들로 하여금 상서庠序를 통해 옛사람의 자취를 따라 밟아나가게 하니, 천하가 다스려지면 예악禮樂이 큰 것으로 여겨져 이로써 우리 백성을 훈도하게 되는 것이며, 한 가지라도 불행한 사태가 있게 되면 더욱더 마땅히 대절大節에 의거하여 신하된 자는 충성을 위해 죽고, 아들된 자는 효를 위해 죽음을 무릅써서, 사람으로 하여금 법을 삼을 바가 있고 또한 의지할 바가 있게 되는 것이니, 이것이 바로 조정에서 교학敎學을 내세우는 의의이다. 만약 그저 필묵筆墨만으로 농간을 부리며 이로써 이익과 영달을 구할 뿐이라면, 어찌 여러분만의 수치로 그치겠는가? 생각건대 역시 나라를 다스리는 자의 근심이 될 것이니라!"

(이 해는 실제 지화至和 갑오(1054) 여름 모월 갑자날에 쓴 것임.)

皇帝二十有三年, 制詔州縣立學.

惟時守令, 有哲有愚; 有屈力殫(單)慮, 祗順德意; 有假宮借師, 苟具文書.

或連數城, 亡誦弦聲; 倡而不和, 教尼不行.

三十有二年, 范陽祖君無擇, 知袁州.

始至進諸生, 知學宮闕狀, 大懼人材放失, 儒效闊疎, 無(亡)以稱上(意)旨.

通判潁川陳君侁, 聞而是之, 議以克合.

相舊夫子廟, 陋隘不足改爲, 乃(酒)營治之東(北隅).

厥土燥剛, 厥位面陽, 厥材孔良, 瓦甓黝塈丹漆, 舉以法故, 殿堂室房廡門, 各得其度.

生師有舍, 庖廩有次, 百爾器備, 並手偕作; 工善吏勤, 晨伇展力, 越明年成, 舍菜且有日.

盱(盰)江李覯謰于衆曰:「惟四代之學, 考諸經可見已. 秦以山西, 鑒六國, 欲帝萬世, 劉氏一呼, 而關門不守, 武夫健將, 賣降恐後, 何耶(邪)? 詩書之道廢, 人唯見利而不聞義焉耳. 孝武乘豐富, 世祖出戎行, 皆孳孳學術, 俗化之厚, 延于靈, 獻 草茅危言者, 折首而不悔; 功烈震主者, 聞命而釋兵; 羣雄相視, 不敢去臣位. 尙數十年, 敎道之結人心如此. 今代遭聖神, 爾袞得賢君, 俾爾由庠序, 踐古人之迹, 天下治, 則譚(撢, 禪)禮樂以陶吾民, 一有不幸, 尤(猶)當仗大節, 爲臣死忠, 爲子死孝, 使人有所賴(法), 且有所法(賴), 是惟朝家敎學之意. 若其弄筆墨, 以徼利達而已, 豈徒二三子之羞? 抑亦爲國者之憂!」

(此年實至和甲午夏某月甲子記)

【皇帝二十有三年, 制詔州縣立學, 惟時守令, 有哲有愚】'皇帝'는 宋 仁宗(趙禎)을 가리킴. 眞宗의 아들이며 1023–1063년까지 41년간 재위함. 23년은 慶曆 5년(1045). 그러나 《眞寶》注에는 "仁宗慶曆四年"이라 하였음. '制詔'는 皇帝의 命令이나 詔勅. 《史記》秦始皇本紀에 "命爲制, 令爲詔"라 함. '守令'은 州郡縣의 郡守와 縣令. '哲'은 智와 같은 뜻.

【有屈力殫(單)慮, 祗順德意; 有假宮借師, 苟具文書】'屈力殫慮'는 있는 힘을 다하고 온갖 생각을 다함. '殫'은 盡의 뜻. 그러나 《盱江集》, 《宋文鑑》, 《古文集成》 등에는

‘單’으로 되어 있으며 《崇古文訣》에는 ‘殫’으로 되어 있음. ‘祗順德音’의 ‘祗順’은 ‘공경스럽게 따르다’의 뜻. ‘德音’은 황제의 명령을 높이 칭한 것. ‘假宮借師’는 道敎의 宮觀을 빌려 학교로 사용하고 敎師의 지위를 명목상으로만 씀. 즉 이름만 학교일 뿐 제대로 기능을 수행하지 못하고 있음. 그러나 ‘假宮’은 《旴江集》에는 ‘假官’으로 되어 있으며, ‘借師’는 일부 轉載文에는 ‘僭師’로 되어 있음. ‘苟具文書’는 구차스럽게 문서만 갖추어 학교인 것처럼 꾸며놓음.

【或連數城, 亡誦弦聲;倡而不和, 敎尼不行】‘亡誦弦聲’의 ‘亡’는 無와 같으며 ‘무’로 읽음. ‘弦聲’은 ‘弦歌之聲’의 줄인 말로 공부하는 소리. 책을 읽기도 하며, 琴을 타기도 하는 소리. 《論語》陽貨篇에 “子之武城, 聞弦歌之聲. 夫子莞爾而笑, 曰:「割雞焉用牛刀?」子游對曰:「昔者, 偃也聞諸夫子曰:『君子學道則愛人, 小人學道則易使也.』」子曰:「二三子! 偃之言是也. 前言戲之耳.」라 함. ‘倡而不和’는 主唱하여도 반응을 하지 않음. ‘倡’은 唱과 같으며, ‘和’는 應과 같음. ‘敎尼不行’은 敎化의 道가 막혀 실행되지 않음. ‘尼’는 止의 뜻.

【三十有二年, 范陽祖君無擇, 知袁州】‘三十有二年’은 仁宗 32년, 至和 元年(1054). 《眞寶》注에 “至和元年”이라 함. ‘范陽’은 지금의 河北 涿縣. ‘祖君無擇’은 祖無擇. 字는 擇之. 원래 上蔡 사람이며 進士에 합격하여 知制誥 등을 역임함. 따라서 范陽은 郡望(우리의 貫籍)으로 부른 것. ‘知袁州’는 袁州의 知事, 知州가 됨. ‘袁州’는 지금의 江西 宜春縣.

【始至進諸生, 知學宮闕狀, 大懼人材放失, 儒效闊踈, 無(亡)以稱上(意)旨】‘學宮闕狀’은 《旴江集》에는 ‘學官闕狀’으로 되어 있음. ‘闕’은 缺과 같음. ‘大懼’는 크게 두려워함. ‘儒效闊踈’는 儒學의 效力이 어설프고 疏闊해짐. ‘踈’는 疎, 疏, 踈와 같음. ‘無以稱上旨’는 皇帝의 뜻에 부합하지 않음. ‘稱’은 ‘부합하다, 적합하다’의 뜻. 그러나 《旴江集》과 《宋文鑑》에는 ‘亡以稱上旨’로, 《崇古文訣》과 《古文集成》에는 ‘無以稱上意旨’로 표기되어 있음.

【通判潁川陳君佖, 聞而是之, 議以克合】‘通判’은 通判官. 知府나 知州의 副官으로 그를 도와 행정을 처리하는 관리. 監州官으로도 불림. ‘潁川’은 지금의 河南 禹縣. 陳氏의 郡望. ‘陳君佖’은 陳佖. 字는 復之이며 福州 長樂(지금의 福建 長樂縣) 출신으로 進士에 오름. ‘聞而是之’는 이를 듣고 그렇다고 여김. ‘克合’은 뜻이 하나로 모아짐. ‘克’은 能의 뜻.

【相舊夫子廟, 陝隘不足改爲, 乃(迺)營治之東(北隅)】‘相’은 살펴봄. 《眞寶》注에 “相, 視也”라 함. ‘夫子廟’는 孔子廟를 가리킴. ‘陝隘’는 비좁음. 공간이 너무 좁음. ‘乃’

는 酒와 같으며 《旴江集》 등에는 '酒'로 되어 있음. '營'은 營建의 뜻. 건축물 등을 지음. '治'는 治所, 즉 政務를 맡아보는 州의 廳舍. '東'은 《旴江集》, 《宋文鑑》, 《古文集成》, 《崇古文訣》 등에 모두 '東北隅'로 되어 있어 이에 따라 풀이함.

【厥土燥剛, 厥位面陽, 厥材孔良, 瓦甓黝堊丹漆, 擧以法故】 '厥'은 其와 같음. '燥剛'은 건조하고 딱딱하여 건물을 지을 터로 알맞음. '孔良'의 '孔'은 甚의 뜻. '瓦甓'은 기와와 벽돌. '黝堊丹漆'은 검은 칠, 흰색 칠, 붉은 칠, 옻칠 등의 여러 색깔. '法故'는 옛 법을 따름.

【殿堂室房廡門, 各得其度】 '殿堂'은 殿閣과 대칭. '廡門'은 행랑채와 내문.

【生師有舍, 庖廩有次】 이 8자는 《旴江集》과 《宋文鑑》에는 없으며 《古文集成》과 《崇古文訣》에는 들어 있음. '生師'는 生徒와 教師. '庖廩'은 부엌과 곡식 창고.

【百爾器備, 並手偕作; 工善吏勤, 晨夜展力, 越明年成, 舍菜且有日】 '百爾'는 온갖 것들. '爾'는 助詞, 虛辭. '並手偕作'은 손을 모아 함께 만듦. '舍菜'는 고대 학교에서 菜蔬로 지내는 孔子에 대한 제사. '釋菜', 또는 '奠菜'라고도 함. 《眞寶》 注에 "舍菜, 猶今釋菜"라 함. '且有日'은 날짜를 받아놓음.

【旴(盱)江李覯諗于衆曰】 '旴'는 일부 판본에는 '盱'로 표기된 轉載文도 있음. '旴江'은 李覯가 살던 마을 이름으로 그의 별호가 됨. 이에 따라 李覯를 '旴江先生'으로 불렀으며 그의 문집도 《旴江集》이라 한 것임. '諗(심)'은 여러 사람에게 고함.

【惟四代之學, 考諸經可見已】 '四代'는 虞(舜), 夏(禹), 商(湯), 周(文武)의 네 왕조를 가리킴. 《眞寶》 注에 "四代, 虞夏商周"라 함. '考諸經'은 詩, 書, 易, 春秋, 禮, 樂 등 여러 經典에서 고찰함. '諸(저)'는 '之於', '之于', '之乎'의 合音字. 끝에 《眞寶》 注에 "只一句說過便了"라 함.

【秦以山西, 鏖六國, 欲帝萬世】 '山西'는 崤山 서쪽. 고대 秦나라를 가리킴. '鏖'(오)는 모조리 무찔러 죽임. '六國'은 山東六國. 戰國七雄 중에 秦을 제외한 동쪽 여섯 나라. 즉 韓, 魏, 燕, 趙, 齊, 楚. 이들은 모두 秦始皇에 의해 나라가 망하고 말았음. '帝欲萬世'는 皇帝로서 萬世를 이어가고자 하였음. 《史記》 秦始皇本紀에 "制曰:「朕聞太古有號毋諡, 中古有號, 死而以行爲諡. 如此, 則子議父, 臣議君也, 甚無謂, 朕弗取焉. 自今已來, 除諡法. 朕爲始皇帝. 後世以計數, 二世三世至于萬世, 傳之無窮.」"이라 함.

【劉氏一呼, 而關門不守, 武夫健將, 賣降恐後, 何耶(邪)】 '劉氏'는 漢 高祖 劉邦을 가리킴. 秦을 이어 漢帝國을 세움. '關門'은 函谷關의 문을 가리킴. 《眞寶》 注에 "語壯"이라 함. '武夫健將'은 병사와 용맹한 장수. '賣降恐後'는 장사꾼이 이익만을

좇아가듯 秦나라 병사들이 뒷날을 걱정하며 서둘러 항복함.

【詩書之道廢, 人唯見利而不聞義焉耳】'詩書之道廢'는 秦始皇의 焚書坑儒를 가리킴. 이에 따라 儒家의 道가 폐기되었음을 말함. 《眞寶》注에 "此廢學之禍"라 함.

【孝武乘豐富, 世祖出戎行, 皆孶孶學術, 俗化之厚, 延于靈, 獻】'孝武'는 西漢 5대 황제 武帝(劉徹: B.C.140-B.C.87년 재위)를 가리킴. 文帝와 景帝의 뒤를 이어 '獨尊儒術'을 시행하였음. '世祖'는 東漢의 光武帝(劉秀). 《眞寶》注에 "世祖, 光武"라 함. 西漢 景帝의 후손으로 王莽(新)을 멸하고 東漢(後漢)을 세워 洛陽에 도읍함. '出戎行'은 나라를 세우기 위해 여러 차례 출정에 나섬. '孶孶'는 부지런히 힘쓰는 모습. '俗化'는 풍속과 敎化. '靈, 獻'은 漢 靈帝와 獻帝. 靈帝(劉宏: 168-189년 재위)는 後漢 12대 황제. 獻帝(劉協: 189-220년 재위)는 後漢 마지막 황제. 나라를 曹氏(曹丕)에게 禪讓하여 劉氏王朝가 끝을 내림. 《眞寶》注에 "靈獻, 靈帝, 獻帝"라 함.

【草茅危言者, 折首而不悔; 功烈震主者, 聞命而釋兵; 羣雄相視, 不敢去位】'草茅'는 草屋과 같음. 벼슬을 하지 않고 草野에 묻혀 사는 선비를 지칭함. 《儀禮》에 "在野則曰草茅之臣"이라 함. '危言'은 直言. 위험을 무릅쓰고 하는 바른말. '折首'는 머리를 꺾음. 斷頭와 같음. '功烈震主'는 功烈이 군주를 놀라게 함.

【尙數十年, 敎道之結人心如此】'尙'은 '그나마, 그래도, 오히려' 등의 뜻. 《眞寶》注에 "此興學之功"이라 함.

【今代遭聖神, 爾袁得賢君, 俾爾由庠序, 踐古人之迹, 天下治】'聖神'은 글 쓰는 자가 흔히 자신의 當代를 일컫는 말로 표현하는 常套語. 여기서는 仁宗皇帝를 극찬한 말. 《孟子》盡心(下)에 "大而化之謂之聖, 聖而不可知謂之神"이라 함. '爾袁'은 너희 袁州 사람들. '爾'는 汝, 你와 같음. '賢君'은 袁州太守로 온 祖無擇을 가리킴. '庠序'는 고대 鄕里의 학교 이름. 殷代에는 序, 周代에는 庠이라 하였음. 《孟子》滕文公(上)에 "夏曰校, 殷曰序, 周曰庠"이라 함.

【則譚(撢, 禪)禮樂以陶吾民, 一有不幸, 尤(猶)當仗大節, 爲臣死忠, 爲子死孝】'譚禮樂'의 '譚'(담)은 大의 뜻. 禮樂을 크게 여김. 《眞寶》注에 "譚, 大也; 陶, 化也"라 함. 그러나 《旴江集》에는 '撢'(탐)으로 되어 있으며, 《宋文鑑》, 《古文集成》, 《崇古文訣》 등에는 모두 '譚'으로 되어 있음. 또는 一部 轉載文에는 '禪'으로도 되어 있기도 함. '以陶吾民'은 이로써 우리 백성을 薰陶하고 陶冶시킴. '尤當'은 《旴江集》 등 모든 轉載文에는 '猶當'으로 되어 있음. '仗大節'은 大節에 의지함. 큰 절조(儒家의 道理)를 행동의 기준으로 삼음. '爲子孝死' 다음에 《眞寶》注에 "學之設, 蓋爲此"라 함.

【使人有所賴(法), 且有所法(賴), 是惟朝家敎學之意】《旴江集》과 《宋文鑑》 등에는 '賴'자와 '法'자가 서로 바뀌어 있음. 《崇古文訣》과 《古文集成》은 본문과 같음. '朝家'는 國家, 朝廷을 가리킴.

【若其弄筆墨, 以徼利達而已, 豈徒二三子之羞, 抑亦爲國者之憂!】'弄筆墨'은 筆墨으로만 제창함. '徼利達'은 利益과 榮達을 구함. '徼(요)는 要, 求의 뜻. 《眞寶》注에 "學之設, 豈爲此?"라 함. '亦'은 《旴江集》 등 모든 轉載文에는 없음. 끝에 《眞寶》注에는 "辭嚴義正, 斬截有法"이라 함.

【此午實至和甲午夏某月甲子記】《旴江集》 끝에는 이 13자외 注文이 더 있음. '至和'는 宋 仁宗의 연호. '甲午'는 至和 元年(1054).

참고 및 관련 자료

1. 李太伯(李泰伯)

본명은 李覯(1009-1059), 자는 泰伯. 宋代 南城(지금의 江西 南城縣) 사람으로 문장에 능하고 재능이 뛰어났었음. 어버이가 늙어 벼슬길에 나서지 않았으며 후학을 가르치는 일에 몰두함. 이에 백여 명이 넘는 학자들이 모여들었다 함. 仁宗(趙禎) 皇祐(1049-1053) 초에 范仲淹이 試太學助敎로 추천하자 〈明堂定制圖〉를 지어 올렸으며, 그 뒤 太學에서 講說하기도 하였음. 죽은 뒤 학자들은 그를 추모하여 '旴江先生'이라 불렀음. 저술로는 《周禮致太平論》, 《平土書》, 《退居類稿》, 《皇祐續稿》 등이 있음. 《宋史》(432) 儒林傳에 傳이 있으며 그의 글을 모은 《旴江集》이 있음.

2. 이 글은 《旴江集》(23), 《宋文鑑》(80), 《崇古文訣》(31), 《續文章正宗》(12), 《古文集成》(12), 《古文雅正》(10), 《文章辨體彙選》(561), 《龍學文集》(12), 《江西通志》(123) 등에 실려 있음.

109. <藥戒> .... 張文潛(張耒)

약계

*<藥戒>:藥을 비유로 들어 정치를 경계한 글. 병을 치료함에 급히 서둘러 '擊搏震撓'의 방법을 쓰면 처음에는 효험이 있는 듯하나 그 맨 끝에는 더욱 손상을 입어 치료가 어렵게 되듯이, 정치 또한 이와 같음을 秦나라 예를 들어 논리를 편 것. 문장 흐름은 어떤 손님의 일화를 설정하였으나 《柯山集》 원문에는 '張子', 즉 張耒 자신이 경험한 일로 되어 있음.

*《眞寶》 注에 "議論闊大, 文意紆餘. 醫國者, 固所當知; 醫身者, 亦不可不知也"라 함.

　객(客, 나 張耒)이 비병痞病이 있어, 속에 쌓인 것이 숨어 있어 내려 보낼 수 없고, 밖으로부터 들어오는 것도 막혀서 받아들이지 못하는 것이었다.

　의원에게 물어보았더니 그는 "속의 것들을 내려 보내지 않으면 안 된다"라고 말하는 것이었다.

　돌아와 그가 준 약을 마셨더니 마시자마자 그대로 쏟아져 내려 하루가 다 가기 전에 지난 번 숨어 있던 것은 사라져 남은 것이 없고, 지난번 막혔던 것도 부드러워져 걸리는 것이 없었으며, 삼초三焦와 횡격막橫膈膜도 탁 트이고, 호흡도 시원하게 열려 상쾌하기가 마치 처음부터 병이 없었던 것과 같았다.

　그런데 며칠이 지나지 않아 비병이 다시 일어나서 지난번의 약을 먹었더니 시원하기가 또한 처음과 같았다.

　이로부터 몇 달을 넘지 않아 비병이 다섯 번 일어났으나, 다섯 번 똑같이 내려 보냈는데 매번 내려 보낼 때마다 곧바로 낫는 것이었다.

　그러나 객(나)의 기氣는 말 한 마디를 하는데 세 번 말을 끊어야 했고, 몸은 힘든 일을 하지 않았는데도 땀이 흘렀으며, 다리는 걷지 않았는데도 덜덜 떨렸고, 피부와 살가죽은 전에 비해 소모함이 없었는데도 속은 날연茶然해져 가고 있어, 그 이유를 알 수가 없었다.

아! 비병은 내려 보내지 않고서는 나을 수 없는 것이었는데, 나는 그가 하라는 대로 내려보냈건만 의술로는 아직 시원하게 고쳐지지 않은 채 날연해 가고 있으니 유독 어째서일까?

초楚의 남쪽에 훌륭한 의원이 있다는 말을 듣고 찾아가 물어보았더니 그 의사는 탄식하며 이렇게 말하였다.

"그대는 날연해 가고 있음을 한탄할 것이 없소. 무릇 그대의 치료 방법은 진실로 이렇게 날연해지게 하는 것이라오. 앉으시오! 내 그대에게 말해주리라. '천하의 이치란 내 마음에 심히 상쾌한 것은 그 종말에는 반드시 손상시킴이 있는 것이니, 종말에 손상이 없기를 바란다면 반드시 애초에 내 마음에 상쾌함을 바라지 않아야 하는 것'이라오. 무릇 음기陰氣는 숨어 있고 양기陽氣가 쌓여 있으면 기氣와 혈血이 운행되지 못해 비병이 되는 것인데, 이것이 그대의 가슴에 가로 막혀 있는 것이 쌓여 커져 있소. 쳐서 이를 없앰에는 잠깐도 안 되는 시간으로 이처럼 심하게 커져서 누적된 것을 제거하겠다고 한다면, 온화하고 평이한 물건으로는 할 수가 없고, 반드시 격박진요擊搏震撓의 방법으로 한 뒤에야 가능할 것이오. 그렇지만 무릇 사람의 화기和氣란 텅 빈 듯하고 아주 미세하여 급박하게 다루면 쉽게 위험에 빠지는 것인데, 격박진요의 효과는 제대로 얻지도 못하였는데 그대의 화기는 그만 이미 병이 들고 만 것이오. 이로 말미암아 보건대 그대의 비병이 무릇 한 번 상쾌했던 것은 그대의 화기가 한 번 손상을 입은 것으로, 한 달이 끝나기 전에 다섯 번을 그렇게 했다면 그대의 화평했던 기는 이미 삭막하게 사라져버린 것이 아니겠소? 이 까닭으로 피부는 힘든 일을 하지 않았는데도 땀이 흐르고, 다리는 걷지도 않았는데 떨리며, 날연한 기운이 하루도 넘기지 못할 듯이 된 것이오. 대체로 장차 그런 방법으로 그대의 비병을 제거하려다가는 화기에 해가 없지 않을 수가 있겠소? 그대는 돌아가 석 달을 편안히 지낸 이후에 나의 약을 쓸 수 있을 것이오."

객(나)이 돌아와 석 달을 편안히 지낸 뒤 재계齋戒하고 다시 찾아가 청하자 의원이 말하였다.

"그대의 기는 조금 회복되었소."

그리고 약을 꺼내어 주면서 말하였다.

"이를 복용하여 석 달이 지나면 병이 조금 평안해질 것이며, 다시 석 달이 지나면 조금 더 평강해질 것이며, 이 한 해를 마치면 정상으로 회복될 것이오. 앞으로 약을 마실 때에는 너무 급히 자주 마시지는 마시오."

객(나)은 돌아와 그의 말대로 실행하였다.

그런데 처음에는 사람으로 하여금 너무 느린 것 같아 답답하여 세 번이나 약을 먹었지만 세 번 모두 원래 상태로 되돌아가는 것이었다.

그러나 날로 그 치료 효과는 보이지 않았지만 오래도록 비교해 보았더니, 달마다 다르고 철마다 같지 않더니, 한 해를 마치자 질환은 완전히 나았다.

객(나)이 의원을 뵙고 재배하고 감사의 뜻을 표하며 앉아 그 까닭을 물었더니, 의원은 이렇게 말하였다.

"이는 나라를 다스리는 이치이니 어찌 유독 질환을 고치는 것일 뿐이겠소? 그대는 진秦나라가 백성을 다스리던 방법을 보지 않았소? 백성들은 표한慄悍하여 명령을 듣지 않았고, 게을러 근면히 일하지도 않았으며(명령으로 조칙을 내려도 대들며 듣지 않았고, 일에 근면하도록 해도) 방종하게 굴며 두려워하지 않았으며, 법령을 듣지 않고, 다스림에 변화도 없었으니, 그렇다면 진나라 백성들은 비병에 든 것이었소. 그러자 상군商君이 그 비병을 보고는 형법刑法을 써서 가혹하게 하였고, 참벌斬伐의 방법으로 위협하면서, 무섭고 지독하게 하기를 맹금의 새매처럼 하여 털끝만한 잘못도 용서함이 없었으며, 고통스럽게 베어버리고 힘을 다해 제거하였소. 이에 진나라에서의 정치는 마치 물병을 거꾸로 세워놓은 것과 같아 흘러 시원히 사방으로 통달하여, 감히 거역하는 자가 없게 되었으니 진나라의 비병은 한 번 쾌연해진 것이오. 효공孝公으로부터 이세二世에 이르기까지 무릇 몇 번의 비병마다 몇 번의 쾌연함이 있었던 것이지요! 완악한 자는 이윽고 부너지고, 강한 자는 이윽고 부드러워졌으나 그럼에도 진나라 백성들은 즐거운 마음이 없었지요. 그 때문에 가혹한 정치로 한 번 누리게 되는 상쾌함이란 즐거운 마음이 한 번 사라지는 것인데, 그 상쾌함이 누적되어 그치지 않았으니 진나라의 사지四肢는 속이 텅 빈 상태로 한갓 물체만 가지고 있는 셈일 뿐이었소. 민심은 날로 이반되고 임금은 윗자리에서 고립되고 말았으니, 그 때문에 필부匹夫가 크게 소리치자 하루가 안 되어 온갖 병이 함께 일어나 진나라가 그 수족과 어깨, 등뼈를 움직이고자 해도 막막히 내 뜻대로 응해주지 않게 되었던 것이오. 그러므로 진나라가 망한 까닭은 이처럼 쾌연함을 지나치게 좋아했기 때문이었다오.

옛날, 선왕先王들의 백성들도 그 처음에는 역시 비병을 앓고 있었으니, 선왕들이라고 어찌 획연焘然히 이를 쳐서 제거하여 빨리 효과를 거둘 수 있다는 것을 몰랐겠소? 그러나 오직 그 두려움은 종말에 있었지요. 그 까닭으로 감히 내 마음에 쾌연함을 구하지 않은 채 부드럽게 이를 어루만져 존속시키고, 인의로써 가르치고, 예악으로 인도하여 몰래 그 혼란을 풀어주고 그 막힘을 없애주어, 그들로 하여금 유연悠然히 스스로 평안함으로 달려가되 스스로도 알지 못하도록 한 것이라오. 바야흐로 아직 병이 치유되기 전까지는 곁에서 보며 답답하다고 불만스럽게 여긴 자도 있기는 하였소. 그러나 달로 계산해보고, 해로 관찰해보면 지난해의 풍속이 금년의 풍속이 아니었소. 치지도 않고 때리지도 않았는데 오역忤逆하는 자가 없었으니, 이로써 날로 그 여기戾氣를 제거하면서도 그 환심歡心을 해침은 없었던 것이오. 이에 정치는 성공하고 교화는 통달하여 안락安樂이 유구悠久하여 후환이 없었던 것이오. 이로써 삼대三代의 치적은 모두가 몇 번의 성인聖人이 바뀌고 수백 년의 시간을 거친 뒤에야 풍속이 이루어진 것이오. 그렇다면 나의 약이 한 해가 다 지난 이후에야 질환이 나은 것은 대체로 괴이하게 여길 것이 없소. 그래서 '천하의 이치란 내 마음에 심하게 쾌연함이 있으면 그 끝에는 반드시 손상이 있는 것이니, 종말에 손상이 없기를 바란다면 애초에 내 마음에 쾌연함을 바라지 말라'라고 한 것이오. 비록 그렇기는 하나, 어찌 유독 천하를 다스림에만 해당되는 일이겠소?"

객(나)은 재배하고 나와서 그의 논리를 기록하였다.

客有(張子)病痞, 積於其中者, 伏而不能下, 自外至者, 捍而不得納.

從醫而問之, 曰:「非下之不可.」

歸而飮其藥, 旣飮而暴下, 不終日而向之伏者, 散而無餘; 向之捍者, 柔而不支, 焦鬲(膈)導達, 呼吸開利, 快然若未始有疾者.

不數日, 痞復作, 投以故藥, 其快然也亦如初.

自是不逾月而痞五作五下, 每下輒愈.

然客(張子)之氣一語而三引, 體不勞而汗, 股不步而慄, 膚革無所耗於前(外)而其中薾(茶)然, 莫知其所來.

嗟夫! 心痞非下不可已, 予從而下之, 術未爽也, 薾(茶)然, 獨何歟?

聞楚之南, 有良醫焉, 徃而問之, 醫(嘆)曰:「子無歎是(茶)然者也. 凡子之術, 固爲是薾(茶)然也. 坐! 吾語女(汝).『天下之理, 有甚快於予心者, 其末必有傷; 求無傷於終者, 則初無望於快吾心.』

夫陰伏而陽蓄, 氣與血不運而為痞, 橫乎子之胷中者, 其累大矣. 擊而去之, 不須臾而除甚大之累, 和平之物, 不能為也, 必將擊搏震撓而後可. 夫人之和氣, 冲然而甚微, 泊乎其易危, 擊搏震撓之功未成, 而子之和盖(氣嘗)已病矣. 由是觀之, 則子之痞, 凡一快者, 子之和一傷矣, 不終月而快者五, 則子之和平之氣, 不既索乎? 故膚不勞而汗, 股不步而慄, 繭(茶)然如不可終日也. 盖(且)將去子之痞, 而(不)無害於和乎? 子歸, 燕居三月而後, 予之藥可為也.」

客(張子)歸燕居三月, 齋戒而復請之, 醫曰:「子之氣, 少復(完)矣.」

取藥而授之曰:「服之三月而病(疾)少平, 又三月而少康, 終是年而復常. 且飲藥, 不得亟進.」

客(張子)歸而行其說

然其初, 使人懣然遲之, 盖三投藥而三反之也.

然日不見其所攻之效, (久)較則月異而時不同, 盖終歲疾平.

客(張子)謁醫, 再拜而謝之, 坐而問其故, 醫曰:「是醫(治)國之說也, 豈特醫之於疾哉? 子獨不見夫秦之治(民)乎? 民悍而不聽令, 惰而不勤事, (敕之以命, 捍而不聽; 勤之以事) 放而不畏, 法令之不聽, 治之不變, 則秦之民, 嘗痞矣. 商君見其痞也, 屬以刑法, 威以斬伐, 悍戾(勁悍)猛鷙, 不貸毫髮, 痛劑而力鋤之. 於是乎秦之政如建瓴, 流蕩四達, 無敢或拒, 而秦之痞, 嘗一快矣. 自孝公, 以至(于)二世也, 凡幾痞而幾快矣乎! 頑者已圮, 强者已柔, 而秦之民, 無歡心矣. 故猛政一快者, 懽(歡)心一亡(已), 積快而不已, 而秦之四支(肢)枵然, 徒有其物而已. 民心日離而君孤立於上, 故匹夫大呼, 不終日而百病(疾)皆起, 秦欲運其手足肩脊, 而漠然不我應矣. 故秦之亡者, 是好爲快者之過也.

昔(者), 先王之民, 其初亦嘗痞矣, 先王豈不知砉然擊去之以爲速也? 惟其有懼於終也. 故不敢求快於吾心, 優柔而撫存之, 敎以仁義, 導以禮樂, 陰解其亂而除去其滯, 使其悠然自趨於平安而不自知. 方其未也, 旁視而懣然者, 有之矣. 然月計之, 歲察之, 前歲之俗, 非今歲之俗也. 不擊不搏, 無所忤逆, 是以日去其戾氣, 而不嬰其歡心. 於是政成敎達, 安樂悠久, 而無後患矣. 是以三代之治, 皆更數聖人, 歷數百年而後俗成. 則予之藥, 終年而愈疾(者), 蓋無足恠(也). 故曰『天下之理, 有甚快於吾心者, 其末也, 必有傷; 求無傷於其終, 則初無望於快吾心』. 雖然, 豈獨於治天下哉?」
客(張子)再拜(出)而記其說

【客有(張子)病痞, 積於其中者, 伏而不能下, 自外至者, 捍而不得納】'客有'는《柯山集》에 모두 '張耒'로 되어 있어 張耒 자신의 경험을 기록한 것임. '痞'(비)는 뱃속 체증의 속병. 가슴과 뱃속이 결려 막힌 듯 답답한 병.《眞寶》注에 "腹內結痛"이라 함. '積於其中'은 그의 몸 속에 쌓인 음식이나 원인이 되는 물질들. '伏'은 막혀 엎드려 있는 것과 같음. 잠복해 있음. '自外至者'는 몸의 밖으로부터 들어온 것. 음식물 등. '捍'은 막힌 채로 굳어 딱딱해짐.

【從醫而問之, 曰:「非下之不可.」】'下之'는 아래로 내려보냄. 下泄시킴.

【歸而飮其藥, 旣飮而暴下, 不終日而向之伏者, 散而無餘; 向之捍者, 柔而不支, 焦鬲(膈)導達, 呼吸開利, 快然若未始有疾者】'暴下'는 시원하게 단번에 내려감. '向之伏者'는 전에 막혀 잠복해 있던 것.《眞寶》注에 "向, 猶前日"이라 함. '不支'는 걸리지 않음. '焦鬲'은《柯山集》에는 '焦膈'으로 되어 있음. '焦'는 三焦. '膈'은 橫膈膜. 三焦는 中醫에서 말하는 六腑의 하나로 上焦, 中焦, 下焦를 말함. '焦'는 膲의 假借로 몸속의 구체적인 臟器를 말하며 위치에 따라 나눈 것이라고도 하며, 또는 無形의 火氣라고도 함. '開利'는 열려 순조롭게 숨을 쉴 수 있음.

【不數日, 痞復作, 投以故藥, 其快然也亦如初】옛 약을 썼더니 또한 지난번처럼 쾌연히 잘 나음.

【自是不逾月而痞五作五下, 每下輒愈, 然客(張子)之氣一語而三引】 '不逾月'은 《柯山集》에는 '逾月'로만 되어 있어 '不'자가 없음. '三引'은 세 번씩 쉬었다가 다시 호흡을 끌어내어 말을 함. 말하기가 힘이 듦.

【體不勞而汗, 股不步而慄, 膚革無所耗於前(外)而其中薾(茶)然, 莫知其所來】 '股不步而慄'은 다리는 걸음을 걷지 않고 있는데도 떪. '膚革'은 살갗과 피부. '耗於前'은 《柯山集》에는 '耗於外'로 되어 있음. '耗'는 소모되어 근육이 줄어듦. '其中'은 몸속. '薾然'은 《柯山集》에는 모두 '茶然'으로 표기되어 있음. 지쳐서 기운이 없는 상태. 맥이 빠져 나른함을 뜻함. '茶然'(날연)을 '薾然'(이연)으로 표기한 것은 '茶'의 本字를 '薾'자로 여겨 고쳐 쓴 것임. 《眞寶》注에 "薾然, 困憊貌"라 함.

【嗟夫! 心痞非下不可已, 予從而下之, 術未爽也, 薾(茶)然, 獨何歟】 '心痞'는 《柯山集》에는 '心'자가 없이 '痞'자만 있음. '術未爽'은 의술이 시원치 않음. 제대로 고쳐지지 않음.

【聞楚之南, 有良醫焉, 徃而問之, 醫(嘆)曰】 '楚'는 南方의 어떤 곳을 말함. '醫曰'은 《柯山集》에는 '醫嘆曰'로 되어 중간에 '嘆'자가 더 있음.

【子無歎是(茶)然者也. 凡子之術, 固爲是薾(茶)然也】 '是然者'는 이와 같은 상태. 그러나 《柯山集》에는 '是茶然者'로 되어 있음.

【坐! 吾語女(汝)】 '吾語女'는 《柯山集》에는 '吾語汝'로 되어 있음. '女'는 '汝'의 假借字. 《說苑》雜言篇에 "孔子曰:「由, 來, 汝不知. 坐! 吾語汝. 子以夫知者, 無不知乎?」"라 하여 남에게 자상히 가르쳐 줄 때 쓰는 常套語.

【天下之理, 有甚快於予心者, 其末必有傷, 求無傷於終者, 則初無望於快吾心】 마음에 급히 상쾌함을 얻는 것은 종말에는 반드시 손상이 있게 마련임. 《眞寶》注에 "上議論應在後"라 함.

【夫陰伏而陽蓄, 氣與血不運而爲痞, 橫乎子之胷中者, 其累大矣】 '陰伏'은 陰氣가 엎드려 숨어 있음. '陽蓄'은 陽氣가 모여 蓄積되어 있음. '累大'는 쌓인 것이 큼.

【擊而去之, 不須臾而除甚大之累, 和平之物, 不能爲也, 必將擊搏震撓而後可】 '須臾'는 잠깐, 아주 짧은 시간. 疊韻連綿語. '和平之物'은 溫和하고 平易하여 쉽게 다룰 수 있는 물건. '擊搏震撓'은 치고 때리고, 진동시키고 요동시키는 등 급히 심하게 다루어 치료하는 방법.

【夫人之和氣, 冲然而甚微, 泊乎其易危, 擊搏震撓之功未成, 而子之和, 蓋(氣, 嘗)已病矣】 '冲然'은 비어 있는 상태. '泊乎'는 급박하게 다룸. '泊'은 迫과 같음. '易危'는 쉽게 위험에 빠짐. '蓋已病矣'는 《柯山集》에는 '氣, 嘗已病矣'로 되어 있음.

【由是觀之, 則子之痞, 凡一快者, 子之和一傷矣, 不終月而快者五, 則子之和平之氣, 不旣索乎】'索'은 索漠해짐. 쇠하여 消盡됨. 다하여 없어짐. 《眞寶》注에 "索, 衰索"이라 함.

【故膚不勞而汗, 股不步而慄, 繭(茶)然如不可終日也】그 때문에 茶然한 상태가 하루도 마칠 수 없을 정도로 심해진 것임.

【盖(且)將去子之痞, 而(不)無害於和乎】《柯山集》에는 '盖'가 '且'로, '而'는 '不'로 되어 있음.

【子歸, 燕居三月而後, 予之藥可爲也】'燕居'는 편안히 집에서 지냄. 《眞寶》注에 "燕居, 猶安居"라 함.

【客(張子)歸燕居三月, 齋戒而復請之, 醫曰:「子之氣, 小復(完)矣.」】'小復矣'는 《柯山集》에는 '小完矣'로 되어 있음.

【取藥而授之曰:「服之三月而病(疾)少平, 又三月而少康, 終是年而復常. 且飲藥, 不得亟進.」】《柯山集》에는 '病少平'이 '疾少平'으로, '終年'은 '終是年'으로 되어 있음. '復常'은 본래의 평상으로 회복됨. '亟進'은 약을 자주 급히 먹음. '亟'은 頻, 速의 뜻.

【客(張子)歸而行其說, 然其初, 使人懣然遲之, 盖三投藥而三反之也】'懣然'은 속이 답답하여 더부룩함. 《眞寶》注에 "懣然, 煩悶貌"라 함. '遲之'는 약효가 더딤. '三投藥而三反之'는 세 번을 투약하자 세 번 모두 원상태로 되돌아감. 약효가 나타나지 않음을 말함. 또는 효과를 의심하여 세 번이나 약을 먹지 않겠다고 내던졌다가 세 번이나 약을 되찾아 먹음.

【然日不見其所攻之效, (久)較則月異而時不同, 盖終歲疾平】'所攻之效'는 《柯山集》에는 '之效' 두 글자가 없음. 이어서 '較' 또한 '久較'로 되어 있음. 오랫동안 비교해서 차이를 살펴봄. '月異時不同'은 한 달 정도 지나자 달라졌고, 四時(한 철)를 지나자 차이가 나면서 약효가 뚜렷이 나타남. '疾平'은 질환이 완전히 나음. 완쾌됨.

【客(張子)謁醫, 再拜而謝之, 坐而問其故, 醫曰】'謁醫'는 醫師를 謁見함.

【「是醫(治)國之說也, 豈特醫之於疾哉」】'醫國'의 '醫'는 動詞로 쓰였음. 나라의 병을 치료함. 《眞寶》注에 "醫國, 《左傳》云:「上醫醫國.」"이라 하였음. 그러나 《柯山集》에는 '治國'으로 되어 있음.

【子獨不見夫秦之治(民)乎】이 구절은 《柯山集》에는 '子獨不見秦之治民乎'로 되어 있어 중간에 '夫'자는 없으며 '治'자 다음에 '民'자가 더 있음.

【民悍而不聽令, 惰而不勤事,(敕之以命, 捍而不聽;勤之以事,) 放而不畏】'民悍而不聽令, 惰而不勤事'는 《柯山集》에는 '敕之以命, 捍而不聽;勤之以事'로 되어 있음. 따

라서 이 구절은 '救之以命, 捍而不聽: 勤之以事, 放而不畏'(명령으로 조칙을 내려도 사납게 대들며 듣지 않고, 일에 근면토록 해도 방종하게 굴며 두려워하지 않음)가 되어야 하나 전체 문장이 얽혀 정리되지 않은 것으로 보임.

【法令之不聽, 治之不變, 則秦之民, 嘗瘰矣】'法令不聽'은《柯山集》에는 '法令之不聽'으로 '之'자가 더 있음. '不變'은 변화하지 않음. 백성들이 다스려지지 않음. 교화되지 않음.

【商君見其瘰也, 厲以刑法, 威以斬伐, 悍戾(勁悍)猛鷙, 不貸毫髮, 痛剗而力鋤之】'商君'은 戰國시대 商鞅. 衛鞅. 公孫鞅. 法家思想家. 원래 衛나라 公子로 刑名學을 좋아하였으나 본국에서 받아들여지지 않자 秦나라로 들어가 秦 孝公에게 法術을 유세하여 宰相이 됨. 이를 바탕으로 秦나라를 法治國家로 만들어 富强하게 하여 상오(商於) 땅에 봉해져 商君으로 불림. 그러나 너무 가혹한 법으로 태자와 백성들을 괴롭혀 뒤에 車裂刑을 당함. '五家作統法', '商鞅之法', '徙木' 등의 고사를 남겼으며,《商君書》가 전함.《史記》商君列傳을 참조할 것. '悍戾猛鷙'는《柯山集》에는 '勁悍猛鷙'로 되어 있음. '悍戾'와 '勁悍'은 모두 사납고 지독하게 굶. '猛鷙'는 무서운 맹금류의 매처럼 지독하게 굶. '不貸毫髮'은 털끝만 한 잘못도 용서하지 않음. '貸'는 용서하여 너그럽게 대함을 뜻함. '痛剗'은 고통스러움을 가하며 베어버림. '力鋤'는 힘써 호미질을 하듯 법을 어기는 자들을 없애버림.

【於是乎秦之政如建瓴, 流蕩四達, 無敢或拒, 而秦之痞, 嘗一快矣】'於是'는《柯山集》에는 '於是乎'로 되어 있음. '如建瓴'은 마치 높은 곳에서 물병을 거꾸로 세워놓은 것과 같음. '建'은 병이나 물동이 등을 거꾸로 세움. '瓴'은 큰 물병.《眞寶》注에 "建瓴, 極言其易"라 함. '流蕩四達'은 거침없이 흘러 곳곳으로 통달케 함.

【自孝公, 以至(于)二世也, 凡幾瘰而幾快矣乎】'孝公'은 戰國시대 秦나라 임금. 이름은 渠梁. B.C.361-B.C.338년까지 24년간 재위하며 商鞅을 등용하여 變法을 써서 秦나라를 富國强兵으로 크게 키운 임금.《眞寶》注에 "孝公, 謂秦孝公"이라 함. '二世'는 秦始皇의 둘째 아들 胡亥. 秦始皇이 죽은 뒤 趙高가 태자 扶蘇를 자결토록 하고 胡亥를 옹립함. B.C.209-B.C.207년까지 재위하였으나 3년 만에 趙高가 독살하고 子嬰을 세움. 그러나 B.C.206년 子嬰이 劉邦에게 항복하여 秦나라는 망하고 말았음. 한편《柯山集》에는 이 구절이 '以至于二世也'로 되어 있으며, '幾快矣'도 '幾快矣乎'로 되어 있음.

【頑者已圮, 强者已柔, 而秦之民, 無歡心矣】'頑者已圮'는 완고한 것이 무너짐. '歡'은 '懽'과 같음.

【故猛政一快者, 懽(歡)心一亡(已), 積快而不已, 而秦之四支(肢)枵然, 徒有其物而已】 '懽心一亡'은 《柯山集》에는 '歡心一已'로 되어 있음. '四支'는 《柯山集》에는 '四肢'로 되어 있음. '枵然'(효연)은 텅 비어 기운이 없는 상태. 《眞寶》注에 "枵然, 空虛貌"라 함.

【民心日離而君孤立於上, 故匹夫大呼, 不終日而百病(疾)皆起, 秦欲運其手足肩膂, 而漠然不我應矣】 '匹夫大呼'는 필부가 크게 소리침. 秦末 폭정에 견디다 못한 陳勝과 吳廣 등이 蜂起하자 뒤이어 劉邦, 項羽 등 천하가 일제히 들고 일어남. '百病'은 《柯山集》에는 '百疾'로 되어 있음. '肩膂'는 어깨와 등골.

【故秦之亡者, 是好爲快者之過也】 秦나라는 서두름이 매우 지나쳐 망하고 만 것임.

【昔(者), 先王(生)之民, 其初亦嘗痔矣, 先王(生)豈不知𥻘然擊去之以爲速也】 '昔'은 《柯山集》에는 '昔者'로 되어 있음. '先王'은 《柯山集》에 '先生'으로 되어 있으나 이는 오류임. '𥻘然'(획연)은 '갑자기, 한꺼번에, 단번에' 등의 뜻.

【惟其有懼於終也. 故不敢求快於吾心, 優柔而撫存之, 敎以仁義, 導以禮樂, 陰解其亂而除去其滯, 使其悠然自趨於平安而不自知】 '優柔'는 부드러움을 뜻하는 雙聲連綿語. '撫存'은 慰撫하며 존속시켜줌. '陰解'는 몰래 풀어 해결해줌. '悠然自趨'는 悠然히 스스로 나서도록 함.

【方其未也, 旁視而懣然者, 有之矣】 '方其未'는 바야흐로 아직 병이 쾌유되지 않은 상황. '旁視'는 곁에서 보고 있음.

【然月計之, 歲察之, 前歲之俗, 非今歲之俗也】 달로 계산하고 해마다 살펴보면 풍속이 달라짐.

【不擊不搏, 無所忤逆】 '忤逆'은 거역함.

【是以日去其戾氣, 而不嬰其歡心】 '戾氣'는 사납고 몹쓸 氣. '嬰'은 다치게 함. '㿋'의 假借字.

【於是政成敎達, 安樂悠久, 而無後患矣】 '政成敎達'은 정치가 제자리를 잡고 교화가 잘 이루어짐.

【是以三代之治, 皆更數聖人, 歷數百年而後俗成】 '三代'는 夏(禹), 殷(湯), 周(文王, 武王)의 개국군주 시대. 聖人이 다스리던 시기를 말함. 《眞寶》注에 "三代, 指夏殷周"라 함.

【則予之藥, 終年而愈疾(者), 蓋無足恠(也)】 '愈疾'은 《柯山集》에는 '愈疾者'로 되어 있음. '無足恠'는 《柯山集》에는 '無足怪也'로 되어 있음.

【故曰『天下之理, 有甚快於吾(予)心者, 其末也. 必有傷, 求無傷於其終, 則初無望於

快吾心』 '吾心者'는 《柯山集》에는 '予心者'로 되어 있음. '則初無望'은 《柯山集》에는 '則無望'으로 '初'자가 없음. 《眞寶》 注에 "應前"이라 함.

【雖然, 豈獨於治天下哉】 '천하를 다스리는 일에만 그렇겠는가?'의 뜻.

【客(張子)再拜(出)而記其說】 '再拜而記'는 《柯山集》에는 '再拜出而記'로 '出'자가 더 있음.

참고 및 관련 자료

1. 張文潛.

張耒(1054–1114), 자는 文潛. 楚州 淮陰(지금의 江蘇 淸江縣) 사람으로 北宋 仁宗 皇祐 4년에 태어나 徽宗 政和 2년에 생을 마침. 향년 61세. 13살에 능히 문장을 지었고 17세에 〈函關賦〉를 지어 사람들이 즐겨 외울 정도였다 함. 20세 진사에 올라 臨淮主簿, 咸平縣丞을 거쳐 著作郎, 史館檢討가 되었으며, 紹聖 연간에 潤州 知州가 되었으나 뒤에 元祐黨에 연루되어 귀양을 가기도 하였음. 徽宗 때 다시 불려 太常少卿을 거쳐 穎州, 汝州 知州가 되었다가 다시 당쟁에 휘말려 좌천되고 말았음. 그는 古文과 詩詞에 능하여 蘇軾 문하에 공부하여 흔히 '蘇門四學士'로 널리 알려짐. 二蘇와 黃庭堅, 晁補之 등이 잇따라 세상을 떠나자 張文潛만이 독보적인 문장가가 되었으며, 만년에는 문장이 더욱 평담하고 질박하여 白居易와 張籍의 문풍을 다시 일으키기도 하였음. 王直方의 《詩話》에 "文潛先與周翰公擇輩來飮余家, 作長句. 後數日再同東坡來, 讀其詩, 嘆息云:「此不是喫煙火食人道底言語!」"라 하였음. 《苑丘集》, 《柯山集》이 있으며 《宋史》(444) 文苑傳에 傳이 있음. 《眞寶》 諸賢姓氏事略에 "張文潛, 名耒, 宛丘人. 蘇門四學士之一"이라 함.

2. 이 글은 《柯山集》(45), 《宋文鑑》(29), 《蘇門六君子文粹》(22), 《容齋隨筆》(五筆, 4), 《續名醫類案》(13) 등에 실려 있음.

《古文眞寶》[後集] 卷十

110. 〈送秦少章序〉 ·················· 張文潛(張耒)

진관을 보내며 주는 글

＊〈送秦少章序〉: 秦少章은 진적(秦覿)을 가리키며 그의 자가 少章임. 秦觀은 張耒
의 친구이며 宋詞 작가로 유명한 秦觀(少游, 少遊)의 아우. 秦覿(字는 少儀)는 秦
觀(少章)의 아우임. '覿'과 '觀'가 字形이 비슷하여 오류를 일으킨 것.《宋詞》
(444) 文苑傳(6) 秦觀傳에 "弟覿字少章, 觀字少儀, 皆能文"이라 함. 宋 哲宗(趙煦)
元祐 6년(1091) 進士에 올라 臨安主簿로 부임하게 되었으나 먹고 살기 위한 벼
슬살이에는 뜻을 두지 않았음을 밝히자 이에 張耒가 이 글을 써서 격려한 것
임. 한편《宋文選》,《宋文鑑》,《蘇門六君子文粹》등에는 제목이 모두 〈送秦少章
赴臨安主簿序〉로 되어 있음.《崇古文訣》에는 "此皆老於世故之後, 方有此等議
論. 凡學文當知此理, 深味然後, 有進益"이라 함.

＊《眞寶》注에 "秦覿(秦觀의 誤記), 字少章. 兄觀, 字少游. ○迂齋云:「老於世故之後,
方有此等議論, 凡學者當知此理.」"라 함.

　《시詩》에 이르지 않았소? "갈대 푸르고 푸른데, 흰 서리 이슬이 되어
내리네"라고.

　무릇 물체란 변화를 받아들이지 아니하면 재목을 이루지 못하고, 사
람은 어려움을 겪어보지 아니하면 지혜가 밝아지지 못하는 법이라오.

　늦가을 계절이 되면 천지가 움츠러들기 시작하여 한기寒氣가 다가오
니, 바야흐로 이때에는 천지 사이의 모든 식물은 봄여름 비와 이슬을 맞
은 뒤에 화택華澤이 충일하고 가지와 마디가 아름답게 무성하던 그런
시기를 벗어나, 된서리가 밤에 내리고 아침에 일어나 살펴보면, 마치 패
전한 군사들이 깃발을 거두고 북을 내던진 채 상처를 싸매고 내달려 군
기軍吏나 사졸들이 사람의 기색을 잃은 것과 같으니, 유독 이와 같은 정
도에 그치겠소?

　이에 천지가 폐색閉塞하여 겨울이 되면 꺾이고 무너지고 늘어져 훼손

되는 것이 반을 넘으니 그 변화는 역시 혹독하지요.

그러나 이로부터 약한 것은 강해지고, 텅 빈 것은 충실해지며 젖었던 것은 건조해져서 모두가 그 영화英華를 뱃속에 거두어들이고 저장하여, 저마다 그 성과의 효험을 보이게 되는 것이지요.

깊은 산 속의 나무는 위로 푸른 구름을 휘젓고 아래로는 수많은 사람을 덮어주지만 그런 나무도 그러한 고통을 걱정하지 않을 수 없을 터인데, 하물며 이른바 갈대쯤에게 있어서야 어떻겠소?

그러나 장석匠石이 도끼를 잡고 산 속과 숲을 돌아다니다가 한 번에 모두 베어 이런 나무로 기둥이나 서까래와 말뚝, 수레바퀴와 수레바탕, 바퀴테를 만들게 되면, 크고 가늘고 강하고 약한 것이 그 임무를 감당해내지 못하는 것이 없으니, 이를 일러 손상시켜 이익이 되게 하고, 허물어 성취를 이루며, 모질게 하여 즐거움을 얻도록 한다는 것이라오.

우리 고을에 진소장秦少章이라는 이가 있는데, 내가 태학太學의 관원으로 있을 때 자신의 문장을 내게 보여주면서 초연愀然히 나에게 말하되 "나는 집이 가난하여 아버님의 명령을 받들어 억지로 과거科擧를 보기 위한 문장을 지었지요. 뒷날 내 뜻대로 시장詩章과 고문古文을 지어 보았더니 왕왕 맑고 아름다우며 기이하고 위대하여 과거를 위한 작업에 비해 백 배나 더 공교하더이다"라고 하였다.

원우元祐 6년(1091), 그는 과거에 급제하여 임안주부臨安主薄로 배치받아 과거를 보아 급제한 사람이었으니 조금은 즐거울 수 있었음에도, 진소유는 매번 나를 볼 때마다 즐거움을 느끼는 자로 여겨지지 않는 것이었다.

내가 그 까닭을 묻자 진소유는 이렇게 말하였다.

"나는 세상의 강직한 선비입니다. 즐겁게 여기는 일이 아니면 할 수 없고, 말이 잘 맞는 사람이 아니라면 사귀지 못하지요. 음식과 생활, 동정

動靜과 온갖 일에 억지로 해서 남을 따르는 일은 할 수 없는 성격이라오. 지금 한 번 관리가 되고 보니 모든 것이 나는 없고 오직 외물에 응해야만 하니 젊어서 이렇게 언건偃蹇히 하다가는 재앙이 메아리처럼 이를까 후회하고 있다오. 지난날에는 이 한 몸이 부모님에게 힘입어 양육받았지만 이제는 아내와 자녀가 나를 쳐다보며 먹을 것을 얻고 있으니, 관리 노릇을 그만두고자 해도 역시 그렇게 할 수가 없소. 지금부터는 옻칠로 머리를 감으면서 머리카락이 풀리기를 바라는 꼴과 같이 되고 말았소."

나는 이렇게 풀이해 주었다.

"그대의 지난날은 봄여름의 초목이었다면, 오늘의 그대를 고통스럽게 하는 것은 갈대가 서리를 만난 것과 같은 경우라오. 무릇 사람의 본성이란 편안함을 추구하게 마련이지만, 그 편안함이란 천하의 큰 화근이라오. 능히 편안함에서 고생으로 옮겨가야 귀하게 되는 것이니, 중이重耳가 19년을 밖에서 떠돌지 않았다면 귀국해서 패자가 되지 못하였을 것이며, 오자서伍子胥가 초楚나라로부터 오吳나라로 도망치지 않았다면 능히 초나라 도읍 영郢으로 쳐들어가지 못하였을 것이오. 이 두 사람은 바야흐로 떠도는 신세로 궁함과 우환에 빠져 있을 때 몰래 자신의 단점을 더욱 보완하고, 자신의 능하지 못함을 더욱 진달시켰으니, 입과 귀로만 배운 자처럼 얕고 천박하지 않았던 것이라오. 이제부터 그대는 지난날 했던 바에 가히 후회스러운 일이 많았던 만큼, 거기에서 얻은 앎도 더욱 더 많아질 것임을 생각하여, 자신을 되돌려 편안히 여긴다면 천하에 행동함에 거리낄 것이 없을 것이오. 능히 먹을 것을 남에게 양보하는 자는 굶주림을 떳떳이 여기는 자요, 내려주는 거마車馬를 사양하는 자는 도보徒步를 겁내지 않는 자라오. 진실로 굶주림을 두려워하고 걷기를 싫어한다면 장차 구차스럽게 얻으려는 마음을 갖게 될 것이니, 차츰 해가 됨이 커지지 않겠소? 그 까닭으로 서리가 내리는데도 죽지 않는 것

은 물체로서 재앙이며, 안일과 즐거움만으로 일생을 마치는 것은 사람
으로서 행복한 것이 아니라오.”

원우元祐 7년(1092) 중춘 11일 씀.

《詩》不云乎?『蒹葭蒼蒼, 白露爲霜.』

夫物不受變, 則材不成; 人不涉難, 則智不明.

季秋之月, 大地始肅, 寒氣欲至, 方是時, 天地之間, 凡植物, 出
於春夏雨露之餘, 華澤充溢, 支節美茂, 及繁霜夜零, 旦起而視之,
如戰敗之軍, 卷旗棄皷, 裹瘡而馳, 吏士無人色, 豈特如是而已?

於是天地閉塞而成冬, 則摧敗拉毀之者過半, 其爲變亦酷矣.

然自是, 弱者堅, 虛者實, 津者燥, 皆歛(藏)其英華於腹心, 而各
效其成.

深山之木, 上撓青雲, 下庇千人者, 莫不病焉, 況所謂蒹葭者乎?

然匠石操斧, 以遊山林, 一擧而盡之, 以充棟梁桷杙輪輿輗軏,
巨細強弱, 無不勝其任者, 此之謂損之而益, 敗之而成, 虐之而樂
者, 是也.

吾黨有秦少章者, 自余爲大(太)學官時, 以其文章示余, 愀然告
我曰:「余(惟)家貧, 奉命大人而勉爲科擧之文也. 異時率其意, 爲
詩章古文, 徃徃淸麗奇偉. 工於擧業百倍.」

元祐六年及第, 調臨安主薄, 擧子中第, 可少樂矣, 而秦子每見
余, 輒不樂.

余問其故, 秦子曰:「余(予)世之介士也. 性所不樂, 不能爲; 言
所不合, 不能交. 飮食起居, 動靜百爲, 不能勉以隨人. 今一爲吏,
皆失己而惟物之應, 少自偃蹇, 悔禍響至. 異時一身資養於父母,
今則婦子仰食於我, 欲不爲吏, 又不可得, 自今以徃, 如沐漆而求

解矣.」

余解之曰:「子之前日, 春夏之草木也; 今日之病子者, 蒹葭之霜
也. 凡人性惟安之求, 夫安者, 天下之大患也. 能遷之爲貴, 重耳不
十九年於外, 則歸不能霸; 子胥不奔, 則不能入郢. 二子者, 方其羈
窮憂患之時, 陰益其所短而進其所不能者, 非如學於口耳者之淺
淺也. 自今吾子思前之所爲, 其可悔者衆矣, 其所知益加多矣. 反
身而安之, 則行於天下, 無可憚者矣. 能推食與人者, 常飢者也; 賜
之車馬而辭者, 不畏徒步者也. 苟畏飢而惡步, 則將有苟得之心,
爲害不旣多乎? 故隕霜不殺者, 物之灾也; 逸樂終身者, 非人之福
也.」
　元祐七年仲春十一日書.

【《詩》不云乎? 『蒹葭蒼蒼, 白露爲霜.』】《詩》秦風 蒹葭篇에 "蒹葭蒼蒼, 白露爲霜. 所
　謂伊人, 在水一方"이라 함. '蒹葭'는 갈대를 뜻하는 雙聲連綿語의 草名. '蒼蒼'은
　푸르러 무성한 모습.
【夫物不受變, 則材不成; 人不涉難, 則智不明】'涉難'은 어려움을 겪어봄. 고난을 경
　험함.《眞寶》注에 "立議論作兩柱, 照應在後, 妙"라 함.
【季秋之月, 天地始肅, 寒氣欲至】'季秋'는 음력 9월. 가을의 끝자락. '肅'은 縮의 뜻.
　움츠러듦.《詩經》豳風 七月 注에 "肅, 縮也"라 함. 그러나 肅殺의 의미를 함께 담
　고 있음.
【方是時, 天地之間, 凡植物, 出於春夏雨露之餘, 華澤充溢, 支節美茂, 及繁霜夜零】
　'華澤充溢'은 화려한 윤택이 충만하여 흘러넘침. 봄여름 시기의 식물 모습을 말
　함. '繁霜夜零'은 된서리가 밤에 내림. 가을 肅殺의 기운이 닥쳐옴을 말함.
【旦起而視之, 如戰敗之軍, 卷旗棄皷, 裹瘡而馳, 吏士無人色, 豈特如是而已】'卷旗
　棄皷'는 '捲旗棄鼓'와 같음. 깃발을 말아버리고 북을 내던져 버림. 전투에서 패배
　함을 뜻함.《眞寶》注에 "譬佳"라 함. '裹瘡'(과창)은 상처를 싸맴.《柯山集》에는
　'裹創'으로 되어 있음. '吏士'는 軍吏와 사병들.
【於是天地閉塞而成冬, 則摧敗拉毀之者過半, 其爲變亦酷矣】'天地閉塞'은 천지가

닫히고 막힘. 식물의 성장이 끝을 맺음. '摧敗拉毁'는 꺾이고 부서지고 당겨 부러지고 毁傷됨.

【然自是, 弱者堅, 虛者實, 津者燥】'津者燥'는 津液이 있던 것은 말라 건조해짐.

【皆歛(藏)其英華於腹心, 而各效其成】앞 구절은 《柯山集》에는 '皆斂藏其英於腹心'으로 되어 있으며, 《宋文鑑》에는 '皆斂藏其英華於腹心'으로 되어 있음. '英華'는 꽃답고 화려한 모습. '腹心'은 마음속. 뱃속.

【深山之木, 上撓靑雲, 下庇千人者, 莫不病焉, 況所謂蒹葭者乎】'上撓靑雲'은 위로 푸른 저 하늘 높이 솟아 흔듦. '下庇千人'은 아래로는 많은 사람들을 가리어 그늘로 덮어줌. '莫不病焉'은 그렇게 자라도록 온갖 병을 앓지 않음이 없음.

【然匠石操斧, 以遊山林, 一擧而盡之】'匠石'은 옛날 유명한 匠人으로 이름은 石. 莊子가 가설로 내세운 匠人. 《眞寶》 注에 "匠石, 古良匠"이라 함. 《莊子》人間世篇에 "匠石之齊, 至於曲轅, 見櫟社樹"라 하였고, 徐无鬼篇에는 "莊子送葬, 過惠子之墓, 顧謂從者曰:「郢人堊漫其鼻端, 若蠅翼, 使匠石斲之. 匠石運斤成風, 聽而斲之, 盡堊而鼻不傷, 郢人立不失容. 宋元君聞之, 召匠石曰:『嘗試爲寡人爲之.』匠石曰:『臣則嘗能斲之. 雖然, 臣之質死久矣.』自夫子之死也, 吾无以爲質矣, 吾无與言之矣.」라는 고사가 있음.

【以充棟梁桷杙輪輿輹輻, 巨細强弱, 無不勝其任者】'棟梁'은 대들보와 들보. 건축물의 가장 중요한 역할을 함. '桷杙'(각익)은 네모진 서까래와 말뚝. '輪輿'는 수레바퀴와 수레바탕. '輹輻'은 바퀴통과 바퀴살.

【此之謂損之而益, 敗之而成, 虐之而樂者, 是也】손상을 입고 毁敗하고 학대받고 하는 것은 다음의 이익과 성취, 즐거움을 위한 것임.

【吾黨有秦少章者, 自余爲大(太)學官時, 以其文章示余, 愀然告我曰】'黨'은 마을 단위. 《周禮》地官 遂人에 "五家爲鄰, 二十五家二里, 萬二千五百家爲鄕, 五百家爲黨"이라 하였음. '余'는 《柯山集》에는 모두 '予'로 되어 있음. '大學'은 太學. '愀然'(초연)은 얼굴빛이 변하여 슬퍼하는 모습.

【余(惟)家貧, 奉命大人而勉爲科擧之文也】'余家貧'은 《柯山集》에는 '惟家貧'으로 되어 있음. '大人'은 아버지. '勉'은 勉强. '억지로'의 뜻. '科擧之文'은 과거를 보기 위한 문장을 지음.

【異時率其意, 爲詩章古文, 徃徃淸麗奇偉. 工於擧業百倍】'異時'는 다른 날. 뒷날. '淸麗奇偉'는 맑고 아름다우며, 기이하고 위대함. 훌륭한 문장이 됨을 말함. '擧業'은 科擧를 위한 學業.

【元祐六年及第, 調臨安主薄, 擧子中第, 可少樂矣, 而秦子每見余, 輒不樂】'元祐'는 宋 哲宗(趙煦)의 연호. 6년은 1091년. '調'는 調任됨. 配置를 받음. '臨安'은 지금의 浙江 杭州市. '主簿'는 관청이나 지방 州縣에서 上官을 도와 문서를 관장하는 임무를 맡은 낮은 벼슬 이름. '擧子'는 과거를 보려는 考試準備生. '中第'는 과거에 급제함.

【余問其故, 秦子曰:「余世之介士也. 性所不樂, 不能爲;言所不合, 不能交】'介士'는 강직하고 절조가 꿋꿋한 선비.

【飮食起居, 動靜百爲, 不能勉以隨人】'飮食起居'는 일상생활을 뜻함. '動靜' 또한 일상생활에서의 행동거지를 말함. '百爲'은 온갖 행위.

【今一爲吏, 皆失己而惟物之應, 少自偃蹇, 悔禍響至】'偃蹇'은 굽실거리며 따르는 모습을 뜻하는 疊韻連綿語. 그러나《眞寶》注에는 "偃蹇, 驕逸貌"라 하여 '교만스러우면서도 안일하게 여기다'의 뜻으로 보았음. '悔禍響至'는 후회와 재앙이 메아리처럼 이름. 그러나《柯山集》에는 '禍悔隨至'로 되어 있음.

【異時一身資養於父母, 今則婦子仰食於我, 欲不爲吏, 又不可得, 自今以往, 如沐漆而求解矣】여기서의 '異時'는 지난날. '資養於父母'는 부모의 도움으로 양육을 받음. '仰食於我'는 나를 바라보며 먹고 삶. 내가 가족이 먹고사는 문제를 책임지고 있음. '沐漆而求解'는 옻칠로 머리를 감으면서 풀리기를 바람. 옻은 黏性이 강해 머리카락이 엉겨 달라붙을 것임.

【余解之曰:「子之前日, 春夏之草木也;今日之病子者, 蒹葭之霜也】'解之'는 이를 해석해줌. 그 의미를 풀이해줌.《眞寶》注에 "當如此照應"이라 함.

【凡人性惟安之求, 夫安者, 天下之大患也】편안함이란 천하의 가장 큰 禍患임을 말함. 고통은 당연히 새로운 것을 위한 보탬이 됨.

【能遷之爲貴, 重耳不十九年於外, 則歸不能霸;子胥不奔, 則不能入郢】'遷之爲貴'는 그전의 편안하던 자리에서 옮겨 고통의 길로 가는 것. '重耳'는 春秋五霸의 하나인 晉文公의 이름. 獻公의 아들로 헌공이 驪姬에게 빠져 중이 형제를 죽이려고 그가 있던 蒲城을 공격하자 도망쳐 齊, 曹, 宋, 鄭, 楚, 秦 등 여러 나라를 떠돌다 19년 만에 秦穆公의 도움으로 귀국하여 군주에 오름.《國語》晉語 및《史記》晉世家,《左傳》등을 참조할 것.《眞寶》注에 "晉獻公之子, 重耳也. 公使居蒲城, 後公使寺人披伐蒲, 重耳曰:「君父之命, 不校.」遂出奔狄, 適齊, 過曹, 過宋, 及鄭, 及楚而之秦, 在外凡十九年. 秦穆公納之於晉, 殺懷公於高粱而重耳立焉, 是爲文公. 卒繼齊爲桓, 霸諸侯"라 함. '子胥'는 伍子胥. 伍員. 春秋시대 楚나라 사람. 楚 平王

이 자신의 아버지 伍奢와 형 伍尙을 죽이자 吳나라 闔閭에게 도망하여 그의 신복이 됨. 뒤에 吳나라 장수가 되어 楚나라로 쳐들어가 도읍 郢을 치고 이미 죽은 平王의 무덤을 파헤치고 시신을 꺼내어 채찍질하며 분풀이를 하였음.《史記》伍子胥列傳,《吳越春秋》,《越絶書》등을 참조할 것.《眞寶》注에 "楚平王殺伍奢, 奢子員, 奔吳, 說吳王闔廬, 興師伐楚, 以報父之仇. 吳師入郢, 時楚平王已死, 子胥遂發其塚, 出其尸, 鞭之三百"이라 함.

【二子者, 方其羈窮憂患之時, 陰益其所短而進其所不能者, 非如學於口耳者之淺淺也】'羈窮憂患'은 羈旅의 몸으로 窮함과 憂患을 겪음. '羈'는 '覊'와 같음. 떠도는 나그네 신세를 말함. '陰'은 '몰래'의 뜻. '淺淺'은 얕으면서 가볍게 흐르는 물. 실력을 충분히 쌓지 않아 얕고 천박한 상태가 됨을 말함.

【自今吾子思前之所爲, 其可悔者衆矣, 其所知益加多矣】지난날 했던 일에 후회스러운 일이 많을 것이나 그로써 더욱 얻은 것도 많을 것임을 생각해야 함.

【反身而安之, 則行於天下, 無可憚者矣】'反身而安之'는 자신을 돌려 지금 하고 있는 일을 편안히 여김.

【能推食與人者, 常飢者也;賜之車馬而辭者, 不畏徒步者也】'推食與人'은 자신 몫의 먹을 것을 남에게 양보함. '常飢'는 굶주림을 떳떳이 여김. '飢'는 饑와 같음. '徒步'는 한갓 걸음으로만 이동함. 말을 타거나 수레 등을 이용하지 않음.

【苟畏飢而惡步, 則將有苟得之心, 爲害不旣多乎】'苟得'은 구차스럽게 얻음.

【故隕霜不殺者, 物之灾也;逸樂終身者, 非人之福也.】'隕霜'은 서리가 내림. '灾'는 災와 같음. '逸樂終身'은 안일하고 즐겁게 일생을 마침.

【元祐七年仲春十一日書】'嘉祐七年'은 1092년. '仲春'은 음력 2월. 이 구절은《柯山集》에는 없으나《宋文鑑》등에는 들어 있음. 한편 끝에《眞寶》注에 "結尾又照應前, 譬喩結法, 當如是也. 由此而觀東坡〈稼說〉, 則此處見矣"라 함.

> [참고 및 관련 자료]

1. 작자: 張耒(文潛) 109 참조.
2. 이 글은《柯山集》(41),《宋文鑑》(92),《宋文選》(29),《崇古文訣》(29),《古文集成》(2),《蘇門六君子門粹》(21),《文章辨體彙選》(340) 등에 실려 있음.

111. <書五代郭崇韜傳後> ·················· 張文潛(張耒)
오대 곽숭도전에 대한 후기

* <書五代郭崇韜傳後>: 五代는 唐 이후 後梁, 後唐, 後晉, 後漢, 後周의 다섯 朝代
를 가리키며 907~960년까지 53년간의 혼란기로, 郭崇韜는 後唐(923~936) 때의
宰相이었음. 後唐은 李克用의 아들 (1)莊宗(李存勖)이 洛陽에 나라를 세워, (2)明
宗(李亶, 李嗣源), (3)閔帝(李從厚)를 거쳐 明宗의 아들 (4)廢帝(李從珂)에 이르러
4대 14년 만에 後晉(石敬瑭)에게 망하였음. 郭崇韜는 字는 安時, 代州 雁門 사람.
後唐 莊宗 때 後梁(末帝 朱友貞)을 멸한 공로로 兵部尙書, 樞密使 등을 지냈으
며, 뒤에 侍中과 成德軍節度가 되었으나 莊宗이 환관의 참언을 듣고 황후 劉皇
后로 하여금 사람을 보내어 郭崇韜를 죽이도록 하여 冤死함.《舊五代史》(57)와
《新五代史》(24)에 傳이 실려 있음. 그가 劉皇后를 도와 皇后가 되도록 해 주었
음에도 도리어 劉皇后에게 죽은 것은 스스로 계책을 잘못 세웠기 때문이었음
을 지적한 것이며, 그의 傳 뒤에 붙였으면 하는 심정으로 이 글을 지은 것임. 일
종의 史贊, 史評, 人物論 등에 해당함.
*《眞寶》注에 "迂齋曰:「說盡固位啫權者之情狀, 思深計工, 反成淺拙, 論極有理, 氣
味深長. (儘可索玩)」○崇韜, 後唐莊宗之相也"라 함.

자고自古로 대신大臣이 권세가 이미 극에 이르도록 융성하고, 부귀가
이미 꼭대기에 이르도록 가득 차서 앞으로 더 바랄 바가 없다면, 곧 물
러나 자신을 위해 염려해야 하지만, 스스로 큰 간웅奸雄으로 다른 뜻을
가진 자이거나, 심히 용렬하고 노둔하며 혼암하고 탐용闒茸한 자가 아니
고서는 그렇지 않은 자는 드물다.

그 모책을 세움이란 참으로 어려운 것이니 생각이 깊지 않고 계책이
공교하지 않음을 걱정할 것이 아닌데도 뒷날 화근이 일어나는 바는 왕
왕 오히려 지극히 깊고 지극히 공교함으로부터 시작되니, 이 까닭으로
정도正道로 하는 것만 같지 못하다.

무릇 정도로 하는 자는 방법을 운용함이 간결하면서도 주도면밀하지만 꾀로 하는 자는 그 단서는 많으나 졸렬하다.

무릇 정도로 하는 자는 계책을 일삼을 바가 없어, 당연한 바를 실행하므로 비록 원수라 해도 감히 그를 비평하지 못하거늘 하물며 그의 뒤를 이은 자가 현명한 자임에랴!

곽숭도郭崇韜는 오대五代에 있어서 역시 총명하고 권세도 있고 재지才智도 있는 선비였다.

그는 후당後唐 장종莊宗을 도와 모책을 결정하여 후량後梁을 멸망시켜 드디어 천하를 통일하고, 스스로 공도 높고 권세도 막중하였지만 간사한 자들이 자신을 비판함을 보고, 장종조차 어리석어 족히 의지할 만한 군주가 되지 못한다 여겨, 이에 자신의 안전을 위한 계책을 세웠다.

당시 유씨劉氏가 총애를 받고 있었고, 장종도 그를 사랑하기에 이를 기회로 그를 황후로 세울 것을 청하여 장종의 욕구를 적중시켜 주었고 또한 유씨의 지원도 맺어 두었다.

이는 유씨에게 있어서는 막대한 은혜였으며 장종은 날로 혼면昏湎에 빠져들어 안으로 부인의 말만 듣게 되었으니, 그가 세운 계책은 마땅히 이보다 훌륭한 것이 없는 셈이었다.

그러나 끝내 곽숭도를 죽인 자는 유씨였다.

설사 곽숭도가 계책을 잘못 세웠다 하더라도 유씨가 능히 도움을 줄 바가 없는 정도에 불과할 따름이었을 터인데, 그 자신이 그의 손에 죽을 줄이야 어찌 알았겠는가?

지모를 좋아하는 사람은 지모 때문에 실패하고, 변론을 좋아하는 자는 변론 때문에 궁해지지만, 오직 도덕道德을 지키는 자만이 무궁한 것이니, 화복禍福의 변화를 어찌 사려思慮로써 능히 구명究明할 수 있겠는가!

自古大臣, 權勢已隆極, 富貴已亢滿, 前無所希, 則退爲身慮, 自非大姦雄包異志, 與夫甚庸(屬)駑昏闒茸, 鮮有不然者.

其爲謀(也)實難, 不憂思之不深, 計之不工, 然異日釁之所起, 徃徃自夫至深至工, 是故莫若以正.

夫正者, 操術簡而周, 智(知)者爲緒多而拙.

夫正者無所事計也, 行所當然, 雖怨讎(仇), 不敢議之, 況繼之者賢乎!

郭崇韜於五代, 亦聰明權(才)智之士也.

佐莊宗, 決策滅梁, 遂一天下, 自見功高權重, 姦人議己, 而莊宗之昏, 爲不足賴也, 乃爲自安之計.

時劉氏有寵, 莊宗嬖之, 因請立爲后而中莊宗之欲, 又結劉氏之援.

此於劉氏, 爲莫大之恩, 而莊宗日以昏湎, 內聽婦言, 其爲計宜無如是之良者.

然卒之殺崇韜者, 劉氏也.

使崇韜繆計, 不過劉氏不能有所助而已, 豈知身死其手哉?

好謀之士, 敗於謀;好辯之士, 敗(窮)於辯, 惟道德之士, 爲無窮, 而禍福之變, 豈思慮能究之(也)哉!

【自古大臣, 權勢已隆極, 富貴已亢滿, 前無所希, 則退爲身慮】'隆極'은 융성함이 극에 이름. '亢滿'은 아주 높고 가득 참. '亢'은 꼭대기. 《易》乾卦에 上九 爻辭에 '亢龍有悔'라 함.

【自非大姦雄包異志, 與夫甚庸(屬)駑昏闒茸, 鮮有不然者】'姦雄'은 간사한 영웅. 《世說新語》識鑑篇에 "曹公少時見橋玄, 玄謂曰:「天下方亂, 羣雄虎爭, 撥而理之, 非君乎? 然君實是亂世之英雄, 治世之姦賊! 恨吾老矣, 不見君富貴;當以子孫相累.」라 함. '甚庸'은 매우 용렬함. 《柯山集》에는 '甚屬'으로 되어 있으나 《宋文鑑》과 《崇古文訣》에는 모두 '甚庸'으로 되어 있음. '駑昏'은 '駑昏'으로도 표기하며 아둔

하고 사리에 昏迷함. '昬'은 '昏'의 異體字. '闒茸'(탑용) 역시 어리석고 흐트러져 명석하지 못함을 뜻함. '鮮'은 '드물다'의 뜻. 《眞寶》注에 "鮮, 少也"라 함.

【其爲謀(也)實難, 不憂思之不深, 計之不工】'爲謀'는 자신을 위한 모책. 자신이 살아야겠다는 모책을 강구함. 《柯山集》에는 뒤에 '也'자가 더 있어 '實難'의 뜻을 강조하고 있음.

【然異日釁之所起, 往往自夫至深至工, 是故莫若以正】'釁'은 말썽, 분쟁. 좋지 않은 조짐. 《眞寶》注에 "警策"이라 함.

【夫正者, 操術簡而周, 智(知)者爲緒多而拙, 夫正者無所事計也】'操術'은 자신을 잘 지키는 술책. '簡而周'는 簡略하면서도 周到綿密함. '智者'는 《柯山集》에는 '知者'로 되어 있음. '爲緒'는 하는 일의 실마리. 일의 端緒를 만듦.

【行所當然, 雖怨讎(仇), 不敢議之, 況繼之者賢乎】'怨讎'는 《柯山集》과 《宋文鑑》, 《崇古文訣》 등에는 모두 '怨仇'로 되어 있음. '議之'는 비평함. 《眞寶》注에 "言不必爲去位後之計"라 함.

【郭崇韜於五代, 亦聰明權(才)智之士也】'聰明權智'는 《柯山集》에는 '聰明才智'로 되어 있음.

【佐莊宗, 決策滅梁, 遂一天下】'莊宗'은 五代 2번째 나라 後唐의 건국자. 이름은 李存勗(885~925. 923~926 재위). 沙陀 사람으로 唐末 명장 李克用의 장자. 郭崇韜의 도움으로 後梁의 末帝(朱友貞, 913~923 재위. 後梁의 마지막 군주)를 멸하고 唐을 세워 洛陽에 도읍하였으며 연호를 同光이라 함. 이를 역사적으로는 後唐이라 함. 재위 4년 동안 契丹의 耶律阿保機를 북방으로 밀어내는 등 위세를 떨쳤으나 곧바로 향락에 빠져 스스로 演戱의 배우가 되어 藝名을 '李天下'라 하며 유희에 몰두함. 그리하여 伶人(배우)들과 어울리며 그들을 刺史로 삼는 등 국정에 소홀함. 아울러 여색에 빠지자 환관들이 민간 여인들을 빼앗아 궁중으로 들여오는 등 나라가 혼란해짐. 이에 926년 환관의 참언을 듣고 郭崇韜를 죽였으며, 아버지 李克用이 양자로 들였던 李嗣源(李亶)을 시기하자, 郭從謙(郭崇韜의 叔父)이 이를 핑계로 李嗣源을 세우고 兵變을 일으켰음. 이 혼전 중에 莊宗은 화살을 맞고 41세에 죽음. 莊宗이 죽을 때 叛軍이 그 시신을 훼손할까 두려워, 수많은 伶人과 樂工들이 樂器로 시신을 덮어 미리 시신을 불태웠다 함. 諡號는 光聖神閔孝皇帝, 廟號는 莊宗. 그 뒤를 2대 明宗(李嗣源)으로 이어짐.

【自見功高權重, 姦人議己, 而莊宗之昬, 爲不足賴也, 乃爲自安之計】'功高權重'은 後梁을 멸할 때의 공과 그 뒤 재상에 오른 권세. '姦人議己'는 《眞寶》注에 "原崇韜

之情, 與發頭數語相應"이라 함. '自安之計'는 자신이 안전히 살아갈 계책.《眞寶》
注에 "思之深"이라 함.

【時劉氏有寵, 莊宗嬖之, 因請立爲后而中莊宗之欲, 又結劉氏之援】'劉氏'는 莊宗의
皇后가 되었던 여자. '嬖之(폐지)'는 지극히 편애함. 흔히 군주가 잘못된 여인에게
빠짐을 뜻함. '中莊宗之欲'은 莊宗의 욕심에 적중함.《眞寶》注에 "計之工"이라 함.
'結劉氏之援'은《眞寶》注에 "至深至工"이라 함.《舊五代史》郭崇韜傳에 "門人故
吏又謂崇韜曰:「侍中勳業第一, 雖群官側目, 必未能離間. 宜於此時堅辭機務, 上必
不聽, 是有辭避之名, 塞其讒慝之口. 魏國夫人劉氏有寵, 中宮未正, 宜贊成冊禮, 上
心必悅. 內得劉氏之助, 群閹其如余何!」崇韜然之, 於是三上章堅辭樞密之位, 優詔
不從. 崇韜乃密奏請立魏國夫人爲皇后, 復奏時務利害二十五條, 皆便於時, 取悅人
心; 又請罷樞密院事, 各歸本司, 以輕其權, 然宦官造謗不已"라 함.

【此於劉氏, 爲莫大之恩, 而莊宗日以昏湎, 內聽婦言, 其爲計宜無如是之良者】'昏湎'
은 혼미하여 주색에 빠짐. '內聽婦言'은 안으로 皇后 劉氏의 말만 들음.《眞寶》
注에 "崇韜以爲良"이라 함.

【然卒之殺崇韜者, 劉氏也】은혜를 입었던 皇后 劉氏가 莊宗에게 郭崇韜를 참언하
여 馬彦珪로 하여금 가서 郭崇韜를 죽이도록 함.《眞寶》注에 "釁起於至深至工.
○莊宗遣崇韜伐蜀, 劉氏密令魏王繼岌殺之族其家"라 함. 魏王(繼岌)은 莊宗과 劉
氏 사이에 난 아들.《舊五代史》(34)에 "同光四年春, 甲子, 魏王繼岌殺樞密使郭崇
韜於西川, 夷其族"이라 함.

【使崇韜繆計, 不過劉氏不能有所助而已, 豈知身死其手哉】'繆計'는 그릇된 계획.
'繆'는 謬와 같은 뜻임.《眞寶》注에 "繆計, 乃是正理"라 함. '不能有所助而已' 다
음에《眞寶》注에 "又反說以極乎其情狀, 妙甚"이라 함. '死其手哉' 다음에《眞寶》
注에 "至深至工, 乃是至淺至拙"이라 함.《舊五代史》郭崇韜傳에 "四年正月六日,
馬彦珪至軍, 決取十二日發成都赴闕, 令任圜權知留事, 以俟知祥. 諸軍部署已定,
彦珪出皇后敎以示繼岌, 繼岌曰:「大軍將發, 他無釁端, 安得爲此負心事! 公輩勿復
言」從襲等泣曰:「聖上旣有口敕, 王若不行, 苟中途事泄, 爲患轉深.」繼岌曰:「上無
詔書, 徒以皇后敎令, 安得殺招討使!」從襲等巧造事端以間之, 繼岌旣英斷, 俛俛從
之. 詰旦, 從襲以繼岌之命召崇韜計事, 繼岌登樓避之, 崇韜入, 左右楇殺之. 崇韜
有子五人, 廷信, 廷誨隨父死於蜀, 廷說誅於洛陽, 廷讓誅於魏州, 廷議誅於太原,
家産籍沒. 明宗卽位, 詔令歸葬, 仍賜太原舊宅. 廷誨, 廷讓各有幼子一人, 姻族保
之獲免, 崇韜妻周氏, 攜養於太原"이라 함.

【好謀之士, 敗於謀;好辯之士, 敗(窮)於辯】'敗於辯'은《柯山集》에는 '窮於辯'으로
되어 있어 앞의 '敗'와 對를 이루고 있으나《宋文鑑》과《崇古文訣》등에는 모두
'敗'로 되어 있음.

【惟道德之士, 爲無窮, 而禍福之變, 豈思慮能究之(也)哉】'爲無窮' 다음에《眞寶》注
에 "道德之士, 卽所謂正也. ○應'莫若以正'一句"라 함. '究之哉'는《柯山集》에는
'究之也哉'로 되어 있음.《眞寶》注에 "議論關涉, 可爲法"이라 함. 한편《舊五代史》
郭崇韜傳 말미에 "史臣曰:夫出身事主, 得位遭時, 功不可以不圖, 名不可以不立.
洎功成而名遂, 則望重而身危, 貝錦於是成文, 良玉以之先折, 故崇韜之誅, 蓋爲此
也. 是知强吳滅而范蠡去, 全齊下而樂生奔, 苟非其賢, 孰免於禍. 明哲之士, 當鑑
於斯!"라 함.

참고 및 관련 자료

1. 작자:張耒(文潛) 109 참조.

2. 이 글은《柯山集》(44),《宋文鑑》(131),《崇古文訣》(29),《蘇門六君子文粹》(22),
《文章辨體彙選》(374) 등에 실려 있음.

112. 〈答李推官書〉·················· 張文潛(張耒)
이추관에게 주는 답글

*〈答李推官書〉: '李推官'은 구체적으로 누구인지 알려지지 않음. 推官은 벼슬이름
으로 觀察使나 節度使의 副官으로 刑獄을 맡아 사건의 내용을 推問하는 직책
임. 이 글은 李推官이 張耒에게 〈病暑賦〉와 〈雜詩〉를 보내어 품평을 요구하자
'글에는 奇를 위주로 한 作爲보다는 자연스럽게 理(道)가 실려야 한다'는 文以載
道의 논리로써 일깨워준 답신임.
*《眞寶》注에 "迂齋云:「曲盡作文之妙.」"라 함.

이군李君 족하足下께.

남쪽으로 와서 일이 많아 오랫동안 책을 읽지 못하고 있었는데, 어제
서신을 전해주는 이가 돌아오는 길에 문득 욕되게도 귀하의 작품 〈병서
부病暑賦〉와 〈잡시雜詩〉 등을 보내오셨기에, 외우고 읽으면서 좋아하고
탄식하며, 이윽고 갈학竭涸의 느낌이 일어났으며, 또한 세간의 학자들이
근래에 조금씩 옛사람들의 문장을 추구함에, 술작述作과 체제體製가 왕
왕 이미 수준에 이른 이가 있음을 기뻐하였습니다.

저는 재능은 없지만 어릴 때 문사文辭 짓기를 좋아하였으며, 사람들과
교유함에는 또한 문자文字를 논하기를 좋아하였으니, 이를 일러 좋아한
다고 말하는 것은 가하나, 문장에 능하다고 여긴다면 세상에 잘하는 이
들이 있으니, 결코 나를 두고 그렇게 말할 수는 없을 것입니다.

족하께서는 평소 저와 음식을 들며 담소할 때에, 제가 별것 아님을 잊
은 채 갑자기 대축大軸에 세필細筆로 관직 이름과 성명까지 쓰셔서, 마
치 비천한 자가 존귀한 자를 뵙듯이 하고 계시니 이는 어찌 된 것입
니까?

어찌 망녕되게도 저를 문장을 잘하는 자로 여기시어, 공경하기를 마치

가르침을 청하는 이처럼 잘못을 저지르고 계십니까?

보내신 글을 되돌려 바치고자 하나 애완愛玩에 탐욕이 있어, 형세로 보아 버릴 수도 없습니다.

비록 안타깝게 여겨 스스로 편한 마음을 가질 수는 없지만, 이미 욕되게 근후勤厚하심을 입었으니 감히 좌우 측근들로부터 알게 된 바를 숨길 수도 없습니다.

족하足下의 문장은 기이하다고 이를 만합니다.

문장의 상체常體를 버리고 괴기瓌奇하고 험괴險怪함에 힘을 쏟아, 이를 읽는 사람으로 하여금 마치 수천 년 전 과두문자蝌蚪文字나 조적鳥跡의 글씨로 그 당시의 노래 가사를 기록해 놓은 것이나 종정문鍾鼎文을 읽도록 하는 것처럼 의무를 주고 있습니다.

족하께서 좋아하시는 바가 이러하기에 진실로 훌륭하지 않음은 없지만, 생각건대 제가 들은 바의 소위 문장에 능하다고 하는 것이 어찌 능히 기이함을 두고 하는 말이겠습니까?

문장에 능하다고 하는 것은 진실로 능히 기이함을 위주로 하는 것이 아닙니다.

무릇 문장이라는 것이 무엇을 위해 마련된 것이겠습니까?

이치를 아는 자(모르는 자)는 말에는 능하지 않은 법이니, 세상에 말에 능한 자는 많은데도 문장만이 유독 전해지는 것이, 어찌 유독 전해지는 것만으로 그치는 것이겠습니까?

문장에 능함으로 말미암아 그 말이 더욱 공교해지는 것이며, 그 말이 공교함으로 말미암아 이치가 더욱 명확해지는 것이니, 이 까닭으로 성인들이 문장을 귀하게 여긴 것입니다.

육경六經으로부터 아래로는 제자백가諸子百家, 그리고 시인과 변사들의 논술에 이르기까지 거의 모두가 문장이란 이치를 담는 도구로 여겼던 것입니다.

이 까닭으로 이치가 뛰어난 자는 문장이 공교해지기를 기대하지 않아도 공교해지며, 이치가 못 미치는 자는 분칠하고 윤택을 가해 공교하게 해도 온갖 허술한 틈이 솟아나게 마련이지요.

이는 마치 두 사람이 고소장을 가지고 송사를 벌이는 것과 같아, 정직한 자는 붓을 잡아 누루累累하게 쓰기를 기다리지 않아도 그 문장을 읽어보면 대쪽을 쪼개듯 하여, 옆으로 비껴보고 반복해 읽어보아도 자연스럽게 그 속에 마디와 내용이 있습니다. 그러나 왜곡하고 있는 자라면 비록 자공子貢에게 말재주를 빌리고, 양웅揚雄에게 문자를 물어서 다듬는다 해도, 마치 오미五味를 늘여놓기만 하였지 조화調和를 이루지 못하여 입에 이를 먹어보면 하나도 흡족하지 않는 것과 같을 터인데, 하물며 사람에게 그 맛을 즐겨보라고 한다면 어떻겠습니까?

그러므로 문장을 배우는 시작은 이치를 밝힘에 급히 굴어야 하는 것이니, 무릇 문장을 지을 줄 모르는 자라면 다시 말해줄 바도 없겠지만, 만약 문장을 알면서도 이치에 힘쓰지 않은 채 문장이 공교하기만을 바란다면, 일찍이 세상에는 그렇게 해서 이루어진 경우란 없습니다.

무릇 물을 강하江河와 회해淮海로 터놓으면, 그 물은 물길을 따라 도도골골滔滔汨汨히 밤낮으로 그치지 않고 흘러가다가 지주산砥柱山에 부딪치기도 하고 여량呂梁을 끊을 듯이 흐르기도 하다가, 강호江湖에서는 퍼졌다가 바다가 이를 받아들이지요.

그 물이 편안할 때는 윤련淪漣이 되고, 고동칠 때는 파도가 되며, 격동할 때는 풍표風飆가 되고, 노하게 하면 우레가 되어, 교룡蛟龍과 어원魚黿이 분박噴薄하며 출몰하게 되는 것이니, 이것이 물의 기이한 변화입니다.

그러나 물이 처음부터 어찌 이와 같은 것이었겠습니까? 이는 물길을 따라 흐르도록 터놓아 그 물이 만나는 바에 따라 변화가 생기기 때문입니다.

도랑물은 동쪽을 터놓으면 서쪽이 고갈되고, 아래가 가득차면 위가 비게 되니, 그런 물이라면 밤낮으로 격동시켜 기이한 모습을 드러내고자 해도 그 물이 이르는 바는 개구리나 거머리의 놀이터가 될 뿐입니다.

강회江淮나 하해河海의 물은 이치가 통달된 문장이니 기이함을 요구하지 않아도 기이함이 이르러 오지만, 도랑물은 격하게 하여 그 물이 기이한 모습을 보여주기를 바란다 해도, 이는 이치에 드러남이 없으면서 언어와 구두句讀만으로써 기이한 문장을 짓고자 하는 것이 됩니다.

육경의 문체 중에 《역易》만큼 기이한 것은 없고, 《춘추春秋》보다 더 간결한 것은 없지만, 무릇 어찌 기이함과 간결함에 힘써서 그렇게 된 것이겠습니까? 단지 형세가 자연스럽게 된 것일 뿐입니다.

전傳에 "길인吉人은 말이 적다"라 하였으니, 그것이 어찌 변화함을 싫어하고 과묵함을 좋아해서 그렇겠습니까? 비록 변화하게 하고자 해도 그렇게 할 수 없었던 것이지요.

당唐나라 이래로 오늘날에 이르도록 문인들로서 기이함을 좋아한 이는 하나 둘이 아니니, 심한 경우에는 혹 구절이 빠지고 문장이 끊어져 문맥과 논리가 이어지지도 못한 채, 다시 옛사람의 훈고訓詁나 본 적도 들은 적도 아주 드문 것을 취하여, 옷을 입히고 꿰매고 합하기도 하며, 또는 그 글자는 타당하나 구절은 타당하지 못하며, 혹 구절은 타당하나 문장은 타당하지 못하여, 반복해서 씹고 음미해 보아도 끝내 아무것도 없는 글을 지어내니, 이는 문장에서 가장 비루한 것입니다.

족하의 문장은 비록 이와 같지는 않지만, 그러나 그 뜻이 미미靡靡하여 마치 기이함에 주안점을 둔 듯합니다.

이 까닭으로 미리 족하께 이를 진술하여, 저의 말을 질박하고 이속俚俗된 것이라 여기시어 살펴보지도 않으심이 없기를 바라는 것입니다.

(李君足下:) 南來多事, 久廢讀書, 昨送簡人還, 忽辱惠及所作 <病暑賦> 及 <雜詩>(等), 誦詠愛歎, 旣有以起竭涸之思, 而又喜世 之學者, 比來稍稍追(求)古人之文章, 述作體製, 徃徃已有所到也.

耒(某)不才, 少時喜爲文辭, 與人遊, 又喜論文字, 謂之嗜好則 可, 以爲能文則世自有人, 決不在我.

足下與耒, 平居飲食笑語, 忘去屑屑, 而忽持大軸, 細書題官位 姓名, 如卑賤之見尊貴, 此何爲者?

豈妄以耒爲知文, 繆(謬)爲恭敬若請敎者乎?

欲持納而貪於愛玩, 勢不可得捨.

雖怛然不以自寧, 而旣辱勤厚, 不敢隱其所知於左右也.

足下之文, 可謂奇矣.

捐去文墨常軆, 力爲瓌奇險怪, 務欲使人讀之, 如見數千歲前科 斗鳥跡所記弦匏之歌, 鍾鼎之文也.

足下之所嗜者如此, 固無不善者, 抑耒之所聞所謂能文者, 豈謂 其能奇哉?

能文者, 固不以能奇爲主也.

夫文何爲而設也?

(不)知理者, 不能言, 世之能言者, 多矣, 而文者獨傳, 豈獨傳哉?

因其能文也, 而言益工; 因其言工也, 而理益明, 是以聖人貴之.

自六經, 下至于諸子百氏, 騷人辯士論述, 大抵皆將以爲寓理之 具也.

是故理勝者, 文不期工而工; 理媿者, 巧於(爲)粉澤而間隙百出.

此猶兩人, 持牒而訟, 直者, 操筆, 不待累累, 讀之如破竹, 橫斜 反覆, 自中節目; 曲者, 雖使假辭於子貢, 問字於揚雄, 如列五味而 不能調和, 食之於口, 無一可愜, 何況使人玩味之乎?

故學文之端, 急於明理, 夫不知爲文者, 無所復道, 如知文而不務理, 求文之工, 世未嘗有是也.

夫決水於江河淮海(也), 水順道而行, 滔滔汨汨, 日夜不止, 衝砥柱, 絶呂梁, 放於江湖而納之海.

其舒爲淪漣, 皷爲濤波, 激之爲風颷, 怒之爲雷霆, 蛟龍魚黿, 噴薄出沒, 是水之奇變也.

而水初豈如此(哉)? (是)順道而決之, 因其所遇而變生焉.

溝瀆東決而西竭, 下滿而上虛, 日夜激之, 欲見其奇, 彼其所至者, 蛙蛭之玩耳.

江淮河海之水, 理達之文也, 不求奇而奇至矣, 激溝瀆而求水之奇, 此無見於理而欲以言語句讀, 爲奇之文也.

六經之文, 莫奇於《易》, 莫簡於《春秋》, 夫豈以奇與簡爲務哉? 勢自然耳.

傳曰「吉人之辭寡」, 彼豈惡繁而好寡哉? 雖欲爲繁而不可得也.

自唐以來至今, 文人好奇者不一, 甚者, 或爲缺句斷章, 使脉理不屬, 又取古人訓詁(詀), 希於見聞者, 衣被而綴合之, 或得其字, 不得其句, 或得其句, 不得其章, 反覆咀嚼, 卒亦無有, 此最文之陋也.

足下之文, 雖不若此, 然其意靡靡, 似主於奇矣.

故預爲足下陳之, 願無以僕之言質俚而不省也.

【(李君足下:)】《柯山集》에는 앞에 이 네 글자가 더 있음. '足下'는 상대를 높여 부르는 말.

【南來多事, 久廢讀書, 昨送簡人還, 忽辱惠及所作〈病暑賦〉及〈雜詩〉(等)】〈病暑賦〉와 〈雜詩〉는 李推官이 지은 것으로 張耒에게 品評을 부탁하여 보내준 것.

【誦詠愛歎, 旣有以起竭涸之思】 '起竭涸之思'는 물이 다 마르는 것과 같은 느낌이 일어남. 李推官의 〈病暑賦〉를 읽고 느낌을 말한 것. '竭涸'(갈학)은 물이 모두 말

라 덥기만 한 무더위를 표현한 것으로 보기도 하나, 그 보다는 자신이 오랫동안 독서를 하지 않아 문장에 멀어진 안타까움과 반성을 말한 것으로 볼 수 있음.

【而又喜世之學者, 比來稍稍追(求)古人之文章, 述作體製, 徃徃已有所到也】'比來'는 요즈음, 최근. '稍稍'는 '조금씩, 점점, 차츰'의 뜻. '追古人之文章'은 《柯山集》에는 '追求古人之文章'으로 되어 있음. '述作體製'는 저술하고 창작한 글의 체제. '所到'는 어느 정도의 수준에 이르렀음.

【耒不才, 少時喜爲文辭, 與人遊, 又喜論文字】'耒'는 張耒 자신. 그러나 《柯山集》에는 '某'로 되어 있음. 아래도 모두 같음. 한편 '文辭'는 '文詞'로 표기되어 있음.

【謂之嗜好則可, 以爲能文則世自有人, 決不在我】나를 두고 문장을 좋아한다고는 할 수 있으나 글을 잘 짓는 자라 여기는 것은 결코 맞지 않음.

【足下與耒, 平居飮食笑語, 忘去屑屑, 而忽持大軸, 細書題官位姓名】'平居飮食'은 일상생활을 말함. 다만 '飮食'은 《柯山集》에는 '飮酒'로 되어 있음. '屑屑'은 자질구레한 모습. '大軸'은 큰 두루마리. 〈病暑賦〉와 〈雜詩〉를 가리킴.

【如卑賤之見尊貴, 此何爲者】마치 비천한 자가 존귀한 자를 뵙듯이 하고 있음.

【豈妄以耒爲知文, 繆(謬)爲恭敬若請敎者乎】'繆'는 《柯山集》에는 '謬'로 되어 있음. 잘못됨, 그릇됨. 그릇되게도 나를 공경하게 대하기를 마치 가르침을 청하는 자와 같은 태도임. 《眞寶》注에 "無緊要言語中, 自有無限曲折"이라 함.

【欲持納而貪於愛玩】'持納'은 보내준 글을 받음.

【勢不可得捨, 雖怛然不以自寧, 而旣辱勤厚, 不敢隱其所知於左右也】'勢不可得捨'는 상황이 그것을 버릴 수 없음. 《眞寶》注에 "自此以下, 凡四轉. 言語少而變態多, 最可觀"이라 함. '怛然'(달연)은 슬프게 느끼며 걱정함. '旣辱勤厚'는 이미 욕되게도 부지런하고 두텁게 하였음. 이미 자신으로서는 할 일을 다 하였음.

【足下之文, 可謂奇矣. 捐去文墨常體, 力爲瓌奇險怪, 務欲使人讀之】'足下之文' 다음에 《眞寶》注에 "先立此一句"라 하였고, '可謂奇矣' 다음에는 "揚中之抑"이라 함. '捐去'는 버림. '文墨'은 문장. 글짓기. 《柯山集》에는 '文字'로 되어 있음. '常體'는 정상적인 체제. '瓌奇'(괴기)는 구슬처럼 아름답고 특이함. '險怪'는 험하고 괴이함.

【如見數千歲前科斗鳥跡所記弦匏之歌, 鍾鼎之文也】《柯山集》에는 '千歲'는 '千載'로, '科斗'는 '蝌蚪'로, '弦匏'(현포)는 '絃匏'로 되어 있음. '科斗'는 蝌蚪文字. 大篆體의 하나로 옻즙으로 竹簡(木簡)에 竹針으로 글씨를 씀으로서 매 글자가 시작 머리 부분은 거칠고 크며, 마치는 꼬리 부분은 가늘고 길어 字形이 마치 올챙이와

같아 속칭 蝌蚪文字라 부름. 孔壁에서 나온 古文經이 대표적임. '鳥跡'은 새의 발자국. 許愼의 〈說文解字序〉에 "黃帝之史蒼頡, 見鳥獸蹄迒之迹, 知分理之可相別異也, 初造書契"라 함. 《眞寶》注에는 "蝌蚪, 高陽氏書名;鳥迹, 蒼頡觀鳥迹造字"라 함. '弦匏'는 絃樂器와 打樂器. '匏'는 박으로 만든 타악기. 여기서는 古文字로 기록된 옛 음악의 가사를 말함. '鍾鼎'은 鍾鼎文(鐘鼎文). 고대 鍾(鐘)이나 鼎 등 靑銅器에 새겨진 문자. 주로 篆書로 되어 있음. 《眞寶》注에 "雖揚實抑"이라 함.

【足下之所嗜者如此, 固無不善者】'無不善'은 훌륭하지 않음이 없음. 훌륭하기는 함.

【抑未(柰)之所聞所謂能文者, 豈謂其能奇哉】'抑'은 글의 흐름을 反轉시길 때 쓰는 말. '그렇지만, 그러나'의 뜻. 《眞寶》注에 "反上一句"라 함.

【能文者, 固不以能奇爲主也】글에 능한 자는 奇異함을 위주로 삼지 않음.

【夫文何爲而設也】'글이라는 것이 무엇 때문에 있게 되었는가'의 뜻.

【(不)知理者, 不能言, 世之能言者, 多矣, 而文者獨傳, 豈獨傳哉】'不知理者'는 《柯山集》과 《崇古文訣》에는 모두 '不'자가 없음.

【因其能文也, 而言益工;因其言工也, 而理益明, 是以聖人貴之】'而理益明'은 《柯山集》에는 '而言益明'으로, 《崇古文訣》에는 '而理益明'으로 되어 있음.

【自六經, 下至于諸子百氏, 騷人辯士論述, 大抵皆將以爲寓理之具也】'六經'은 《詩》, 《書》, 《易》, 《禮》, 《樂》, 《春秋》 등 儒家의 여섯 經典. '諸子百氏'는 諸子百家. '騷人'은 詩人. 屈原이 〈離騷〉를 지은 데서 유래됨. '寓理之具'는 文이란 理致를 붙여 표현하는 도구일 뿐임.

【是故理勝者, 文不期工而工;理媿者, 巧於粉澤而間隙百出】'媿'는 愧와 같음. 부끄러움. 잘 터득하지 못함. 그러나 《柯山集》에는 '詘'로, 《崇古文訣》에는 '愧'로 되어 있음. '工於粉澤'은 수식과 윤택에 공교함. 그러나 《柯山集》과 《崇古文訣》에는 모두 '工爲粉澤'으로 되어 있음. '間隙'은 틈이 벌어짐. 《柯山集》과 《崇古文訣》에는 모두 '隙間'으로 되어 있음.

【此猶兩人, 持牒而訟】'牒'은 문서. 여기서는 고소장을 가지고 송사를 벌임을 말함.

【直者, 操筆, 不待累累, 讀之如破竹, 橫斜反覆, 自中節目】'累累'는 번거롭게 여러 차례 말을 쌓아 감. '破竹'은 대쪽을 쪼개듯이 시원하게 나감. '破竹之勢'의 줄인 말. 《眞寶》注에 "破竹, 其易也"라 함. '迎刃而解'와 같은 뜻으로, 《晉書》杜預傳에 "今兵威已振, 譬如破竹, 數箭之後, 皆迎刃而解, 無復著手處也"라 함.

【曲者雖使假辭於子貢, 問字於揚雄】'子貢'은 孔子 제자 端木賜. 言語驅使에 뛰어났던 인물. 《論語》先進篇에 "言語:宰我, 子貢"이라 하였고, 《史記》仲尼弟子列傳에

"端沐賜, 衛人, 字子貢. 少孔子三十一歲. 子貢利口巧辭, 孔子常黜其辯"이라 하여 '端沐賜'로도 표기함. 言辭에 뛰어나 국제 분쟁에 뛰어들기도 하였으며 특히 吳越의 싸움에 해결사로 나서서 공을 세운 이야기가 《史記》와 《吳越春秋》에 자세히 실려 있음. '揚雄'은 揚子. 자는 子雲(B.C.53–A.D.18). '楊雄'으로도 표기하며 蜀郡 成都 사람. 西漢때 賦家, 哲學家. 〈甘泉賦〉, 〈羽獵賦〉 등과 《太玄經》, 《方言》, 《法言(揚子法言)》 등의 저술이 있음. 《漢書》揚雄傳 참조. 흔히 '楊'과 '揚'은 섞어 썼음.

【如列五味而不能調和, 食之於口, 無一可愜, 何況使人玩味之乎】'五味'는 《三字經》에 "酸苦甘, 及辛鹹. 此五味"라 함. 여기서는 여러 가지 훌륭한 맛이나 양념, 또는 음식을 뜻함. '愜'은 恰과 같음. 흡족함. '何況使人'은 《柯山集》에는 '況可使人'으로, 《崇古文訣》에는 '何況使人'으로 되어 있음.

【故學文之端, 急於明理, 夫不知爲文者, 無所復道】'學文'은 문장에 대해 학습함. '復道'는 거듭 반복해서 말함. '道'는 言과 같음.

【如知文而不務理, 求文之工, 世未嘗有是也】문장을 알되 理에 힘쓰지 않으면서 공교하기를 요구하니 세상에 이런 경우는 있어본 적이 없음.

【未決水於江河淮海(也), 水順道而行, 滔滔汩汩, 日夜不止】'江河淮海' 다음에 《柯山集》과 《崇古文訣》에는 다음에 '也'자가 더 있음. '滔滔汩汩'은 물이 시원하게 흐르는 모습을 표현한 것.

【衝砥柱, 絶呂梁, 放於江湖而納之海, 其舒爲淪漣】'砥柱'는 산 이름. 三門山이라고도 하며 옛 禹임금이 河水를 다스릴 때 터놓은 물길이 흘러 산에 부딪쳐 기둥 같은 산이 남아 이를 砥柱라 하였다 함. 《水經注》(4) 河水注에 "砥柱, 山名也. 昔禹治洪水, 山陵當水者鑿之, 故破山以通河. 河水分流包山而過, 山見水中若柱然, 故曰砥柱也. 三穿既決, 水流疏分, 指狀表目, 亦謂之三門矣"라 함. '呂梁'은 河水의 흐름이 아주 심한 나루. 山西省 龍門山과 연해져 있음. 《眞寶》注에 "呂梁, 險津"이라 함. '河梁'이라고도 하며 《莊子》達生篇에 "孔子觀於呂梁, 縣水三千仞, 流沫四十里, 黿鼉魚鱉之所不能游也. 見一丈夫游之, 以爲有苦而欲死也, 使弟子並流而拯之. 數百步而出, 被髮行歌, 而游於塘下. 孔子從而問焉, 曰:「吾以子爲鬼, 察子則人也. 請問蹈水有道乎?」曰:「亡. 吾無道, 吾始乎故, 長乎性, 成乎命. 與齊俱入, 與汩偕出, 從水之道而不爲私焉, 此吾所以蹈之也.」孔子曰:「何謂始乎故, 長乎性, 成乎命?」曰:「吾生於陵, 而安於陵, 故也; 長於水而安於水, 性也; 不知吾所以然而然, 命也.」라 한 고사를 남긴 곳. 그 외 《列子》(說符篇), 《說苑》(雜言篇), 《孔子家語》(致

思篇) 등에 널리 실려 있음. '淪漣'은 잔물결을 뜻하는 雙聲連綿語.

【皷爲濤波, 激之爲風飈, 怒之爲雷霆, 蛟龍魚鼈, 噴薄出没】'皷'는 격동시킴. '風飈'
는 회오리바람을 일으킴. '蛟龍魚鼈'은 물에 사는 신비한 동물들. '鼈'은 큰 자라.
'噴薄'은 용솟음쳐 오름을 뜻하는 雙聲連綿語.

【是水之奇變也, 而水初豈如此(哉)】'如此' 다음에 《柯山集》과 《崇古文訣》에는 모두
'哉'자가 더 있음.

【(是)順道而決之, 因其所遇而變生焉】'順道' 앞에 《柯山集》에는 '是'자가 더 있음.

【溝瀆東決而西竭, 下滿而上虛, 日夜激之, 欲見其奇, 彼其所至者, 蛙蛭之玩耳】'溝
瀆'은 작은 도랑이나 개천. '蛙蛭'은 개구리나 거머리.

【江淮河海之水, 理達之文也, 不求奇而奇至矣】'江淮河海'는 《柯山集》에는 '江河淮
海'로 되어 있음.

【激溝瀆而求水之奇, 此無見於理而欲以言語句讀, 爲奇之文也】'句讀'는 문장의 구절.

【六經之文, 莫奇於《易》, 莫簡於《春秋》】六經 중에 문체로 보면 《易》은 奇異하며
《春秋》는 簡潔함.

【夫豈以奇與簡爲務哉? 勢自然耳】이는 '奇'와 '簡'을 표현하기 위해 힘써서 그러한
것이 아니며 형세로 보아 자연히 그렇게 된 것임.

【傳曰「吉人之辭寡」, 彼豈惡繁而好寡哉】'傳'은 《易》繫辭傳(下)에 "將叛者其辭慙,
中心疑者其辭枝, 吉人之辭寡, 躁人之辭多, 誣善之人其辭游, 失其守者其辭屈"이
라 한 말을 인용한 것.

【雖欲爲繁而不可得也】繁雜하게 하고자 해도 그렇게 될 수가 없음. 저절로 簡潔
해짐을 뜻함. 《柯山集》에는 중간의 '而'자가 없음.

【自唐以來至今, 文人好奇者不一】唐나라 때 韓愈가 古文運動을 벌여 宋代에 이르
기까지 文風의 일부를 말함.

【甚者, 或爲缺句斷章, 使脉理不屬, 又取古人訓詁(詁)】'脉理'는 '脈理'와 같으며, 文
脈과 文理. '訓詁'는 《柯山集》과 《崇古文訣》에 모두 '訓詁'로 되어 있음.

【希於見聞者, 衣被而綴合之】'希'는 稀의 뜻. 보거나 들어본 적도 없는 아주 편벽된
典故를 사용함. '衣被而綴'은 옷을 입혀 꿰매어 묶음. 겉을 꾸며 화려하게 함. 그
러나 《柯山集》에는 '搗搯而牽'로, 《崇古文訣》에는 '衣被而說'로 되어 있음.

【或得其字, 不得其句, 或得其句, 不得其章, 反覆咀嚼, 卒亦無有, 此最文之陋也】'咀
嚼'은 雙聲連綿語. 음식물을 씹듯이 글을 음미함.

【足下之文, 雖不若此, 然其意靡靡, 似主於奇矣】'靡靡'는 화려함.

【故預爲足下陳之, 願無以僕之言質俚而不省也】 '預'는 미리. '陳之'는 이를 진술함. '質俚'는 質朴하고 俚俗되어 중시할 만한 것이 못됨. '省'은 살핌. 《眞寶》注에 "僕, 自謙也; 俚, 猶鄙俗"이라 함.

참고 및 관련 자료

1. 작자: 張耒(文潛) 109 참조.
2. 이 글은 《柯山集》(46), 《宋文選》(28), 《宋文鑑》(120), 《崇古文訣》(29), 《文章辨體彙選》(229), 《稗編》(75) 등에 실려 있음.

113. 〈與秦少游書〉 ·················· 陳無己(陳師道)

진소유에게 주는 글

*〈與秦少游書〉: 秦少游는 秦觀. 宋代 유명한 詞 작가이며 《宋史》(444) 文苑傳에
傳이 있음. 秦少章(秦覯)과 秦少儀(秦覿)의 형이며, 陳師道와는 함께 蘇軾의 門
人이기도 함. 張文潛의 〈送秦少章序〉(110)를 참조할 것. 그 무렵 王安石 新黨派
의 실력자였던 章惇(子厚)이 秦觀을 통해 陳師道를 만나보고자 하자, 陳師道가
秦觀에게 강하게 거절하며 章惇에게 그 뜻을 전해줄 것을 부탁한 편지임.
*《眞寶》注에 "迂齋曰:「委曲而不失正, 嚴厲而不傷和. 深得不惡而嚴之道.」○後山
平生守道固窮, 卓然莫奪, 此書可見. 趙梴之聞其貧, 懷銀欲濟之, 聽其議論, 竟不
敢出末焉, 不肯衣趙家衣, 寧忍凍以死, 進退取予之不苟如此. 巍乎高哉! 平生不輕
見一人, 其肯見章子厚乎! 此書纔二百許字, 而有無限折轉, 不特文字之妙可言, 其
氣節, 亦可以廉頑立懦焉. 每一讀之, 不勝敬歎"이라 함.

사도師道가 올립니다.

편지에 황송하옵게도 '장공章公께서 나이와 덕을 낮추고 예를 갖추어
저를 만나고자 부르신다'라고 알려주셨는데, 못난 제가 어찌 그러한 대
우를 받을 수 있겠습니까? 장공께서 저를 떠보려는 것인가요?

공경公卿들이 사士에게 자신을 낮추지 않은 지가 오래 되었는데, 이에
오늘 특별히 그를 뵙고, 그리고 그의 신분과 가까이 하게 된다면 이보다
큰 행복이 어디 있겠습니까?

저의 어리석은 생각으로는 저는 사士의 축에 들기에도 부족하지만, 그
래도 마땅히 그런 공후를 뒤따라 그의 하풍下風에 순종하며, 그의 명성
을 이루어드려야 할 것이라 여기기는 합니다.

그러나 선왕先王의 제도에 사士는 예물을 가지고 예를 갖춘 다음 신
하가 된 관계가 아니라면 왕공을 뵐 수가 없다고 하였습니다.

무릇 상견相見에 예가 이루어져야 하는 까닭은, 그 폐단이 자신을 자

랑하여 파는 데 이르기 때문입니다.

그 까닭으로 선왕께서는 그 시작을 신중히 하여 방비로 삼았고, 선비
된 자는 대대로 이를 지켜왔던 것입니다.

저 사도는 장공에게 있어서 앞에서는 귀천의 혐의가 있고, 뒤로는 평
소의 교유도 없으니, 장공이 비록 저를 만나도 된다 해도 예를 버릴 수
야 있겠습니까?

게다가 장공이 저를 만나기 위해 초대했을 때, 장공이 어찌 능히 자질
구레한 예를 지켜낼 수 있겠습니까?

만약 법과 의義을 무릅쓰고 우매하게 명령을 듣고 그의 대문으로 달
려간다면, 만나보자고 초대한 명분을 잃게 될 터인데, 장공인들 또한 저
에게서 무엇을 얻겠습니까?

비록 그렇다 해도 여기 한 가지 방법이 있으니, 다행히 장공께서 공을
이루고 일을 사직한 다음, 폭건幅巾을 쓰고 동쪽으로 돌아간다면 제가
그 때 마땅히 관단마款段馬를 몰고 하택거下澤車를 타고 상동문上東門
밖에서 그를 기다려도 오히려 늦지 않을 것입니다.

권권拳拳한 속뜻을 이 기회에 멀리 장공에게 들려드렸으면 합니다.

사도가 재배합니다.

(師道啓:) 辱書喻以「章公, 降屈年德, 以禮見招」, 不佞何以得
此? 豈侯嘗欺之耶?

公卿不下士尚矣, 乃特見於今, 而親於其身, 幸孰大焉?

愚雖不足以齒士, 猶當從侯之後, 順下風而成公之名.

然先王之制, 士不傳贄爲臣, 則不見於王公.

夫相見所以成禮, 而其弊必至於自鬻.

故先王謹其始以爲之防, 而爲士者世守焉.

師道(某)於公, 前有貴賤之嫌, 後無平生之舊, 公雖可見, 禮可
去乎?

且公之見招, 公豈以能守區區之禮乎?

若冒昧(昧冒)法義, 聞命走門, 則失其所以見招, 公又何取焉?

雖然, 有一於此, 幸公之他日, 成功謝事, 幅巾東歸, 師道(某)當
御款段, 乘下澤, 候公於上東門外, 尙未晩也.

(拳拳之懷, 遠因侯以聞焉. 某再拜.)

【(師道啓)】《後山集》에는 앞에 이 세 글자가 더 있음.

【辱書喩以章公, 降屈年德, 以禮見招】'喩'는 일깨워줌. 알려줌. '章公'은 北宋 때의
章惇. 자는 子厚. 王安石의 추천을 받아 그와 같은 改革派의 黨員이 되어, 哲宗
때 知樞密院事에 올랐으나 劉摯, 蘇轍 등의 공격을 받아 한때 축출되어다가 尙
書左僕射兼門下侍郞에 오르기도 하였음. 그러나 재상이 되어 국정을 농단하고
많은 악행을 저질러 역사적으로는 姦臣으로 분류되어 《宋史》(471) 姦臣傳에 傳
이 들어있음. 《眞寶》注에 "惇, 字子厚"라 함. '降屈年德'은 나이와 덕망을 지니고
있음에도 아랫사람에게 굽히며 겸손히 함. '見招'는 만나보기를 원하여 부름.

【不佞何以得此? 豈侯嘗欺之耶】'不佞'은 재주가 없음. 不才와 같은 뜻. 자신을 謙下
하여 표현한 것. 《眞寶》注에 "不佞, 自稱"이라 함. '欺之'는 역시 속여 속을 떠보
려는 것. 문장 끝에 《眞寶》注에 "轉"이라 함.

【公卿不下士尙矣, 乃特見於今, 而親於其身, 幸孰大焉】'尙'은 오래되었으며 당연한
풍조인 것처럼 되어 있음. '幸孰大'는 '이보다 더 행복할까?'의 뜻.

【愚雖不足以齒士, 猶當從侯之後, 順下風而成公之名】'愚'는 자신의 생각을 표현할
때 쓰는 謙語. '齒士'는 士의 대열에 낌. 士의 축에 들어 행세를 함. '下風'은 바람
의 아래에 있을 때 바람의 영향을 받음. 높은 사람의 뜻을 받듦. 《眞寶》注에 "又
轉"이라 함.

【然先王之制, 士不傳贄爲臣, 則不見於王公.】예물을 전한 다음 예를 갖추어 서로
만나 친분을 맺은 관계가 아닐 경우 王公일지라도 뵐 수가 없음. 《儀禮》士相見
禮에 "士相見之禮. 摯, 冬用雉, 夏用腒, 左頭奉之. 曰:「某也願見, 無由達, 某子以
命命某見.」主人對曰:「某子命某見. 吾子有辱, 請吾子之就家也, 某將走見.」"이라
함. '贄'는 初見禮의 예물. '摯'와 같음.

【夫相見所以成禮, 而其弊必至於自鬻】 '弊'는 弊端. '自鬻'은 꿋꿋해야 할 선비가 자신을 팔아 높은 상대에게 알려 자랑함. 《眞寶》 注에 "好議論"이라 함.

【故先王謹其始以爲之防, 而爲士者世守焉】 '始'는 첫 상견례. '防'은 경계함. 《眞寶》 注에 "其嚴如此"라 함.

【師道(某)於公, 前有貴賤之嫌, 後無平生之舊, 公雖可見, 禮可去乎】 '師道'는 《後山集》에는 '某'로 되어 있음. '平生之舊'는 平素 오래도록 사귄 친교. '平生'은 平素와 같음. 《眞寶》 注에 "又轉"이라 함.

【且公之見招, 公豈以能守區區之禮乎】 '公豈以能守'의 '公'은 《後山集》에는 없음. '區區'는 자질구레함.

【若冒昧(昧冒)法義, 聞命走門, 則失其所以見招, 公又何取焉】 '冒昧'는 무릅쓰고 우매한 행동을 함. 무시함. 《後山集》에는 '昧冒'로 되어 있음. '見招' 다음에 《眞寶》 注에 "委曲"이라 하였고, 끝에는 "又轉"이라 함.

【雖然, 有一於此, 幸公之他日, 成功謝事, 幅巾東歸】 '有一於此'는 여기에 한 가지 방법이 있음. '成功謝事'는 공을 이룬 다음 자신의 하는 일을 사직함. '謝'는 辭와 같음. 退休하여 平民의 신분이 됨. '幅巾'은 간편한 두건. 간단한 복장만을 하고 떠남. '東歸'는 동쪽 고향으로 돌아감.

【師道(某)當御款段, 乘下澤, 候公於上東門外, 尙未晩也】 '款段'은 款段馬. 말의 일종. 疊韻連綿語로 더디고 둔한 말을 표현한 것. '下澤'은 下澤車. 수레의 하나로 짐이나 싣는 보잘것없는 수레. 《後漢書》馬援傳에 "援乃擊牛釃酒, 勞饗軍士. 從容謂官屬曰:「吾從弟少遊常哀吾慷慨多大志, 曰:『士生一世, 但取衣食裁足, 乘下澤車, 御款段馬, 爲郡掾史, 守墳墓, 鄕里稱善人, 斯可矣. 致求盈餘, 但自苦耳.』」"라 함. 《眞寶》 注에 "御款段, 指馬;乘下澤, 指車"라 함. '上東門'은 洛陽의 성문 이름. 흔히 퇴직하고 귀향할 때 나서는 문으로 널리 원용됨. 《眞寶》 注에 "此轉又佳, 乃不絶之絶"이라 함.

【(拳拳之懷, 遠因侯以聞焉. 某再拜.)】 《後山集》에는 이 13자가 더 실려 있음. '拳拳之懷'는 주먹을 쥔 것과 같은 꽁꽁 묶인 속뜻. '遠因侯以聞焉'은 이 편지를 바탕으로 멀리 있는 侯(章公)에게 들려주기를 바람.

1. 陳師道

陳無己(1053-1101). 北宋 때의 문인이며 자는 無己, 또는 履常. 호는 後山(后山). 그 때문에 陳無己, 陳後山, 陳后山 등으로 불림. 蘇軾과 결교가 있어 蘇門六學士의 하나이며 蘇軾은 그를 徐州敎授로 추천하기도 함. 예술정신에 투철하여 《却掃編》에 "陳無己, 一詩成, 揭之壁間, 坐臥吟哦, 有竄易至月十日乃定. 有終不如意者, 則棄去之. 故平生所爲至多, 而見於集中者, 纔首百篇"이라 하였음. 그의 詩文 등을 모은 《後山集》이 전함. 《眞寶》諸賢姓氏事略에 "陳後山, 名師道, 字無己, 元祐中以薦授徐州敎授"라 함. 《後山談叢》을 남김.

2. 이 글은 《後山集》(9), 《宋文鑑》(119), 《崇古文訣》(31), 《宋名臣言行錄》(後集 14), 《宋史》(444), 《易像鈔》(6) 등에 실려 있음.

114. <上林秀州書> ·················· 陳無己(陳師道)

임수주에게 올리는 글

* <上林秀州書>: '秀州'는 옛 지명으로 지금의 江蘇 蘇州 근처 嘉興府에 속하던
곳. 林秀州는 이 秀州刺史(通判)를 지내던 林氏 성의 인물. 혹 林子中(林希)일 것
으로 추측하고 있음. 林子中은 이름은 希, 자는 子中. 福州 사람으로 北宋 神宗,
哲宗 때 秘書監, 中書舍人, 同知樞密院, 秀州通判 등을 역임하였고, 禮에도 밝
았던 인물로 알려짐.《兩朝寶訓》와《神宗實錄》을 修撰하였고, 高麗에 사신으로
도 온 적이 있음. 죽은 뒤 資政殿學士로 追贈되었으며 시호는 文節.《宋史》(343)
林希傳에 "林希, 字子中, 福州人. 擧進士, 調涇縣主簿, 爲館閣校勘, 集賢校理. 神
宗朝, 同知太常禮院. 皇后父喪, 太常議服淺素, 希奏:「禮, 后爲父降服期. 今服淺
素, 不經.」 及遣使高麗, 希聞命, 懼形於色, 辭行. 神宗怒, 責監杭州樓店務. 歲余,
通判秀州, 復知太常禮院, 遷著作佐郞, 禮部郞中"이라 함. 이 글은 陳師道가 자
신의 스승 曾鞏이 "林秀州를 찾아가 뵙고 공부 방법을 배우라" 하자, 이에 고대
의 첫 相見禮를 들어 공경을 다하며 뵙기를 청한 글.
* 《眞寶》 注에 "迂齋云:「(必是)讀儀禮熟, 故其區別精, 非特議論好, 讀其文, 氣正辭
嚴, 凜然有自重難進不可回撓之節. 此後山所以爲後山, 而曾子宣, 章子厚諸公, 欲
羅致而不可得也.」 ○此篇當與〈答少游書〉, 參看此是, 後山所求見者也. 彼是欲後
山求見, 而不肯見者也. 二人之賢否, 可知矣"라 함.

(7월 10일 팽성彭城 진사도陳師道가 삼가 서학사書學士 각하閣下께 글
을 올립니다.)

종주宗周 시대 제도에 "사士가 대부大夫나 공경卿公을 뵐 때는, 소개하
는 이를 내세워 그 구별을 엄격히 하고, 말을 전해 그 명분을 정확히 하
며, 예물을 갖추어 그 정을 나타내며, 의식을 갖추어 그 공경함을 이룬
다. 이 네 가지가 갖추어져야 이를 일러 예를 이루었다 한다"라 하였습
니다.

선비가 윗사람을 만난다는 것은 마치 여자가 시집가는 것과 같아, 만

나보고 싶은 마음이 있다 해도 스스로 찾아가는 의義란 없으며, 반드시 소개하는 사람이 앞에 있어야 하니, 그 까닭은 혐의를 구별하고 조그마한 것도 신중히 하기 위함이지요. 그 때문에 "소개를 세워 신분의 구별을 엄격히 한다"라 한 것입니다.

명분으로써 일을 시작하고 말로써 명분을 이끄는 것이니, 명분이란 선왕先王이 백성들의 구분을 정하기 위한 것으로, 구분이 정해지면 백성들은 잘못을 범하지 않지요. 그 때문에 "말로써 그 명분을 바르게 한다"라 한 것입니다.

말이란 뜻을 다 표현하기 부족하고 명분이란 정황을 넘어설 수 없으니, 다시 예물로 해서 그 목적을 성취하는 것입니다.

그러므로 주고받는 것을 매개로 해서 명분을 통하며, 소개하는 이의 도움으로 명령을 받드는 것이니 부지런히 하기가 역시 지극하였던 것입니다.

그러나 사람으로 말미암은 뒤에야 소통하는 것이니, 예에서 스스로 다하는 것보다 더 중요한 것은 없습니다.

그러므로 제사에는 손 씻는 예가 주가 되며, 혼인에서는 친영親迎이 주가 되며, 손님에게는 예물이 주가 되는 것이니 그런 까닭으로 "예물로써 그 정을 나타낸다"라 한 것입니다.

정성이 마음에서 발동하여 몸에 알려주고, 얼굴 표정에 전달되니 그 때문에 다시 위의威儀라는 것이 있는 것입니다.

말은 세 번 청하는 것으로써 하고, 예물은 세 번 바치는 것으로써 하고, 읍은 세 번 하고 올라가며, 절은 세 번 하고 물러서는 것이니, 예가 번거로우면 너무 큰 일이 되고, 간략하면 거친 것이 되므로 세 번은 예에 맞는 것입니다. 그 때문에 "의식을 갖추어 그 공경함을 이룬다"라 한 것입니다.

이로써 귀한 신분이라 해서 천한 자를 능멸하지 않게 되며, 아래 신분이 윗사람을 잡고 오르지 않게 되는 것이니, 삼가 그 신분을 지켜 때의 운명에 순응하되, 뜻에 비굴함이 없고, 자신에게 욕됨이 없이 하여 그 훌륭함을 완성하는 것입니다.

당시 세상에서 어찌 특별히 사士라고 해서 자기 스스로 현명하여 그랬겠습니까? 대체로 역시 예라는 것이 있어 조절해 주었기 때문이었던 것입니다.

무릇 주나라 때 제정된 예는 잘못을 막아주는 바가 지극하였으나, 그 후대에 이르러 예는 그대로 존속되었지만 풍속이 변하여 자신을 내세워 자랑하려다가 체신을 잃게 되었는데, 하물며 예가 없어진 경우라면 어찌 되었겠습니까?

주나라의 예가 사라지고부터 선비가 잘못으로부터 벗어남을 아는 자가 적어졌습니다.

세상에 예를 밝혀 바로잡아줄 군자가 없어지고 이윽고 서로 따라서 그렇게 하다가 그것이 정상이 되어버렸는데, 게다가 사관史官조차도 사실을 제대로 기록해 주지 않아, 그 때문에 폐습弊習임에도 스스로 알지도 못하게 되고 만 것입니다.

나(師道)는 비천한 사람이지만 남풍선생(南豐先生, 曾鞏)으로부터 들은 바가 있어, 감히 힘쓰지 않을 수 없습니다.

선생께서는 저에게 이렇게 말씀하셨지요.

"그대는 임수주林秀州를 뵈었는가?"

제가 대답했지요.

"아직요."

그러자 선생께서는 이렇게 이르셨습니다.

"가서 뵈어라!"

저는 명령을 받고 와서 삼가 선생님의 말씀에 따라 이렇게 뵙기를 청하는 것입니다.

(시문 2권은 공경히 나를 표현한 것인데 감히 능하다고 여기지는 않습니다. 삼가 구루傴僂처럼 엎드려 명령을 기다리노니, 오직 각하께서 가르침을 내려주십시오. 사도 재배.)

(七月十日, 彭城陳師道, 謹奉書學士閣下:)
宗周之制:「士見于大大卿公, 介以厚其別, 詞以正其名, 贄以效其情, 儀以致其敬, 四者備矣, 謂之禮成.」

士之相見, 如女之從人, 有願見之心, 而無自行之義, 必有紹介爲之前焉, 所以別嫌而愼微也, 故曰「介以厚其別」.

名以擧事, 詞以道(導)名, 名者, 先王所以定民分也, 名正則詞不悖, 分定則民不犯, 故曰「詞以正其名」.

言不足以盡意, 名不可以過情, 又爲之贄, 以成其終.
故授受焉, 介以通名, 擯以將命, 勤亦至矣.
然因人而後達也, 禮莫重於自盡.
故祭主於盟, 婚主於迎, 賓主於贄, 故曰「贄以效其情」.
誠發于心而諭(喩)于身, 達于容色, 故又有儀焉.
詞以三請, 贄以三獻, 三揖而升, 三拜而出, 禮繁(煩)則泰, 簡則野, 三者禮之中也, 故曰「儀以致其敬」.

是以貴不陵賤, 下不援上, 謹其分守, 順于時命, 志不屈而身不辱, 以成其善.
當是之世, 豈特士之自賢? 蓋亦有禮爲之節也.
夫周之制禮, 其所爲防至矣, 及其晚世, 禮存而俗變, 猶自市而失身, 況於禮之亡乎?
自周之禮亡, 士知(之)免者寡矣.

世無君子明禮以正之, 旣相循以爲常, 而史官又(失)載其事, 故其弊習而不自知也.

師道鄙人也, 然有聞於南豐先生, 不敢不勉也.
先生謂師道曰:「子見林秀州乎?」
曰:「未也.」
先生曰:「行矣!」
師道承命以來, 謹因先生而請焉.
(詩文二卷, 敬以自效, 不敢以爲能也. 謹傴僂待命, 惟閣下賜之. 師道再拜.)

【七月十日, 彭城陳師道, 謹奉書學士閣下】《後山集》에는 앞에 이 16자의 구절이 더 있음. '彭城'은 江蘇 銅山縣. 陳師道의 貫籍.

【宗周之制】'宗周'는 본래는 周나라 都邑을 일컫는 말. 西周의 豐과 鎬京, 그리고 東周의 洛邑. 그러나 여기서는 周나라 때를 가리키는 말로 쓰였음.

【士見于大夫卿公, 介以厚其別, 詞以正其名, 贄以效其情, 儀以致其敬, 四者備矣, 謂之禮成】'介'는 紹介함.《眞寶》注에 "介, 卽紹介"라 함. '厚其別'은 士와 公卿大夫에게 있어서의 신분상의 차이를 두텁게 함. '正其名'은 그 名分을 정확하게 함.《論語》子路篇에 "子路曰:「衛君待子而爲政, 子將奚先?」 子曰:「必也正名乎!」 子路曰:「有是哉, 子之迂也! 奚其正?」 子曰:「野哉, 由也! 君子於其所不知, 蓋闕如也. 名不正, 則言不順; 言不順, 則事不成; 事不成, 則禮樂不興; 禮樂不興, 則刑罰不中; 刑罰不中, 則民無所措手足. 故君子名之必可言也, 言之必可行也. 君子於其言, 無所苟而已矣.」라 함. '贄'는 幣帛. 初見禮의 예물. '效其情'은 그 眞情을 바침. '儀'는 威儀. 예의에 맞는 행동. 이상의 내용은《儀禮》士相見禮의 主題를 나름대로 풀이하여 내세운 것. 이상 네 가지 조건에 대해《眞寶》注에 "立四柱, 應在後"라 함.

【士之相見, 如女之從人, 有願見之心, 而無自行之義, 必有紹介爲之前焉, 所以別嫌而愼微也, 故曰「介以厚其別」】'如女從人'은 여자가 시집갈 때 치르는 예와 같음. '別嫌'은 신분 차이로 말미암아 생길 수 있는 혐의를 구별함. '愼微'는 지극히 미세한 문제도 없도록 신중을 기함.

【名以擧事, 詞以道(導)名】'道名'은 名分으로 인도함. 《後山集》과 《崇古文訣》에는 모두 '導名'으로 되어 있음.

【名者, 先王所以定民分也, 名正則詞不悖, 分定則民不犯, 故曰「詞以正其名」】'分'은 《眞寶》注에 "分, 猶名分"이라 함. '不悖'는 도리에 어긋남이 없음.

【言不足以盡意, 名不可以過情, 又爲之贊, 以成其終】'過情'은 情況을 넘어설 수 없음. '以成其終'은 그것으로써 그 최후의 목적을 달성함.

【故授受焉, 介以通名, 擯以將命, 勤亦至矣, 然因人而後達也, 禮莫重於自盡】'擯'은 '인도히디, 도와주다'의 뜻. 《眞寶》注에 "儐(擯), 指按賓也"라 함. 《崇古文訣》에는 '儐'으로 되어 있음. '將命'은 命을 잘 받들어 실천함.

【故祭主於盥, 婚主於迎, 賓主於贄, 故曰「贄以效其情」】'盥'(관)은 원래 대야, 물그릇. 제사 의식을 치를 때 잔을 올리기 전에 손을 씻는 그릇. '迎'은 혼례에서 신랑이 직접 신부 집으로 가서 신부를 맞이해 오는 親迎禮. 婚禮에서 六禮의 하나. 즉 六禮는 納采, 問名, 納吉, 納徵, 請期, 親迎으로서 그중 親迎은 신랑이 검은 칠을 한 수레를 타고 신부 집에 이르러 合졸의 예를 치르는 것.

【誠發于心而諭(喩)于身, 達于容色, 故又有儀焉】'諭'는 고함. 몸에 표현이 되도록 알려줌. 《後山集》에는 '喩'로 되어 있음. '達于容色'은 얼굴 표정에 나타나 이르게 됨.

【詞以三請, 贄以三獻, 三揖而升, 三拜而出】詞, 獻, 揖, 拜를 모두 세 번씩 함.

【禮繁(煩)則泰, 簡則野, 三者禮之中也, 故曰「儀以致其敬」】'繁'은 煩雜함. 繁擧로움. 《後山集》과 《崇古文訣》에는 모두 '煩'으로 되어 있음. '泰'는 너무 큰 일이 됨. '野'는 거칢. 質朴함. 《眞寶》注에 "野, 猶質朴"이라 함.

【是以貴不陵賤, 下不援上, 謹其分守, 順于時命, 志不屈而身不辱, 以成其善】'貴不陵賤'은 귀한 신분이라 해서 천한 자를 마구 능멸하지 않음. '下不援上'은 아래 신분이 위의 신분을 잡고 오르지 않음.

【當是之世, 豈特士之自賢? 蓋亦有禮爲之節也】그 무렵에 士의 신분이 특별히 賢明해서 그랬던 것이 아니라 禮가 있어 조절해 주었기 때문이었음.

【夫周之制禮, 其所爲防至矣】'防'은 잘못을 막아 방비함.

【及其晚世, 禮存而俗變, 猶自市而失身, 況於禮之亡乎】'晚世'는 周代로부터 시대가 한참 지난 다음. '自市'는 스스로를 팖. 자신을 내세워 자랑함. '亡'은 사라짐, 없어짐. 無와 같음. 《眞寶》注에 "前叙古禮甚詳, 後叙禮亡, 與今見林頗略, 然簡嚴婉曲, 辭須略而意甚詳也. 妙在言外"라 함.

【自周之禮亡, 士知(之)免者寡矣】'免'은 잘못을 면함.《論語》泰伯篇에 "曾子有疾, 召門弟子曰:「啓予足! 啓予手! 詩云,『戰戰兢兢, 如臨深淵, 如履薄冰.』而今而後, 吾知免夫! 小子!」"라 함. '士知免者'는《後山集》에는 '士之免者'로 되어 있음.

【世無君子明禮以正之, 旣相循以爲常】계속 풍속을 따르다가 正常인 것처럼 되었음.

【而史官又(失)載其事, 故其弊習而不自知也】'史官'은 禮를 기록한 이들. '又載其事'는 그러한 사실을 기록함. 그러나《崇古文訣》에는 '失載其事'라 하여 '周代에 마련된 禮制를 기록해 주어야 함을 놓치다'의 뜻으로 되어 있음.

【師道鄙人也, 然有聞於南豐先生, 不敢不勉也】'師道'는 陳師道 자신을 가리킴.《眞寶》注에 "師道, 指陳師道"라 함. '鄙人'은 비루한 사람. 시골 사람. 예에 대해 잘 모르는 사람. 여기서는 陳師道(後山)가 자신을 낮추어 표현한 것. '南豐先生'은 曾鞏(1019-1083)을 가리킴. 曾鞏은 자는 子固. 살던 곳이 南豐이었으며 陳師道의 스승이었음. 唐宋八大家의 하나.《宋史》(319)에 傳이 있음.《眞寶》(前集)〈虞美人草〉(144) 및〈妾薄命〉(067) 등을 참조할 것.《眞寶》注에 "曾鞏, 字子固, 南豐人"이라 함.

【先生謂師道曰:「子見林秀州乎?」】《眞寶》注에 "曰有聞於南豐先生, 則前所擧四說, 蓋南豐敎也. 以南豐敎人不苟如此, 則使之來見, 必其人之可見也. 南豐爲之介, 則有詞矣. 而詩文又以爲贄, 至於交接以禮, 則彼此事也. 前面所稱如此, 而後面略擧者, 蓋包四者在其中矣. 林秀州當是林子中"이라 함.

【曰:「未也.」先生曰:「行矣!」師道承命以來, 謹因先生而請焉】'承命'은 林子中을 만나보라고 권한 스승 曾鞏의 명을 받음.

【詩文二卷, 敬以自效, 不敢以爲能也. 謹傴僂待命, 惟閣下賜之. 師道再拜.】《後山集》에는 끝에 이 구절이 더 들어 있음. '傴僂'는 등이 굽은 꼽추를 뜻하는 疊韻連綿語. 자신이 그러한 모습으로 낮추어 엎드려 공경을 표함을 표현한 것.

참고 및 관련 자료

1. 작자: 陳師道(無己) 113 참조.

2. 이 글은《後山集》(9),《宋文鑑》(119),《崇古文訣》(31),《蘇門六君子文粹》(44),《文章辨體彙選》(229),《古文淵鑑》(55),《儀禮圖》(3),《儀禮義疏》(5),《儀禮集編》(5),《五禮通考》(232) 등에 실려 있음.

115. 〈王平甫文集後序〉 ·················· 陳無己(陳師道)

왕평보문집 후서

*〈王平甫文集後序〉: 王平甫는 王安石(介甫)의 아우 王安國. 자는 平甫이며 성격이
깨끗하고 正道만을 고집하여 형의 권세에 기대지 않았고, 특히 형의 新法에 반
대하였음. 이에 陳師道가 그의 文集에 後序를 쓰며 형을 언급힘이 없었던 것임.
참고로 문집의 原序文은 陳師道의 스승 曾鞏이 썼으나 출간하기 전에 曾鞏이
죽자 元豊 4년(1081) 자신이 後序를 더 써서 보탠 것임.
*《眞寶》注에 「迂齋云:「(此篇)豈特文之妙? 其發明平甫, 平生所以自守與其所以可
傳者, 可以勸後之人. 后山亦因以自見也.」 ○王平甫, 名安國, 荊公弟也. 所守正大,
甚非其兄, 寧坎壈以終其身, 夫豈借兄之勢, 以自進者? 所以後山之序, 亦無半字及
其兄云」이라 함.

구양영숙歐陽永叔이 매성유梅聖兪에게 말했다.
"세상 사람들은 시는 능히 사람을 궁하게 한다고 말하지만, 시가 궁하
게 하는 것이 아니라 궁하면 시가 공교工巧해진다."
매성유는 시로써 이름난 일가를 이루었으나 벼슬은 남에게 앞서지 못
했고, 나이는 남에게 뒤지지 못했으니 가히 궁했다고 할 만하다.
그와 동시대에 왕평보王平甫라는 자가 있었으니 임천臨川 사람이다.
나이 마흔 넘어서 비로소 이름이 추천서에 올라 낮은 선비들과 무리
를 이루었으며, 몇 년 지나지 않아 다시 도장 끈을 풀어버리고 고향으
로 돌아갔다.
그의 궁함은 심했으나 그 문장의 뜻은 울연蔚然하였고, 또한 시에 능
하였으니 그 궁함이 심할수록 그 때문에 터득함도 많았을 것으로, 진실
로 이른바 사람은 궁해진 뒤라야 시가 공교해진다라는 것이다.
비록 그렇기는 해도 하늘이 만물에 명을 내림에 그 쓰임에는 완전하도
록 하지는 않았으니, 열매를 맺는 것은 꽃이 화려하지 않으며, 못에 사는

것은 뭍에는 살지 못하니, 만물이 완전하지 못함은 만물의 이치이다.

천하의 아름다움을 다 했다면 부귀까지도 겸하여 가질 수는 없는 것으로써, 시가 사람을 궁하게 함을 또한 가히 믿겠도다.

바야흐로 왕평보가 살았을 때에는 그 뜻이 억눌려 펴 볼 수가 없었고, 그 재능은 쌓였으나 발휘하지 못하였으며, 그 명성과 지위, 권세와 힘은 족히 사람을 움직이지 못하였다.

그러나 사람들이 그의 목소리를 듣고 집집마다 그의 책을 갖다 놓아, 곁에서는 한때 유행하고, 아래로는 천세千世를 두고 전달되어 비록 그와 원수였던 적일지라도 감히 그를 비난하지 못하게 될 것이니, 그렇다면 시가 능히 사람을 영달하게 하는 것이지 그를 궁하게 함은 볼 수가 없는 것이다.

무릇 선비가 세상에 행세함에 궁했음과 영달했음은 족히 논할 거리가 되지 못하며, 그가 전해준 것을 두고 논의할 따름이다.

왕평보는 집에서는 효제孝悌를 다하였고 친구에게는 믿음이 있었으며, 의義에는 용감했고 인仁을 좋아했으니 단지 문장만을 전해준 것이 아니었다.

지난날 설사 평보가 세상에 온힘을 다해서 그의 시가 교묘郊廟에 음악으로 올려지고 전책典策이 조정에서 시행되었다 하더라도, 그가 한 일이 자신이 했던 말에 어긋나고, 뒤에 보니 앞서 했던 일과 상치되었다면 가히 전해줄 만한 문장도 함께 버려졌을 것이니, 평소 그의 학문은 근면했다 할 수 있고, 천하의 명성은 풍성했다 할 수 있는데도, 하루아침에 이 모든 것을 잃게 된다면 어찌 안타깝지 않겠는가!

남풍선생南豊先生께서 이미 그 서문을 써서 학자들에게 일러주셨으나, 선생께서 별세하심에, 팽성彭城 사람 나 진사도陳師道가 이를 바탕으로 진술하여, 세상에 통용되도록 하는 것이다.

　진실로 나는 불민不敏한데, 그런 내가 능히 사람들로 하여금 이롭게 여길 바를 뒤로 하고, 버릴 바를 높이 여기도록 할 수 있겠는가!

　그러나 남풍선생의 말씀을 바탕으로 그 뜻을 이루며, 또한 나도 이로써 스스로 면려를 삼을 뿐이다.

（원풍元豐 4년(1081) 7월 5일）

歐陽永叔謂梅聖兪曰：「世謂詩能窮人, 非詩之窮, 窮則工也.」
聖兪以詩名家, 仕不前人, 年不後人, 可謂窮矣.
其同時, 有王平甫者, 臨川人也.
年過四十, 始名薦書, 輩下士, 歷年未幾, 復解章綬, 歸田里.
其窮甚矣, 而文義蔚然, 又能於詩, 惟其窮愈甚, 故其得愈多, 信所謂人窮而後工也.
雖然, 天之命物, 用之不全, 實者不華, 淵者不陸, 物之不全, 物之理也.
盡天下之美, 則於富貴, 不得兼而有也, 詩之窮人, 又可信矣.

方平甫之時, 其志抑而不伸, 其才積而不發, 其號位勢力, 不足動人.
而人聞其聲, 家有其書, 旁行於一時, 而下達於千世, 雖其怨敵, 不敢議也, 則詩能達人矣, 未見其窮也.

夫士之行世, 窮達不足論, 論其所傳而已.
平甫孝悌于家, 信于友, 勇於義而好仁, 不特文之可傳也.
向使平甫用力于世, 薦聲詩于郊廟, 施典策於朝廷, 而事負其言, 後戻其前, 則幷其可傳而棄之, 平生之學, 可謂勤矣; 天下之譽, 可謂盛矣, 一朝而失之, 豈不哀哉!

南豐先生, 旣叙其文, 以詔學者, 先生之沒, 彭城陳師道, 因而伸
之, 以通于世.

誠愚不敏, 其能使人後其所利而隆其所棄者耶!

因先生之言, 以致其志, 又以自勵云爾.

(元豐四年七月五日)

【歐陽永叔謂梅聖兪曰:「世謂詩能窮人, 非詩之窮, 窮則工也.」】'歐陽永叔'은 歐陽修
(歐陽脩). 宋代의 古文運動의 領袖. 蘇軾, 王安石 등이 많은 문인들이 그의 門下
였음. 〈上范司諫書〉(074)를 참조할 것. '梅聖兪'는 梅堯臣(1002-1060). 자는 聖兪.
宣州 宣城(지금의 安徽 宣城) 사람으로 上書都官員外郎을 역임하였으며 시에 뛰어
났음. 평생 가난 속에 살면서 平淡한 시를 주장하였으며 歐陽修에게 인정을
받았음. 시집으로 《宛陵集》이 있음. '詩能窮人'은 시는 능히 사람을 窮하게 함. 시
에 뛰어난 자는 궁벽하게 살게 마련임. 이는 歐陽修의 〈梅氏詩集序〉 첫머리에
"予聞世謂詩人少達而多窮. 夫豈然哉! 蓋世所傳詩者多出於古窮人之辭也"라 한 구
절을 인용한 것. 《事文類聚》(別集 10)에는 "歐陽嘗謂梅聖兪曰:「世謂詩人多窮, 非
詩能窮人, 殆窮而後工也.」聖兪以爲知言. 東坡亦云:「此語眞不妄吾, 聞醉翁語. 陳
無己作〈王平甫集後序〉, 則云:『詩能達人, 未見其窮人也.』余以爲有激而云耳.」"라
함. 《眞寶》注에 "見歐公所作〈聖兪集序〉"라 함.

【聖兪以詩名家, 仕不前人, 年不後人, 可謂窮矣】'仕不前人'은 벼슬이 남보다 앞서지
못함. 별것 아닌 벼슬을 함. '年不後人'은 나이가 다른 사람보다 뒤까지 살지 못
함. 즉 오래 살지 못함. 梅堯臣은 58세로 생을 마쳤음.

【其同時, 有王平甫者, 臨川人也】'王平甫'는 王安國. 자는 平甫. 王安石의 아우. 《後
山集》과 《崇古文訣》에는 '者'자가 없음. '臨川'은 지금의 江西省 撫州로 王氏의 貫
籍. 《眞寶》注에 "臨川, 撫州"라 하였고, 이어서 "自聖兪過接平甫, 只牽綴下來, 全
然不覺"이라 함.

【年過四十; 始名薦書, 羣下士】'名薦書'는 추천서에 이름이 오름. '羣下士'는 낮은 관
리들과 무리를 이룸. 《崇古文訣》에는 '羣下仕'로 되어 있어 낮은 관리들과 무리
를 지을 수밖에 없었음을 뜻함.

【歷年未幾, 復解章綬, 歸田里】'章綬'는 도장을 매어 허리에 차는 끈. 《後山集》에는
'印綬'로 되어 있음.

【其窮甚矣, 而文義蔚然, 又能於詩, 惟其窮愈甚, 故其得愈多, 信所謂人窮而後工也】 '蔚然'은 무성한 모습. 문장이 뛰어남을 말함. '愈'는 '─할수록 더욱 ─하다'의 益甚形 문장을 구성할 때의 文型. '信'은 副詞로 固, 眞, 誠과 같음.

【雖然, 天之命物, 用之不全】 '命物'은 만물에 명함. 만물에 저마다 특성을 부여함.

【實者不華, 淵者不陸, 物之不全, 物之理也】 '實者不華'는 열매를 맺는 것은 꽃이 화려하지 않을 수도 있음.《後山集》에는 '實而不華'로 되어 있음

【盡天下之美, 則於富貴, 不得兼而有也, 詩之窮人, 又可信矣】 '天下之美'는 王平甫의 문장을 가리킴.《眞寶》注에 "义章"이라 함. '於富貴'는 '부귀에 있어서는'의 뜻. '不得兼而有'는 두 가지를 겸하여 가질 수는 없음.

【方平甫之時, 其志抑而不伸, 其才積而不發, 其號位勢力, 不足動人】 '號位'는 명성과 지위. '不足動人'은 남이 왁자지껄 그의 명성을 떠들도록 하지 못하였음. 궁했음을 말함.《眞寶》注에 "窮"이라 함.

【而人聞其聲, 家有其書, 旁行於一時, 而下達於千世】 '旁行'은 곁에서도 유행됨.《眞寶》注에 "十分達"이라 함.

【雖其怨敵, 不敢議也, 則詩能達人矣, 未見其窮也】 '議'는 문제로 삼거나 비방하여 떠듦. '詩能達人'은 '詩能窮人'에 상대하여 표현한 것.《眞寶》注에 "此轉又佳, 廣歐公所未發"이라 함.

【夫士之行世, 窮達不足論, 論其所傳而已】 '窮達'은 그의 삶이 궁했거나 달했거나 하는 문제. '所傳'은 전하여지는 바. 곧 그의 詩文.《眞寶》注에 "文勢, 首尾相生, 無間斷"이라 함.

【平甫孝悌于家, 信于友, 勇於義而好仁, 不特文之可傳也】 그의 문장만 전해지는 것이 아님. 그의 사람 됨됨이 또한 훌륭하였음을 말함.《眞寶》注에 "行爲文之本, 可傳之實, 乃在此"라 함.

【向使平甫用力于世, 薦聲詩于郊廟, 施典策於朝廷, 而事負其言, 後戾其前】 '用力于世' 다음에《眞寶》注에 "此轉益佳"라 함. '聲詩'는 노래로 부를 수 있는 樂歌. '郊廟'는 郊祀와 廟祀. '典策'은 나라를 다스리는 法典과 策命을 위한 문장. '後戾其前'은 뒤에 한 것이 그 앞에 주장했던 것과 어긋남. '戾'는 歪와 같은 뜻임.《眞寶》注에 "此一轉, 似隱然指荊公"이라 함.

【則幷其可傳而棄之, 平生之學, 可謂勤矣】 '可傳而棄之'는 가히 후세에 전할 만한 것조차 버림.《眞寶》注에 "行不足, 則文可傳, 亦不足傳矣"라 함. '平生'은 平素.

【天下之譽, 可謂盛矣, 一朝而失之, 豈不哀哉】 '一朝而失之'는 '하루아침에 왕평보

의 글이 전하지 않게 된다면'의 뜻.

【南豐先生, 旣叙其文, 以詔學者, 先生之沒】'南豐先生'은 曾鞏. 陳師道의 스승이며 古文의 대가. 앞 〈上林秀州書〉를 참조할 것. '詔'는 윗사람이 아랫사람에게 알려주어 부탁함. '沒'은 歿과 같음. 그러나 《後山集》에는 '後'로, 《崇古文訣》에는 '役'으로 되어 있음.

【彭城陳師道, 因而伸之, 以通于世】'彭城'은 지금의 江蘇 銅山縣, 陳師道의 貫籍.

【誠愚不敏, 其能使人後其所利而隆其所棄者耶】'愚'는 자신의 의견을 낮추어 말할 때 쓰는 常套語. '後其所利'는 《眞寶》注에 "利達"이라 함. '隆'은 높이 여겨 존중함. 《眞寶》注에 "德行"이라 함.

【因先生之言, 以致其志, 又以自勵云爾】'先生'은 南豐先生 曾鞏을 가리킴. '自勵'는 陳師道 자신도 이로써 면려함.

【(元豐四年七月五日)】《後山集》에는 끝에 이 8자가 더 있음. '元豐'은 北宋 神宗(趙頊)의 연호. 4년은 1081년.

┌─────────────────┐
│ 참고 및 관련 자료 │
└─────────────────┘

 1. 작자:陳師道(無己) 113 참조.
 2. 이 글은 《後山集》(11), 《崇古文訣》(31), 《文章辨體彙選》(306) 등에 실려 있음.

116. <思亭記> ·················· 陳無己(陳師道)
사정기

*<思亭記>:徐州의 甄氏 성의 어떤 사람이 부모 형제를 한꺼번에 장례를 치른 다음, 무덤 곁에 정자를 짓고 陳師道에게 정자 이름을 부탁하자 자식된 자가 어버이를 생각한다는 뜻의 '思亭'이란 이름을 지어주게 된 내력을 記로 쓴 것임. 甄氏는 구체적으로는 알려지지 않았으나 본문에 의해 經學에 밝아 지방의 教授를 지냈던 인물임을 알 수 있음.
*《眞寶》注에 "迂齋曰:「節奏相生, 血脈相續, 無窮之意, 見於言外.」 ○此篇可謂不肖子孫之戒, 有補世敎之文也"라 함.

견씨甄氏는 옛날 서주徐州의 부호였으나 견군甄君의 때에 이르러 비로소 명경과明經科에 합격하여 교수敎授가 되어 향리에서는 선인善人으로 일컬어지기 시작하였다.

그러나 집안이 갈수록 가난해져서 수십 년이 지나도록 집안의 장례를 치르지 못하다가, 읍리邑里 사람들에게 비용을 꾸고 빌려 부모형제의 장례를 치르게 되었는데, 무릇 몇 번의 상에 고을 사람들이 불쌍히 여겨 도움을 준 자가 많았다.

이윽고 장례를 마치자 다시 나무를 심고 그 곁에 정자를 짓고 나서 나에게 사당 이름을 물었다.

나는 이렇게 일러주었다.

"눈에 보이는 바에 따라 생각도 이를 따르는 것입니다. 무기를 보면 전투를 생각하게 되고, 칼이나 톱 같은 형구刑具를 보게 되면 두려운 생각을 하게 되며, 묘사廟社를 보게 되면 경건한 생각을 하게 되고, 좋은 저택을 보게 되면 편안하게 살고 싶다고 생각하게 되는 것이니, 무릇 사람이 호오好惡와 희구喜懼의 마음을 지니게 되는 것은 사물이 이르러 생각을 일으키는 것으로서, 진실로 당연한 이치입니다. 지금 무릇 높은 곳에 올라 소나무나 가래나무를 바라보거나, 언덕 아래로 내려와 허물어진 무덤 사이에 가시덤불이 무성하고, 여우나 토끼 발자국이 서로 엇갈려 길이 나 있는 곳을 거닐게 되면 그 어버이를 생각하지 않을 자가 있겠습니까? 그러므로 이름을 '사정'思亭이라 하기를 청합니다. 어버이란 사람으로서 잊지 못하는 것이며, 군자라면 그 일에 신중히 하는 것입니다. 그러므로 교외에 무덤을 짓되 봉분을 만들고 그 둘레에 도랑을 파며, 집 안에는 묘당을 지어 상체嘗禘의 제사를 올리며, 최복衰服을 입고 기제사를 지내는 것은 그 사모함을 지니고 있기 때문이니, 어찌 잊을 수 있겠습니까? 비록 그렇기는 하나 어버이로부터 그 아래로 내려와 상복을 입는 대수가 현손에 이르러 끝나게 되니, 상복을 입는 대수가 다하면 정情도 다하는 것이요, 정이 다하면 잊혀지는 것입니다. 무릇 나의 어버이로부터 잊게 되는 대수에 이르는 것은 관계가 멀기 때문이니, 이것이 정자를 짓게 되는 이유입니다. 대체로 그대의 자손이 이 정자에 올라온 자라면 잊을 수 있겠습니까? 그 어버이로 인해 그 생각함을 넓힌다면 효심이 일어나지 않겠습니까?"

그러자 견군이 말하였다.
"넓습니다! 그대의 말씀이여, 나는 그렇게 되기를 바랍니다!"
나는 이렇게 말하였다.
"아직 아닙니다. 현불초賢不肖에 따라 생각이 다른 것이니, 뒷날 무덤가의 나무를 보고 이를 목재로 썼으면 하는 생각을 한다거나, 그 곁의 진극榛棘과 같은 잡목을 보고는 땔감으로 썼으면 한다거나, 그 무덤에 올라서는 그 속에 부장품을 발굴해보았으면 하는 생각을 하는 자가 없다고 어찌 말할 수 있겠습니까?"
이에 그는 갑자기 눈물을 쏟으며 흐느꼈다.

나는 이렇게 말하였다.

"아직 아닙니다. 내 그대를 위해 기기記를 써서, 그대의 자손들로 하여금 이 글을 읽고 외워 훌륭한 것을 보고는 권면함을 삼고, 악한 것을 보고는 경계로 삼도록 하면 가히 면할 수 있을 것이오!"

견군은 눈물을 닦고 고맙게 여기면서 말하였다.

"벗어났도다!"

드디어 이것을 기문記文으로 쓰는 바이다.

甄故徐富家, 至甄君, 始以明經教授, 鄉稱善人.

而家益貧, 更數十歲, 不克葬, 乞貸邑里, 葬其父母兄弟, 凡幾喪, 邑人憐之, 多助之者.

旣葬益樹以木, 作室其旁而問名於余.

余以謂:「目之所視而思從之:視干戈則思鬪, 視刀鋸則思懼, 視廟社則思敬, 視第家則思安, 夫人存好惡喜懼之心, 物至而思, 固其理也. 今夫升高而望松梓, 下丘壟而行墟墓之間, 荊棘(棘荊)莽然, 狐兔之迹交道, 其有不思其親者乎? 請名之曰'思亭'. 親者, 人之所不忘也, 而君子慎之. 故爲墓於郊而封溝之, 爲廟於家而嘗禘之, 爲衰爲忌而悲哀之, 所以存其思也, 其可忘乎? 雖然, 自親而下, 至于服盡, 服盡則情盡, 情盡則忘之矣. 夫自吾之親而至于忘之者, 遠故也, 此亭之所以作也. 凡君之子孫登斯亭者, 其有忘乎? 因其親, 以廣其思, 其有不興乎?」

君曰:「博哉! 子之言也, 吾其庶乎!」

曰:「未也. 賢不肖異思, 後豈不有望其木, 思以爲材; 視其榛棘, 思以爲薪; 登其丘墓, 思發其所藏者乎?」

於是遽然流涕以泣.

曰:「未也. 吾爲君(子)記之, 使君之子孫誦斯文者, 視其美以爲勸, 視其惡以爲戒, 其可免乎!」

君攬涕而謝曰:「免矣!」

遂爲之記.

【甄故徐富家, 至甄君, 始以明經敎授, 鄕稱善人】'甄'은 성씨. 이 글을 부탁한 사람. 《眞寶》注에 "音眞, 姓"이라 하여 '진'으로 읽도록 했으나 이는 明代 註釋으로 이미 口蓋音化되었기 때문이며, 한국 한자음으로는 '견'임. '明經'은 그 무렵 文科 科擧의 하나. 宋代에는 秀才科, 明經科, 進士科로 나뉘었음. 明經科는 經學에 밝은 정도를 기준으로 하여 인재를 선발하는 것. '敎授'는 그가 明經科에 합격하고 敎授 신분이 됨. '善人'은 훌륭한 사람.

【而家益貧, 更數十歲, 不克葬】'更'은 經과 같음. '克'은 能과 같은 뜻.

【乞貸邑里, 葬其父母兄弟, 凡幾喪, 邑人憐之, 多助之者】'乞貸'는 구걸하고 빌림. '兄弟'는 《崇古文訣》에는 '昆弟'로 되어 있음. '昆'은 兄과 같은 뜻임.

【旣葬益樹以木, 作室其旁而問名於余】'益樹以木'은 무덤 둘레에 많은 나무를 심음. 《眞寶》注에 "爲後思以爲材薪張本"이라 함. '作室'은 무덤 곁에 守墓와 祭禮 행사를 위해 亭子(祠堂)를 지음.

【余以謂目之所視而思從之】사람은 눈에 보이는 것에 따라 생각이 따라감을 기준으로 하여 정자의 이름을 지을 생각을 함.

【視干戈則思鬪, 視刀鋸則思懼, 視廟社則思敬, 視第家則思安】'干戈'는 방패와 창. 전투용 무기들. 《眞寶》注에 "詳言所思不同"이라 함. '刀鋸'는 칼과 톱. 각종 刑具를 가리킴. '廟社'는 宗廟와 社稷. '廟'는 先祖의 祭를 지내는 곳. '社'는 土地神을 모시는 곳. '第家'는 邸宅. 좋은 집.

【夫人存好惡喜懼之心, 物至而思, 固其理也】'存'은 지니고 있음. 《眞寶》注에 "皆爲思觸於視而生"이라 함. '物至而思'은 外物이 자신의 눈에 이르면 생각을 하게 됨. 끝에 《眞寶》注에 "前泛言思此一節, 引視墟墓而思親上來"라 함.

【今夫升高而望松梓, 下丘壟而行墟墓之間】'松梓'는 소나무와 가래나무. 주로 묘지 주변에 심음. '丘壟'은 언덕. '墟墓'는 오래 되어 폐허가 되다시피 한 무덤.

【荊棘(棘荊)莽然, 狐兎之迹交道, 其有不思其親者乎】'荊棘'은 가시나무. 《後山集》과 《崇古文訣》에는 모두 '棘荊'으로 되어 있음. '莽然'은 무성한 모습.

【請名之曰思亭】'思亭'으로 이름을 지을 것을 청함.

【親者, 人之所不忘也, 而君子懼之】'人之所不忘'은 《後山集》과 《崇古文訣》에는 모두 '之'자가 없음.

【故爲墓於郊而封溝之, 爲廟於家而嘗禘之, 爲衰爲忌而悲哀之】'封溝'는 封墳을 쌓고 물이 들어오지 않도록 주위에 도랑을 팜. 《眞寶》注에 "皆思之具不止壚墓而已"라 함. '嘗禘'는 둘 모두 제사 이름. '嘗' 가을 제사. '禘'는 봄 제사 '衰'(최)는 상복. 縗와 같음. '忌'는 忌日의 제사. 《眞寶》注에 "嘗禘, 皆祭名; 衰, 卽衰服; 忌, 卽忌祭"라 함.

【所以存其思也, 其可忘乎】'그리움을 간직하고 있으면서 잊을 수 있겠는가?'의 뜻.

【雖然, 自親而下, 至于服盡, 服盡則情盡, 情盡則忘之矣】'雖然'은 '비록 그렇기는 하지만'의 뜻. 《眞寶》注에 "倒說轉"이라 함. '服盡'은 故人의 경우 玄孫까지만 喪服을 입었으므로 그 후손이 되면 服을 입지 않음.

【夫自吾之親而至于忘之者, 遠故也, 此亭之所以作也】'遠故'는 緣故가 멀어짐. 즉 윗대 조상과 아래 후손이 이미 먼 사이가 됨. 《眞寶》注에 "作亭之意, 恐子孫以遠而忘其思耳"라 함.

【凡君之子孫登斯亭者, 其有忘乎】그대의 후손은 이 정자에 오르게 되면 비록 먼 조상일지라도 잊지 않게 될 것임을 말함.

【因其親, 以廣其思, 其有不興乎】'不興乎'는 '(孝心)이 일어나지 않겠는가?'의 뜻.

【君曰:「博哉! 子之言也, 吾其庶乎!」】'庶'는 바람. 그렇게 되기를 희망함.

【曰:「未也. 賢不肖異思, 後豈不有望其木, 思以爲材; 視其榛棘, 思以爲薪; 登其丘墓, 思發其所藏者乎?」】'未也'는 아직 아님. 더 설명이 필요함. 《眞寶》注에 "更進深意在此"라 함. '思以爲材'는 잘 자란 松梓를 보고 목재로 쓸 생각을 함. '榛棘'은 개암나무와 가시나무. 땔감으로 쓰기에 좋은 잡목을 말함. '薪'은 섶, 땔나무. '發所藏'은 무덤 속에 들어 있는 부장품을 꺼내고자 함.

【於是遽然流涕以泣】'遽然'은 갑자기. 이는 甄氏의 행동을 말함.

【曰:「未也. 吾爲君(子)記之, 使君之子孫誦斯文者, 視其美以爲勸, 視其惡以爲戒, 其可免乎!」】'未也' 다음에 《眞寶》注에 "百尺竿頭進步"라 함. '爲君記之'는 《後山集》과 《崇古文訣》에는 모두 '爲子記之'로 되어 있음. '其美'는 앞서 말한 '登斯亭者其有忘乎? 因其親以廣其思, 共有不興乎?'를 가리킴. '爲勸'은 권면함. '其惡'은 앞서 말한 '後豈不有望其木, 思以爲材;, 視其枝棘, 思以爲薪; 登其丘墓, 思發其所藏者乎?'를 가리킴. '爲戒'는 경계를 삼도록 함.

【君攬涕而謝曰:「免矣!」】'攬涕'는 눈물을 닦음. '免矣'는 평소의 걱정이나 늘 품고 있던 부담에서 벗어남. 여기서는 後孫 중에 앞서 말한 목재, 땔감, 도굴의 부담에서 벗어남을 말함. 《論語》泰伯篇에 "曾子有疾, 召門弟子曰:「啓予足! 啓予手! 《詩》云,『戰戰兢兢, 如臨深淵, 如履薄冰.』而今而後, 吾知免夫! 小子!」"라 함.

【遂爲之記】이를 〈思亭記〉의 記文으로 씀.

> 참고 및 관련 자료

1. 작자:陳師道(無己) 113 참조.

2. 이 글은 《後山集》(12), 《崇古文訣》(31), 《蘇門六君子文粹》(44), 《文章辨體彙選》(600), 《事文類聚》(前集 58), 《淵鑑類函》(181) 등에 실려 있음.

117. 〈秦少游字敍〉 ················· 陳無己(陳師道)

진소유秦觀의 자字를 두고 서술함

*〈秦少游字敍〉:秦少游는 秦觀. 〈送秦少章序〉(110)와 〈與秦少游書〉(113) 등을 참조할 것. 秦觀(少游), 秦覯(少儀), 秦覿(少章) 삼형제 중 秦觀은 젊어서 의협과 兵書에 관심이 있어 사신의 字를 '太虛'로 하였으나, 나이가 들자 뜻이 바뀌어 옛날 馬援의 從弟 馬少游가 일생 은둔했던 삶을 흠모하여 '少游'로 바꾸고 이를 陳師道에게 묻게 되었음. 그러자 진사도는 일찍이 東坡가 秦觀을 傑士라 칭했던 것을 떠올리며 더욱 면려하여 나라를 위해 공헌할 것을 권유한 것임. 宋 吳儆의 《竹洲集》(17) 〈代陳無己述懷〉에 "偶讀後山〈序少游字說〉謂「熙豐間, 眉蘇公之守徐, 余以民事太守, 間見如客, 揚秦子過焉, 置醴備樂, 如師弟子因」, 悵然有感. 夫以邦君之賢, 如蘇公客如秦子, 而無己獨以民間見其能, 無槩於懷. 然讀其詩, 未嘗及是, 因爲補遺之章, 以信陳子之志"라 함.

*《眞寶》注에 "迂齋曰:「有意氣而不越繩尺, 守規矩而不失窘步, 可(謂)兼之矣.」○秦觀, 先字太虛, 後改字少游, 高郵人, 娶徐氏子湛."이라 함.

희녕熙寧 원풍元豐 연간에 미산眉山 소공(蘇公, 東坡)이 서주徐州 태수였을 때 나는 평민으로서 태수를 섬기면서, 간간히 그저 손님처럼 뵙고 있었는데, 양주揚州 사람 진자(秦子, 秦觀)가 들렀을 때는 단술을 마련하고 음악까지 갖추어 마치 사제지간처럼 대접하는 것이었다.

그 무렵 나는 여행 중에 병이 나서 앓아 누워 있었는데, 들리기로 그행차가 옹용雍容하여 이를 맞이하는 사람들은 눈이 휘둥그레졌으며, 논변이 웅대하여 자리에 앉았던 이들이 귀를 기울였다고 한다.

세간에서는 이런 일로 그를 기이하게 여겼고, 이 일로써 역시 의아해하기도 하였으나, 오직 동파만은 그를 걸사傑士로 여겼다.

이로부터 몇 년이 흘러, 나는 오吳 땅으로부터 돌아오는 길에 광릉廣陵의 객사에서 그를 만나게 되었지만 한밤중에 말을 나누다가 미처 다

끝내지도 못한 채 이별하게 되었으나, 나 또한 그를 마땅히 만 리 밖에서 큰 공을 세워 제후나 주목州牧이 될 인물로 여기게 되었다.

원풍 말년에 내가 동도(東都, 洛陽)에 머물고 있을 때, 진관이 동쪽으로부터 왔는데 이별한 지 몇 년이 지난 뒤였다.

그런데 그의 용모는 충연充然하였고, 그의 말투도 은연隱然하여 나는 놀라워 그 이유를 물어보았다.

그러자 진관은 이렇게 말하였다.

"지난날 내가 젊었을 때에는 마치 두목지杜牧之처럼, 강한 뜻에 기氣가 성하였고, 큰 공을 세워 기이함을 드러내고자 하였소. 그리하여 병가兵家의 책을 읽어보고는 이에 뜻이 맞아, '공적과 명예 정도는 가히 곧바로 이룰 수 있으며, 천하에 나를 어렵게 할 일은 없으리라. 생각건대 지금 요遼와 서하西夏 정도는 이길 수 있는 형세이니, 원컨대 기이한 계책을 바쳐 그들에게 하늘의 주벌을 행하여, 유주幽州와 하주夏州의 옛 땅을 회복하고, 후당後唐과 후진後晉 때 살았으나 이제는 두 나라에 남겨진 우리 유민들을 위로하여, 명성을 무궁토록 남긴다면 내가 만든 계책이 영원히 썩지 않을 것이니, 어찌 위대하지 않겠는가?'라고 자신하였지요. 이에 자字를 태허太虛라 하여 나의 품은 뜻을 유도하였답니다. 그러나 내 지금 나이가 들어가면서 생각하던 바가 바뀌어 험난한 길을 밟기를 기대하지 않게 되었고 후회까지 하기에 이르렀습니다. 그리고서 곳곳을 쫓아다니는 무인武人이 되려면 꿈을 되돌려 고향으로 돌아가 늙어가면서 마치 마소유馬少游처럼 살고 싶어, 이에 자를 소유少游라 하여 나의 과오를 알고자 하였지요. 일찍이 이를 동파東坡께 말씀드렸더니, 괜찮다고 하셨는데 그대의 생각은 어떠하오?"

나는 이렇게 말해주었다.

"남의 훌륭한 점을 취하여 자신을 성취시키는 것은 군자들도 위대하다 여겼지요. 게다가 두 사람은 혹은 나서서 세상을 경영하였고, 혹은 물러나 자신을 잘 보존하였으니 가히 인仁과 함께 한 사람들이지요. 그러나 실행에 옮긴 자는 잘 해내기가 어렵고, 들어앉아 있었던 자는 자신을 유지하기가 쉽지만, 두목의 지혜와 터득함은 마소유가 졸렬하여 잃은 것만 못하지요. 그대는 재능이 남의 곱절이 되어 학문은 갈수록 명석해지고 있는데도 오히려 마소유에게 뜻을 굽혀 그를 흠모하고 있으니, 어찌하여 지나친 곧음으로써 굽은 것을 고치려 하고 있소? 그대는 나이 들수록 덕도 커져 가고 있어 내가 앞으로 여러 번 놀랄 것이며, 한두 번이 아닐 것이오. 비록 그렇기는 해도 그대의 재능으로써 비록 세상에 바치려 하지 않아도 세상은 그대를 버리지 않을 것이니, 내 생각으로 그대는 끝내 만 리 밖에서 활동하게 될 것이오. 나처럼 어리석은 자라면 세상에 마땅치 않으니, 이에 그저 구묘丘墓나 지키고 고향 전리田里나 보존하고, 힘써 농사나 지어 나라에 봉사하고, 내 자신을 삼감으로써 시골 사람들이나 가르치면서 살아서는 선인善人이라 칭함을 받고, 죽어서는 묘표墓表에 '처사진군지묘處士陳君之墓'라고 적히면 되지요. 혹 하늘이 나이로써 나에게 복을 주어 오래 살게 된다면, 그대가 공을 완수하고 명성을 이룩하여 몸을 받들어 귀환할 때 왕후王侯와 장상將相들이 높은 수레에 큰 말을 타고, 그대를 맞으러 길가에 장막을 치고 조행祖行의 잔치를 열게 되면, 이에 나는 낮은 수레에 노마駑馬를 몰고 그대를 상동문上東門 밖에서 기다렸다가 술잔을 들어 권하면서 동파의 사람 알아보는 명분을 성취시켰다고, 그대를 축하할 것이오. 그러니 그런 일은 아마 이제부터 시작일 것이오."

(원우元祐 원년(1086), 2월 1일.)

熙寧, 元豐之間, 眉(山)蘇公之守徐, 余以民事太守, 間見如客, 揚秦子過焉, 置醴備樂, 如師弟子.

其時余病臥旅中, 聞其行道雍容, 逆者旋目, 論說偉辨(辯), 坐者屬耳.

世以此奇之, 而亦以此疑之, 惟公以爲傑士.

是後數歲, 從吾(吳)歸, 見于廣陵逆旅之家, 夜半語未卒別去, 余亦以謂當建侯萬里外也.

元豐之末, 余客東都, 秦子從東來, 別數歲矣.

其容充然, 其口隱然, 余驚焉以問.

秦子曰:「徃吾少時, 如杜牧之, 彊志盛氣, 好大而見奇. 讀兵家書, 乃與意合, 謂:『功譽可立致, 而天下無難事. 顧今二虜, 有可勝之勢, 願效至計, 以行天誅, 回幽夏之故墟, 吊唐晉之遺人, 流聲無窮, 爲計不朽, 豈不偉哉?』於是字以太虛, 以遺(導)吾志. 今吾年至而慮易, 不待蹈險而悔及之, 願還四方之事, 歸老邑里, 如馬少游, 於是字以少游, 以識吾過. 嘗試以語公, 又以爲可, 於子何如?」

余以謂:「取善於人, 以成其身, 君子偉之. 且夫二子, 或進以經世, 或退以存身, 可與爲仁矣. 然行者難工; 處者易持(得), 牧之之智得, 不若少游之拙失矣. 子以倍人之材, 學益明矣, 猶屈意於少游, 豈過直以矯曲耶? 子年益高德益大, 余將屢驚焉, 不一再而已也. 雖然, 以子之才, 雖不效於世, 世不捨子, 余意子終有萬里行也. 如愚(余)之愚, 莫宜於世, 乃當守丘墓保田里, 力農以奉公上, 謹身以訓閭巷, 生稱善人, 死表於道曰'處士陳君之墓', 或者天祚以年, 見子功遂名成, 奉身以還, 王侯將相, 高車大馬, 祖行帳飲, 於是乘庫御駕, 候子上東門外, 擧酒相屬, 成公知人之名, 以爲子賀, 蓋自此始.」

(元祐元年二月一日.)

【熙寧, 元豐之間】熙寧(1068–1077)과 元豐(1078–1085)은 北宋 神宗(趙頊)의 연호.

【眉(山)蘇公之守徐, 余以民事太守, 間見如客, 揚秦子過焉, 置(豐)醴備樂, 如師弟子】 '眉蘇公'은 蘇軾(東坡). 四川에 있던 眉山 사람이었음.《後山集》에는 '眉山蘇公'으로 되어 있음. '守徐'는 徐州의 수령이 됨. 徐州는 지금의 江蘇省 銅山縣으로 陳師道 (無己)의 고향 彭城.《眞寶》注에 "徐, 彭城. 後山, 彭城人"이라 함. '揚秦'은 秦觀. 揚州(지금의 江蘇省)에 속하는 高郵 사람이었음. '置醴備樂'은 단술을 차려 놓고 음악을 갖춤. 잔치를 벌였음을 말함.《後山集》에는 '豐醴備樂'으로 되어 있음.

【其時余病臥旅中, 聞其行道雍容, 逆者旋目, 論說偉辨(辯), 坐者屬耳】 '其時' 나음에 《眞寶》注에 "第一節"이라 함. '臥旅'는 여행 중에 병이 나서 누워 있음. 그러나 《後山集》과《崇古文訣》에는 '臥里'로 되어 있음. '行道'는 행차. '雍容'은 威儀가 성 대한 모습을 뜻하는 疊韻連綿語. '逆者'는 마중하는 사람들. '逆'은 迎과 같은 뜻. 《眞寶》注에 "逆, 猶迎也"라 함. '旋目'은 눈이 돌아감. 놀라워함을 말함. '偉辨'은 말을 잘함.《後山集》과《崇古文訣》에는 '偉辯'으로 되어 있음. '屬耳'는 귀를 기울 여 들음.

【世以此奇之, 而亦以此疑之, 惟公以爲傑士】 '奇之'는 그 일로 그를 기이한 인물로 여김. '疑之'는 정말로 그러한가 하고 의심함. '公'은 東坡를 가리킴. '傑士'는 준걸 한 인물. 東坡만이 그를 큰 인물로 여겨 知人之名이 있었음을 강조한 것.

【是後數歲, 從吾(吳)歸, 見于廣陵逆旅之家】 '是後數歲' 다음에《眞寶》注에 "第二 節"이라 함. '從吾歸'는《後山集》과《崇古文訣》에 '從吳歸'로 되어 있음. '吳'는 지 금의 江蘇省을 가리키며 이것이 타당한 것으로 여겨짐. '廣陵'은 江蘇省의 지명 으로 揚州에 속함.《眞寶》注에 "廣陵, 揚州"라 함. '逆旅之家'는 旅舍. 여관. 여인 숙. 客舍.

【夜半語未卒別去, 余亦以謂當建侯萬里外也】 '建侯萬里外'는 秦觀은 만 리 밖에서 큰 공을 세워 제후나 州牧이 될 정도의 포부를 가지고 있음.《眞寶》注에 "所以 期少游如此"라 함.

【元豐之末, 余客東都, 秦子從東來, 別數歲矣】 元豐末은 1085년.《眞寶》注에 "第三 節"이라 함. '東都'는 지금의 河南省 洛陽.

【其容充然, 其口隱然, 余驚焉以問】 '充然'은 誠實하고 重厚한 모습. '隱然'은 말수 가 적어 묵직하고 점잖은 모습. 이 구절은 만날 때마다 진보하고 있음을 발견한 것임.《眞寶》注에 "歷叙三節見少游, 每見愈進"이라 함.

【秦子曰: 「佳吾少時, 如杜牧之, 彊志盛氣, 好大而見奇」 '杜牧之'(803–852)는 晚唐의

시인 杜牧. 자가 牧之였음. 그는 젊어서 義俠心과 抱負를 가졌으나 뜻을 이루지 못하였으며 만당 대표적 시인으로 李商隱과 함께 '晚唐李杜'라 불렸음. 문집으로 《樊川集》(20권) 외에 《新唐書》(藝文志, 3)에는 "杜牧注《孫子》三卷"이 있으며, 이는 뒤에 曹操, 李筌, 杜牧, 梅堯臣 등 11명의 注를 합한 《十一家注孫子》속에 들어 지금도 전하고 있음. 이처럼 杜牧은 兵書에도 많은 관심을 가졌었음. 秦觀이 자신도 杜牧처럼 義氣와 포부가 있었음을 말한 것.

【讀兵家書, 乃與意合, 謂功譽可立致, 而天下無難事】 '兵家書'는 杜牧이 註釋한 《孫子》 등을 가리킴.

【顧今二虜, 有可勝之勢, 願效至計, 以行天誅】 '二虜'는 두 적국. 遼와 西夏. 그 무렵 遼(契丹)나라는 道宗(耶律洪基)이 통치하던 시대로 위세를 떨쳐 北宋을 압박하였고, 西夏는 惠宗(趙秉常)의 시대로 역시 세력을 과시하고 있었음. 한편 《後山集》에는 '二敵'으로, 《崇古文訣》에는 '二邊'으로 되어 있음. '可勝之勢'는 승리할 수 있는 형세. '至計'는 지극한 계책. '天誅'는 하늘이 遼와 西夏에게 내리는 誅罰.

【回幽夏之故墟, 吊唐晉之遺人, 流聲無窮, 爲計不朽, 豈不偉哉】 '幽夏'는 幽州와 夏州. '幽州'는 지금의 河北省으로부터 內蒙古 동부 및 遼寧省 일대. 당시 遼나라가 차지하고 있었음. '河州'는 河北 서부 및 山西, 陝西 일대로 西夏가 차지하고 있었음. 《眞寶》 注에 "幽夏, 二州名"이라 함. '吊'은 '弔'로도 표기하며 '위로하다'의 뜻. '唐晉'은 宋나라가 들어서기 전 五代 때 漢族이 그대로 지배하던 後唐과 後晉 시대를 말함. 즉 그 뒤 遼와 西夏 땅이 되어 그곳에 남아 있는 漢族의 遺民들을 위로하겠다는 포부를 말함.

【於是字以太虛, 以遺(導)吾志】 '太虛'는 太空. 매우 크고 원대함을 의미함. 이를 자로 삼은 것은 두 나라가 차지하고 있는 失地를 회복하겠다는 포부를 보인 것. '遺'는 《後山集》과 《崇古文訣》에는 모두 '導'로 되어 있어 뜻이 명확함.

【今吾年至而慮易, 不待蹈險而悔及之, 願還四方之事, 歸老邑里】 '年至'는 나이가 들어감. '慮易'은 생각이 바뀜. '不待蹈險'은 험한 곳을 밟아 큰 공을 세우기를 기대하지 않음. 모험을 기피함. '四方之事'는 나라를 지키고 외적을 물리치는 武人의 임무를 말함.

【如馬少游, 於是字以少游, 以識吾過. 嘗試以語公, 又以爲可, 於子何如】 '馬少游'는 東漢 光武帝 때 馬援의 從弟. 馬援이 그와 어린 시절의 이야기를 그리워하였던 인물. '少游'는 少遊로도 표기함. 그는 馬援과 달리 일생을 고향 마을에 묻혀 청빈하게 살았음. 《後漢書》 馬援傳에 "從容謂官屬曰:「吾從弟少遊常哀吾慷慨多大

志, 曰:『士生一世, 但取衣食裁足, 乘下澤車, 御款段馬, 爲郡掾史, 守墳墓, 鄕里稱善人, 斯可矣. 致求盈餘, 但自苦耳.』當吾在浪泊, 西里間, 虜未滅之時, 下潦上霧, 毒氣重蒸, 仰視飛鳶跕跕墮水中, 臥念少遊平生時語, 何可得也! 今賴士大夫之力, 被蒙大恩, 猥先諸君紆佩金紫, 且喜且慚.」吏士皆伏稱萬歲"라 함.

【余以謂:「取善於人, 以成其身, 君子偉之」남에게 훌륭한 점을 취하여 자신을 성취시킴.

【且夫二子, 或進以經世, 或退以存身, 可與爲仁矣】'二子'는 杜牧과 馬少游. '經世'는 세상을 經營함.《眞寶》注에 "杜牧之"라 함. '存身'은 자신을 보존함.《眞寶》注에 "馬少游"라 함.

【然行者難工; 處者易持(得), 牧之之智得, 不若少游之拙失矣】'行者'는 행동으로 옮기는 사람. 杜牧을 지칭함. '處者'는 들어앉아 있는 사람. 馬少游를 지칭함. '易持'는《後山集》에는 '易得'으로 되어 있음. '智得'은 지혜와 터득하여 얻은 것. 뒤의 '拙失'에 상대하여 쓴 것.

【子以倍人之材, 學益明矣, 猶屈意於少游, 豈過直以矯曲耶】'學益明'은 학문이 갈수록 발전하여 명확해짐.《眞寶》注에 "姑順其意, 而爲之發明"이라 함. '過直'은 지나치게 곧음. '矯曲'은 굽은 것을 矯正함. 잘못을 바로잡음.

【子年益高德益大, 余將屢驚焉, 不一再而已也】'屢驚'은 여러 번 자주 놀람.《眞寶》注에 "應前驚字"라 함.

【雖然, 以子之才, 雖不效於世, 世不捨子, 余意子終有萬里行也】'萬里行'은 武人이 되어 나라를 위해 싸우러 먼 곳으로 나감.《眞寶》注에 "終反其意, 而期之以遠大"라 함.

【如愚(余)之愚, 莫宜於世, 乃當守丘墓保田里, 力農以奉公上, 謹身以訓閭巷】'如愚之愚'에서 앞의 '愚'는 자신을 낮추어 말한 것. 뒤의 '愚'는 우둔함. 그러나《後山集》과《崇古文訣》에는 모두 '如余之愚'로 되어 있어 뜻이 명확함. '莫宜於世' 다음에《眞寶》注에 "幹歸妙卒, 取其所願者, 而反之於己"라 함. '奉公上'은 나라와 임금을 위해 봉사함. '訓閭巷'은 시골 마을을 가르침. 그들에게 교훈이 되도록 함.

【生稱善人, 死表於道曰'處士陳君之墓'】'表於道'는 죽어서 墓表에 기록함. '處士'는 아무 벼슬도 하지 않은 사람. 스스로 벼슬을 거부한 사람을 말함. 여기서는 陳師道 자신을 가리킴.《眞寶》注에 "學曹操語"라 함.

【或者天祚以年, 見子功遂名成, 奉身以還, 王侯將相, 高車大馬, 祖行帳飮】'天祚以年'는 하늘이 나이로써 복을 내림. 장수함을 뜻함. '功遂名成'은 功이 이루어지고 名

聲이 성취됨.《眞寶》注에 "足前期之之意"라 함. '祖行'은 祖道, 祖餞, 餞行과 같음. 길을 떠나는 이를 위해 路神에게 제사를 올리고 송별회를 하는 의식. 고대 黃帝의 아들 유조(纍祖)가 먼 길을 떠났다가 도중에 죽자 사람들이 그를 路神으로 여겨 길 떠나는 자를 보호해 달라는 뜻으로 제를 올리기 시작한 것에서 유래되었다 함.《四民月令》 '帳飮'은 祖餞을 행할 때 길가에 장막을 치고 송별연을 벌임. 그러나 내용으로 보아 여기서는 뒷날 秦觀이 밖에서 武功을 세우고 凱旋할 때의 상황을 꿈꾼 것으로, 떠나보낼 때는 아니어서 비유가 타당하지 않은 듯함.

【於是乘庳御駑, 候子上東門外, 舉酒相屬, 成公知人之名, 以爲子賀, 蓋自此始】 '乘庳御駑'는 낮은 수레를 타고 駑馬를 부림. '庳'는 아주 낮고 추한 수레를 뜻함.《眞寶》注에 "應高車, 應大馬"라 함. '上東門'는 洛陽의 동쪽 성문. 그곳에서 자신은 초라한 모습으로 그대를 기다림. '成公知人之名'은 東坡가 사람을 알아보는 명분을 성취시켜야 함.《眞寶》注에 "公, 東坡. 應起頭'公以爲傑士'句"라 함. '子賀' 다음에《眞寶》注에 "子, 少游"라 함. '自此始'는 나라를 위한 秦觀의 활동이 이로부터 시작될 것임을 말함.《眞寶》注에 "結得斬截 ○後山之文, 如其試味, 悠然以長色幽然以光. 不一索而竭, 而亦初不自表襮也. 故其詩其文, 皆不易看. 所選後山文, 他篇皆然, 唯此篇文氣壯浪, 雄偉秀傑, 殆不可掩. 此公之文, 能讀而眞嗜之, 則見亦長一格矣"라 함.

【元祐元年二月一日】《後山集》 말미에는 이 8자가 더 있음. 元祐는 神宗을 이은 哲宗(趙煦)의 첫 연호로 元年은 1086년에 해당함.

참고 및 관련 자료

1. 작자:陳師道(無己) 113 참조.
2. 이 글은《後山集》(11),《崇古文訣》(31),《文章辨體彙選》(329) 등에 실려 있음.

118. <子長遊贈蓋邦式> ·················· 馬子才(馬存)

사마천司馬遷의 유람에 대한 글로써 합방식蓋邦式에게 줌

＊<子長遊贈蓋邦式>: 子長은 司馬遷의 자. '蓋'은 '盖'으로도 표기하며 地名이나 姓
氏일 경우 '합/갑'으로 읽음. 여기서는《孟子》諺解에 의거, 잠정적으로 '합'으로
읽음. 蓋邦式은 馬存(子才)의 친구로, 그가 司馬遷 文章의 奇偉한 氣象을 자신
도 배우고 싶어, 마존에게 잘 설명해 줄 것을 청하자 이에《史記》太史公自序에
"사마천 자신은 많은 곳을 직접 답사하고 유람하였기에 그러한 위대한 문장이
나왔음"을 강조하며 이 글을 써서 일러준 것임. 蓋邦式은 구체적으로 어떤 인물
인지는 알려져 있지 않음.

＊《眞寶》注에 "盡天下之大觀, 以助吾氣. 此一篇骨子, 意實自子由〈上韓太尉書〉來,
中間鋪叙司馬遷所嘗游, 蓋本〈太史公自序〉也. 子才, 名存. 有集, 行于世, 嘗有書見
東坡云. ○〈太史公自序〉曰:「遷生龍門, 耕牧下山之陽, 年十歲, 則通古文, 二十而
南游江淮, 上會稽, 探禹穴, 窺九疑, 浮沅湘, 北涉汶泗, 講業齊魯之都, 觀夫子遺
風, 鄕射鄒嶧, 阨困鄱薛彭城, 過楚梁以歸. 於是遷, 仕爲郎中, 奉使西征巴蜀, 以
南略邛筰昆明, 還報命, 是歲天子始建漢家之封.」而太史公留滯周南, 不得與從事,
子遷, 適返見父於河洛之間"이라 함.

내 친구 합방식蓋邦式이 일찍이 나에게 이렇게 말하였다.

"사마자장(司馬子長, 司馬遷)의 문장은 기이하고 위대한 기운이 있어, 나
는 이러한 문장에 뜻을 두고 있다오. 그대는 그의 문장에 대해 논설을
써서 나에게 주시오."

나는 이렇게 일러주었다.

"사마천의 문장은 책에 있지 아니한데도, 문장을 배우는 자가 매양 그
의 책에서 이를 찾고자 한다면 종신토록 그 기이함을 알아내지 못한 것
이오. 나에게《사기史記》전질이 있는데 그 속에는 천하의 명산대천과 장

려壯麗하고 괴이한 곳이 있으니, 앞으로 그대와 함께 두루 유람하고 골고루 구경한다면, 아마도 여기에서 그의 이러한 문장을 거의 알 수 있을 것입니다.

사마천은 평소 유람하기를 좋아하여, 바야흐로 소년 시절 자부할 때는 족적이 하루라도 쉬고 있기를 거부하였는데, 단지 경물景物이 그를 그렇게 사역시킨 것은 아니지요.

장차 천하의 대관大觀을 다하여 자신의 기氣에 도움을 받고 그런 연후에 이를 토해내어 글로 표현하려 한 것이지요.

지금 그 책을 통해 살펴보면 평소 그가 일찍이 유람했던 곳이 모두 거기에 다 들어 있습니다.

남쪽으로 길게 회수淮水에 배를 띄웠고, 장강長江을 거슬러 올라가면서 미친 듯한 물결, 놀란 파도가 음산한 바람과 노한 울부짖음을 내며 거꾸로 내달아 가로로 치는 것을 보았지요. 그 때문에 그의 문장은 분방奔放하면서도 호만浩漫한 것입니다.

운몽택雲夢澤과 동정호洞庭湖의 언덕파도과 팽려호彭蠡湖의 엄청난 물이 하늘을 가득 담아 만학萬壑을 호흡하며, 한계와 윤곽도 볼 수 없는 것까지 바라보았지요. 그 때문에 그의 문장은 정축渟蓄하면서도 연심淵深한 것입니다.

구의산九疑山의 아득함과, 무산巫山의 솟구친 모습, 그리고 양대陽臺의 아침 구름, 창오蒼梧의 저녁 내(煙)가 모습이 일정하지 않고, 곱고 부드러우며 아름다워 봄에는 꾸밈이 짙은 것 같고, 가을이면 꾸밈이 엷은 것 같음을 보았지요. 그 때문에 그의 문장이 연미妍媚하면서도 울우蔚紆한 것입니다.

원수沅水에 배를 띄우고 상수湘水를 건너면서 삼려대부三閭大夫 굴원屈原의 혼을 위로하고, 순舜의 두 비妃 아황娥皇과 여영女英을 애도하여 그들의 눈물이 흘러 아롱진 반죽斑竹은 그대로 있는데, 고기 뱃속에 굴원의 뼈는 그래도 탈이 없는지 알 수 없다고 여겼지요. 그 때문에 그의 문장은 감분感憤하면서도 상격傷激한 것입니다.

북쪽으로 대량大梁의 폐허를 둘러보고 초한楚漢의 싸움터를 살펴보면서 항우項羽가 목쉰 소리로 내지르는 실패의 울부짖음과 고조高帝, 劉邦가 거만하게 꾸짖는 모습, 그리고 용이 뛰고 호랑이가 솟구치듯 하는 영웅들과, 천병만마千兵萬馬가 큰 활과 긴 창을 들고 함께 일어나 일제히 소리치는 모습을 상상하였지요. 그 때문에 그의 문장은 웅장하고 과감하며 용맹스러워 사람으로 하여금 심장을 뛰게 하고 간담을 서늘하게 하는 것입니다.

집안 대대로 용문龍門에 살아, 신과 같은 우禹의 귀신 같은 치수의 공적을 생각하였고, 서쪽 파촉巴蜀에 사신으로 가면서 검각劍閣의 조도鳥道를 타고 넘을 때, 위로는 구름을 만질 수 있는 높은 절벽이 도끼로 파낸 흔적도 없이 그토록 신기한 산세를 이루고 있음을 보았지요. 그 때문에 그의 문장은 칼로 자른 듯 날카로우면서도 가히 붙잡고 함께 오를 수 없는 경지에 이른 것이지요.

제로齊魯의 도읍을 다니며 공부할 때는 공자의 유풍과 추역鄒嶧에서의 향사례鄕射禮를 직접 보았으며, 문수汶水 남쪽, 수수洙水와 사수泗水를 방황해 보기도 했지요. 그 때문에 그의 문장은 전중典重하고 온아溫雅하여 정인군자正人君子의 용모와 유사함을 가지게 된 것입니다.

무릇 천지 사이에 만물의 변화는 가히 놀랍기도 하고 경악스럽기도 하여 사람의 마음을 즐겁게도 하고, 사람을 근심으로 몰아가기도 하며, 슬픔에 잠기게도 하는 것들인데, 사마천은 이를 모두 취하여 문장에 표현한 것입니다.

이 까닭으로 변화가 출몰하여 온갖 만물의 형상이 사계절마다 드러나면서 무궁한 것과 같아졌으니, 지금 그의 글에서 이를 살펴보건대 어찌 믿지 않을 수 있겠습니까?

나는 말하건대 사마천의 문장을 배우고자 한다면 먼저 그 유람을 배워야 가능하다고 여깁니다. 유람을 통해 기이함을 채집하는 것을 배워야 함을 알지 못한 채 붓을 들고 먹물을 희롱하면서 썩고 문드러진 것을 엮고 묶고자 한다면, 이는 그저 일상의 평범한 것이 될 뿐입니다.

옛날 공손대낭公孫大娘은 칼춤에 뛰어났는데 글씨를 공부하던 장욱張旭은 이를 통해 초서草書를 터득하여 신의 경지에 들었고, 포정庖丁은 소 잡는 칼을 잘 다루었는데 양생養生을 공부하던 혜문군惠文君은 이를 통해 양생의 묘도妙道를 지극한 경지로 끌어올렸으니, 일이란 진실로 그 유형은 다르지만 그것을 통해 서로 감지함을 갖게 되는 것은 그 뜻이 같기 때문입니다.

지금 천하에 발길이 닿지 않은 곳과 특이한 경관이 어찌 옛날과 다르겠습니까? 그대는 과연 나를 위해 유람해 볼 것입니까? 나는 그대를 관찰할 것입니다.

취하여 술잔을 잡고 강남江南 오월吳越의 맑은 바람을 삼킬 수 있어야 하며, 칼을 흔들고 긴 휘파람을 불며 연조진롱燕趙秦隴 지역의 질긴 기운을 호흡할 수 있어야 하는 것이라오.

그런 뒤에 돌아와 문장을 짓고 글을 저술한다면 그대가 사마천을 두려워하겠소? 아니면 사마천이 그대를 두려워하겠소?

그렇게 하지 아니하고 끊어진 종잇조각이나 해진 책을 아침으로 읊조리고 저녁으로 외우기만 한다면, 나로서는 그대가 얻을 바가 무엇일지 알 수 없소이다."

予友蓋邦式, 嘗爲予言:「司馬子長之文章, 有奇偉氣. 切(竊)有志於斯文也. 子其爲說以贈我.」

予謂:「子長之文章, 不在書, 學者每以書求之, 則終身不知其奇.

予有《史記》一部, 在(天下)名山大川, 壯麗可怳之處, 將與子周遊而歷覽之, 庶幾乎可以知此文矣.

子長平生喜遊, 方少年自負之時, 足迹不肯一日休, 非直爲景物役也.

將以盡天下之大觀, 以助吾氣, 然後吐而爲書.

今於其書觀之, 則平生之所嘗遊者, 皆在焉.

南浮長淮, 泝大江, 見狂瀾驚波, 陰風怒號, 逆走而橫擊, 故其文奔放而浩漫.

望雲夢洞庭之陂(波), 彭蠡之瀦, 涵混太虛, 呼吸萬壑, 而不見介量, 故其文渟滀而淵深.

見九疑之邈綿, 巫山之嵯峩, 陽臺朝雲, 蒼梧暮煙, 態度無定, 靡曼綽約, 春粧如濃, 秋飾如薄, 故其文妍媚而蔚紆.

泛沅渡湘, 吊大夫之魂, 悼妃子之恨, 竹上猶有斑斑, 而不知魚腹之骨, 尚無恙(者)乎, 故其文感憤而傷激.

北過大梁之墟, 觀楚漢之戰場, 想見項羽之暗啞, 高帝之慢罵, 龍跳虎躍, 千兵萬馬, 大弓長戟, 俱遊(起)而齊呼, 故其文雄勇猛健, 使人心悸而膽慄.

世家龍門, 念神禹之鬼功, 西使巴蜀, 跨劍閣之鳥道, 上有摩雲之崖, 不見斧鑿之痕, 故其文斬截峻拔而不可援躋.

講業齊魯之都, 觀夫子之遺風, 鄉射鄒嶧, 彷徨乎汶陽洙泗之上, 故其文典重溫雅, 有似乎正人君子之容貌.

凡天地之間, 萬物之變, 可驚可愕, 可以娛心, 使人憂, 使人悲者, 子長盡取而爲文章.

是以變化出沒如萬象 供四時而無窮, 今於其書而觀之, 豈不信哉?

予謂欲學子長之爲文, 先學其遊可也; 不知學遊以采奇, 而欲操
觚(筆)弄墨, 組綴腐熟者, 乃其常常耳.

昔公孫氏善舞劒, 而學書者得之, 乃入於神; 庖丁氏善操刀, 而
養生者得之, 乃極其妙, 事固有殊類而相感者, 其意同故也.

今天下之絶蹤詭觀, 何以異於昔? 子果能爲我遊者乎? 吾欲觀
子矣.

醉把杯酒, 可以吞江南吳越之淸風; 拂劒長嘯, 可以吸燕趙秦隴
之勁氣.

然後, 歸而治文著書, 子畏子長乎? 子長畏子乎?

不然斷編敗冊, 朝吟而暮誦之, 吾不知所得矣.」

【予友蓋邦式, 嘗爲予言】'蓋邦式'은 작자 馬存의 친구. 자세한 것은 알 수 없음. '蓋'
은 《孟子》公孫丑(下) "王使蓋大夫王驩爲輔行"의 〈集注〉에 "蓋, 古盍反"이라 하여
'갑'으로 읽어야 하나 〈滕文公〉(下) "兄戴, 蓋祿萬鍾"의 〈集注〉에는 "蓋, 音闔"이라
하여 '합'으로 읽도록 되어 있음. '갑/합'은 古音으로 同音이었으며, 〈諺解〉에는
모두 '합'으로 읽었음. 이에 따라 여기서는 잠정적으로 '합'으로 읽음.

【司馬子長之文章, 有奇偉氣. 切(竊)有志於斯文也. 子其爲說以贈我】'司馬子長'은 司
馬遷. 子長은 그의 자. 《史記》130권을 저술하였으며 이는 紀傳體 正史의 효시이
며 표준이 됨. 歷史書이면서 동시에 문장이 뛰어나고 표현이 출중하여 唐宋古文
家의 교과서 역할을 하였음. '切'은 《古文集成》과 《文章辨體彙選》에 모두 '竊'로
되어 있으며 자신의 생각을 낮추어 말할 때 사용하는 常套語. '몰래, 내 생각으
로는' 등의 뜻. '有志於斯文'은 이 글에 뜻을 두고 있음. 즉 司馬遷의 《史記》의 문
장을 배우고자 함.

【予謂:「子長之文章, 不在書, 學者每以書求之, 則終身不知其奇】'予'는 陳師道. '學
者'는 그 문장을 배우고자 하는 자. '以書求之'는 그의 책을 통해서 찾음.

【予有《史記》一部, 在(天下)名山大川, 壯麗可怖之處】'在名山'은 《古文集成》과 《文章
辨體彙選》에 모두 '在天下名山'이라 하여 '天下' 2자가 더 있음.

【將與子周遊而歷覽之, 庶幾乎可以知此文矣】'周遊'는 두루 돌아다니며 여행함. '歷

'覽'은 골고루 둘러보며 구경함. '庶幾乎'는 '庶幾於'와 같음. '庶幾'는 가능할 것임
을 예측하는 희망을 표현할 때 사용함.

【子長平生喜遊, 方少年自負之時, 足迹不肯一日休, 非直爲景物役也】'自負'는 스스
로 긍지를 가짐. 《眞寶》注에 "自負, 言自負其能"이라 함. '直'은 '只'와 같음. '爲景
物役'은 경치와 풍물에 부림을 당함. 경치와 풍물을 구경하고 즐기려는 목적의
여행을 뜻함.

【將以盡天下之大觀, 以助吾氣, 然後吐而爲書】'以助吾氣'는 나 자신(사마천)의 氣
에 도움을 삼음.

【今於其書觀之, 則平生之所嘗遊者, 皆在焉】'平生'은 平素, 평생. '皆在焉'은 모두가
《史記》 속에 들어 있음.

【南浮長淮, 泝大江, 見狂瀾驚波, 陰風怒號, 逆走而橫擊, 故其文奔放而浩漫】'南浮
長淮'는 배로써 淮水의 긴 물길을 여행함. '淮水'는 河南省에서 발원하여 安徽,
江蘇 북부를 지나 바다로 흘러드는 강. '泝大江'은 長江을 거슬러 올라감. '故其
文奔放而浩漫'은 그 때문에 사마천《史記》의 문장이 奔放하고 浩漫한 것임. '浩
漫'은 물이 넓고 큼. 司馬遷 文章의 氣勢를 표현한 것.

【望雲夢洞庭之陂(波), 彭蠡之潴, 涵混太虛, 呼吸萬壑, 而不見介量, 故其文渟滀而
淵深】'雲夢洞庭'은 雲夢澤과 洞庭湖. 雲夢澤은 지금의 湖北省의 長江을 끼고 남
북으로 각각 있던 큰 두 호수. 오늘날에는 메워져 曹湖, 洪湖 등 수십 개의 작은
호수들로 남아 있음. '洞庭'은 湖南省 경계에 있는 큰 호수 이름. 湘水와 沅水 등
이 흘러듦. '陂'는 언덕. 제방. 그러나 《文章辨體彙選》에 '波'로 되어 있음. '彭蠡'는
또한 호수 이름. 지금은 鄱陽湖라 불리며 江西省 북쪽 九江市 경계에 있음. '潴'
(저)는 물이 모여 큰 호수를 이루고 있음. '涵混'은 많은 물이 질펀한 모습을 뜻하
는 雙聲連綿語. '太虛'는 하늘. 태공. '呼吸萬壑'은 온갖 골짜기에서 나오는 공기
와 바람, 기운 등을 호흡함. '介量'은 사물의 限界와 輪廓. 따라서 '不見介量'은 미
세하고 한계가 있어 더 볼 수 없는 아주 미미한 것들을 말함. 한계와 윤곽도 볼
수 없는 것. '渟滀'은 많은 물이 모인 것. '淵深'은 물이 깊음.

【見九疑之邈綿, 巫山之嵯峨, 陽臺朝雲, 蒼梧暮煙, 態度無定, 靡曼綽約, 春粧如濃,
秋飾如薄, 故其文妍媚而蔚紆】'九疑'는 산 이름. 九嶷로도 표기함. 湖南 寧遠縣
蒼梧의 들에 솟아 있으며 그 아래 舜의 무덤이 있음. '邈綿'은 아득히 멂을 표현
하는 雙聲連綿語. 그러나 《古文集成》에는 '絶縣'으로, 《文章辨體彙選》에는 '芉緜'
으로 되어 있으며, '芉緜'은 疊韻連綿語. '巫山'은 四川 巫山縣 동남쪽에 있으며,

옛날 楚 襄王이 高唐에 놀러 나왔다가 꿈에 巫山의 神女들과 雲雨之情을 즐겼다는 전설로 유명한 곳. 《文選》(19) 宋玉의 〈高唐賦〉와 〈神女賦〉를 참조할 것. '嵯峨'는 산이 가파르게 솟아 있는 모습을 표현하는 疊韻連綿語. '陽臺朝雲'은 巫山 陽臺의 아침 구름. 宋玉 〈高唐賦序〉의 표현을 인용한 것임. 巫山의 神女가 襄王과 헤어지면서 자신은 "아침에는 동쪽 하늘의 구름이 되어 떠있고, 저녁에는 서쪽 하늘의 비가 되어 내리는 것"이라 정체를 밝힘. '蒼梧'는 九疑山. 옛날 舜임금이 남방을 巡狩를 하다가 그 아래 蒼梧之野에서 죽었다는 전설이 있음. '靡曼'은 부드럽고 섬세함을 표현하는 雙聲連綿語. '綽約'은 빼어나게 아름다운 모습을 표현하는 疊韻連綿語. '姸媚'는 여성의 아름답고 사랑스러움을 표현한 것. '蔚紆'은 성대하고 굉장함을 뜻하는 雙聲連綿語. 《眞寶》注에 "九疑, 山名;陽臺朝雲, 指陽臺神女:「朝爲雲, 暮爲雨.」;蒼梧, 虞舜葬處"라 함.

【泛沅渡湘, 吊大夫之魂, 悼妃子之恨, 竹上猶有斑斑, 而不知魚腹之骨, 尙無恙(者)乎, 故其文感憤而傷激】'泛沅渡湘'은 沅水에 배를 띄우고 湘水를 건넘. 두 물은 모두 洞庭湖로 흘러들어감. '大夫'는 楚나라 三間大夫 屈原. 懷王과 頃襄王에게 핍박받아 江南 일대를 돌아다니며 많은 〈楚辭〉 작품을 짓고 汨羅水에 투신함. '妃子'는 舜임금의 부인 娥皇과 女英. 舜임금을 남방 순시 중에 죽어 돌아오지 못하자 그들도 죽어 湘水의 水神이 되었다 함. '竹'은 斑竹을 뜻함. 두 부인이 울면서 뿌린 눈물이 그곳 대나무에 떨어져 瀟湘의 斑竹이 되었다 함. '斑斑'은 얼룩무늬. '魚腹之骨'은 屈原이 汨羅水에 투신하여 고기밥이 되었을 것으로 여겼음. '無恙'은 아무런 탈이 없음. 《眞寶》注에 "大夫, 指屈原;妃子, 二妃娥皇女英, 舜葬於蒼梧, 二妃追至洞庭, 洒淚染竹卽斑"이라 함.

【北過大梁之墟, 觀楚漢之戰場, 想見項羽之喑啞, 高帝之慢罵】'大梁'은 지금의 河南 開封. 戰國시대 魏 惠王이 이곳으로 도읍을 옮겼으며, 秦始皇 때 將軍 王賁이 천하통일 때 河水의 물을 끌어들여 수몰시켰음. '楚漢'은 秦末 천하대란 때 項羽(西楚霸王)와 劉邦(漢王)의 싸움. '項羽'는 이름은 籍, 자는 羽. 咸陽에 이르러 子嬰을 죽이고 阿房宮을 불지르고 秦을 멸한 다음, 자신은 西楚霸王, 劉邦을 漢王에 봉하는 등 기세를 떨쳤음. 뒤에 楚漢戰에 垓下에서 패하여 천하를 잃고 말았음. 《史記》 項羽本紀를 참조할 것. '喑啞'(암아)는 실패하여 슬피 훌쩍거리며 욺. 雙聲連綿語. 《古文集成》과 《文章辨體彙選》에 모두 '喑嗚'로 되어 있으며, 역시 雙聲連綿語임. '高帝'는 漢 高祖 劉邦. 項羽와 함께 義帝를 섬겨 秦을 멸했으나 項羽의 위세에 눌려 漢王으로 물러났다가 다시 楚漢戰을 벌여 승리하여 漢帝

國을 세움.《史記》高祖本紀를 참조할 것. '慢罵'는 자신이 승리하자 거만한 모습으로 마음껏 꾸짖고 꾸짖음.

【龍跳虎躍, 千兵萬馬, 大弓長戟, 俱遊(起)而齊呼, 故其文雄勇猛健, 使人心悸而膽慄】'俱遊而齊呼'는 모두 함께 돌아다니며 일제히 소리를 지름. 그러나《文章辨體彙選》에 '俱起而齊呼'로 되어 있어 훨씬 명확함. '心悸而膽慄'은 심장이 떨리고 쓸개가 전율을 느낌. 간담이 서늘해짐.

【世家龍門, 念神禹之鬼功, 西使巴蜀, 跨劒閣之鳥道, 上有摩雲之崖, 不見斧鑿之痕, 故其文斬截峻拔而不可援躋】'龍門'은 지금의 山西省 河津縣 서북쪽과 陝西省 韓城縣 동북쪽 河水 양편 절벽 사이. 司馬遷의 고향. '西使巴蜀'의 巴蜀은 지금의 四川省. 司馬遷은 일찍이 郎中의 벼슬로 武帝의 명을 받들고 巴蜀에 사신으로 간 적이 있음. '鬼功'은 귀신이나 해낼 수 있는 공적. 禹가 河水를 소통시킬 때 龍門이 가로막고 있어 이를 뚫은 것을 말함.《文章辨體彙選》에는 '巍功'으로 되어 있음. '劒閣'은 四川省 劒閣縣 북쪽 아주 험난한 산. 中原에서 蜀으로 갈 때 반드시 지나야 함. '鳥道'는 새나 넘을 수 있는 험난한 고갯길. '斧鑿'은 도끼로 깎고 끌로 쪼아 내어 교묘하게 만듦. 그러한 흔적도 없이 잘 만들어진 산세. '斬截'은 자르고 끊음.《文章辨體彙選》에는 '嶄絶'로,《古文集成》에는 '斬絶'로 되어 있음. '峻拔'은 높이 빼어남. '援躋' 붙잡고 오름.《眞寶》注에 "龍門, 司馬遷所居, 夏禹治水時鑿龍門, 故念其功; 巴蜀, 險道僅容鳥羽, 故云鳥道"라 함.

【講業齊魯之都, 覩夫子之遺風, 鄕射鄒嶧, 彷徨乎汶陽洙泗之上, 故其文典重溫雅, 有似乎正人君子之容貌】'講業'은 학업을 닦음. '齊魯'는 齊나라와 魯나라. 지금의 山東 曲阜와 臨淄. 孔子와 孟子가 태어난 곳으로 儒學의 중심지임을 뜻함. '夫子之遺風'은 孔子가 영향을 끼쳐 남겨준 學風. '鄕射'는 鄕射禮. 射禮의 하나로 고을의 우두머리가 봄가을로 사람들을 모아 학교에서 활쏘기를 행하던 의식.《儀禮》鄕射禮를 참조할 것. '鄒嶧'은 山東 鄒縣에 있는 산 이름. 孟子가 태어난 곳. '汶陽'은 汶水의 남쪽.' 汶水'는 지금의 山東省 大汶河. 지금의 山東 泰山 가까이 흐르고 있으며 大汶口文化遺蹟址가 있음.《論語》雍也篇에 "季氏使閔子騫爲費宰. 閔子騫曰:「善爲我辭焉! 如有復我者, 則吾必在汶上矣.」"라 함. '洙泗'는 洙水와 泗水. 지금의 曲阜 근처를 흐르는 두 물로 儒學이나 孔子의 고향을 대신하는 말로 쓰임.《眞寶》注에 "獨留此一著在後, 收拾前數者, 皆歸于正也. 體當如此, 使雜於數者之中, 則非矣"라 함.

【凡天地之間, 萬物之變, 可驚可愕, 可以娛心, 使人憂, 使人悲者, 子長盡取而爲文

章】司馬遷은 세상 만물의 변화를 다 모아《史記》문장에 녹여 쓴 것임을 강조한 것.

【是以變化出沒如萬象 供四時而無窮, 今於其書而觀之, 豈不信哉】'萬象'은 온갖 자연 현상. '供四時'는 四時의 변화에 맞추어 제공해 줌.

【予謂欲學子長之爲文, 先學其遊可也】司馬遷의 문장을 배우고자 하면 반드시 '遊'를 배워야 가능함.

【不知學遊以采奇, 而欲操觚(筆)弄墨, 組綴腐熟者, 乃其常常耳】'采奇'는 기이한 것만을 채택함. '操觚弄墨'는 대쪽을 잡고 먹을 갈아 글을 짓고자 함. 그러나《文章辨體彙選》에는 '操筆弄墨'으로 되어 있어 뜻이 명확함. '組綴'은 글을 써서 簡冊을 엮고 읽음. '腐熟'은 썩어서 문드러진 것. '常常'은 일상대로의 평범한 글이 될 뿐임.

【昔公孫氏善舞劍, 而學書者得之, 乃入於神】'公孫氏'는 公孫大娘. 그는 唐 玄宗 때 敎坊 妓女舞人 이름. 劍器舞를 잘 추어 張旭뿐만 아니라 懷素까지도 그의 춤에서 屈曲하는 草書의 妙理를 얻었다 함. 원래 '渾脫'이라는 西域의 춤을 변형한 것으로 公孫大娘의 칼춤을 '西河劍器', 또는 '劍器渾脫'이라 불렀음. 西域 高昌(지금의 新疆 吐魯番)에서 들어온 胡舞이며, '渾脫'은 高昌語로 '囊袋'(주머니, 자루)을 뜻하며, 높은 모자를 쓰고 주머니에 물을 담아 이를 술처럼 뿌리는 것으로써 뒤에 長孫無忌가 새의 깃털로 모자를 만들어 사용하였다 함. 따라서 '劍器渾脫'은 이 두 樂舞를 혼합하여 하나의 춤으로 구성하였음을 말함.《文獻通考》舞部에 "劍器, 古武舞之曲名, 其舞用女妓雄妝, 空手而舞"라 하여 여자가 춤을 추되 남자의 군복 복장을 하고 맨손으로 추며 健武精神을 표현하는 것이라 함. 李太白의 〈草書行歌〉(前集 213) 및 杜甫 〈觀公孫大娘弟子舞劍器行〉序 등을 참조할 것.《眞寶》注에 "杜詩〈序〉:「張旭善草書, 嘗於鄴縣, 見公孫大娘舞西河劍器, 自此草書長進"이라 함.

【庖丁氏善操刀, 而養生者得之, 乃極其妙】'庖丁氏'는 '庖丁解牛'를 인용한 것. 惠文君이 이를 보고 養生의 妙理를 터득하였다 함.《莊子》養生主篇에 "庖丁爲文惠君解牛, 手之所觸, 肩之所倚, 足之所履, 膝之所踦, 砉然嚮然, 奏刀騞然, 莫不中音; 合於桑林之舞, 乃中經首之會. 文惠君曰:「譆, 善哉! 技蓋至此乎?」庖丁釋刀對曰:「臣之所好者道也, 進乎技矣, 始臣之解牛之時, 所見无非全牛者. 三年之後, 未嘗見全牛也. 方今之時, 臣以神遇而不以目視, 官知止而神欲行. 依乎天理, 批大卻導大窾因其固然, 枝經肯綮之未嘗微礙, 而況大軱乎! 良庖歲更刀, 割也; 族庖月更刀,

折也. 今臣之刀十九年矣, 所解數千牛矣, 而刀刃若新發於硎. 彼節者有閒, 而刀刃者無厚; 以無厚入有閒, 恢恢乎其於遊刃必有餘地矣. 是以十九年而刀刃若新發於硎. 雖然, 每至於族, 吾見其難爲, 怵然爲戒, 視爲止, 行爲遲. 動刀甚微, 謋然已解, 牛不知其死也, 如土委地. 提刀而立, 爲之四顧, 爲之躊躇滿志, 善刀而藏之.」文惠君曰:「善哉! 吾聞庖丁之言, 得養生焉.」이라 함.《眞寶》注에《莊子》養生篇:「庖丁善藏其刀, 文惠君得養生焉.」이라 함.

【事固有殊類而相感者, 其意同故也】'殊類'는 異類와 같음.

【今天下之絶蹤詭觀, 何以異於昔? 子果能爲我遊者乎? 吾欲觀子矣】'絶蹤詭觀'은 발길이 닿지 않은 미개척지와 詭奇한 비경의 빼어난 경관. '詭'는 異, 奇와 같음. 詭異한 所聞으로만 있을 비경.

【醉把杯酒, 可以吞江南吳越之淸風; 拂劍長嘯, 可以吸燕趙秦隴之勁氣】'吳越'은 지금의 江蘇와 浙江 일대. 春秋末 江蘇는 吳(蘇州), 浙江은 越(紹興, 會稽)의 중심 구역이었음. 여기서는 먼 남방을 가리킴. '燕趙秦隴'의 '燕'은 지금의 河北 北京(薊)을 중심으로 발전했던 고대 春秋戰國 시대의 나라. '趙'는 河北 邯鄲을 중심으로 발전했던 戰國시대 趙나라. '秦'은 지금의 陝西를 중심으로 한 春秋戰國, 秦代의 나라. '隴'은 甘肅의 별칭.《眞寶》注에 "隴, 卽蜀隴"이라 함. 여기서는 사방 각지를 가리킴. '勁氣'는 질긴 기운. 온갖 전투를 다 이겨낸 강한 기운들.

【然後, 歸而治文著書, 子畏子長乎? 子長畏子乎?】그리고 나서 글을 짓고 책을 쓴다면 子長(司馬遷)이 오히려 그대를 두려워할 것임.

【不然斷編敗冊, 朝吟而暮誦之, 吾不知所得矣】'斷編敗冊'은 끊어진 編簡과 다 헤진 簡冊. 그저 종이에 쓰여진 글을 뜻함. '不知所得'은 얻을 바가 무엇일지 알 수 없음. 얻는 것이 없을 것임을 뜻함.《眞寶》注에 "後生當活看可也. 以遊廢書, 是癡人前說夢之弊矣"라 함.

참고 및 관련 자료

1. 馬存(?-1096)

자는 子才.《眞寶》諸賢姓氏事略에 "馬子才, 名存. 扶風人"이라 하였으며,《萬姓統譜》(85)와《氏族大全》(15) 등에 "馬存, 字子才. 善屬文, 有豪氣觀〈浩齊歌〉等作可見"이라 함. 한편《山堂肆考》(173)에는 "宋, 馬存, 字子才. 爲于越許淳翁〈作浩齋〉記云:「予請以一齋之事言之, 則所謂浩然者, 可以立見而不惑. 今子之整齊圖書, 拂拭几案, 臥琴於牀, 挂劍於壁, 冠珮在上, 履杖在下, 異時之輔, 相天子. 措置公卿大夫, 百執

事, 下至於庶人, 微至於萬物, 有異於此乎! 子有役而呼童子, 小不如意, 則必叱而去之. 奔走顚倒, 唯子所指, 異時將百萬之騎, 大戰於陰山之墟, 朔野之北, 使熊羆豹虎之猛, 將畢力赴敵, 萬死而不顧. 亦有異於此乎! 子或志倦體疲, 神倦欠伸, 撫髀露腹, 便便然. 酣臥於一榻之上, 異日之厭功名, 辭富貴, 歸休乎江湖之間, 泉石之畔, 高尙以養德, 醉吟而適眞, 亦有異於此乎! 子之居是齋也.」試以此觀之, 則所謂浩然者, 豈不壯哉!"라 함. 《眞寶》(前集) 〈燕思亭〉(143), 〈邀月亭〉(166), 〈長淮謠〉(167) 〈浩浩歌〉(188) 등을 참조할 것.

2. 이 글은 《古文集成》(2), 《文章辨體彙選》(339), 《事文類聚》(別集 25) 등에 실려 있음.

119. 〈家藏古硯銘〉 ·················· 唐子西(唐庚)

집에 소장하고 있는 오래된 벼루를 두고 명을 지음

＊〈家藏古硯銘〉: 이 글은 唐子西가 자신의 집에 소장하고 있던 오래된 벼루를 두고 養生法에 빗대어 序文과 銘을 지은 것임. 《崇古文訣》(迂齋)에는 "文見於此, 而寄興在彼. 蓋不特爲硯銘, 作ᄂᆞ含譏諷"이라 함.
＊《眞寶》注에 "庖丁, 善藏其刀, 而文惠君得養生焉. 吾於此銘亦云, 自王者所當勿忘也"라 함.

벼루와 붓, 먹은 대체로 기氣는 비슷하다.

출처出處도 서로 비슷하고, 임용되어 사랑받고 대우받음도 서로 비슷한데 오직 수요壽夭만은 서로 같지 않다.

붓의 수명은 날짜로 계산되고, 먹의 수명은 달로서 헤아리며, 벼루의 수명은 세대로써 따지니 그 까닭은 어찌된 것인가?

그 물체가 됨은 붓이 가장 날카롭고, 먹이 그 다음이며, 벼루는 둔한 것이니, 어찌 둔한 자는 장수하고 날카로운 것은 일찍 죽기 때문이 아니겠는가?

그 쓰임에는 붓이 가장 많이 움직이고, 먹이 그 다음이며, 벼루는 고요히 있는 것이니, 어찌 고요한 자는 장수하고 움직이는 자는 일찍 죽기 때문이 아니겠는가?

나는 여기에서 양생의 도리를 터득하여, 둔한 것으로써 체體를 삼고, 고요한 것으로써 용用을 삼겠노라.

어떤 이는 "오래 살고 일찍 죽는 것은 운명이다. 둔하고 예리하고 움직이고 조용히 있고 하는 것에 제한받는 것이 아니다"라고 하지만, 설사 붓으로 하여금 날카롭지 않도록 하고 움직이지도 않게 한다 해도, 나는 붓을 능히 벼루처럼 장구하고 영구하게 할 수 없음을 안다.

비록 그렇기는 하나 차라리 이것(벼루)은 될지언정, 저것(붓)이 되지는 않겠노라.

이렇게 명銘을 짓노라.

『능히 날카로울 수 없으니 이 때문에 둔한 것으로써 체를 삼노라.

능히 움직일 수 없으니 이 때문에 정으로써 용을 삼노라.

오직 이렇게 하니, 이로써 능히 길이 장수하리라.』

硯與筆墨, 蓋氣類也.

出處相近, 任用寵遇相近也, 獨壽夭不相近也.

筆之壽以日計, 墨之壽以月計, 硯之壽以世計, 其故何也?

其爲體也筆最銳, 墨次之, 硯鈍者也, 豈非鈍者壽而銳者夭乎?

其爲用也筆最動, 墨次之, 硯靜者也, 豈非靜者壽而動者夭乎?

吾於是, 得養生焉, 以鈍爲體, 以靜爲用.

或曰「壽夭數也. 非鈍銳動靜所制」, 借令筆不銳不動, 吾知其不能與硯久遠矣.

雖然寧爲此, 勿爲彼也.

銘曰:

『不能銳, 因以鈍爲體;

不能動, 因以靜爲用.

惟其然. 是以能永年.』

【硯與筆墨, 蓋氣類也】'硯與筆墨'은 벼루, 붓, 먹. 文房四友는 여기에 紙를 더한 것. '氣類'는 氣의 닮은 점이 같음. 그들의 雰圍氣는 모두 글 쓰는 자의 곁에 있어 같음.

【出處相近, 任用寵遇相近也, 獨壽夭不相近也】'出處'는 나가서 일하고 들어서서 그대로 있음. 자신이 일을 할 때 드나듦을 말함. '相近'은 비슷함. 《論語》陽貨篇에 "子曰:「性相近也, 習相遠也.」"라 함. '寵遇'는 사랑받고 대우받음. '壽夭'는 壽命의 길고 짧음.

【筆之壽以日計, 墨之壽以月計, 硯之壽以世計, 其故何也】'世'는 한 세대. 30년 정도를 一世라 하였음.

【其爲體也, 筆最銳, 墨次之, 硯鈍者也, 豈非鈍者壽而銳者夭乎】'體'는 體와 같으며 物體로서의 바탕. 物性. 둔탁한 것은 오래 견디며 날카로운 것은 쉽게 닳아 없어짐. 《眞寶》注에 "未有人如此發明"이라 함.

【其爲用也, 筆最動, 墨次之, 硯靜者也, 豈非靜者壽而動者夭乎】'用'은 앞의 體(体)에 상대하여 쓴 것.

【吾於是, 得養生焉, 以鈍爲體, 以靜爲用】'養生'은 생명을 잘 길러 건강히 장수하고자 하는 修養의 방법. '鈍'을 體(体)로 삼고, '靜'을 用으로 삼음.

【或曰「壽夭, 數也. 非鈍銳動靜所制」】'數'는 運命, 運數. '制'는 제어됨. 제한을 받음. 목숨의 壽夭長短은 鈍銳動靜에 제한을 받는 것이 아니라고 말한 것. 《眞寶》注에 "難亦好"라 함.

【借令筆不銳不動, 吾知其不能與硯久遠矣】'借令'은 假令. 設使.

【雖然, 寧爲此, 勿爲彼也】'寧'은 차라리. '此'는 벼루, '彼'는 붓. 《眞寶》注에 "應只平淡尤好. ○語斬截, 意含蓄, 文省冗, 詞最高, 使宅人爲之, 多百十字矣"라 함.

【銘曰:『不能銳, 因以鈍爲體;不能動, 因以靜爲用;惟其然. 是以能永年.』】'惟其然'은 오직 그처럼 함. '永年'은 오래도록 수명을 누림. 《眞寶》注에 "銘摠括大意, 又好"라 함.

参고 및 관련 자료

1. 唐子西

당경(唐庚:1071-1121). 자는 子西, 호는 眉山, 혹 魯國先生이라 불림. 宋代 詞作歌. 그의 글을 모은 《眉山集》이 있음. 《東都事略》(列傳 文藝 99)에 "唐庚, 字子西, 眉州 丹稜人也. 張商英薦其才, 商英罷相, 庚亦坐貶, 安置惠州, 會赦復, 官提擧上淸太平宮, 歸蜀道卒, 年五十一"이라 함. 《眞寶》諸賢姓氏事略에 "唐子西, 名庚. 瀘州人. 紹興中提擧常平, 號魯國先生"이라 함. 《眞寶》(前集) 〈二月見梅〉(126), 〈內殿行〉(218)을 참조할 것.

2. 이 글은 《眉山集》(5), 《宋文鑑》(73), 《崇古文訣》(32), 《文章辨體彙選》(449), 《事文類聚》(別集 14), 《山堂肆考》(177), 《淵鑑類函》(204), 《全蜀藝文志》(44) 등에 실려 있음.

120. <上席侍郎書> ·················· 唐子西(唐庚)
석시랑에게 올리는 글

*<上席侍郎書>:이 글은 唐庚이 자신이 근무하는 學校의 上官이었던 席侍郎(席益, 자는 大光)이 조정으로 榮轉되어 가게 되자 올린 글임. 그 무렵은 北宋 말 宣政間(宣和, 政和 연간) 徽宗(趙佶, 1101–1125) 때였으며, 蔡京, 王黼, 何㮚(何栗, 文縝) 등이 국정을 농단하여 결국 欽宗(趙桓, 1126, 年號는 靖康) 때 靖康之禍를 만나 나라가 망하였음. 즉 宋나라는 遼(契丹)에게 시달리다가 金(女眞)이 강해지자 金과 밀약을 맺고 遼를 정벌하러 나섰으나 제대로 힘을 발휘하지 못하고 있을 때 金이 대신 遼를 멸망시키고, 그 이전 金에게 바치던 공물을 자신들에게 바칠 것을 강요함. 이에 송나라는 재정이 고갈되어 제대로 부응하지 못하자 金은 송의 수도 汴京을 공략하여 徽宗과 欽宗 및 2천여 명을 포로로 끌고 가 1127년 北宋이 망하고 말았음. 이를 '靖康之恥'라 하며 欽宗의 아우 趙構(南宋 高宗, 1127–1163 재위)가 南으로 피난하여 杭州(당시 臨安)에 나라를 재건하여 南宋으로 이어짐. 이에 그 직전 唐庚은 조정으로 돌아가는 席益에게 이 글을 주어 그 즈음 재상 何㮚에게도 보여줄 것을 부탁한 것.

*《眞寶》注에 "迂齋云:「古人未嘗鑿事以爲功, 故有功不爲誇, 無功不爲慊. 若恥於無功, 則不安於無事矣. 發明甚佳, 此是規諷宣政間紛紜制作之病(弊), 何丞相, 何㮚也.」此言用倘可以救後來之禍乎! 未幾蔡京王黼之徒, 開邊求功, 而靖康之禍, 不忍言矣. 何文縝(縝), 則丁其變者也. 席侍郎, 當是席益, 字大光"이라 함.

(지부시랑知府侍郎 각하閣下께:)

저는 학교學校의 교원으로 여기에 온 지 3년이 되었습니다.

여러 동료들 중에 나이는 가장 많고, 문장의 기세와 학술은 가장 천루淺陋하며, 학생을 가르쳐 기르고 훈도하는 능력은 가장 성글고 졸렬한데도 아직 떠나지 않고 있었던 까닭은 바로 주인을 의지하는 것이 중요하다 여겼기 때문이었습니다.

이제 합하閣下께서 조정으로 돌아가심에 조만간에 크게 등용되시어 집정관執政官에 올라, 재상宰相이 되시고, 공公이 되시며, 사師가 되실 터이니, 이는 진실로 문하에 있는 어린이들이 소문으로 듣기를 바라는 바입니다.

그러나 외로운 벼슬살이의 낮은 관리인 저로서는 갑자기 의지할 바를 빼앗게 되니, 이는 저의 흉중에 능히 개연介然함이 없을 수 없습니다.

밤낮으로 생각하되, 만에 하나라도 보탬이 되고 은혜에 보답이 될 것을 찾고 있으나 서생書生의 문호에는 별다른 특기가 없기에, 옛 사람들에게서 터득한 바를 바치오니 다만 합하께서는 이를 결정하시어 택하시기 바랍니다.

저는 처음 책을 읽을 때는 아직 세상의 일을 제대로 익히지 못하여, 옛 성현들은 의례히 모름지기 공명을 세웠을 것이라 여겼습니다.

그 뒤 세상을 섭렵함을 더욱 깊이 경험하고 일을 겪음이 더욱 많아졌으며, 전대前代의 경사經史를 상고하고 따져보며, 사건의 시말을 더욱 많이 보고나서야 옛사람의 마음이 본래 이와 같지 않았음을 알게 되었습니다.

배는 험한 물길을 만나야 공을 드러내며, 등불은 밤을 만나야 자신의 효능을 나타내며, 약은 병을 만나야 그 쓸모를 드러내며, 두레박은 가뭄을 만나야 기능을 발휘하며, 창과 쇠뇌, 칼과 긴 창, 임거臨車와 충거衝車, 투구 따위는 전투를 만나야 그 기능을 발휘하는 것이니, 무릇 사물의 공은 모두가 자신 혼자만의 힘으로 얻어지는 것이 아닙니다.

용과 뱀이 뒤섞여 처하였기에 우禹가 공을 세울 수 있었고, 초목이 가로막고 덮였기에 익益이 공을 이룰 수 있었으며, 사람들이 알곡을 먹을 수 없었기에 직稷이 공을 보일 수 있었으며, 천리天理와 인륜人倫이 뒤엎어지고 질서를 잃게 되었기에 설契이 공을 세울 수 있었고, 만이蠻夷가 침략하고 노략질을 하여 기강을 흔들고 다스림을 혼란시켰기에 고요皐陶가 공을 세울 수 있었던 것이니, 이로부터 내려오면서는 가히 다 열거할 수가 없습니다.

그러나 모두가 그때의 상황 때문에 공을 세운 것일 뿐 성현의 본의는 아니었습니다.

이척伊陟, 신호臣扈, 무함巫咸은 태무大戊를 도운 재상일 뿐 별달리 특이하게 세운 공은 없으며, 그저 상제上帝의 뜻을 따르고 왕실을 다스린 공만 있었습니다. 그리고 무현巫賢, 감반甘盤, 부열傅說은 조을祖乙과 무정武丁 임금의 재상이었을 뿐 공을 세웠다는 말은 들을 수 없고, 그저 상商나라를 보전하여 다스린 것뿐입니다. 그리고 군진君陳은 성왕成王의 재상이었고, 필공畢公은 강왕康王의 재상이었을 뿐 스스로 공을 세운 것 없이 주공周公의 업적을 이어받은 것을 공이라 여길 뿐입니다.

후세에는 공을 세운 것을 공이라 여길 줄만 알았지 공이 없는 것이 공이 됨은 알지 못하고 있으니, 이는 실제 도道와 거리가 이미 먼 것이며, 심지어 성현은 공명을 마음속에 가지고 있었다고 말하는 것은 그가 성현을 연구함이 역시 얕은 것입니다.

지금 천하는 승평承平을 누린 지 오래되어 기강紀綱과 문물전장은 세세한 것까지 모두 갖추어 구비되어 있으며, 털끝만 한 미진함이나 불편함도 없으니, 한 권의 《주례周禮》만을 거행해도 대략 두루 다한 것이며 다만 주周나라 희씨姬氏와 성만 다를 뿐입니다.

제 생각으로는 오늘날 마땅히 법도를 유지하여 따르면 될 뿐, 거기에 다시 더 보태어 넓히거나 새로 법을 만들어 설치해서는 안 될 것입니다.

관리로서 관청에서 노래하고 소리치는 이들에 대하여 문책하지 말 것이며, 술에 취해 수레 깔개에 토하는 자라 해도 축출하지 말 것이며, 할 말이 있다고 찾아온 객에게는 술을 주어 마시게 할 뿐 그의 말은 들어주지 말 것이며, 선비를 뽑을 때는 오직 대체大體에 통달하고 옛 뜻을 알고 있는 자를 등용하면 비록 그들이 공을 세우지 못한다 해도 공은 역시 그 속에 있게 될 것입니다.

제가 옛 사람으로부터 터득한 것은 이와 같은 것인데, 그것이 맞는지의 여부는 알 수 없습니다.

합하께서 혹시 그렇다고 여기신다면, 돌아가시어 하승상何丞相, 何槖을 뵙고 역시 이 말씀으로써 일러주십시오.

(知府侍郎閣下:)
某備員學校, 三載于此.

在輩流中, 年齒最爲老大; 詞氣學術, 最爲淺陋; 敎養訓導之方, 最爲踈拙, 所以未卽遂去, 正賴主人以爲重.

今閤下還朝, 曉夕大用, 爲執政, 爲宰相, 爲公, 爲師, 此誠門下小子之所願聞.

然孤宦小官, 遽奪所依, 此其臂中, 不能無介然者.

日夜思慮, 求所以補報萬一, 而書生門戶, 無有它技, 因效其所得於古人者, 惟閤下裁擇.

某初讀書時, 未習時事, 意謂古之聖賢, 例須建立功名.

其後涉世益深, 更事益多, 攷論前代經史, 益見首尾, 乃知古人之心, 本不如此.

舟遇險則有功; 燭遇夜則有功; 藥遇病則有功; 桔槔遇旱則有功; 戈弩, 劒戟, 臨衝, 兜鍪遇戰鬪則有功, 凡物有功, 悉非得己.

龍蛇雜處而禹有功; 草木障塞而益有功; 民不粒食而稷有功; 天理人倫, 顚倒失次而契(髙)有功; 夷蠻賊寇, 干紀亂治而皐陶(咎繇)有功, 自此以降, 不可勝擧.

然皆因時立功, 非聖賢本意.

伊陟, 臣扈, 巫咸, 相大戊, 無它奇功, 以格上帝, 乂王家爲功; 巫賢, 甘盤, 傅說, 相祖乙相武丁, 不聞有功, 以保乂有商爲功; 君陳相成王, 畢公相康王, 不自立功, 以循周公之業爲功.

後世知有功之爲功, 而不知無功之爲功, 其去道已遠, 至謂聖賢有心於功名, 其探聖賢, 亦淺矣.

天下承平日久, 綱紀文章, 纖悉備具, 無有毫髮未盡未便, 一部《周禮》, 擧行略遍, 但不姓姬耳.

竊謂今日, 正當持循法度, 不宜復有增廣建置.

歌呼於吏舍者, 勿問; 醉吐於車茵者, 勿逐; 客至欲有所開說者, 飲以醇酒, 勿聽; 擇士唯取通大體, 知古誼者, 用之, 雖不立功, 功在其中矣.

某之所得於古人者如此, 不知其當否也.

閤下倘以爲然, 歸見何丞相, 其亦以此說告之.

【(知府侍郎閤下)】《眉山集》에는 序頭에 이 6자가 더 있음. 본편의 '閤下'는 다른 기록에는 모두 '閣下'로 되어 있음. '閣下'와 '閤下'는 모두 상대를 높여 부르는 칭호. 《眞寶》注에 "閣下, 指侍郎"이라 함.

【某備員學校, 三載于此】'某'는 唐庚 자신을 가리킴. '備員學校'은 학교에 직원이 됨. '三載'는 3년. 그러나 《眉山集》,《崇古文訣》,《古文集成》 등에는 모두 '二載'로 되어 있음.

【在輩流中, 年齒最爲老大; 詞氣學術, 最爲淺陋; 敎養訓導之方, 最爲踈拙】'輩流'는 동료, 무리들. '年齒'는 年齡, 나이. '詞氣'는 문장의 기세. 글 짓는 솜씨나 능력. '踈拙'은 疎拙로도 표기하며 성글고 졸렬함.

【所以未卽遂去, 正賴主人以爲重】'卽遂去'는 즉시 떠남. 《眉山集》 등 일부 轉載文에는 '卽逐去'로 되어 있음. '主人'은 주관하는 사람. 학교의 책임자였던 席侍郎(席益)을 가리킴.

【今閤下還朝, 曉夕大用, 爲執政, 爲宰相, 爲公, 爲師】'還朝'는 席益이 이 학교 책임자로 있다가 朝廷으로 되돌아 감. '曉夕'은 早晚間과 같음. '곧바로, 머지않아'의 뜻. '執政'은 執政官. '公'은 公卿. '師'는 師傅. 太師, 少師, 太傅, 少傅 등의 벼슬.

【此誠門下小子之所願聞】'願聞'은 그러한 소식을 듣기를 원함.

【然孤臣小官, 遽奪所依, 此其胷中, 不能無介然者】'孤臣小官'은 외로운 벼슬자리를
하는 낮은 관리. '介然'은 불안한 모습. 마음속에 안타까움을 지니고 있음.《眞
寶》注에 "介, 留滯"라 함.

【日夜思慮, 求所以補報萬一, 而書生門戶, 無有它技】'補報'는 앞으로의 일에 보충
이 되도록 해주고 그동안의 은혜에 보답이 되도록 해줌. '門戶'는 집안. 자신과 어
울리는 사람들. '它技'는 달리 가지고 있는 長技.《眉山集》등에는 '他技'로 되어
있음.

【因效其所得於古人者, 惟閣下裁擇】'效'는 바침. 효용이 있도록 해 드림. '裁擇'은
결정하여 채택함.

【某初讀書時, 未習時事, 意謂古之聖賢, 例須建立功名】'未習時事'는 時局(時流, 現
實)을 제대로 배우지 않아 익숙하지 않음. '例'는 依例히, 모두, 누구나.

【其後涉世益深, 更事益多, 攷論前代經史, 益見首尾, 乃知古人之心, 本不如此】'涉
世益深'은 세상일을 경험함이 갈수록 깊어짐. '更事'는 일마다 경험을 쌓음. '攷論'
은 '考論'과 같으며 詳考하여 논의하고 연구함. '首尾'는 처음부터 끝까지. 始末과
같음.

【舟遇險則有功;燭遇夜則有功;藥遇病則有功;桔槹遇旱則有功;戈弩, 劒戟, 臨衝, 兜
鍪遇戰鬪則有功, 凡物有功, 悉非得已】'舟遇險則有功' 다음에《眞寶》注에 "以物
喩"라 함. '燭'은 촛불, 燈燭. '桔槹'는 용두레. 물을 퍼 올리는 두레박을 뜻하는 雙
聲連綿語의 物名.《眞寶》注에 "桔槹, 汲水器"라 함. '臨衝'은 臨車와 衝車. '臨車'는
전투 중에 높은 위치에서 적의 城을 공격할 수 있는 戰車. '衝車'는 성벽이나 성문
을 부수는 데 사용하는 戰車. '兜鍪'(두무)는 투구를 뜻하는 疊韻連綿語의 物名.
'悉非得己'는 모두가 자기 홀로의 힘으로 얻어지는 것이 아님. 자신 홀로 의도한다
고 되는 것이 아니며, 때와 상황이 맞아야 함.《眞寶》注에 "結上生下"라 함.

【龍蛇雜處而禹有功;草木障塞而益有功;民不粒食而稷有功】'龍蛇雜處'는 용과 뱀
이 뒤섞여 있어 사람이 편히 살 수 없음. '禹'는 舜의 신하로서 治水에 공을 이루
어 천하를 이어 받은 다음 夏나라를 세운 임금. '草木障塞'은 풀과 나무가 가리
고 막힘. '益'은 舜의 신하로 산림과 호수를 다스리는 虞人의 직책을 맡았었음.
'稷'은 堯의 신하로 처음 농사를 발명하여 后稷(姬棄)이라 불리며 周나라의 시조
가 됨.

【天理人倫, 顚倒失次而契(卨)有功;夷蠻賊寇, 干紀亂治而皐陶(咎繇)有功, 自此以降,
不可勝擧】'顚倒失次'는 인륜이 엎어지고 질서가 무너짐. '契'은 '卨'로도 표기하며

舜임금 때 백성들의 교육을 담당하는 司徒. 商나라의 시조.《孟子》滕文公(上)에
"人之有道也, 飽食煖衣, 逸居而無敎, 則近於禽獸. 聖人有憂之;使契爲司徒, 敎以人
倫:父子有親, 君臣有義, 夫婦有別, 長幼有序, 朋友有信."이라 함. '蠻夷賊寇'는 주
위 이민족들이 괴롭힘. '干紀亂治'는 紀綱을 干犯하고 다스림을 혼란스럽게 함.
'皐陶(고요)는 '咎繇'로도 표기하며, 舜임금 때 刑獄을 管掌하던 법관.《眞寶》注
에 "說契皐下語, 皆太過. 唐虞時豈眞如此?"라 함.

【伊陟, 臣扈, 巫咸, 相大戊, 無它奇功, 以格上帝, 乂王家爲功】'伊陟', '臣扈', '巫咸'은
모두 商(殷)나라 때의 大夫들로 太戊 때 재상이었음. '大戊'는 '太戊'. 商(殷)나라
제7대 임금. 湯임금의 高孫. '格上帝'는 上帝(하느님)과 통함. '格'은 登과 같음.《眞
寶》注에 "格, 登也"라 함. '乂王家'는 殷나라 왕실을 잘 다스림.《眞寶》注에 "大
戊, 殷王;伊陟, 臣扈, 巫咸, 皆殷名臣. 乂, 治也"라 함.

【巫賢, 甘盤, 傅說, 相祖乙相武丁, 不聞有功, 以保乂有商爲功】'巫賢', '甘盤', '傅說'은
모두 商나라 때의 훌륭한 大夫들. 巫賢은 祖乙의 재상, 甘盤과 傅說은 武丁(高宗)
의 재상. '祖乙'은 商의 제11대 임금, 太戊의 손자. '武丁'은 商의 20대 임금. 도읍
을 殷으로 옮겼던 盤庚의 조카. '保乂有商'은 商나라를 잘 보전하여 다스림.《眞
寶》注에 "祖乙, 武丁, 皆殷王;巫賢, 甘盤, 傅說, 皆殷名臣"이라 함. '有商'의 '有'는
接頭語. 뜻은 없음. 한편 '相祖乙相武丁'은《眉山集》등 모든 轉載文에는 '相祖乙
無上'으로 되어 있어 중간의 '相'자가 없음. 끝에《眞寶》注에 "使禹益諸人, 處陟
扈諸人, 時功業, 亦只得如此. 使此數人者, 當禹益之時, 則不容無功矣. 易地皆然
耳"라 함.

【君陳相成王, 畢公相康王, 不自立功, 以循周公之業爲功】'君陳'은 周 成王 때 宰相.
《尙書》에 君陳篇이 있음. '成王'(姬誦)은 周 武王(姬發)의 아들이며 周公(姬旦)의
조카. 어린 나이에 왕이 되어 周公의 攝政을 받음. '畢公'은 周 康王의 신하. 이름
은 高. '康王'(姬釗)】周의 제3대 왕으로 成王의 아들.《眞寶》注에 "成王, 康王, 謂
周王;君陳, 畢公, 皆周臣"이라 함. 이상의 내용은《尙書》및《史記》五帝本紀, 夏
本紀, 殷本紀, 周本紀,《孟子》滕文公(上) 등을 참조할 것.

【後世知有功之爲功, 而不知無功之爲功】'有功之爲功'만 알 뿐 '無功之爲功'은 알
지 못함.《眞寶》注에 "佳"라 함.

【其去道已遠, 至謂聖賢有心於功名, 其探聖賢, 亦淺矣】'去道已遠'은 실제 道에 이
미 멂. 사실에 맞지 않음. '探聖賢'은 성현을 탐구함.

【天下承平日久, 綱紀文章, 纖悉備具, 無有毫髮未盡未便】'承平'은 昇平, 太平과 같
음. '纖悉備具'는 섬세한 것들 모두 빠짐없이 다 갖추어져 있음.《眞寶》注에 "入

事"라 함. '毫髮'은 털끝만 한 것. 아주 미세한 것들. '未便'은 편하지 않음. 불편함.

【一部《周禮》, 擧行略遍, 但不姓姬耳】'周禮'는 儒家의 경전. 三禮의 하나이며 十三經의 하나.《周官》,《周官經》이라 불렸으며, 周나라의 정치제도, 행정조직, 직관업무 등에 대한 자세한 기록으로 周公(姬旦)이 지은 것이라 함. 政府 組織을 天地春夏秋冬 6부로 나누어 세부 규정을 마련한 것임. '擧行略遍'은 이대로 擧行하면 大略 두루 다한 것이 됨. '姬'는 周나라의 성씨. 지금 宋나라(趙)가 周나라의 姬氏가 아닐 뿐《周禮》의 규정대로 하면 승평의 시대가 될 것임을 강조한 것.《眞寶》注에 "此是說荊公(王安石)行新法以來, 已如此, 禍根自此起了"라 함.

【竊謂今日, 正當持循法度, 不宜復有增廣建置, 歌呼於吏舍者, 勿問】'竊'은 자신의 의견을 낮추어서 쓰는 말. '增廣建置'은 이전의 법도를 증가시켜 더 넓히거나 새로운 제도들을 마련함. '歌呼'는 노래하고 소리를 지름. '吏舍'는 관리들이 일하는 관청. 자신들이 마련한 새로운 규정과 법령을 두고 잘한 것으로 여김을 말함.

【醉吐於車茵者, 勿逐; 客至欲有所開說者, 飮以醇酒, 勿聽】'醉吐'는 술에 취해 토함. '車茵'은 수레의 깔개. '開說'은 의견을 내놓음. '醇酒'는 진국 술. 아직 거르지 않은 술.《眞寶》注에 "謂當以丙吉, 曹參爲法"이라 함.

【擇士唯取通大體, 知古誼者, 用之, 雖不立功, 功在其中矣】'通大體'는 큰 본체에 통달함. '知古誼'는 옛 뜻을 앎.《眞寶》注에 "斡旋佳"라 함.

【某之所得於古人者如此, 不知其當否也】'某'는 唐庚 자신. '當否'는 正當함의 與否, 마땅함의 可否.

【閣下倘以爲然, 歸見何丞相, 其亦以此說告之】'倘'은 儻으로도 표기하며 '만약, 혹시' 등의 뜻. '何丞相'은 당시 승상벼슬을 하던 何㮚(何栗, 文縝)을 가리키는 것으로 봄. 徽宗 때 御史中丞, 欽宗 때 尙書右僕射를 지냈던 인물.《宋史》(353)에 傳이 있음. 唐庚은 그 무렵 遼와 金 사이에서 百尺竿頭의 상황에 처해 있는 나라의 상황을 경계하여 이와 같은 문장을 지어 席益에게 주며 이를 何㮚에게도 전해줄 것을 부탁한 것.《眞寶》注에 "宋朝自王介甫以前諸賢, 皆謹守祖宗法度, 以與天下相安. 至介甫出變法, 開邊, 而良法美意蕩然矣. 自此以後, 以諸小人接踵生事, 橫挑强敵, 卒釀成宣和靖康之禍哉! 此篇議論好, 關涉大, 不可不讀"이라 함.

참고 및 관련 자료

1. 작자: 唐庚(子西) 앞장(119) 참조.

2. 이 글은《眉山集》(8),《崇古文訣》(32),《古文集成》(19),《文章辨體彙選》(229) 등에 실려 있음.

121. <書洛陽名園記後> ·················· 李文叔(李格非)

낙양명원기 후서

＊〈書洛陽名園記後〉:이는 李格非(文叔)가 《洛陽名園記》를 저술하고 그 뒤에 後記
로 쓴 것임. 〈四庫全書〉《洛陽名園記》提要에 "《洛陽名園記》一卷, 宋李格非撰.
格非, 字文叔, 濟南人. 元祐末爲國子博士, 紹聖初進禮部郎, 提點京東刑獄, 以黨
籍罷. 是書記洛中園圃, 自富弼以下凡十九所"라 함. 한편 이 跋文 뒤에 "洛陽名公
卿園林爲天下第一, 靖康後, 祝融回祿盡取以去矣. 予得李格非文叔《洛陽名園記》
讀之, 至流涕. 文叔出東坡之門, 其文亦可觀. 如論「天下之治亂, 候于洛陽之盛衰;
洛陽之盛衰, 候于園圃之廢興.」其知言哉! 河南邵博記"라 하였으며, 《文章軌範》에
도 "名園特遊觀之末, 今張大其事恢廣其意謂:「園圃之興廢, 乃洛陽盛衰之候; 洛陽
之盛衰, 乃天下治亂之候.」是至小之物關係至大, 有學有識, 方能爲此文"이라 함.
＊《眞寶》注에 "迂齋曰:「苑囿, 何關於世道輕重, 所以然者, 興廢可以占, 盛衰可以占,
治亂盛衰不過洛陽, 而治亂關於天下, 斯文之作, 爲洛陽, 非爲苑囿;爲天下, 非爲洛
陽也. 文字不過二百字, 而其中, 該括無限盛衰之變, 意有含蓄事存, 鑑戒讀之, 令
人感歎.」"이라 함.

논왈論曰:

낙양洛陽은 천하의 중앙에 위치하여 효산殽山과 민애黽隘의 험준함을
끼고 있어, 진秦과 농서隴西로서는 옷깃이나 목구멍에 해당하며, 조趙와
위魏가 반드시 지나야 할 요충지로서, 대체로 사방 여러 나라들이 반드
시 다투어야 할 지역이다.

천하가 무사할 때라면 그뿐이겠지만 일이 터지면 낙양은 반드시 병화
를 입어야 하는 곳이다.

나는 그 때문에 일찍이 "낙양의 성쇠는 천하 치란治亂의 징후이다"라
고 말한 것이다.

바야흐로 당唐나라 정관貞觀, 개원開元 연간에는 공경公卿과 귀척貴戚으로서 동도東都 낙양에 지은 별장과 집들이 천여 저택이었다고 한다.

그런데 난리亂離를 만나고 오대五代의 잔혹함이 이어지자, 지당池塘의 대나무는 군대의 수레에 짓밟혀 폐허가 된 채 언덕 빈 터로 변했고, 높은 정자와 큰 대사臺榭는 불에 타서 잿더미가 되고 말아, 당나라와 함께 멸하고 함께 망해, 남아 있는 곳이 없게 되었다.

나는 그 때문에 일찍이 "원유園囿의 흥폐興廢는 낙양 성쇠盛衰의 징후이다"라고 말한 것이다.

장차 천하의 치란은 낙양의 성쇠를 징후로 하여 알 수 있고, 낙양의 성쇠는 원유의 흥폐를 징후로 하여 알 수 있는 것이다.

그렇다면 내가《낙양명원기洛陽名園記》라는 책을 짓는 것이 어찌 부질없는 일이겠는가?

오호라! 공경대부들이 바야흐로 조정에 들어가서 자신 한 사람의 사사로운 일을 위하면서 천하의 치란을 잊는다면, 이러한 즐거움을 향유하고자 한들 될 수 있겠는가?

당나라의 말로가 바로 이러하였을 따름이다!

(論曰:) 洛陽處天下之中, 挾殽黽(澠)之阻, 當秦隴之襟喉, 而趙魏走集, 盖四方必爭之地也.

天下當無事則已, 有事則洛陽, 必先受兵.

余故嘗曰:「洛陽之盛衰者, 天下治亂之候也.」

方唐貞觀, 開元之間, 公卿貴戚, 開舘列第於東都者, 號千有餘邸.

及其亂離, 繼以五季之酷, 其池塘竹樹, 兵車蹂躪(踐), 廢而爲丘墟; 高亭大榭, 煙火焚燎, 化而爲灰燼, 與唐共滅而俱亡, 無餘處矣.

余故嘗曰:「園囿之興廢, 洛陽盛衰之候也.」

且天下之治亂, 候於洛陽之盛衰而知; 洛陽之盛衰, 候於園囿之興廢而得.

則《名園記》之作, 予豈徒然哉?

嗚呼! 公卿大夫方進於朝, 放乎以一己之私自爲, 而忘天下之治忽, 欲退享此(樂), 得乎?

唐之末路是已!

【(論曰)】《洛陽名園記》에는 앞에 이 두 글자가 더 있음. '洛陽'은 지금의 河南省 洛陽市. 중국 六大 古都의 하나. 東周부터 東漢, 魏, 西晉, 北魏, 武則天, 五代의 後唐 등이 도읍으로 삼았던 곳이며, 西安이 政治中心의 古都였음에 비해 洛陽은 천하의 중심지로 文化, 藝術, 物流, 流行의 도시였음.

【洛陽處天下之中, 挾殽黽(澠)之阻, 當秦隴之襟喉】 '天下之中'은 지리적으로 천하의 중심임. 《眞寶》注에 "先說洛陽形勢起"라 함. '殽黽'은 殽山과 黽阨. 殽山은 崤山으로도 표기하며, 洛陽 북쪽의 險要한 산. '黽'은 黽隘(黽阨), 澠隘(澠阨)로도 표기하며, 지금의 河南省 信陽縣 동남쪽 平靖關.《洛陽名園記》에는 '澠'으로 되어 있음. 지형상 험요한 땅임. '阻'는 험요한 곳. '秦隴'은 秦(關中)나라와 隴西 땅. 지금의 陝西省과 甘肅省. '襟喉'는 옷깃과 목구멍. 매우 중요한 要地에 비유한 말.

【而趙魏走集, 盖四方必爭之地也】 '趙魏'는 戰國시대 趙나라와 魏나라. 조나라는 지금의 河北 邯鄲이 도읍이었으며, 魏나라는 지금의 河南 開封이 도읍으로 모두 洛陽을 둘러싸고 있는 나라들이었음. '走集'은 왕래에 반드시 지나야 할 要衝地.

【天下當無事則已, 有事則洛陽, 必先受兵】 '必先受兵'은 반드시 먼저 兵禍를 입는 곳.《眞寶》注에 "受兵之原"이라 함.

【余故嘗曰:「洛陽之盛衰者, 天下治亂之候也.」】《洛陽名園記》에는 '嘗'자가 없음. '候'는 徵候, 徵兆.《眞寶》注에 "以近占遠"이라 함.

【方唐貞觀, 開元之間, 公卿貴戚, 開舘列第於東都者, 號千有餘邸】 '貞觀'은 唐 太宗(李世民)의 연호, 627–649. '開元'은 唐 玄宗(李隆基)의 연호, 713–741. 唐나라 때 가장 융성했던 시기로 흔히 '貞觀開元之治'라 함. '開舘列第'는 집과 別莊, 別邸, 邸宅, 第宅 등을 지음. '東都'는 洛陽. 西安에 도읍을 두었을 때 洛陽을 東都라 불렀음.

【及其亂離, 繼以五季之酷, 其池塘竹樹, 兵車蹂蹴(踐), 廢而爲丘墟】 '亂離'는 난을 만나 離散됨. '五季'는 五代. 唐末 後梁, 後唐, 後晉, 後漢, 後周의 53년간 혼란기.

뒤에 宋(趙匡胤)이 마감하고 汴(開封)을 수도로 삼음.《眞寶》注에 "卽洛陽"이라 함. '酷'은 잔혹함, 가혹함. 극도의 혼란을 뜻함. '蹂蹴'은 蹂躪되어 짓밟힘.《洛陽名園記》에는 '蹂踐'으로 되어 있음.

【高亭大榭, 煙火焚燎, 化而爲灰燼, 與唐共滅而俱亡, 無餘處矣】'大榭'는 높고 큰 누대. '焚燎'는 불에 탐. '灰燼'은 잿더미로 변함.

【余故嘗曰:「園囿之興廢, 洛陽盛衰之候也.」】'園囿'는 정원. 동산. 鳥獸花木을 기르고 심어 아름답게 꾸민 정원.《眞寶》注에 "以小占大"라 함.

【且天下之治亂, 候於洛陽之盛衰而知】천하의 치란은 낙양 성쇠의 징후에 의해 알 수 있음.《眞寶》注에 "前兩候字在下, 此兩候字在上, 乃變換之活處"라 함.

【洛陽之盛衰, 候於園囿之興廢而得】낙양의 성쇠는 원유의 흥폐에 의해 알 수 있음. '得'은 得知의 줄인 말.《眞寶》注에 "關鍵好, 收拾盡"이라 함.

【則《名園記》之作, 予豈徒然哉】'徒然'은 공연한 것. 부질없는 것. 한갓 그러한 작업으로 끝날 일.《文章軌範》注에 "有此文章, 方可傳. 不然, 虛辭浮語雖工, 何可傳?"이라 함.

【嗚呼! 公卿大夫方進於朝, 放乎以一己之私自爲】'放'은 마구함. 방종함.《眞寶》注에 "此一節鑑戒之辭, 意味深長而文字益婉"이라 함.

【而忘天下之治忽, 欲退享此(樂), 得乎】'治忽'은 治亂과 같은 뜻. '忽'은 怠忽의 뜻. '享此'는 이 名園을 두고두고 오래도록 享有함.《洛陽名園記》에는 '享此樂'이라 하여 '樂'자가 더 있음.《眞寶》注에 "不能先天下之憂而憂, 安能後天下之樂而樂? 此與〈岳陽樓記〉結尾相似"라 함.

【唐之末路是已】'末路'는 끝맺음. 망함.《眞寶》注에 "一句收拾簡而盡. ○《洛陽名園記》, 本紀花卉池臺游觀之繁華, 今乃發出此段大議論, 關治忽, 寓警戒妙甚"이라 함.

참고 및 관련 자료

1. 李文叔

李格非, 자는 文叔이며 北宋 濟南(지금의 山東 濟南) 출신으로 進士에 급제함. 문장에 뛰어나 蘇軾과 親交를 맺기도 하였음. 校書郎, 著作佐郎, 禮部員外郎, 提點京東刑獄 등을 역임하였으나 黨籍에 연루되어 罷職 당함. 61세로 생을 마쳤으며 《洛陽名園記》(1권)를 남김. 그의 딸이 宋代 유명한 女流詞家 李淸照임.

2. 이 글은《洛陽名園記》(跋),《宋文鑑》(131),《崇古文訣》(32),《文章軌範》(6),《文章辨體彙選》(374),《說郛》(68 下),《見聞後錄》(25) 등에 실려 있음.

122. 〈愛蓮說〉 ·················· 周茂叔(周敦頤)

애련설

＊〈愛蓮說〉：理學者의 글로서 隱逸(陶淵明)의 상징인 菊花, 富貴(唐人, 則天武后)의 상징인 모란을 비유하며, 자신은 儒家의 君子로서 연꽃의 특징을 사랑함을 토로한 것.

＊《眞寶》注에 "周子, 名惇頤, 字茂叔, 道州人, 晚家廬山之麓, 名其水曰濂溪, 世人號濂溪先生. 卒, 謚元公. ○濂溪非刱意於文章者, 學識理趣之高, 故文章不期而造極焉, 如此說者, 命意的, 託興深措辭簡, 雖古今以文名家者, 何能加諸? 以隱逸君子富貴, 名三花, 不可易也. 濂溪非徒愛蓮, 愛君子耳"라 함.

물과 뭍에서 자라는 초목의 꽃으로서 가히 사랑스러운 것은 심히 많다.

진晉나라 도연명陶淵明은 홀로 국화를 사랑하였고, 이씨李氏 당唐나라 이래로는 세상 사람들은 모란牡丹을 심히 좋아하였다.

나는 홀로 연꽃이 진흙 속으로부터 나왔으되 진흙에 물들지 않고, 맑은 잔물결에 씻기면서도 요염하지 않으며, 줄기의 속은 비었고 겉은 곧으며, 덩굴도 없고 가지도 치지 않으며, 향내는 멀리서 맡을수록 더욱 깨끗하고, 우뚝 깨끗하게 서 있어 가히 멀리서 구경할 수 있을 뿐 마구 가지고 놀 수도 없음을 사랑한다.

나는 "국화는 꽃 중의 은자隱者요, 모란은 꽃 중의 부귀한 자이며, 연꽃은 꽃 중의 군자君子"라고 생각한다.

아! 국화를 사랑하는 이가 도연명 이후에 또 있다는 말은 들어보기가 드문데, 나처럼 연꽃을 사랑하는 이는 얼마나 될까?

모란에 대한 사랑은 의당 대중에게나 맞을 것이다.

水陸草木之花, 可愛者甚蕃.

晉陶淵明, 獨愛菊, 自李唐來, 世人甚愛牡丹.

予獨愛蓮之出於淤泥而不染, 濯淸漣而不夭(妖), 中通外直, 不蔓不枝, 香遠益淸, 亭亭淨植, 可遠觀而不可褻翫焉.

予謂:「菊, 花之隱逸者也; 牡丹, 花之富貴者也; 蓮, 花之君子者也.」

噫! 菊之愛, 陶後鮮有聞; 蓮之愛, 同予者 何人? 牡丹之愛, 宜乎衆矣.

【水陸草木之花, 可愛者甚蕃】'蕃'는 많음. 衆, 多의 뜻. 《眞寶》注에 "該盡"이라 함.

【晉陶淵明, 獨愛菊, 自李唐來, 世人甚愛牡丹】'陶淵明'은 東晉나라 때의 田園詩人. 술과 국화를 지극히 좋아함. 그의 〈飮酒〉시에 "采菊東籬下 悠然見南山"이라 하는 등 국화를 두고 읊은 시가 많음. 《眞寶》注에 "陶潛〈雜詩〉有「採菊東籬下」之句, 又〈歸去來辭〉云「三徑就荒, 松菊猶存」"이라 함.

【自李唐來】'李唐'은 唐나라는 李淵이 건국하여 王室의 성씨가 李였음.

【愛牡丹】唐나라 則天武后가 牡丹을 사랑한 이후로 國花가 되다시피 하였고, 그가 도읍으로 삼았던 洛陽은 모란의 도시가 되었으며, 모란은 富貴를 상징함. 《眞寶》注에 "唐舒元輿〈牡丹賦〉序云:「天后之鄕, 西河也. 精舍下有牡丹種, 其花特異, 天后命移植上苑. 由此京國牡丹日月寖盛」云云"이라 함.

【予獨愛蓮之出於淤泥而不染, 濯淸漣而不夭(妖)】'淤泥'(어니)는 진흙. '不染'은 진흙에 물들지 않음. 《眞寶》注에 "句句以蓮花比德於君子"라 함. '淸漣'은 깨끗한 잔물결. '不夭'는 妖艶하지 않음. 수수하고 깨끗함. 《元公集》등에는 '夭'가 '妖'로 되어 있음.

【中通外直, 不蔓不枝, 香遠益淸, 亭亭淨植, 可遠觀而不可褻翫焉】'中通外直'은 속이 비어 있고 겉은 곧음. '不蔓不枝'는 덩굴지지 않고 가지도 없음. '香遠益淸'은 향기는 멀리서 맡을수록 더욱 깨끗함. '亭亭淨植'는 우뚝 서 있는 모습. '植'(치)는 바르게 세워져 있음. 《論語》微子篇 "植其杖而芸"의 注에 "植, 音値. 植, 立之也"라 함. '不可褻翫'은 마구 가까이 하여 완상할 수 없음. '褻'은 '함부로 하다. 마구 대하다'의 뜻. '翫'은 玩과 같음. 《眞寶》注에 "說盡蓮花好處, 甚正大"라 함. 이상

모두 儒家 선비의 기상을 상징함.

【予謂:「菊, 花之隱逸者也; 牡丹, 花之富貴者也; 蓮, 花之君子者也.」】'謂'는 '以爲'와
같음. 隱逸은 陶淵明, 富貴는 則天武后 등 唐나라 사람들, 君子는 儒家를 신봉하
는 자신과 같은 理學者를 비유함. 《眞寶》注에 "比喩妙. ○應前三段次序亦順"이
라 함.

【噫! 菊之愛, 陶後鮮有聞; 蓮之愛, 同予者 何人】'菊之愛'은 국화에 대한 사랑. '愛菊'
을 강조하기 위해 도치시킨 것임. '鮮'은 드묾. 尠과 같음. 《眞寶》注에 "愛隱逸者,
少也"라 함. '同予者, 何人?' 다음에 《眞寶》注에 "愛君子者, 尤少也"라 함.

【牡丹之愛, 宜乎衆矣】모란은 大衆 누구나 富貴를 좋아함으로 그들에게 맞음.
《眞寶》注에 "愛富貴者, 宜其衆也. 此一結, 深遠意在言外, 且次序與上少異, 文法
也"라 함.

참고 및 관련 자료

1. 周敦頤(1017-1073)

周惇頤로도 표기하며, 자는 茂叔. 原籍은 湖南 道縣. 뒤에 江西에 관직을 지낸
다음 廬山 蓮花峰 아래 터를 잡았으나 고향 道州 營道 앞의 냇물 濂溪를 따서 濂
溪先生이라 부름. 北宋 理學의 四大學派 중 濂溪學派의 수령으로 〈太極圖說〉과
《通書》가 있으며 心, 性, 理 氣를 분석하여 理學의 開宗으로 추앙받음. 그는 天人
合德의 理氣二元論을 주장하였으며 뒤에 南宋 朱熹에게 많은 영향을 주었음. 諡
號는 元公. 《宋史》(427) 道學傳에 傳이 있음.

2. 이 글은 《周元公集》(2), 《周子抄釋》(2), 《性理群書句解》(8), 《事文類聚》(後集, 32),
《山堂肆考》(199), 《文章辨體彙選》(428), 《湖廣通志》(98), 《全芳備祖集》(前集 11), 《人
譜》(上) 등에 실려 있음.

123. 〈太極圖說〉 ·················· 周茂叔(周敦頤)
〈태극도〉에 대한 설명

太極圖
陽動 陰精
極道成男 坤道成女
生化物萬
周茂叔

*〈太極圖說〉:〈太極圖〉는 漢初 河上公이 짓고 이것이 鍾離權, 呂洞
  賓에게 전수되어 宋初 陳搏이 華山 石壁에 刻을 해 놓았던 그림
  이며, 이것을 穆修가 얻어 周敦頤에게 넘겨주자, 이를 바탕으로
  理學의 理論的 圖表로 삼은 것으로 알려져 있음. 따라서 원래
  道敎에서 나온 것이며 周敦頤가 새로운 해석을 내려 宇宙의 원
  리 및 사람으로서의 應行의 正道를 밝힌 論文임.
*《眞寶》 注에 "太極者, 其本體也. 陽動者, 太極之用;陰靜者, 太極
  之體. 陽變而而陰合, 水金陰也. 據右, 火木陽也;據左, 土冲氣, 故
  據中, 陰根陽, 陽根陰, 二五合, 萬物生"이라 함.

무극無極이면서 태극太極이니, 태극이 동動하여 양陽을 낳고, 동이 극
에 이르면 정靜이 되고, 정이 극에 이르면 다시 동이 된다.

하나의 동과 하나의 정은 서로 그 뿌리가 되어 음陰으로 나뉘고 양으
로 나뉘어 양의兩儀가 세워지게 된다.

양이 변하고 음이 합하여 수水 화火 목木 금金 토土를 낳아, 이 오기五
氣가 순서에 따라 퍼져 사시四時가 운행하게 된다.

오행五行은 하나의 음양陰陽이며 음양은 하나의 태극이요, 태극은 본
래 무극이다.

오행이 생겨나서 저마다 그 성性을 가지고 있으니 무극無極의 진眞
이다.

양의와 오행의 정精은 묘하게 합하여 응결되어 건도乾道는 남男이 되
고, 곤도坤道는 여女가 된다.

이 두 기氣가 교감하여 만물萬物을 화생化生하니, 만물은 나고 또 나
고 하여 변화가 무궁하게 되는 것이다.

(만물 중에) 오직 사람만이 그 빼어남을 얻어 가장 영특하며, 형태가 이윽고 생겨났고, 정신이 지혜를 발하게 한다.

오성五性이 감동하여 선악善惡이 분리되어 만사萬事가 나타나게 되는 것이다.

성인聖人이 이를 중정中正과 인의仁義로써 고정시키되 정靜을 위주로 하여 사람의 극極을 세운 것이다.

그러므로 성인은 천지天地와 그 덕을 합하며, 일월日月은 그 밝음과 합하며, 사시는 그 차례와 합하며, 귀신은 그 길흉吉凶과 합치되는 것이다.

군자는 이를 닦기 때문에 길吉한 것이요, 소인은 이를 어그러뜨리므로 흉凶한 것이다.

그 때문에 "하늘의 도를 세우는 것을 일러 음과 양이라 하고, 땅의 도를 세우는 것을 일러 유柔와 강剛이라 하며, 사람의 도를 세우는 것을 일러 인과 의라 한다"라고 하는 것이다.

또 "시始를 근원으로 하면 종終으로 되돌아가므로, 그 까닭으로 사생死生의 논리를 알 수 있는 것"이라고도 하였다.

크도다, 《역易》이여! 이것이 그 지극함이다.

無極而太極, 太極動而生陽, 動極而靜, 靜而生陰, 靜極復動.
一動一靜, 互爲其根; 分陰分陽, 兩儀立焉.
陽變陰合, 而生水火木金土, 五氣順布, 四時行焉.
五行一陰陽也, 陰陽一太極也; 太極, 本無極也.
五行之生也, 各一其性, 無極之眞.
二五之精, 妙合而凝, 乾道成男, 坤道成女.
二氣交感, 化生萬物, 萬物生生而變化無窮焉.

惟人也得其秀而最靈, 形旣生矣, 神發知矣.

五性感動, 而善惡分, 萬事出矣.

聖人定之以中正仁義而主靜, 立人極焉.

故聖人與天地合其德, 日月合其明, 四時合其序, 鬼神合其吉凶.

君子修之吉, 小人悖之凶.

故曰:「立天之道曰陰與陽, 立地之道曰柔與剛, 立人之道曰仁與義.」

又曰:「原始反終, 故知死生之說.」

大哉, 《易》也! 斯其至矣.

【無極而太極, 太極動而生陽】'無極'은 極이 없음. 천지만물이 생성하기 전의 混沌 (溷囤, Chaos) 상태. '太極'은 가장 큰 極으로 兩儀를 낳도록 하는 元氣.《易》繫辭 傳(上)에 "是故《易》有太極, 是生兩儀, 兩儀生四象, 四象生八卦, 八卦定吉凶, 吉凶 生大業"이라 함. 한편《事文類聚》(前集 1)의〈老子論無極〉에는 "無名, 天地之始; 有名, 天地之母. 有物混成, 先天地生, 常德不忒, 復歸無極"이라 하였고,〈朱子論 太極〉에는 "太極只是天地萬物之理. 在天地, 則天地中有太極; 在萬物, 則萬物中各 有太極. 太極只是箇極好至善底道理. 人人有一太極, 物物有一太極. 太極便是性, 動靜陰陽是心. 金木火水土, 是仁義禮智信; 化生萬物是萬事. 又云: 無極之眞, 二五 之精, 妙合而凝, 此數句, 甚妙, 是氣與理合而成性也"라 함. 한편《性理群書句解》 注에는 "無定極之中, 而有至定極之理"라 함.

【動極而靜, 靜而生陰, 靜極復動】太極이 動하여 極에 이르면 靜이 되며, 靜해지면 陰을 낳고, 그 靜은 極에 이르렀다가 다시 動하게 됨. '生陽'은《性理群書句解》 注에 "太極之有動靜, 卽天命之流行. 故方其動也, 則爲陽. 故曰生陽"이라 함.

【一動一靜, 互爲其根; 分陰分陽, 兩儀立焉】'兩儀'는 천지만물의 二分法的 分類. 《易》繫辭傳(上)에 의하면 太極은 兩儀를 낳고, 兩儀는 四象을 낳으며, 四象은 八 卦를 낳고 八卦는 吉凶을 결정하는 것으로 分化됨. '互爲其根'은《性理群書句解》 注에 "靜極則爲動之根, 動極則爲靜之根. 交互爲根, 運行不息"이라 함.

【陽變陰合, 而生水火木金土, 五氣順布, 四時行焉】'水火木金土'는 五行. 만물의 기 본적인 다섯 가지 물질이나 원리. 朱熹는 '金木火水土'로 순서를 고쳐 이를 '仁義 禮智信'이라 하였음. '五氣'는 五行의 氣. '氣'는 힘, 에너지. '四時'는 五行과 배합

하여 春(木), 夏(火), 秋(金), 冬(水)가 되며, 土는 中央이며 季夏에 해당함. 《性理群書句解》注에 "陽變交陰, 則生水金. 水陰也, 金亦陰也. 陰合於陽, 則生火木. 火陽也, 木亦陽也. 土則居中而旺於四者. 木行於春, 萬物以生;火行於夏, 萬物以齊;金行於秋, 萬物以邃;水行於冬, 萬物以藏. 土則交旺於四時而四時行矣"라 함.

【五行一陰陽也, 陰陽一太極也;太極, 本無極也】五行에는 각기 하나씩의 陰陽이 들어 있으며, 陰陽은 곧 太極임. 그러나 그 太極은 본래 無極임. 《性理群書句解》注에 "然推而上之, 五行異質, 四時異氣, 皆不外乎陰陽;陰陽異分, 動靜異時, 皆不能離乎太極"이라 함.

【五行之生也, 各一其性, 無極之眞】'各一其性' 다음에 《眞寶》注에 "各一其性, 則渾然太極之全體, 無不各具於一物之中"이라 함. '性'은 理로부터 稟賦받은 각기 다른 性質. '眞'은 性理學에서 말하는 '理'. 《性理群書句解》注에 "質具於地, 氣行於天, 隨其所稟燥濕剛柔不同, 故各一其性, 則渾然太極之全體, 無不各具於一物之中, 而性之無所不在, 又可見矣"라 함.

【二五之精, 妙合而凝, 乾道成男, 坤道成女】'二五'는 兩儀(陰陽)와 五行. '精'은 精氣. 精粹의 氣(에너지). '乾道'는 '陽'(天)을 대표하는 氣와 理. '坤道'는 이에 상대하여 '陰'(至)를 대표하는 氣와 理. 《易》繫辭傳(上)에 "乾道成男, 坤道成女. 乾知大始, 坤作成物"이라 함. 《性理群書句解》注에 "然又各以其類, 陽而健者成男, 則乾父之道;陰而順者成女, 則坤母之道也. 是人物之始, 以氣定而生者也"라 함.

【二氣交感, 化生萬物, 萬物生生而變化無窮焉】'二氣交感'은 天(陽)과 地(陰)의 두 氣가 서로 感應함. 《眞寶》注에 "二氣, 指天地之氣"라 함. '生生'은 끊임없이 生成해 나감. 《易》繫辭傳(上)에 "富有之謂大業, 日新之謂盛德. 生生之謂易, 成象之謂乾, 效法之謂坤, 極數知來之謂占, 通變之謂事, 陰陽不測之謂神"이라 함.

【惟人也得其秀而最靈, 形旣生矣, 神發知矣】만물 중에 사람만이 그 빼어난 '氣'를 얻어 영특한 존재가 된 것임. '形其生矣'는 사람의 형상이 생겨남. 《性理群書句解》注에 "故陰陽五行氣質, 交運而人之所稟, 獨得其秀, 而其心爲最靈, 所謂天地之性也"라 함. '神發知矣'의 '神'은 理와 氣의 奧妙한 법칙으로 測量할 수 없는 경지를 말함. '知'는 智와 같음.

【五性感動, 而善惡分, 萬事出矣】'五性'은 仁義禮智信의 五常을 가리킴. '感動'은 感性에 의해 움직임을 말함. '善惡分'의 善惡은 感性에 의한 것으로, 이는 後天的 氣質之性이며, 이에 따라 七情, 즉 喜怒哀樂愛惡慾이 생겨남. 《性理群書句解》注에 "五常之性, 感物而動. 陽善陰惡, 各以類分, 是又有生之後氣質之性"이라 함. 《眞

寶》注에는 "言衆人具動靜之理, 而常失之於動"이라 함.

【聖人定之以中正仁義而主靜, 立人極焉】 '中正'은 中庸과 正道. 치우치지 않은 중심.
禮와 智.《性理群書句解》注에 "中, 禮也. 禮者, 天理之節文. 節則無太過, 文則無
不及"이라 함. '主靜'은 動으로써 하지 않고 靜으로 함을 뜻함.《眞寶》注에 "周子
元注: 無欲, 故動"이라 함.《性理群書句解》注에 "然聖人全動靜之德, 而常主於靜,
靜則太極之本體, 主乎是, 則能無欲. 推之酬酢死物之變, 而能一天下之動矣"라 함.
'人極'은 사람으로서의 가장 높은 도덕과 價値의 基準.

【故聖人與天地合其德, 日月合其明, 四時合其序, 鬼神合其吉凶】 聖人은 德, 日月은
明, 四時는 序, 鬼神은 吉凶의 원리를 담당함.《性理群書句解》注에 "天地日月四
時鬼神, 皆不能外乎太極陰陽五行之理. 聖人一身兼具此理者也"라 함.《眞寶》注에
"言聖人全動靜之德, 而常本之於靜"이라 함.

【君子修之吉, 小人悖之凶】 君子는 이를 닦고 수양하기 때문에 吉하게 되며, 小人
은 이를 어그러뜨려 凶하게 됨.《性理群書句解》注에 "君子而未至於聖人地位, 惟
修此道, 所以爲善; 小人不知而或悖此道, 所以爲凶. 修之悖之, 亦在敬肆之間耳"라
하였고,《眞寶》注에는 "聖人全體太極, 不假修爲君子, 則未至此而修之者也. 修之
悖之, 敬肆之間而已. 敬則欲寡理明, 寡之又寡, 而至於無, 則靜虛動直而聖可學矣"
라 함.

【故曰:「立天之道曰陰與陽, 立地之道曰柔與剛, 立人之道曰仁與義.」】 이 구절은
《易》說卦傳에 "昔者, 聖人之作易也, 將以順性命之理. 是以立天之道曰陰與陽, 立
地之道曰柔與剛, 立人之道曰仁與義. 兼三才而兩之, 故易六畫而成卦; 分陰分陽,
迭用柔剛, 故易六位而成章"이라 한 구절을 인용한 것.

【又曰:「原始反終, 故知死生之說.」】 이 구절은《易》繫辭傳(上)에 "易與天地準, 故能
彌綸天地之道. 仰以觀於天文, 俯以察於地理, 是故知幽明之故; 原始反終, 故知死
生之說; 精氣爲物, 遊魂爲變, 是故知鬼神之情狀"이라 함.《性理群書句解》注에
"原始, 則知生之說; 反終, 則知死之說, 可以觀變化不窮之妙矣"라 함.

【大哉,《易》也! 斯其至矣】《易》은 생성변화의 원리를 뜻함. 우주만물은 끊임없이
순환하는 원리를 설명하고자 한 것임.《性理群書句解》注에 "語其至極則此圖盡
之其指, 豈不深哉!"라 함.《眞寶》注 끝에 "二程, 學于周子, 周子手是圖, 以授之.
程子之言性與天道, 多出于此. ○已上細注, 並朱文公解, 就君子修之吉, 提出敬字,
此朱子示學者, 以希聖之文, 乃爲人最切處, 聖人無欲, 不待敬以寡之. 故自能無欲,
而主於靜. 此聖人所以立人極也. 君子未能無欲, 故必待敬以寡之, 始能無欲, 以至

於靜, 此君子所以希聖人, 以共扶植, 此人極也. 朱子添一敬字, 以補周子之所未發, 其有望於學者, 至矣哉!"라 하고, 아울러 다시 新安 陳櫟의 序文을 다음과 같이 싣고 있음. "千古道統, 自堯舜傳至孔孟, 孟之歿, 其傳遂絶. 漢之董子, 唐之韓子, 雖能著衛道之功於一時, 而無以任傳道之責於萬世, 傳千載之絶學者, 周子也. 由周而程張, 由程張, 又數傳而朱子, 道學淵源, 上沂洙泗, 盛矣哉! 此篇周子所自著道學之精語也. 不特道理淵永, 文亦簡重正大, 粹然聖經賢訓之文焉. 今選古文而終之以〈太極〉, 〈西銘〉二篇, 豈無意者? 蓋文章道理, 實非二致, 欲學者由韓柳歐蘇詞章之文, 進而粹之, 以周程張周理學之文也. 以道理, 深其淵源, 以詞章, 壯其氣骨, 文於是乎無弊矣. 此愚詮次之深意也. 朱子於〈太極〉, 〈西銘〉, 注釋精詳, 今不暇盡錄, 學者欲觀其詳, 宜自於朱子之書求之云.」新安陳櫟謹書." 이 跋文은 陳櫟이 이 《古文眞寶》를 직접 편집하고 여기에 평을 가한 것으로 보여 귀중한 근거로 삼고 있음. 陳櫟은 休寧 사람으로 자는 壽翁이며 號는 定宇. 晩年에 東皐老人으로도 불렸음. 朱子學을 신봉하였으나 宋이 망하자 後學을 양성과 저술에 힘써 《定宇集》, 《上書集傳纂錄》, 《歷朝通略》 등을 남기기도 하였던 인물임.

> **참고 및 관련 자료**

1. 작자: 周敦頤(濂溪) 앞장(122) 참조.

2. 이 글은 《元公集》(1, 4), 《宋文鑑》(107), 《文章辨體彙選》(428), 《古文淵鑑》(46), 《事文類聚》(前集 1), 《性理大全》(1), 《性理群書句解》(11), 《近思錄集注》(1), 《太極圖説述解》, 《宋史》(427), 《周易詳解》(14) 등 아주 널리 실려 있음.

3. 《易》의 構成과 '五行'

《易》은 鄭玄은 〈易贊〉에서 "易之名也, 一言而涵三義: 簡易一也, 變易二也, 不易三也"라 하여 세 가지 함의를 지니고 있다 하였으며, 원래 吉凶을 점치고자 '卜筮書'로 출발하였으나 漢代에는 象數의 이론을 낳아 西漢 때는 災異說, 東漢 때는 讖緯說이 나왔으며, 魏晉 때는 玄學으로, 宋明 때는 理學(性理學)으로 발전하면서, 동시에 修道와 勉勵를 위한 '景行書'로도 자리를 잡게 된 것임. 한편 古代에는 《連山易》(夏), 《歸藏易》(殷), 《周易》(周)의 세 종류가 있었다 하나 현재는 《周易》만 남아 있으며, 《易》의 構成과 〈五行表〉는 다음과 같음.

◎〈八卦〉와 〈五行〉

(1) 《易》의 구성

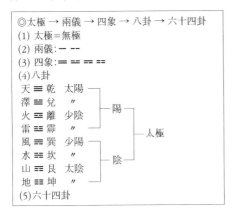

```
◎太極 → 兩儀 → 四象 → 八卦 → 六十四卦
(1) 太極＝無極
(2) 兩儀: ▬ --
(3) 四象: ⚌ ⚍ ⚎ ⚏
(4)八卦
天 ☰ 乾  太陽 ┐
澤 ☱ 兌   〃 ┤ 陽 ┐
火 ☲ 離  少陰 ┤    │
雷 ☳ 震   〃 ┘    │
風 ☴ 巽  少陽 ┐    ├ 人極
水 ☵ 坎   〃 ┤ 陰 ┘
山 ☶ 艮  太陰 ┤
地 ☷ 坤   〃 ┘
(5)六十四卦
```

(2)〈五行表〉

1	2	3	4	5	6	7	8	9	10	11	12	13	14	15	16	17	18	19	20	21	22	23	24	25	26
五行	五方	五色	五音	五常	五臟	五季	五事	五聲	五味	五義	五嶽	五帝	五帝	天干	地支	五神	動物	五數	五臭	五祀	五穀	五牲	五木	四靈	五民
木	東	青	角	仁	肝	春	貌	牙	甘	謙	泰山	太皞	帝嚳	甲乙	寅卯辰	句芒	鱗	八	羶	戶(奧)	麥	禽(鷄)	梧	青龍	夷
火	南	赤	徵	禮	心	夏	聽	舌	鹹	敢	衡山	炎帝	顓頊	丙丁	巳午未	祝融	羽	七	焦	竈	菽	狗	柳	朱雀	蠻
土	中	黃	羽(宮)	信	脾	季夏	思	脣	酸	和	嵩山	黃帝	黃帝	戊己		后土	倮	五	香	中霤	稷	牛	桑		夏華
金	西	白	商	義	肺	秋	言	齒	苦	容	華山	少皞	帝堯	庚申	申酉戌	蓐收	毛	九	腥	門	麻(粱)	羊	棘	白虎	戎
水	北	黑	宮(羽)	智	腎	冬	視	喉	辛	廉	恒山	顓頊	帝舜	壬癸	亥子丑	玄冥	介	六	朽	井	黍	彘	棗	玄武	狄

★相生: 水生木. 木生火, 火生土, 土生金, 金生水

★相剋: 水剋火, 火剋金, 金剋木, 木剋土, 土剋水

124. 〈四勿箴〉 ················· 程正叔(程頤)
사물잠

＊〈四勿箴〉: ‘四箴’이라고도 하며, 이는《論語》顏淵篇의 “顏淵問仁. 子曰:「克己復禮爲仁. 一日克己復禮, 天下歸仁焉. 爲仁由己, 而由人乎哉?」顏淵曰:「請問其目.」子曰:「非禮勿視, 非禮勿聽, 非禮勿言, 非禮勿動.」顏淵曰:「回雖不敏, 請事斯語矣.」(안연이 仁에 대하여 여쭈었다. 공자가 말하였다. “자신을 극복하고 예로 돌아가는 것이 인이다. 하루라도 이렇게 자신을 극복하여 예로 돌아간다면 천하가 인으로 함께 하게 될 것이다. 인을 실천하는 것은 자신으로부터 말미암는 것이지 남으로 말미암는 것이랴?” 안연이 말하였다. “그 요목을 말씀해 주시기를 청합니다.” 공자는 이렇게 설명하였다. “예가 아니면 보지 말며, 예가 아니면 듣지 말며, 예가 아니면 말하지 말며, 예가 아니면 움직이지 말라.” 안연이 말하였다. “제〔回〕가 비록 민첩하지 못하나 이 말씀을 잘 받들기를 청합니다.”)의 視, 聽, 言, 動의 네 가지 조목을 두고 箴言을 지어 자신을 경계한 것임.《二程文集》〈四箴并序〉에 “顏淵問克己復禮之目, 夫子曰:「非禮勿視, 非禮勿聽, 非禮勿言, 非禮勿動.」四者身之用也, 由乎中而應乎外, 制於外, 所以養其中也. 顏淵事斯語, 所以進於聖人後之, 學聖人者, 宜服膺而勿失也. 因箴以自警”이라 함.

〈1〉 視箴(시잠)

마음이여, 본래 빈 것으로,
외물에 응해서도 흔적도 없구나.
이를 잘 잡되 요체가 있어야 하나니,
눈으로 보는 것이 법칙이 되도다.
눈앞에 가리어 덮고 교차하면,
그 속마음이 옮겨가고 마느니라.
밖에서 이를 제지하여,

안에서 편안토록 해야 한다.
자신을 극복하고 예로 되돌아오면,
오래도록 성실하게 되리라.

心兮本虛, 應物無迹.
操之有要, 視爲之則.
蔽交於前, 其中則遷.
制之於外, 以安其內.
克己復禮, 久而誠矣.

【視箴】《性理群書句解》에 "此篇專言「非禮勿視」"라 함.

【心兮本虛, 應物無迹】'虛'는 형체가 없는 虛像.《性理群書句解》에 "人之一心, 本自 虛靈"이라 함. '應物'은 외부 사물에 반응함. '無迹'은 흔적이 없음.《性理群書句 解》에 "感應出入, 無迹可執"이라 함.

【操之有要, 視爲之則】'操之'는 이를 바르게 잡아 조종함. '有要'는 要領을 가짐.《眞 寶》注에 "操存, 亦有要"라 하였고,《性理群書句解》에는 "操存必有其要"라 함. '則' 은 법칙, 준칙, 기준.《眞寶》注에 "目之所視, 乃有準則"이라 하였고,《性理群書句 解》에는 "視爲之則'은《二程集》注에 "一作'之爲"라 하여 '視之爲則'으로 표기함.

【蔽交於前, 其中則遷】'蔽交於前'은 눈앞에서 서로 교차하여 바르게 보지 못하도 록 가림.《性理群書句解》에 "物欲之蔽, 交接于其前"이라 함. '遷'은 옮겨감. 생각 이 바뀜.《眞寶》注에 "物欲交蔽, 變亂此心"이라 하였고,《性理群書句解》에는 "惑 于所見, 中必移矣"라 함.

【制之於外, 以安其內】'制之於外'는 이를 밖에서 제어함.《性理群書句解》에 "禁制 于外, 目不妄視"라 함. '以安其內'는 그렇게 함으로써 안을 편안히 함.《性理群書 句解》에 "則神識泰定, 內斯以安"이라 함.

【克己復禮, 久而誠矣】자신을 이겨 禮로 돌아감.《論語》顔淵篇을 참조할 것.《性 理群書句解》에 "克去己私, 復還天理"라 함. '久而誠矣'는《眞寶》注에 "克去己私, 復還天理, 而見本心之誠矣"라 하였고,《性理群書句解》에는 "久則實理流行周旋中 禮矣. 誠, 實理也, 故克己復禮, 則猶待于用力; 至于誠, 則無所用其力"이라 함.

〈2〉聽箴(청잠)

사람에게는 병이秉彝가 있으니,
천성天性에 본을 두고 있는 것이로다.
앎이 사물에 유혹을 받아 변화했다가는,
드디어 그 정도를 잃게 된다.
탁월하신 저 선각자들께서는,
그칠 때를 알아 안정을 취하셨다.
사악함을 막고 성실함을 지녀,
예가 아니면 듣지도 말아야 하느니라.

人有秉彝, 本乎天性.
知誘物化, 遂亡其正.
卓彼先覺, 知止有定.
閑邪存誠, 非禮勿聽.

【聽箴】《性理群書句解》에 "此篇專言「非禮勿聽」"이라 함.
【人有秉彝, 本乎天性】'秉彝'는 꼭 잡고 있어야 할 도리.《性理群書句解》에 "人有此
生, 便秉執得, 此彝常之性"이라 함. '本乎天性'은 天性에 근본을 두고 있음. '天性'
은 性善說로 본 것임.《性理群書句解》에 "本原于天無不善也"라 함.
【知誘物化, 遂亡其正】'知誘'는 지혜란 유혹을 받게 마련임.《眞寶》注에 "知, 猶欲
也; 誘, 猶導也; 引也"라 하였고,《性理群書句解》에는 "知識誘于外, 而忘返; 物欲化
其內, 而莫覺. 知去聲"이라 하여 '知'는 '알다'의 뜻. '物化'는 만물의 변화. '遂亡其
正'의 '亡'은 '사라짐. 잃게 됨'. '喪'과 같음.《性理群書句解》에 "由是所稟之正, 日以
喪亡"이라 함.
【卓彼先覺, 知止有定】'卓'은 탁월함. 뛰어남. '先覺'은 선각자. 聖賢들을 가리킴.《性
理群書句解》에 "卓然天民之先覺"이라 함. '知止'는 그칠 줄을 앎.《大學》의 "在止
於至善"이라 함.《眞寶》注에 "知止於善, 有所安定"이라 하였고,《性理群書句解》
에는 "知止者, 知其所當止; 有定者, 得其所當止"라 함.

【閑邪存誠, 非禮勿聽】'閑邪'는 사악해짐을 막음. '閑'은 防의 뜻. '存誠'은 진실함을 지니고 있음. 《眞寶》注에 "閑, 卽防也. 閑其外邪, 存其誠心"이라 하였고, 《性理群書句解》에는 "閑邪妄于外, 存實理于中"이라 함.

〈3〉 言箴(언잠)

사람 마음의 움직임이란,
말에 의해 펼쳐지는 것.
말을 할 때는 조급함과 경망스러움을 금하고,
안으로 이에 고요하고 전일하게 해야 한다.
하물며 말이란 추기樞機로서,
전쟁을 일으키기도 하고, 평화로 이끌기도 하는 것임에랴!
길흉吉凶과 영욕榮辱이란,
오직 그것이 불러오는 것이니라.
지나치게 쉽게 하면 황탄荒誕한 것이 되고,
너무 번다煩多히 하면 지루한 것이 되고 만다.
자기가 함부로 하면 남도 거슬리게 대꾸하게 되고
어그러진 말을 내뱉으면 곱지 않은 말이 나오게 마련.
법도에 어긋난 말은 하지 말아야 하느니,
훌륭하도다, 가르치신 말씀이여!

人心之動, 因言以宣.
發禁躁妄, 內斯靜專.
矧是樞機, 興戎出好!
吉凶榮辱, 惟其所召.
傷易則誕, 傷煩則支.
己肆物忤, 出悖來違.
非法不道, 欽哉訓辭!

【言箴】《性理群書句解》에 "此篇專言「非禮勿言」"이라 함.

【人心之動, 因言以宣】'人心之動'은 《性理群書句解》에 "心活物也, 故動"이라 함. '因言以宣'은 말로써 이를 펼쳐내어 표현함. 《性理群書句解》에 "動則因言語而宣達"이라 함.

【發禁躁妄, 內斯靜專】'發禁'은 내뱉는 것과 하지 않는 것. '躁妄'은 조급하고 경망스러움. 운 것. 《眞寶》注에 "躁, 急也; 妄, 誕也. 言發而在所禁"이라 하였고, 《性理群書句解》에는 "躁, 輕肆者也; 妄, 虛繆也. 言語之發, 禁止其輕肆虛繆"라 함. '內斯靜專'은 속에 품은 마음이 고요하고 전일하게 됨. 《性理群書句解》에 "禁其輕肆, 則內斯靜定; 禁其虛繆, 則內斯專一"이라 함.

【矧是樞機, 興戎出好】'矧'은 '하물며, 더욱이'의 뜻. '樞機'는 가장 중요한 기틀. 원래는 문의 지도리. 《眞寶》注에 "言行, 君子之樞機"라 하였고, 《性理群書句解》에는 "樞, 戶楯也; 機, 弩牙也. 戶之闢闔, 射之中否, 皆由之發. 言乃吾身之樞機"라 함. '興戎'은 전쟁을 일으킴. '出好'은 나서서 友好 관계를 맺음. 《眞寶》注에 "或言出而興兵戎, 或好言而爲讒佞"이라 하였고, 《性理群書句解》에는 "一言之惡, 或至于興師; 一言之善, 或至于合好. 好, 去聲"이라 함.

【吉凶榮辱, 惟其所召】'吉凶榮辱'은 《性理群書句解》에 "得則有吉有榮, 失則有凶有辱"이라 함. '惟其所召'는 바로 이것이 불러들이는 것임. 《性理群書句解》에 "發于口者, 甚輕; 召于彼者, 甚捷"이라 함. 《太上感應篇》(經文)에도 "禍福無門, 惟人自召. 善惡之報, 如影隨形"이라 함.

【傷易則誕, 傷煩則支】'傷易'는 말을 너무 쉽게 함. '傷'은 太, 過와 같음. '誕'은 虛誕함. 잘못 됨. 《眞寶》注에 "言語輕易, 則流於虛誕"이라 하였고, 《性理群書句解》에는 "躁而傷于易, 則誕肆而不審. 易, 去聲"이라 함. '傷煩'은 지나치게 말이 많음. '支'는 支離滅裂함. 《眞寶》注에 "言語太多, 則支離不可曉"라 함. 《性理群書句解》에 "妄而傷于煩, 則支離而遠實"이라 함.

【己肆物忤, 出悖來違】'己肆'는 자신이 말을 함부로 함. '物忤'는 외물이 그를 어김. 《眞寶》注에 "於己則從肆, 於物則違忤"라 하였고, 《性理群書句解》에는 "肆, 縱情也. 肆己者, 必忤物躁之致也"라 함. '出悖' 말이 어긋나게 나감. '來違'는 오는 것이 위배됨. 《眞寶》注에 "其出言悖逆而背於理, 故答者亦違背之"라 하였고, 《性理群書句解》에는 "悖, 乖理也. 悖而出者, 必悖而反妄之致也"라 함.

【非法不道, 欽哉訓辭】'非法不道'는 법에 어긋난 것은 말하지 않음. '道'는 言과 같음. 《眞寶》注에 "道, 猶言也"라 함. 《性理群書句解》에 "非法度之言, 不敢稱道"라

함. '欽哉'는 '공경스럽도다, 훌륭하도다'의 뜻. '訓辭'는 가르침의 말씀.《性理群書句解》에 "敬此聖賢教訓言辭"라 함.

〈4〉 動箴(동잠)

명철한 사람은 행동의 기미를 알아,
생각함에 이를 정성스럽게 하느니라.
뜻을 둔 선비라면 행동을 면려하여,
하는 일에 이를 지켜나간다.
이치에 순종하면 여유로울 것이나,
욕심을 따르면 위태롭게 되느니라.
조차造次의 순간에도 능히 이를 염두에 두어,
전전긍긍하며 스스로 잡고 있어야 한다.
습관이 천성처럼 형성되고 나면,
성현과 함께 경지에 이르리라.

哲人知幾, 誠之於思.
志士勵行, 守之於爲.
順理則裕, 從欲惟危.
造次克念, 戰兢自持.
習與性成, 聖賢同歸.

【動箴】《性理群書句解》에 "此篇專言「非禮勿動」"이라 함.
【哲人知幾, 誠之於思】'哲人'은 명철한 사람. '知幾'는 幾微를 앎.《眞寶》注에 "幾者, 動之微"라 하였고,《性理群書句解》에는 "明哲之人知其幾微"라 함. '誠之於思'는 생각에서 이를 정성스럽게 함.《性理群書句解》에 "于所思而誠之, 一念之動, 不敢妄也"라 함.

【志士勵行, 守之於爲】'志士'는 바른 행동을 실천하겠다는 의지를 가진 선비. '勵行'은 올바른 행동에 힘씀. 《二程集》에는 '厲行'으로 되어 있음. 《眞寶》注에 "有志之士, 其行不可不勵"라 하였고, 《性理群書句解》에는 "立志之士, 勉勵其行"이라 함. '守之於爲'는 올바른 행실을 지켜냄. '爲'는 실행. 실천. 《眞寶》注에 "有爲, 必守其正理也"라 하였고, 《性理群書句解》에는 "于所爲而守之, 一事之動, 不敢忽也. 合而言之, 思是動之微, 爲是微之著. 思是動于內, 爲是動于外"라 함.

【順理則裕, 從欲惟危】'裕'는 넉넉함. 여유가 있음. 《眞寶》注에 "順於理而有餘"라 하였고, 《性理群書句解》에는 "順天理而動, 則安而裕"라 함. '從欲'은 從慾과 같음. 욕심을 따름. '惟'는 《二程集》에 '一作爲'라 함. 《眞寶》注에 "從欲而動, 必至於危"라 하였고, 《性理群書句解》에는 "從人欲而動, 則殆而危"라 함.

【造次克念, 戰兢自持】'造次'는 다급한 순간을 뜻하는 雙聲連綿語. '초차'로 읽어야 하나 일반적으로 '조차'로 읽음. 《論語》里仁篇 "君子無終食之間違仁, 造次必於是, 顚沛必於是"의 音注에 "造, 七到反'(초)이라 하였고, 《左傳》魯 隱公 4년 經文 "夏, 公及宋公遇于淸"의 杜預 注에 "遇者, 草次之期, 二國各簡其禮, 若道路相逢遇也"라 하여 '草次'로도 표기함. '克念'은 잘 생각함. 《眞寶》注에 "造次倉卒, 亦念此理"라 하였고, 《性理群書句解》에는 "頃刻之間, 常思以順乎理. 造, 去聲"이라 함. '戰兢'은 戰戰兢兢의 줄인 말. 두려워하고 조심함. '自持'는 자신의 행동을 올바로 유지함. 《眞寶》注에 "戰戰兢兢, 當以自持"라 하였고, 《性理群書句解》에는 "恐懼自守, 惟恐或陷于欲"이라 함.

【習與性成, 聖賢同歸】'習與性成'은 좋은 습관이 本性과 함께 잘 성취됨. 《論語》陽貨篇에 "子曰:「性相近也, 習相遠也.」"이라 함. 《眞寶》注에 "習慣自然, 合於天理"라 하였고, 《性理群書句解》에는 "習謂修于己, 性謂得于天. 習與性合, 則全其本然之善"이라 함. '同歸'는 함께 같은 곳으로 돌아감. 聖賢이 말한 君子의 경지에 이름. 《眞寶》注에 "與聖賢人, 同歸一揆"라 하였고, 《性理群書句解》에는 "與聖賢一矣"라 함.

참고 및 관련 자료

1. 이 글은 《二程文集》(9), 《宋文鑑》(72), 《古文集成》(54), 《文章辨體彙選》(446), 《近思錄》(5), 《心經》, 《小學》(5), 《事文類聚》(別集 7), 《論語精義》(6下), 《論語集說》(6), 《論語纂疏》(6), 《論語集註大全》(12), 《大學衍義》(11), 《性理群書句解》(2), 《孝敬衍義》(4) 등에 널리 실려 있음.

125. 〈西銘〉 ·················· 張子厚(張載)
서명

*〈西銘〉이 글은 다음 장의 〈東銘〉과 함께 흔히 〈二銘〉으로 불리며, 張載가 자
신의 學堂 東西 창문에 글을 써서 붙였는데, 서쪽(오른쪽)에는 〈訂頑〉(완고함을
고쳐 바로잡음), 동쪽(왼쪽)에는 〈砭愚〉(어리석음은 돌침을 놓아 고침)이었음. 그런
데 程頤(伊川)가 이 제목들이 사람들의 논쟁거리가 될 것이라 우려하여 〈訂頑〉
은 〈西銘〉으로, 〈砭愚〉는 〈東銘〉으로 바꾸었음. 《宋史》道學傳(張載)에 "張載作
〈西銘〉, 程頤嘗言:「〈西銘〉明理一而分殊, 擴前聖所未發.」"이라 하였고, 《性理群書
句解》에는 "張子常于學堂雙牖, 左書〈砭愚〉, 右書〈訂頑〉. 伊川曰:「是啓爭端也.」
改曰〈東銘〉, 〈西銘〉"이라 함. 《近思錄》注에도 "橫渠學堂雙牖, 右書〈訂頑〉, 左書
〈砭愚〉. 伊川曰:「是起爭端. 改〈訂頑〉曰〈西銘〉, 〈砭愚〉曰〈東銘〉.」"이라 함. 한편 朱
熹의 《西銘述解》에는 "天地之間, 理一而已. 然乾道成男, 坤道成女, 二氣交感, 化
生萬物, 則其大小之分, 親疏之等, 至於十百千萬而不能齊也. 不有聖賢出, 孰能因
其異而反其同哉! 〈西銘〉之作, 意蓋如此"라 하였음. 《性理群書句解》에는 "銘者,
誌也. 所以銘誌其事. 〈西銘〉:此篇論乾坤, 一大父母人物皆已之, 兄弟儕輩人, 當
盡事親之道以事天"이라 함.
*《眞寶》注에 "此篇, 初名〈訂頑〉, 程子勉其改曰〈西銘〉"이라 함.

건乾을 아버지에 대칭對稱시키고 곤坤은 어머니에 대칭시킨다.
나는 여기에 작고 미미하지만 건과 곤의 혼연한 중간에 처해 있도다.
그러므로 천지에 가득 메워진 기氣가 내 몸체를 이루고 있고, 천지 사
이의 주재자가 내 성性을 이루고 있어, 사람들은 나와 같은 동포이며 만
물은 나와 같은 동류이다.
임금이란 내 부모의 맏이〔宗子〕요, 대신들은 맏이의 가상家相인 셈
이다.
나이 많은 이를 존경하여 그로써 어른을 어른으로 모시고, 고아와 약

한 자를 사랑하여, 그로써 어린이를 어린이로 대할 것이니, 성인은 천지와 그 덕이 합치되고, 현인은 그들 중에 빼어난 자로다.

무릇 천하의 피륭疲癃, 잔질殘疾, 경독惸獨, 환과鰥寡 들은 모두가 나의 형제로서 고통에 빠져 허덕이면서도 어디 하소연할 데가 없는 사람들이다.

이에 이들을 보살펴주되 자식이 어버이를 공경하는 것처럼 하여, 즐거워하면서 근심이 없게 되면 효도에 있어서 순수한 것이 되는 것이다.

이를 어기는 것을 일러 패덕悖德이라 하고, 인仁에 해를 입히는 것을 일러 적賊이라 하니, 악을 증가시키는 짓은 재주가 아니며, 사람의 형체를 타고 났음을 잘 실천하는 것이 오직 부모를 닮는 것이다.

변화를 알면 천지와 어버이의 일을 이어 잘 풀어 나갈 것이요, 신성함을 잘 궁구하면 천지와 어버이의 뜻을 잘 이어나가게 될 것이다.

옥루屋漏에서 한 일도 부끄럽거나 욕됨을 보낼 일이 없이 하고, 본심과 천성을 잘 보존하고 수양하여 게으름이 없도록 해야 하리라.

좋은 술을 싫어하는 것은 숭백崇伯의 아들 우禹가 부모 봉양을 돌아본 것이요, 영재英才를 기를 뜻을 가졌던 영봉인潁封人은 효성을 널리 퍼뜨린 행동을 하였다.

힘듦을 해이하게 하지 않아 기쁨이 이르도록 한 것은 순舜의 공로였고, 도망가지 아니하고 아버지의 팽살烹殺을 기다린 것은 태자 신생申生이 어버이를 공경함이었다.

몸은 어버이로부터 받은 것이니 죽을 때까지 온전히 하려 했던 이는 증삼曾參이요, 복종에 용감하고 명령에 순응한 자는 백기伯奇였도다.

부귀富貴와 복택福澤은 장차 나의 삶을 풍요롭게 하겠지만, 빈천貧賤과 우척憂戚은 그대를 연마시켜 옥처럼 완성시키고자 하는 것이다.

내 살아 있을 때 하늘과 어버이를 순종하여 섬기면, 나는 죽어서도 편안함을 얻게 될 것이니라.

乾稱父, 坤稱母.

予玆藐焉, 乃混然中處.

故天地之塞, 吾其體; 天地之帥, 吾其性, 民吾同胞, 物吾與也.

大君者, 吾父母宗子; 其大臣, 宗子之家相也.

尊高年, 所以長其長; 慈孤弱, 所以幼吾幼, 聖其合德, 賢其秀者也.

凡天下疲癃殘疾惸獨鰥寡, 皆吾兄弟之顚連而無告者也.

于時保之, 子之翼也; 樂且不憂, 純乎孝者也.

違曰悖德, 害仁曰賊, 濟惡者不才, 其踐形惟肖者也.

知化, 則善述其事; 窮神, 則善繼其志.

不愧屋漏爲無忝, 存心養性爲匪懈.

惡旨酒, 崇伯子之顧養; 育英才, 穎封人之錫類.

不弛勞而底豫, 舜其功也; 無所逃而待烹, 申生其恭也.

體其受而歸全者, 參乎; 勇於從而順令者, 伯奇也.

富貴福澤, 將以厚吾之生也; 貧賤憂戚, 庸玉汝於成也.

存吾順事, 沒吾寧也.

【乾稱父, 坤稱母】‘乾’(陽, 天, 父)은 《易》의 乾. 하늘을 상징함. ‘稱’은 比稱됨. 該當함. 稱함. ‘坤’(陰, 地, 母)은 땅. 《易》說卦傳에 “乾, 天也, 故稱乎父; 坤, 地也, 故稱乎母”라 함. 《性理群書句解》注에 “乾爲天, 父道也. 故以父言; 坤爲地, 母道也. 故以母言”이라 함.

【予玆藐焉, 乃混然中處】‘藐焉’은 형체가 작아 미미한 상태. ‘藐’는 ‘묘’로 읽음. 《性理群書句解》注에 “吾于此以藐然之身. 藐, 音眇”라 함. 《廣雅》(2)에 “邈, 小也”라 함. ‘混然中處’은 천지만물과 혼연함 속에 처하여 존재함. 《性理群書句解》注에

"混合無間而處乎中, 子道也"라 함.

【故天地之塞, 吾其體; 天地之帥, 吾其性, 民吾同胞, 物吾與也】'塞'은 꽉 차 있음. '氣'를 가리킴.《性理群書句解》注에 "乾陽坤陰, 此天地之氣, 充塞于兩間. 吾資之 以爲體"라 함. '帥'는 將帥. 主宰者. '理'를 가리킴.《朱子語類》(98)에 "塞, 如《孟子》 說'塞乎天地之間', 塞只是氣, 吾之體卽天地之氣; 帥, 是主宰, 乃天地之常理也. 吾 之性卽天地之理"라 함.《性理群書句解》注에 "乾健坤順, 此天地之志, 爲氣之統 帥. 吾得之以爲性"이라 함. '民'은 '人'과 같음. 모든 사람들. '同胞'는 같은 어머니에 게서 나온 형제자매. '吾與'는 나와 同類가 됨.《文選》西征賦 李善 注에 "與, 黨 與也"라 함.《性理群書句解》注에 "皆資此氣, 得此理, 生爲吾同類, 故視之如同胞 兄弟. 然物之生亦本于天, 故視之亦如己之黨與然"이라 함.

【大君者, 吾父母宗子; 其大臣, 宗子之家相也】'大君'은 나라의 군주. 人君. 大人과 같음.《易》乾卦 文言傳에 "大人者, 與天地合其德"이라 함. '宗子'는 맏아들. 장남. 집안의 宗系.《性理群書句解》注에 "卽乾父坤母之長子"라 함. '大臣'은 나라의 대 신. 宰相. '家相'은 가신의 우두머리.《性理群書句解》注에 "卽長子, 家之輔"라 함. 나라의 구조를 집안에 빗대어 풀이한 것.

【尊高年, 所以長其長】'尊高年'은 나이 많은 이를 존경함. '長其長'은 그 어른을 어 른으로 모심.《孟子》離婁(上)에 "孟子曰:「道在爾而求諸遠, 事在易而求諸難. 人人 親其親, 長其長而天下平.」"이라 함.

【慈孤弱, 所以幼吾幼, 聖其合德, 賢其秀者也】'幼吾幼'는 나의 어린 자식들을 사랑 하고 돌봄.《孟子》梁惠王(上)에 "以及人之老; 幼吾幼, 以及人之幼, 天下可運於掌" 이라 함. '合德'은 천지의 덕과 합치됨. '賢其秀者'는《性理群書句解》注에 "賢者, 才德過人, 是兄弟秀出乎等夷者"라 함.

【凡天下疲癃殘疾惸獨鰥寡】'疲癃'은 노쇠하여 병든 사람.《漢書》高帝紀 顔師古 注에 "癃, 疲病也. 音隆"이라 함. '殘疾'은 장애를 가진 사람.《性理群書句解》注에 "凡天下疲懦癃痛宿疾之人"이라 함. '惸獨'(경독)은 독신과 자식이 없는 늙은이. 《詩》正月에 "哀此惸獨"이라 하였고,《孟子》梁惠王(下)에는 이를 인용하여 '煢'자 로 쓰고 있으며,《離騷》王逸 注에는 "煢, 孤也"라 함. '鰥寡'은 홀아비와 과부. 《孟子》梁惠王(下)에 "「昔者, 文王之治岐也, 耕者九一, 仕者世祿, 關市譏而不征, 澤梁無禁, 罪人不孥. 老而無妻曰鰥; 老而無夫曰寡; 老而無子曰獨; 幼而無父曰孤. 此四者, 天下之窮民而無告者. 文王發政施仁, 必先斯四者.《詩》云:『哿矣富人, 哀此 煢獨.』"이라 하여 고대 모두 사회적 배려 대상들로 여겼음.

【皆吾兄弟之顛連而無告者也】'顛連'은 어려운 처지에 빠져 힘들어 하는 상황을 표현하는 疊韻連綿語. 顛倒流連을 줄인 말.《眞寶》注에 "顛連, 無依貌"라 함. '無告'는 하소연하여 도움을 받을 길이 없음.《性理群書句解》注에 "無非吾兄弟之顛倒流連, 無告訴者也"라 함.

【于時保之, 子之翼也】'于時'는 於是와 같음.《詩》我將에 "畏天之威, 於是保之"라 함. '翼'은 어버이를 공경함.《廣雅》釋訓에 "翼翼, 敬也"라 함.《性理群書句解》注에 "猶子之翼敬乎親也"라 함.

【樂且不憂, 純乎孝者也】'樂且不憂'는 天命을 즐기며 다른 어떤 걱정도 하지 않음.《易》繫辭傳(上)에 "樂天知命, 故不憂"라 함.《性理群書句解》注에 "猶子之篤孝扵親而無愧也"라 함.《眞寶》注에는 "畏天以自保者, 由其敬親之至; 樂天而不憂者, 由其愛親之純"이라 함.

【違曰悖德, 害仁曰賊, 濟惡者不才, 其踐形惟肖者也】'悖德'은 덕을 어그러뜨림.《孝經》에 "不愛其親而愛他人者, 謂之悖德"이라 함.《性理群書句解》注에 "違背乎親是爲悖亂之德"이라 함. '賊'은 해코지를 하거나 仁을 저버리는 짓.《孟子》梁惠王(下)에 "賊仁者, 謂之賊"이라 함.《性理群書句解》注에 "戕滅天理賊殺其親, 故謂之賊"이라 함. '濟惡'은 惡을 助長함. 惡을 증가시킴.《左傳》文公 18년에 "此三族也, 世濟其凶, 增其惡名"이라 함.《性理群書句解》注에 "長惡不悛, 世濟其凶, 故謂之不才"라 함. '踐形'은 사람의 形體(身體)을 타고난 대로 잘 실천함.《孟子》盡心(上)에 "孟子曰:「形色, 天性也; 惟聖人, 然後可以踐形.」"이라 하였으며, 焦循《正義》에는 "此乃孟子言人性之善異乎禽獸也. 形色, 卽是天性, 禽獸之形色不同乎人, 故禽獸之性不同乎人. 惟人爲人之形, 人之色, 所以爲人之性. 聖人盡人之性, 正所以踐人之形. 苟拂乎人性之善, 則以人之形而入於禽獸矣, 不踐形矣.《孟子》此章言性至精至明. 戴震《孟子字義疏證》云:「人物成性不同, 故形色各殊.」人之形, 官器利用大遠於物, 而於人之道不能無失, 是不踐此形也, 猶言之而行不逮, 是不踐此言也"라 함. 한편《孟子》集注에는 "人之有形有色, 無不各有自然之理, 所謂天性也. 踐, 如踐言之踐. 蓋衆人有是形, 而不能盡其理, 故無以踐其形; 惟聖人有是形, 而又能盡其理, 然後可以踐其形而無歉也. ○程子曰:「此言聖人盡得人道而能充其形也. 蓋人得天地之正氣而生, 與萬物不同. 旣爲人, 須盡得人理, 然後稱其名. 衆人有之而不知, 賢人踐之而未盡, 能充其形, 惟聖人也.」○楊氏曰:「天生烝民, 有物有則. 物者, 形色也. 則者, 性也. 各盡其則, 則可以踐形矣.」"라 함. '肖'는 닮음. 같음. 천지와 부모의 덕을 닮음.《性理群書句解》注에 "若能盡得人道, 而充其形. 是與天地

相肯似而不違者也"라 함.

【知化, 則善述其事;窮神, 則善繼其志】'知化'는 변화를 알아차림.《易》繫辭傳(下)에 "窮神知化, 德之盛也"라 함.《性理群書句解》注에 "是聖人知變化之道"라 함. '善述其事'는 그의 事業(天地와 父母)을 잘 이어 발전시킴.《性理群書句解》注에 "則其所行, 皆天地之事. 即人子善能續述父母之事"라 함. 이는《中庸》(19장)에 "子曰:「武王,周公, 其達孝矣乎! 夫孝者:善繼人之志, 善述人之事者也. 春秋脩其祖廟, 陳其宗器, 設其裳衣, 薦其時食.」라 한 말을 풀어쓴 것임. '窮神'은 천지의 신명함을 窮究하여 통달함.《性理群書句解》注에 "是聖人通神明之德"이라 함. '善繼其志'는《性理群書句解》注에 "則其所存, 皆天地之心. 即人子善能繼承父母之志. 二者, 皆樂天踐形者"라 함. 한편《朱子語類》(98)에는 "林問一問:「〈西銘〉, 只是言仁孝繼志述事.」曰:「是以父母比較乾坤, 主意不是說孝, 只是以人所易曉者, 明其所難曉者耳.」라 함.

【不愧屋漏爲無忝, 存心養性爲匪懈】'屋漏'는 방의 북서쪽 모퉁이. 아무도 보지 않는 곳.《詩》抑에 "相在爾室, 尙不愧於屋漏"라 하였고, 〈毛傳〉에 "西北隅, 謂之屋漏"라 함.《性理群書句解》注에 "不自欺于室隅, 人所不見之地"라 함. '無忝'은 욕될 것이 없음.《詩》小宛에 "夙興夜寐, 無忝爾所生"이라 하였고, 〈毛傳〉에 "忝, 辱也"라 함.《眞寶》注에 "屋漏, 室西北隅;忝, 辱也"라 함.《性理群書句解》注에 "不忝辱于天地, 即人子無忝爾所生也"라 함. '存心養性'은 마음을 보존하고 天性을 배양함.《性理群書句解》注에 "存其心而不失養其性, 而不害"라 함.《孟子》盡心(上)에 "存其心養其性, 所以事天也"라 함. '匪懈'는 게을리 하지 않음.《詩》烝民에 "夙興匪懈, 以事一人"이라 하였고,《孝經》에도 인용하고 있음.《性理群書句解》注에 "不懈怠于事天, 即人子事親而夙夜匪懈也. 此二者, 畏天而求踐夫形者"라 함.《眞寶》注에 "二者, 皆樂天踐形之事"라 함.《眞寶》注에 "二者, 畏天之事, 君子所以求踐夫形者也"라 함.

【惡旨酒, 崇伯子之顧養】'旨酒'는 단술. 좋은 술.《孟子》離婁(下)에 "禹惡旨酒"라 함.《性理群書句解》注에 "惡美酒而不飮. 惡, 去聲"이라 함. '崇伯子'는 崇伯의 아들. 곧 禹를 가리킴. 禹의 아버지 鯀(곤)은 崇國의 伯爵에 봉해졌었음.《國語》周語(下) "太子晉曰:「其在有虞, 有崇伯鯀.」"의 韋昭 注에 "鯀, 禹父, 崇, 鯀國, 伯, 爵也"라 함. 儀狄이 처음 술을 발명하여 이를 禹王에 바치자 禹는 술 때문에 바른 일을 그르칠까 하여 儀狄을 멀리 하였음.《戰國策》魏策(2)에 "昔者, 帝女令儀狄作酒而美, 進之禹, 禹飮而甘之, 遂疏儀狄, 絶旨酒, 曰:「後世必有以酒亡其國者.」"

라 함. 여기서는 禹가 술 때문에 아버지 崇伯을 제대로 봉양하지 못할까 하여
儀狄을 멀리한 것이라 본 것임. '顧養'은 부모를 봉양함을 생각함.《孟子》離婁
(下)에 "不顧父母之養"이라 함.《性理群書句解》注에 "鯀封崇國, 伯, 爵;禹, 其子
也. 禹惡旨酒, 所以顧父母之養. 養, 去聲"이라 함.

【育英才, 穎封人之錫類】'育英才'는《性理群書句解》注에 "篤于敎育英俊之材"라
함. '穎封人'은 潁考叔(潁谷)을 가리킴. '穎'은 '潁'자의 오류.《左傳》隱公 元年 經文
"夏五月, 鄭伯克段于鄢."의 傳에 "初, 鄭武公娶于申, 曰武姜. 生莊公及共叔段. 莊公
寤生, 驚姜氏, 故名曰寤生, 遂惡之. 愛共叔段, 欲立之. 亟請於武公, 公弗許. 及莊
公卽位, 爲之請制. 公曰:「制, 巖邑也, 虢叔死焉. 佗邑唯命.」請京, 使居之, 謂之京
城大叔. 祭仲曰:「都, 城過百雉, 國之害也. 先王之制, 大都, 不過參國之一;中, 五之
一;小, 九之一. 今京不度, 非制也, 君將不堪.」公曰:「姜氏欲之, 焉辟害?」對曰:「姜
氏何厭之有? 不如早爲之所, 無使滋蔓! 蔓, 難圖也. 蔓草猶不可除, 況君之寵弟
乎?」公曰:「多行不義, 必自斃, 子姑待之.」旣而大叔命西鄙, 北鄙貳於己. 公子呂曰:
「國不堪貳, 君將若之何? 欲與大叔, 臣請事之;若弗與, 則請除之, 無生民心.」公曰:
「無庸, 將自及.」大叔又收貳以爲己邑, 至於廩延. 子封曰:「可矣, 厚將得衆.」公曰:
「不義不暱, 厚將崩.」大叔完聚, 繕甲兵, 具卒乘, 將襲鄭, 夫人將啓之. 公聞其期,
曰:「可矣.」命子封帥車二百乘以伐京. 京叛大叔段, 段入於鄢. 公伐諸鄢. 五月辛丑,
大叔出奔共. 書曰:『鄭伯克段于鄢.』段不弟, 故不言弟;如二君, 故曰克;稱鄭伯, 譏
失敎也, 謂之鄭志. 不言出奔, 難之也. 遂寘姜氏于城潁, 而誓之曰:「不及黃泉, 無相
見也!」旣而悔之. 潁考叔爲潁谷封人, 聞之, 有獻於公, 公賜之食. 食舍肉. 公問之.
對曰:「小人有母, 皆嘗小人之食矣;未嘗君之羹, 請以遺之.」公曰:「爾有母遺, 繄我
獨無!」潁考叔曰:「敢問何謂也?」公語之故, 且告之悔. 對曰:「君何患焉? 若闕地及
泉, 隧而相見, 其誰曰不然?」公從之. 公入而賦, 「大隧之中, 其樂也融融.」姜出而賦,
「大隧之外, 其樂也洩洩.」遂爲母子如初. 君子曰:「潁考叔, 純孝也, 愛其母, 施及莊
公.《詩》曰:『孝子不匱, 永錫爾類.』其是之謂乎!」"라 한 고사를 축약하여 인용한
것. '錫類'는 효자의 덕행이 남에게 널리 미침. '永錫爾類'의 줄인 말.《詩》大雅
旣醉에 "孝子不匱, 永錫爾類"라 함. '錫'은 賜, 予와 같음.《左傳》孔穎達 疏에 "錫,
予也"라 함.《性理群書句解》注에 "潁谷, 掌封疆之人. 名考叔, 鄭大夫也. 能感動莊
公思念其母, 是錫與儔類使之皆孝也"라 함.

【不弛勞而底豫, 舜其功也】'不弛勞'는 힘든 일을 解弛히 하지 않음. 열심을 다함.
《孟子》萬章(上)에 "父母惡之, 勞而不怨"이라 함. '底豫'는 '厎豫'(지예)로 표기해야

함. 舜이 아버지 瞽瞍와 繼母를 잘 모셔 기쁨이 오도록 함.《孟子》離婁(上)에 "孟子曰:「天下大悅而將歸己. 視天下悅而歸己, 猶草芥也, 惟舜爲然. 不得乎親, 不可以爲人;不順乎親, 不可以爲子. 舜盡事親之道而瞽瞍底豫, 瞽瞍底豫而天下化, 瞽瞍底豫而天下之爲父子者定, 此之謂大孝.」라 하였음. 阮元의《校勘記》에 "案音義, 『之爾切』, 是用底字"라 함. 趙岐 注와《爾雅》에 모두 "底(底), 致也;豫, 樂也"라 함. 《性理群書句解》注에 "不敢懈弛其事親之勞, 而能感其父瞽瞍之底致悅豫"라 함. 《眞寶》注에 "底豫,《書傳》云:「瞽瞍底豫.」"라 함.

【無所逃而待烹, 申生其恭也】'無所逃而待烹'은 태자 申生이 도망하지 않고 아버지 獻公의 烹殺의 刑을 내릴 것을 기다림. 春秋시대 晉 獻公이 驪姬에게 빠져 태자 申生을 죽이고 자신이 낳은 아들 奚齊를 태자로 삼고자 하여 큰 혼란이 일어난 사건을 縮約하여 引用한 것.《性理群書句解》注에 "晉獻公太子申生, 爲驪姬所譖. 或曰:「不如逃之.」太子不從. 姬卒譖之, 太子自縊新城而死. 此所謂無所逃而待烹也. 詳見《左》僖四年"이라 함.《左傳》僖公 4년에 "初, 晉獻公欲以驪姬爲夫人, 卜之, 不吉;筮之, 吉. 公曰:「從筮.」卜人曰:「筮短龜長, 不如從長. 且其繇曰:『專之渝, 攘公之羭. 一薰一蕕, 十年尙猶有臭.』必不可.」弗聽, 立之. 生奚齊, 其娣生卓子. 及將立奚齊, 旣與中大夫成謀, 姬謂大子曰:「君夢齊姜, 必速祭之!」大子祭于曲沃, 歸胙于公. 公田, 姬寘諸宮六日. 公至, 毒而獻之. 公祭之地, 地墳. 與犬, 犬斃. 與小臣, 小臣亦斃. 姬泣曰:「賊由大子.」大子奔新城. 公殺其傅杜原款. 或謂大子:「子辭, 君必辯焉.」大子曰:「君非姬氏, 居不安, 食不飽. 我辭, 姬必有罪. 君老矣, 吾又不樂.」曰:「子其行乎?」大子曰:「君實不察其罪, 被此名也以出, 人誰納我?」十二月戊申, 縊于新城. 姬遂譖二公子曰:「皆知之.」重耳奔蒲, 夷吾奔屈."이라 함.《禮記》檀弓(上)에도 "晉獻公將殺其世子申生, 公子重耳謂之曰:「子蓋言子之志於公乎?」世子曰:「不可, 君安驪姬, 是我傷公之心也.」曰:「然則蓋行乎?」世子曰:「不可, 君謂我欲弑君也, 天下豈有無父之國哉! 吾何行如之?」使人辭於狐突曰:「申生有罪, 不念伯氏之言也, 以至於死, 申生不敢愛其死, 雖然, 吾君老矣, 子少, 國家多難, 伯氏不出而圖吾君, 伯氏苟出而圖吾君, 申生受賜而死.」再拜稽首, 乃卒. 是以爲恭世子也.」라 함. 그 외《國語》(晉語),《史記》(晉世家) 등에도 자세히 실려 있음.《性理群書句解》注에 "申生之敬恭父命也"라 하였고,《眞寶》注에 "申生, 獻公長子"라 함.

【體其受而歸全者, 參乎】'體其受而歸全'은 부모에게서 받은 몸을 잘 보전하였다가 죽을 때 온전히 한 채 돌아감.《性理群書句解》注에 "人之一身受于父母, 當體其所受, 全而歸之"라 함.《孝經》에 "身體髮膚 受之父母. 不敢毁傷, 孝之始也"라 하였고,

《論語》泰伯篇에 "曾子有疾, 召門弟子曰:「啓予足! 啓予手!《詩》云,『戰戰兢兢, 如臨深淵, 如履薄冰.』而今而後, 吾知免夫! 小子!」"라 함. '參'은 曾參. 효성으로 이름이 났던 공자 제자.《孝經》을 찬술하였다 함.《史記》에 "孔子以爲能通孝道, 故授之業. 作《孝經》. 死於魯"라 함.《禮記》祭儀에 "樂正子春下堂而傷其足, 數月不出, 猶有憂色. 門弟子曰:「夫子之足瘳矣, 數月不出, 猶有憂色, 何也?」樂正子春曰:「善如爾之問也! 善如爾之問也! 吾聞諸曾子, 曾子聞諸夫子曰:『天之所生, 地之所養, 無人爲大. 父母全而生之, 子全而歸之, 可謂孝矣. 不虧其體, 不辱其身, 可謂全矣. 故君子頃步而弗敢忘孝也.』今予忘孝之道, 予是以有憂色也. 壹擧足而不敢忘父母, 壹出言而不敢忘父母. 壹擧足而不敢忘父母, 是故道而不徑, 舟而不游, 不敢以先父母之遺體行殆. 壹出言而不敢忘父母, 是故惡言不出於口, 忿言不反於身. 不辱其身, 不羞其親, 可謂孝矣.』"라 하였고, 그 외《說苑》(建本篇),《韓詩外傳》(8),《孔子家語》(六本篇) 등에도 몸을 보전함이 孝의 최우선임을 강조한 〈瓜田答杖〉의 고사가 실려 있음.

【勇於從而順令者, 伯奇也】'順令'은 부모의 어떤 명령에도 순종함.《性理群書句解》注에 "子于父母, 東西南北, 唯令之從, 不敢後也"라 함. '伯奇'는 周宣王의 신하 尹吉甫의 아들. 尹吉甫가 후처에게 빠져, 전처의 몸에서 난 아들 伯奇를 미워하였음. 그럼에도 백기는 온갖 고생을 무릅쓰고 효성을 다하였음.《說苑》(逸文)에《後漢書》黃瓊傳 注를 인용하여 "王國子前母子伯奇, 後母子伯封. 後母欲其子立爲太子, 說王曰:「伯奇好妾.」王不信, 其母曰:「令伯奇於後園, 妾過其旁, 王上臺視之, 卽可知.」王如其言. 伯奇入園, 後母陰取蜂十數置單衣中, 遇伯奇邊曰:「蜂螫我.」伯奇就衣中取蜂殺之. 王遙見, 乃逐伯奇也."라 하였고,《太平御覽》(950)에는《列女傳》을 인용하여 "尹吉甫子伯奇至孝, 事後母. 母取蜂去毒, 繫於衣上, 伯奇前, 欲去之, 母便大呼曰:『伯奇牽我.』吉甫見疑之, 伯奇自死"라 하였으나 지금의《列女傳》에는 이 문장이 없음. 그 외 蔡邕의《琴操》履霜操에는 "履霜操者尹吉甫之子伯奇所作也. 吉甫, 周上卿也, 有子伯奇. 伯奇母死, 吉甫更娶後妻, 生子曰伯邦, 乃譖伯奇於吉甫曰:『伯奇見妾有美色, 然有欲心.』吉甫曰:『伯奇爲人慈仁, 豈有此也.』妻曰:『試置妾空房中, 君登樓而察之.』後妻知伯奇仁孝, 乃取毒蜂綴衣領, 伯奇前持之. 於是吉甫大怒, 放伯奇於野. 伯奇編水荷而衣之, 采楟花而食之. 淸朝履霜, 自傷無罪見逐, 乃援琴而鼓之曰:『履朝霜兮採晨寒, 考不明其心兮聽讒言. 孤恩別離兮摧肺肝, 何辜皇天兮遭斯愆, 痛歿不同兮恩有偏, 誰說顧兮知我寃.』宣王出遊, 吉甫從之, 伯奇乃作歌, 以言感之於宣王. 宣王聞之曰:『此孝子之辭也.』吉甫乃求伯奇於野而感

悟. 遂射殺後妻"라 하는 등 널리 전하고 있음.《性理群書句解》注에는 "伯奇之履
霜中野, 是也. 伯奇, 周厲王子"라 하여 厲王의 아들이라 하였음.

【富貴福澤, 將以厚吾之生也】'厚吾之生'은 나의 생을 풍부하게 함.《性理群書句解》
注에 "富, 足; 貴, 顯; 福, 祿; 利, 澤. 所以大奉于我, 使吾之爲善也輕"이라 함.

【貧賤憂戚, 庸玉汝於成也】'憂戚'은 憂慽과 같음. 근심과 걱정. '庸玉汝於成'은 너
를 옥처럼 갈고 다듬어 훌륭하게 완성시키려는 것.《詩》民勞 "王欲玉女"의 鄭玄
箋에 "玉女, 君子比德焉, 王乎, 我欲令女如玉然"이라 함.《性理群書句解》注에 "貧,
薄; 卑, 賤; 憂, 苦; 戚, 嗟. 所以拂亂于我, 使吾之爲志也篤. '庸玉汝', 用以琢磨汝, 使
成人也"라 함.

【存吾順事, 沒吾寧也】'存吾順事'는 살아서는 나의 일을 순리대로 함.《性理群書句
解》注에 "孝子身存, 則其事親也, 不違其志而已"라 함. '沒吾寧'는 죽어서는 내가
편안함. 천지나 부모에게 부끄러울 것이 없음. 朱熹는 "孝子存身, 則其事親也, 不
違其志而已. 沒則安而無所愧於親也. 仁人之存身, 則其事天也, 不逆其理而已. 沒
則安而無所愧於天也. 蓋所謂'朝聞夕死', 吾得正而斃焉者, 故張子之銘以是終焉"이
라 함.《眞寶》注에 "文公解: 『『夕死可矣』, 有生順死安之語. 卽用此兩句.』○楊龜山
曰: 「〈西銘〉, 理一而分殊, 知其理一. 所以爲仁; 知其分殊, 所以爲義.」○朱子曰: 「程
子以爲明理一而分殊, 可謂一言以蔽之矣. 蓋以乾爲父, 坤爲母, 有生之類, 無物不
然, 所謂理一也. 人物之生, 血脈之屬, 各親其親, 各子其子, 其分, 安得不殊哉? 一
統而萬殊, 則雖天下一家, 中國一人, 而不流於兼愛之弊, 萬殊而一貫, 則雖親親踈異
情, 貴賤異等, 而不梏於爲我之私, 此〈西銘〉大旨也.」○橫渠, 名載, 字子厚, 大梁人.
記曰: 「仁人之事親也, 如事天; 事天如事親, 此實發明事親如事天之意.」라 함.《性
理群書句解》注에 "沒則安而無所愧于親也. 文公曰: 〈西銘〉, 理一分殊, 知其理一.
所以爲仁; 知其分殊, 所以爲義. 蓋仁是泛然, 兼愛處; 義是截然, 分別處. 故天地化
生萬物, 則爲理一. 然乾稱父, 坤稱母, 其分未嘗不殊, 民物並生, 天地之間, 其理未
嘗不一. 然民稱同胞, 物稱吾與, 則其分未嘗不殊; 與夫合天下之人, 皆吾兄弟之親,
其理未嘗不一. 然至于大君, 家相, 長幼, 聖賢, 殘疾, 皆自有等差. 又其後. 因事親
之誠, 以明事天之道. 蓋無適而非, 所謂分立而惟理一者. 理一處, 便有兼愛之仁, 分
殊處便有截然之義. 不然愛無差等, 墨氏之仁耳. 豈足以論張子〈西銘〉之大旨? 學
者, 其更紬繹之"라 함.

1. 張載(1020−1077)

자는 子厚, 關中(長安)의 郿縣 橫渠鎭에 살아 橫渠先生으로 부르며, 進士에 급제하여 祁州司法參軍, 雲巖令을 거쳐 神宗 熙寧 초에 呂公著의 추천으로 崇文院校書에 올랐으나 王安石의 新法에 반대하여 사직하고 고향으로 돌아와 理學研究에 몰두, 北宋 四大學派의 하나인 關學派의 領袖가 됨. 〈正蒙〉, 〈西銘〉, 〈東銘〉, 〈理窟〉 등으로 유명함. 그의 학문은 《易》을 宗으로, 《中庸》을 體으로 하고, 孔孟을 法으로 하여 天地萬物을 一體로 여기며, 仁으로 귀결되는 唯物論的 氣一元論을 세웠음. 南宋 閩學派 朱熹에게 많은 영향을 주었음. 《宋史》(427) 道學傳에 傳이 실려 있음.

2. 이 글은 《張子全書》(1), 《張子抄釋》(1), 《近思錄》(2), 《西銘述解》, 《宋史》(427), 《宋史紀事本末》(21), 《性理大全書》(4), 《性理精義》(2), 《事文類聚》(別集 8), 《原流至論》(1), 《宋文鑑》(73), 《古文集成》(49), 《文章辨體彙選》(449), 《古文淵鑑》(46), 《性理群書句解》(3), 《陜西通志》(90), 《理學類編》(6), 《孝經衍義》(2), 《朱子語類》(47) 등에 널리 실려 있음.

126. 〈東銘〉
동명

＊《性理群書句解》注에 "此篇論戲言, 戲動與過言, 過動不同"이라 함.
＊《眞寶》注에 "一依平嚴之葉釆注解"라 함.

실없이 하는 말도 생각에서 나오는 것이요, 장난으로 하는 행동도 계획에서 나오는 것이다.

소리로 표현되어 사지四肢에 나타나 보였는데 자신의 본심에서 나온 것이 아니라 한다면 명석한 것이 아니요, 남이 자신을 의심하지 않기를 바란다면 이는 능한 것이 아니다.

지나친 말도 본래 마음이 아니며, 지나친 행동도 진정(誠)은 아니다.

말에서 실수를 하여 온몸을 그르치고 흐트러졌는데도 자신이 마땅한 것이라 말한다면 이는 스스로를 속이는 것이요, 남이 자신을 따라주기를 바란다면 이는 남을 속이는 것이다.

어떤 이는 본마음에서 나온 말을 자신의 장난이었다고 허물로 돌리고, 잘못된 생각에서 나와 실수한 것을 자신의 진심이었다고 스스로를 속인다. 자신에게서 나온 것을 경계할 줄 모른 채, 도리어 그 허물을 자신에게서 나온 것이 아니라고 돌려 오만함을 부추기고 나아가 그릇됨을 완성하고 있으니, 지혜롭지 못함이 어느 것이 더 심한 것이겠는가?

戲言, 出於思也; 戲動, 作於謀也.
發於聲, 見乎四肢, 謂非己心, 不明也; 欲人無己疑, 不能也.
過言, 非心也; 過動, 非誠也.
失於聲, 繆迷其四體, 謂己當然, 自誣也; 欲他人己從, 誣人也.
或者, 謂出於心者, 歸咎爲己戲; 失於思者, 自誣爲己誠, 不知戒

其出汝者, 反歸咎其不出汝者, 長傲且遂非, 不知孰甚焉?

【戲言, 出於思也; 戲動, 作於謀也】'戲言'과 '戲動'은 실없이 하는 말과 장난으로 하는 행동. 《性理群書句解》注에 "戲言, 戲謔之言; 戲動, 戲謔之動"이라 함. '謀'는 계책, 計謀, 계획. 《性理群書句解》注에 "由謀而作"이라 함.

【發於聲, 見乎四肢, 謂非己心, 不明也; 欲人無己疑, 不能也】'四肢'는 手足. 《性理群書句解》注에 "戲動見乎支體"라 함. 《眞寶》注에 "言雖戲, 必以思而出也; 動雖戲, 必以謀以作也. 戲言發於聲, 戲動見乎四肢, 謂非本於吾之心, 是惑也. 本於吾意而欲人之不我疑, 不可得也"라 함.

【過言, 非心也; 過動, 非誠也】'過言'과 '過動'은 지나친 말과 지나친 행동. 《性理群書句解》注에 "過言, 誤于言; 過動, 誤于動"이라 함. '非心'은 本心이 아님. 《性理群書句解》注에 "非其心之本然也"라 함.

【失於聲, 繆迷其四體, 謂己當然, 自誣也; 欲他人己從, 誣人也】'失於聲'은 《性理群書句解》注에 "失于聲音, 而爲言之過"라 함. '繆迷'는 잘못되어 미혹함에 빠짐. '謂己當然'은 자신에게 있어서는 마땅한 것이라 말함. '自誣'는 자기 스스로를 속임. 《性理群書句解》注에 "自誣罔其心也"라 함. '誣人'은 남을 속임. 《性理群書句解》注에 "是誣罔它人也"라 함. 《眞寶》注에 "言之過者, 非其心之本然也; 動之過者, 非其誠之實然也. 失於聲而爲過言, 繆迷其四體而爲過動, 謂之過者, 皆誤而非故也. 或者咎於改過, 遂以爲己之當然, 是自誣其心也. 既憚改而自誣, 又欲人之從之, 是誣人也. 此夫子所謂「小人之過也, 必文」; 孟子所謂「過則順之, 又從而爲之」辭"라 함.

【或者, 謂出於心者, 歸咎爲己戲; 失於思者, 自誣爲己誠, 不知戒其出汝者】'出於心者'는 본심에서 나온 것. '歸咎'는 허물을 다른 것에 돌림. 핑계를 대거나 책임을 미룸. 《性理群書句解》注에 "可歸咎責以爲己之戲"라 함. '失於思者'는 잘못된 생각에서 나와 과실을 저지르는 행동. 《性理群書句解》注에 "失于心思而過誤者"라 함. '自誣爲己誠'은 《性理群書句解》注에 "可自誣罔以爲己之實然"이라 함.

【反歸咎其不出汝者, 長傲且遂非, 不知孰甚焉】'反歸咎其不出汝者'는 《性理群書句解》注에 "乃歸咎責其不出汝心, 而偶失者"라 함. '長傲'는 오만함을 더욱 키워줌. 《性理群書句解》注에 "咎己戲, 則增長傲誕, 而慢愈滋矣. 長, 上聲; 傲, 去聲"이라 함. '遂非'는 그릇된 일을 완수함. 《性理群書句解》注에 "遂, 猶成也"라 함. 《性理群書句解》注에 "誣己誠, 則遂從非失, 而過不改矣"라 함. '孰甚焉'은 '어느 것이

더 심하겠는가?'의 뜻. 《性理群書句解》注에 "不知而愚莫此爲甚"이라 함. 《眞寶》
注에 "戲謔出於心思, 乃故爲也, 不知所當戒, 徒歸咎以爲戲, 則長傲而慢愈滋矣.
過誤不出於心思, 乃偶失耳, 不歸咎於偶失, 反自誣以爲實然, 則遂非而'過不改'矣"
라 함.

[참고 및 관련 자료]

앞장을 참조할 것.

127. <克己銘> ⋯⋯⋯⋯⋯⋯ 呂與叔(呂大臨)

극기명

*<克己銘>:이는《論語》顔淵篇 "顔淵問仁. 子曰:「克己復禮爲仁. 一日克己復禮,
天下歸仁焉. 爲仁由己, 而由人乎哉?」"를 주제로 자신을 克復함을 銘으로 지어
경계로 삼은 것임.《性理群書句觧》注에 "克己, 是克去己私也. 此論仁者, 視天地
萬物爲一體, 不可懷己私"라 함.
*《眞寶》注에 "勝己之私之謂克, 蓋謂克去己私, 復還天理也. 篇中多用將帥, 卒徒,
寇讐, 臣僕等字, 分八節, 每四句一換韻"이라 함.

무릇 생명을 가진 것은 균등한 기氣에 똑같은 체體를 지녔는데,
어찌 불인不仁한 행동을 하는가? 이는 내가 나만 생각하는 마음을
가지고 있기 때문이다.
만물과 나를 이미 상대하여 세우게 되면 사사로움이 경계와 구분이
되어,
이기고자 하는 마음이 마구 발동하며, 시끄럽고 혼란하여 똑같음을
잃게 된다.
대인大人은 진정을 존속시켜 마음으로 하늘의 이치를 보게 되어,
애초부터 인색하고 교만함이 나의 모적蟊賊이 되는 일이 없다.
그러니 지志를 장수로 삼고, 기氣를 졸도卒徒로 삼아,
하늘이 내리는 명령을 잘 받든다면 누가 감히 나를 모멸하겠는가?
싸우기도 하고 달래기도 하면서 사욕을 이겨내고 욕심을 막는다면,
옛날 원수였던 것들도 지금에는 신복臣僕이 되리라.
바야흐로 내 자신을 이기지 못하였을 때는, 나의 마음속을 군색하게
하여,
고부간에 공간을 두고 다투듯 하였으니, 그 나머지야 취할 게 무엇이

있겠는가?

역시 이윽고 이기고 나니 사방을 환하게 비추어 통달하게 되고,
팔황八荒까지 훤히 알게 되니 모두가 내 작은 문 안에 있구나.
누가 "천하가 나의 인仁으로 돌아오지 않는다"고 푸념하는가?
남의 가렵고 아픈 모든 고통이 내 몸에도 절실히 다가오도다.
하루라도 인에 이르면 되는 것이며 나의 일이 아닌 것이 없으니,
안회顏回는 어떤 사람인가? 그렇게 되기를 바라면 그렇게 되는 것을!

凡厥有生, 均氣同體, 胡爲不仁? 我則有己.
物我旣立, 私爲町畦, 勝心橫發, 擾擾不齊.
大人存誠, 心見帝則, 初無吝驕, 作我蟊賊.
志以爲帥, 氣爲卒徒, 奉辭于天, 誰敢侮予?
且戰且徠, 勝私窒慾, 昔爲寇讎, 今則臣僕.
方其未克, 窘吾室廬, 婦姑勃磎, 安取厥餘?
亦旣克之, 皇皇四達, 洞然八荒, 皆在我闥.
孰曰「天下不歸吾仁?」 癢痾疾痛, 擧切吾身,
一日至焉, 莫非吾事, 顏何人哉? 希之則是!

【凡厥有生, 均氣同體】'有生'은 생명이 있는 모든 것. '均氣同體'는 氣를 균등하게
가지고 있고, 本體도 같이 함. 《性理群書句解》注에 "擧凡有生天地間者, 皆禀此
氣與吾同體"라 함. 《眞寶》注에 "此兩句起謂人生同一本原"이라 함.

【胡爲不仁? 我則有己】'胡'는 疑問詞. 何, 安, 焉, 惡 등과 같음. 《性理群書句解》注
에 "何爲而不公溥此心? 惟知有我一身"이라 함. '有己'는 자신만을 생각함. 욕심을
가지고 있음. 이기적인 생각을 품고 있음.

【物我旣立, 私爲町畦】'物我旣立'은 《性理大全書》,《性理群書句解》,《宋文鑑》,《事
文類聚》 등에 모두 '立己與物'로 되어 있음. '町畦'의 '町'은 農地의 구획. '畦'(휴)
는 밭이랑의 구획. 경계를 지음을 뜻함. 《眞寶》注에 "町, 田區也; 畦, 田隴也"라
함. 《性理群書句解》注에 "己與物對. 利自分別彼町此畦"라 함.

【勝心橫發, 擾擾不齊】‘勝心橫發’은《性理大全書》,《性理群書句解》,《宋文鑑》,《事文類聚》등에 모두 ‘勝心橫生’으로 되어 있음. 이기고자 하는 마음이 마구 일어남. ‘擾擾不齊’는 시끄럽고 어지러워 바르게 되지 못함.《性理群書句解》注에 “爭勝之心橫恣而發. 橫, 去聲. 紛擾多事, 不能齊一. 仁者, 以天地萬物爲一體. 此不仁者也”라 함.《眞寶》注에 “此第二節, 論私心之擾擾”라 함.

【大人存誠, 心見帝則】‘大人’은 큰 덕을 지닌 위대한 사람. ‘帝則’은 하느님의 법칙. 天理를 뜻함.《性理群書句解》注에 “大德之人, 有此憲理. 心常靜定, 洞明天理”라 함.

【初無吝驕, 作我孟賊】‘吝驕’는 인색함과 교만함. ‘孟賊’은 나무의 뿌리를 갉아먹는 해충을 孟, 풀의 마디를 갉아먹는 해충을 賊이라 함.《眞寶》注에 “虫食根曰孟, 食節曰賊”이라 함.《性理群書句解》注에 “了無咎于人, 驕于己之意, 無我也. 爲吾仁之孟賊. 孟賊, 害稼蟲. 喻害仁也”라 함.

【志以爲帥, 氣爲卒徒】‘志以爲帥’는 意志를 將帥로 삼음. ‘帥’는 天理를 뜻함.《孟子》公孫丑(上)에 “夫志氣帥也, 氣體之充也. 夫志至焉, 氣次焉”이라 함. ‘氣爲卒徒’은 氣를 卒徒로 삼음.《性理群書句解》注에 “志以爲之主帥; 氣自聽命如卒徒然”이라 함.

【奉辭于天, 誰敢侮予】‘奉辭于天’은 하늘이 내려주고 있는 辭令을 잘 받듦.《性理群書句解》注에 “奉行命令于天, 外邪客氣, 誰敢侵侮?”라 함.

【且戰且徠, 勝私窒慾】‘且戰且徠’는 싸우기도 하면서 또한 달래기도 함. ‘徠’는 來와 같으며 오도록 달램. ‘勝私窒慾’은 사사로움을 이겨내고 욕심을 막음.《性理群書句解》注에 “戰退, 且招徠之. 勝去其私, 窒塞其慾. 窒, 音的”이라 함.《眞寶》注에 “此第三節, 論存誠可以閑邪”라 함.

【昔爲寇讎, 今則臣僕】‘昔爲寇讎’는 지난날 원수나 도적이었던 것들.《性理大全書》,《性理群書句解》,《宋文鑑》,《事文類聚》등에 모두 ‘昔焉寇讎’로 되어 있음. ‘今則臣僕’은 지금은 모두 나의 신하나 종복이 됨.《性理群書句解》注에 “昔爲寇讎, 與我相敵; 今爲臣僕, 歸我宰制”라 함.

【方其未克, 窘吾室廬】‘窘吾室廬’는 나의 집(마음)을 窘塞하게 함. ‘室廬’는 마음을 비유한 것임.《性理群書句解》注에 “方是私之未勝, 常窘迫我室廬. 言, 心也”라 함.

【婦姑勃磎, 安取厥餘】‘婦姑勃磎’는 며느리와 시어머니가 다툼. 사람의 마음속에는 道心과 私慾이 늘 서로 싸우고 있음을 비유함.《莊子》外物篇에 “室无空虛, 則婦姑勃磎; 心无天遊, 則六鑿相攘”(집안에 빈 곳이 없으면 시어머니와 며느리가 다

투게 되듯이, 마음속에 노닐 수 있는 빈 곳이 없으면 여섯 구멍의 욕정이 서로 다투게 된다)이라 하였음. '勃谿'의 '勃'은 '悖', '谿'는 '豀'와 같으며 空의 뜻. 공간을 두고 서로 다툼.《性理大全書》,《性理群書句解》,《宋文鑑》,《事文類聚》등에 모두 '勃谿'로 표기되어 있음.《眞寶》注에 "婦, 媳婦也; 姑, 宅母也; 勃, 爭也; 磎, 石之碍也. 事出《莊子》. ○一字之中, 私意起伏"이라 함. '安取厥餘'는 '그 나머지에서 무엇을 취하겠는가?'의 뜻. 사욕의 갈등을 품고 있다면, 다른 선한 일은 아무런 소용이 없음을 뜻함.《眞寶》注에 "此第五節, 未克之私"라 함.《性理群書句解》注에 "勃, 爭也; 谿, 空也. 言婦姑反戾而鬪爭也. 出《莊》外物篇. 安能取其它哉!"라 함.

【亦旣克之, 皇皇四達】 '皇皇'은 밝고 큰 모양.《性理群書句解》注에 "亦旣去其私意. 此心之公, 旁通廣達"이라 함.

【洞然八荒, 皆在我闥】 '洞然'(통연)은 확 트여 막힌 곳 없이 환한 상태. '八荒'은 八方의 먼 지역. '闥'은 작은 문. 집안(마음)을 뜻함.《性理群書句解》注에 "洞然八方之遠, 皆在吾闥中"이라 함.

【孰曰「天下不歸吾仁?」】 '천하에 나의 仁에 귀의하지 않을 자 누가 있는가'라고 푸념함.《眞寶》注에 "此六節, 言克己爲仁"이라 함.《性理群書句解》注에 "誰言天下不在我仁中乎?"라 함.

【癢痾疾痛, 擧切吾身】 '癢痾疾痛'은 모든 사람의 가려움과 아픔. '癢'은 다른 모든 轉載文에 '痒'으로 되어 있음. '痒'은 癢의 異體字. '擧切吾身'은 남의 아픔 모두가 절실히 내 몸에 느껴짐.《眞寶》注에 "此七節, 論人物一體照起句"라 함.《性理群書句解》注에 "人之痒痾疾痛, 皆切于吾之肌膚, 以天地萬物爲一體者也"라 함.

【一日至焉, 莫非吾事】 '一日至焉'은 '어느 하루 仁의 경지에 이르면'의 뜻. 다른 모든 전재문에 '一日至之'로 되어 있음.《論語》顔淵篇의 "子曰:「克己復禮爲仁. 一日克己復禮, 天下歸仁焉. 爲仁由己, 而由人乎哉?」"의 구절을 援用한 것. '莫非吾事'는 나의 일이 아닌 것이 없음. 모두가 나의 일임.《性理群書句解》注에 "一日克去己私, 至此地位, 皆我己分内事"라 함.

【顔何人哉! 希之則是】 '顔何人哉'는 '顔回란 어떤 사람인가?'의 뜻. 특이한 사람이 아님을 뜻함. 노력하면 누구나 顔回와 같은 사람이 될 수 있음.《孟子》滕文公(上)에 "顔淵曰:「舜何人也? 予何人也? 有爲者亦若是.」"라 함. '希之則是'의 '希'는 '바라다, 희망하다, 그렇게 되고자 하다' 등의 뜻. 다른 轉載文에는 거의 '睎'로 되어 있음. '睎'는 '希'의 本字.《山堂肆考》등에《揚子》學行篇을 인용하여 "揚子曰: 希驥之馬, 亦驥之乘也; 希顔之人, 亦顔之徒也"라 함.《性理群書句解》注에 "顔子

何如人, 能克復如此? 晞而慕之, 是亦顏子"라 하였고, 《眞寶》注에는 "《楊子》學行篇:「希顏之人, 亦顏之徒.」○第八節, 因顏之克己以自勵"라 함.

참고 및 관련 자료

1. 呂大臨(1040~1092)

자는 與叔, 호는 芸閣. 宋代 藍田呂氏 집안으로 呂大忠(자는 進伯), 呂大防(微仲:1027~1097), 呂大約(和叔:1031~1082), 呂大臨(與叔) 등 네 형제가 모두 伊川과 橫渠에게 수학하였음. 흔히 謝良佐, 游酢, 楊時 등과 함께 '程門四先生'으로 불리며 北宋 儒學을 발전시킨 인물. 科擧에 응하지 않고 元祐 연간에 蔭官으로 太學博士, 秘書省正字 등을 지냄. 뒤에 고향 藍田으로 돌아가 네 형제가 함께 유명한 〈呂氏鄕約〉을 지어 鄕黨의 文風과 敎化를 진작시켰음. 뒤에 우리나라에도 영향을 주어 李栗谷의 〈海州鄕約〉은 이를 바탕으로 이루어지게 된 것임. 《宋史》(340) 呂大防傳에 "呂大防字微仲, 其先汲郡人. ……與大忠及弟大臨同居, 相切磋論道考禮, 冠昏喪祭一本於古, 關中言禮學者推呂氏. 嘗爲〈鄕約〉曰:「凡同約者, 德業相勸, 過失相規, 禮俗相交, 患難相卹. 有善則書于籍, 有過若違約者亦書之, 三犯而行罰, 不悛者絶之.」"라 함.

2. 이 글은 《性理大全書》(70), 《性理群書句解》(3), 《宋文鑑》(73), 《能改齋漫錄》(14), 《山堂肆考》(130), 《少墟集》(19), 《榕村集》(9), 《事文類聚》(別集 8), 《論語精義》(6下), 《周易衍義》(14), 《禮記集說》(113) 등에 실려 있음.

※첨부 **〈陋室銘〉** ·················· 劉禹錫(夢得)

누실명

*우리나라《古文眞寶》에는 이 작품이 실려 있지 않으나 日本의 和刻本(《魁本大字諸儒箋解古文眞寶》)에는 銘類에 〈陋室銘〉, 〈克己銘〉, 〈西銘〉, 〈東銘〉, 〈古硯銘〉 등 5편 첫머리에 이 작품을 싣고 있음. 이에 대해 孤山(智圓)의《閒居編》에는 "以此銘爲非禹錫所作, 有雪劉禹錫恥辨說, 今不必取之, 故不載"라 하여 劉禹錫의 작품이 아니며, 劉禹錫의 치욕을 씻어주기 위해 누군가가 대신 辨說한 것이므로 취할 필요가 없다고 하였음. 그러나 이 작품이 劉禹錫의 작이 아니라는 의심은 기록을 찾을 수 없으며, 역대로 많은 引用文, 轉載文에 모두 '劉禹錫作'이라 하였음. 明 邱濬의《瓊臺藁》(22) 〈德馨堂銘〉에도 "後此千餘年, 唐人劉禹錫作〈陋室銘〉, 有'斯是陋室, 惟吾德馨'之句, 蓋祖周人之意也"라 하였음.

*〈陋室銘〉 누추한 집을 두고 銘으로 지어 자신의 즐거움을 나타냄과 아울러 덕을 수양함을 경계로 삼은 것. 이 글은 총 81자밖에 되지 않으나 표현이 깔끔하고 내용이 的確하여 후대 많은 이들이 자신의 貧寒을 합리화하면서 동시에 덕을 높이 여기는 것으로 표준을 삼았음. 注에 "此篇不上百字, 曲盡陋室之氣象, 起用譬喩尤的切"이라 함. 明 胡儼(頤庵)의 〈秋雨〉詩에 "客舍蕭條興味淸, 縹囊猶有讀書螢. 一簾細雨梧桐老, 閒寫劉郎陋室銘"이라 하였음.

산이 높은 데에 명성이 있는 것이 아니라 신선이 살면 명성이 있는 것이요,

물이 깊다고 해서 명성이 있는 것이 아니라 용이 살면 신령한 것이다.

이 누실은 오직 내 덕으로서 향기가 나면 되는 것.

푸른 이끼 흔적이 섬돌 위에 푸르고, 풀 색깔은 발〔簾〕 안까지 푸르도다.

담소를 나눔에는 큰 선비가 함께 하고,

왕래에 백정은 없도다.

소금素琴을 조율하고 금경金經을 펴 볼 수 있을 뿐,

사죽絲竹이 귀를 어지럽게 함도 없고,

안독案牘이 내 육신을 힘들게 함도 없도다.

남양南陽 제갈량諸葛亮의 초려, 서촉西蜀 양웅揚雄이 공부하던 정자처럼,

공자는 "어찌 누추함이 있겠는가?"라고 하도다.

山不在高, 有僊則名; 水不在深, 有龍則靈.

斯是陋室, 惟吾德馨.

苔痕上堦綠, 草色入簾靑.

談笑有鴻儒, 往來無白丁.

可以調素琴, 閱金經, 無絲竹之亂耳; 無案牘之勞形.

南陽諸葛廬, 西蜀子雲亭, 孔子云「何陋之有?」

【山不在高, 有僊則名】'僊'은 仙과 같음.

【水不在深, 有龍則靈】《文選句解》에 "蓋謂山水以仙龍而重, 居室以君子而重, 此證最爲的當"이라 함.

【斯是陋室, 惟吾德馨】'斯'와 '是'는 此, 玆와 같음. '德馨'은 덕 때문에 향기가 남. 《尙書》君陳篇에 "黍稷非馨, 明德惟馨"이라 하였고, 《孔子家語》六本篇에 "與善人居, 如入芝蘭之室, 久而不聞其香, 卽與之化矣. 與不善人居, 如入鮑魚之肆, 久而不聞其臭, 亦與之化矣"라 함.

【苔痕上堦綠, 草色入簾靑】'苔痕'은 靑苔가 끼었던 흔적. '堦'는 階와 같음. 섬돌.

【談笑有鴻儒, 往來無白丁】'鴻儒'는 큰 선비. '白丁'은 벼슬을 하지 못한 사나이를 뜻함. 鴻儒에 상대하여 쓴 말. '丁'은 20대의 힘센 사나이. 《唐高祖紀》의 注에 "丁者, 當强壯之時也. 四歲爲小, 十六爲中, 二十爲丁, 六十爲老"라 함.

【可以調素琴, 閱金經】'素琴'은 줄이 없는 거문고. 또는 아무런 장식이 없이 흰 색 그대로의 나무로 된 거문고를 뜻함. 陶淵明이 가난을 즐긴 고사를 말함.《晉書》陶潛傳에 "性不解音, 而蓄素琴一張, 絃徽不具, 每朋酒之會, 則撫而和之, 曰:「但識琴中趣, 何勞絃上聲!」"이라 하였고, 蕭統(昭明太子)의 〈陶淵明傳〉에 "淵明不解音律, 而蓄無絃琴一張, 每酒適, 輒撫弄, 以寄其意"라 함. '金經'은 아주 귀하게 여기

는 經典. 聖賢의 귀한 말씀을 적은 책.

【無絲竹之亂耳; 無案牘之勞形】'絲竹'은 현악기와 관악기. 《三字經》에 "匏土革, 木石金, 與絲竹, 乃八音"이라 함. '案牘'은 公案文書나 官家의 公文. 公務와 訴訟 따위의 번거로운 雜務를 뜻함. '勞形'은 肉身을 노고롭게 함. '形'은 육신을 뜻함.

【南陽諸葛廬, 西蜀子雲亭】'南陽諸葛廬'는 三國시대 諸葛亮이 살던 隆中의 草廬를 가리킴. 그처럼 시골에 草廬를 짓고 살았으나 諸葛亮의 능력과 덕이 알려지지 않은 것이 아님. 劉備의 三顧草廬를 빗댄 것. '西蜀子雲亭'은 西漢 때 揚雄(자는 子雲)은 蜀 成都 사람으로 그곳 艸玄臺, 載酒亭 등에서 공부하였음. 그가 그처럼 편벽된 곳에서 학문을 닦았으나 그의 학문이 널리 알려짐.

【孔子云「何陋之有?」】《論語》子罕篇에 "子欲居九夷. 或曰:「陋, 如之何?」子曰:「君子居之, 何陋之有?」"라 하였고, 注에 "君子所居則化, 何陋之有?"라 함. '九夷'는 "古代 中國 동쪽 渤海 연안부터 黃海 바닷가에 살던 사람들을 지칭하는 말. 淮夷라고도 함. 그러나 지금의 韓國을 뜻한다고 보기도 하며, 《說苑》君道篇과 《淮南子》齊俗訓, 그리고 《戰國策》秦策, 魏策 등에는 이의 구체적인 民族 이름이 거론되기도 함. 한편 《後漢書》東夷傳에는 "夷有九種: 曰畎夷、于夷、方夷、黃夷、白夷、赤夷、玄夷、風夷、陽夷. 故孔子欲居九夷也"라 함.

참고 및 관련 자료

1. 劉禹錫(772-842)

字는 夢得. 자신의 〈子劉子自傳〉에 "其先漢景帝賈夫人子勝, 奉中山王, 謚曰靖, 子孫因奉爲中山人也"라 함. 그의 文集은 《新唐書》(藝文志, 4)에 《劉禹錫集》40卷으로 著錄되어 있고 《郡齋讀書志》(卷4, 上), 《直齋書錄解題》(6)와 《宋史》(藝文志, 7)에는 모두 《正集》30卷, 《外集》10卷으로 실려 있으며, 달리 劉禹錫과 다른 사람의 《唱和集》이 있음. 그의 詩는 《全唐詩》에 12卷(354-365)이 編輯되어 있으며 《全唐詩外編》및 《全唐詩續拾》에 詩 6首, 斷句 6句가 실려 있음. 《唐詩紀事》(39)에 관련 기록이 실려 있음. 《舊唐書》(160)와 《新唐書》(168)를 참조할 것. 《眞寶》諸賢姓氏事略에는 "劉禹錫, 字蒙得, 中山人. 順宗時, 附王伾王叔文, 憲宗立, 貶朗州司馬, 入爲主客郎中. 會昌初, 禮部尙書"라 함. 《唐才子傳》(5)에는 "劉禹錫, 字夢得, 中山人. 貞元九年進士, 又中博學宏詞科. 工文章. 時王叔文得幸, 禹錫與之交, 嘗稱其有宰相器. 朝廷大議, 多引禹錫及柳宗元與議禁中. 判度支·鹽鐵案, 憑藉其勢, 多中傷人. 御史竇羣劾云:「挾邪亂政」, 卽日罷. 憲宗立, 叔文敗, 斥朗州司馬. 州接夜郎, 俗信巫鬼,

每祀, 歌〈竹枝〉, 鼓吹俄延, 其聲傖儜. 禹錫謂屈原居沅·湘間作〈九歌〉, 使楚人以迎送神, 乃倚聲作〈竹枝辭〉十篇, 武陵人悉歌之. 始坐叔文貶者, 雖赦不原. 宰相哀其才且困, 將澡濯用之, 乃詔悉補遠州刺史, 諫官奏罷之. 時久落魄, 鬱鬱不自抑, 其吐辭多諷託遠意, 感權臣, 而憾不釋. 久之, 召還, 欲任南省郎, 而作〈玄都觀看花君子〉詩, 語譏忿, 當路不喜, 又謫守播州. 中丞裴度言:「播猿狖所宅, 且其母年八十餘, 與子死決, 恐傷陛下孝治, 請稍內遷.」乃易連州, 又徙夔州. 後由和州刺史, 入爲主客郎中. 至京後, 遊玄都詠詩, 且言:「始謫十年還輦下, 道士種桃, 其盛若霞; 又十四年而來, 無復一存, 唯免葵燕麥動搖春風耳.」權近聞者, 益薄其行. 裴度薦爲翰林學士, 俄分司東都, 遷太子賓客. 會昌時, 加檢校禮部尙書, 卒. 公恃才而放, 心不能平, 行年益晏, 偃蹇寡合, 乃以文章自適. 善詩, 精絶, 與白居易酬唱頗多. 嘗推爲「詩豪」, 曰:「劉君詩, 在處有神物護持.」有集四十卷, 今傳.」이라 하였고, 《唐詩紀事》(39)에는 "禹錫, 字夢得. 附叔文, 擢度支員外郎. 人不敢斥其名, 號二王劉柳. 憲宗立, 禹錫貶連州. 未至, 斥朗州司馬, 作〈竹枝詞〉. 武元衡初不爲宗元所喜, 自中丞下除右庶子. 及是執政, 禹錫久落魄, 乃作〈問大鈞〉, 〈謫九年〉等賦, 又敍張九齡事爲詩, 欲感諷權要, 久之, 召還, 宰相欲任南省郎, 乃作〈玄都觀看花君子〉詩, 當路不喜, 出爲播州, 易連州, 徙夔州. 由和州刺史入爲主客郎中, 復作〈遊玄都觀〉詩, 有『兎葵燕麥』之語, 聞者益薄其行. 俄分司東都, 裴度薦爲集賢學士. 度罷, 出刺蘇州, 徙汝, 同二州. 會昌時, 檢校禮部尙書, 卒."이라 하였으며, 《全唐詩》(354)에는 "劉禹錫, 字夢得, 彭城人. 貞元九年, 擢進士第, 登博學宏詞科, 從事淮南幕府, 入爲監察御史, 王叔文用事, 引入禁中, 與之圖議. 言無不從, 轉屯田員外郎, 判度支鹽鐵案, 叔文敗. 坐貶連州刺史, 在道貶朗州司馬. 落魄不自聊, 吐詞多諷託幽遠, 蠻俗好巫, 嘗依騷人之旨. 倚其聲作〈竹枝詞〉十餘篇. 武陵谿洞間悉歌之, 居十年, 召還. 將置之郎署, 以作〈玄都觀看花〉詩涉譏忿, 執政不悅, 復出刺播州, 裴度以母老爲言. 改連州, 徙夔, 和二州, 久之. 徵入爲主客郎中, 又以作〈重游玄都觀〉詩. 出分司東都, 度仍薦爲禮部郎中, 集賢直學士. 度罷, 出刺蘇州. 徙汝, 同二州, 遷太子賓客分司, 禹錫素善詩, 晚節尤精, 不幸坐廢. 偃蹇寡所合, 乃以文章自適. 與白居易酬復頗多, 居易嘗敍其詩曰:「彭城劉夢得, 詩豪者」也. 其鋒森然, 少敢當者, 又言其詩在處應有神物護持, 其爲名流推重如此. 會昌時, 加檢校禮部尙書, 卒年七十二. 贈戶部尙書, 詩集十八卷, 今篇爲十二卷"이라 함.

   2. 이 글은 《古文集成》(48), 《文章辨體彙選》(452), 《山堂肆考》(130), 《畿輔通志》(113), 《式古堂書畫彙考》(34), 《六藝之一錄》(102), 《淵鑑類函》(346) 등에 실려 있음.

임동석(茁浦 林東錫)

慶北 榮州 上茁에서 출생. 忠北 丹陽 德尙골에서 성장. 丹陽初中 졸업. 京東高 서울
敎大 國際大 建國大 대학원 졸업. 雨田 辛鎬烈 선생에게 漢學 배움. 臺灣 國立臺灣師範
大學 國文硏究所(大學院) 博士班 졸업. 中華民國 國家文學博士(1983). 建國大學校
敎授. 文科大學長 역임. 成均館大 延世大 高麗大 外國語大 서울대 등 大學院 강의.
韓國中國言語學會 中國語文學硏究會 韓國中語中文學會 등 會長 역임. 저서에
《朝鮮譯學考》(中文)《中國學術槪論》《中韓對比語文論》. 편역서에《수레를 밀기 위
해 내린 사람들》《栗谷先生詩文選》. 역서에《漢語音韻學講義》《廣開土王碑硏
究》《東北民族源流》《龍鳳文化源流》《論語心得》〈漢語雙聲疊韻硏究〉등. 학술
논문 50여 편. 현 건국대 명예교수. 靑丘書堂 훈장.

임동석중국사상100

고문진보[後集]

黃堅 撰/ 林東錫 譯註
1판 1쇄 발행/2017년 9월 9일
발행인 고정일
발행처 동서문화사
창업 1956. 12. 12. 등록 16-3799
서울 중구 다산로 12길 6(신당동 4층)
☎546-0331~6 (FAX) 545-0331
www.dongsuhbook.com
잘못 만들어진 책은 바꾸어 드립니다.

＊

＊

사업자등록번호 211-87-75330
ISBN 978-89-497-1639-8 04080
ISBN 978-89-497-0542-2 (세트)